Archäologische Ausgrabungen in Baden-Württemberg 2021

Herausgegeben vom
Landesamt für Denkmalpflege im
Regierungspräsidium Stuttgart in Verbindung
mit der Gesellschaft für Archäologie
in Württemberg und Hohenzollern
und dem Förderkreis Archäologie in Baden

Zusammengestellt von
Dirk L. Krausse

Archäologische Ausgrabungen in Baden-Württemberg 2021

wbg Theiss

Die Deutsche Nationalbibliothek verzeichnet diese Publikation
in der Deutschen Nationalbibliografie; detaillierte bibliografische
Daten sind im Internet über www.dnb.de abrufbar.

wbg THEISS ist ein Imprint der wbg.

Titelbild: Knittlingen, Im Bergfeld. Filigranverzierte Goldscheibenfibel
aus Grab 36, frühes 7. Jahrhundert. Dm. 3,6 cm (zum Beitrag S. 224 ff.);
LAD, Foto Yvonne Mühleis.
Umschlaggestaltung: DOPPELPUNKT, Stuttgart
Redaktion: Karen Schmitt, Stuttgart
Gestaltung und Satz: DOPPELPUNKT, Stuttgart
Gedruckt auf säurefreiem und alterungsbeständigem Papier
Printed in Europe

Besuchen Sie uns im Internet: www.wbg-wissenverbindet.de

ISBN 978-3-8062-4550-9 (Buchhandelsausgabe)
ISSN 0724-8954

Gefördert vom Ministerium für Landesentwicklung und Wohnen
Baden-Württemberg – Oberste Denkmalschutzbehörde

Vorwort

Im Unterschied zu anderen kulturellen und wirtschaftlichen Bereichen hat sich die Corona-Pandemie im Ausgrabungswesen nur wenig bemerkbar gemacht. Tatsächlich wurden 2021 mehr Ausgrabungen im Land durchgeführt als jemals zuvor. Das liegt vor allem am anhaltenden Boom der Bauwirtschaft. Durch die innerörtliche Verdichtung sind seit einigen Jahren besonders die historischen Stadt- und Dorfkerne mit archäologischen Denkmalflächen des Mittelalters und der frühen Neuzeit von Überplanungen betroffen. Aber auch in den Randlagen von Ortschaften entstehen weiterhin Gewerbe- oder Neubaugebiete, die prähistorische und frühgeschichtliche Fundstätten unterschiedlichster Epochen tangieren und gegebenenfalls zu Rettungsgrabungen führen. Hinzu kommt der Bau von Straßen, Bahntrassen oder Versorgungsleitungen, die ebenfalls regelmäßig mit Bodeneingriffen einhergehen und eine archäologische Betreuung und Begleitung erfordern.

Angesichts der Vielzahl dieser Ausgrabungen, die der Archäologischen Denkmalpflege durch Bauprojekte gleichsam aufgezwungen werden, bleibt für sonstige erforderliche Prospektionen, Sondagen und Ausgrabungen kaum Raum. So liegen Tausende von archäologischen Denkmalen in Ackerflächen, zumeist nur wenige Dezimeter unter der Oberfläche, wo sie durch Pflügen, Grubbern, Tiefenlockerungen etc. gefährdet sind. Neben diesen altbekannten Phänomenen kommen ganz neue Herausforderungen auf Denkmalschutz und Denkmalpflege zu. So gefährden extreme Klimabedingungen mit ungewöhnlicher saisonaler Trockenheit die bedeutenden Fundstätten des Neolithikums und der Bronzezeit in den oberschwäbischen Moor- und Seenlandschaften. Hier wird es in den nächsten Jahren darum gehen, zusammen mit Naturschutz und Landwirtschaft intelligente Konzepte für eine integrale Nutzung und einen dauerhaften Schutz entsprechender Denkmalflächen zu entwickeln.

Trotz dieser großen neuen Herausforderungen kann festgehalten werden, dass sich das Rettungsgrabungswesen in den zurückliegenden Jahren insgesamt positiv entwickelt hat. Durch systematische Prospektionen können Bedeutung, Zeitstellung und Ausdehnung der im Boden verborgenen Denkmalstrukturen inzwischen zumeist präventiv ermittelt werden, sodass anschließend entweder denkmalverträglich umgeplant oder aber mit ausreichendem zeitlichem Vorlauf Rettungsgrabungen eingeleitet und durchgeführt werden können, um die Befunde zu dokumentieren und das Fundgut fachgerecht zu bergen. Hier hat sich die Zusammenarbeit zwischen der Archäologischen Denkmalpflege, privaten Grabungsfirmen und Bauträgern bzw. Investoren inzwischen gut eingespielt und bewährt. Davon profitieren alle Seiten: Unkontrollierte Denkmalzerstörungen, Baustillstände und Planungsunsicherheiten gehören inzwischen in Baden-Württemberg glücklicherweise weitestgehend der Vergangenheit an.

Auch die breite Öffentlichkeit profitiert von diesen Fortschritten. Jede fachgerecht durchgeführte Ausgrabung liefert wichtige historische Erkenntnisse zur Lokal-, Regional- und Landesgeschichte. In vielen Dörfern und Kleinregionen wurde 2021 überhaupt zum ersten Mal eine Ausgrabung durchgeführt. Nicht selten erscheint die Ortsgeschichte, die zumeist auf wenigen schriftlichen Nachrichten beruht, nach den Ausgrabungen in einem anderen Licht.

In 102 Artikeln, die sich mit allen Epochen von der Altsteinzeit bis in die jüngste Vergangenheit befassen, vermittelt das Jahrbuch der Archäologischen Denkmalpflege ein breites Spektrum des letztjährigen Ausgrabungsgeschehens im Land. Wie reich das archäologische Erbe Baden-Württembergs ist und mit welchen bedeutenden Entdeckungen noch zu rechnen ist, zeigen die Beiträge dieses Bandes eindrucksvoll. Einige Beispiele seien hervorgehoben:

Auf der „Hohen Reute" bei Hohenhaslach wurden bei Forschungsgrabungen der Universität Tübingen intakte Siedlungsschichten einer jungpaläolithischen Freilandfundstelle untersucht (S. 63). In Gerlingen konnte im Vorfeld der Erschließung eines Neubaugebietes der außergewöhnlich gut erhaltene Grundriss einer ausgedehnten Siedlung der mittleren Jungsteinzeit auf einer Fläche von 12 ha freigelegt werden (S. 103). Neue Funde und Erkenntnisse zu Höhensiedlungen der Bronzezeit kamen im Rahmen eines Projekts des Landesamts für Denkmalpflege auf der Schwäbischen Alb ans Licht (S. 122). Bei Pfullendorf in Oberschwaben wurden bei Rettungsgrabungen im Bereich eines Kiesabbaus aufsehenerregende Kammergräber mit reichen Beigaben der Späthallstattzeit entdeckt (S. 149). Bei einer erfolgreichen Lehrgrabung, die das Landesamt für Denkmalpflege in Kooperation mit der Gesellschaft für Archäologie in Württemberg und Hohenzollern durchgeführt hat, konnte erstmals der Beweis erbracht werden, dass die bekannte monumentale Befestigung „Althayingen" im Großen Lautertal schon in frühkeltischer Zeit (7.–6. Jh. v. Chr.) angelegt worden ist (S. 158). Ausgrabungen im Öhringer Ostkastell brachten Funde und Baustrukturen zum Vorschein, die ein neues Licht auf die Zusammensetzung und das Leben der dort stationierten römischen Truppen im 2. und 3. Jahrhundert n. Chr. werfen (S. 187). In Knittlingen im Enzkreis musste ein merowingerzeitliches Gräberfeld ausgegraben werden, das z. T. kostbare Beigaben erbrachte, darunter eine filigran verzierte Goldscheibenfibel (Titelbild; S. 224). Für Aufsehen gesorgt hat die Entdeckung eines Grundsteins des im späten 16. Jahrhundert errichteten „Neuen Lusthauses", der mitten in Stuttgart bei der Sanierung des Kunstgebäudes überraschend zum Vorschein kam (S. 360).

Im Namen der Archäologischen Denkmalpflege möchte ich allen danken, die zum Gelingen des Buches beigetragen haben. Neben den Autorinnen und Autoren gilt mein Dank Karen Schmitt vom Redaktionsbüro Lexis für die gewohnt sorgfältige Redaktion der Beiträge. Besonderer Dank gebührt auch den vielen ehrenamtlichen Beauftragten und Helfern, die an den im letzten Jahr durchgeführten Ausgrabungen, Notbergungen und Prospektionen beteiligt waren.

Wenn auch Sie sich aktiv an der Erforschung und Rettung unseres archäologischen Erbes beteiligen möchten, sind Sie herzlich dazu eingeladen! Melden Sie sich bei Interesse bei den Dienstsitzen des Landesamts für Denkmalpflege in Karlsruhe, Freiburg, Tübingen bzw. Esslingen oder nehmen Sie Kontakt zu den archäologischen Gesellschaften und Fördervereinen auf. Die Kontaktdaten Ihrer Ansprechpartner finden Sie auf S. 383. Zunächst möchte ich Sie aber herzlich zur Lektüre des vorliegenden Bandes der „Archäologischen Ausgrabungen" einladen und Ihnen dabei viel Freude und Gewinn wünschen.

Esslingen, im Mai 2022

Prof. Dr. Dirk Krausse
Landesarchäologe

Hessen
Rheinland-Pfalz
Bayern
FRANK-REICH
SCHWEIZ
ÖSTER-REICH
Rhein
Main
Tauber
Neckar
Jagst
Kocher
Rems
Fils
Enz
Nagold
Murg
Kinzig
Donau
Iller
Bodensee
Neckarenztalleitung
Mannheim
Ladenburg
Heidelberg-Neuenheim
Bad Friedrichshall-Kochendorf
Öhringen
Pfedelbach
Eppingen
Oberderdingen-Flehingen
Sulzfeld
Untergruppenbach-Donnbronn
Bretten-Neibsheim
Sachsenheim-Hohenhaslach
Knittlingen
Karlsruhe-Durlach
Löchgau
Winzerhausen
Ellwangen
Sachsenheim-Großsachsenheim
Ober-riexingen
Wiernsheim
Ludwigsburg-Neckarweihingen
Weissach-Flacht
Weissach
Gerlingen
Remshalden-Buoch
Mögglingen
Korb-Kleinheppach
Heubach
Bad Liebenzell
Stuttgart
Baden-Baden
Sindelfingen
Leinfelden-Echterdingen
Göppingen
Unterensingen
Kirchheim u. T.
Herbrechtingen
Nieder-stotzingen-Lontal
Ammerbuch-Entringen
Gerstetten-Dettingen a. A.
Dettingen u. T.
Geislingen a. d. Steige
Neuffen
Erkenbrechtsweiler/Grabenstetten
Niederstotzingen-Stetten o. L.
Ammerbuch-Reusten
Ammerbuch-Pfäffingen
Tübingen-Unterjesingen
Bad Urach
Tübingen-Bühl
Römerstein-Zainingen
Blaubeuren-Seißen
Lichtenstein-Holzelfingen
Ulm
Haigerloch-Owingen
Ettenheim-Altdorf
Münsingen-Gundelfingen
Schelklingen
Geislingen-Binsdorf
Hayingen-Indelhausen
Lauterach
Herbolzheim
Albstadt-Ebingen
Langenenslingen-Wilflingen
Rottweil
Endingen a. K.
Niedereschach
Herbertingen-Hundersingen
Herbertingen
Bad Buchau
March-Hugstetten
Rot a. d. Rot
Freiburg i. Br.
Pfullendorf-Otterswang
Breisach-Oberrimsingen
Tuttlingen-Möhringen
Pfullendorf
Geisingen-Gutmadingen
Geisingen
Engen-Bittelbrunn
Engen-Anselfingen
Weingarten
Hilzingen-Stockach-Wahlwies
Hilzingen-Weiterdingen
Duchtlingen
Überlingen
Müllheim-Feldberg
Ravensburg
Radolfzell-Güttingen
Singen-Bohlingen
Schopfheim
Konstanz
Öhningen-Wangen
Kressbronn
Rheinfelden-Herten
0 10 20 30 km

Inhalt

Metallzeiten

Römische Zeit

Frühmittelalter

Mittelalter und Neuzeit

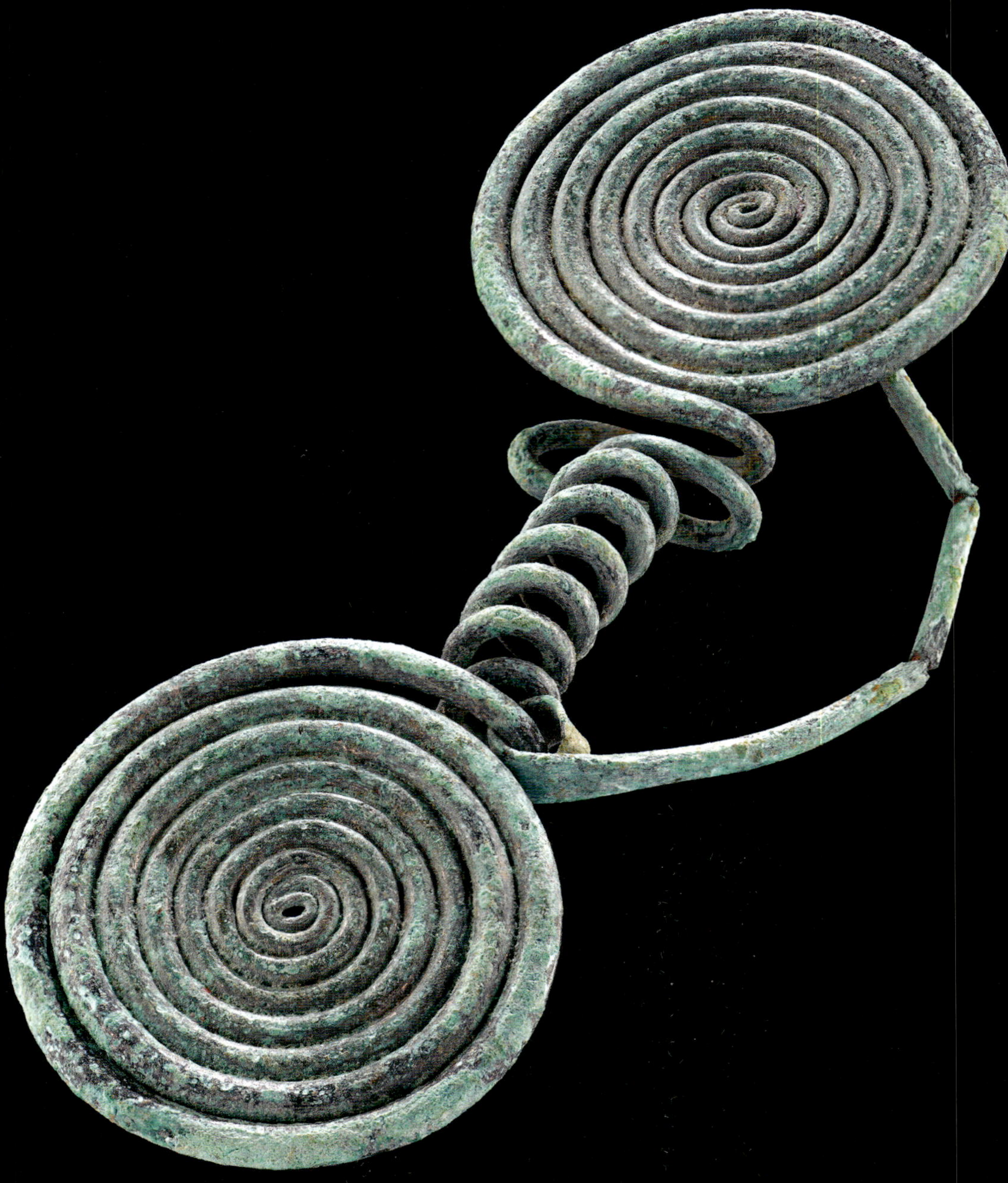

ÜBERGREIFENDE BEITRÄGE UND FORSCHUNGSBERICHTE

1 △ *Bad Friedrichshall-Kochendorf. Urnenfelderzeitliche Drahtbügelfibel vom Typ Hanau. Bronze, L. ca. 8 cm (zum Beitrag S. 34 ff.).*

■ AMMERBUCH-REUSTEN, KREIS TÜBINGEN

Im Hinterland des Kirchbergs von Reusten – Ein neues Grabungsprojekt im Bereich des neolithischen Siedlungsareals und frühbronzezeitlichen Bestattungsplatzes bei Ammerbuch-Reusten

Die Entdeckung eines hinsichtlich seines Erhaltungszustands schon stark in Mitleidenschaft gezogenen Grabfundes während einer gemeinsamen Forschungsgrabung des Landesamtes für Denkmalpflege (LAD) und der Universität Tübingen gab Anlass, das betroffene Areal in der Flur „Grüninger" bei Ammerbuch-Reusten weiter archäologisch zu untersuchen. Der Verdacht – geschürt durch diverse aufgelesene Skelettreste an der Ackeroberfläche –, dass hier noch weitere Grabfunde unmittelbar ihrer Zerstörung durch intensive Beackerung preisgegeben sind, erforderte eine flächige Aufdeckung des Areals zur Sicherung dieser hochkarätigen Fundstelle. Deshalb wird seit September 2021 im Rahmen einer Flächengrabung die betroffene Parzelle archäologisch untersucht, ein Projekt, das auf insgesamt zwei Jahre angelegt ist. Das seit langer Zeit bekannte, nahe des „Stützbrunnens" gelegene Fundareal im Hinterland des Kirchbergs von Reusten liegt mit seinen fruchtbaren Lössflächen im Kern der Siedlungskammer des Oberen Gäus. Archäologische Relikte aus nahezu allen vorgeschichtlichen Epochen seit der frühesten Jungsteinzeit bis in die römische Zeit belegen einen äußerst siedlungsgünstigen Platz, der auch mit einer ganzen Reihe von (früh-)bronzezeitlichen Grabfunden die Höhensiedlung auf dem nahe gelegenen Kirchberg in einem besonderen Umfeld erscheinen lässt.

2 ▽ *Ammerbuch-Reusten, „Grüninger". Grabungsarbeiten auf der Fläche, die im Wesentlichen durch ehrenamtliches Engagement realisiert wurden.*

Mit ehrenamtlich Tätigen der Bronzezeit auf der Spur

Medial in den Fokus trat die Fundstelle bereits im Vorfeld durch die Entdeckung des Grabes einer jungen Frau aus der frühen Bronzezeit, die mit einem kleinen Goldring als einziger Beigabe im 18. Jahrhundert v. Chr. hier beerdigt wurde. Die ^{14}C-Datierung des Skeletts weist gleichzeitig das Ringchen als bislang ältestes Goldartefakt im südwestdeutschen Raum aus.

Da für die Ausgrabung des Areals kein bauseitig bedingter Zeitdruck herrscht, bot es sich an, mit dieser Grabungsaktivität Raum für ehrenamtliches Engagement zu schaffen, und so setzt sich das Grabungsteam von Beginn an auch aus einer Schar freiwillig tätiger und an der Archäologie interessierter Bürgerinnen und Bürger zusammen, deren Einsatzfreude und Begeisterung eine kontinuierliche personelle Stütze der Grabungsaktivitäten darstellen. Auf diese Weise kann auch interessierten Laien die Möglichkeit geboten werden, unter fachkundiger Anleitung an archäologischen Ausgrabungen teilzunehmen und so Archäologie vor Ort zu erleben und die Ausgrabungen zu unterstützen (Abb. 2).

So erhalten alle Teilnehmenden eine Einführung in die grundlegenden Techniken und Arbeitsweisen auf einer archäologischen Ausgrabung und graben die Befunde, z. B. Gruben oder Gräber, selbstständig aus. Dabei wird die Verfüllung der Befunde vollständig gesiebt, um auch kleinste Fundstücke bergen zu können. Neben der Einmessung und Verpackung der Funde unterstützen die Ehrenamtlichen auch bei der fotografischen und schriftlichen Dokumentation. Das Waschen und Nachbearbeiten der Funde erfolgt ebenfalls in diesem Rahmen und zeigt den Teilnehmenden einen weiteren Aspekt der praktischen archäologischen Arbeit.

Siedlungsgruben der Jungsteinzeit und der vorrömischen Metallzeiten

Während der ersten Monate der Grabungskampagne gelang es, im Umfeld des genannten Grabfundes in einem ersten Abschnitt den Oberboden auf einer Fläche von rund 700 m² abzutragen und dabei bereits eine Vielzahl von Befunden aufzudecken (Abb. 3). Die angetroffenen Siedlungsbefunde, erwartungsgemäß vor allem Pfostenspuren und Grubenreste, lassen nach Ausweis des Fundmaterials bereits unterschiedliche Phasen vorgeschichtlicher Besiedlung erkennen. So ist eine intensive Siedlungstätigkeit der Linearbandkeramik während des Frühneolithikums nachgewiesen und Pfostenstandspuren bezeugen die Existenz bandkeramischer Langhäuser.

Auch Siedlungsbelege aus dem nachfolgenden Mittelneolithikum sind in nicht unbedeutendem Maße vorhanden und belegen eine mehr oder weniger kontinuierliche Nutzung des Platzes bis weit in das 5. Jahrtausend v. Chr. hinein: So finden sich verzierte Keramikfragmente der Hinkelsteingruppe, der Großgartacher sowie der Rössener Kultur. Die mittelneolithischen Befunde lassen allerdings keine zusammenhängenden Strukturen erkennen, vielmehr handelt es sich um mehrere, unterschiedlich gut erhaltene Siedlungsgruben in lockerer, unregelmäßiger Streuung.

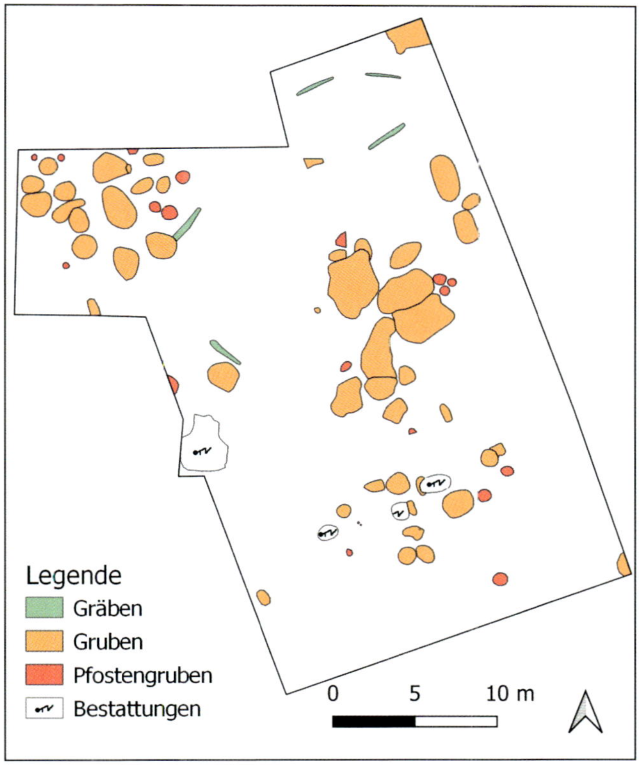

3 △ *Ammerbuch-Reusten, „Grüninger". Gesamtplan der archäologischen Befunde der Grabungskampagne.*

Bemerkenswert erscheint eine auf den ersten Blick jungsteinzeitliche Schlitzgrube, die sich aufgrund ihrer tiefen und schmalen Kontur gut in den bandkeramischen Siedlungskontext einfügen würde. Allerdings wurden in ihrer Verfüllung auch hallstattzeitliche Gefäßfragmente geborgen, darunter charakteristische Scherben von Alb-Hegau-Keramik. Kurioserweise fand sich auf Höhe der Sohle, am Übergang zum anstehenden Lösslehm, das Beckenfragment eines eiszeitlichen Großsäugetiers. Vereinzelte weitere Scherben der Urnenfelderzeit und der frühen Eisenzeit deuten auf Siedlungsaktivitäten im näheren Umfeld auch noch während der ersten Hälfte des 1. Jahrtausends v. Chr.

Weitere Gräber der frühen Bronzezeit

Die Vermutung, dass sich an dieser Stelle weitere Grabfunde der Bronzezeit im Boden befinden könnten, bestätigte sich bereits am Beginn der Grabungskampagne noch im September. Drei Hockerbestattungen in unterschiedlich guter Erhaltung konnten auf engem Raum aufgedeckt werden, darunter eine Frau mittleren Alters sowie ein subadultes Individuum. Während zwei Bestattungen augenscheinlich beigabenlos in die Erde kamen, wurde das dritte Individuum mit einem dünnen, rundstabigen Bronzering am linken Unterarm beerdigt.

Alle Bestattungen wurden, ebenso wie schon die Bestattung der jungen Frau mit dem Goldring, auf der rechten Seite liegend in Südost-Nordwest-Orientierung angetroffen (Abb. 4). Die Grabgruben waren schwer erkennbar und hoben sich kaum vom anstehenden Boden ab.

Nachdem nur rund 250 m östlich der aktuellen Ausgrabungsstelle schon im Jahr 2000 eine kleine frühbronzezeitliche Nekropole mit 29 Hockerbestattungen ausgegraben wurde, scheint mit der neuen Fundstelle ein zweiter Bestattungsplatz erfasst, dessen Bezug zur bronzezeitlichen befestigten Höhensiedlung auf dem Kirchberg evident ist. Es bleibt zu erwarten, dass mit dem Fortgang der Ausgrabungen im näheren Umfeld die bronzezeitliche Siedlungslandschaft Stück um Stück schärfer in Erscheinung treten wird.

Unser besonderer Dank geht an die Herren Wilhelm Bühler, Ammerbuch, und Jürgen Rothfuß, Gäufelden, für ihr Verständnis,

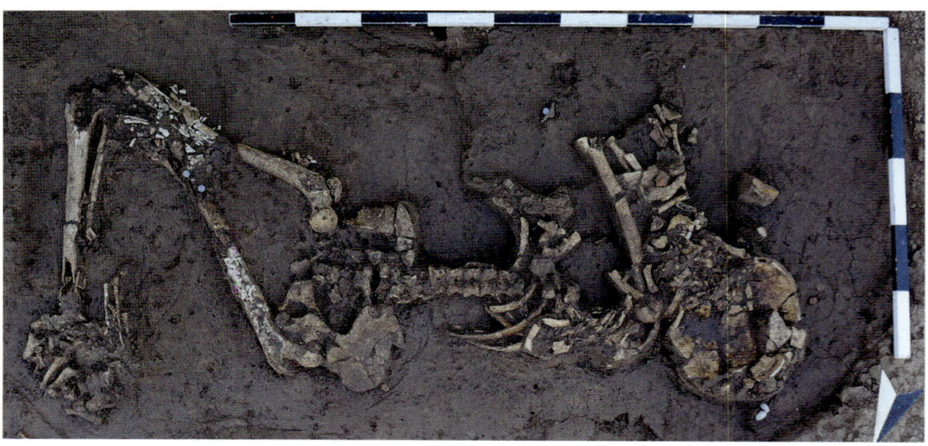

4 ▷ Ammerbuch-Reusten, „Grüninger". Frühbronzezeitliche Hockerbestattung in Fundlage unmittelbar unterhalb des Pflughorizontes.

ihre Unterstützung und die Erlaubnis, auf dieser Parzelle die archäologischen Untersuchungen durchführen zu können. Unser Dank gilt ebenfalls allen ehrenamtlich tätigen Ausgräbern und Ausgräberinnen für ihren unermüdlichen und engagierten Einsatz im Feld und bei der Fundbearbeitung.

Jörg Bofinger, Marc Heise, Lea Valcov

LITERATURHINWEISE

J. Bofinger, Untersuchungen zur neolithischen Besiedlungsgeschichte des Oberen Gäus. Materialh. Arch. Baden-Württemberg 68 (Stuttgart 2005);
R. Krauß u. a., An Early Bronze Age burial with a golden hair ring from Ammerbuch-Reusten, Southwest Germany. Prähist. Zeitschr. 96, 2021, 434–443.

FORSCHUNGSPROJEKT

Archäopedologische Untersuchungen in einer bronzezeitlichen Kulturlandschaft bei Anselfingen

Die ausgedehnte würmeiszeitliche Schotterterrasse zwischen den Engener Teilorten Anselfingen und Welschingen im Kreis Konstanz ist schon seit Längerem für ihre archäologischen Funde bekannt. Umfangreiche Rettungsgrabungen im Bereich der Kiesgrube Kohler belegen inzwischen eine Nutzung des Geländes seit dem Jungneolithikum bis in die Römische Kaiserzeit. Um das Zentrum der ca. 9 ha großen Grabungsfläche konzentrierten sich die Überreste eines mittelbronzezeitlichen Dorfes, die seit 2017 im Rahmen eines interdisziplinären Forschungsverbunds (Sonderforschungsbereich 1070) an der Universität Tübingen ausgewertet wurden. Neben den archäologischen Strukturen standen dabei auch bodenkundliche Untersuchungen im Fokus. Um die bronzezeitliche Landnutzung mit naturwissenschaftlichen Biomarkeranalysen untersuchen zu können, wurden deshalb mehrere Profile in Hangabtragungsmaterial (Kolluvien) angelegt (Abb. 5, A). Diese biogeochemischen Analysen können Hinweise auf Landnutzungspraktiken wie z. B. Ackerbau und Viehhaltung geben.

Bronzezeitliche Kulturlandschaft

Die Untersuchungen bestätigten, dass an vielen Stellen noch das ursprüngliche Relief mitsamt der alten Landoberfläche erhalten ist. Bis in die Mittelbronzezeit wurde diese Oberfläche genutzt, ehe es infolge von Rodung an den Hängen des Hohenhewen zu Erosion kam und Sediment vor allem am Hangfuß wieder abgelagert wurde. Dies führte vielerorts zur schützenden Überdeckung der bronzezeitlichen Strukturen durch kolluviale Ablagerungen. Offenbar ist die alte Landoberfläche nicht überall in gleicher Weise genutzt worden. So lassen die Ergebnisse etwa annehmen, dass nördlich des Dorfes ein eichendominierter Mittelwald zur Waldweide genutzt wurde, wobei bestimmte, langfristig im Boden gebundene Hormonkomplexe (Fäkalmarker) darauf hindeuten, dass hier vor allem omnivore Lebewesen ihre „Spuren" hinterließen – wohl Hausschweine, deren Anwesenheit im Siedlungsbereich auch durch Knochen bezeugt ist. Im Gegensatz dazu fanden sich südlich der Siedlung große Mengen mi-

5 ▷ *Schotterterrasse südlich von Engen-Anselfingen während der Geländearbeiten im Frühjahr 2021 (A); Bodenprofil mit kieshaltigen Kolluvien über der alten Landoberfläche mit Pflughorizont (B) sowie Dünnschliff aus dem begrabenen Pflughorizont (6 cm × 9 cm; aus 190–200 cm Tiefe; C). Das Auftreten einer fast rechteckigen Fläche (heller Bereich im linken Schliffviertel) mit schrägen, um etwa 45° zu einer Seite geneigten Bändern aus abwechselnd grobem (türkise Pfeile) und feinem Material ist typisch für die Bodenbearbeitung mit Ardern oder einfachen Pflügen, bei der das Material in Klumpen umgelagert wird.*

kroskopischer Pflanzenreste, sogenannter Phytolithen. Sie stammen großenteils von Süßgräsern, womit hier offensichtlich der Getreideanbau erfasst wurde.

Insgesamt zeichnet sich somit eine ausgesprochen vielfältige Landnutzung während der mittleren Bronzezeit ab, sodass wir uns die Umgebung einzelner Siedlungen zunehmend als intensiv genutzte und langfristig gepflegte Kulturlandschaft vorstellen können.

Ein bronzezeitlicher Pflughorizont im Süden der Schotterterrasse

Überraschend war, dass in einem der Profile die alte Landoberfläche als Pflughorizont ausgebildet war. Der sonst eher fließende Übergang von altem Ober- zu Unterboden war hier wohl vom rindergezogenen Pflug rund 15 cm tief abgeschnitten worden (Abb. 5, B). Mikromorphologische Untersuchungen des Bodengefüges zeigen seitlich verstellte Bodenklumpen, was in dieser Art nur durch den Menschen verursacht sein kann (Abb. 5, C). Bislang sind bronzezeitliche Pflughorizonte und -spuren vor allem aus Nordeuropa bekannt, wo sie sich etwa unter Grabhügeln erhalten konnten. Dass in Anselfingen nun im offenen Gelände ein prähistorischer Pflughorizont identifiziert und darüber hinaus mit einer benachbarten Siedlung in Verbindung gebracht werden konnte, ist unserer Kenntnis nach in Süddeutschland bisher einmalig. Daher wurden 2021 weitere archäopedologische Geländearbeiten vorgenommen, um die Ausdehnung und Erhaltung des Pflughorizonts im Süden der Schotterterrasse flächig zu erfassen und weiteres Probenmaterial zu gewinnen. Die Auswertung dauert noch an, doch es zeigt sich bereits, dass hier nicht nur vereinzelt mit Siedlungsstrukturen der Spätbronze- bis Eisenzeit zu rechnen ist, sondern dass der älterbronzezeitliche Pflughorizont tatsächlich auf bis zu etwa einem halben Hektar erhalten ist. Von den laufenden Analysen sind neue Ergebnisse zum bronzezeitlichen Ackerbau zu erhoffen, wie sie bislang im Mineralbodenbereich unmöglich schienen.

INFO

Mikromorphologischer Dünnschliff

Ungestörte und orientiert entnommene, mit Kunstharz getränkte Bodenproben. Nach Aushärten des Kunstharzes werden die Proben auf einen Objektträger geklebt und auf eine Dicke von 30 µm geschliffen. Dadurch können mit einem Polarisationsmikroskop die Bodeneigenschaften wie Poren und Aggregate (Bodengefüge) oder auch die Zusammensetzung des Bodens so untersucht werden, wie sie tatsächlich in der Natur vorgefunden wurden.

Wir danken der Deutschen Forschungsgemeinschaft für die Finanzierung des Sonderforschungsbereichs 1070 RessourcenKulturen, dem Landesamt für Denkmalpflege und den Grundeigentümern für die freundliche Genehmigung der Geländearbeiten sowie der Kreisarchäologie Konstanz für technische und beratende Unterstützung.

Benjamin Höpfer, Sascha Scherer,
Daniel Greulich, Thomas Scholten,
Thomas Knopf, Peter Kühn

LITERATURHINWEISE

J. Ehrle/J. Hald/B. Höpfer, Zehn Jahre Rettungsgrabung im Kieswerk Kohler bei Anselfingen: ein Resümee. Arch. Ausgr. Baden-Württemberg 2017, 44–49; B. Höpfer u. a., Mittelbronzezeitliche Siedlungsfunde aus Engen-Anselfingen (Lkr. Konstanz, Baden-Württemberg). Einblicke in Struktur und Organisation der Siedlung. In: K.-H. Willroth (Hrsg.), Elemente bronzezeitlicher Siedlungslandschaften. Studien zur Nordeuropäischen Bronzezeit 5 (im Druck); S. Scherer u. a., Middle Bronze Age land use practices in the north-western Alpine foreland (Hegau). A multi-proxy study of colluvial deposits, bogs and archaeological features. SOIL 7,1, 2021, 269–304; H. Lewis, Investigating Ancient Tillage: an experimental and soil micromorphological study. BAR Internat. Ser. 2388 (Oxford 2012) 118.

Ehrenamtlich am Wunnenstein II

Der Wunnenstein ist die markanteste, die Landschaft bestimmende Erhebung zwischen Ludwigsburg und Heilbronn und weist eine lange, bis weit in die Vorgeschichte reichende Nutzung auf. Mit großem Engagement zahlreicher Freiwilliger wurden 2021 die im Vorjahr begonnenen Felduntersuchungen am Wunnenstein im Rahmen des schon 2019 initiierten Ehrenamtsprojektes im Landkreis Ludwigsburg fortgeführt und zum Abschluss gebracht. Zunächst fanden früh im Jahr unter den Einschränkungen der Pandemie weitere Metallsondenprospektionen auf dem Bergplateau statt. Der Schwerpunkt der Feldarbeiten lag indes auf der Fortsetzung und der Beendigung der begonnenen Ausgrabungen an der Grabhügelnekropole am Osthang des Berges.

Wie zuvor war es auch 2021 zentrales Anliegen, den Teilnehmenden umfassende Einblicke in die Methoden moderner Ausgrabungen und die Teilhabe an der feldarchäologischen Arbeit zu ermöglichen (Abb. 6). Zudem wurden während der Prospektionen verschiedene Anwendungen für Smart-Geräte zur Kartierung von Funden ausprobiert und während des Lockdowns im Frühjahr erfolgte unter fachlicher Anleitung von Dr. Christoph Steffen eine Einführung in die archäologische Fernerkundung mittels Google Earth Pro.

6 ◁ *Winzerhausen, Wunnenstein. Projektteilnehmende bei der Durchführung unterschiedlicher Grabungs- und Dokumentationsschritte. a Abtragen der inneren Hügelschüttung; b Einmessen und Beschreiben von Funden und Befunden; c Entnehmen von Erdproben und Führen von Probenlisten.*

Der „große" Tumulus

Die Ausgrabungen konzentrierten sich auf den größten Hügel der nördlichen, aus sieben im Gelände noch erkennbaren Tumuli bestehenden Gruppe einer Grabhügelnekropole. Der einfassende Steinkranz war bereits im Vorjahr partiell bis in ca. 0,20 m Tiefe freigelegt worden. Mit rund 40 Freiwilligen wurden von Juli bis November etwa zwei Drittel des Hügels vollständig ergraben (Abb. 6a). Um möglichst kein Detail – wie etwa die 2020 gefundenen Mikrolithen – zu übersehen, geschah dies wiederum mittels Feinwerkzeug und zunächst Aussieben des Sediments. Es zeigte sich jedoch, dass die Erdschüttung fast keine Silices enthielt, sodass auf Letzteres schließlich verzichtet werden konnte. Um den Hügel im Nachhinein auch mit Labormethoden weiter untersuchen zu können, wurden zahlreiche Proben für naturwissenschaftliche Untersuchungen genommen. Zudem erfolgte vor Ort die geologisch-bodenkundliche Aufnahme durch Dr. Richard Vogt.

Der „große" Tumulus der Nordgruppe ist heute noch bis zu 1,2 m hoch erhalten. Er besitzt einen Steinkranz von 9,5–10,5 m Außendurchmesser und 1,0–1,3 m Breite. Dessen Außenseite ist mit großen, sorgfältig gesetzten Steinblöcken gestaltet, nach innen folgen grobe Bruchsteine (Abb. 7). Das Fehlen eines Humushorizontes unter den basalen Hügelschichten legt nahe, dass auch hier das Gelände zunächst durch Abtragen des einstigen Oberbodens vorbereitet wurde, wie es im Vorjahr schon beim daneben liegenden, kleinen Tumulus festzustellen war. Die Hügelschüttung selbst kennzeichnet eine komplexe Stratigraphie, besonders im Zentrum sind deutlich verschiedene Schichtlagen eines „Kernhügels" differenzierbar. Weder ein Zentralgrab, das sich durch die 2020 erfolgte geophysikalische Prospektion anzudeuten schien, noch vergleichbare Befunde fanden sich in der Hügelmitte. Ebenso wenig waren Spuren einer antiken oder modernen Störung festzustellen. Allerdings kam nahe dem Zentrum eine Konzentration von Knochenfragmenten (Leichenbrand?) ohne Holzkohle zutage, direkt neben einer Verfärbung von ca. 1,5 m × 1,0 m Größe. Weitere, mit Holzkohle assoziierte Knochenreste fanden sich im Süden des Hügels unterhalb des Steinkranzes. Zudem wurden Holzkohlekonzentrationen in verschiedenen Höhen der Hügelschüttung beobachtet. Die Funde beschränken sich auf wenige Keramikscherben vorgeschichtlicher Machart, einige Silexartefakte sowie ein geschliffenes Schieferfragment.

7 ▽ Winzerhausen, Wunnenstein. Stand der Ausgrabung am großen Hügel Mitte September 2021. Der Steinkranz ist zu zwei Dritteln freigelegt.

Es ist zu vermuten, dass auch der „große" Tumulus in die Spätbronzezeit zwischen 1300 und 1000 v. Chr. datiert, wie es Radiokarbondaten von Holzkohlen aus dem benachbarten kleinen Hügel anzeigen. In jener Zeit kam es zu bedeutenden Veränderungen der Bestattungssitten in Südwestdeutschland – dem Übergang von der Körper- zur Brandbestattung in Brandschüttungsgräbern, bevor nachfolgend in der Urnenfelderzeit die verbrannten Überreste der Toten samt Beigaben in Urnen beigesetzt wurden.

Ausblick

Mit seiner komplexen Stratigraphie und den verschiedenen Deponierungen von Brand- und Knochenresten liefert der „große" Grabhügel am Wunnenstein Hinweise auf die vielschichtigen Vorgänge und damit verbundenen Vorstellungen der damaligen Bestattungspraktiken und des Hügelbaus. Es ist vorgesehen, die Grabungsergebnisse und die Erkenntnisse der interdisziplinären Auswertung in einer umfassenden Publikation der Öffentlichkeit zugänglich zu machen.

Unser herzlicher Dank gilt allen Projektteilnehmenden für ihre unermüdliche Unterstützung und die ausgezeichnete Zusammenarbeit. Besonders gedankt sei Franz Hoffmann für die Betreuung der Moodle-Plattform, Markus Pantle für Unterstützung vor Ort, Wilhelm Schmidbleicher für die Erlaubnis, auf seinem Grundstück zu graben, sowie Thomas Friede, Hofkammer des Hauses Württemberg, und der Stadt Großbottwar.

André Spatzier, Annkatrin Benz

LITERATURHINWEISE

A. Benz/A. Spatzier, Archäologie rund um den Wunnenstein (Großbottwar). Ein Forschungsprojekt mit Ehrenamtlichen und Freiwilligen im Landkreis Ludwigsburg. Denkmalpfl. Baden-Württemberg 50, 2021, 120–125; A. Spatzier/A. Benz, Ehrenamtlich am Wunnenstein bei Winzerhausen. Arch. Ausgr. Baden-Württemberg 2020, 38–41.

■ LINEARE PROJEKTE

Von Wiernsheim nach Löchgau – Erste Untersuchungen an der Neckarenztalleitung (NET)

Der Fernleitungsnetzbetreiber terranets bw plant den Bau einer 30 km langen Gashochdruckleitung entlang der Randhöhen des Enztals zwischen Wiernsheim im Enzkreis und Löchgau im Kreis Ludwigsburg. Von Westen kommend, verläuft die Trasse bis Enzweihingen südlich der Enz, quert diese beim Leinfelder Hof und findet ihre Fortsetzung nördlich des Flusses. Innerhalb des 25 m breiten Arbeitsstreifens sind mehr als 20 archäologische Fundstellen bekannt, die im Zuge des Bauvorhabens untersucht werden müssen. Bewährt hat sich dabei ein nach Qualität, Quellenlage und Ausmaß der Betroffenheit abgestuftes Vorgehen, das bauvorgreifende Maßnahmen wie flächige Ausgrabung oder Prospektion mittels Baggerschnitten vorsieht. Die damit beauftragte Firma fodilus GmbH hat die Geländearbeit im Herbst 2020 aufgenommen.

Prospektionen

An zwölf Fundplätzen sollten Sondagen deren genaue Lokalisierung im Trassenkorridor, den Erhaltungszustand sowie die Zeitstellung ermitteln (Abb. 8).
Baggerschnitte auf den südlich der Enz gelegenen Fundstellen bei Nußdorf, Enzweihingen und Riet (Abb. 8, Nr. 1, 9, 10, 11) erbrachten nur in geringer Zahl archäologische Befunde, die sich zudem kaum zeitlich einordnen ließen. Bei Fundstelle 1 nördlich von Eberdingen-Nußdorf verläuft die Trasse im Umfeld eines römischen Gebäudes. Da bei der Prospektion einschlägige Befunde nicht zutage kamen, dürfte die Gasleitung an dem mutmaßlichen Gutshof vorbei laufen. In steinigen Verwitterungsschichten des Keupers wurde auf einer Kuppe lediglich eine sehr schlecht erhaltene Grube mit vorgeschichtlicher Keramik aufgedeckt, wohl letzter Rest einer Siedlung, die ansonsten schon vollständig erodiert ist.
Nördlich der Enz, wo die Anzahl der von der Trasse durchschnittenen Fundplätze höher ist, erwiesen sich die Baggerschnitte bei Metterzimmern, Oberriexingen und Löchgau (Abb. 8, Nr. 3, 6, 19) ebenfalls als wenig ergiebig (Abb. 9). Auch der merowingerzeitliche Friedhof beim Egartenhof nahe Großsachsenheim scheint nicht im Baufeld der Leitung zu liegen (Abb. 8, Nr. 5). Dort, wo die Sondagen eine größere Befunddichte anzeigten, wurden sie umgehend in eine bauvorgreifende Ausgrabung übergeleitet.

Eine Überraschung am Ufer der Enz

Wegen eines auffälligen rechteckigen Luftbildbefundes wurde auf dem Nordufer der Enz beim Leinfelder Hof zwischen Oberriexingen und Enzweihingen ein Sondageschnitt angelegt (Abb. 8, Nr. 23). Er zeigte, dass sich dahinter eine römische Mauer verbarg. Darüber hinaus wurden Pfostengruben und vorgeschichtliche Keramik festgestellt. Eine flächige Ausgrabung war schon wegen des anzunehmenden und bisher unbekannten römischen Gutshofs unumgänglich. Für einen erheblichen Teil des Baufelds, das hier auch den Bau einer provisorischen Brücke über die Enz vorsieht, konnten Schutzmaßnahmen für die archäo-

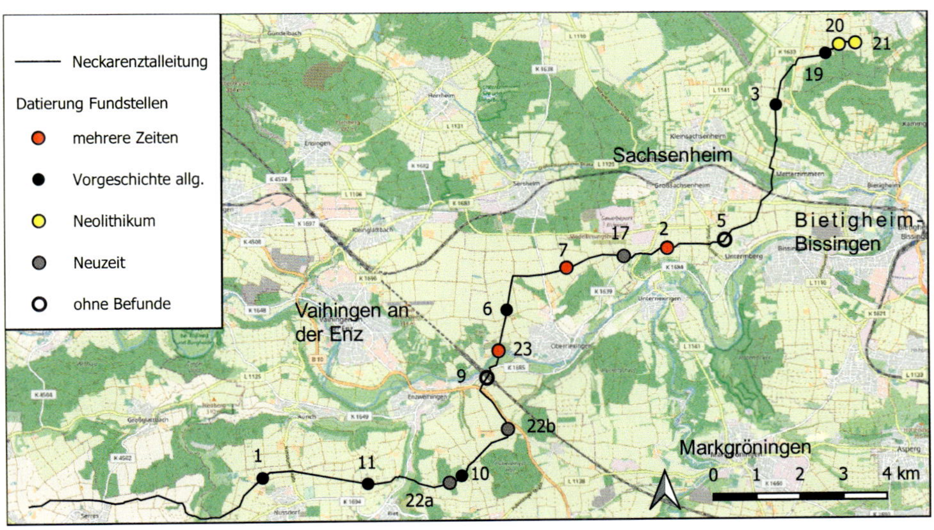

8 ◁ *Übersichtskarte zum Trassenverlauf der Neckarenztalleitung mit Eintrag der vorab untersuchten Fundplätze.*

9 ▷ *Neckarenztalleitung. Baggerschnitte einer Sondage bei Metterzimmern (Fundstelle 3). Blick Richtung Norden.*

10 ▽ *Oberriexingen. Übersicht der Befunde in der ersten Grabungsfläche am Leinfelder Hof.*

logische Substanz im Boden eingeplant werden. Wo dies nicht möglich war, werden seit Herbst 2021 Rettungsgrabungen durchgeführt. Eine geomagnetische Prospektion erbrachte eine unerwartete Dichte an Erdbefunden außerhalb der römischen Hofmauer. Die erste, nur 80 m lange und 10 m breite Fläche bot eine außergewöhnliche Vielfalt an Befunden verschiedenster Epochen (Abb. 10): bandkeramische Gruben, eine bronzezeitliche Körperbestattung, ein großes, in den Boden eingegrabenes Vorratsgefäß der Urnenfelderkultur, kegelstumpfförmige Vorratsgruben der späten Hallstatt- und frühen Latènezeit sowie drei mittelalterliche Grubenhäuser des abgegangenen Ortes „Lengenfelt“. Die Topographie des Fundplatzes ist sehr interessant, handelt es sich doch um eine etwa 100 m breite Niederterrasse zwischen der Enz und dem steilen Anstieg zur Hochfläche, die offenbar über Jahrtausende günstige Bedingungen für eine Besiedlung bot.

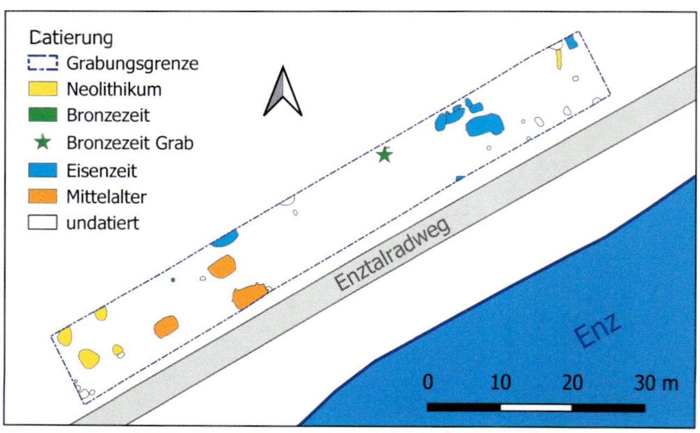

Neolithische Siedlungen

Ungewöhnliche Befunde des Neolithikums erbrachte auch die Untersuchung eines 1,1 km langen Trassenabschnitts bei Oberriexingen (Abb. 8, Nr. 7; siehe den Beitrag S. 30 ff.). Noch nicht abgeschlossen sind Grabungen im Bereich von zwei Luftbildfundstellen nahe Löchgau, wo jungneolithische Gruben entdeckt wurden (Abb. 8, Nr. 20, 21). Eine Herausforderung stellt die Ausgrabung eines 850 m langen Trassenabschnitts südlich von Großsachsenheim dar (Abb. 8, Nr. 2). Es handelt sich um eine ausgedehnte neolithische Lesefundstelle, von der in den letzten Jahren auch urnenfelderzeitliche Funde, darunter Brandgräber, bekannt geworden sind. Bereits die erste Fläche wartete mit einer sehr hohen Dichte gut erhaltener bandkeramischer Siedlungsbefunde auf, die sich mehreren Hausgrundrissen zuordnen lassen (Abb. 11). Ein angeschnittener Kreisgraben hingegen ist wohl im Kontext des urnenfelderzeitlichen Brandgräberfelds zu sehen. Über diese Grabung wird im kommenden Jahr zu berichten sein.

Grabungen im Boden und im Archiv

Zu den chronologisch jüngsten Fundplätzen entlang der Trasse gehören Zeugnisse des Zweiten Weltkriegs wie das Zwangsarbeiter-Krankenlager bei Großsachsenheim (siehe den Beitrag S. 365 ff.) sowie die Bunkerkette der Neckar-Enz-Stellung aus den 1930er Jahren. Zwei Anlagen dieser Verteidigungslinie sollten laut einem zeitgenössischen Befestigungsatlas im Trassenverlauf liegen (Abb. 8, Nr. 22a, b). Es stellte sich jedoch heraus, dass diese Lokalisierung zum Teil recht ungenau ist. Eine geomagnetische Prospektion ergab keine Hinweise auf Bunkerreste an den betreffenden Stellen. Für einen der beiden erbrachte eine „Grabung“ im Archiv den entscheidenden Hinweis: Die für den Bau der Bunker erforderlichen Grundstücke waren 1938 separiert und neu vermessen worden. Mit Unterstützung des Vermessungsamts in Ludwigsburg konnte das Grundstück auf einer älteren Katasterkarte noch nachgewiesen werden. Die Archivrecherche ergab, dass die Trasse am Bunker vorbei laufen wird.

11 ◁ *Großsachsenheim. Ausschnitt der bandkeramischen Siedlung mit der charakteristischen Nordwest-Südost-Ausrichtung der Baubefunde und Grubenkomplexe. Ansicht von Süden.*

Querschnitt durch eine archäologische Landschaft

Im südlich der Enz gelegenen Teil der Pipeline ist nicht nur die Anzahl der bekannten Fundstellen geringer, auch das Fundaufkommen ist nördlich der Enz auffallend höher. Das dürfte durch die naturräumlichen Verhältnisse bedingt sein. Während zwischen Wiernsheim und Enzweihingen Muschelkalk- und Keuperverwitterungsböden hervortreten, finden sich nördlich der Enz große Lössflächen, deren gute Ackerböden seit dem Altneolithikum bevorzugt Siedler angezogen haben. Viele Fundplätze waren schon durch neolithische Lesefunde oder Luftbilder bekannt. Im Zuge der archäologischen Geländearbeit gelangen jedoch Neuentdeckungen, die das Spektrum erweitern. Besonders anschaulich wird das an der Fundstelle Nr. 23 beim Leinfelder Hof, von der vorab nur der Luftbildbefund existierte. Das lässt erwarten, dass auch beim Bau der Leitung vor allem nördlich der Enz weitere bisher unbekannte Fundstellen aufgedeckt werden.

Für die stets sehr konstruktive und angenehme Zusammenarbeit danken wir dem Vorhabenträger terranets bw sowie den an den Voruntersuchungen beteiligten Firmen. Wertvolle Hinweise zur Neckar-Enz-Stellung verdanken wir P. Wijnands und dem Vermessungsamt Ludwigsburg. Nicht zuletzt sei den betroffenen Grundstückseigentümern und Pächtern für ihr Entgegenkommen gedankt.

Ralf Keller, Andrea Neth, Ann-Kathrin Schmidt

OBERRIEXINGEN, KREIS LUDWIGSBURG

Mittelneolithische Grabenanlage und metallzeitliche Befunde in der Trasse der Neckarenztalleitung bei Oberriexingen

Die geplante Neckarenztalleitung (NET) zwischen Wiernsheim und Löchgau quert nördlich von Oberriexingen auf einer Länge von 1,1 km eine ausgedehnte mittelneolithische Siedlung, deren Überreste sich in Luftbildern und Lesefunden zu erkennen geben. Aus diesem Grund wurde von April bis Dezember der 20 m breite Arbeitsstreifen in den Gewannen Hagbusch, Bonlanden und Sankt-Kaspars-Bild auf ganzer Länge durch die Firma fodilus GmbH, Rottenburg, untersucht (siehe den Beitrag S. 26 ff.). Der Grabungsschnitt verläuft auf dem nach Süden geneigten Hang eines Ost–West orientierten Geländerückens. Kleinräumige Unterschiede im Geländerelief spiegeln sich in den Bodenverhältnissen wider. So wechseln Abschnitte mit erhaltener Lösslehmdecke mit solchen, bei denen unter dem Ackerhumus direkt der helle Löss erscheint. Eine Senke im mittleren Teil weist kolluviale Ablagerungen auf (Abb. 12).

Da der östliche Teil des Schnitts im Bereich eines ehemaligen Luftwaffenstützpunkts aus der Zeit des Zweiten Weltkriegs lag, mussten vorab Kampfmittelsondierungen durchgeführt werden (siehe den Beitrag S. 365 ff.).

12 △ *Oberriexingen. Drohnenaufnahme der Grabungsfläche von Südosten. Gut erkennbar ist die Geländesenke in der Bildmitte.*

Mittelneolithische Siedlung mit Grabenanlage

Die nach den Luftbildern zu erwartenden Siedlungsbefunde stellten sich nach dem Humusabtrag in der Fläche ein. Vor allem in der östlichen Hälfte zeigten sich zahlreiche Siedlungsgruben, die in Gruppen oder als größere, geschlossene Grubenkomplexe zutage traten. Nahe dem östlichen Schnittende erschien ein etwa 0,65 m breiter Graben, der den Schnitt in bogenförmigem Verlauf durchzieht (Abb. 13, rechts). Er wies eine ungefähr 1 m breite Unterbrechung auf, der auf der Außenseite ein kurzes Gräbchen vorgelagert war. Diese Konstruktion könnte den Verschluss eines schmalen Durchlasses darstellen. Eine weitere Lücke im Graben deutet sich an der nördlichen Schnittgrenze an, und auch am Südrand fällt ein außen liegender gräbchenartiger Befund auf. Im Profil erwiesen sich die Strukturen als überwiegend bis zu 0,5 m tiefe muldenförmige Eingrabungen. Etwa 200 m weiter westlich wurde die gegenüberliegende, wesentlich besser erhaltene Seite des Grabenwerks erfasst, das hier von drei parallel verlaufenden Gräben gebildet wird (Abb. 13, links). Zwischen zwei ca. 1–1,2 m breiten Gräben verläuft ein schmales Palisadengräbchen. Die beiden äußeren, noch bis zu 1,3 m tiefen Gräben erscheinen in Profilen teils als Sohl-, teils als Spitzgräben. Auch hier weist das Grabenwerk schmale Lücken auf, die wegen oberflächlicher Störungen erst im zweiten Planum erkennbar wurden. Auf der Außenseite war wiederum ein kürzerer Grabenabschnitt vorgelagert. Im Randbereich des inneren Grabens fand sich im Löss der Schädel eines Kindes. Unter diesem lagen weitere Knochenreste, jedoch kein vollständiges Skelett.

Der spiegelbildliche Aufbau der beiden Grabenanlagen legt nahe, dass sie als Einfrie-

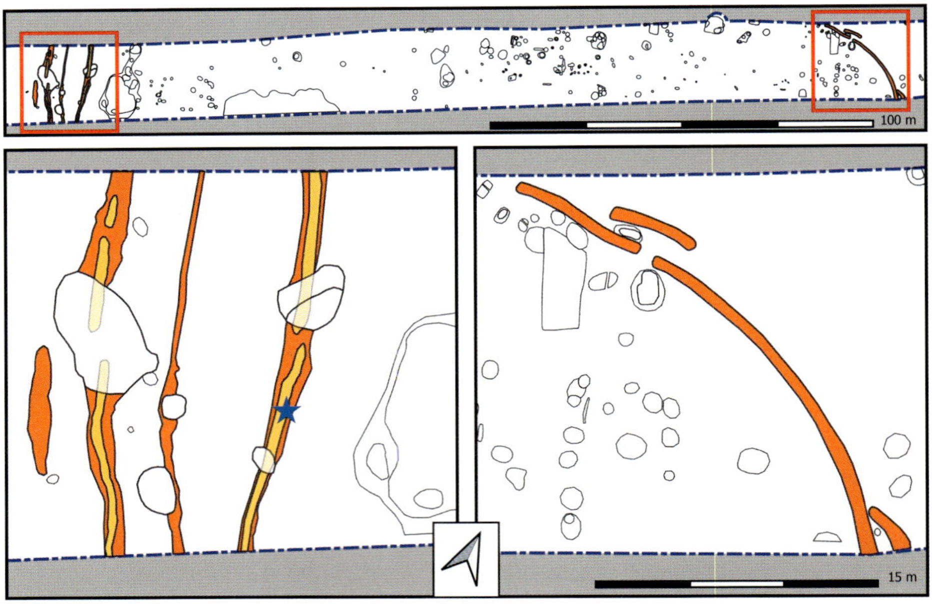

13 ▷ *Oberriexingen. Oben: Innenraum der mittelneolithischen Grabenanlage. Unten: Detailzeichnungen der westlichen und östlichen Gräben; orange: in Planum 1, gelb: im Bereich der Grabensohle. Der Stern markiert den Fundort des Kinderschädels.*

dung zusammengehören. Zwischen den Gräben, aber auch außerhalb wurden neolithische Siedlungsbefunde wie Grubenkomplexe, Gruben, Schlitzgruben und locker gestreute Pfostenstellungen dokumentiert. Eindeutige Hinweise auf Standorte von Gebäuden sind zwei trapezförmige Hausabschlüsse außerhalb der Grabenanlage. Eine erste Durchsicht des Fundmaterials, das Geräte aus Silex und Felsgestein, Tierknochen sowie Keramik umfasst, erlaubt eine Datierung in die Rössener Kultur der ersten Hälfte des 5. Jahrtausends v. Chr. (Abb. 14).

Da die Ausgrabung strikt auf das Baufeld beschränkt war, sind Aussagen zu Form und Größe des von den Gräben umschlossenen Raums nicht möglich. Als Vergleich ließe sich die umfriedete mittelneolithische Siedlung bei Bad Friedrichshall-Kochendorf anführen, deren komplexes System aus Gräben, Palisaden und Durchlässen eine Fläche von gut 3 ha einhegte. Auch dort konnte ein Ausgreifen der Baubefunde über das umschlossene Areal hinaus festgestellt werden.

Metallzeitliche Siedlungsspuren

War vor Grabungsbeginn nur eine neolithische Besiedlung des Areals bekannt, so hat sich das Bild durch die Untersuchungen aufgefächert. Entlang des gesamten Trassenausschnitts wurden Siedlungszeugnisse der späten Bronze- und der frühen Eisenzeit dokumentiert. Oft handelte es sich um die typischen kegelstumpfförmigen Vorratsgruben, deren Verfüllungen manchmal Ascheschichten oder Steinkonzentrationen enthielten. Zuweilen lösten sich große Grubenkomplexe in tief eingegrabene Einzelgruben auf. Die aus ihnen geborgene Keramik zeigt Merkmale der Urnenfelderzeit sowie auch der späten Hallstatt- und frühen Latènezeit. An Kleinfunden aus Metall liegt nur eine chronologisch unempfindliche Rollenkopfnadel vor. Im Bereich der Geländesenke hatten sich – von jüngeren Kolluvien überdeckt – metallzeitliche Gebäudestrukturen wie mehrere kleinere Pfostenbauten und ein größerer Grundriss erhalten.

Eine verschwundene Grabhügelgruppe

Auf leicht ansteigendem Gelände konnten östlich der Senke die letzten Reste von mindestens zwei Kreisgräben dokumentiert werden. Während von dem einen nur noch schüttere Spuren eines Viertelkreises zu erkennen waren, ist der zweite vollständig erhalten, sein Durchmesser beträgt ca. 7 m. Eine zentrale Grube lässt hier eine Bestattung vermuten, von der allerdings keinerlei Reste überliefert waren. 25 m südwestlich davon konnte in einer flachen Grube ohne Kreisgraben eine stark gestörte Bestattung freigelegt werden. Während Teile des Skelettes noch im Verband zusammenlagen, waren andere zueinander verdreht oder verschoben, wie auch der deutlich verlagerte Schädel belegt. Markante Knochen wie die meisten Langknochen oder der Unterkiefer fehlten. Zwischen den Gebeinen wurde eine kleine Tontasse mit Henkel geborgen (Abb. 15), die in die mittlere Bronzezeit zu datieren ist.

Abschließend möchten wir allen am Projekt direkt beteiligten Personen danken. Vor allem sei der Vorhabenträgerin terranets bw sowie der Stadt Oberriexingen und ihrem Bauhof für die gute, unkomplizierte Zusammenarbeit und Unterstützung gedankt.

Jochen Böhm, Andrea Neth

14 △ *Oberriexingen. Auswahl an verzierter Keramik aus mittelneolithischen Gruben.*

15 △ *Oberriexingen. Kleine Henkeltasse aus einer mittelbronzezeitlichen Bestattung. H. 7,5 cm.*

LITERATURHINWEIS

S. Friederich, Bad Friedrichshall-Kochendorf und Heilbronn-Neckargartach. Studien zum mittelneolithischen Siedlungswesen im Mittleren Neckarland. Forsch. u. Ber. Vor- u. Frühgesch. Baden-Württemberg 123 (Stuttgart 2011).

Durch die Zeiten attraktiv: Ergebnisse einer großen Flächengrabung bei Kochendorf

Die geplante Bebauung eines 23 ha großen Areals am südlichen Ortsrand von Kochendorf durch einen privaten Investor und die Stadt Bad Friedrichshall stellte 2021 eine Herausforderung dar. Zur Untersuchung stand ein das Neckartal überblickender Geländesporn in den Gewannen Obere Fundel, Bodenstall, Kleine Gasse und Hohenbaum an. Das Gelände steigt von Norden nach Süden an und fällt dann steil zum Neckartal ab (Abb. 16). Die fruchtbaren Lössböden dieses Altsiedelgebiets wurden bisher landwirtschaftlich genutzt und weisen eine über Jahrtausende währende Besiedlung auf.

Eine Prospektion 2019/2020 erbrachte archäologische Befunde, die eine Ausgrabung der gesamten Fläche notwendig machten, zumal diese vollständig und tiefgreifend umgestaltet werden soll. Während die Firma ArchaeoBW GmbH im Spätsommer 2020 die Trasse einer Baustraße an der östlichen Peripherie untersuchte, folgte von November 2020 bis Ende August 2021 die Ausgrabung des übrigen Baufelds durch die Firma ArchaeoConnect GmbH (Abb. 17).

Frühe Bauern

Der Oberbodenabtrag auf der ungewöhnlich großen Grabungsfläche gab Einblick in die Bodenbeschaffenheit. In den tiefer liegenden Bereichen im Norden und in einer flachen Senke im zentralen Teil waren auf dem anstehenden Lösslehm jüngere Kolluvien abgelagert, deren Mächtigkeit hangaufwärts

16 ▷ *Bad Friedrichshall-Kochendorf. Übersichtsaufnahme des Grabungsgeländes von Südosten. Links oben ist der Neckarkanal zu erkennen.*

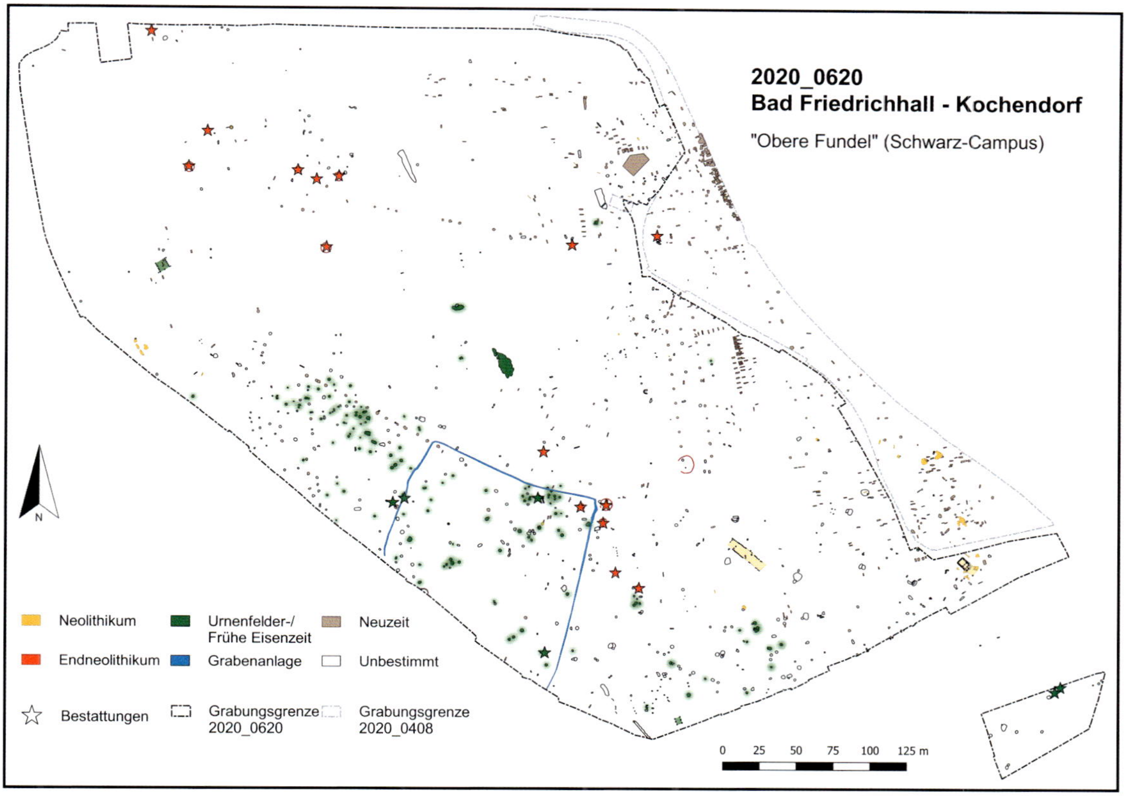

17 △ *Bad Friedrichshall-Kochendorf. Gesamtplan der Grabungsbefunde.*

abnahm. Im Nordwesten und Südosten trat unter dem Ackerhumus rötlich brauner Lösslehm zutage. Auf den höher gelegenen Arealen im Westen und Südwesten war dieser infolge von Erosion abgetragen, hier erschien im ersten Planum der hellbraune Löss. In einem Teilbereich im Nordosten wurde beim Oberbodenabtrag der anstehende Lettenkeuper angeschnitten.

Die ältesten Siedlungsspuren stammen aus dem 6. Jahrtausend v. Chr. Ganz im Südosten wurde der Randbereich eines bandkeramischen Dorfes erfasst. Neben Gruben ist der von einem Wandgräbchen umschlossene Nordwestteil eines mehr als 14 m langen Gebäudes überliefert. Ein weiterer, etwa 30 m langer Pfostenbau weiter westlich dürfte aufgrund seiner schwach konvex verlaufenden Längswände dem Mittelneolithikum des 5. Jahrtausends v. Chr. zuzuordnen sein, ein entsprechender Fundniederschlag liegt allerdings nicht vor. In lockerer Streuung über die Gesamtfläche verteilt fanden sich zudem die für das ältere Neolithikum typischen Schlitzgruben.

Bestattungsplatz der Schnurkeramik

Eine Überraschung stellte die Aufdeckung von 15 Gräbern der schnurkeramischen Kultur des 3. Jahrtausends v. Chr. dar. Fast alle Gräber streuen auf einer 500 m langen, Nordwest–Südost ausgerichteten Achse entlang des Geländesporns, wobei sich zwei kleinere Gruppierungen bilden. Acht Grabgruben waren von Kreisgräben umgeben, die auf eine ehemalige Überdeckung der Grabstätten durch Hügel hinweisen (Abb. 18). Die Verstorbenen, bei denen es sich um erwachsene Individuen handelte, waren ausnahmslos in Hockerstellung bestattet worden. Während in zwei Grablegen jeweils drei Individuen beigesetzt waren, sind alle übrigen Einzelgräber. Mehr als die Hälfte der Gräber war mit Beigaben ausgestattet (Abb. 19). Regelhaft sind dies ein schnurverzierter Keramikbecher, ein Steinbeil und Silexklingen. Zu den besonderen Stücken zählen zwei beidseitig retuschierte, dolchartige Feuersteingeräte und eine Geweihhacke. Mit den Gräbern aus Kochendorf konnte nach dem 2019 untersuchten Gräberfeld im Heilbronner Stadtgebiet nun zum zweiten Mal innerhalb weniger Jahre ein größeres Bestattungsareal des Endneolithikums aufgedeckt werden. Der Quellenbestand im mittleren Neckarland hat sich damit beträchtlich erhöht und bietet neue Ansatzpunkte für vergleichende Studien.

Metallzeitliche Vorratsgruben und Siedlungsbestattungen

Der Gesamtplan zeigt eine sehr markante Konzentration von Gruben in den südwestlichen Randbereichen der Fläche. Im hellen

18 ▷ *Bad Friedrichshall-Kochendorf. Kreisgraben mit zentraler Bestattung (Grab 14).*

Löss zeichneten sich in großer Zahl die typischen kreisrunden Vorratsgruben der späten Bronze- und der frühen Eisenzeit ab. Im Profil weisen sie die Form eines umgekehrten Trichters oder eines Kegelstumpfs auf. Gut erhaltene Exemplare reichten noch bis zu 1,60 m tief, während andere deutlich flacher waren. Auffallend ist ein 20 m langer Grubenkomplex im Zentrum des Grabungsareals, der in großer Menge Keramik der Urnenfelderkultur, darunter graphitierte Feinkeramik, Fragmente mehrerer Feuerböcke sowie kleine Bernsteinperlen, einen Meißel aus Bronze und eine Bronzenadel erbrachte. Einer ersten Sichtung des Fundmaterials zufolge sind die Vorratsgruben im 1. Jahrtausend v. Chr. während der Urnenfelder- und der späten Hallstattzeit angelegt und verfüllt worden. Eine feinchronologische Ansprache der Befunde im Einzelnen konnte noch nicht vorgenommen werden, im Gesamtplan wurde daher auf eine Differenzierung verzichtet. Unter den Kleinfunden liegen u. a. diverse Bronzeringe und Nadeln sowie ein Gussformfragment vor. Das Fibelspektrum – eine Schlangen-, zwei Pauken- und eine Fußzierfibel – datiert in die späte Hallstattzeit (Abb. 20). Der Urnenfelderzeit gehört eine zweiteilige Drahtbügelfibel an (Variante der Brillenfibel, Abb. 1, siehe S. 16; Abb. 20).

In sechs ehemaligen Vorratsgruben waren auf dem Boden Leichname abgelegt worden, in einem Fall sogar drei Individuen gemeinsam mit den Überresten eines Ferkels und eines Hasen. Eine weitere Grube barg das Skelett einer erwachsenen Frau, die am Handgelenk zwei Bronzeringe trug. Derartige Siedlungsbestattungen sind in eisenzeitlichem Kontext eine geläufige Erscheinung.

Baustrukturen ließen sich zwischen den Vorratsgruben nur in Ansätzen identifizieren. Am deutlichsten sind ein Sechspfostenbau an der südlichen Flächengrenze sowie der gedrungene Grundriss eines etwa 7 m × 7 m großen Gebäudes. Zwischen zwei Reihen aus je sechs dicht gesetzten Wandpfosten ist eine Firstpfostenreihe eingespannt. Ungewöhnlich ist die Verdoppelung der Pfosten an den Enden. Die helle Verfüllung der Pfostengruben legt eine Datierung in die Metallzeiten nahe.

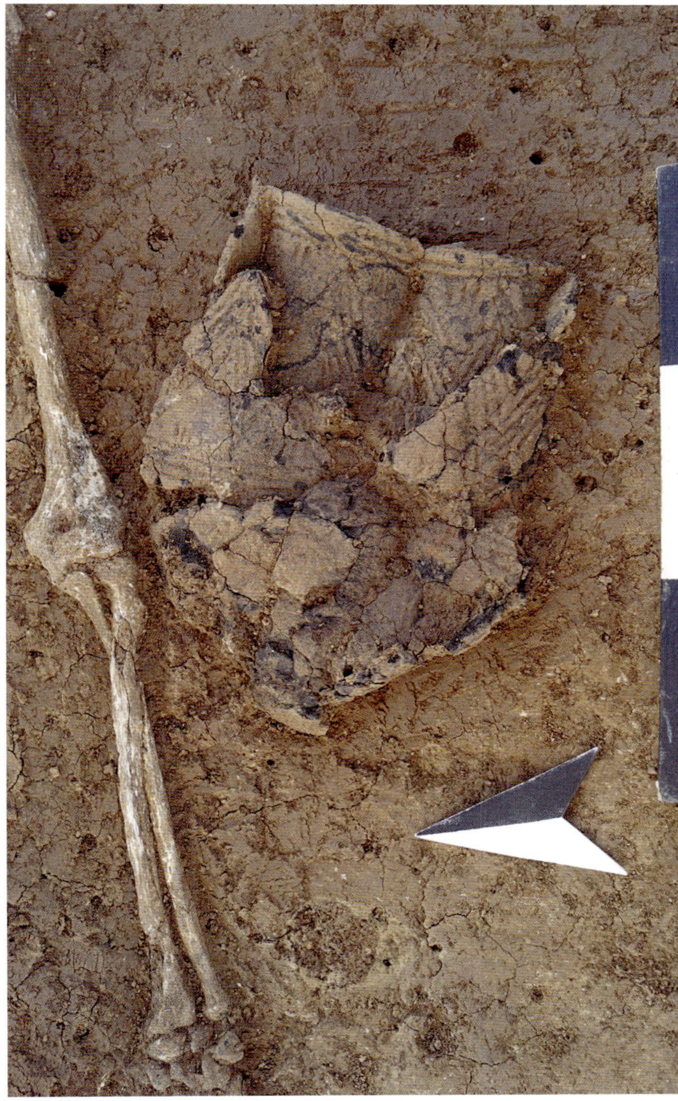

19 △ *Bad Friedrichshall-Kochendorf. Verzierter schnurkeramischer Becher in Grab 12, das zudem ein Steinbeil und einen Silexdolch enthielt.*

die sich in einem leicht abschüssigen und stark erodierten Teil des Geländes befinden, sind teilweise nur noch 0,20–0,60 m tief, in den besser erhaltenen Abschnitten weisen sie eine V-förmige Kontur auf. Aus dem spärlichen Fundgut ließen sich keine Hinweise auf die zeitliche Einordnung gewinnen. Nicht auszuschließen ist jedoch, dass es sich um die Reste einer spätkeltischen Viereckschanze handelt.

20 △ *Bad Friedrichshall-Kochendorf. Fibeln der späten Hallstattzeit und Variante der Brillenfibel aus einer urnenfelderzeitlichen Grube, L. ca. 8 cm.*

Einhegung oder Viereckschanze?

Inmitten der genannten bronze- und eisenzeitlichen Siedlungsbefunde wurde im Süden der Fläche schließlich noch eine große rechteckige Grabenanlage aufgedeckt, die sich als hellbraune Verfärbung im Löss abzeichnete. Die ca. 1,50 m breiten, streckenweise recht unregelmäßig verlaufenden Gräben haben Seitenlängen von bis zu 130 m und umschließen einen rechteckigen Innenraum. Die Südflanke dürfte knapp jenseits der Grabungsgrenze noch vor dem Steilabfall ins Neckartal verlaufen sein. Die Gräben,

Die jüngere Vergangenheit

Für die auf die Eisenzeit folgenden Epochen ließ sich keine Besiedlung des Geländes nachweisen, weder die Römerzeit noch das Mittelalter haben Spuren hinterlassen. Sehr zahlreich sind allerdings Zeugnisse der frühneuzeitlichen Landwirtschaft in Form von unzähligen rechteckigen Rübenmieten, die die intensive ackerbauliche Nutzung des Plateaus archäologisch greifbar machen. Für das 20. Jahrhundert steht ganz im Nordosten ein sehr gut erhaltener Bunker samt seinen Kommunikationseinrichtungen, ein Relikt der Neckar-Enz-Stellung aus den 1930er Jahren.

Unser herzlicher Dank gilt den für das Projekt Verantwortlichen der Schwarz Gruppe sowie der Stadt Bad Friedrichshall für die vertrauensvolle und stets gute Zusammenarbeit.

Sybil Harding, Andrea Neth

LITERATURHINWEIS

M. Garcia/A. Neth, Vorgeschichtliche Siedlungen und ein schnurkeramisches Gräberfeld am Fuße des Heilbronner Wartbergs. Arch. Ausgr. Baden-Württemberg 2019, 27–31.

Vom Neolithikum bis zur Eisenzeit. Neue Erkenntnisse zur Vorgeschichte Öhringens

Die geplante Erweiterung des Wohnbaugebiets Limespark C in Öhringen-Cappel führte im Frühjahr 2020 zu einer Prospektion des Landesamtes für Denkmalpflege und anschließenden Rettungsgrabungen, mit denen die ArchaeoBW GmbH beauftragt wurde. Sie endeten im Frühjahr 2021. Da die Prospektion verschiedene Befundkonzentrationen aufzeigte, wurde das Bauareal zunächst in mehreren Teilflächen mit einer Gesamtgröße von ca. 2 ha geöffnet. Aufgrund des mäßigen Befundaufkommens infolge von Erosion und landwirtschaftlicher Nutzung wurde im Anschluss auf eine vollständige Öffnung des ca. 12 ha großen Baugebietes verzichtet und exemplarisch lediglich der Bereich der Befundkonzentrationen detailliert dokumentiert (Abb. 21).

Neolithische Siedlung

Im nördlichen Hangbereich trat unter dem Humus großflächig der hellbraune Löss zutage, in dem verstreut Überreste einer Siedlung in Form von diversen Gruben auftraten. Diese Befundensembles gab es gelegentlich auch im Süden und Westen des Areals. Die Bergung von Fundgut aus den dunkelbraun verfüllten Grubenresten erwies sich regelmäßig als sehr ernüchternd, da ohne Erfolg. Somit lassen sich die Befunde nicht eindeutig einer Epoche zuordnen. Aufgrund der Verfüllung der Gruben und einiger zeittypischer Schlitzgruben mit derselben Verfüllung können diese Siedlungsreste unter Vorbehalt als neolithisch angesprochen werden. Spuren zeitgleicher Häuser fehlen wohl erhaltungsbedingt.

Jüngere Siedlungsbefunde

Hangabwärts kamen hauptsächlich hellgraue Befunde zum Vorschein, die sich unterschiedlich gut vom hellbraunen Löss absetzten. In zwei Fällen konnten kleine Gebäude erkannt werden, denen jeweils eine Vorratsgrube zugeordnet war. Es handelte sich dabei um Kegelstumpfgruben, ein charakteristisches Merkmal von vor allem eisenzeitlichen Siedlungsplätzen, was auch die aus den Gruben geborgenen Keramikfunde bestätigt haben. Die Pfostenstellungen selbst gehören zu einem Sechspfostenbau von ca. 6 m auf 4 m bzw. einem Vierpfostenbau mit einer Grundfläche von ca. 2 m auf 3 m. Vermutlich handelt es sich um Speicher. Diese Siedlung setzt sich offenbar hauptsächlich (?) nach Osten außerhalb des aktuellen Bebauungsareals fort. Im Grabungsareal selbst wurden wie im Fall der neolithischen Siedlungsspuren ansonsten nur sehr vereinzelte Befundreste angetroffen, die kein interpretierbares Bild ergeben haben.

Im Norden des Bebauungsareals überraschte eine grubenartige, mit Brandresten verfüllte Feuerwanne mit einer Länge von 1,95 m und einer Breite vom 1,70 m. Eine ^{14}C-Probe weist in die späte Bronzezeit (Urnenfelderzeit). Dazugehörige Befunde waren trotz intensiver Nachsuche im Umfeld nicht anzutreffen. Auch zeitgleiche Funde sind unter dem ohnehin auffallend geringen

21 △ *Öhringen. Blick auf das Grabungsareal auf einem nach Süden exponierten Hang am Ostrand der Stadt. Im Hintergrund die Bauarbeiten.*

und meist uncharakteristischen Fundmaterial sehr selten. Soweit bestimmbar kann die Keramik eher der späten Hallstatt-/Frühlatènezeit zugewiesen werden, d.h. sie gehört in das 6. oder 5. Jahrhundert v. Chr. Mittelalterliche Funde oder Befunde, die ursprünglich in dem Areal vermutet worden waren (Wüstung „Niederweiler"), sind ausgeblieben. Einige Lehmentnahmegruben gehören mutmaßlich in die Neuzeit.

Baustein der Regionalgeschichte

Insgesamt lieferte die archäologische Ausgrabung weitere Bausteine zur Besiedlungsgeschichte der Stadt Öhringen. Trotz der mäßigen Erhaltung konnten bisher unbekannte Fundstellen sowohl aus der Zeit des Neolithikums als auch aus der Bronze- und Eisenzeit sicher identifiziert werden. Die bisherigen Forschungen zeigten zwar bereits eine dichte und intensive Besiedlung des Öhringer Raumes in der Zeit der neolithischen Linearbandkeramik auf, doch Siedlungsspuren der Bronze- und Eisenzeit waren und sind in dieser Region bisher nur gering vertreten – wobei es sich offenbar um eine Forschungslücke handelt.

Für die freundliche Zusammenarbeit danken wir der Stadt Öhringen – stellvertretend sei Herr Dipl.-Ing. Klaus Schalinski genannt – und Herrn Marc Hatos, Erdbauunternehmen Hatos. Ein großer Dank geht auch an die Praktikantin Lilli Sophie Fritz, die das Grabungsteam in der Endphase tatkräftig unterstützt hat.

Gizem Dakmaz, Klaus Kortüm

LITERATURHINWEISE

J. Bofinger, Erste Siedlungsspuren und Altsiedelräume. In: Der Hohenlohekreis 1. Baden-Württemberg – Das Land in seinen Kreisen (Ostfildern 2006) 103–116; S. Roth/A. Thiel, Vicus Aurelianus – Das römische Öhringen. Arch. Inf. Baden-Württemberg 74 (Stuttgart 2016) 16–22.

Neolithische und metallzeitliche Ackerbauern am Ortsrand von Flehingen im Kraichgau

Topographie und Befundsituation

Im Zuge der Erschließung des Neubaugebietes „Am Zimmerplatz II“ der Gemeinde Oberderdingen musste das zur Bebauung anstehende Areal archäologisch untersucht werden. Mit den Ausgrabungen war die Firma ArchaeoTask GmbH beauftragt.

Die angetroffenen Besiedlungsspuren befinden sich auf einem inselartigen Areal mit Böden aus Parabraunerde und würmzeitlichem Löss, inmitten einer Terrasse in leichter Hanglage am Rande des Ortsteils Flehingen. Nur ca. 250 m südlich fließt der Kraichbach. In Anbetracht der geologischen Landformung dürfte diese Situation in der Prähistorie ähnlich gewesen sein. Für frühe Viehzüchter und Ackerbauern ergibt sich somit ein günstiges Siedlungsareal mit fast benachbartem Wasserreservoir, fruchtbarem Erdreich und großer Nutzfläche mit leichtem Nord-Süd-Gefälle. Das Areal wurde bis in die frühe Neuzeit genutzt, was durch zahlreiche Pflanzgruben und wenige Pfostengruben mit glasierter Ware des 16. bis 18. Jahrhunderts belegt ist.

Wie sich aus dem Übersichtsplan entnehmen lässt (Abb. 22), wurden unterschiedliche Befundkonzentrationen angetroffen. Dadurch drängt sich einerseits eine Interpretation der prähistorischen Siedlungsausdehnungen auf, anderseits lässt sich auf eine stärkere Erosion bzw. nachträgliche anthropogene Eingriffe schließen. In diesem Kontext ist eine massive, rechteckige Störung mit rezentem Bauschutt auf 80 m² im zentralen Bereich der Fläche zu nennen, welche die Befundkonzentration geradezu abschneidet. Hangaufwärts Richtung Norden und entlang eines geologischen „Korridors“ im Westen nimmt die Befunddichte merklich ab. Dies dürfte mit der Standortwahl der Siedlungen aufgrund der Bodenbeschaffenheit zu erklären sein. Bedauerlicherweise sind bis auf einen Grundriss (Abb. 22) keine weiteren fundierten Rekonstruktionen von Gebäuden möglich, was sicherlich auf die Erosion in Hanglage zurückzuführen ist.

Die neolithische Besiedlung

Linearbandkeramische Befunde lassen sich anhand der jeweiligen Grubenverfüllungen grob in zwei Aktivitätszonen im Westen und Osten des Areals einteilen. Die Bereiche werden durch den oben genannten geologischen Korridor getrennt. Mittig, im nördlichen Bereich, zeichnet sich der erwähnte Hausgrundriss ab, dessen Pfosten meist nur 5–15 cm tief erhalten sind. Die nordwest-südöstliche Ausrichtung passt bestens zur linearbandkeramischen Datierung. In einem Eckpfosten wurde zudem eine altneolithische Scherbe mit flacher Handhabe gefunden. Insgesamt umfasst das Fundmaterial vorrangig Keramikscherben mit charakteristischer Machart und Verzierung der Bandkeramik sowie einige Mahlsteine.

Die Keramik lässt eine gewisse Kontinuität innerhalb der altneolithischen Besiedlung erkennen. Einige Scherben der Stufe Flomborn deuten auf einen Zeitraum ab 5300 v. Chr., andere, beispielsweise mit Leiterbändern, legen eine Einordnung in die mittlere und jüngere Linearbandkeramik nahe. Eine Siedlungsverlagerung kann nicht bestätigt werden, vielmehr weist das Ergebnis auf bevorzugte Plätze hin mit einer Siedlungskontinuität von ca. 200 bis 300 Jahren.

Zu erwähnen ist eine 10 m große, mehrschichtige Grube mit Keramik der Stufe Flomborn, die bedauerlicherweise größtenteils vom Straßenbau zerstört wurde (Abb. 22, Bef. 337).

Im Nordwesten ist eine gut 3,5 m große Grube mit massiven Brandlehmbrocken im oberen Bereich angetroffen worden. Sie enthält zwei gut abgrenzbare Verfüllschichten, die eine erstaunliche Zeitdifferenz von der Stufe Flomborn bis zur jüngsten Linearbandkeramik oder sogar bis zum Mittelneolithikum aufweisen. Eine Überprägung des Befunds ist anhand des Profils nicht zu erkennen, darf aber nicht ausgeschlossen werden (Abb. 22, Bef. 311/315).

Einige Gruben beinhalteten datierbares Material mit reihiger Stempelzier und Stichbändern, was auf eine frühe Stufe des Mittelneolithikums deutet (Hinkelstein, Großgartach; ca. ab 4900 v. Chr.). Befunde dieser Zeitstellung lassen sich räumlich nicht eingrenzen und streuen über das gesamte Grabungsareal.

Ein urnenfelderzeitliches Vorratsgefäß

Überraschend war ein auffallend großes, vollständig erhaltenes urnenfelderzeitliches Gefäß aus einer Grube ganz am Rand der

22 ▽ Oberderdingen-Flehingen, Am Zimmerplatz II. Phasenplan mit Hausgrundriss und wesentlichen Befunden.

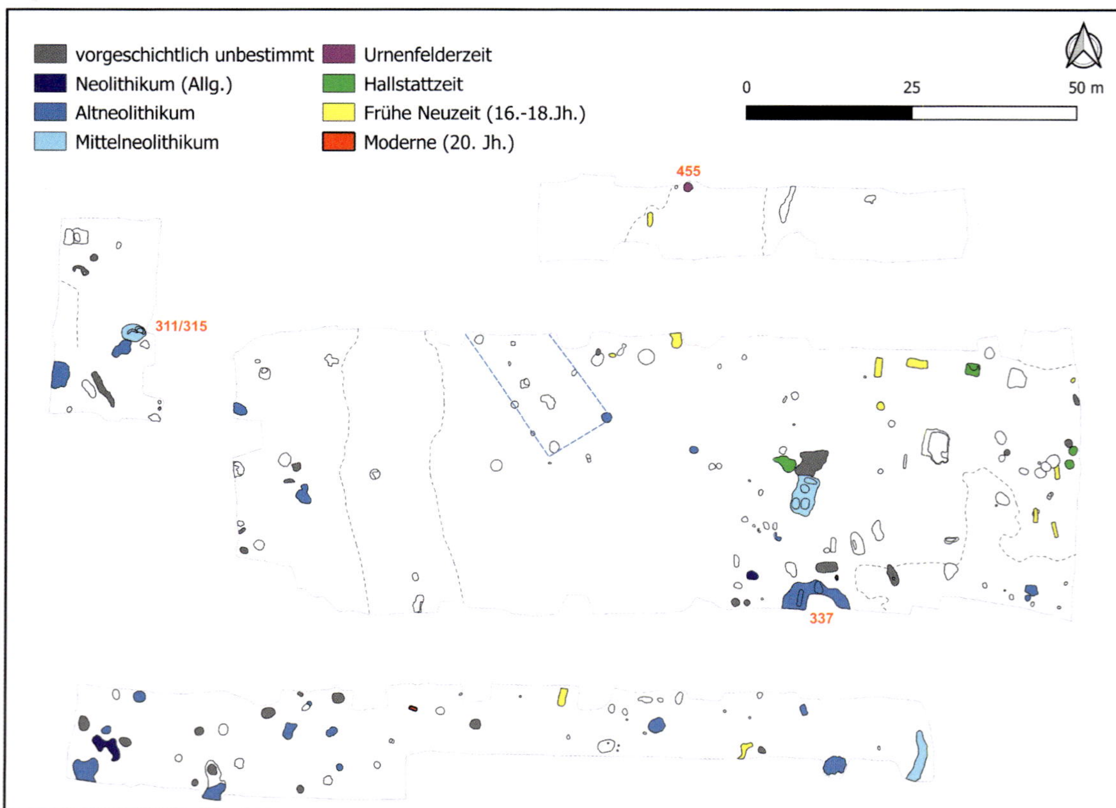

nördlichen Grabungsfläche (Abb. 22, Bef. 455; Abb. 23), die ansonsten keine nennenswerten Zeugnisse enthielt. An der Sohle der linken bzw. westlichen Grubenverfüllung lässt sich eine passgenaue Eintiefung zur Deponierung des Gefäßes erkennen (Abb. 23).

Der Topf wurde en bloc geborgen und in Karlsruhe restauriert. Er enthielt leider keine weiteren Fundstücke oder Leichenbrand. Die Bestimmung eventueller organischer Rückstände liegt noch nicht vor. Derzeit gehen wir von einer Deutung als Vorratsgefäß aus. Da es sich um den einzigen Befund dieser Zeitstellung im ausgegrabenen Areal handelt, schließt sich möglicherweise nördlich der Untersuchungsfläche die zugehörige Siedlung an.

Der bauchige Topf mit Schrägrand lässt im Halsknick eine umlaufende Reihe eingekerbter Verzierungselemente erkennen. Seine Höhe beträgt 53 cm, der größte Durchmesser liegt bei 59 cm. Der flache Boden ist auffallend klein. Das Gefäß ist intakt, jedoch leicht verzogen (Fehlbrand?) und hatte bereits bei der Bergung markante Risse, vielleicht eine Folge der Beackerung mit schwerem Gerät. Die starke Schwarzfärbung im Gefäßinneren wird auf den primären Brand zurückgeführt und nicht auf die Nutzung.

23 ▽ Oberderdingen-Flehingen, Am Zimmerplatz II. 1 Profil der Grube 455; 2 urnenfelderzeitliches Gefäß in situ; 3 Blockbergung des Gefäßes; 4 restauriertes Gefäß.

Die hallstattzeitliche Besiedlung

Vier Gruben im nordöstlichen Teil der Fläche enthielten Funde aus der Hallstattzeit. Wir vermuten weitere eisenzeitliche Befunde nördlich und östlich der Grabungsgrenze (Abb. 22).

Zu den wenigen, dennoch aufschlussreichen Funden zählen Bruchstücke zweier schwarzer, glattpolierter Trichterhalsgefäße, möglicherweise der Teil einer Situla, einige Scherben mit Rautenbändern und der Kopf einer Schälchenkopfnadel. Es wird eine zeitliche Einordnung in die Stufe Ha D vorgeschlagen.

Steven Bosch, Britta Rabold

LITERATURHINWEIS

R. Dehn, Die Urnenfelderkultur in Nordwürttemberg. Forsch. u. Ber. Vor- u. Frühgesch. Baden-Württemberg 1 (Stuttgart 1972).

Ein vorgeschichtlicher (?) Siedlungsplatz über einem schnurkeramischen Grabhügel an der Donau bei Gutmadingen

Am westlichen Ortsrand des Geisinger Ortsteils Gutmadingen begannen im Sommer 2021 die Erschließungsarbeiten für das knapp 3 ha große Neubaugebiet „Westäcker". Aufgrund der Fundmeldungen von zwei frühmittelalterlichen Bestattungen der Jahre 1939 und 1997 im benachbarten Baugebiet „Hauserswiesen" wurden vor Baubeginn Sondagen im Erschließungsgebiet sowie dem dazugehörigen Regenrückhaltebecken durch die Firma ArchaeoTask GmbH durchgeführt (Abb. 24). Neben einem bislang unbekannten merowingerzeitlichen Gräberfeld im Erschließungsgebiet (siehe den Beitrag S. 228 f.) wurden im Bereich des Rückhaltebeckens und der Kanaltrassen umfangreiche Siedlungsspuren in Form von Pfostengruben und Hausgrundrissen entdeckt. Vollkommen unerwartet konnte innerhalb der Siedlung auch ein schnurkeramischer Grabhügel mit Hockerbestattung und Beigaben untersucht werden. Die Ausgrabungen im Erschließungsgebiet werden 2022 fortgesetzt.

Topographie und Geologie

Das Untersuchungsgebiet befindet sich ca. 3 km südwestlich von Geisingen auf der rechten Donauseite. Während in der Flussaue ein landwirtschaftlich günstiger Auelehm ansteht, besteht der gesamte südlich anschließende Hangbereich aus schwerem, tonigem Untergrund, der selbst für die moderne Landwirtschaft nur äußerst schwer zu bearbeiten ist. Vorgeschichtliche und mittelalterliche Siedlungsplätze sind deshalb in unmittelbarer Nähe der ertragreichen Donauauen zu suchen, während die Hänge

24 ▽ *Geisingen-Gutmadingen, „Westäcker". Lage des Untersuchungsgebiets und Gesamtplan der ergrabenen Befunde.*

sekundär für Rohstoffgewinnung, Bestattungsplätze usw. genutzt worden sein dürften.

Ein Grabhügel unter dem Fußboden

Ausgehend von mehreren Pfostenstellungen in den Sondagen des Rückhaltebeckens wurde der Oberboden auf einer Fläche von gut 2000 m² abgetragen. Unter einer 40–70 cm starken Überdeckung mit Humus und stellenweise Kolluvium zeichneten sich im anstehenden tonigen Hangschotter deutlich Erdbefunde ab. Überraschend wurde auf den letzten Metern des Oberbodenabtrags im Bereich der dichten Pfostenstellungen im Nordwesten der Grabungsfläche ein Kreisgräbchen mit 4,50 m Durchmesser, ca. 30 cm Breite und 20 cm Tiefe sowie einer zentralen, 2,50 m auf 1,80 m messenden, Ost–West orientierten Zentralkammer angetroffen (Abb. 24; 25). Mehrere Pfosten und eine moderne Drainage schneiden Gräbchen und Kammer und zeigen an, dass der Grabhügel wohl schon eingeebnet war, als die Siedlung (siehe unten) entstand, und deshalb unerkannt überbaut wurde. Die Grabkammer selbst war nur gering in den anstehenden Boden eingetieft. Nur wenige Zentimeter trennten Baggerschaufel und Bestattung, die ansonsten wohl unbemerkt abgeräumt worden wäre. Im Umfeld fanden sich keine Spuren der Abgrabung der Hügelschüttung. Glücklicherweise blieb die gesamte Kammer ungestört. Beim Freilegen zeigte sich eine bis auf die Zähne weitestgehend vergangene Hockerbestattung mit Schädel im Westen und vermutlich in rechter Seitenlage. Westlich war der flachgedrückte, aber vollständige Schnurkeramikbecher (Höhe 17 cm, Mündungsdurchmesser 14 cm) deponiert, nördlich davon eine steinerne Streitaxt aus hellem Felsgestein und eine 12 cm lange Silexklinge (Abb. 26). Unerklärlich und bislang ohne vergleichbaren Befund ist ein aus Schottern gesetzter Kreis von gut 30 cm Innendurchmesser, der ca. 40 cm tief bis zur nächsten geologischen Schicht eingetieft war. Möglicherweise war hier eine organische Grabbeigabe deponiert, die spurlos vergangen ist. Die Bestattung ist ins Endneolithikum zu datieren und weist starke Parallelen zu der 23 km flussabwärts gelegenen schnurkeramischen Bestattung von Stetten a. d. Donau auf. Der in dem dortigen Grab aufgefundene Becher ist von Form, Größe und Verzierung her sehr gut mit dem Gutmadinger zu vergleichen.

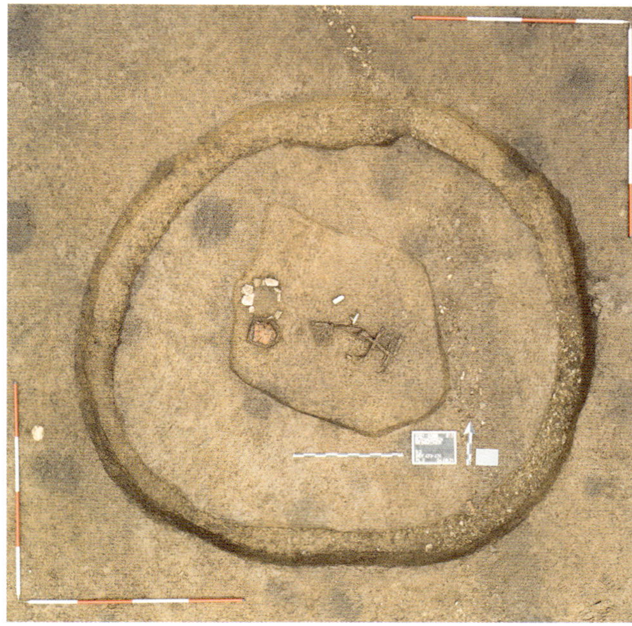

25 △ *Geisingen-Gutmadingen, „Westäcker". Kreisgraben des schnurkeramischen Grabhügels mit zentraler Bestattung und Beigaben.*

Die Siedlung

Es wurden etwa 250 Gruben dokumentiert. In der überwiegenden Mehrzahl handelte es sich um die nur noch wenige Zentimeter tief erhaltenen Reste von Pfostengruben mit

26 △ *Geisingen-Gutmadingen, „Westäcker". Schnurverzierter Becher, Felsgesteinaxt und Silexklinge aus dem schnurkeramischen Grab.*

meist 20–30 cm Durchmesser (Abb. 24). Es ist von einer ursprünglich deutlich höheren Befundanzahl auszugehen, wobei flachere Eintiefungen bereits vollständig der Erosion zum Opfer gefallen sind. Mindestens drei Gebäudestandorte können sicher rekonstruiert werden. Bei Grundriss A handelt es sich um ein langrechteckiges Wohngebäude mit bis zu 15 m × 4 m Fläche in Nordnordwest-Südsüdost-Ausrichtung. Bei den ineinander verschachtelten Grundrissen der quadratischen Gebäude B und C mit Seitenlängen von 4 m bzw. 3 m dürfte es sich um ein erneuertes Speichergebäude handeln. Es deuten sich mindestens zwei weitere Hausstandorte durch Bereiche mit dichten Pfostenstellungen im äußersten Nordwesten und Südwesten der Grabungsfläche an. Hier ergeben sich allerdings keine sicheren Grundrisse zu erkennen. Mit einer Nordnordwest-Südsüdost-Orientierung scheint es aber eine in der Siedlung dominante Bauflucht gegeben zu haben.

Im Gesamtbild zeichnen sich zwei oder drei durch eine Freifläche voneinander abgegrenzte Gehöftstrukturen ab. Bei mehreren Pfosten im Südwesten stachen die teils noch 60 cm tiefen Pfostengruben hervor. Sehr wahrscheinlich handelt es sich hier um die Ecke eines ehemals größeren Gebäudes, das sich jenseits der Grabungsflächen nach Süden fortsetzt. In der östlichen Zuleitung des Rückhaltebeckens wurden mehrere äußerst flache Pfostenstellungen angetroffen, die sich einer Interpretation aber entziehen. Sie zeigen lediglich an, dass sich die ehemalige Siedlungsfläche mit Sicherheit weiter nach Osten erstreckte. Das Gleiche gilt für den Westen, wo allerdings ehemals vorhandene archäologische Befunde durch moderne Abgrabungen für den Bahnbau bereits vollständig zerstört sind.

Die Menge an Fundmaterial ist selbst unter der Maßgabe der stark fortgeschrittenen Erosion als äußerst gering zu bezeichnen. Die wenigen Wandscherben sind anhand der Machart lediglich als vorgeschichtlich bis frühmittelalterlich anzusprechen. Ein möglicher Zusammenhang mit den südöstlich angetroffenen merowingerzeitlichen Bestattungen ist zwar verlockend, aber nicht zu belegen. Für eine frühmittelalterliche Datierung fehlen auch die Grubenhausbefunde. Deshalb sind die Siedlungsspuren derzeit nicht sicher zu datieren.

Durch die 2021 begonnenen Grabungen wurden rechtzeitig vor der 750-Jahr-Feier der Gemeinde Gutmadingen im Jahr 2023 zahlreiche neue Kapitel ihrer Geschichte aufgeschlagen.

Der Stadt Geisingen, vertreten durch Bürgermeister Martin Numberger sowie Bauamtsleiter Christian Butschle und Ortsvorsteher Norbert Weber, sei für die anhaltende wohlwollende Unterstützung der Ausgrabungen gedankt, ebenso dem Ingenieurbüro Peter Kühnle, Unterbaldingen, und den Mitarbeitern der Firma Strabag für die sehr gute und kollegiale Zusammenarbeit vor Ort.

Andreas Haasis-Berner, Georg Häußler

LITERATURHINWEISE

J. Wahl/R. Dehn/M. Kokabi, Eine Doppelbestattung der Schnurkeramik aus Stetten an der Donau, Lkr. Tuttlingen. Fundber. Baden-Württemberg 15, 1990, 175–211; J. Ehrle/A. Gutekunst/J. Hald, Fortsetzung der archäologischen Untersuchung eines vor- und frühgeschichtlichen Siedlungsareals bei Anselfingen. Arch. Ausgr. Baden-Württemberg 2010, 100–103.

BREISACH-OBERRIMSINGEN, KREIS BREISGAU-HOCHSCHWARZWALD

Siedlungsarchäologie am westlichen Tuniberg in Breisach-Oberrimsingen

Eines der wenigen Gebiete, in denen die Gemeinde Breisach am Rhein neues Wohnbauland entwickelt, befindet sich am südöstlichen Ortsrand von Oberrimsingen am westlichen Tuniberg. Die hierzu notwendigen Planungen der badenovaKONZEPT GmbH & Co. KG erzwangen auf einem 2,8 ha großen Areal eine mehrmonatige Rettungsgrabung, mit der die Grabungsfirma E & B excav GbR betraut wurde (Abb. 27).

Früchte des Ehrenamtes

Die Kenntnis um die archäologischen Kulturdenkmale in Oberrimsingen ist ganz eng mit dem ehrenamtlich Beauftragten des Landesamts für Denkmalpflege im Regierungsbezirk Freiburg, Georg Bohrer, verbunden, der bereits seit den 1950er Jahren aktiv war und Anfang dieses Jahres verstorben ist. Ihm verdanken wir auch mehrere Fundmeldungen der 1950er und 1960er Jahre, die auf eine römische Siedlung südlich des Schneckenweges hinweisen. Aufgrund dieser Sachlage erfolgten bereits im Winter 2020 archäologische Baggersondierungen, die einen ersten Vorgeschmack gaben auf die unumgänglichen Rettungsgrabungen: Grabensysteme, Überreste ebenerdiger Pfostenbauten, Siedlungsgruben und Fundamente aus unterschiedlichen Zeitepochen sind in die pseudovergleyten Auenlehmschichten in mehreren befundführenden Horizonten eingebettet.

Die ersten Bauern am Bachufer

Das Areal befindet sich im Einzugsbereich des hiesigen Riedgrabens und damit einstiger Überflutungsflächen der Möhlin. Entsprechend schwierig gestaltete sich stellenweise das Aufspüren der Befunde in den tonigen und schluffigen Böden, die bereits für das Neolithikum eine rege Siedlungstä-

27 △ *Breisach-Oberrimsingen, „Wasserloch". Überblick über die Ausgrabung von Süden.*

tigkeit an den Uferzonen eines natürlichen Wasserlaufes bezeugen. In allenfalls flach erhaltenen muldenförmigen Vertiefungen sammelte sich eine Vielzahl an Keramikscherben von Vorratsgefäßen der jungneolithischen Michelsberger Kultur (Abb. 28). Dass hier zudem bereits über 1000 Jahre vorher Menschen siedelten, legt ein für die Forschung zum Altneolithikum ausgesprochen vielversprechender Keramikkomplex aus mehreren Gruben nahe: Es handelt sich um mehrere flaschenförmige, grob gemagerte Gefäße mit senkrechten Ösen und flach gestauchten Knubben sowie hörnchenartig geteilten Handhaben, wie sie typisch für die Linienbandkeramik sind. Zudem zieren girlandenförmige Bänder aus Fingerkniffen die Schulter der Gefäße.

Die Menschen in Oberrimsingen dürfte das Thema Ent- und Bewässerung über die Zeiten hinweg immer wieder beschäftigt haben, wie nicht nur die Gewann- und Bebauungsplanbezeichnung „Wasserloch" suggeriert: Mehrere noch genauer zu datierende Grabensysteme durchziehen das Areal und dienten teilweise wohl dem Zweck, das Gebiet urbar zu machen. Ihre genaue räumliche und stratigraphische Analyse wird zeigen, wie sie sich etwa auch zu den selteneren bronze-, hallstatt- und latènezeitlichen Siedlungszeugnissen verhalten.

28 ▽ *Breisach-Oberrimsingen, „Wasserloch". Gefäß der Michelsberger Kultur.*

Römer am „Wasserloch"

Hauptsächlich im Norden des Areals konzentrieren sich die Überreste einer römischen ländlichen Siedlung. Das Fundmaterial ist durch einen recht hohen Anteil von Münzen und Kleinfunden gekennzeichnet, darunter Militaria-Funde wie ein dreizipfliger Blechanhänger und ein Riemenendbeschlag (Reiterei/Pferdegeschirr), Rosetten der Brust- und Schulterstücke vom Schienenpanzer sowie ein Gürtelblech mit Knopfschließe für eine Dolchscheide (Verteidigungswaffen). Unter den Fibeln sind eine Emailbügelfibel mit rhombischem Bügel (2.–4. Jh.) sowie eine gleichseitige Scheibenfibel mit emaillierter quadratischer Mittelplatte (erste Hälfte 2. Jh.) hervorzuheben. Die Siedlung existierte wohl schon im 1. Jahrhundert, wie eine aus einem großen Ofen geborgene Aucissafibel vermuten lässt. Eine weitere Scharnierfibel fand sich in einem der besonders erwähnenswerten Befunde – eher abseits der eigentlichen Siedlung hatte man einen steingefassten Brunnen abgeteuft (Abb. 29). Dabei weist seine Konstruktion einige Besonderheiten auf: Zuoberst befindet sich eine im äußeren Durchmesser 4,28 m große, ca. 1 m breite Steinkranzlage aus trocken gesetzten, nicht bearbeiteten Bruchstücken von Kalksteinen der Hauptrogenstein-Formation. Diese zeigen stellenweise noch Löcher, wohl vom Schroten des Hartgesteins. Außen ordnen sich insgesamt acht im Durchmesser bis zu 65 cm messende und noch 7 cm tiefe Pfostengruben kreisförmig um den Steinkranz an – beide dürften als Substruktion einer ungewöhnlich aufwendigen Dachkonstruktion des Brunnens gedient haben. Der Schacht verjüngt sich trichterförmig nach unten und hat ab einer Tiefe von 1 m einen konstanten Innendurchmesser von 90 cm.

Die zum Zeitpunkt der Abfassung des Manuskriptes noch nicht abgeschlossenen Grabungen eröffnen eine Reihe neuer Einblicke speziell zu neolithischen und römischen Siedlungsmustern am westlichen Tuniberg, wobei es Aufgabe der Forschung sein wird, herauszuarbeiten, in welchem Maße sich diese etwa in den jüngsten Grabungen in Freiburg-Tiengen an der Tunibergostflanke widerspiegeln mögen.

Für ihre große Unterstützung bei der Finanzierung, Planung und Durchführung der Ausgrabung möchten wir ganz besonders Stefan Rheiner von der badenovaKONZEPT GmbH & Co. KG sowie Carsten Müller und Ottmar Riesterer von der Stadtverwaltung Breisach am Rhein danken. Pius Mangold, Ortsvorsteher von Oberrimsingen, hat sich in besonderem Maße um die Vermittlung der denkmalpflegerischen Belange bei den Bürgerinnen und Bürgern von Oberrimsin-

29 ▽ *Breisach-Oberrimsingen, „Wasserloch". Römischer Brunnen mit teilweise erhaltenem Steinkranz und umgebenden Pfostengruben.*

gen verdient gemacht, was im Oktober 2021 in eine von überwältigendem Interesse und Zustimmung getragene Führung mündete. Abschließend sei auch noch Maxim Kanchukh und Georg Bohrer (†) gedankt.

Thomas Banholzer, Marcel El-Kassem, Horst Esslinger, Diethard Tschocke

LITERATURHINWEISE

L. Blöck, Die römerzeitliche Besiedlung im rechten südlichen Oberrheingebiet. Forsch. u. Ber. Arch. Baden-Württemberg 1 (Esslingen 2016); E. Riha, Die römischen Fibeln aus Augst und Kaiseraugst. Forsch. Augst 3 (August 1979).

STOCKACH-WAHLWIES, KREIS KONSTANZ

Quer durch die Zeiten – neue archäologische Untersuchungen bei Wahlwies

Der Hegauort Wahlwies liegt in einem ausgedehnten Mäander der Stockacher Aach, die hier einen flachen Grundmoränenrücken der Würmeiszeit umfließt und etwa 5 km südöstlich in den Überlinger Teil des Bodensees mündet. 839 erstmals in einer Schenkungsurkunde Kaiser Ludwigs des Frommen erwähnt, ist die wechselvolle Geschichte des Dorfes über die Jahrhunderte hinweg eng mit dem Fiskus und gräflichen Haus von Bodman verbunden. Der Schweizerkrieg 1499, der Bauernkrieg 1525, der Dreißigjährige Krieg im 17. Jahrhundert und schließlich die napoleonischen Kampfhandlungen um 1800 haben das Dorf immer wieder mit Leid und Verwüstung überzogen.

30 ▽ *Stockach-Wahlwies, „Jahnstraße". Kleines, vollständig erhaltenes Keramikschälchen vermutlich der älteren Hallstattzeit, das 2021 in einer Baugrube ca. 250 m südwestlich des Gräberfelds „Hafenäcker" zutage kam. Dm. 6,7 cm; ca. 800–550 v. Chr.*

Die vorteilhafte Lage über der Aachniederung bot schon in vor- und frühgeschichtlichen Epochen Anreiz sich hier niederzulassen. Urnengräber aus dem Gewann „Hafenäcker" belegen indirekt spätbronze- bis eisenzeitliche Siedlungsaktivitäten in Wahlwies im ausgehenden 2. und 1. vorchristlichen Jahrtausend. Ein im Jahr 2021 in einer nahe gelegenen Baugrube gefundenes Keramikschälchen könnte möglicherweise aus einem frühkeltischen Siedlungsbefund stammen (Abb. 30). Fundamentreste, die 2006 und 2009 von der Kreisarchäologie des Landratsamtes Konstanz ebenfalls im Gewann „Hafenäcker" freigelegt wurden, gehören wohl zu einem Nebengebäude eines römischen Gutshofs des 1.–3. Jahrhunderts n. Chr. Bereits 1938/39 war man etwa 150 m östlich des Gebäudes auf weitere Mauerzüge und römische Funde gestoßen.

2021 wurden etwa 450 m entfernt, am südöstlichen Rand von Wahlwies, für den Bau einer großen Gewächshausanlage weite Teile eines etwa 2 ha großen Areals im Gewann „Scheibenwiesen" abgetragen. Aufgrund der

31 △ *Stockach-Wahlwies, „Scheibenwiesen". Luftbild von Südwest über die Talaue der Stockacher Aach bei Wahlwies. 1 Stockacher Aach; 2 Untersuchungsbereich 2021 mit bereits errichteter Gewächshausanlage; 3 Bereich „Hafenäcker" mit Grabfunden der Bronze- und Eisenzeit (ca. 1200–500 v. Chr.) sowie römischen Siedlungsresten (1.–3. Jh. n. Chr.); 4 Kirche St. Germanus und Vedastus.*

siedlungsgünstigen Lage an einem flach nach Südosten einfallenden Hang, unmittelbar über der Stockacher Aach, legte die Kreisarchäologie im Herbst 2020 systematisch Baggerschürfe in der überplanten Fläche an. Dabei kamen insbesondere im nördlichen Teil vor- und frühgeschichtliche Siedlungsbefunde zutage. Die hieraus resultierende Rettungsgrabung führte die Grabungsfirma ArchaeoTask GmbH unter der örtlichen Leitung von Joachim Kitzberger von Ende Februar bis Mitte Mai 2021 durch. Fachlich begleitet wurde die Maßnahme von der Kreisarchäologie und dem Landesamt für Denkmalpflege.

Siedlungsspuren der mittleren und späten Bronzezeit

Die überwiegende Zahl der etwa 500 Pfosten- und Siedlungsgruben lag in der hangaufwärts gelegenen Nordwesthälfte der 1,26 ha großen Grabungsfläche (Abb. 31; 32). Bei den Pfostengruben zeichneten sich mehrere Konzentrationen ab, die wohl Hausstandorte markieren. Trotz oft nur noch geringer Erhaltungstiefe hatten sich in vielen der Pfostengruben Keil- oder Unterlegsteine erhalten. Zwei postulierte Gebäude im Norden (Abb. 32, Nr. 1; 2) waren Nordwest-Südost orientiert und besaßen eine Größe

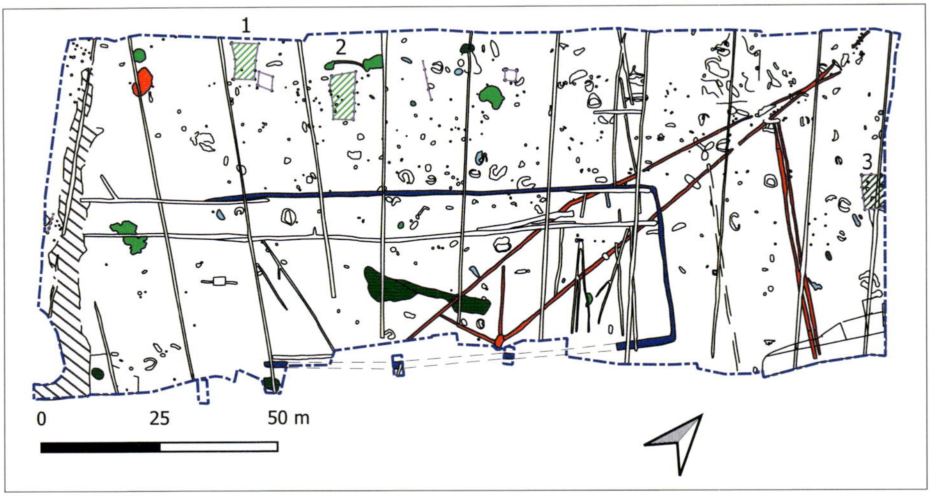

32 △ *Wahlwies, „Scheibenwiesen". Vorläufiger Gesamtplan der Ausgrabungsfläche 2021 mit Befunden der Bronze- bis Neuzeit. Dunkelgrün: Mittelbronzezeit (Grundriss 3, ca. 1600–1300 v. Chr.); hellgrün: Urnenfelderzeit (Grundrisse 1, 2, ca. 1200–800 v. Chr.); rot: römische Kaiserzeit (1.–3 Jh. n. Chr.; Datierung Gräbchen unsicher); blau: Grabenstruktur vermutlich der frühen Neuzeit (ca. 17. Jh. n. Chr.); hellblau: vorgeschichtlich unbestimmt; weiß: undatiert oder moderne Drainagen; Störungen grau schraffiert.*

von 9,6 m × 5,1 m bzw. 7,7 m × 5,2 m. Aus Pfostengruben beider Häuser konnte Keramik geborgen werden, die auf eine urnenfelderzeitliche (ca. 1200–800 v. Chr.) Zeitstellung hindeutet. Ein drittes, am Ostrand der Grabungsfläche teilweise erfasstes Gebäude (Abb. 32, Nr. 3) wurde vermutlich während der Mittelbronzezeit (ca. 1600–1300 v. Chr.) erbaut.

Im Süden der Fläche legte das Grabungsteam zwei große Konzentrationen aus teilweise gesprungenen Kalksteinen, sogenannten Hitzesteinen, frei. Sie erinnern an andere mittelbronzezeitliche Fundstellen im Hegau, die teils massenhaft durch Hitze geborstene Steine, möglicherweise Überreste vom Steinbierbrauen, enthielten. Die zwischen den Steinbruchstücken geborgene Keramik weist wiederum in die mittlere Bronzezeit. Zudem hatte sich in der Südostecke der Grabungsfläche, vermutlich in einer alten Geländesenke, in der auch stark austretendes Schichtwasser zu beobachten war, eine bis zu 30 cm mächtige Kulturschicht abgelagert. Darin fanden sich in teils großer Zahl sowohl mittelbronzezeitliche als auch urnenfelderzeitliche Keramikfragmente.

Strukturen aus dem Randbereich der römischen Besiedlung

Überraschend kamen im Untersuchungsgelände auch einzelne Befunde der römischen Kaiserzeit zum Vorschein. Hierzu gehört eine über 6 m breite, flache Grube im Westen des Grabungsareals. Sie enthielt neben zahlreichen Tierknochen einige römische Keramikfragmente sowie mehrere Bruchstücke der typischen Randleistenziegel.

Neben den das gesamte Areal meist hangabwärts durchziehenden modernen Drainagen verliefen mehrere flache, muldenförmige

Gräbchen über das Gelände, die in sich in Ausrichtung und Gestaltung deutlich von diesen unterschieden. Sie enthielten weder Tonröhren noch waren sie mit den üblichen Wacken verfüllt. Die beiden längsten Gräbchen ließen sich über eine Strecke von ca. 100 m von Nordosten kommend bis zur südlichen Grabungsgrenze, wo eines von ihnen mit zwei kürzeren Gräbchen zusammenlief, verfolgen. Zwei weitere Gräbchen verliefen im Osten parallel in einem Abstand von 1 m von Nordost nach Südwest. Die Gräbchen werden mehrfach von einer wohl frühneuzeitlichen Grabenstruktur geschnitten und sind daher stratigraphisch älter. Aus den Gräbchen stammt neben vereinzelten wenig aussagekräftigen Wandscherben eine kleine Zahl an noch nicht restaurierten Eisenobjekten, sodass bislang nur eine vorläufige Datierung dieser linearen Strukturen möglich ist. Denkbar wäre, dass sie zur Entwässerung landwirtschaftlicher Flächen des im Ort postulierten römischen Gutshofs dienten.

Ein Grabenkomplex des Dreißigjährigen Krieges?

Als jüngster archäologischer Befund erwies sich eine trapezförmige bis rechteckige, nach Südwesten offene Grabenstruktur von 95 m Länge und 33 m Breite. Die südliche, nur 87 m lange Grabenflanke verlief teilweise außerhalb der Grabungsfläche, konnte aber mit gezielten Sondagen weiter verfolgt werden. Die Grabenbreite variiert leicht zwischen etwa 0,7 m und 1 m. Einbauten waren auf der kasten- bis muldenförmigen, meist etwa 50 cm tiefen Grabensohle nicht feststellbar. Ob der Grabenaushub als Wall im Innenraum aufgeschüttet war, lässt sich aufgrund der Hangerosion und landwirtschaftlichen Überprägung des Geländes nicht mehr feststellen. Mithilfe der Metallsonde konnten mehrere Eisen- und Bleiobjekte aus den Grabenverfüllungen geborgen werden. Chronologisch relevant erscheint besonders eine 11,65 g schwere Bleikugel. Kaliber und Gewicht stimmen mit Geschossen überein, die während des Dreißigjährigen Krieges zum Einsatz kamen. Wenngleich eine genaue Datierung und Funktion der Grabenstruktur vorläufig offenbleiben muss, so sind doch für diese Zeit Kampfhandlungen für Wahlwies überliefert, in deren Folge „*... nit ein lebendige Seel ...*“ mehr zu finden gewesen sei.

Wir danken vielmals der Pestalozzi Gärtnerei gGmbH mit Herrn Birger Richter für die Finanzierung der archäologischen Untersuchung. Großer Dank für die gute Zusammenarbeit gebührt dem Tiefbauunternehmen Hildebrand, dem Ingenieurbüro Baur, dem Architektbüro Niederberger sowie Dr. Herman Schmid und Rudolf Martin für ihren ehrenamtlichen Einsatz bei der Prospektion des Areals.

Jürgen Hald, Joachim Kitzberger, Julia Goldhammer

LITERATURHINWEISE

Landesarchivdirektion Baden-Württemberg/Landkreis Konstanz (Hrsg.), Der Landkreis Konstanz. Amtliche Kreisbeschreibung IV (Sigmaringen 1984) 445–449; F. Meyer, Wahlwies. Ein Dorf und seine Geschichte. Hegau-Bibliothek 67 (Engen 1990); J. Hald, Römische Siedlungsreste in der Flur „Hafenäcker“ bei Wahlwies. Arch. Ausgr. Baden-Württemberg 2009, 187–189; ders., Römische Siedlungsspuren in Stockach-Wahlwies. In: J. Hald/W. Kramer (Hrsg.), Archäologische Schätze im Kreis Konstanz. Hegau-Bibliothek 147 (Hilzingen 2011) 153.

Neue vorgeschichtliche und mittelalterliche Siedlungsspuren in Hilzingen-Duchtlingen

Der zur Gemeinde Hilzingen gehörende Ortsteil Duchtlingen schmiegt sich an den westlichen Hangfuß des Höhenzugs zwischen dem Mägdeberg und dem Hohenkrähen. Bereits 764 n. Chr. wird „Dutharnica" erstmals auf St. Galler Urkunden im Zusammenhang mit Güterschenkungen an das Kloster genannt. Später ging die kleine Siedlung in die Herrschaft Krähen über, die von den Herren von Friedingen ausgeübt wurde. Sie errichteten auf dem 2,3 km nordöstlich liegenden Vulkankegel im späten 12. Jahrhundert die Burg Hohenkrähen.

Die geschützte Lage, die Nähe zu einem früher durch den Ort fließenden Bächlein aus dem Ostergraben sowie die fruchtbaren Ackerböden boten bereits ersten jungsteinzeitlichen Bauern Anreiz sich niederzulassen. Ihre bis ins ausgehende 6. Jahrtausend zurückreichenden Spuren finden sich insbesondere am nordwestlichen Ortsrand auf einem flachen Kiesrücken am Rand der Feuchtsenke „Lachen" (Abb. 33). Dort und im angrenzenden Neubaugebiet „Im Zehntgarten" konnten seit 2009 bei Einzelbaumaßnahmen Teilgrundrisse von Langhäusern der Linearbandkeramik aus dem ausgehenden 6. Jahrtausend v. Chr. nachgewiesen werden. Weitere Siedlungsreste mit Funden der Stichbandkeramik und des älteren Mittelneolithikums zeigen, dass das mindestens 300 m × 100 m große Siedlungsareal auch noch in der ersten Hälfte des 5. Jahrtausends v. Chr. bewohnt war.

33 ▷ *Hilzingen-Duchtlingen. Luftbild von Nordwesten auf den Ort. Im Hintergrund ist der Hohentwiel bei Singen zu erkennen. 1 vor- und frühgeschichtliches Siedlungsterrain im Neubaugebiet „Im Zehntgarten" und Gewerbegebiet „Lachen" am Rand einer feuchten Niederung; 2 Rettungsgrabung 2018; 3 Rettungsgrabung 2021; 4 mittelalterliche Siedlungsreste Grünenbergstraße 2014; 5 Kirche St. Gallus.*

Spätestens um 1600/1500 v. Chr. ist wieder eine intensivere Besiedlung des Platzes während der mittleren Bronzezeit nachweisbar. Erste Spuren der jungsteinzeitlichen und bronzezeitlichen Siedlungstätigkeit wurden bereits 1990 an mehreren Stellen weiter südlich im Ort durch Bodo Dieckmann festgestellt. Hinzu kommen hochmittelalterliche Siedlungsfunde aus einer Notbergung im Jahr 2014 aus der nordöstlich angrenzenden Grünenbergstraße. Dort konnten zwei West–Ost bzw. Nord–Süd ausgerichtete Grubenhäuser dokumentiert werden. 2018 und 2021 wurden durch den Bau von zwei Mehrfamilienhäusern am südlichen Rand der bisher bekannten Fundzone neue archäologische Untersuchungen notwendig. Die Ausgrabungs- und Dokumentationsarbeiten führte die Firma ArchaeoTask GmbH mit den örtlichen Grabungsleitern Steven Bosch und Georg Häußler durch. Fachlich begleitet wurden die Ausgrabungen von der Kreisarchäologie des Landratsamtes Konstanz und dem Landesamt für Denkmalpflege.

Mittelneolithische und bronzezeitliche Siedlungsreste

Bei der Untersuchung einer ca. 270 m² großen Baugrube im Gewerbegebiet „Lachen“ wurden im September 2018 etwa 150 archäologische Befunde dokumentiert (Abb. 34). Es handelte sich dabei überwiegend um Pfostengruben, die sich in den anstehenden Kiesschichten unter 40–50 cm mächtigen Hangsedimenten (Kolluvien) mit bronzezeitliche Keramikscherben abzeichneten.

Im östlichen Grabungsbereich ließen sich Pfostengruben zu einem Hausgrundriss rekonstruieren, der über die Grabungsgrenze hinausreicht. Der Nordwest–Südost ausgerichtete, etwa 5,70 m breite Bau verjüngt sich an der nordwestlichen Schmalseite auf 3,6 m und war mindestens 20 m lang. Zwei Pfostenreihen innerhalb der Konstruktion machen Raumeinteilungen wahrscheinlich. Die Bauweise, die noch in der Tradition altneolithischer Langhäuser steht, deutet auf eine Errichtung des Gebäudes in einer frühen Phase des Mittelneolithikums hin. Hierauf lassen auch wenige keramische Funde der Hinkelsteingruppe aus dem frühen 5. Jahrtausend v. Chr. schließen. Weitere rechtwinklig angeordnete Pfostenreihen könnten möglicherweise auch zu älteren Langbauten der nordöstlich angrenzenden linearbandkeramischen Siedlung oder zu bislang nicht klar identifizierbaren bronzezeitlichen Häusern gehören. Als besonders interessant erwies sich diesbezüglich eine 105 cm tiefe und 170 cm breite Grube an der östlichen Grabungsgrenze (Abb. 35). Auf der Sohle der wohl ständig feuchten Grubenverfüllung hatte sich ein durchlochtes Bruchstück eines Objekts aus Buchenholz, womöglich das Fragment einer Grabschau-

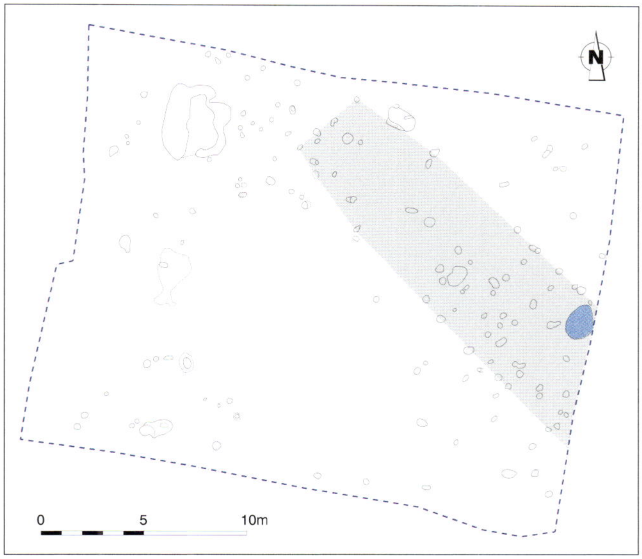

34 △ *Hilzingen-Duchtlingen, „Lachen“. Vorläufiger Plan der Rettungsgrabung 2018 mit zahlreichen Pfostengruben. Grau: vermutlich Hausgrundriss des Mittelneolithikums (erste Hälfte 5. Jt. v. Chr.); blau: brunnenartige Grube der beginnenden mittleren Bronzezeit (ca. 1600–1500 v. Chr.).*

fel, erhalten. Charakteristische Randscherben aus der Verfüllung machen eine zeitliche Einordnung des Befundes in die ausgehende Früh- bzw. beginnende Mittelbronzezeit wahrscheinlich. Die zylinderförmige Grube greift in kompakte wasserstauende Lehmschichten ein. Ein vergleichbarer Befund kam bereits 2010 beim Bau eines Hallenfundaments 120 m nordwestlich zutage. Auch aus Wyhl (Kreis Emmendingen) lassen sich zwei gute Vergleiche anführen, die eine Interpretation der Gruben als Brunnen nahelegen.

Eine Siedlung des hohen Mittelalters

In einem weiteren Baufeld ca. 80 m östlich wurden im Sommer 2021 an der Hegaustraße auf einer Gesamtfläche von knapp 1000 m² insgesamt 426 Befunde wiederum unter einer kolluvialen Deckschicht dokumentiert (Abb. 36). Es handelt sich um sechs Ost–West bis Nordwest–Südost orientierte Grubenhäuser mit Ausmaßen von 2,70–4,10 m Länge und 2,00–2,80 m Breite sowie um eine quadratisch geformte Werkhütte mit exakt 3,50 m Seitenlänge. Von zwei weiteren etwa Nord–Süd ausgerichten Grubenhäusern waren nur Teilbereiche erhalten. Aus der sehr dichten Pfostenstreuung lassen sich derzeit mindestens drei Gebäudestandorte, davon zwei Speichergebäude, mit variierenden Orientierungen sowie Längen von 2,20–4,00 m und Breiten von 2,50–3,30 m rekonstruieren. Im Gewirr dieser Pfosten sind Teile weiterer Gebäude durch meist Nordwest–Südost verlaufende Fluchten und Gebäudeecken zu erkennen, die teils über die Grabungsgrenzen hinausreichen. Ein Nordwest–Südost verlaufendes Gräbchen nahe der westlichen Grabungsgrenze markiert womöglich die Grenze einer Siedlungseinheit.

Im Süden der Fläche fällt das Gelände steil um ca. 2 m ab. Hier liegt der scharfe Geländeeinschnitt des unweit der Grabungsgrenze verdolt verlaufenden Baches „Osterwiesengraben". Die erfasste Siedlung erstreckt sich auf der Terrasse oberhalb des Bachtobels, wobei der steile Hangbereich unbebaut blieb, die tieferen Bereiche ausweislich eines kleineren Grundrisses aber für einzelne Gebäude genutzt wurden.

Zu den wenigen Keramikfunden gehören insbesondere Scherben von Töpfen der Nachgedrehten Ware, teils mit Wellendekor. Einzelfunde weisen in das 10. Jahrhun-

35 ▷ *Hilzingen-Duchtlingen, „Lachen". Zwei brunnenartige Gruben der Bronzezeit, die in schichtwasserstauende Lehmschichten eingreifen, aus den Grabungskampagnen 2010 (links) und 2018 (rechts).*

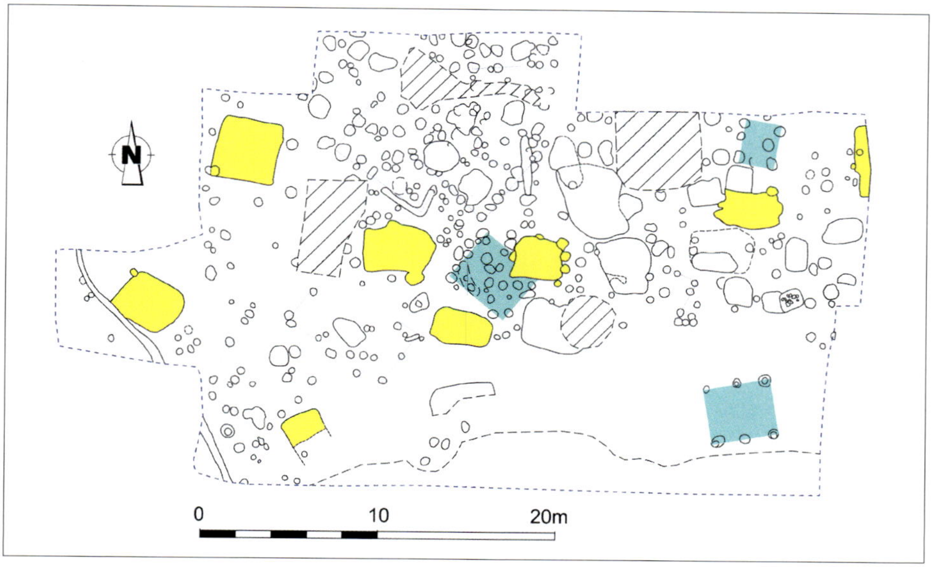

36 ◁ *Hilzingen-Duchtlingen, „Im Zehntgarten". Vorläufiger Plan der Rettungsgrabung 2021 mit dichter Befundstreuung einer mehrphasigen hochmittelalterlichen Siedlung (ca. 10.–12. Jh. n. Chr.). Gelb: Grubenhäuser; blau: Grundrisse Pfostenbauten; Störungen schraffiert.*

dert n. Chr., die meisten Funde datieren jedoch in das 12. Jahrhundert n. Chr. Wenige kleine Keramikfragmente vorgeschichtlicher Tonware sind möglicherweise umgelagert.

Resümee

Die neueren Untersuchungen in Duchtlingen haben neben einem vermutlich mittelneolithischen Hausgrundriss nun erstmals auch zahlreiche Befunde einer dicht bebauten, mehrphasigen mittelalterlichen Siedlung erbracht. Sie zeigen eine intensive Bautätigkeit während des 10. bis 12. Jahrhunderts, wenig südwestlich der St.-Gallus-Kirche, deren Patrozinium ebenfalls auf eine frühe mittelalterliche Entstehung des heutigen Ortes hindeutet. Unter Berücksichtigung zeitgleicher Funde aus der Grünenbergstraße könnte sich das mittelalterliche Dorf noch mindestens 130 m nach Osten ausgedehnt haben.

Dem Investor der Baumaßnahmen, Herrn Rudolf Auer, sei für die Kooperation und die Finanzierung der Ausgrabungsarbeiten vielmals gedankt. Weiterer Dank gebührt dem engagierten Grabungsteam und der Tiefbaufirma Britsch für die gute Zusammenarbeit sowie Sebastian Million und Helmut Schlichtherle für hilfreiche Hinweise.

Jürgen Hald, Steven Bosch, Georg Häußler, Bertram Jenisch, Julia Goldhammer

LITERATURHINWEISE

R. Dehn, Zwei vorgeschichtliche Brunnen auf der Gemarkung Wyhl, Kreis Emmendingen. Arch. Ausgr. Baden-Württemberg 1983, 98–99; B. Dieckmann, Sondagen in den mittelbronzezeitlichen Siedlungen von Hilzingen, Rielasingen-Worblingen und Hilzingen-Duchtlingen, Kreis Konstanz. Ebd. 1990, 56–62 bes. 61; J. Hald, Weitere archäologische Untersuchungen in einem ur- und frühgeschichtlichen Siedlungsareal in Duchtlingen. Ebd. 2011, 77–79 mit weiterer Lit.; S. Probst-Lunitz, Das Krähensche Dorf Duchtlingen. In: W. Kramer (Hrsg.), Hilzingen. Geschichte und Geschichten III. Hegau-Bibliothek 103 (Hilzingen 2005) 37–50; W. Kramer, Chronik von Duchtlingen. In: Festschrift 1250 Jahre Duchtlingen (Hilzingen 2014) 8–23.

STEINZEIT

Tauber
Neckar
Jagst
Kocher
Bad Friedrichshall-Kochendorf
Öhringen
Oberderdingen-Flehingen
Untergruppenbach-Donnbronn
Knittlingen
Löchgau
Sachsenheim-Hohenhaslach
Oberriexingen
Großsachsenheim
Neckarenztalleitung
Gerlingen
Heubach
Stuttgart
Leinfelden-Echterdingen
Rhein
Niederstotzingen-Lontal
Neuffen
Niederstotzingen-Stetten o. L.
Ammerbuch-Pfäffingen
Tübingen
Tübingen-Unterjesingen
Blaubeuren-Seißen
Ulm
Schelklingen
Lauterach
Donau
Endingen a. K.
Bad Buchau
Freiburg
Breisach-Oberrimsingen
Geisingen-Gutmadingen
Engen-Bittelbrunn
Hilzingen-Duchtlingen
Überlingen
Müllheim-Feldberg
Konstanz
Bodensee

37 Konstanz, Triboltinger Bohl. Ein Taucher am freigelegten Einbaum (zum Beitrag S. 116 ff.).

Paläorelief und Besiedlung der mittel- und jungpaläolithischen Freilandstation Feldberg „Steinacker"

Im Herbst 2021 fanden sich Forschende und Studierende des Landesamtes für Denkmalpflege (LAD), des Heinrich Schliemann-Instituts für Altertumskunde der Universität Rostock und des Geographischen Instituts der Universität Heidelberg, Professur für Geomorphologie, an der Freilandstation Feldberg „Steinacker" zusammen, um die nunmehr vierjährigen Voruntersuchungen abzuschließen. Die vierwöchige Kampagne lieferte vor allem zum Paläorelief der Siedlungsareale entscheidende Erkenntnisse, die auch grundlegend für die Vorbereitung der Beantragung einer zukünftigen Förderung des interdisziplinären Forschungsprojektes zur mittel- und jungpaläolithischen Besiedlung sind.

Der „Steinacker" in der Eiszeit – bewegte Topographie auf engstem Raum

Erstmals wurden umfangreiche geowissenschaftliche Bohrungen und Messungen zur geoelektrischen Widerstandstomographie (ERT) am Fundplatz durchgeführt. Bei dieser zerstörungsfreien Durchleuchtung des oberflächennahen Untergrundes wird der elektrische Widerstand des Untergrundmaterials ermittelt. Im günstigsten Fall lassen sich so Böden und Sedimente zweidimensional darstellen. Und nicht nur das: Mit der flächendeckenden elektromagnetischen Induktionsmessung über ein größeres Areal kann auch eine 3D-Visualisierung der Sedimentstrukturen erzielt werden. Genau dies

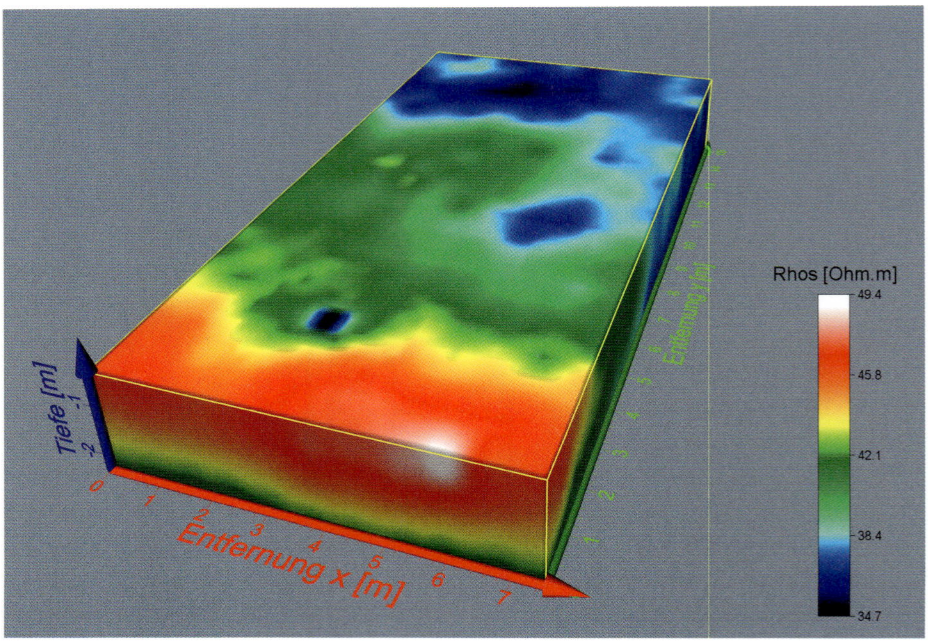

38 Feldberg, „Steinacker". 3D-Modell der Verteilung des spezifischen elektrischen Widerstands. Rot: kalkhaltiger Löss und Paläoböden, grün/blau: entkalkter Lösslehm.

scheint am Steinacker möglich, bis hin zur Unterscheidung dekarbonisierter und karbonisierter Lössschichten. Hierdurch gelang sogar die detaillierte Rekonstruktion des Paläoreliefs und damit die Identifizierung potenzieller Areale mit erhaltenen Fundschichten (Abb. 38): Erste Ergebnisse deuten auf eine anders als heute recht bewegte Oberfläche mit Höhen und Senken hin. Zwar gaben sich die von den ehrenamtlich Beauftragten über die Jahrzehnte hinweg „ersammelten" Fundkonzentrationen bereits in der Tomographie eindeutig als „Verlustzonen" zu erkennen. Dafür kristallisierte sich jedoch u. a. eine ca. 300 m × 60 m große Fläche in „exponierter" Lage heraus, in der noch intakte Fundschichten zu erwarten sind. Hierauf ließen bereits die im letzten Jahr durchgeführten mikromorphologischen Untersuchungen hoffen: In den Dünnschliffen erkennbare organische Reste wurden jüngst bestätigt durch in den Sedimentproben – die vor allem zur Extrahierung von Regenwurmkalziten geschlämmt wurden – entdeckte Holzkohle- und unverbrannte Tierknochenfragmente (freundl. Mitteilung E. Marinova-Wolff). Die aktuell laufende Datierung der Kalzite und die Untersuchung ihrer Isotopen dürften interessante Erkenntnisse zu den pleistozänen Umweltverhältnissen liefern.

Über Jahrtausende hinweg nicht nur ein Schlagplatz

Von den Studierenden und Mitarbeiter*innen des LAD und der Universität Rostock wurden während der aktuellen Kampagne auch die Ausgrabungen in Schnitt 8 (8 m²) und im neuen Schnitt 10 (4 m²) vorangetrieben (Abb. 39). Gleich zu Beginn gelang der Fund eines gestielten Steinartefaktes, bei dem es sich um das Proximalfragment einer sogenannten Font-Robert-Spitze handeln dürfte (Abb. 40,11). Damit existieren von dieser Leitform des frühen Gravettiens am „Steinacker" nun bereits mindestens zehn Exemplare.

Wie gewohnt wurde das gesamte Sediment geschlämmt, die Funde mit der Totalstation einzeln eingemessen und ihre Neigung dokumentiert. Hierdurch konnte auch innerhalb der neu untersuchten Fläche nachgewiesen werden, dass die Steinartefakte im Bereich einer pleistozänen Kuppe horizontal eingeregelt liegen (Schnitte 8 und 10). Die weitestgehend ungestörten oberen Fundschichten datieren mit Blick auf die erhobenen OSL-Daten in das mittlere Jungpaläolithikum vor ca. 34 000 Jahren.

Erste Resultate der noch laufenden Analyse des Steinartefakteinventars deuten bereits an, dass auch die ca. 200 Artefakte aus Schnitt 8 zu einem jungpaläolithischen Schlagplatz gehören. Zu den Überresten der einstigen Abbausequenzen zählen u. a. ein unidirektionaler Klingenkern (Abb. 40,8), ein Korrekturabschlag (Abb. 40,1) sowie viele unmodifizierte Grundformen aus dem lokal

39 ▽ Feldberg, „Steinacker". Ausgrabung in Schnitt 8.

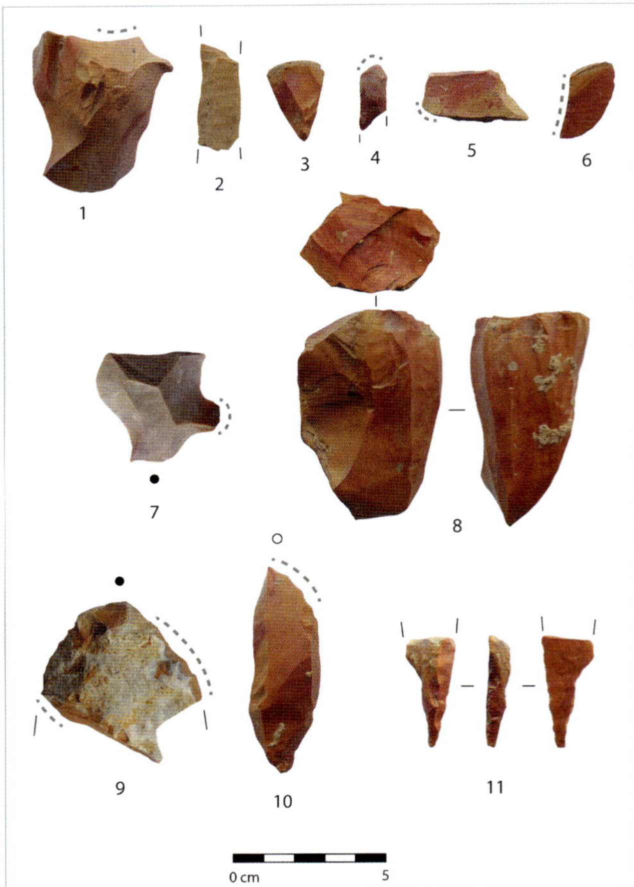

40 △ Feldberg, „Steinacker". Eine Auswahl der 2021 dokumentierten Steinartefakte aus Schnitt 8. 1 Korrekturabschlag; 2 Klingenfragment aus vermutlich nichtlokalem Rohmaterial; 3 Frosttrümmer mit Gebrauchsretuschen; 4 Endretusche an einem Lamellenfragment; 5, 6 Frostsprünge mit Gebrauchsretuschen; 7 Levallois-Abschlag mit lateraler Retusche; 8 unidirektionaler Klingenkern; 9 Schaber an einem Kortexabschlag; 10 Klingengerät mit Lateralretusche; 11 Fragment einer Font-Robert-Spitze.

vorkommenden Rauracien-Hornstein.

Besonders bemerkenswert war der Fund von Hämatit zusammen mit Steinartefakten in Schichten unterhalb des mittleren Jungpaläolithikums, der eine ganz andere Facette des menschlichen Lebens an der Freilandstation zu beleuchten vermag: Das zuweilen auch als „Rötel" oder „roter Ocker" bezeichnete Mineral diente der Gewinnung von Farbpigmenten, wie sie nicht zuletzt von der paläolithischen Höhlenmalerei bekannt sind. Zwar ist seine Provenienz noch nicht geklärt, aber nur ca. 15 km nordöstlich des Fundplatzes sind zwischen Sulzburg, Belchen und Münstertal Hämatitvererzungen bekannt, deren Gewinnung bislang frühestens für das Neolithikum nachgewiesen ist.

Unter dem Fundmaterial sollte ein mittelpaläolithischer Levallois-Abschlag nicht unerwähnt bleiben (Abb. 40,7) – nicht das erste untrügliche Zeichen für die Aktivitäten von Neandertalern am Steinacker. Das aus einer vermutlich pleistozänen Bioturbation stammende Exemplar passt technologisch und bezüglich des Rohmaterials – ein nichtlokaler Chalzedon – sehr gut zum 2019 gefundenen Kernstein.

Ausblick

Die jüngste Kampagne hat in ganz erheblichem Maße zu einem besseren Verständnis der geologischen und geomorphologischen Gegebenheiten in der Mauchener Talmulde und damit der paläolithischen Freilandstation beigetragen. Hierauf aufbauend lassen sich zukünftig durch fortlaufende Untersuchungen weitere vorhandene Potenzialflächen herausfiltern, die es natürlich dann auch durch Ausgrabungen zur überprüfen gilt. Für dieses durchaus ambitionierte Forschungsvorhaben, das u. a. die Rekonstruktion von Landnutzungsmustern der mittel- und jungpaläolithischen Wildbeuter ermöglichen soll, haben wir uns in einem nächsten Schritt entschlossen, eine adäquate wissenschaftliche Förderung zu beantragen.

Über die letzten vier Jahre hinweg konnten wir uns immer auf die zuverlässige und großzügige Unterstützung der Feldbergerinnen und Feldberger verlassen, seien es Helmut Nussbaumer, Familie Warnke, Uli Waldkirch oder der Ortschaftsrat. Ohne ihr kräftiges Zutun wären die Forschungen nicht in diesem Maße möglich gewesen. Wie gewohnt wurden wir auch vom Arbeitskreis Archäologie und Dr. Jan Merk des Markgräfler Museums Müllheim unterstützt, die uns sogar die seltene Ehre eines kulinarischen Empfangs im Ehrensaal des Blankenhorn-Palais zuteilwerden ließen.

Lisa Bauer, Marcel Bradtmöller, Olaf Bubenzer, Marcel El-Kassem, Merlin Hattermann, Stefan Hecht, Felix Henselowsky

LITERATURHINWEISE

M. Bradtmöller u. a., Interdisziplinäre Forschungen an der paläolithischen Freilandstation Feldberg „Steinacker". Arch. Ausgr. Baden-Württemberg 2020, 54–56; M. El-Kassem/M. Bradtmöller/M. Hattermann, Neandertaler am Steinacker? Weiterführende Ausgrabungen an der paläolithischen Freilandstation Feldberg „Steinacker". Ebd. 2019, 44–46; M. El-Kassem/M. Bradtmöller/A. Calvo, Jungpaläolithikum am Oberrhein – Eine Freilandfundstelle des Gravettien im Markgräfler Hügelland. Denkmalpfl. Baden-Württemberg 48, 2019, 164–169; C. Pasda, Archäologie im Südwesten – Wildbeuter im archäologischen Kontext – Das Paläolithikum in Südbaden (Bad Bellingen 1998).

SACHSENHEIM-HOHENHASLACH, KREIS LUDWIGSBURG

Fortsetzung der Grabungen auf der Magdalénien-Freilandstation Hohe Reute bei Hohenhaslach

Vorangegangene Arbeiten

Nach der Entdeckung der Fundstelle an der Hohen Reute im Jahr 2008 durch Alwin Schwarzkopf wurde das mittlerweile rund 500 Artefakte umfassende Inventar der Oberflächenbegehungen zum Anlass genommen, archäologische Ausgrabungen im Bereich der Fundkonzentration vorzunehmen. Bei der ersten Kampagne im Frühjahr 2019 wurden über 150 Steinartefakte und ein Befund aus Sandsteinplatten in der 8 m² messenden Fläche entdeckt. Da zum Ende der Grabung weitere, vermutlich zum Befund gehörige Sandsteinplatten in den Profilen erkennbar waren, wurden für das Jahr 2020 erneute Ausgrabungen geplant. Infolge der Covid-19-Pandemie konnte die nächste Kampagne jedoch erst im Oktober 2021 stattfinden, mit dem Ziel, die Fläche zu erweitern, um den Befund weiter freizulegen.

Erweiterung der Grabungsfläche

Hierzu wurde die Grabungsfläche im nördlichen, östlichen und westlichen Bereich erweitert und die bereits 2019 geöffneten Quadrate weiter ausgegraben. Im nördlichen Grabungsbereich wurden so die Quadrate 94–97/100 vollständig geöffnet. Weiterhin wurde das Quadrat 94/99 im westlichen Areal vervollständigt. Die gesamte Grabungsfläche beider Kampagnen beträgt 12 m². Zudem konnte die Grabungsfläche von 2019 bis auf den sterilen Horizont GH 3 abgetieft werden.

Funde und Befunde

Von der Kampagne 2021 sind 84 Silices zu verzeichnen, die größtenteils aus dem Bereich der Befundzone stammen. In einigen Fällen war es möglich, kleine Fundensembles in einer Kombination aus Sandsteinplatten und Silices freizulegen (Abb. 41), die als Fundzonen respektive separate Befunde erfasst wurden. Im abgebildeten Beispiel handelt es sich um zahlreiche in einer rundlichen Konzentration vergesellschaftete Sandsteinplatten, in deren direktem Umfeld ein Mehrschlagstichel und eine Lamelle lagen. Daneben konnten vor allem im nordöstlichen Grabungsareal Rückenmesser und sonstige rückengestumpfte Artefakte vorgefunden werden, die die bisherige chronologische Einordnung in das Magdalénien untermauern (Abb. 42). Selbst auf der Oberfläche des GH 3, also dem sterilen Verwitterungslehm des anstehenden Keupergesteins, traten in seltenen Fällen noch Steinartefakte auf, wie etwa ein Kratzer aus weißem Jurahornstein. Die Rohmaterialien der Steinartefakte setzen sich erneut aus verschiedenen lokalen, regionalen und überregionalen Varietäten zusammen. Dominant sind Jura- und Bohnerzhornsteine, die bemerkenswerterweise zahlreicher vorkommen als die lokal-regionalen Materialien Keuper- und Muschelkalkhornstein. Das Verhältnis lässt sich mit etwa 3:1 angeben. Sonstige und unbestimmte Rohmaterialien machen nur einen unwesentlichen Teil des Inventars aus.

41 ▽ *Sachsenheim-Hohenhaslach, Hohe Reute. Freigelegter Befund knapp über der Oberfläche des sterilen Horizonts.*

Bei den Werkzeugen sind fünf Rückenmesser, zwei rückenretuschierte Lamellen, vier Stichel, zwei Stichel-Kratzer sowie ein Kratzer, ein Bohrer und eine Lateralretusche zu verzeichnen. Ergänzt werden die Stichel durch vier Stichellamellen. Im Zuge der ausstehenden Untersuchungen der gesiebten Sammelfunde sind noch weitere Artefakte der Kleinfraktion zu erwarten, was sich bereits bei einer ersten Durchsicht andeutete. Dies betrifft vornehmlich Absplisse, rückengestumpfte Elemente und Stichellamellen.

Als vielversprechendstes Fundareal bleiben die Fundzonen im mittleren und südöstlichen Grabungsbereich festzuhalten, wo separate Befunde im Bereich des Hauptbefunds noch auszuwerten sind (Abb. 43). Diese kleineren Befunde liegen tiefer als der im Jahr 2019 aufgedeckte Befund der größe-

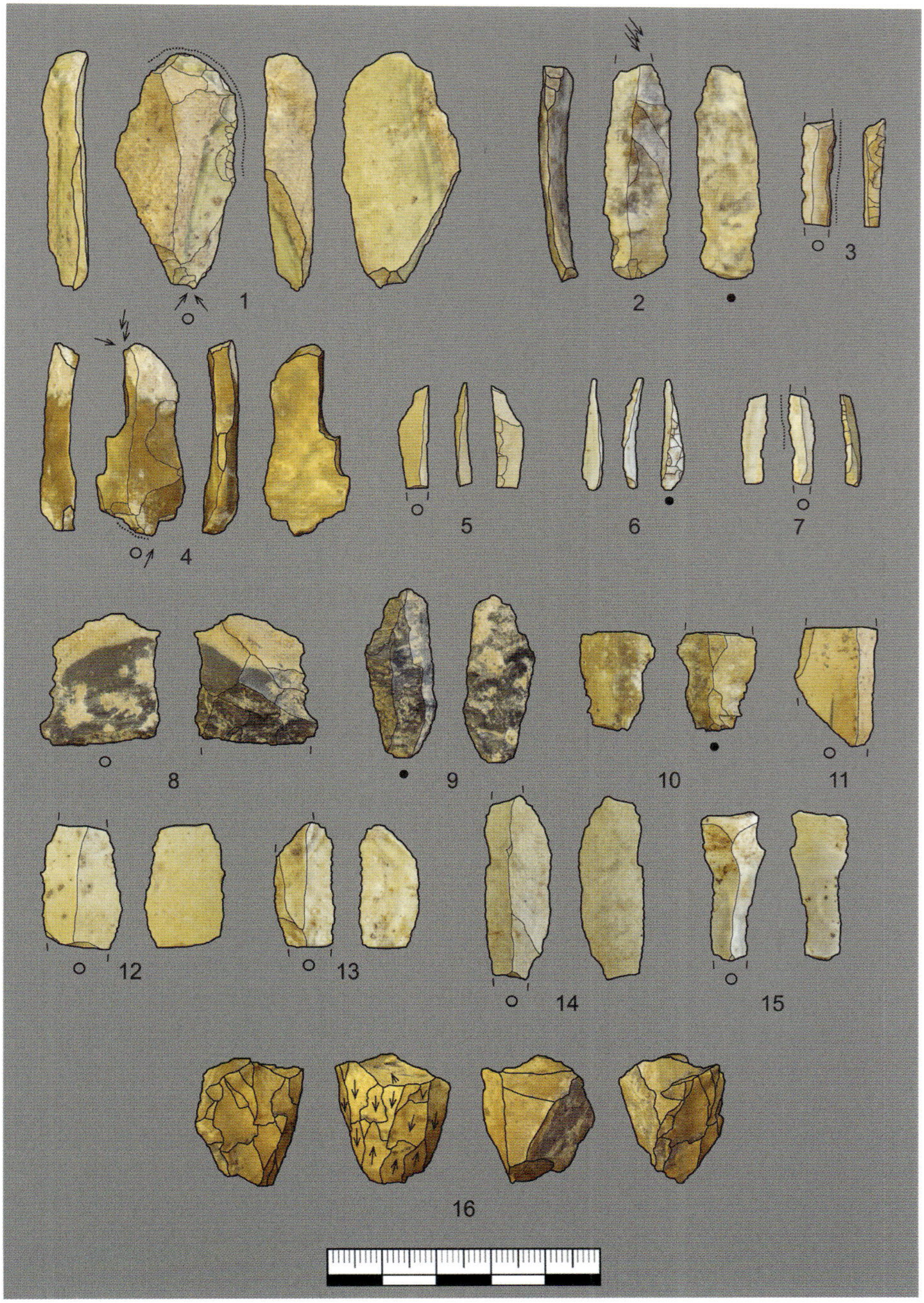

42 △ *Sachsenheim-Hohenhaslach, Hohe Reute. Artefakte der Grabung 2021. 1 Stichel-Kratzer; 2 Stichel an Bruchkante; 3, 7 Rückenmesser; 4 Stichel an Endretusche und Mehrschlagstichel; 5, 6 Stichellamellen; 8 Präparationsabschlag; 9–15 Klingenfragmente; 16 bidirektionaler Lamellenrestkern. 1, 3, 5–7, 10, 12–15 Jurahornstein; 2 Keuperhornstein; 4, 16 Bohnerzhornstein; 8, 9 Muschelkalkhornstein, 11 unbestimmter Hornstein.*

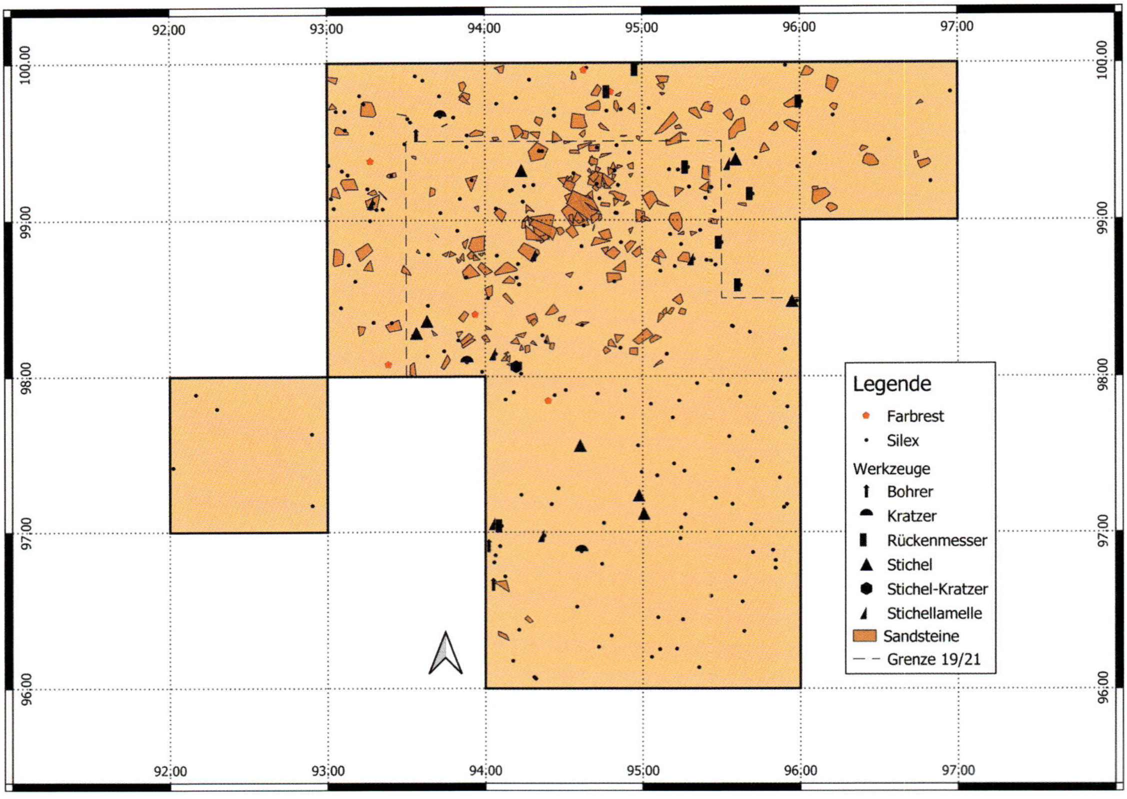

43 △ *Sachsenheim-Hohenhaslach, Hohe Reute. Grabungsplan der Kampagnen 2019 und 2021 mit den wichtigsten Fundkategorien.*

ren Sandsteinplatten. Im Fall einer rundlichen Steinsetzung mit einem Durchmesser von ca. 30 cm lagen darauf größere Sandsteinplatten mit bis zu 25 cm Ausmaß. Darunter fanden sich sodann ausschließlich kleinere, grobporigere Platten mit bis zu 10 cm Ausmaß. Wie dieser höchst interessante Befund zu interpretieren ist, bleibt in folgenden Kampagnen zu klären.

Zusammenfassung

Insgesamt vermittelt das Bild der neu entdeckten Befunde eine weitestgehend ungestörte Überlieferung des Fundmaterials im tieferen Bereich der Grabungsfläche knapp oberhalb des GH 3. Somit ist der Fundstelle weiterhin ein hohes Potenzial in Bezug auf intakte Fundbereiche zuzuschreiben, weswegen weitere Untersuchungen angestrebt werden. Die Untersuchungen des Jahres 2021 unterstreichen unsere bisherige Einschätzung, nach der der Siedlungsbefund auf der Hohen Reute eine außergewöhnliche Entdeckung darstellt. Derartige Freilandbefunde des Magdalénien sind in Baden-Württemberg in dieser Form bislang nicht bekannt.

Das Projekt „Paläolithische Freilandfundstellen in Baden-Württemberg", zu dessen Aktivitäten die Grabung gehört, wird dankenswerterweise von der Förderstiftung Archäologie in Baden-Württemberg und vom Landesamt für Denkmalpflege Baden-Württemberg finanziell unterstützt. Für die Unterbringung der Grabungsteilnehmenden danken wir herzlich dem CVJM Hohenhaslach, insbesondere Familie Schmid. Des Weiteren bedanken wir uns bei der Stadt Sachsenheim, insbesondere bei Bürgermeister Holger Albrich sowie Lars Roller für die Unterstützung unserer Arbeiten. Ein herzlicher Dank gebührt ebenso Dr. Michael Nill und Burkhard Böer von der Abteilung Forst des Landratsamts Ludwigsburg. Abschließend möchten wir uns bei Alwin Schwarzkopf, Dr. Jens Frick, Tarek Larbi, Volker Rösner, Anna Rösch, Sophie Rohn, Marius Achtelik, Annika Rebentisch, Jürgen Wiech und Wolfgang Naak für die tatkräftige Hilfe bei der Grabung bedanken.

Stefan Wettengl, Harald Floss, Simon Fröhle

LITERATURHINWEISE

H. Floss u. a., Ein neu entdeckter Siedlungsbefund des Magdalénien auf der Hohen Reute. Arch. Ausgr. Baden-Württemberg 2019, 56–60; St. Wettengl, Die jungpaläolithischen Freilandfundstellen in Baden-Württemberg. Unpubl. Dissertation, Universität Tübingen 2021.

■ SCHELKLINGEN, ALB-DONAU-KREIS

Fundreiche mittelpaläolithische Schichten und neue Einblicke in Technologie und Subsistenz der Neandertaler im Hohle Fels

Voller Freude können wir festhalten, dass die Ausgrabungen am Hohle Fels im Jahr 2021 – aufbauend auf den bedeutenden Forschungen von Oscar Fraas, Gustav Riek, Joachim Hahn und anderen – die 25. Jahreskampagne in Folge unter der derzeitigen Leitung an diesem weltweit bekannten Fundplatz waren. Die Erfolge am Hohle Fels sind auch dem engagierten Einsatz mehrerer hundert Ausgräber*innen und mehrerer Dutzend Kolleg*innen zu verdanken, die über die Jahre im Forschungsteam mitwirkten. Wichtig sind auch die zahlreichen Geldgeber, Sponsoren sowie Freundinnen und Freunde der Urgeschichte, die die Arbeiten auf vielen Ebenen unterstützten und zu den vielen Erfolgen, darunter etwa die Ernennung des Hohle Fels und der benachbarten Landschaft zu einer UNESCO-Welterbestätte, entscheidend beigetragen haben.

Grabungsbedingungen 2021

Auch im 25. Grabungsjahr gab es vielfältige wichtige Ergebnisse, die hier zusammengefasst werden sollen. Die Geländearbeit fand vom 20. Juni bis zum 13. August mit Ausgräber*innen aus mehreren europäischen, asiatischen und nordamerikanischen Ländern statt. Es wurde im Norden, Osten und Westen des Grabungsareals gearbeitet (Abb. 44). Durch die großen Mengen an Niederschlag war es in diesem Jahr besonders nass im Inneren der Höhle. Die außergewöhnlichen Bedingungen führten aber auch dazu, dass wir beobachten konnten, wie in Perioden mit sehr hohen Niederschlägen Wasser durch die Höhle fließt und unter Umständen zu Erosion führen kann. Phasen der Erosion und Bewegungen von Sediment hangabwärts sind auch in den ar-

44 △ *Hohle Fels. Übersicht mit der Fläche des Mittelpaläolithikums im zentralen Bereich hinter der Leiter, der Fläche des Aurignaciens linksmittig und oben im Bild und der Fläche des Gravettiens rechts im Vordergrund.*

chäologischen Schichten im Hohle Fels gut dokumentiert.

Ein weiteres wichtiges Ereignis des Jahres war der Bau von verstellbaren Metallstützen an der westlichen Grabungsgrenze, die dazu dienen, die Profile zu stabilisieren. Dadurch können wir zukünftig die Grabung in diesem Bereich gefahrlos nach unten fortsetzen. Der aufwendige Bau wurde von der Stadt Schelklingen finanziert und durch die Firma Kottmann Stahlbau in Allmendingen geplant und durchgeführt.

Während der Grabung wurden bedeutende Funde und Befunde in den mittelpaläolithischen, aurignacienzeitlichen und gravettienzeitlichen Schichten des Hohle Fels dokumentiert und geborgen. Mehr als 500 Steinartefakte, über 1200 Knochen-, Geweih- und Elfenbeinfunde sowie mehr als 460 Stücke Knochenkohle wurden eingemessen. Wie am Hohle Fels üblich wurde ein Vielfaches davon an Kleinfunden beim Sortieren der Schlämmreste aller Sedimente ausgelesen.

Archäologische Horizonte und Befunde des Mittelpaläolithikums

Besonders spannend waren die Funde und Befunde, die in den archäologischen Horizonten des Mittelpaläolithikums (AH) XI und XII erfasst wurden.

Der AH XI ist charakterisiert durch gelblich braunen, tonigen Schluff mit viel Kalksand. Er weist eine unregelmäßige Menge an Kalkschutt auf (ca. 40 %), der vereinzelt Größen bis 30 cm erreichen kann, ohne dabei eine klare Orientierung aufzuweisen. Dabei scheinen die Steine aber grob dem Hanggefälle nach Nordwesten zu folgen. Auch der AH XII besteht aus gelblich braunem, tonigem Schluff mit viel Kalksand, ist im Allgemeinen sehr feucht und macht insgesamt einen stärker geogenen Eindruck. Er enthält eine hohe Menge an Kalkschuttbrocken (50–80 %), oft im Bereich von 1–5 cm, die teilweise Stein an Stein liegen.

Bereits in der Kampagne 2020 hatten wir in den nördlichen Teilen der Grabung im

AH XII einen Befund definiert. Diesen konnten wir in diesem Jahr weiterverfolgen. Er setzte sich durch Färbung, einen hohen Anteil an Knochenkohle und seinen Fundreichtum deutlich vom umgebenden Sediment ab. Der Befund trennte sich in tieferen Abträgen in zwei Bereiche auf, sodass wir beim Übergang zu AH XII zwei neue Befunde definierten, die aber in engem Zusammenhang mit dem Befund aus AH XI stehen. Die Grenze des Befundes hat sich im Vergleich zum letzten Jahr etwas nach Süden verlagert und teilte sich in zwei Hauptbereiche auf (Abb. 45). Generell scheint im Süden eine etwas höhere Funddichte vorzuliegen, auch setzt sich der Befund nach Süden und Westen fort. Er beinhaltete sehr viel Knochenkohle und Steinartefakte, im Gegensatz zu den jungpaläolithischen Horizonten aber bislang keine Artefakte aus Knochen oder Elfenbein.

Tierknochenfunde

Die Kleinsäugerfunde wurden von Elisa Luzi, Universität Tübingen, untersucht. Sie enthielten die Reste mehrerer Arten, die in verhältnismäßig milden Klimaverhältnissen vorkommen. Dies passt gut zu den radiometrischen Daten von M. Richard aus dem letzten Jahr. Beide Ergebnisse korrelieren AH XI und XII mit dem letzten interglazialen Komplex von MIS 5 und stammen aus einer Zeit von mehr als 70 000 Jahren vor heute. Bei der Fauna aus den AH X, XI und XII, die eine typische Mischung von Jagdtieren wie Pferd und Rentier zusammen mit zahlreichen Knochen von Höhlenbären, die überwiegend ohne Einfluss von Menschen in die Höhlen kamen, darstellt, fiel besonders ein erhöhter Anteil von Vogelknochen auf. Diese werden derzeit von Siah Beattie an der Universität Tübingen im Rahmen ei-

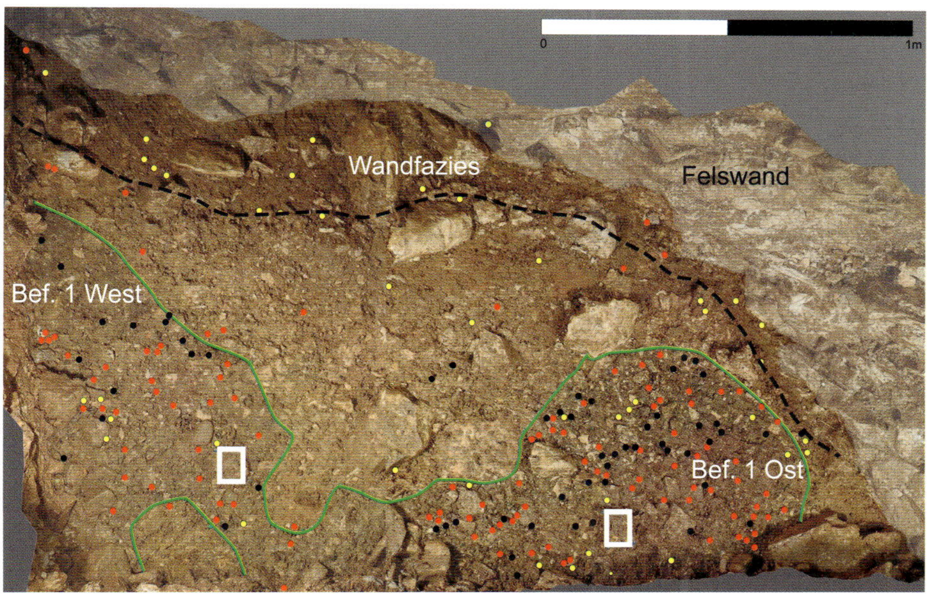

45 △ *Hohle Fels. Blick auf den mittelpaläolithischen Horizont GH 14 / AH XI, Abtrag 4. Grün markiert sind die Befundgrenzen, weiß die Position der mikromorphologischen Proben, die Punkte markieren Steinartefakte (rot), organische Funde (gelb) und Knochen- oder Holzkohle (schwarz).*

ner Masterarbeit bearbeitet. Vorläufige Ergebnisse zeigen klare Hinweise darauf, dass ein Teil dieser Vogelreste in Verbindung mit der Ernährung von Neandertalern steht. Besonders bei den Knochen von Schneehuhn, Auerhahn, Ente und Dohle sind Schnittspuren und Modifikationen erkennbar. Diese Beobachtung ist ausgesprochen wichtig, da bislang die wesentlich umfangreicheren Belege für Vogelfang bzw. -jagd aus dem Jungpaläolithikum stammen und viele Forschende das breitere Spektrum der Subsistenz im Aurignacien als bedeutenden adaptiven Vorteil der modernen Menschen gegenüber den Neandertalern postulieren und versuchen, das Aussterben der Neandertaler damit zu erklären. Vieles spricht dafür, dass die fundreichen AH X, XI und XII uns neue und bedeutende Einblicke in die Subsistenz der Neandertaler geben werden. Hier sei auch vermerkt, dass der hohe Anteil an Knochenkohle im Mittelpaläolithikum eine Nutzung von Knochen als Brennstoff belegt.

Mittelpaläolithische Artefakte

Spannend ist auch das Artefaktspektrum aus den AH X, XI und XII (Abb. 46). Zusammen mit der Grabung 2020 konnten wir die bislang umfangreichsten mittelpaläolithischen Inventare im Hohle Fels bergen und gewinnen so wichtige Einblicke in Evolution und Wandel der Technik der Neandertaler. Diese Horizonte beinhalten neben Nachweisen der bekannten Levalloistechnik und vielen typischen Formen des Mittelpaläolithikums wie diversen Schabern und Messern auch eine gut erkennbare bifazielle Komponente inklusive Keilmesser. Ähnlich wie 2020 wurde ein intensiv benutzter Schlagstein aus Quarz geborgen, der ein Gewicht von 375 g hat (Abb. 46, 18). Regelmäßig bearbeitete Blattspitzen wie das im vorigen Jahr vorgestellte Stück aus dem AH X sind zwar selten, aber diese Schichten belegen eine hohe Vielfalt in der Steinbearbeitungstechnik, die nach der Detailauswertung sowie durch Gebrauchsspuren- und Residuenanalysen viele neue Informationen liefern werden. Die Inventare sind nicht unbedingt reicher als die von anderen Fundplätzen wie Bockstein oder Vogelherd, sie sind aber ausgesprochen wichtig, da sie die ersten reicheren mittelpaläolithischen Fundkomplexe in der Region sind, die systematisch mit modernen Methoden gegraben wurden. Die Größe des Inventars und die stratigraphische Gliederung des Mittelpaläolithikums übersteigen deutlich die Verhältnisse am nahe gelegenen Geißenklösterle. An jenem Fundplatz fand die letzte Ausgrabung statt, die nennenswerte Mengen an mittelpaläolithischen Artefakten geliefert hat.

Arbeiten in den jungpaläolithischen Horizonten

Neben den mittelpaläolithischen Schichten wurde auch in einigen jungpaläolithischen Horizonten gearbeitet. So wurden im Quadrant 100 die letzten Reste zweier Befunde (Bef. 16 in AH Vaa und Bef. 1 in AH Vab) ausgegraben. Befund 1 in AH Vab war sehr deutlich durch dunkles, mit Knochenkohle und Holzkohle durchsetztes Sediment vom darunterliegenden AH VI zu trennen. Dennoch wurden aus den Schlämmresten der ersten Abträge in AH VI einige bearbeitete Elfenbeinstücke geborgen (Abb. 46, 5, 6, 9). Dies ist ein Hinweis auf die auch in AH Vb vorkommenden „Taschen“ von jüngerem Material, das in AH VI intrusiv ist. Nach dem reichhaltigen Fundmaterial aus den AH Vaa bis Vab kamen aus dem schon

mittelpaläolithischen AH VI hauptsächlich Knochenfunde zutage, während Steinartefakte weitgehend fehlen. Die Oberfläche, besonders nach dem Entfernen aller dunkleren Sedimente aus AH Vab, wies ein starkes Gefälle nach Nordwesten auf.
Ganz im Osten der Grabungsfläche wurden im Zuge einer Profilbegradigung auch Quadranten mit magdalénien- und gravettienzeitlichen Schichten gegraben. Die Fundmenge war dort allgemein geringer als in den aurignacienzeitlichen und auch den weiter westlich gelegenen gravettienzeitlichen Schichten. Hier können wir festhalten, dass die Funddichte am Übergang zwischen den oberen Aurignacien- und den unteren Gravettien-Schichten oft verschwindend gering ist. Die stratigraphische Fundverteilung spricht gegen eine durchgehende Benutzung des Hohle Fels, eine durchgehende Besiedlung des Achtals und auch gegen eine technologische sowie demographische Kontinuität zwischen diesen kulturellen Einheiten auf der Schwäbischen Alb. Diese Frage wird seit Jahrzehnten lebhaft diskutiert. Im südwestlichen Bereich der Grabung konnten wir neben einigen Steinartefakten ein Nadelfragment (Abb. 46, 4) aus dem Magdalénien und zwei Glätterfragmente aus dem Gravettien bergen (Abb. 46, 1, 2).

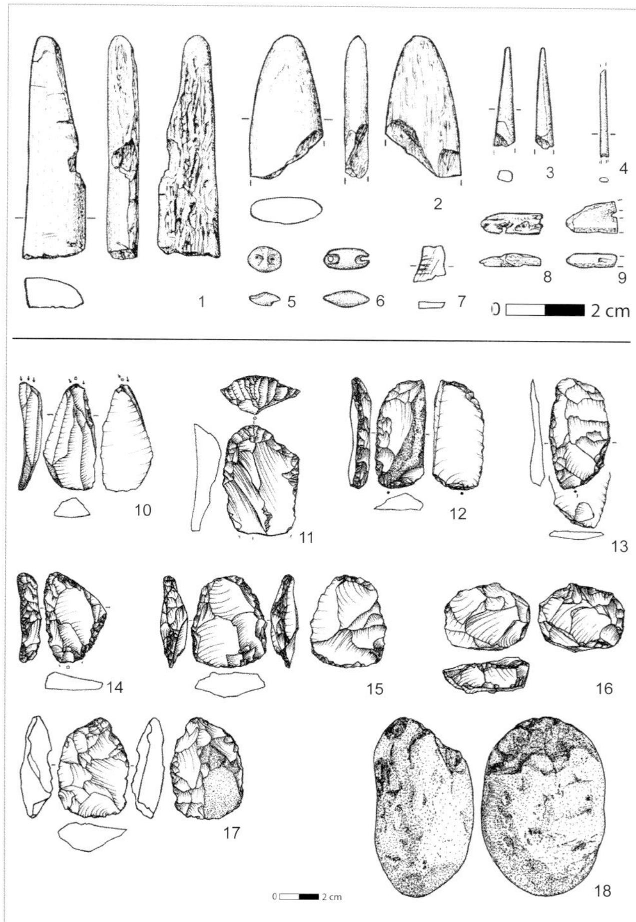

46 △ *Hohle Fels. Organische Artefakte aus dem Magdalénien AH 0/I–II (4), dem Gravettien AH IIc (1, 2), AH IIcf (7) und dem Aurignacien AH Vaa (8), AH Vab (5, 6, 9). Steinartefakte aus dem Aurignacien AH IIe (10), dem Aurignacien AH Vab (11) und dem Mittelpaläolithikum AH IX (12), AH XI (13–17) und AH XII (18). – 1, 2 Glätterfragment; 3 Spitzenbruchstück; 4 Nadelfragment; 5, 6 doppelt durchlochte Perle; 7 Elfenbeinstück mit Ritzungen; 8, 9 durchlochte Elfenbeinstücke. 1–4 Knochen; 5–9 Elfenbein. 10 Kombinationswerkzeug aus Kielstichel und Kratzer; 11 Kratzer; 12 Schaber mit natürlichem Rücken; 13, 14 Schaber; 15, 17 bifazielles Stück; 16 Levallois-Kern; 18 Schlagstein. 10–17 Jurahornstein, 18 Quarzgeröll.*

Besonders die überraschend reichen Fundschichten aus dem Mittelpaläolithikum vermitteln den starken Eindruck, dass trotz der bahnbrechenden Ergebnisse aus den Grabungen der letzten 25 Jahre im Hohle Fels noch lange und erfolgreich geforscht werden kann und es immer wieder neue Einblicke in die Lebenswelt der Eiszeit gibt.
Unser besonderer Dank gilt in diesem Jahr der Stadt Schelklingen in Person von Bürgermeister Ulrich Ruckh, dem Gemeinderat und der Firma Kottmann Stahlbau GmbH & Co. KG für die Realisierung der Infrastrukturmaßnahmen. Des Weiteren danken wir der HeidelbergCement AG, Werk Schelklingen, dem Ministerium für Wissenschaft und Kunst Baden-Württemberg und dem Urge-

schichtlichen Museum Blaubeuren für langjährige Unterstützung, Heike Würschem und Ralf Ehmann für die Zeichnungen und Michael Bolus herzlich für die Redaktion des Beitrags.

Nicholas J. Conard, Alexander Janas

LITERATURHINWEISE

A. Barbieri u. a., Interpreting gaps: A geoarchaeological point of view on the Gravettian record of Ach and Lone valleys (Swabian Jura, SW Germany). Journal Arch. Science 127, 2021: 105335. URL: https://doi.org/10.1016/j.jas.2021.105335; S. Beattie, Middle Palaeolithic Avian Fauna from Hohle Fels and Neanderthal Lifeways (Ach Valley, Swabian Jura, Germany) (unpubl. Magisterarb. Univ. Tübingen 2021); N. J. Conard/A. Janas, Ausgrabungen im Hohle Fels: Fundschichten aus dem Mittelpaläolithikum und Neues zur Jagdtechnik der Neandertaler. Arch. Ausgr. Baden-Württemberg 2020, 60–65; V. Rots u. a., A Leaf Point Documents Hunting with Spears in the Middle Paleolithic at Hohle Fels, Germany. Mitt. Ges. Urgesch. 30, 2021; URL: https://doi.org/10.51315/mgfu.2021.30004; N. J. Conard u. a., Lithic assemblages from the Middle Paleolithic of Geißenklösterle Cave provide insights in Neanderthal behavior in the Swabian Jura. Quartär 66, 2019, 51–80.

BLAUBEUREN-SEISSEN, ALB-DONAU-KREIS

Fortsetzung der archäologischen Ausgrabung in der paläolithischen Fundstelle Brillenhöhle im Achtal

Aller Anfang ist schwer

Die im Jahr 2020 begonnene Ausgrabung in der Brillenhöhle wurde im September und Oktober des Jahres 2021 fortgesetzt. Zusätzlich erfolgten mehrere Sondagen am Hang unterhalb des Höhlenvorplatzes, um auch hier die archäologische Situation zu klären. Zu Beginn der Grabungsarbeiten im Höhleninneren wurde eine rezente, über mehrere Jahrzehnte genutzte Feuerstelle im südwestlichen Teil der Höhle durch zwei Mitarbeiter des Bauhofs Blaubeuren beseitigt. Darüber hinaus musste auch in diesem Jahr wieder Abraum der Grabung Riek, der größtenteils aus mittleren und größeren Kalksteinblöcken ohne dazwischen gelagertes Feinsediment besteht, entfernt werden, um die Sicherheit der Arbeitenden im darunterliegenden Grabungsbereich zu gewährleisten. Während dieser Sicherungsmaßnahme gelang der Fund eines großen Kalksteinblockes, der eine Längenmarkierung der Riek'schen Grabung aufweist („7,30 m"). Die Annahme, es könne sich um eine Längenmarkierung handeln, wird durch die Lage rund 8 m entfernt von der nördlichen Höhlenwand, also ganz in der Nähe der vermuteten ursprünglichen Position, gestützt.

Arbeiten in der Höhle

Bereits während der ersten Grabungskampagne 2020 konnten intakte Sedimente dokumentiert werden. Der erste freigelegte geologische In-situ-Horizont GH B1 wurde aufgrund seiner Zusammensetzung vorläufig mit Horizont XIV der Grabung Riek assoziiert. In dieser Schicht hatte Gustav Riek zwei fragmentierte Geschossspitzen gefunden, von welchen diejenige mit gespaltener Basis typologisch sicher dem Aurignacien zugewiesen werden kann. Mehrere seit Kurzem vorliegende ^{14}C-Datierungen an Knochen aus unserer Kampagne 2020 weisen die Oberkante der bislang freigelegten Fläche in eine frühe Phase des Aurignacien. Damit liegen nun erstmals absolute Datierungen vor, die außer den beiden einzigen von Riek in Schicht XIV gefundenen Artefakten das Vorhandensein aurignacienzeitlicher Sedimente in der Brillenhöhle beweisen.

Ziel der diesjährigen Arbeiten war es, den intakten Bereich sowie eine alte Grabungskante der Untersuchungen Rieks weiter freizulegen und die bislang sehr heterogene Oberfläche horizontal zu begradigen.

Im Jahr 2020 waren zunächst drei geologische Horizonte (GH A1, A2 und B1) definiert worden, wovon sich lediglich einer (GH B1) in In-situ-Position befindet. Durch die diesjährigen Arbeiten wurde die Grabungsfläche auf rund 4 m^2 nach Süden und Westen erweitert (Abb. 47). Weitere Horizonte wurden vor allem im westlichen Bereich der Grabungsfläche erkannt, wo der Flächenabtrag am größten war. Dort zeigte sich unterhalb der Verfüllschichten ein Horizont aus schwachtonigem Schluff mit einer signifikanten Kalksandkomponente, der außerdem durch eine Vielzahl an kantenverwitterten Kalksteinen zwischen 3 cm und 30 cm Größe charakterisiert ist. Dieser geologische Horizont C1 (GH C1) liegt stratigraphisch über dem bereits 2020 definierten Horizont GH B1 (Abb. 48). Neben Höhlenbärenresten von juvenilen und erwachsenen Tieren und einigen Vogelknochen stammen aus diesem Horizont bislang nur wenige Silexabsplisse und -fragmente, die auf eine archäologische Fundschicht innerhalb dieser Einheit hindeuten könnten. Der darunterliegende Horizont GH B1 wurde 2021 vorwiegend im östlichen Bereich der Grabungsfläche erfasst. Auch in diesem Jahr lieferte diese Schicht wieder zahlreiche Reste von Höhlenbären (*Ursus spelaeus* sensu latu),

47 ◁ *Blaubeuren, Brillenhöhle. Abschlussplanum der Grabungsfläche mit intakten Sedimenten und Grabungskante von G. Riek.*

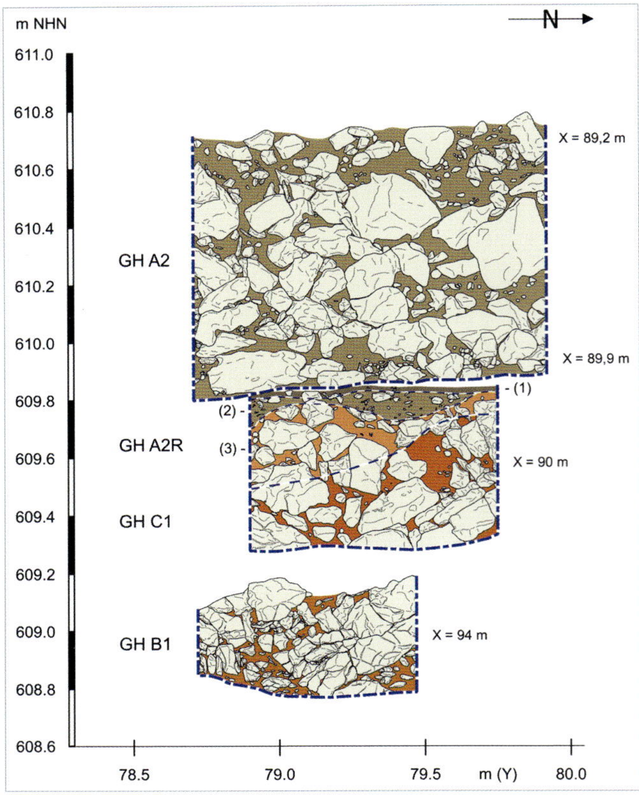

48 △ *Blaubeuren, Brillenhöhle. Kumulatives Westprofil (S-N-Profil) mit den Verfüllschichten der Grabung durch G. Riek (GH A) und intakten pleistozänen Horizonten (GH C und GH B).*

darunter ein außerordentlich gut erhaltener Radius und ein kompletter Brustwirbel. Aus dem gleichen Bereich stammen auch Knochenreste von kleineren Tieren wie Fuchs, Hase und von verschiedenen Vögeln. Die Knochen zeigen teilweise Bissspuren von Raubtieren. Die wenigen Steinartefakte (v.a. Absplisse und Fragmente) könnten entweder mit dem in diesem Jahr geringen Sedimentabtrag in Verbindung gebracht werden oder auf eine lediglich kurzzeitige Begehung durch pleistozäne Jäger und Sammler hinweisen.

Am letzten Grabungstag wurde im Westen der Grabungsfläche ein kleiner Elfenbeinanhänger entdeckt (Abb. 49). Dieses Objekt ist im Umriss gleichmäßig rund-oval und besitzt eine Durchlochung. Die Rückseite ist nur zum Teil erhalten. Eine chronologische Einordnung gestaltet sich derzeit aufgrund des Fehlens von absoluten Daten für den Horizont GH C1 noch schwierig. Auch die Morphologie des Objekts gibt keinen eindeutigen Hinweis auf entweder das Aurignacien oder das Gravettien; eine Einordnung in eine der beiden Epochen ist jedoch anzunehmen.

Sondagen am Hang

In der Einleitung seiner Monographie über die Brillenhöhle schreibt Riek, dass aus der Höhle entnommene Sedimente während der damaligen Grabung „auf der Steilhalde inmitten des Gemeindewaldes Seißen" gelagert wurden. Oberflächenfunde, die über die vergangenen Jahrzehnte immer wieder am Steilhang direkt unterhalb der Brillenhöhle gemacht wurden, ließen vermuten, dass mit „Steilhalde" genau dieser Bereich gemeint sein könnte. Daher wurden in diesem Jahr drei Sondageflächen angelegt, zwei am Fuß des Hangbereichs und eine direkt vor der Höhle. Die vierwöchigen Arbeiten wurden unter engagierter Mithilfe von Freiwilligen der Gesellschaft für Urgeschichte Blaubeuren e.V. (GfU) parallel zur Grabung in der Höhle durchgeführt.

In allen drei Flächen (Abb. 50) konnte Grabungsaushub der Jahre 1955 bis 1963 dokumentiert werden. Im westlichen Hangfußbereich, der sogenannten Fläche 1, wurden direkt unter einer dünnen Humusauflage teilweise bis zu 2 m mächtige Ablagerungen aus locker liegenden kleinen und mittelgroßen (bis 30 cm) Kalksteinen angetroffen. Dagegen zeigten sich im unteren östlichen

Hangbereich (Fläche 2) zunächst verschiedene, zum Teil gut voneinander zu trennende geologische Horizonte mit hohem Feinsedimentanteil. Unter diesen Schichten kamen auch hier Schuttmassen bestehend aus locker gelagerten kleinen und größeren Kalksteinen zutage. Sowohl Fläche 1 als auch Fläche 2 wurden aus sicherheitstechnischen Gründen nicht weiter nach unten verfolgt.

Als Fläche 3 wurde schließlich ein Sondagequadrat bezeichnet, das direkt 2 m vom Höhleneingang entfernt angelegt und rund 20 cm abgetieft wurde. Auch hier zeigte sich vorwiegend Feinsediment, das aus sedimentologisch unterschiedlichen Horizonten mit wenigen kleinen Kalksteinen (bis zu 10 cm Größe) durchsetzt ist. Proportional zur entnommenen Menge an Sediment war diese Fläche am fundreichsten. Das Feinsediment aus allen Flächen wurde geschlämmt und anschließend ausgelesen. Neben neuzeitlichem Müll (Glasscherben, Dosen usw.) wurden vor allem Tierknochen und Steinartefakte geborgen. Dabei wurden nicht nur sehr kleine Artefakte, wie beispielsweise Lamellenfragmente und Absplisse, sondern auch verhältnismäßig große Artefakte ge-

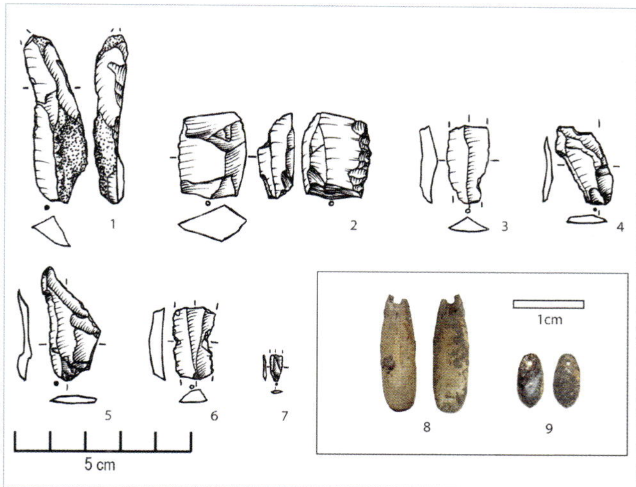

49 △ Blaubeuren, Brillenhöhle. Steinartefakte aus dem Hangbereich. 1 Klinge mit Kortexkante; 2 kantenretuschierter Abschlag; 3, 4, 6 Klingen; 5 Abbauflächenkorrekturabschlag; 7 Lamelle; 8, 9 Anhänger aus Elfenbein (8 Hang, 9 Höhle).

50 ◁ Blaubeuren, Brillenhöhle. Grabungsarbeiten am Hang mit teilweise massivem Aushub der Grabung von G. Riek. a Fläche 1; b Fläche 2; c Fläche 3.

funden. Es zeigt sich ähnlich wie am Vogelherd auch hier die sehr grobe und ungenaue Grabungsmethodik von Riek. Eine Korrelation zwischen den unterschiedlichen geologischen Horizonten und der zeitlichen Einordnung darin gelagerter archäologischer Reste ist nicht gegeben.
Unter den Funden der Hangsondage ist besonders erwähnenswert ein in Fläche 3 geborgener, langschmaler Elfenbeinanhänger, der an der Durchlochung ausgebrochen, ansonsten aber vollständig ist. In seiner längsovalen Form erinnert er vage an die in der Brillenhöhle gefundenen gravettienzeitlichen Elfenbein-Anhänger, die tendenziell zwar eher tropfenförmig, dennoch in Größe und Morphologie sehr variabel sind. Aufgrund des fehlenden Kontextes muss eine zeitliche Einordnung offenbleiben.

Für die Mitarbeit bei unseren Grabungen bedanken wir uns bei Rebecca Letzing (Grabungstechnik Vorplatz), David Naumann, Stefanie Schoemacker, Qi Zeng, Simon Werner, Alina Jans, Mandy Bertram, Gottfried Deckenbach, Wolfgang Bauer, Manfred Gaßner, Otto Schwabe, Antje Wilton, Jonathan Rauscher und Josepha Bodenmüller. Für die vielfältige tatkräftige Unterstützung unserer Arbeiten danken wir außerdem Guido Bataille, Andrea Kollinger, dem Team des URMU, insbesondere Stefanie Kölbl und Hannes Wiedmann, dem Team des Bauhofs Blaubeuren sowie Reiner Striebel, Rudi Walter, Bernhard Stich, Alexander Janas und Ferdinand Menholz.

Yvonne Tafelmaier, Thomas Beutelspacher, Giulia Toniato

LITERATURHINWEISE

G. Riek, Das Paläolithikum der Brillenhöhle bei Blaubeuren (Schwäbische Alb). Forsch. u. Ber. Vor- u. Frühgesch.Baden-Württemberg 4/I (Stuttgart 1973); Y. Tafelmaier u. a., Neuuntersuchung der altsteinzeitlichen Fundstelle Brillenhöhle im Achtal. Arch. Ausgr. Baden-Württemberg 2020, 65–67.

NIEDERSTOTZINGEN-LONTAL, KREIS HEIDENHEIM

Ausgrabungen an der Langmahdhalde – Erkenntnisse zur Umweltrekonstruktion während des Letzten Glazialen Maximums

Im Jahr 2021 fand die sechste Kampagne an der schutzgebenden Felswand „Langmahdhalde“ 2 km stromabwärts des Vogelherds auf der rechten Seite des Lonetals statt. Die Ausgrabung lief mit internationaler Besetzung vom 3. Mai bis zum 11. Juni. Anschließend wurden bis Mitte August zahlreiche Sedimentproben auf dem Gelände von HeidelbergCement in Gerhausen geschlämmt und sortiert. In diesem Jahr standen ökologische Fragen im Vordergrund, weil sich die Grabungsarbeiten in erster Linie auf mächtige Schichten fokussierten, die sich während und vor dem Letzten Glazialen Maximum (ca. 26 000–18 000 v. h.) gebildet haben.

Stratigraphie

Im Laufe der Ausgrabung wurde die Untersuchungsfläche in den geologischen Horizonten (GH) 10–16 auf eine Fläche von ca. 3 m × 3 m im nordwestlichen Bereich des Grabungsareals (Abb. 51) vergrößert. Da diese Schichten keine Artefakte beinhalteten, wurde nur ein Teil der Sedimente zum Schlämmen aufbewahrt. Die Sedimente in diesem Schichtpaket sind über einen Meter mächtig und bestehen aus einem braungelben Schluff mit einem Anteil des über die Jahrtausende von der angrenzenden Felswand heruntergefallenen Kalkschutts, der zwischen 0 % und 40 % beträgt. Der Kalkschutt ist meist sehr kleinstückig und scharfkantig sowie ohne klare Orientierung in der Matrix des Schluffes. Stellenweise kommen größere Kalkblöcke bis zu 40 cm Größe vor. Während der Ursprung des Kalkschuttes klar ist, wird über die Quelle des Schluffes noch diskutiert. Nach Gesprächen im Gelände mit den Geoarchäologen Paul Goldberg und Christopher Miller von der Universität Tübingen sind wir zu dem Schluss gekommen, dass der Hauptanteil des Schluffes wahrscheinlich durch langsam fließendes Wasser der Lone abgelagert wurde, auch wenn kleinere Mengen von äolischem Löss und Hangsedimenten dazu kamen.

Diese Schichten sowie der darunterliegende GH 17 sind ziemlich homogen und stratigraphisch schwer zu gliedern (Abb. 52), da die Herkunft der Sedimente sehr ähnlich ist. Interessanterweise ziehen sich aber dünne Sandbändchen durch diese massiven Schichten. Diese Bändchen sind wahrscheinlich Permafrosterscheinungen und entsprechen Spalten, die quer durch die Stratigraphie laufen. Weil die Gliederung dieses Komplexes schwierig war und archäologische Funde fehlten, haben wir in der Regel fünf Abträge von ca. 3 cm Mächtigkeit pro GH gegraben. Gelegentlich wurden gut erhaltene, isolierte Knochen von Rentier und Pferd gefunden. Wiederholt trugen Knochen eine schwarze Färbung durch Manganoxide. Ein Langknochenfragment eines großen Huftieres aus GH 17 wies feine Schnittspuren auf, die darauf hindeuten, dass eiszeitliche Jäger und Sammler in dieser Zeit gelegentlich im Lonetal unterwegs waren. Dennoch ist es auffallend, dass wir keine sicheren Steinartefakte bergen konnten und auch die Knochenfunde nie in einem Zusammenhang lagen, der nach einer archäologischen Fundschicht aussah.

Die Basis der bisher ausgegrabenen Stratigraphie dokumentiert einen Wechsel in der Geologie. Eine rotbraune tonige Schicht von

51 ▽ *Niederstotzingen, Langmahdhalde. Ausgrabung im Bereich des GH 16.*

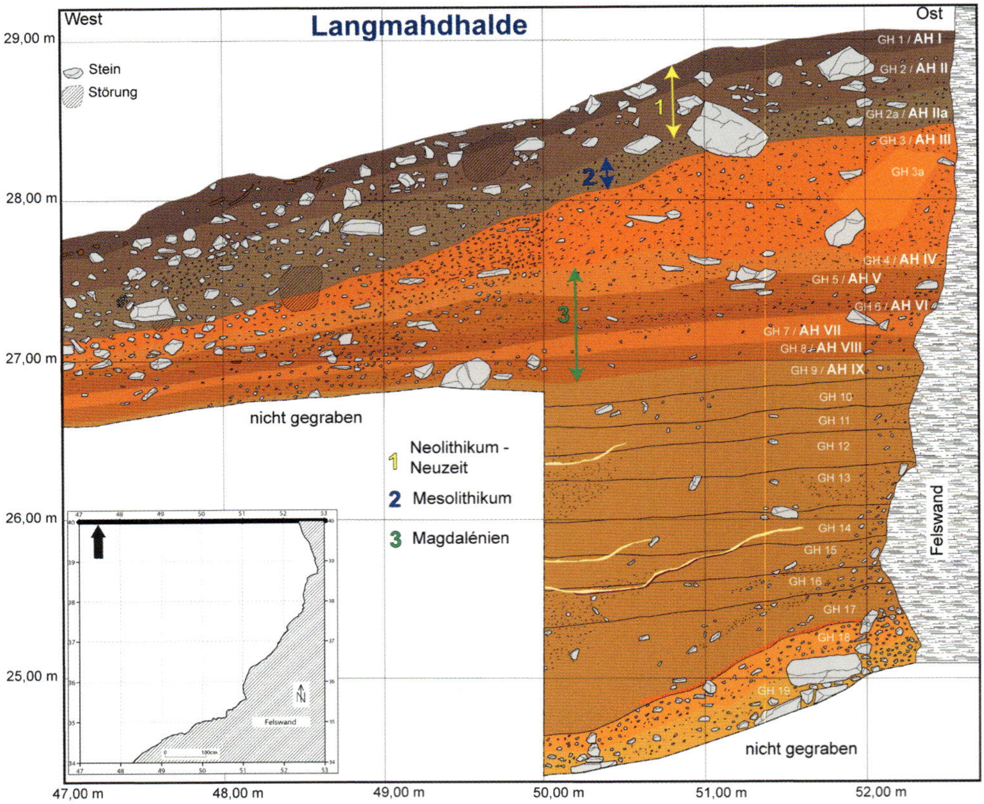

52 △ *Niederstotzingen, Langmahdhalde. Ost-West-Profil an der nördlichen Grabungsgrenze mit Eintragung der Kultureinheiten.*

ca. 5 cm Mächtigkeit befindet sich im Bereich der Unterkante von GH 17. Dieser Marker war während der Geländearbeit gut erkennbar und wurde als stratigraphischer Anhaltspunkt dokumentiert. Unterhalb der tonigen Schicht befinden sich GH 18 und 19, die neue Eigenschaften besitzen. Die Kalkschuttkomponente dieser Schichten ist mit 70 % deutlich höher. Die Steine liegen oft dicht an dicht in einer braungelben, schluffigen Matrix und bilden eine Schuttpackung, die typisch ist für Sedimente unter Felsdächern und in Höhlen und die an die Sedimente aus den GH 4–7 erinnert. Mit zunehmender Tiefe nimmt die Häufigkeit der Knochenfunde zu. Steinartefakte haben wir aber auch hier bislang nicht dokumentieren können; allerdings wurde im GH 19 eine Ansammlung von aschehaltigem Sediment mit einigen Holzkohlestücken aufgedeckt. Die Zahl der Knocheneinzelfunde aus den Schichten GH 17–19 liegt bei 158. Aus den Schichten GH 10–16 wurden nur 106 Knochenfunde geborgen, obwohl dort ein wesentliches größeres Volumen an Sediment ausgegraben wurde. Darum haben wir eine berechtigte Hoffnung, dass die Schuttschichten unterhalb von GH 17 bedeutende Funde beinhalten, und wir wollen daher die Ausgrabungen 2022 fortsetzen.

Zur Umweltrekonstruktion während des Letzten Glazialen Maximums

Im Verlauf der Ausgrabung nahmen wir durchgehende Sedimentproben für das Schlämmen, um auch kleinere Funde zu bergen. Die Untersuchungen der Schlämmproben, kombiniert mit Radiokohlenstoffdatierungen, ermöglichen zum ersten Mal eine besonders aussagekräftige, hochauflösende Umweltrekonstruktion für die Zeit vor, während und nach dem Letzen Glazialen Maximum. Die Datierungen für die diesjährige Kampagne stehen noch aus, allerdings gibt es bereits eine durchgängige Sequenz der Schichten, die in der letztjährigen Ausgabe dieses Jahrbuches publiziert wurden.

Besonders aussagekräftig in Bezug auf die Umweltverhältnisse sind die Kleinsäuger (Abb. 53). Durch die Auswertung von Hunderten von Schlämmproben und mehreren tausend Fossilfunden von Kleinsäugern können wir hier ein klares Muster erkennen, das uns erlaubt, die Schichten GH 11–14 als dem Letzten Glazialen Maximum zugehörig zu betrachten. In diesen Horizonten sinkt die taxonomische Diversität drastisch und die einzigen vorhandenen Spezies sind der Echte Halsbandlemming *(Dicrostonyx torquatus)* und die Schmalköpfige Wühlmaus *(Lasiopodomys anglicus)*. Diese Signatur spiegelt eine besonders raue Umweltphase wider, die von offenem, trockenem Grasland und Tundra dominiert wurde. Das Fehlen von Artefakten und jeglicher Spur menschlicher Präsenz stimmt mit der Hypothese überein, dass Menschen die Region während des Höhepunktes des Letzten Glazialen Maximums nicht aufgesucht haben. Der Faunenbefund dokumentiert eine Verbesserung der Klima- und Umweltbedingungen, die ab dem GH 10 allmählich einsetzte und sich bis GH 6 fortsetzte. Die Kleinsäugerinventare aus diesen Schichten zeigen eine Umgebung mit Waldgebieten in der Nähe des

	Wong et al. 2020					nach E. Luzi												
Geologischer Horizont	2	3	4	5	6	7	8	9	10	11	12	13	14	15	16	17	18	19
Europäischer Maulwurf	x	x	x												x		x	x
Waldspitzmaus	x	x	x	x										x				
Zwergspitzmaus				x	x													
Tundra-Rotzahnspitzmaus														x				
Wasserspitzmäuse			x															
Spitzmaus (rote Zäne)	x		x	x	x													x
Spitzmaus (weiße Zähne)	x																	
Wasserwühlmaus		x	x	x	x					x				x	x	x	x	x
Ostschermaus	x	x	x	x	x						x			x	x	x	x	x
Schneemaus	x		x	x	x	x								x				
Rötelmaus	x	x	x	x	x													
Echter Halsbandlemming	inq.	x	x	x	x	x	x	x	x	x	x	x	x	x	x	x	x	x
Schmalköpfige Wühlmaus		x	x	x	x	x	x	x	x	x	x	x	x	x	x	x	x	x
Berglemming		x		x												x	x	x
Erdmaus	x	x	x	x														
Feldmaus	x	x	x	x	x	x	x	x	x					x	x	x	x	x
Kleinwühlmäuse	x																	
Grauer Zwerghamster				x														
Feldhamster			x															
Siebenschläfer	x	x		x														
Bilche	x																	
Waldmaus	x	x	x	x	x													
Hausmaus		inq.																
Amphibien	x	x	x											x			x	x
	Holo-	Spätglazial				Spätes Pleniglazial				Letztes glaziales Max.								
	zän					ca. 15-17 ka				ca. 18-26 ka				ca. 26 ka		> 26 ka		
Marine Isotopen Stadien	MIS 1	MIS 2														MIS 3		

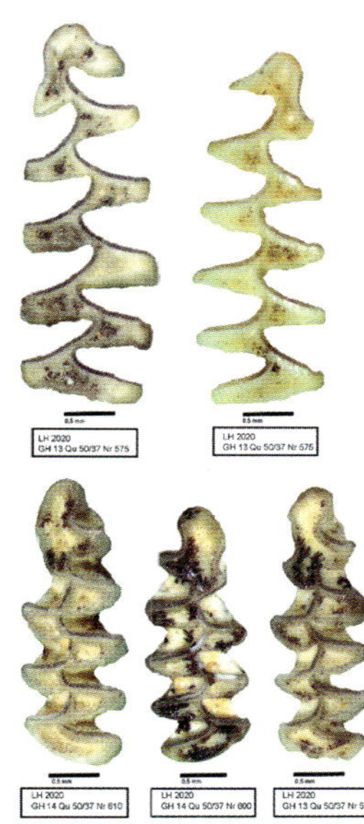

53 ▽ Niederstotzingen, Langmahdhalde. Vorkommende Kleinsäuger pro geologischem Horizont (GH). Rechts Beispiele von Kleinsäugerzähnen. GH 11–14 entsprechen dem Letzten Glazialen Maximum.

Fundortes an, die für jungpaläolithische Gruppen günstiger war. Die ersten Spuren der magdalénienzeitlichen Besiedlung wurden in Schicht GH 9 gefunden. Es waren mehrere Magdalénien-Fundhorizonte an der Fundstelle vorhanden, die sich bis zur Basis des GH 4 fortsetzten. Der GH 5 stellt die reichste dieser Schichten dar mit sechs Befunden, die Einflüsse von Feuer zeigen und zahlreiche Steinartefakte und organische Funde enthielten. Die ausgesprochen vollständige Stratigraphie zusammen mit den besonderes gut erhaltenen Magdalénienhorizonten verleiht dem Fundplatz Langmahdhalde seine einmalige Bedeutung für die Eiszeitarchäologie in Südwestdeutschland.

Wir bedanken uns beim Verein für Eiszeitkunst im Lonetal, der Hans-Voigt-Stiftung und dem Ministerium für Wissenschaft und Kunst Baden- Württemberg für die langjährige Finanzierung unserer Arbeiten. Der Stadt Niederstotzingen, dem Archäopark Vogelherd und dem Urgeschichtlichen Museum danken wir für Unterstützung und Zusammenarbeit. Unser besonderer Dank gilt Michael Bolus für die Redaktion des Beitrages und Paul Goldberg und Christopher Miller für ihre anregenden Gespräche zur Geoarchäologie des Fundplatzes.

Nicholas J. Conard, Alexander Janas, Elisa Luzi

LITERATURHINWEIS

N. J. Conard/A. Janas/M. Zeidi, Ausgrabung der Magdalénien-Horozonte und Testschnitt in tiefere Schichten an der Langmahdhalde. Arch. Ausgr. Baden-Württemberg 2020, 68–72.

■ NIEDERSTOTZINGEN-STETTEN OB LONTAL, KREIS HEIDENHEIM

Ausgrabungen an der Kälbermahdhalde im Lonetal

Seit dem Abschluss der Ausgrabungen am Vogelherd im Jahr 2012 führt die Abteilung für Ältere Urgeschichte und Quartärökologie der Universität Tübingen Prospektionen und Forschungsgrabungen im Lonetal durch. Die Forschungsergebnisse an der Fetzershaldenhöhle, Lindenhöhle, Wolftalhöhle und an der Langmahdhalde wurden regelmäßig in diesem Jahrbuch präsentiert. Die Untersuchungen an der Kälbermahdhalde sollen als eine Fortsetzung dieser Forschung verstanden werden. Das Ziel der Geländearbeit ist vielfältig. Es geht einerseits um eine bessere Erfassung der Siedlungsgeschichte im Lonetal, wobei die Eiszeitarchäologie im Vordergrund steht. Andererseits versuchen wir, bessere Paläoklima- und Umweltdaten zu gewinnen, damit die urgeschichtlichen Quellen aus dem Lonetal und der weiteren Umgebung in einen vollständigeren Zusammenhang gestellt werden können. Hier stehen die Anpassungen in den Lebensweisen der Neandertaler und der frühen modernen Menschen unserer Region im Mittelpunkt der Forschung.

Der Fundplatz

Entlang des Lonetals befinden sich zahlreiche Höhlen und Felsdächer, die möglicherweise von eiszeitlichen Jägern und Sammlern benutzt und bewohnt wurden. Seit vielen Jahren prospektiert unser Institut zusammen mit interessierten Laien diese Orte, um eine Auswahl zu treffen, welche davon für nähere Untersuchungen in Frage kommen. In diesem Zusammenhang haben wir von den Ratschlägen und Ortskenntnissen des verstorbenen Friedrich Seeberger und von Hermann Glatzle profitiert. Im Jahr 2021 wurde im Lonetal die Kälbermahdhalde 300 m stromabwärts der laufenden Grabung an der Langmahdhalde untersucht (Abb. 54). Der Fundplatz ist gekennzeichnet durch eine steile Felswand, die stellenweise leichte Überhänge beinhaltet. Insgesamt betrachtet hat die Lage starke Ähnlichkeiten zur Langmahdhalde, die auf derselben Talseite gelegen ist. Nur liegt die Grabungsstelle ca. 3 m oberhalb der Talsohle, während sich die fundreiche Langmahdhalde ca. 5 m über der Talsohle befindet.

Vorgehensweise und Stratigraphie

Die Grabung wurde mit einer kleinen Mannschaft vom 3. Mai bis zum 11. Juni durchgeführt und im Anschluss daran folgten bis zum 13. August umfangreiche Schlämm- und Sortierarbeiten auf dem Gelände von HeidelbergCement in Gerhausen. Die Grabungsmannschaft legte zwei Schnitte an, die unterhalb zweier kleiner Überhänge platziert waren und jeweils 1 m × 3 m maßen. Die Schnitte waren Nord–Süd orientiert und verliefen lotrecht zur Felswand. Beide erreichten eine maximale Tiefe von knapp 1,5 m, bis das Grundgestein erreicht wurde (Abb. 55). Das Sediment des südwestlichen Viertelquadrates jedes Quadratmeters wurde für das Schlämmen durch grob-, mittel- und feinmaschige Siebe aufbewahrt. Letzteres hatte eine Maschenweite von

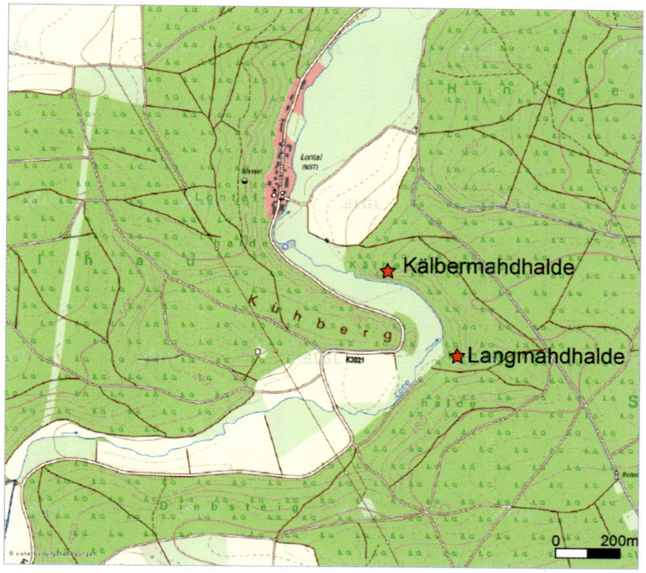

54 △ *Das Lonetal mit Lage der Fundstellen Kälbermahdhalde und Langmahdhalde.*

1 mm, wodurch die Bergung derjenigen Fundgattungen ermöglicht wurde, die eventuell beim Graben übersehen worden waren. Die Sedimente unterhalb einer dünnen Schicht von Laub und Humus wurden in beiden Schnitten in drei Haupteinheiten gegliedert. Der geologische Horizont (GH) 1 ist reich an Humus, besitzt eine dunkelbraune Farbe und beinhaltet sehr viel schlecht sortierten, leicht verrundeten Kalkschutt. Der Kalkanteil variiert zwischen 50 % und 90 %. Nach einem fließenden Übergang folgte GH 2, der im westlichen Schnitt in zwei Untereinheiten und im östlichem Schnitt in drei Untereinheiten gegliedert wurde. Weil das Grundgestein stark nach Süden zur Lone hin abfällt, ist dieser Komplex im Norden dünn und im Süden etwa 75 cm mächtig. Der Schichtkomplex variiert in der Farbe von gräulich in den oberen Bereichen zu dunkelbraun in den tieferen Bereichen. Der Kalkschuttanteil variiert stark und liegt oft im Bereich zwischen 20 % und 40 %. Die Matrix ist schluffig, der Übergang zum GH 3 ist fließend. Die Sedimente wer-

55 △ *Niederstotzingen, Kälbermahdhalde. Übersicht der zwei Grabungsschnitte mit Blick nach Westen.*

den im GH 3 toniger und der Schuttanteil steigt auf rund 80 %. Die Kalksteinfragmente sind klein, meist 1 cm und kleiner, scharfkantig und liegen oft Stein an Stein. Diese Schicht wird zur Lone hin mächtiger, scheint aber von rein geogener Herkunft zu sein. Während die GH 1 und 2 archäologische Funde beinhalten, wurden weder beim Graben noch beim Schlämmen Funde aus dem GH 3 geborgen. Obwohl zurzeit noch keine Radiokohlenstoffdatierungen vorliegen, vermuten wir durch unsere Erfahrung an der Langmahdhalde, dass GH 3 in das Pleistozän gehört. Es wäre theoretisch denkbar, die Grabungsflächen weiter nach Süden fortzusetzen und das untersuchte Volumen von GH 3 zu erhöhen, aber wir entschieden uns dagegen, weil wir keine Funde aus diesem feinen scharfkantigen Kalksplitt bergen konnten.

Funde vom Neolithikum bis zur Neuzeit

Auch wenn die kleinen Grabungsflächen an der Kälbermahdhalde keine paläolithischen Funde lieferten, waren die Schichten keineswegs fundleer. Aus dem GH 1 stammen elf Knochenfragmente und elf Keramikscherben. GH 2 und seine Untereinheiten erbrachten 35 Knochenfragmente, 56 Keramikscherben und 18 größere Holzkohlefragmente, die mit der Hand geborgen werden konnten.

Nur drei eindeutige Steinartefakte wurden geborgen, alle stammen aus GH 2. Keines von diesen – Kratzer, Trümmer und Klinge – lässt sich genauer datieren, aber eine Stellung innerhalb des Neolithikums scheint wahrscheinlich zu sein.

Von den Keramikfragmenten, die über mehrere Zeitstufen und Gefäßeinheiten streuen, konnten nur wenige Stücke aneinandergefügt werden. Die markantesten Stücke waren eine Wandscherbe mit durchlochter Knubbe, die beim Brand oder durch Gebrauch überfeuert wurde und mit Sand und Knochengrus gemagert war, sowie eine Wandscherbe mit schräg ausgeführtem, regelmäßigem Kammstrich und Knochengrus-Magerung. Scherben mit durchlochten Knubben finden sich häufig an mittel- oder spätneolithischen Fundplätzen. Dazu kamen einige feinkeramische, relativ hart gebrannte Stücke mit feinem Schlickerauftrag, Glimmermagerung und zum Teil mit feiner Strich- oder Kammverzierung. Sie dürften in einen späteisenzeitlichen Kontext einzuordnen sein und passen von der Machart zu der Scherbe einer latènezeitlichen Flasche aus der Langmahdhalde. Weiterhin fanden sich einige Stücke einer provinzialrömischen Schale aus Terra sigillata. Auch neuzeitliche Keramik war vorhanden. Die meis-

ten Keramikfragmente sind aufgrund ihrer Kleinstückigkeit nur schwer einem Zeithorizont zuzuordnen.
Die Keramikfunde und die vereinzelten Steinartefakte geben klare Hinweise auf mehrfache kurze Aufenthalte an der Basis dieser Felswand oberhalb der Lone. Die Funde belegen eine sporadische Nutzung dieser Stelle zwischen der Jungsteinzeit und der Neuzeit. Weder Befunde noch starke Konzentrationen von Funden wurden bei den Grabungsarbeiten dokumentiert. Um eiszeitliche Fundschichten zu finden, ist eine geringfügig höhere Position oberhalb der Lone, wie an der Langmahdhalde, vermutlich vielversprechender. Nach der Ausgrabung wurden die Schnitte aufgefüllt und wir haben nicht vor, die Grabung an der Kälbermahdhalde fortzusetzen.

Wir bedanken uns beim Verein für Eiszeitkunst, der Hans-Voigt-Stiftung, dem Ministerium für Wissenschaft und Kunst in Baden-Württemberg, dem Archäopark Vogelherd und der Stadt Niederstotzingen sowie bei Heike Würschem für die Anfertigung von Zeichnungen und Michael Bolus für redaktionelle Unterstützung.

Nicholas J. Conard, Mohsen Zeidi,
Alexander Janas, Saman Hamzavi

■ HEUBACH, OSTALBKREIS

Notbergung im hinteren Höhlenbereich der Kleinen Scheuer im Rosenstein

Situation

Nach Abschluss der beiden Grabungskampagnen in den Jahren 2018 und 2020 wurden im Zuge einer weiteren, eintägigen Sicherungsmaßnahme im hinteren Höhlenbereich der Kleinen Scheuer Sedimente geborgen, die bei der ursprünglichen Grabung durch R. R. Schmidt im Jahr 1916 unberührt geblieben waren. Dabei handelte es sich um die durch das starke Besucheraufkommen in diesem Bereich gefährdeten Teile einer bei Trockenheit harten Kalksteinbrekzie und einen vorgelagerten Schwemmfächer. Aus der Brekzie konnte bereits im Jahr 2020 ein anthropogen überprägtes Knochenfragment geborgen werden, das mittels Radiokohlenstoffmethode auf ein Alter von 37 000–31 000 cal BP datiert wurde und somit das älteste absolut datierte Artefakt in dieser Region der Schwäbischen Alb darstellt. Direkt vor dem Brekzienkeil erstreckt sich in Richtung Innenraum ein etwa 2 m langer und bis zu 1 m breiter Schwemmfächer aus umgelagertem, durch die häufige Frequentierung stark verdichtetem Sediment (Abb. 56). Aus diesem waren bei früheren Oberflächenbegehungen bereits Steinartefakte und pleistozäne Faunenreste geborgen worden. Im Rahmen der Aktion von 2021 wurden an dem Brekzienkeil und dem vorgelagerten Schwemmfächer sequenziell Abträge vorgenommen, um die archäologische Relevanz dieser Sedimente zu überprüfen. Ein weiteres Ziel der Maßnahme war der Schutz des Brekzienkeils vor der weiteren Zerstörung durch Höhlenbesucher. Insgesamt wurden 38 Liter Sediment aus Keil und Fächer geborgen. Diese Sedimente wurden anschließend gesiebt und teilweise auch geschlämmt.

Archäologische Funde

Über 240 kleinere und überwiegend pleistozäne Knochenfragmente sowie mehrere Carnivorenzähne konnten in signifikanter Häufung aus einem direkt am wandseitigen Felsen gelegenen, hellen und deutlich lehmhaltigen Sedimentband geborgen werden. Direkt am Fuß des Brekzienkeils lag knapp unterhalb des Laufhorizontes zudem ein verlagerter Langknochen eines Höhlenbären. Es handelt sich dabei sehr wahrscheinlich um die von Schmidt beschriebene, stark von pleistozäner Fauna durchsetzte und archäologisch sterile Höhlenlehmschicht unter den archäologischen Horizonten. Vermutlich wurde diese am äußersten und schwer zugänglichen Rand des Höhleninnenraumes bei der damaligen Grabung ebenso wie der Brekzienkeil nicht oder nur unvollständig erfasst.

56 ▽ *Rosenstein, Kleine Scheuer. Abtrag des verlagerten Sediments im Eingangsbereich des hinteren Höhlenteils.*

Während der Arbeiten konnte aus der Brekzie selbst, etwa 10 cm unter dem Laufhorizont, ein Abschlag aus Jurahornstein geborgen werden. Aus den durchmischten Sedimenten des Schwemmfächers ist als bedeutendstes Artefakt das Fragment eines Rückenmessers aus baltischem Feuerstein zu nennen. 29 weitere Silexartefakte, darunter drei rückenretuschierte Lamellenfragmente und ein kleiner Bohrer, wurden während der Sieb- und Schlämmarbeiten entdeckt. Als Rohmaterialien der Silexartefakte konnten wie bei den Altfunden und unseren vorangegangenen Maßnahmen neben importiertem baltischem Feuerstein vorwiegend lokaler Jura- und Bohnerzhornstein sowie regionaler Keuperhornstein bestimmt werden. Somit ergänzt auch dieser Fundus wie diejenigen aus den vorigen Nachgrabungen das spätjungpaläolithische Artefaktensemble aus der Kleinen Scheuer. Vor allem die kleinen rückengestumpften Artefakte spielen erneut eine wichtige Rolle im Hinblick auf Jagdaktivitäten im Rahmen der komplexen Fundstellenfunktion. Ergänzend zu den lithischen Artefakten wurde erneut ein mediales Knochenfragment entdeckt, bei dem es sich vermutlich um ein weiteres Nadelfragment handeln dürfte.

Zusammenfassung

Die im Brekzienkeil selbst und im vorgelagerten Schwemmfächer vorhandenen archäologischen Funde stellen eine weitere Ergänzung des Artefaktbestandes der Kleinen Scheuer dar. Sämtliche geborgenen rückenretuschierten Lamellen weisen, auch das

Rohmaterial betreffend, eine Korrelation mit den bereits bekannten Exemplaren auf und lassen sich ebenfalls in das Magdalénien datieren.
Die archäologischen Funde entstammen einem Teil der Gesamtvolumina von Keil und Schwemmfächer. Der Brekzienkeil selbst wurde bei der Maßnahme so weit abgetragen, dass eine weitere Zerstörung durch Höhlenbesucher weitestgehend ausgeschlossen werden kann. Durch die seit 2018 in der Kleinen Scheuer durchgeführten Untersuchungen gelangen somit zahlreiche Funde, die neue Erkenntnisse zur Lebensweise der paläolithischen Menschen auf der Ostalb gestatten.

Unser herzlicher Dank gilt Volker Rösner, Dominik Stütz und Luis Naak für ihre tatkräftige Unterstützung.

Wolfgang Naak, Stefan Wettengl, Harald Floss

LITERATURHINWEISE

H. Floss, Die Venus von Waldstetten und das Paläolithikum im Ostalbkreis. Mit Beiträgen von S. Fröhle, M. Hahn, W. Naak, A. Regen u. St. Wettengl. Heimatbücher der Gemeinde Waldstetten (Schwäbisch Gmünd 2021); St. Wettengl/S. Fröhle/H. Floss, Ausgrabungen in der Kleinen Scheuer im Rosenstein. Arch. Ausgr. Baden-Württemberg 2018, 68–72; dies., Neue Daten aus der Nachgrabung in der Kleinen Scheuer im Rosenstein. Ebd. 2020, 76–78.

■ HEUBACH, OSTALBKREIS

Blick in den Untergrund – Geophysikalische Untersuchungen in der Höhle Haus am Rosenstein

Altsteinzeitliche Siedlungsspuren am Nordrand der Schwäbischen Alb

Im Rahmen einer 2020 durchgeführten denkmalpflegerischen Rettungsmaßnahme in der Höhle Haus am Rosenstein bei Heubach wurden zahlreiche Steinartefakte und Tierknochen, die auf das Vorhandensein pleistozäner Schichten in der Höhle hindeuten, geborgen. Altsteinzeitliche Siedlungsspuren sind darüber hinaus auch durch viele Oberflächenfunde der vergangenen Jahre belegt und stellen die bisherige Annahme, die Höhle Haus sei ein ausschließlich holozäner Fundplatz, in Frage. In seiner im Jahr 1919 durchgeführten Grabung dokumentierte Franz Keller ausschließlich metallzeitliche und mittelalterliche Fundschichten. Unter der tiefsten Schicht erkannte Keller damals jedoch einen von ihm nicht weiter verfolgten Horizont aus Kalkverwitterungslehm, den er als „pleistozäne Nagetierschicht“ bezeichnete. Vor diesem Hintergrund stellt sich nun die Frage nach dem Verbleib noch intakter (pleistozäner) Sedimente in der Höhle. Mittels nichtinvasiver geophysikalischer Untersuchungen durch die Abteilung für Geomorphologie und Bodengeographie am Geographischen Institut der Universität Heidelberg wurde im Jahr 2021 der oberflächennahe Untergrund der Höhle Haus sondiert. Diese Arbeiten sollten Aufschluss über das Vorhandensein sowie die vertikale und horizontale Ausdehnung potenziell fundführender Schichten liefern.

Hochauflösende geophysikalische Messungen

Zur Erkundung des oberflächennahen Untergrunds in der Höhle Haus wurden flächenhafte elektromagnetische Messungen (EM) zur dreidimensionalen Darstellung der Untergrundstrukturen sowie zwei Messungen zur Erstellung geoelektrischer 2D-Tomographien (ERT) durchgeführt (Abb. 57). Die flächenhafte Messung im zentralen Bereich der Höhle erfolgte mit dem CMD-Mini Explorer 6L (GF Instruments), mit dem pro Messpunkt die elektrische Leitfähigkeit (oder als Kehrwert der spezifische elektrische Widerstandwert) in sechs definierten Tiefen bis maximal 2,3 m bestimmt werden kann. Die Messung wurde manuell auf einer Fläche von 4 m × 12 m mit einem Punktabstand von jeweils 0,5 m in x- und y-Richtung durchgeführt (225 Messpunkte und 1350 Datenpunkte). Zusätzlich erfolgten noch zwei kurze, linienhafte Messungen mit dem Mini-Explorer im hinteren Teil der Höhle im Bereich der Sondagen des Jahres 2020. Die geoelektrischen Tomographien wurden mit einer Multielektrodenapparatur der Firma GEOLOG 2000 gemessen. Für jedes Messprofil wurde dabei mit je 65 Elektroden im Abstand von 0,25 m mit Dipol-Dipol-Konfiguration gearbeitet. Grundlagen zu den geoelektrischen und elektromagnetischen Verfahren sind z. B. bei Berktold u. a. dokumentiert, die Funktionsweise eines CMD-Mini Explorers wird von Bonsall u. a. vorgestellt. Einsatzmöglichkeiten der geoelektrischen Tomographie für (geo-) archäologische Fragestellungen erläutern Hecht u. a.

Das Ergebnis der Messungen mit dem CMD-Mini-Explorer 6L zeigt anhand der spezifischen elektrischen Widerstandswerte

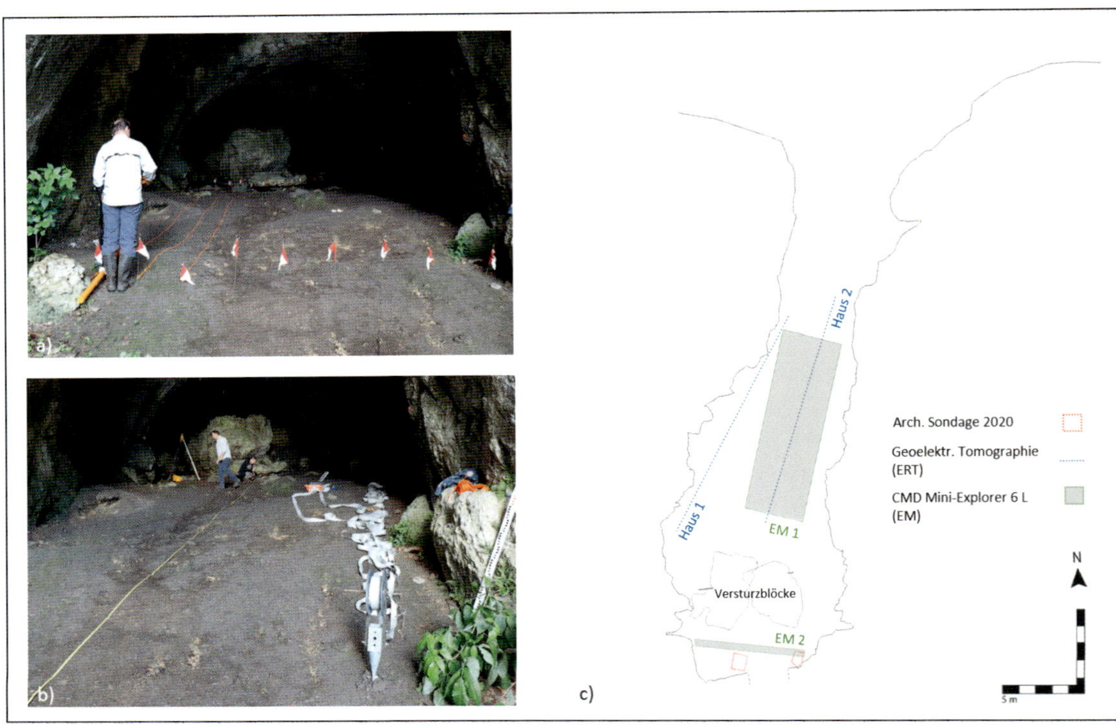

57 ▽ *Rosenstein, Höhle Haus. Lage der geophysikalischen Messungen. a flächige Messung mit dem CMD-Mini-Explorer; b ERT-Messungen* Haus 1 *und* Haus 2; *c Tomographie* Haus 1.

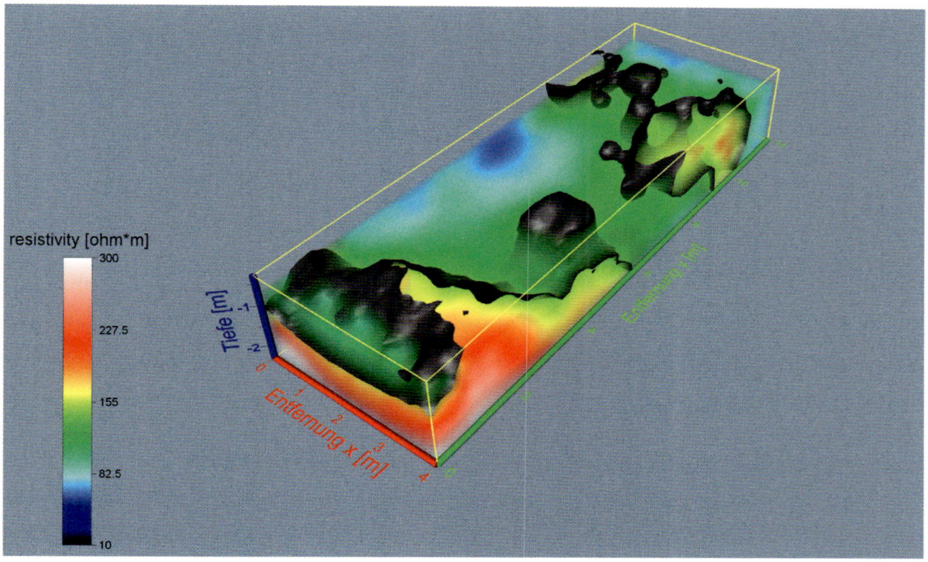

58 △ *Rosenstein, Höhle Haus. 3D-Blockbild der Verteilung des spezifischen elektrischen Widerstands für die flächenhafte Messung mit dem CMD-Mini Explorer 6L (Lage s. Abb. 57). Manuelle Messung 4 m × 12 m, Punktabstand jeweils 0,5 m in x- und y-Richtung. Darstellung mit eingeblendeter Isofläche 135 Ωm (schwarz), um einen ungefähren Eindruck des Festgesteinreliefs im Untergrund zu bekommen; oberflächennahe Volumendaten sind ausgeblendet.*

in Abbildung 58 ausgesprochen heterogene Strukturen des oberflächennahen Untergrunds bis in eine Tiefe von 2,3 m an. Niedrige Widerstandswerte (blaue Farben) deuten dabei auf feinkörnige Sedimente (Verwitterungslehm) hin, während hohe Widerstandswerte (gelbe und rote Farben) den massiven Kalkstein (anstehendes Festgestein oder verstürzte Blöcke) repräsentieren. Mittlere Widerstandswerte (grüne Farben) bilden vermutlich verwitterten Kalkstein mit unterschiedlichen Anteilen an Schutt und Feinmaterial ab. Die räumliche Verteilung der Messwerte zeigt an, dass an vielen Stellen der Höhle Feinmaterial bis mindestens in 2,3 m Tiefe vorhanden zu sein scheint. Massiver Kalkstein scheint dagegen nach den Messwerten vor allem im vorderen Bereich der Höhle ab ca. 0,5 m Tiefe mehr oder weniger flächenhaft und bis in eine Tiefe von mindestens 2,3 m verbreitet zu sein. Dagegen zeigen die Messungen im hinteren Teil der Höhle in 2,3 m Tiefe überwiegend Feinmaterial an.

Die sehr heterogene Verteilung der Messwerte – und damit auch der Untergrundstrukturen – bestätigt auch die Ergebnisse der beiden linienhaften Messungen mit dem CMD-Mini-Explorer (ohne Abb.) sowie die Ergebnisse der geoelektrischen Tomographien (2D) *Haus 1* und *Haus 2* (siehe Abb. 57). Besonders auffällig ist ein Bereich hoher Widerstandswerte im mittleren Profilbereich der geoelektrischen Tomographie (2D) in Abbildung 59, der nach unten von niedrigen Widerstandswerten abgelöst wird. Ein massiver, mutmaßlich von der Höhlendecke abgebrochener Festgesteinsblock (hohe Widerstandswerte) wird in diesem Bereich von Feinmaterial (niedrige Widerstandswerte) unterlagert. Übereinstimmend mit den Ergebnissen der elektromagneti-

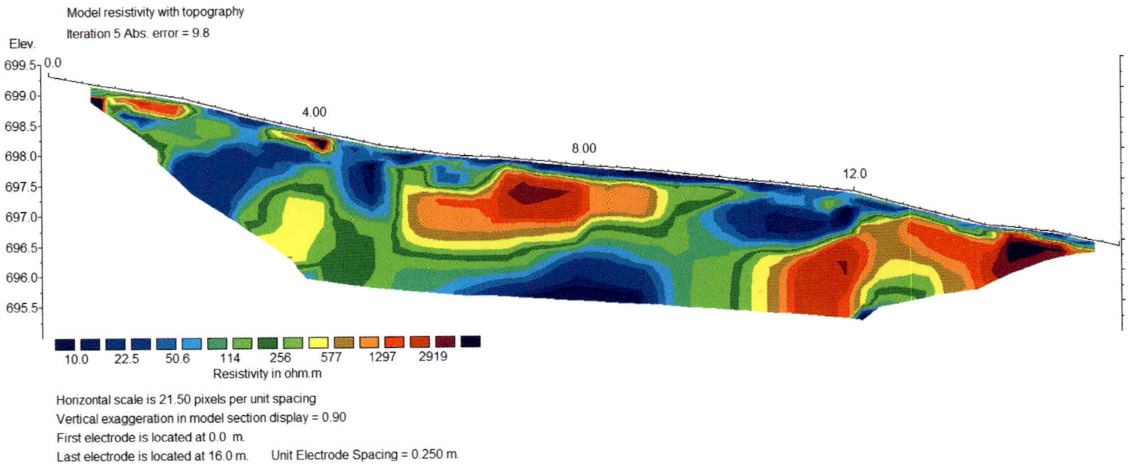

59 △ *Rosenstein, Höhle Haus. Modell der Widerstandsverteilung für die geoelektrische Tomographie* Haus 1 *(65 Elektroden im Abstand 0,25 m; Dipol-Dipol-Konfiguration; Lage s. Abb. 57).*

schen Messung wird besonders der vordere Bereich der Höhle (Richtung Höhleneingang, Profilende der Messung) von Festgestein (Kalkstein, hohe Widerstandswerte) bestimmt, während zum Teil mächtige Lagen aus Feinmaterial in mehreren Abschnitten der Messung durch niedrige Widerstandswerte angezeigt werden.

Potenzial für weitere Forschung

Die Ergebnisse der geophysikalischen Prospektion in der Höhle Haus zeigen, dass mithilfe nichtinvasiver elektromagnetischer und geoelektrischer Messungen ein differenziertes räumliches Bild der Untergrundstrukturen erstellt werden kann. Die potenziell archäologisch relevanten Bereiche mit Feinmaterial können dabei identifiziert und von wenig höffigen Bereichen mit massivem Kalkstein abgegrenzt werden. Die beiden unterschiedlichen geophysikalischen Methoden erweisen sich als exzellente Vorbereitung anschließender archäologischer Grabungen, insbesondere auch in Höhlen mit ihren komplexen Sedimentationsprozessen. Das Vorkommen von Feinmaterial bis in eine Tiefe von 2,3 m und mehr in der Höhle Haus bedeutet, dass archäologische Funde und Befunde potenziell auch in einer größeren Tiefe im Bereich des Feinmaterials (blaue Farben, niedrige Widerstandswerte) möglich sind. Zur Verifizierung der Ergebnisse sollten im nächsten Schritt Bohrungen durchgeführt werden.

Wir bedanken uns bei der Stadt Heubach sowie bei Wolfgang Naak für die freundliche Unterstützung unserer Arbeiten. Thomas Beutelspacher sei gedankt für die Erstellung eines neuen Grundrisses der Höhle Haus.

Stefan Hecht, Olaf Bubenzer,
Bertil Mächtle, Yvonne Tafelmaier

LITERATURHINWEISE

A. Berktold u. a., Geoelektrik. In: K. Knödel/H. Krummel/G. Lange (Hrsg.), Geophysik. Handbuch zur Erkundung des Untergrundes von Deponien und Altlasten 3 (Berlin, Heidelberg 2005) 71–387; J. Bonsall u. a., Assessment of the CMD Mini-Explorer, a New Low-frequency Multi-coil Electromagnetic Device, for Archaeological Investigations. Arch. Prospect. 20, 2013, 219–231; St. Hecht/B. Mächtle/O. Bubenzer, Geoelektrische Tomographie. In: C. Stolz/C. E. Miller (Hrsg.), Geoarchäologie (Berlin, Heidelberg 2022) 275–277; Y. Tafelmaier u. a., Wiederaufnahme archäologischer Untersuchungen in der Höhle Haus am Rosenstein. Arch. Ausgr. Baden-Württemberg 2020, 72–76.

Wiederentdeckt – die Drexlerhöhle im Brudertal

Ein magdalénienzeitliches Kleinod

Das Brudertal im Hegau bei Engen ist nach der Maximalvereisung der letzten Eiszeit vor rund 20 000 Jahren entstanden. Durch die glaziale Überprägung wurden dabei Eingänge zu Höhlensystemen freigelegt, die spätpleistozänen Jäger- und Sammlergemeinschaften als Siedlungsplätze dienten. Seit 2016 wird das Brudertal als Grabungsschutzgebiet geführt.

In Nachbarschaft zu den bekannten Magdalénien-Fundstellen Gnirshöhle und Petersfels liegt die sogenannte Drexlerhöhle. Diese Höhle wurde 1978 bei der Verlegung eines Abwasserkanals durch das Brudertal zufällig entdeckt. Bei den Arbeiten wurde die Höhlendecke an einer Stelle aufgesprengt und gab den Blick auf einen kleinen Höhlenraum frei, der nahezu komplett mit Sediment verfüllt war. Unter der Leitung von Gerd Albrecht konnten 1978 im Zuge einer kleinräumigen Sondage von 60 cm × 40 cm Fläche und 50 cm Tiefe archäologische Hinterlassenschaften des Magdalénien wie Steinartefakte und Fauna dokumentiert werden. Im Anschluss wurde der Zugang – das sogenannte Drexlerloch – wieder verschlossen, der Kanal verlegt und der Graben verfüllt. Seither haben keine archäologischen Untersuchungen zur weiteren Klärung der Fundsituation in der Drexlerhöhle stattgefunden. Die Höhle mit ihrem künstlichen Zugang ist heute in der Landschaft nicht sichtbar und liegt einige Meter unter der heutigen Talsohle. Die von Albrecht u.a. im Jahr 2019 veröffentlichten Ergebnisse zur kleinen Sondage des Jahres 1978 belegen die Nutzung der Höhle durch Jäger-und-Sammler-Gruppen des Magdalénien. Absolute Datierungen legen eine etwas frühere Nutzungsphase als an den benachbarten Höhlen Petersfels und Gnirshöhle nahe.

Archäologische Voruntersuchung im Jahr 2021

Im Frühsommer des Jahres 2021 unternahm das Landesamt für Denkmalpflege eine erste, sechswöchige Untersuchung mit dem Ziel, den Zustand der Höhle zu überprüfen, zu dokumentieren und erste Einblicke in die Fundsituation zu erhalten. Dazu wurde zunächst der künstliche Eingang mittels eines Baggerschnittes freigelegt. Dieses sogenannte Drexlerloch misst in Breite und Höhe jeweils rund 60 cm und der dadurch ohnehin bereits schwierige Einstieg wird vor allem durch das unmittelbar davor verlaufende Abwasserrohr erschwert (Abb. 60). Ein weiteres Problem während der Arbeiten stellte die Bewetterung dar, also die Versorgung des Höhlenraums mit Frischluft, da außer dem künstlichen Eingang derzeit keine freie Öffnung zur Umgebung existiert. Eine ausreichende Sauerstoffkonzentration musste durch Einblasen frischer Außenluft fast täglich aufs Neue erzeugt werden.

Die Decke des kleinen Höhlenraumes besteht größtenteils aus kleineren und größeren gebankten Kalkblöcken, die oftmals von Klüften durchzogen sind und sich im Zentrum der kleinen Kammer kuppelartig nach oben öffnen. Nach Westen und Osten verläuft die Decke nahezu horizontal und der

60 △ *Engen, Drexlerhöhle. a Freilegung des Eingangs („Drexlerloch") zur Höhle; b Detailaufnahme des „Drexlerlochs".*

Abstand zwischen Sedimentverfüllung und Decke beträgt oft nur wenige Zentimeter. Im zentralen Bereich unter der Kuppel besteht jedoch ein mehrere Meter hoher Raum zwischen Sedimentverfüllung und Höhlendecke und ermöglicht hier das aufrechte Stehen. Aufgrund der massiven Verfüllung ist der Verlauf und das Ausmaß des Höhlenraumes derzeit nicht zu erfassen. Die Strecke von der Zugangsöffnung zur gegenüberliegenden südlichen Felswand beträgt knapp 3,50 m. Nach Westen kann die Höhlenwand auf einer Länge von etwa 2 m verfolgt werden, nach Osten ist ihr Verlauf aufgrund der Verfüllung derzeit jedoch unklar. Ein natürlicher Eingang ist nicht zu erkennen. Im Jahr 1978 wurde neben der kleinen Grabung auch Humus ausgeräumt und vermutlich umgelagert, um den ehemaligen Eingang zu finden. Die Suche wurde aber aufgrund der Mächtigkeit der Sedimente schnell eingestellt. Es zeigte sich, dass seinerzeit außer dem kleinen Sondageschnitt auch der zwischen 30 cm und 50 cm mächtige Humus in einem kleinen Bereich zwischen dem Einstiegsloch und der südlichen Höhlenwand sowie jeweils auf 1 m Länge nach Westen und Osten an der südlichen Wand entlang bis auf wenige Zentimeter über dem ersten pleistozänen Horizont abgetragen worden war. Ein dadurch entstandenes Westprofil (Süd-Nord-Profil) wurde dann 2021 auf einer Länge von 2 m begradigt und wenige Zentimeter nach hinten verlegt. Im Anschluss wurde in zwei Viertelquadraten der Übergang zwischen Humus und darunterliegendem Horizont sowohl vertikal als auch in der Fläche erfasst. Die Sedimente wurden in Engen auf dem Gelände des städtischen Bauhofs am Hepbach geschlämmt und anschließend ausgelesen. Nach Abschluss der Grabungsarbeiten wurden in der Höhle zwei Handbohrungen (1 m) abgeteuft, um weiteren Aufschluss über die Mächtigkeit und Beschaffenheit der Sedimente zu erhalten.

Stratigraphische Abfolge und Funde

Der oberste geologische Horizont (GH A) ist ein mächtiger humoser, sehr feuchter, graubrauner Lehm, der im oberen Bereich locker, im unteren Bereich kompakter gelagert ist (Abb. 61). Er ist reich an Mikrofauna, wobei besonders der hohe Anteil an Amphibienknochen bemerkenswert ist. An Großfauna sind ausschließlich holozäne Tierarten vertreten, so zum Beispiel der Dachs *(Meles meles)*. Während es keine Hinweise auf eine Begehung durch Menschen während oder nach der Bildung dieses Horizontes gibt, zeigt das Vorhandensein der Dachsreste an, dass zumindest für eine gewisse Zeit während des Holozäns ein Zugang zur Höhle bestanden haben muss. Eine absolute Datierung des Horizontes steht noch aus. Unter diesem Horizont schließt sich ein ebenfalls sehr feuchter, weißlich-gelber schluffiger Lehm (Kalksteinverwitterungslehm) mit einzelnen Fein- und Mittelgrusbeimengungen an (GH B). Seine vertikale Ausdehnung und Feingliederung kann derzeit weder durch die Grabungen noch durch die Bohrkerne erfasst werden, da nur die oberen 10 cm des Horizontes in den beiden Viertelquadraten abgetragen wurden und die Bohrkerne wegen Ausbrüchen unvollständig sind. In diesem Horizont wurden kraniale und postkraniale Elemente des Rentiers *(Rangifer tarandus)* dokumentiert (Abb. 62). Diese deuten auf ein pleistozänes Alter des Horizontes hin. Darüber hinaus belegen erste Steinartefakte sowie eine Holzkohlestreuung im südlichen Bereich der kleinen Grabungsfläche die Anwesenheit pleistozäner Jäger und Sammler. Der erste Bohrkern, der im Übergangsbereich zwischen GH A und GH B ansetzt, deutet einen Sedimentwechsel bei ca. 66 cm an. Dort zeigt sich vor allem eine Änderung der Sedimentfarbe hin zu einer rötlichen Färbung. Die rötliche Färbung wurde auch bereits bei Albrecht u. a. beschrieben und charakterisiert den Horizont der magdalénienzeitlichen Fundstreuung. Der zweite Bohrkern, der im kleinen Sondageschnitt von 1978 ansetzt, zeigt außerdem eine Änderung der Sedimentbeschaffenheit bei rund 90 cm hin zu einem gröberen Verwitterungsschutt aus rötlichem Fein- und Mittelgrus.

61 △ *Engen, Drexlerhöhle. Blick auf das Westprofil und den holozänen Horizont (GH A).*

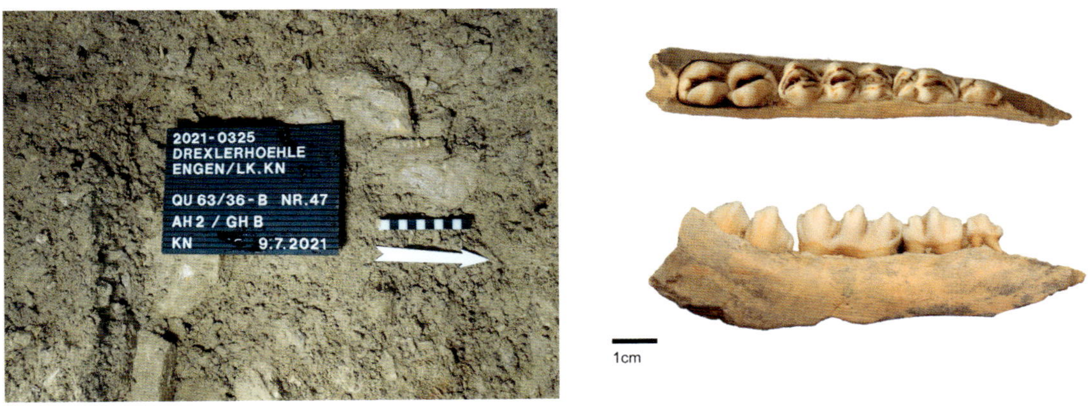

62 ▽ *Engen, Drexlerhöhle. Unterkiefer eines Rentiers in Fundlage im pleistozänen Horizont GH B (links) und nach der Bergung (rechts).*

Ausblick

Unsere Arbeiten in der Drexlerhöhle belegen, dass die Höhle vermutlich mit dem Ende des Pleistozäns für Menschen nicht mehr zugänglich war. Mit seiner bislang nur in sehr geringem Umfang dokumentierten, nahezu unberührten Schichtenfolge stellt der Fundplatz ein außerordentlich wertvolles Denkmal dar. Im Zuge der Bohrungen wurde die Höhlensohle nicht erreicht und belegt das Vorhandensein von potenziell fundführenden Sedimenten bis in mindestens 1 m Tiefe unterhalb des GH A. Im Zuge einer weiteren Grabung sollte die Grabungsfläche erweitert werden, um die bereits durch Albrecht und die diesjährigen Bohrungen erfassten tieferen Schichten flächig freizulegen und die Besiedlungsgeschichte umfassend rekonstruieren zu können.

Für die Unterstützung unserer Arbeiten in der Drexlerhöhle bedanken wir uns bei der Stadt Engen, insbesondere bei Bürgermeister Johannes Moser, Matthias Distler und Velten Wagner sowie Klaus Speck und den Mitarbeitenden des örtlichen Bauhofs. Für die Mitarbeit bei der Grabung danken wir außerdem Simon Werner. Darüber hinaus sei Gerd und Bärbel Albrecht, Walter Drexler samt Familie, Alfred Rigling, der Feuerwehr Bittelbrunn und der Feuerwehr Engen sowie Jürgen Hald für die unkomplizierte Hilfe und Unterstützung bei verschiedensten Angelegenheiten aufs herzlichste gedankt.

Yvonne Tafelmaier, Thomas Beutelspacher, Giulia Toniato, Richard Vogt

LITERATURHINWEIS

G. Albrecht/G. Wong/S. Münzel, Das Drexlerloch im Brudertal bei Engen im Hegau. Neue Daten zu der ungestörten Fundstelle aus dem Magdalénien. In: M. Baales/C. Pasda (Hrsg.), „All der holden Hügel ist keiner mir fremd …". Festschrift zum 65. Geburtstag von C.-J. Kind. Universitätsforsch. Prähist. Arch. 327 (Bonn 2019) 301–310.

■ NEUFFEN, KREIS ESSLINGEN

Neue Ausgrabungen an der Barnberghöhle bei Neuffen

In der Barnberghöhle bei Neuffen – Flur „Im Steigberg" und „Oberer Barnberg" – fanden vom 30.8. bis 30.9.2021 Sondagegrabungen statt. Die tiefe Höhle misst am Eingang 5 m × 3,8 m und ist 44 m lang. Sie liegt an der südwestlichen Ecke des Barnbergs, der sich über der Steige Neuffen erhebt. Nach archäologischen Untersuchungen Anfang des 20. Jahrhunderts erfolgten im Jahr 2020 Begehungen durch Mitarbeiter*innen der Abteilung für Ältere Urgeschichte und Quartärökologie der Universität Tübingen, des Landesamtes für Denkmalpflege und des Senckenberg Centre HEP. Aufgrund der archäologischen Funde von Gustav Riek aus dem Jahr 1931 und von nachweislich intakten Höhlensedimenten im gesamten Innenraum stuften wir die Barnberghöhle als vielversprechend für den Nachweis weiterer paläo- bis neolithischer Besiedlungen ein. Eine systematische archäologische Untersuchung und Publikation der Fundstelle stand bislang noch aus. Unsere neue Grabung schließt sich thematisch an die Erforschung der altsteinzeitlichen Besiedlung in der Region an, in deren Zuge 2020 in Bad Urach-Seeburg zwei Lokalitäten ausgegraben wurden.

Frühere Grabungen

1891 legte der Schwäbische Albverein einen massiven Tunnelschnitt durch die gesamte, ursprünglich vollständig verfüllte Höhle an. In einem Kurzbericht von 1906 werden Funde von Knochen ausgestorbener Tierarten, modifizierte Knochen und ein menschlicher Schädel erwähnt. Noch heute ist der Tunnelschnitt im Inneren der Höhle gut zu erkennen. An beiden Wänden der Höhle blieben jedoch über 4 m mächtige und 1–3 m dicke Sedimentpakete unangetastet stehen. In den folgenden Jahren wurden im Eingangsbereich der Höhle Keramikscherben der Rössener Kultur und ein jungsteinzeitlicher Dolch aus Plattensilex aufgelesen. Eine zweite Grabung in der Höhle fand 1931 durch Gustav Riek und Hermann Stoll statt, wurde jedoch nie ausführlich publiziert. Dieser Suchschnitt von 1,5 m × 0,8 m mit einer Tiefe von 0,8 m wurde nur im vorderen Höhleneingang unternommen und erbrachte sieben Steinwerkzeuge, geborgen aus „Störungsschutt“, die Riek dem ausgehenden Jungpaläolithikum zuschrieb. Die heute im Landesmuseum Württemberg aufbewahrten Stücke, größtenteils Klingen aus Jurahornstein, sind jedoch für keine spezifische Epoche charakteristisch.

63 ◁ *Neuffen, Barnberghöhle. a Höhleneingang während der Untersuchung 2021; b Sondageschnitt in der Höhle; c Kern aus Jurahornstein aus dem Schnitt im Eingangsbereich, 3D-Scan.*

Die Untersuchung von 2021

Das Ausgrabungsteam 2021 hatte das Ziel herauszufinden, ob beim ursprünglichen Ausräumen der Höhlensedimente archäologische Funde übersehen wurden. Zudem sollte in Erfahrung gebracht werden, wo genau Riek und Stoll ihren Schnitt angelegt hatten. Im hinteren Innenraum der Höhle legten wir eine Profilbegradigung von 2 m Höhe und etwa 25 cm Tiefe an der südlichen Sedimentsäule an. Es zeichnete sich eine durch äolisch und limnisch eingetragene Sedimente gebildete Stratigraphie ab, die archäologisch steril war. Ein weiterer Sondageschnitt von 1 m × 2 m wurde an der Südwand im vorderen Bereich des Höhleninnenraums angelegt (Abb. 63, b). Hier wurde wiederum eine intakte gebänderte Feinstratigraphie äolischer und limnischer Sedimente ausgegraben, die ebenfalls archäologisch steril war. Somit scheint eine prähistorische Nutzung des Höhlenraums unwahrscheinlich. Einen letzten Schnitt von 2 m^2 eröffneten wir an der Nordwand des Höhleneingangs (Abb. 63, a); in diesem Bereich vermuteten wir den Schnitt Rieks und Stolls. Nach einer 20–30 cm mächtigen Deckschicht, die sowohl rezentes Material als auch sehr vereinzelte Steinartefakte beinhaltete, stießen wir erneut auf archäologisch sterile Sedimente. Die Steinartefakte (18 Absplisse und ein Kern, Abb. 63, c) sind keiner altsteinzeitlichen Epoche eindeutig zuzuordnen.
Abschließend gehen wir davon aus, dass die Barnberghöhle im Paläolithikum mit Sediment verschlossen und somit nicht zugänglich war. Während des Neolithikums ist eine kurzzeitige Begehung im Höhleneingangsbereich wahrscheinlich. Das Potenzial der Barnberghöhle liegt vielmehr im Vergleich mit anderen Höhlen der Schwäbischen Alb bezüglich geoarchäologischer und Paläoumwelt-Untersuchungen.

Wir bedanken uns für die tatkräftige und unkomplizierte logistische Unterstützung bei der Gemeinde Erkenbrechtsweiler, allen voran Bürgermeister Roman Weiß. Weiterhin danken wir der Stadt Neuffen mit Bürgermeister Matthias Bäcker und den Mitarbeiter*innen des Steinbruchs Jakob Bauer Söhne KG herzlich für ihre Unterstützung. Natürlich gilt unser großer Dank dem ehrenamtlichen Grabungsteam.

Sibylle Wolf, Gregor D. Bader, Manuel Will

■ UNTERGRUPPENBACH-DONNBRONN, KREIS HEILBRONN

Ein bandkeramisches Erdwerk bei Donnbronn

Um 1990 entdeckte Otto Braasch bei Luftbildflügen ein mutmaßlich neolithisches Grabenwerk auf einem Geländerücken zwischen Untergruppenbach und Donnbronn. Im Gewann Furtweg zeichnen sich undeutlich mehrere Segmente eines bogenförmig verlaufenden Grabens ab. Verfärbungen innerhalb des umschlossenen Raums deuten auf Siedlungsbefunde hin. Das Erdwerk liegt auf einem nach Nordosten zum Donnbronner Bach geneigten Hang mit intensiv bewirtschafteten Lössböden.

Im Vorfeld der Erschließung eines Wohngebiets wurden im März 2021 zunächst eine Prospektion und im Herbst eine Rettungsgrabung durch die Firma ArchaeoBW GmbH durchgeführt. In der ca. 5000 m² messenden Grabungsfläche konnte der nördliche Rand des Grabenwerks, der in den Luftaufnahmen nicht sichtbar ist, auf einer Länge von 80 m aufgedeckt werden (Abb. 64). Im rötlichbraunen Lösslehm hebt sich der Graben als dunklere, 0,7–2 m breite Verfärbung ab. Unregelmäßigkeiten im Verlauf und in der Intensität der Verfüllung ließen bereits bei der Anlage des Planums eine nur mäßig gute Erhaltung vermuten. In mehreren Profilschnitten bestätigte sich dies. Der muldenförmig ausgebildete Graben war meist kaum mehr als 0,20 m tief. Aus diesem Grund muss offenbleiben, ob eine 4 m breite Lücke im Nordwesten der Überlieferung geschuldet

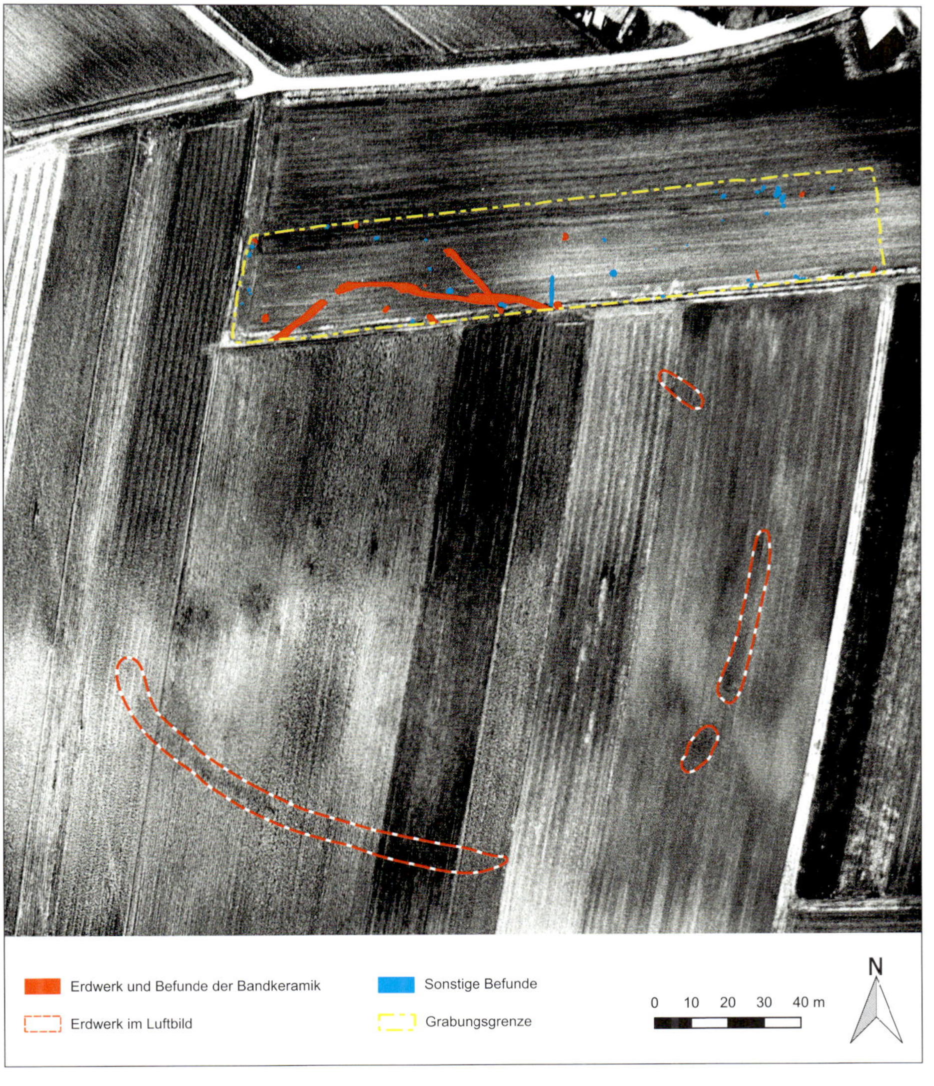

64 ◁ *Untergruppenbach-Donnbronn, bandkeramisches Erdwerk. Übersichtsplan der Grabung und die Befunde im Luftbild. Im Innenraum zeichnen sich weitere Siedlungsgruben ab.*

ist oder eine intentionelle Unterbrechung, etwa für einen Durchlass, darstellt. Auch die Bedeutung eines den Hauptgraben querenden, seichten Gräbchens ließ sich nicht klären. Vom Innenraum der Grabenanlage konnte nur ein kleiner Ausschnitt dokumentiert werden. Bemerkenswert ist eine noch über 1,5 m tiefe Schlitzgrube, die an der südlichen Flächengrenze angeschnitten wurde; bei den übrigen Befunden handelt es um diffuse, schlecht erhaltene Grubenreste. Dasselbe gilt für die Befunde außerhalb des Grabens, die – mit Ausnahme einer weiteren Schlitzgrube – ebenfalls nur rudimentär überliefert sind, häufig aber die für das Altneolithikum charakteristische schwarzbraune Färbung aufweisen. Angesichts der starken Erosionsschäden nimmt es nicht wunder, dass das Fundaufkommen sehr gering blieb. Die wenigen Keramikfunde lassen sich der Bandkeramik zuweisen.

Wichtigstes Ergebnis der Untersuchungen ist die Verifizierung des Luftbildbefundes als bandkeramisches Erdwerk. In Nord-Süd-Richtung misst die Distanz zwischen den Gräben etwa 150 m. Auch wenn sich der Graben im Westen und Osten nur sehr undeutlich abzeichnet, ist aus den vorliegenden Befunden für die Grabenanlage eine rundliche Form zu rekonstruieren.

Unser Dank geht an die Wüstenrot Haus- und Städtebau GmbH und die Gemeinde Untergruppenbach für die konstruktive und vertrauensvolle Zusammenarbeit.

Andrea Neth, Gaëlle Bernauer-Duranthon

■ LEINFELDEN-ECHTERDINGEN, KREIS ESSLINGEN

Zum Abschluss der Ausgrabungen in dem linearbandkeramischen Dorf im Baugebiet Schelmenäcker bei Leinfelden-Echterdingen

Die Rettungsgrabungen im Bereich der ausgedehnten linearbandkeramischen Siedlung im geplanten Baugebiet „Schelmenäcker" zwischen Leinfelden und Echterdingen konnten fristgerecht und planmäßig Anfang April 2021 abgeschlossen werden, obwohl im südlichen und mittleren Bereich des Grabungsareals eine unerwartet hohe Befunddichte aufgedeckt worden war. Insgesamt wurden im Zuge der Ausgrabungen, die von der Fachfirma ArchaeoBW GmbH zwischen Juni 2020 und April 2021 durchgeführt wurden, knapp 2,5 ha Siedlungsfläche untersucht. Dabei konnten über 2000 archäologische Strukturen erfasst und dokumentiert werden.

Viele Langhäuser und wenig Fundmaterial

Während der letzten Grabungsmonate wurden in erster Linie die Befunde im Bereich südlich der ehemaligen Max-Lang-Straße untersucht, wo bereits im Planum eine außerordentlich hohe Befunddichte zum Vorschein kam und zahlreiche bandkeramische Hausgrundrisse dicht an dicht in der typischen Nordwest-Südost-Orientierung ein vielschichtiges Siedlungsgeschehen während des Frühneolithikums erkennen lassen (Abb. 65). Befundüberschneidungen und Überlagerungen von Hausplätzen zeigen eine mehrphasige Nutzung des Platzes

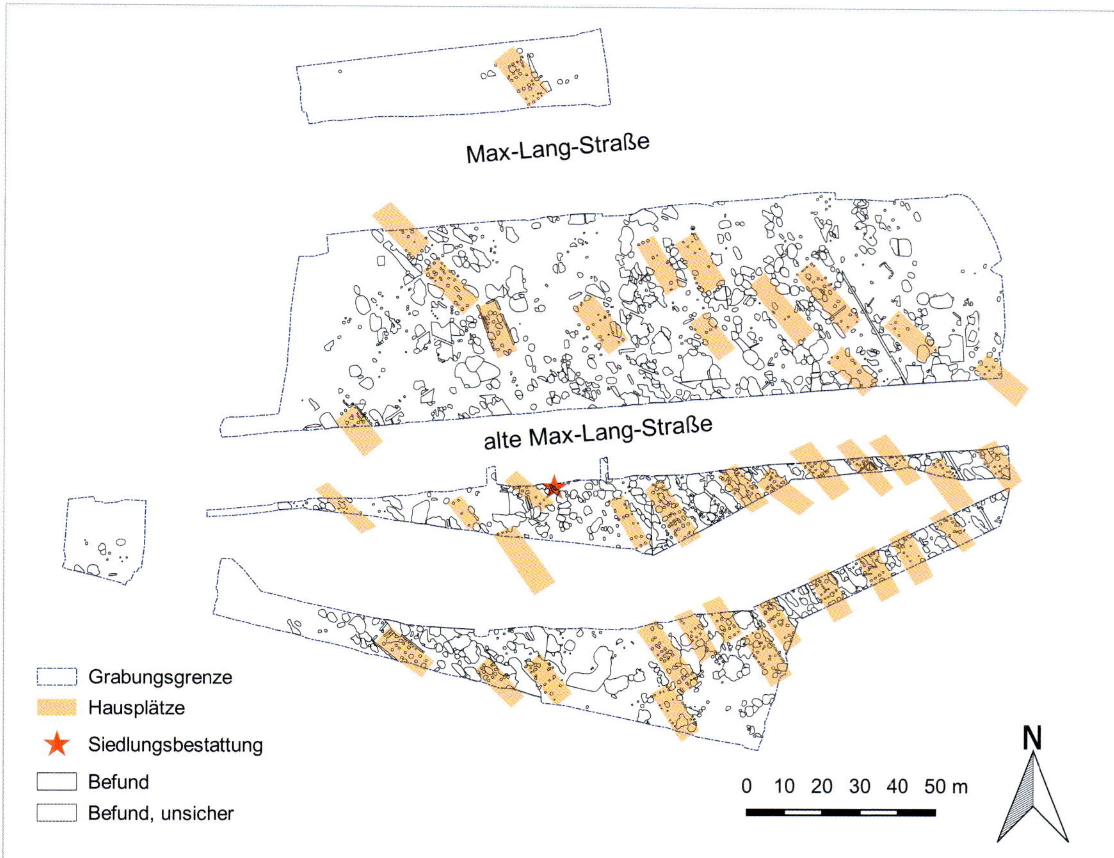

65 △ Leinfelden-Echterdingen. Gesamtplan der Ausgrabungsfläche im Baugebiet „Schelmenäcker".

an, die allerdings fast ausschließlich aufgrund der stratigraphischen Beobachtungen zu erschließen ist. Datierendes, für die unterschiedlichen Phasen der linearbandkeramischen Entwicklung charakteristisches Fundmaterial fehlt in den Einzelbefunden leider weitgehend.

Insgesamt können die Grundrisse von rund 40 bandkeramischen Gebäuden identifiziert werden, darunter zahlreiche der typischen großen Langhäuser mit Dimensionen von weit über 20 m Länge.

Weiterhin zeigen wenige, in ihrer Verfüllung sich deutlich unterscheidende unscheinbare Befunde eine sporadische Nutzung des Platzes während der Eisenzeit an. Diese konnte durch den Nachweis eines latènezeitlichen Ofens durch Christoph Nissler bereits vor einigen Jahren belegt werden. Ganz im Südwesten der untersuchten Fläche konnten wenige, in ihrer Gesamtstruktur kaum fassbare mittelalterliche Befunde aufgedeckt werden, die anhand von Keramikfunden der Älteren gelben Drehscheibenware ins Hochmittelalter zu datieren sind.

Das für eine linearbandkeramische Siedlung dieses Ausmaßes insgesamt doch recht spärliche Fundmaterial besteht zum überwiegenden Teil aus Keramik, einer beachtlichen Menge an Silices, vereinzelten Felsgesteinartefakten und auffallend wenigen Tierknochen. Hinzu kommen Hüttenlehm-

fragmente und die menschlichen Skelettreste einer Siedlungsbestattung (siehe unten). Die Erhaltung der Keramik ist mäßig bis gut, die der Tierknochen muss als sehr schlecht bezeichnet werden, oft sind nur wenige Splitter von Zähnen oder kleinere Fragmente von Knochen überliefert.
Soweit eine chronologische Einordnung der verzierten Keramikfunde möglich ist, datieren diese vorwiegend in die mittlere und vor allem späte Phase der Linearbandkeramik.

66 ▽ Leinfelden-Echterdingen, „Schelmenäcker". Freigelegtes Skelett der jungsteinzeitlichen Siedlungsbestattung, die im Südwesten der Ausgrabungsfläche in einer Grube geborgen wurde.

Das lithische Fundmaterial umfasst hauptsächlich geschlagene Steinartefakte aus Hornstein, aber auch ein paar wenige Fragmente von geschliffenen Steinbeilen.
Die verwendeten Rohmaterialien sind zu einem sehr großen Anteil regional anstehende Jurahornsteine von der Schwäbischen Alb (eventuell aus der Gegend von Wittlingen), es finden sich aber auch Hinweise auf Plattenhornstein von der Fränkischen Alb (Altmühltal). Unter den modifizierten Stücken sind diverse flächenretuschierte Pfeilspitzen, Sicheleinsätze mit dem typischen Sichelglanz sowie einige Bohrer und Kratzer.

Eine Siedlungsbestattung am westlichen Siedlungsrand

Gegen Ende der Ausgrabungen kam auf der Sohle einer amorphen Siedlungsgrube im Südwesten der Grabungsfläche eine linksseitige Hockerbestattung mit Blickrichtung Osten ans Licht, leider in relativ schlechter Erhaltung (Abb. 66). Im Bereich des Schädels und Oberkörpers waren die Knochen durch große Wurzeln teilweise stark angegriffen oder gebrochen und Teile der Wirbelsäule, des Beckens, das rechte Bein sowie die Unterschenkel des linken Beines waren nicht mehr erhalten.
Nördlich des Schädels lag, neben einem Silextrümmer, ein nur ca. 4 cm großes Gefäß aus Keramik. Einer ersten Einschätzung zufolge dürfte es sich um die sterblichen Überreste eines vermutlich weiblichen Individuums gehandelt haben, das zum Todeszeitpunkt zwischen 20 und 30 Jahre alt war.

Unser bester Dank für die bis zum Projektende kontinuierlich sehr gute Zusammenarbeit gilt zunächst der Stadt Leinfelden-Echterdingen, namentlich Frau Eva Noller,

Erste Bürgermeisterin von Leinfelden-Echterdingen; Frau Andrea Egner, Frau Katja Siegmann und Herrn Christian Schöner. Die Herren Christoph Nissler und A. Koch unterstützten und verfolgten die Ausgrabungsarbeiten mit großem Interesse, wofür wir uns ebenfalls sehr bedanken.

Jörg Bofinger, Christian Hoyer, Nadine Huber

LITERATURHINWEIS

J. Bofinger/C. Hoyer/N. Huber, Rettungsgrabungen in einem frühneolithischen Siedlungsareal im Baugebiet Schelmenäcker bei Leinfelden-Echterdingen. Arch. Ausgr. Baden-Württemberg 2020, 84–88.

AMMERBUCH-PFÄFFINGEN UND TÜBINGEN-UNTERJESINGEN, KREIS TÜBINGEN

Das Ammertal als jungsteinzeitliche Siedlungslandschaft – Fortführung der Untersuchungen zum Frühneolithikum

Auch im Jahr 2021 konnten neue Erkenntnisse zu den frühneolithischen Siedlungsarealen der seit der Ältesten Bandkeramik genutzten Landschaft unmittelbar westlich von Tübingen gewonnen werden. Im Rahmen des Kooperationsprojekts des Landesamts für Denkmalpflege im Regierungspräsidium Stuttgart und der Universität Tübingen, Institut für Ur- und Frühgeschichte und Archäologie des Mittelalters, werden seit einigen Jahren gemeinsame gezielte Forschungsgrabungen und Prospektionsmaßen an unterschiedlichen Fundorten der frühen Jungsteinzeit durchgeführt mit dem Ziel, auf einer aktuellen Datenbasis detaillierte Aufschlüsse über die Besiedlungsprozesse der frühesten bäuerlichen Kultur im Land zu bekommen.

Zum einen konnte im Frühjahr 2021 ein weiterer Bereich des bekannten großen Siedlungsareals in der Flur „Lüsse" bei Ammerbuch-Pfäffingen archäologisch untersucht werden. Zum anderen gelangen im Herbst erstmals konkrete Einblicke in die Siedlungsstruktur an der bislang nur durch Lesefunde belegten Fundstelle „Ammerbühlen" am nordwestlichen Ortsrand von Tübingen-Unterjesingen.

Aufschlüsse im neolithischen Grabensystem an der „Lüsse" bei Ammerbuch-Pfäffingen

Das Magnetogramm des Siedlungsareals in der „Lüsse" zeigte am nordöstlichen Rand eine Unterbrechung im Verlauf eines Siedlungsgrabens, der schon zu Beginn der Feldforschungen durch zwei Sondageschnitte als bandkeramisch identifiziert werden konnte (Abb. 67, A und E). Darin fanden sich auch die Skelettreste mehrerer menschlicher Individuen. Das Hauptaugenmerk der diesjährigen Kampagne galt der Klärung einer vermuteten Torsituation im Grabenverlauf, kurz vor dessen Abbiegen nach Südosten (Abb. 67, G).

Die Unterbrechung des Grabens stellt eine etwa 2,5 m breite Erdbrücke dar, die von regelrechten Grabenköpfen gebildet wird. In dem westlichen Grabenkopf fanden sich größere zusammengehörige Fragmente von

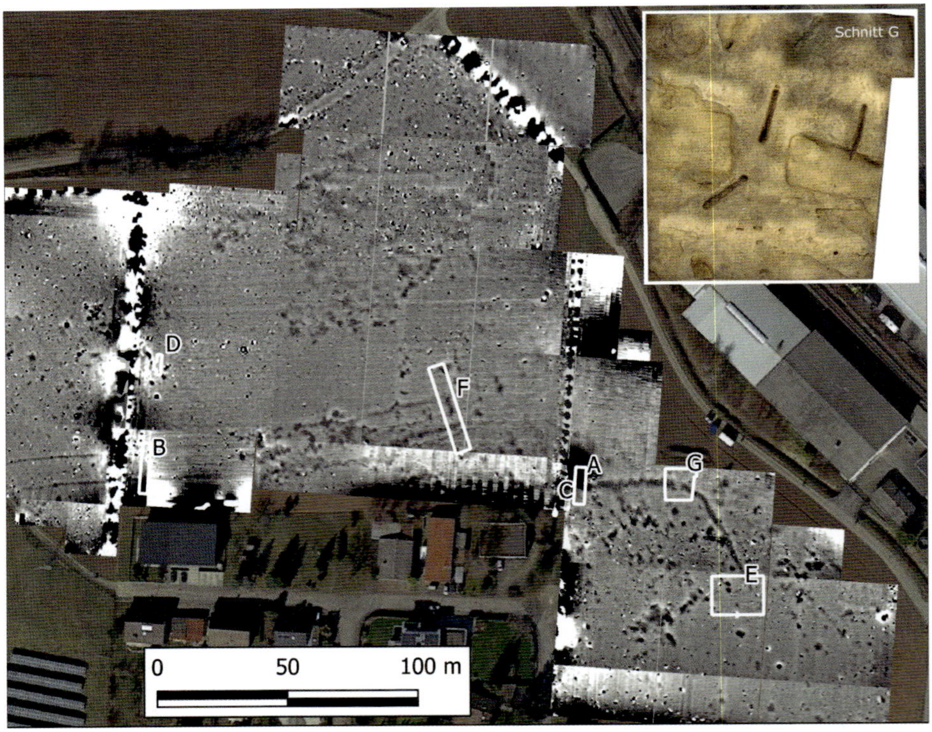

67 ▷ *Ammerbuch-Pfäffingen, „Lüsse". Ausschnitt aus dem Plan der geomagnetischen Messungen im linearbandkeramischen Siedlungsareal mit Überblick über die Befunde im Planum in Sondage G.*

mehreren Vorratsgefäßen, die dort offenbar intentionell deponiert worden waren.

Bemerkenswert ist auch eine Reihe von drei aufeinander bezogenen Schlitzgruben, die den Durchgang über die Erdbrücke zu untergliedern scheinen. Parallel zu der mittleren Schlitzgrube verläuft eine weitere, die in dem östlichen Grabenkopf endet. Diese war mit 0,5 m besonders tief. Die Funde daraus legen eine Zugehörigkeit zum linearbandkeramischen Befundensemble nahe. Außerhalb des von dem Graben umgrenzten Siedlungsareals fanden sich einige größere Gruben mit weiterem bandkeramischem Siedlungsmaterial sowie im Nordosten des Grabungsschnittes ein eingetiefter Befund mit wenigen mittelneolithischen Scherben. Diese ergänzen die Beobachtung von mittelneolithischem Fundmaterial am Oberhang des Fundplatzes im Grabungsschnitt B. Unter dem bandkeramischen Fundmaterial ist besonders das Fragment eines Vierfußtischchens aus gebranntem Ton zu erwähnen (Abb. 68).

Auch im Bereich innerhalb des Siedlungsgrabens konnten kleinere bandkeramische Gruben nachgewiesen werden. Unerwartet war dort der Nachweis von mehreren kleinen, offenbar radial angelegten Pfostengruben, deren Verlauf im Inneren von einem flachen Kreisgrabensegment begleitet wird. Möglicherweise markieren diese Befunde den Umriss eines mittlerweile vollständig eingeebneten Grabhügels, der mit vereinzelt auf der Fläche angetroffenen Fragmenten von charakteristisch ritzverzierten Gefäßen der Alb-Hegau-Keramik in Zusammenhang gebracht werden kann. Der gewählte Grabungsausschnitt erlaubte es lediglich, diese Struktur nur randlich zu erfassen, sodass möglicherweise eine Bestattung in dem noch nicht ausgegrabenen Bereich unmittelbar südlich zu erwarten ist. Die mutmaßlichen Tumulusreste von der „Lüsse" stellen die seit Längerem von diesem Platz bekannten hallstattzeitlichen Funde nun erstmals in einen Zusammenhang. Das Areal der jungsteinzeitlichen Siedlung diente während des 1. Jahrtausends v. Chr. offenbar als Bestattungsplatz.

Tübingen-Unterjesingen, „Ammerbühlen" – ein bislang wenig bekanntes prähistorisches Siedlungsareal

Am westlichen Ortsrand von Unterjesingen wurden bereits 1926 beim Hopfenanbau vorgeschichtliche Siedlungsreste unterschiedlicher Zeitstellung entdeckt. Es wurde von jungsteinzeitlichen Scherben ebenso wie von urnenfelderzeitlichen und hallstattzeitlichen Funden berichtet, ohne dass nähere Angaben zur Auffindungs- oder Befundsituation überliefert sind.

Eine flächige, auf etwa 6 ha ausgedehnte geomagnetische Messung des mutmaßlichen Siedlungsareals sollte im Vorfeld der geplanten Sondagegrabungen Anhaltspunkte zur Befundsituation erzielen. Das Areal liegt sehr siedlungsgünstig an einem flachen Südwesthang, nur unweit des Enzbachs, der, vom Schönbuchhang kommend, das Siedlungsareal durchfließt. Unmittelbar südlich des Fundplatzes mündet er in die Senke des Ammertals ein, wo vor wenigen Jahren durch eine Arbeitsgruppe des Geographischen Instituts der Universität Tübingen ein breites Paläo-Gewässer nachgewiesen werden konnte. Bemerkenswert ist auch die geringe Entfernung zur bandkeramischen Siedlung in der „Lüsse", die nur rund 900 m in nordwestlicher Richtung liegt.

Das geophysikalische Messbild zeigte eine Reihe von Anomalien, die schon allein aufgrund ihrer regelhaften Ausrichtung in nordwest-südöstlicher Richtung (Abb. 69) mit linearbandkeramischen Siedlungsstrukturen in Verbindung gebracht werden können. Sehr deutlich zeichneten sich die Pfostenspuren und Gräbchen eines Hausgrundrisses im nördlichen Drittel der prospektierten Fläche ab. Durch einen gezielt auf diese Strukturen angelegten Grabungsschnitt konnte ein bandkeramischer Hausgrundriss verifiziert werden, dessen mehrfache Dreipfostenriegel, Wandgräbchen und hausbegleitende Gruben sich geradezu idealtypisch im Grabungsbefund abzeichneten (Abb. 69). Bemerkenswert an diesem Hausgrundriss ist der rückwärtige Teil der nordwestlichen Schmalseite, die durch ein deutlich sichtbares Wandgräbchen abgegrenzt ist. Im Südosten des Grabungsschnittes durchschneidet eine linear verlaufende Struktur den Hausgrundriss, die ausweislich der daraus geborgenen Funde in die Neuzeit zu datieren ist. Die Erhaltung der frühneolithischen Funde war vergleichsweise schlecht, wenngleich es sich zweifelsfrei um Band-

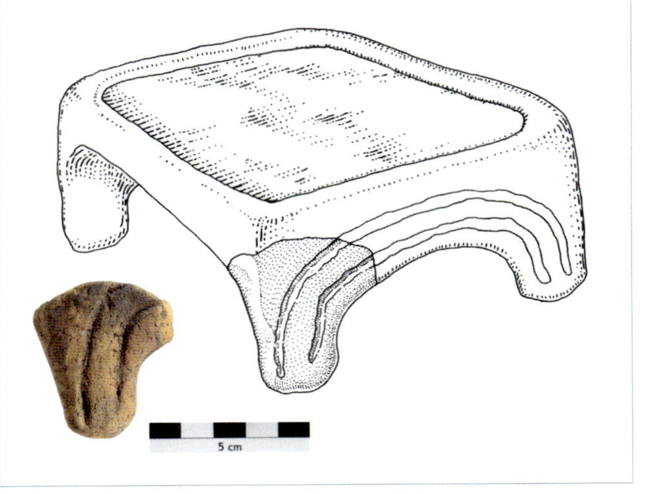

68 ▽ *Ammerbuch-Pfäffingen, „Lüsse". Fußfragment eines Vierfußtischchens aus Keramik.*

keramik handelt. Die frühneolitische Zeitstellung konnte durch zwei ^{14}C-Datierungen bestätigt werden. Innerhalb der bandkeramischen Entwicklung scheint es sich um die mittlere bis späte Stufe zu handeln.

Die neueren Forschungen zwischen Ammerbuch-Pfäffingen und Tübingen-Unterjesingen präzisieren das Bild der bandkeramischen Besiedlung im östlichen Oberen Gäu. Der Nachweis einer weiteren jungsteinzeitlichen Siedlung in der Flur „Ammerbühlen" verdichtet das Siedlungsbild am nordwestlichen Rand des zu rekonstruierenden Paläo-Sees nochmals. Durch die weiteren Forschungen wird die genaue zeitliche Abfolge der einzelnen Siedlungsareale zu klären sein.

Bedanken möchten wir uns bei Anita und Fritz Laux aus Pfäffingen sowie bei Hermann Kaiser, Tübingen-Unterjesingen, für die Unterstützung und Erlaubnis, auf ihrem Grund die archäologischen Untersuchungen durch- bzw. fortführen zu können. Unser Dank gilt ebenfalls den Studierenden der Universität Tübingen für ihr Engagement während der Feldarbeiten. Auch den Mitarbeiterinnen und Mitarbeitern der Gemeinde Ammerbuch sei für ihre Unterstützung bei den Grabungsvorbereitungen sehr herzlich gedankt. Die geophysikalischen Messungen führten in gewohnt professioneller Weise Dr. Arno Patzelt und Dr. Martin Waldhör von Terrana Geophysik, Mössingen, durch – auch ihnen sei an dieser Stelle noch einmal herzlich gedankt.

Jörg Bofinger, Veronika Stein, Lea Valcov, Raiko Krauß

69 ▽ *Tübingen-Unterjesingen, „Ammerbühlen". Plan der geomagnetischen Messungen im Bereich des vorgeschichtlichen Siedlungsareals mit dem Planum des Grabungsschnittes vom Herbst 2021.*

LITERATURHINWEISE

J. Bofinger, Untersuchungen zur neolithischen Besiedlungsgeschichte des Oberen Gäus. Materialh. Arch. Baden-Württemberg 68 (Stuttgart 2005);
J. Bofinger/L. Brandstätter/R. Krauß, Marmorperlen und Römerstraße – Neues vom jungsteinzeitlichen Siedlungsareal „Lüsse" bei Ammerbuch-Pfäffingen. Arch. Ausgr. Baden-Württemberg 2019, 66–70;
S. Heidgen u. a., Palaeoenvironment and potential resources for early Holocene human subsistence in the Ammer Valley (SW-Germany) based on palaeoecological and bioarchaeological evidence. Quaternary International 560–561 (2020) 259–272; URL: https://doi.org/10.1016/j.quaint.2020.05.038.

Acht Hektar Vergangenheit, zwölf Hektar Zukunft – ein mittelneolithisches Siedlungsareal im künftigen Baugebiet „Bruhweg II" in Gerlingen

Ausgangslage

Unter der Bezeichnung „Gerlingen Bruhweg" findet sich in den Ortsakten des Landesamtes für Denkmalpflege ein Konvolut, aus dessen beträchtlichem Umfang bereits die Ergiebigkeit und Bedeutung der hier dokumentierten Fundstelle ersichtlich wird. Die älteste der darin abgelegten Fundnotizen stammt aus dem Jahr 1928. Wilhelm Müller (1878–1959), Oberlehrer aus Zuffenhausen und Pionier der archäologischen Landesaufnahme im Mittleren Neckarraum, hatte damals auf den Ackerflächen des nördlich von Gerlingen gelegenen Gewanns „Bruhweg" Scherben der mittelneolithischen Rössener Kultur aufgelesen. Seither nahmen die Fundmeldungen kein Ende. Nach Müller, der als Entdecker des Fundortes gelten darf, nahm sich Werner Schmidt (1931–2020), ehrenamtlicher Mitarbeiter der Archäologischen Denkmalpflege und Träger des baden-württembergischen Archäologiepreises, über Jahrzehnte hinweg der Fundstelle an. Neben seinen Begehungen barg er im Jahr 1973 eine vom Pflug schon stark beschädigte Hockerbestattung. Vor allem der unermüdlichen Tätigkeit W. Schmidts ist es zu danken, dass von der Ausdehnung und außergewöhnlichen Wertigkeit des Kulturdenkmals eine recht exakte Vorstellung existierte, als die Stadt Gerlingen im Jahr 2012 den Aufstellungsbeschluss für das Baugebiet „Bruhweg II" fasste.

Mehrphasige Siedlungsbefunde

Im Jahr 2019 erfolgte die Voruntersuchung des 12 ha großen Planungsgebietes durch das flexible Prospektionsteam der Landesarchäologie. In einem Raster schmaler Sondageschnitte trat auf etwa zwei Dritteln der Fläche ein dichter Siedlungsbefund des Alt- und Mittelneolithikums (5600–4500 v. Chr.) zutage. Pfostenreihen, Gräbchen und Grubenhäuser zeigten eine ungewöhnlich detailreiche Überlieferung baulicher Strukturen an, was angesichts einer vermutlich jahrhundertelangen Bepflügung der Denkmalfläche keineswegs zu erwarten war. Somit ergab sich die Notwendigkeit, im Vorfeld der Entwicklung des Baugebiets eine großflächige Rettungsgrabung durchzuführen. Sie ist seit Mai 2021 im Gange und wird im Jahr 2022 fortgesetzt. Vor Ort tätig ist die Firma ArchaeoBW GmbH.

Zum Berichtszeitpunkt waren 14 Schnitte eröffnet, die eine Gesamtfläche von 26 521 m^2 umfassen und in denen ca. 4000 Befunde dokumentiert wurden. Schon der vorläufige Gesamtplan (Abb. 70) führt deutlich vor Augen, in welch ungewöhnlicher Detailschärfe sich das jungsteinzeitliche Siedlungsgeschehen im Boden abbildet. Die zeitliche Tiefe des Gesamtbefundes deutet sich nicht nur in zahlreichen Befund- und Strukturüberlagerungen, sondern auch im Spektrum der greifbaren Architekturformen an. Das älteste Gebäude ist noch der altneolithischen bandkeramischen Kultur zuzurech-

70▽ *Gerlingen, „Bruhweg II". Vorläufiger Gesamtplan der Grabung, Stand Januar 2022.*

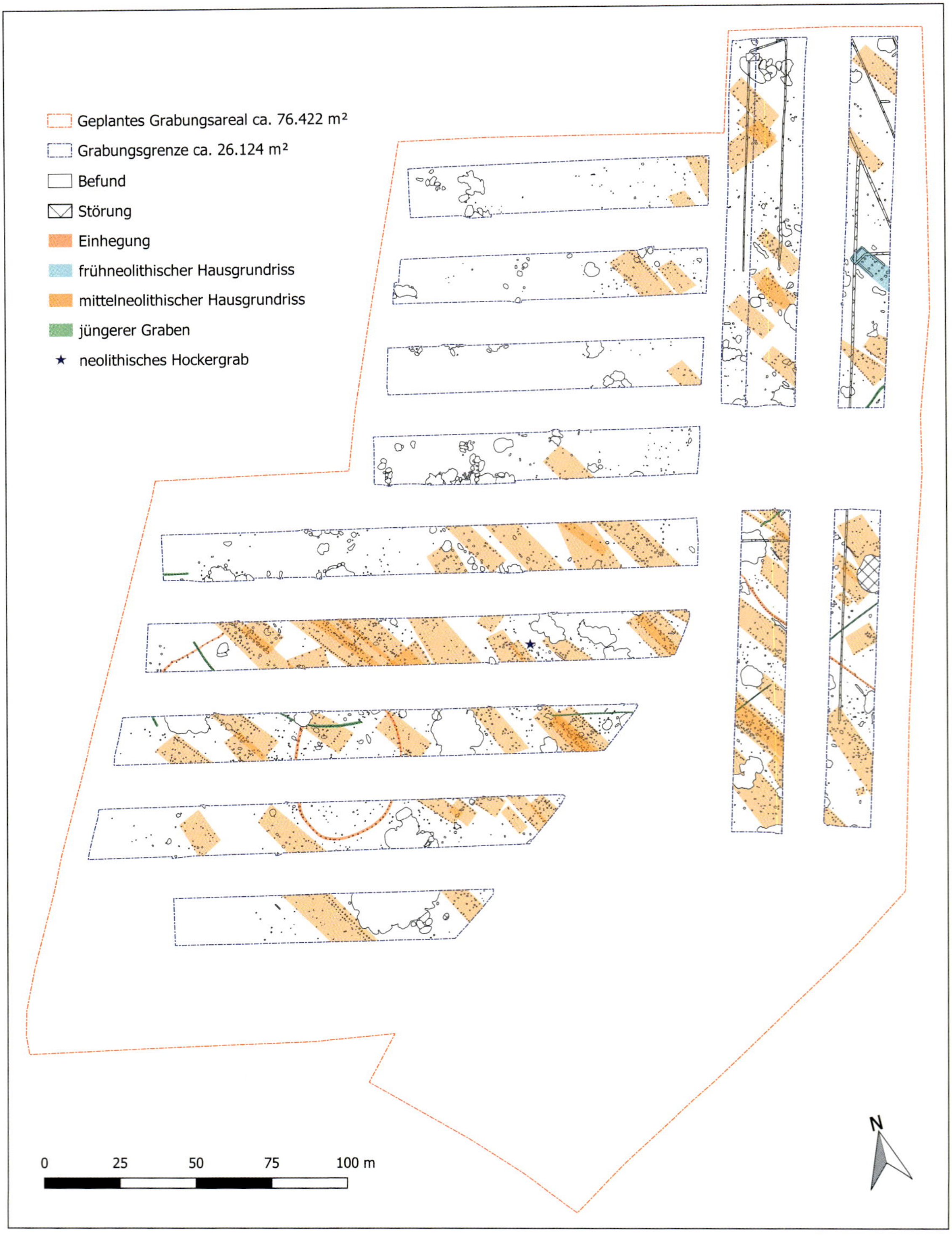

nen und wurde in Schnitt 02 erfasst. Erkennbar ist ein den nordwestlichen Gebäudeteil umlaufendes Wandgräbchen sowie die typischen, aus drei mächtigen Pfosten gebildeten Joche des inneren Tragwerks (Abb. 70, hellblau). Ausschnitthaft ist hier ein in seiner Längsachse von Nordwest nach Südost orientiertes Langhaus zu erkennen und mithin eine Architekturform, die als bindende Norm das Siedlungswesen des Alt- und Mittelneolithikums und somit immerhin das erste Jahrtausend mitteleuropäischer Architekturgeschichte prägte.

Auch die zahlreichen nachbandkeramischen Gebäude, die in den übrigen Schnitten des Gerlinger Grabungsplanes zu erkennen sind, bleiben diesem Schema verpflichtet, wenngleich sie es in etwas abgewandelter, in aller Regel leichterer Weise ausführen. Massive Wandgräbchen, die beim bandkeramischen Bau möglicherweise der Fundamentierung einer Bretterwand dienten, treten im mittelneolithischen Befund nicht mehr in Erscheinung, tragende Binnenpfosten werden in Anzahl und Größe reduziert, die Dachlast auf dicht und zum Teil in doppelter Reihe gesetzte Wandpfosten abgeleitet. Neben Grundrissen eines langrechteckigen Zuschnitts zeichnen sich auch leicht gebauchte (sog. schiffsförmige) und trapezförmige Grundflächen ab. Teilweise scheinen sich mehrphasige „Hausplätze" anzudeuten. Neben den langgestreckten Hauptgebäuden, die als multifunktionale Wohnstätten familiärer Verbände angesprochen werden könnten, geben sich im Gesamtplan weitere Strukturen zu erkennen. Dazu zählen neben einem Grubenhaus im Osten von Schnitt 12 auch mehrere bisher nur ausschnittweise erfasste Zäune und Palisaden, die eine weitere Binnengliederung des Siedlungsareals aufscheinen lassen. Stratigraphisch überlagert wird der Siedlungsbefund durch eine Ansammlung großer, amorph umrissener Eingrabungen. Es handelt sich um Materialentnahmestellen, die sich in tieferen Plana zumeist als Komplex von Einzelgruben zu erkennen geben und als ein typisches Siedlungsphänomen die Randbereiche mittelneolithischer Weiler prägen. Hier wurde der unter anderem für den Hausbau erforderliche Lehm gewonnen. In Gerlingen zeigt das Vorhandensein dieser Grubenkomplexe eine Siedlungsverlagerung an, in deren Zuge der alte Wohnplatz brach gefallen und an die Peripherie eines neuen geraten war. Zwei Hockergräber, die bisher aufgedeckt wurden, enthielten keine chronologisch aussagekräftigen Beigaben und bedürfen noch einer ^{14}C-Datierung (Abb. 71).

71 ▽ Gerlingen, „Bruhweg II". Übersichtsaufnahme der Bestattung eines erwachsenen Individuums, das in linksseitiger Hockerlage beigesetzt wurde.

Fundspektrum

Im keramischen Fundmaterial der Grabung dominiert nach dem noch vorläufigen Eindruck die Rössener Ware. Mit welchen der fassbaren Gebäude bzw. Siedlungsphasen dieser Materialniederschlag zu synchronisieren ist, werden erst die Auswertungsarbeiten zeigen können. Dies gilt auch für andere Fragestellungen wie beispielsweise die Rohmaterialversorgung. Vorerst deuten sich erwartungsgemäß Versorgungslinien in die umliegenden Muschelkalk- und Juralandschaften an, aber auch Grünsteinvarietäten, die aus Alpenrheinschottern stammen könnten, sind vorhanden. Mahlsteine aus den Formationen des Buntsandsteins verweisen in die Schwarzwaldregion.

Die Grabungsarbeiten des Jahres 2022 werden den verbleibenden 5 ha des Untersuchungsareals gelten. Schon jetzt lässt sich sagen, dass der Siedlungsbefund von Gerlingen einen Glanzpunkt in der regionalen Jungsteinzeitforschung setzen und neue Einblicke in das kulturhistorische Milieu des 5. Jahrtausends v. Chr. eröffnen wird.

Für die freundliche Zusammenarbeit geht an dieser Stelle Dank an die Stadt Gerlingen, stellvertretend seien hier Frau Nina Seitz und Herr Thomas Günther genannt; an die Museumsleiterin Frau Dr. Birgit Knolmayer, die Hauptamtsleiterin Frau Ulrike Hoffmann-Heer und die Erdbauunternehmen Klotz und Sickinger. Danke auch an die Praktikantinnen Jocelyne Will und Joanna Wilson, die das Grabungsteam tatkräftig unterstützt haben.

Christian Bollacher, Gizem Dakmaz, Michelangelo Maugeri

ENDINGEN AM KAISERSTUHL, KREIS EMMENDINGEN

Vom Silo zum Grab – Menschen- und Tierskelette aus einer Vorratsgrube bei Endingen am Kaiserstuhl

Das nördliche Kaiserstuhlvorland bietet dank seiner fruchtbaren Lössböden seit der Jungsteinzeit günstige Voraussetzungen für eine dauerhafte Besiedlung, was sich auch im archäologischen Fundbild des rund 10 ha großen Endinger Wohnbaugebiets „Dritte Strecke" niederschlägt. Durch Sondierungen 2013 und eine Rettungsgrabung 2014 im Bereich der Erschließungstrassen mit einer Gesamtfläche von rund 2,7 ha wurden insgesamt 753 archäologische Befunde unterschiedlicher Zeitstellungen dokumentiert. Für die übrigen Flächen (ca. 7,3 ha) gab es Auflagen: Wenn die geplanten Bauprojekte eine festgelegte Bodeneingriffstiefe überschreiten sollen, müssen diese archäologisch begleitet werden.

Daher beauftragte die BR wohnkonzepte GmbH die Firma ArchaeoTask GmbH, das Baufeld zweier Mehrfamilienhäuser (ca. 1200 m^2) an der östlichen Seite der Dr.-Wilhelm-Stumpf-Straße im Frühjahr 2021 auszugraben (Abb. 72). Die Bergung und Dokumentation der hier vorzustellenden Grube Befund 23 zeigt die Wichtigkeit derartiger Baubegleitungen, um eine undokumentierte Zerstörung archäologischer Kulturdenkmale zu verhindern.

Siedlungskontext und Gestalt der Grube

Dank früherer bauvorgreifender Grabungen sind im Umfeld von Befund 23 mehrere Fundstellen dokumentiert: Unweit im Nordosten wurden neun mittelneolithische Bestattungen nachgewiesen. Richtung Süden gehören ein Dutzend Brandbestattungen einem spätbronzezeitlichen Urnengräberfeld an. Im Südwesten ist ein neolithisches Langhaus bekannt. Westlich und nördlich des Baugrundstücks zeugen zahlreiche Befunde wie Vorratsgruben von Siedlungsaktivitäten während des Jungneolithikums, der Urnenfelderzeit und der Eisenzeit.

Unter den Vorratsgruben im Baugebiet „Dritte Strecke" wurden bisher neun Gruben beobachtet, die ein eher ungewöhnliches kugelförmiges Profil mit Trichterhals aufweisen, das mit dem des neu entdeckten Befunds gut vergleichbar ist (Abb. 73, a). Die 1,72 m tief erhaltene Grube hat ca. 0,8 m über der Sohle einen maximalen Durchmesser von ca. 1,5 m. Die untere Hälfte der Verfüllung enthielt die (Teil)skelette von vier Personen und mehreren Tieren. Daneben kamen nur wenige Wandscherben, ein polierter Stein und zwei unmodifizierte Silexabschläge zutage, die nicht zur näheren Datierung herangezogen werden können.

Bemerkenswerte Verfüllung der Grube

Auf der Sohle der Grube lag der zu großen Teilen erhaltene Schädel eines Stieres oder Ochsen. Auf diesem ruhte die linke Hand eines menschlichen Individuums (Bef. 66), das entlang der nördlichen Wandung in Hockerstellung niedergelegt worden war (Abb. 73, b). Es handelt sich um das annähernd vollständige Skelett eines etwa 1,17–1,28 m großen, 10–11 Jahre alten Jungen. Die Knochen weisen Auffälligkeiten auf, die eine Stresssituation oder eine Phase der Mangelernährung in der Vergangenheit vermuten lassen. Die asymmetrische Form des Schädels ist das Resultat einer möglicherweise angeborenen Schädeldeformation, welche die Entwicklung des Gehirns jedoch nicht beeinflusste.

Über einer dünnen Sedimentschicht (Bef. 67) waren die Skelette einer 40–60 Jahre alten Frau (Bef. 64) und eines ausgewachsenen männlichen Hundes (Bef. 65) entlang der südöstlichen Wandung vergesellschaftet eingebracht worden (Abb. 73, c; 74). In der umgebenden Sedimentschicht (Bef. 63) kam die Elle eines Haus- oder Wildschweines zutage. Einzelne Partien des Hundes stammen auch aus dem darunterliegenden Bereich des jugendlichen Leichnams (Bef. 66) sowie aus der folgenden Deckschicht (Bef. 62). Das Skelett der Frau ist stark gestört, aber annähernd vollständig. Einige der Knochen zeigen alte Beschädigungen, die möglicherweise bei der Störung des Skelettverbandes entstanden sind. Die etwa 1,55–1,60 m große Frau im fortgeschrittenen Alter war gesundheitlich grundsätzlich in guter Verfassung, wenn auch die Ernährungssituation nicht immer optimal gewesen zu sein scheint. Eine stärkere Abnutzung im rechten

72 △ Endingen, Dr.-Wilhelm-Stumpf-Straße. Blick auf die Grabungsfläche in Richtung Südwesten zum Kaiserstuhl.

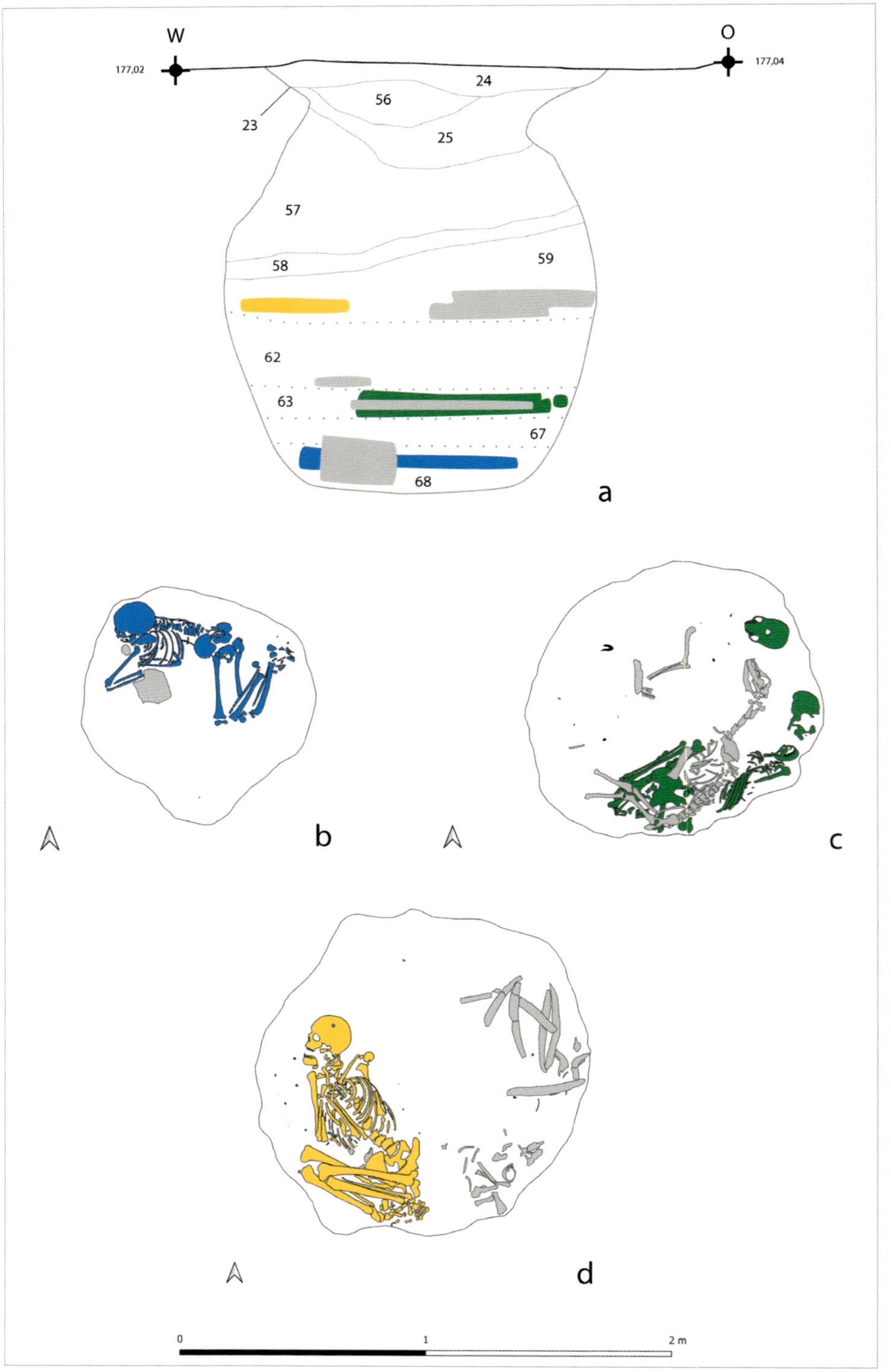

73 ▷ Endingen, Dr.-Wilhelm-Stumpf-Straße, Vorratsgrube Befund 23. a Profil; b unterstes Niveau mit Rinderschädel und dem Skelett eines 10- bis 11-jährigen Jungen (Bef. 66); c zweites Niveau mit den Skeletten einer 40- bis 60-jährigen Frau (Bef. 64) und eines ausgewachsenen Hundes (Bef. 65); d drittes Niveau mit dem Skelett eines 30- bis 40-jährigen Mannes (Bef. 60).

Ellbogen ist möglicherweise das Resultat einer höheren einseitigen Belastung, bedingt durch eine Luxation (Ausrenkung) des linken Ellbogens und die daraus resultierende Schonung des Arms. Eine weitere Auffälligkeit findet sich an der linken Hand in Form einer in Fehlstellung ausgeheilten Fraktur des fünften Mittelhandknochens.

Die ca. 0,35 m starke Deckschicht (Bef. 62) über den ersten Bestattungen enthielt neben den einzelnen Hundeknochen Teile zweier dreimonatiger Ferkel sowie eines ebenfalls subadulten kleinen Hauswiederkäuers.

Hierauf war entlang der westlichen Wandung der Leichnam eines Mannes (Bef. 60) in seitlicher Hockerlage mit Blick in Richtung Westen positioniert worden (Abb. 73 d). Im umgebenden Sediment (Bef. 59) sowie innerhalb des Schädels fanden sich auffällig viele Schneckenhäuser, die sich auf Arten aus den Familien der Schnirkel-, Laub- und Schließmundschnecken verteilen. Sie zeigen, dass die Grube zwischen dieser letzten Beisetzung und der endgültigen Verfüllung noch einige Zeit offen stand, während der die Schnecken in die Vertiefung gelangten. Unter und neben dem menschlichen Skelett sowie in dem Sediment darüber (Bef. 59) waren zahlreiche weitere Faunenreste vorhanden: ein Schädel einer über vierjährigen Ziege, Ausschnitte aus dem Rippenbogen eines Rindes und ein partiell überliefertes Skelett einer sechs- bis zwölfmonatigen Ziege. Es fand sich auch die Speiche eines Haus- oder Wildschweines, die an die erwähnte Elle (Bef. 63) anpasst. Über das Schlacht- bzw. Sterbealter der Tiere kann der Niederlegungszeitpunkt auf die Sommer- bis Herbstzeit eingeschränkt werden. Unter den vielen Tierknochen (Bef. 59) konnten die Reste eines menschlichen Fötus/Neugeborenen im Alter von 38 bis 40 Wochen aussortiert werden. Aufgrund der Fundsituation kann nicht mehr beurteilt werden, ob das Kind intentionell an dieser Stelle niedergelegt wurde und ob eine Verbindung mit den anderen Bestattungen existiert.

Das Skelett des 30- bis 40-jährigen und ca. 1,66 m großen Mannes ist in einem guten Zustand und fast vollständig. Die Langknochen sind robust, mit deutlich ausgeprägten Muskelmarken im Bereich der Armknochen. Weitere Indikatoren für physische Aktivitäten finden sich im Bereich der Wirbelsäule und an den Gelenken von Schultern und Armen. Ebenso wie bei der älteren Frau sind Anzeichen für eine temporäre Mangelsituation zu erkennen.

Zu den tierischen Funden zählt neben den erwähnten Schädeln und im anatomischen Verband in den Boden gelangten (Teil)-skeletten auch sporadisch nachgewiesener Schlacht- und Speiseabfall.

Die fundarmen Füllschichten in der oberen Grubenhälfte (ab Bef. 58) könnten eingeschwemmt worden sein, nachdem sich das Erdreich bedingt durch die Verwesung der Leichname gesetzt hatte.

Interpretation

Die ausschließliche oder kombinierte Niederlegung von Menschen- und Tierkörpern in aufgelassenen Vorratsgruben ist ein Phänomen, das vor allem für die Späthallstatt-/Frühlatènezeit im Oberrheingebiet wie auch in weiteren Teilen Europas belegt ist. Allerdings treten auch in Siedlungsgruben der Michelsberger Kultur häufig Menschenreste auf. Da Befund 23 in Ermangelung chronologisch aussagekräftigen Fundmaterials zunächst nur über solche Vergleichsbefunde zu datieren war, kam für das Endinger Knochenensemble vorläufig eine Datierung in das Jungneolithikum oder die Eisenzeit in

Frage. Letztere schien aufgrund der Biometrie des Hundes jedoch wahrscheinlicher: Mit einer Schulterhöhe von ca. 56 cm nähert sich das Tier dem Größendurchschnitt der Artgenossen verschiedener hallstatt- und latènezeitlicher Fundorte wie der Heuneburg an. Die Hunde des Jungneolithikums waren in der Regel deutlich kleiner (Abb. 75). Umso überraschender war das Resultat von fünf an den Tier- und Menschenresten vorgenommenen ^{14}C-Analysen, denen zufolge der Grubeninhalt in das 40. bis 37. Jahrhundert v. Chr. und damit in die Zeit der Michelsberger Kultur datiert.

Werden alleinige Tierdeponierungen in Siedlungskontexten oft als Zeugnisse von Opfern gedeutet, könnte es sich bei menschlichen Skeletten um Personen handeln, die innerhalb bewohnter Areale ihre letzte Ruhe fanden. Dies gilt insbesondere für die Michelsberger Kultur, aus der wir bislang keine regulären Gräberfelder kennen. Auch im Falle Endingens ist die Deutung als Siedlungsbestattung plausibler als die Ansprache der Skelette als Reste eines einmaligen (kriegerischen?) Katastrophenereignisses: Die Positionierung der Körper sowie der gestörte Skelettverband der Frau und des außergewöhnlich großen Hundes (Abb. 74) lassen auf mindestens zwei Niederlegungsphasen schließen. Zudem weisen die Beschädigungen am Skelett der Frau darauf hin, dass man bei der Beisetzung des Mannes entweder nicht mehr von den beiden bereits in der Grube befindlichen Körpern wusste oder dass dieser Umstand keine Bedeutung hatte. Fraglich ist, ob den in der Grube gefundenen Tieren der Status einer echten Beigabe zukam oder ob diese als ein während der Sommer- oder Herbstmonate vollzogenes Opfer zu interpretieren sind.

74▽ Endingen, Dr.-Wilhelm-Stumpf-Straße, Befund 23. Freigelegte Skelette der Frau und des Hundes (Niveau 2).

Unser besonderer Dank für die gute Kooperation gebührt Herrn Tobias Bruggner von der BR wohnkonzepte GmbH.

Simon Trixl, Michael Francken, Gertrud Kuhnle, Tamara Ruske, Diethard Tschocke

LITERATURHINWEISE

A. Braun-Schmidt, Tierknochenfunde von der Heuneburg, einem frühkeltischen Herrensitz bei Hundersingen an der oberen Donau (Grabungen 1966 bis 1979). Stratigraphie, Nichtwiederkäuer ohne die Schweine (Veterinärmedizinische Diss. Universität München 1979); A. Groß u. a., Siedlungsaktivitäten bei Endingen im nördlichen Kaiserstuhlvorland von der Jungsteinzeit bis in die Neuzeit. Arch. Ausgr. Baden-Württemberg 2014, 99–101; J. Klug-Treppe/R. Goldschmidt/D. Tschocke, Jungsteinzeitliche, urnenfelder- und eisenzeitliche Besiedlung auf Gemarkung Endingen am Kaiserstuhl. Ebd. 2016, 109–112; E. Stephan, Die Tierknochenfunde aus den Michelsberger Erdwerken von Neckarsulm-Obereisesheim „Hetzenberg" und Heilbronn-Klingenberg „Schloßberg". In: B. Schlenker/E. Stephan/J. Wahl, Michelsberger Erdwerke im Raum Heilbronn 3. Osteologische Beiträge. Materialh. Arch. Baden-Württemberg 81/3 (Stuttgart 2008) 131–382; S. Trixl, Latènezeitliche Tierniederlegungen in Süd- und Westdeutschland. Interdisziplinäre Studien zu einer eisenzeitlichen Modellregion. Universitätsforsch. Prähist. Arch. 321 (Bonn 2018).

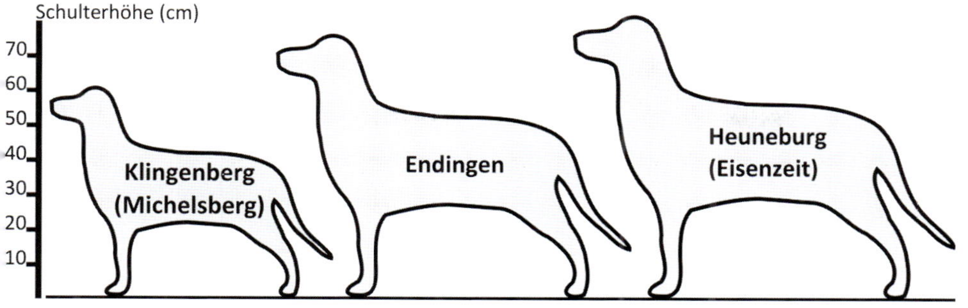

75 ◁ *Endingen, Dr.-Wilhelm-Stumpf-Straße. Rekonstruierte Schulterhöhe des Hundes aus Befund 23 im Vergleich mit entsprechenden jungneolithischen und eisenzeitlichen Durchschnittswerten.*

■ ÜBERLINGEN, BODENSEEKREIS

Taucharchäologische Untersuchungen in der Pfahlbaustation Überlingen-Osthafen

Die Uferzone vor Überlingen gehört zur Siedlungskammer von Überlingen-Nußdorf, die von den Molassefelsen bei Goldbach im Westen begrenzt wird und im Osten durch den schmalen und steil ansteigenden Uferabschnitt um den Mauerbach von der östlich anschließenden Siedlungskammer von Maurach – Seefelden – Unteruhldingen getrennt wird.

Auf Überlinger Gemarkung liegen vier Pfahlbauareale, die wohl seit den 1880er Jahren bekannt sind. Sie standen bis dato im Schatten der fundreichen und bereits in den 1860er Jahren entdeckten Pfahlbauten vor Nußdorf.

Pfahlbauten vor Überlingen

Nach kurzen Episoden der Nachforschung und Prospektion zwischen 1983, 1993 und 2003 nahm die Archäologische Denkmalpflege die Überlinger Pfahlbauten 2019 und 2020 vermehrt in den Blick. Anlass dafür war die ursprünglich für 2020 geplante, dann infolge der Covid-19-Pandemie in das Jahr 2021 verschobene Landesgartenschau in Überlingen. Die Themen Feuchtbodenarchäologie und Welterbe „Prähistorische Pfahlbauten um die Alpen" waren in der Dauerausstellung des Landesamtes für Denkmalpflege und im Treffpunkt Baden-Württemberg vertreten. Die aktuellen Ergebnisse aus den Nachforschungen konnten unmittelbar in den Ausstellungen und bei Aktionstagen einer breiten Öffentlichkeit vermittelt werden.

Die im Westen gelegenen Stationen (zur Lage der Fundstellen siehe unten, Abb. 79) sind durch Aufschüttungen weitgehend (Mantelhafen, Ostbad) überdeckt oder aber durch Baumaßnahmen (Mantelhafen, Yachthafen) bereits großflächig zerstört. Immerhin konnten hier die seeseitig in überschaubarem Rahmen erhalten gebliebenen Siedlungsreste am Mantelhafen und am

Yachthafen durch Bohrungen erfasst und Probenmaterial für botanische Untersuchungen gewonnen werden. Das Fundmaterial und ein ^{14}C-Datum aus dem beginnenden 4. Jahrtausend v. Chr. weisen beide Stationen der jungneolithischen Hornstaader Gruppe zu.

Die Pfahlbaustation Osthafen

Das Hauptaugenmerk war also auf die Station am Osthafen gerichtet, zumal die im März 2009 eingebrachten Erosionsmarker Abspülungsprozesse erkennen ließen und die Pfähle in den landseitigen Bereichen des Pfahlfeldes bis in die Spitzen erodiert und somit im Abgehen begriffen sind. Die je ein- bis zweiwöchigen Tauchsondagen der Jahre 2019, 2020 und 2021 galten deshalb in erster Linie der Kartierung und Bergung der Pfähle. In insgesamt acht land-seewärtig angelegten Schnitten konnten auf einer Gesamtfläche von 265 m² annähernd 1000 Pfähle kartiert und beprobt werden.

Den Kartierungen zufolge erstreckt sich östlich des Hafens das Pfahlfeld als ein 20–25 m breiter Streifen uferparallel auf ca. 120 m. Die wesentlich weiter nach Osten reichende Fundstreuung lässt jedoch vermuten, dass das Pfahlfeld sich ehemals erheblich weiter in diese Richtung ausdehnte. Landseitig dürften gleichfalls große Teile des Pfahlfeldes bereits abgängig sein. Dort sind die Festsedimente schon bis auf den anstehenden glazialen Ton erodiert.
Kulturschichtreste konnten lediglich am seeseitigen Rand des Pfahlfeldes in einem schmalen, uferparallelen Streifen durch Bohrungen festgestellt werden. Der um die 10 cm mächtige Schichtkeil zieht seewärts steil nach unten und dürfte den siedlungszeitlichen Haldenverlauf abbilden. Die wenigen stratifizierten Fundstücke sind der Horgener Kultur zuzuweisen.
Generell war die Befundaufnahme durch einen flächigen Teppich von Quaggamuscheln stark beeinträchtigt. Kulturschichtreste und Pfähle waren an den Oberflächen nicht auszumachen, selbst die bis zu 15 cm über den

76▽ Überlingen, Osthafen. Arbeitsplatz Flachwasser aus der Drohnenperspektive. Forschungstaucher beim Abtragen der Quaggamuschel-Schicht und beim Markieren der freigelegten Pfähle.

Seegrund ragenden Eichenpfähle waren per Augenschein kaum von den umgebenden Geröllen zu unterscheiden. Die Oberfläche musste deshalb mit Strahlrohren von den Muschelteppichen befreit und gereinigt werden, um Pfähle kartieren und Funde bergen zu können (Abb. 76).

77 ◁ *Überlingen, Osthafen. Bruchstück eines gegossenen Bronzegegenstands – Hinweis auf eine bronzezeitlichen Besiedlung am Osthafen.*

Spärliche Funde

Das Fundmaterial aus der Oberflächenaufnahme ist insgesamt spärlich. Es handelt sich um einige Steinbeile, Silices und Keramik Horgener Machart, zumeist patiniert oder stark erodiert. Auf bronzezeitliche Siedlungsaktivitäten weist das Bruchstück eines gegossenen Bronzeobjekts (Abb. 77).
Weitere bemerkenswerte Funde befinden sich überdies in Privatsammlungen, so etwa in denen der Brüder Huhn. Hervorzuheben sind ein flächenretuschierter Dolch, mutmaßlich aus südalpinem Kreideflint, das Fragment einer flachen Hammeraxt mit Rillenzier und ein schnabelförmiger Plattensilex-Sicheleinsatz wohl aus niederbayerischem Vorkommen. Die dadurch fassbare mehrfache Belegung des Siedlungsplatzes spiegelt sich denn auch in den aus Pfählen am Curt-Engelhorn-Zentrum Archäometrie in Mannheim gewonnenen Radiokarbondaten wider, die sowohl ins Jung- wie auch ins Endneolithikum fallen (MAMS 47975–47981; cal BC, 2 sigma: 3755–3635; 3489–3031; 2886–2670). Bronzezeitliche Datierungen konnten jedoch bisher nicht erbracht werden.
Der an den Eichenpfählen gewonnene Dendrodatensatz belegt allerdings ausgedehnte Bauaktivitäten, die sich bisher ausschließlich über das gesamte 32. Jahrhundert v. Chr. erstrecken. Die Pfähle wurden überwiegend von Eschen, Eichen, Pappeln und Erlen gewonnen. Weiter fand Holz von Weiden, Birken, Ahornbäumen, Rotbuchen, Haselsträuchern und Linden Verwendung. Das Spektrum der Holzarten wie auch die Häufigkeit ähneln auffällig dem Pfahlfeld von Nußdorf-Strandbad. Dendrochronologische Analysen an den Eichenhölzern von Überlingen-Osthafen ergaben Fälldaten, die von 3197 v. Chr. bis 3131 v. Chr. streuen und verschiedene Bauphasen zur Zeit der mittleren Horgener Kultur erkennen lassen. Die derzeit erste Phase beginnt gut 20 Jahre vor der ersten Phase der Siedlung Nußdorf-Strandbad. Weitere Bauphasen deuten sich als entweder parallel oder auch alternierend zu Nußdorf an.

Palisaden und Zäune

Bemerkenswert sind die am seeseitigen Rand des zentralen und östlichen Pfahlfeldes erfassten dicht gepfählten Streifen (Abb. 78), die weniger an eine einfache Umzäunung als an eine regelrechte Palisade denken lassen. Der seewärtige, etwas breitere Streifen besteht in der Hauptsache aus Pappelpfählen, wobei abschnittsweise auch Birken- und Eschenpfähle eingestreut sein

78 △ *Überlingen, Osthafen. Forschungstaucher beim Beproben der Palisadenpfähle. Die Pfahlreste sind durch die weißen PVC-Rohre markiert und durch grüne Etiketten erkennbar.*

können. Die Pfähle des inneren, etwas schmaleren Streifens sind etwas lockerer gesetzt und überwiegend aus Erle (Abb. 79). Aufgrund der ^{14}C-Daten sind die Pfahlreihen der Horgener Kultur zuzurechnen, wobei deren Datierungsunschärfe im Unklaren lässt, ob und zu welcher der dendrodatierten Siedlungsphasen sie gehören. In jedem Fall handelt es sich um einen der wenigen Nachweise einer durch Palisaden geschützten Anlage der älteren Horgener Kultur am Bodensee.

Funde im Museum

Aufgrund der Tauchsondierungen ist nunmehr die Herkunft des im Städtischen Museum von Überlingen aufbewahrten Fundmaterials, das bis dato größtenteils keiner der Überlinger Stationen zuzuordnen war, wahrscheinlich zu machen. Die leistenverzierte Ware und eine gynäkomorph zu deutende Doppelknubbe, wie sie im Horgener Fundspektrum des Typs Nußdorf-Dullenried geläufig sind, passen bestens zu den Neufunden – Horgener Ware mit Knubben und schwach einziehenden Rändern – und den Dendrodaten des 32. Jahrhunderts v. Chr. Zudem ist aus den übrigen Überlinger Ufersiedlungen kein entsprechender Horgener Fundniederschlag zu verzeichnen. Mit einiger Wahrscheinlichkeit dürfte aber auch das früh- und spätbronzezeitliche Fundmaterial in den Überlinger Museumsbeständen vom Osthafen stammen, zumal einzig dort – durch das oben erwähnte Bruchstück eines gegossenen Bronzeobjekts – ein bronzezeitlicher Siedlungsniederschlag zu belegen ist.

… und wie weiter?

Die Tauchsondagen und Pfahlfeldaufnahmen haben gezeigt, dass auch aus stark erodierten Pfahlfeldern noch wesentliche Erkenntnisgewinne zu erzielen sind. Die Frage ist deshalb, auf welche Weise und in welchem Umfang die verbliebenen und erwiesenermaßen in ihrer Substanz gefährdeten Pfähle des Pfahlfeldes zu sichern sein werden, denn ohne umfassende Schutzmaßnahmen wird der weitaus größte Teil des Pfahlfeldes am Seegrund mittelfristig kaum überdauern können. Diese Schutzmaßnahmen aber sind aufwendig und teuer. Die zweite, günstigere Möglichkeit bestünde im Bergen der Pfähle. Welchen der beiden Wege die Denkmalpflege beschreiten wird, ist offen. Der wissenschaftlichen Bedeutung der Station wäre es jedenfalls angemessen, in absehbarer Zeit zur Tat zu schreiten.

Joachim Köninger, Julia Goldhammer, Sabine Hagmann, Oliver Nelle

LITERATURHINWEIS

J. Köninger u. a., Häuser, Palisaden – und Gärten? – vor über 5000 Jahren. Denkmalpfl. Baden-Württemberg 50, 2021, 126–131.

79 ▽ *Überlingen, Osthafen. Sondierschnitte. Pfähle nach Holzarten kartiert und Verlauf der Pfahlstreifen am seeseitigen Rand. Der Kartenausschnitt zeigt die Pfahlbaufundstellen am westlichen Bodensee. Die Stationen am Überlinger Ufer sind beziffert. Kn Konstanz, Ra Radolfzell, Üb Überlingen, M Insel Mainau, R Insel Reichenau.*

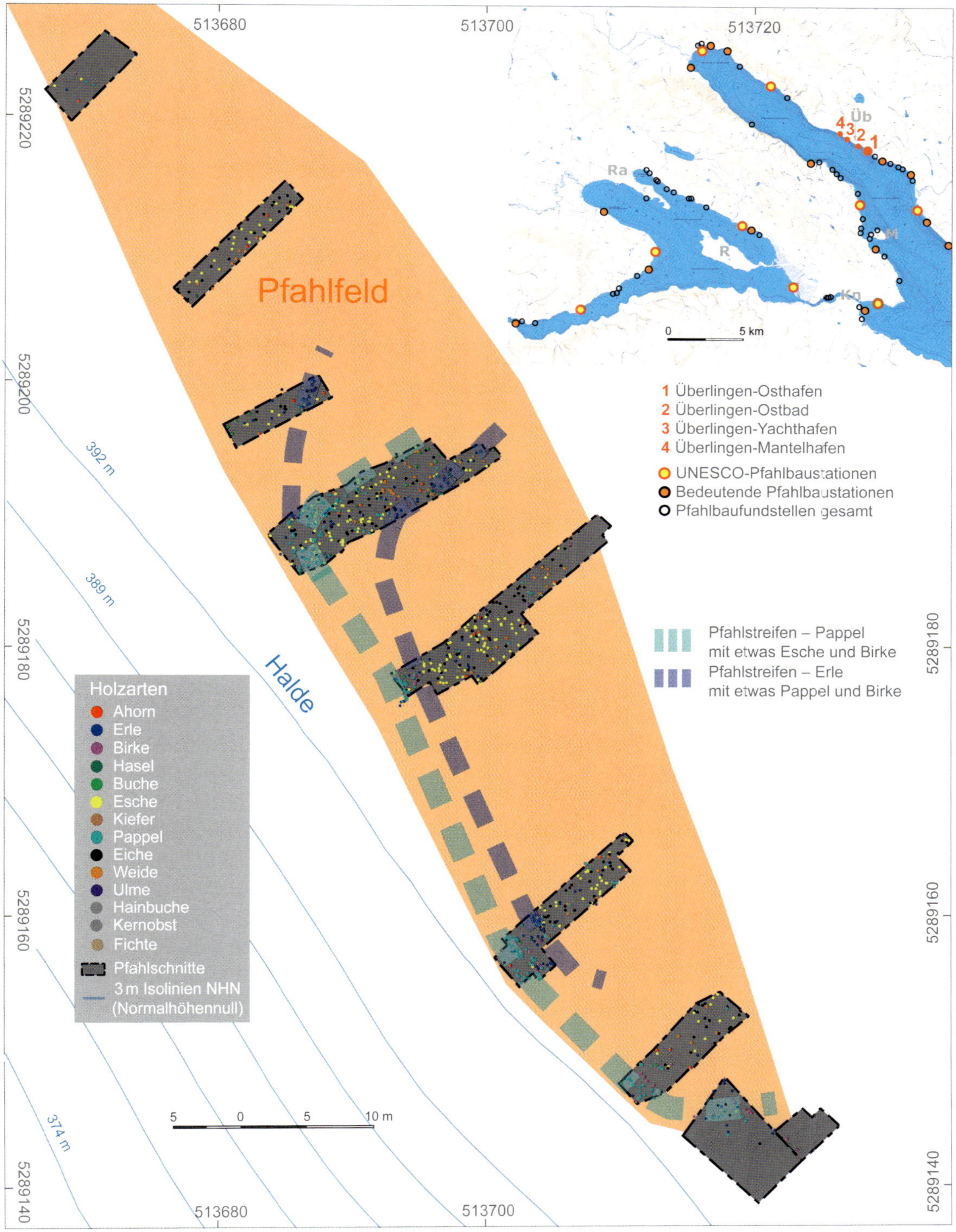

Bergung, Dokumentation und Konservierung des ältesten Einbaums vom Bodensee

Fund im Seerhein

Am Triboltinger Bohl im Seerhein bei Konstanz war 2018 ein über 8,50 m langer Lindeneinbaum aus dem 23. Jahrhundert v. Chr. entdeckt worden, den das Landesamt für Denkmalpflege (LAD) im selben Jahr erstmals begutachtete. Aufgrund seiner Lage im Flachwasserbereich war das Denkmal stark gefährdet, bei extremem Niedrigwasser Austrocknungs- oder Frostschäden zu erleiden. Eine Gefährdung stellten auch die im Sommer in diesem Bereich des Seerheins zahlreich ankernden Boote sowie Badende dar. Nach ausführlicher Dokumentation und Analysen in den Folgejahren wurde der Einbaum im Frühjahr 2021 schließlich in einer aufwendigen Aktion geborgen. Beteiligt waren neben der beauftragten Spezialfirma UwArc das Fachgebiet Feuchtbodenarchäologie sowie die Archäologische Restaurierung des LAD.

80 ▽ *Konstanz, Triboltinger Bohl. Bergung eines Teilstücks des zerlegten Einbaums.*

Bergung

Die Fundstelle des Einbaums befindet sich in der Flachwasserzone, wenige Meter vom Schilfgürtel und den Grenzen des Naturschutzgebietes Wollmatinger Ried entfernt. Sie liegt innerhalb des FFH-Gebietes „Bodanrück und Westlicher Bodensee“ und des Vogelschutzgebietes „Untersee des Bodensees“. Dieser Umstand machte eine grundlegende Abstimmung mit den zuständigen Naturschutzbehörden erforderlich. Die Wasserrechtliche Erlaubnis genehmigte die Bergung schließlich innerhalb eines kleinen Zeitfensters zwischen März und Mai. In dieser Zeit ist der Bodenseepegel allerdings so niedrig, dass die Fundstelle, die ausschließlich von der Wasserseite erreichbar ist, nur mit flachgehenden Booten angefahren werden kann. Eine Bergung im Ganzen, etwa unter Einsatz eines Kranschiffes oder von Hebekissen, kam unter diesen Umständen nicht in Frage. Wir entschlossen uns schließlich zu einem Vorgehen, bei dem der Einbaum in etwa gleich große Stücke zerteilt und mit Muskelkraft gehoben werden sollte. Wichtigste Voraussetzung für ein sicheres und kontrolliertes Arbeiten, aber auch für die Sicherheit des überaus fragilen Objektes stellte dabei ein Strömungsschild dar.

Die Arbeiten begannen mit einer unterwasserarchäologischen Dokumentation. Der Einbaum wurde komplett freigelegt (Abb. 37, siehe S. 58), fotografisch dokumentiert und der Innenraum mithilfe von Structure-from-Motion-Technologie (SFM) dreidimensional erfasst. Die eigentliche Bergung wurde dann mit der Anlage eines Bergeschnittes und der schrittweisen Freistellung des Einbaums eingeleitet, wobei sowohl unterhalb als auch seitlich des Holzes stützende Seekreide stehen blieb. Die Zerteilung in Blöcke von jeweils 1 m Seitenlänge erfolgte entlang bereits bestehender Querrisse oder mit einer feinen Schnursäge. Anschließend wurden die mit Profilblechen unterfassten, bis 300 kg schweren Blöcke auf Paletten gestellt, mit Faltrahmenkisten umbaut und mit bis zu sechs Tauchern an die Wasseroberfläche gehoben (Abb. 80). So konnten die Teilstücke mit dem Boot abtransportiert und ins Arbeitszelt an der Dienststelle Konstanz verbracht werden.

Dokumentation der Innen- und Außenseiten des Rumpfes

Nach der gründlichen Reinigung der Innenseite wurden die Einzelteile des Einbaums in Auffindungslage (Innenraum nach oben) für die 3D-Dokumentation mittels SFM erneut durchgehend fotografiert. Die Fotos wurden vor der Berechnung sortiert und teilweise beschnitten. Für die Georeferenzierung wurden auf dem Digitalen Höhenmodell (*digital elevation model* = DEM) mit Fototextur von der In-situ-Lage (unter Wasser) sowie der berechneten Punktwolke des Einzelteils (im Arbeitszelt) Punkte auf übereinstimmende Merkmale wie Astlöcher, Risse etc. gesetzt, die auf beiden eindeutig zu identifizieren waren. Die dabei erhaltenen UTM32-Lagewerte wurden mithilfe der Funktion „Rasterwerte abtasten“ ebenfalls aus dem In-situ-DEM um die entsprechenden Höhenwerte ergänzt. Die auf diese Weise aus dem In-situ-Modell abgegriffenen Koordinatenwerte wurden zur Referenzierung jedes Einzelteils verwendet.

81 △ *Konstanz. Detaillierte Dokumentation der Unterseite des Einbaums an Land.*

Von jedem Teilstück wurden Orthofotos ausgedruckt, auf denen Maße, Eigenschaften, Baudetails sowie besondere Beobachtungen wie Bearbeitungsspuren, Beschädigungen usw. verzeichnet wurden (Abb. 81). Zusätzlich erfolgte für jedes Segment eine umfangreiche Fotodokumentation, insbesondere auch dieser beobachteten Details. Nach dem Verpacken der Innenseiten und Drehen der Stücke durch die archäologische Restaurierung (siehe unten) wurden die Außenseiten von Sediment befreit und gründlich gereinigt. Die Einzelteile wurden wiede-

rum mit der Außenseite nach oben für die SFM-Dokumentation fotografiert. Wie für die Innenseite des Rumpfes erfolgte auch hier eine detaillierte fotografische Dokumentation und Beschreibung.
Die SFM-Fotoserie wurde sortiert und nachbearbeitet. Da beim Fotografieren der Innenseite auch nach Möglichkeit alle freiliegenden Teile der äußeren Bordwand erfasst wurden, war es möglich, im überlappenden Bereich der beiden Modelle wiederum eindeutige Punkte zu identifizieren. Dabei wurden diese Punkte auf den bereits georeferenzierten Innenteil gesetzt. In einem neuen Projektfile wurden alle Einzelteile mit Ausnahme des Heckbretts eingelesen. Anschließend wurden die einzelnen Innen- und Außenteilstücke bereinigt, d.h. nicht zum Holzobjekt gehörende Bereiche weggeschnitten usw., und anschließend zusammengefügt. Die so zusammengebauten Innen- und Außenseiten eines jeden Teilstücks wurden schließlich zu einem 3D-Modell des gesamten Rumpfes zusammengefügt.

82 ▽ *Konstanz, Einbaum vom Triboltinger Bohl. Vorbereitungsarbeiten zur Verschalung der Außenseite nach dem Drehen eines Teilstücks.*

Konservierung und Restaurierung

Die Archäologische Restaurierung übernahm im Arbeitszelt die neun Teile des Einbaumes in ihren Bergekisten. Die Schwierigkeiten der Weiterverarbeitung ergaben sich aus der Instabilität und Fragilität des aus weichem Lindenholz bestehenden Objektes. Es musste eine Lösung gefunden werden, die einzelnen Einbaumteile für die Reinigung und Freilegung der Holzoberfläche, den Transport und für das konservierende Bad vorzubereiten, vor Deformierung und Beschädigungen zu schützen und für den weiteren Bearbeitungszeitraum eine sichere Handhabung zu gewährleisten.
Um ein adäquates Restaurierungskonzept zu erarbeiten, erfolgte neben eigenen Vorarbeiten auch der Austausch mit Fachleuten aus Bern und Mainz, die in den Jahren zuvor mit dem ebenfalls aus Linde gefertigten Einbaum von Moosseedorf bei Bern einschlägige Erfahrung gesammelt hatten.
Das letztlich erarbeitete Konzept zur Erstversorgung, Restaurierung und Konservierung schloss zunächst die Verwendung von speziell konstruierten Vakuumkissen und Feuchtigkeit speicherndem Vlies ein. So war es einerseits möglich, die Bordwände innen und außen zu stabilisieren und vor dem Kollaps zu bewahren, andererseits Schrumpfungen durch Feuchtigkeitsverlust zu verhindern.

Die empfindlichen Holzoberflächen der auf diese Weise gesicherten Einbaumfragmente wurden mit feindruckvernebeltem Wasser (Airbrushpistole) freigelegt. Mittels in Zwei-Komponenten-Epoxidharz getränktem Glasfasergewebe wurde die Innenseite der Einbaumsegmente verschalt. Dabei wurde eine speziell angefertigte Edelstahlrahmenkonstruktion in die Schalung integriert. Sie diente in allen weiteren Arbeitsschritten und beim Transport der Stabilisierung und Handhabung der Objekte.

Um an die Außenwand des Einbaums zu gelangen, mussten die neun Einbaumteile inklusive der noch von der Bergung vorhandenen Stahlplatte gedreht werden. Hierfür bedurfte es einer weiteren Spezialanfertigung, um unter anderem das Holzobjekt vom Gewicht der Stahlplatte zu entlasten. Nach der Drehung wurde die Bergeplatte abgehoben und die Unterseite konnte nun erstmalig begutachtet, gereinigt und dokumentiert werden. Nach der aufwendigen Dokumentation durch das Fachgebiet Feuchtbodenarchäologie konnte auch die Außenseite verschalt werden (Abb. 82).

Danach wurde der Einbaum in seiner Verschalung gut gesichert in die Arbeitsstelle des LAD in Ludwigsburg-Grünbühl transportiert. Dort angekommen, wurde die Verschalung noch einmal Stück für Stück abgenommen und mit Löchern versehen, um der konservierenden Lösung einen Weg in das Holz zu eröffnen. Nachdem die Schalen wieder an den Objekten fixiert waren, wurden die Einbaumteile zunächst einige Tage in Wasser gelegt und danach die Bäder mit der konservierenden PEG-(Polyethylenglykol-)Lösung angesetzt. Die Tränkungsbäder werden nun nach und nach aufkonzentriert, was einige Jahre in Anspruch nehmen wird. Nach der Tränkung werden die Stücke gefriergetrocknet. Parallel zu Konservierung und anschließender Restaurierung wird an einem Konzept für die Ausstellung des außergewöhnlichen Stückes gearbeitet. Aufgrund seines beträchtlichen Gewichtes wird der Einbaum für seine museale Präsentation einer speziellen Unterkonstruktion bedürfen.

Zum Schluss

Das Großprojekt „Einbaumbergung“ konnte nur gelingen, da die Beteiligten konstruktiv und lösungsorientiert zusammengearbeitet haben. Allen Mitarbeitenden des LAD und der Firma UwArc sei hierfür gedankt. Dank geht ebenso an Submaris, das Personal der Dienststelle Konstanz, die Wasserschutzpolizeistation Konstanz, Vermögen und Bau Konstanz sowie das NABU-Bodenseezentrum.

Julia Goldhammer, Martin Mainberger,
Wolfgang Hohl, Paul Scherrer,
Nicole Ebinger, Margarete Eska

LITERATURHINWEISE

J. Goldhammer, Bergung des ältesten Einbaums vom Bodensee, Triboltinger Bohl, Seerhein bei Konstanz. Denkmalpfl. Baden-Württemberg 50, 2021, 222–223; dies. u. a., Das älteste Wasserfahrzeug des Bodensees im Seerhein bei Konstanz. Arch. Ausgr. Baden-Württemberg 2020, 100–105; J. Klügl/ F. Moll-Dau, Der Einbaum vom Moosseedorf. Konservatorische Massnahmen zum Erhalt eines neolithischen Bootes aus Lindenholz. Jahrb. Arch. Dienst Kanton Bern 2013, 220–229; M. Mainberger, Die Einbäume der „Siedlung Forschner" und des Federseeriedes. In: Die früh- und mittelbronzezeitliche „Siedlung Forschner" im Federseemoor. Naturwissenschaftliche Untersuchungen. Bohlenwege, Einbäume und weitere botanische Beiträge. Siedlungsarchäologie im Alpenvorland XIII. Forsch. u. Ber. Vor- u. Frühgesch. Baden-Württemberg 128 (Darmstadt 2016) 321–360.

METALLZEITEN

83 △ *Herbertingen, Bettelbühlnekropole, Hügel 2, Zentralgrab. Gerippte Goldröhrenperlen, zwei Bernsteinperlen und Bernsteinsegmente vom Bügel einer Sanguisugafibel (zum Beitrag S. 167 ff.).*

■ LAUTERACH, ALB-DONAU-KREIS; HERBRECHTINGEN, KREIS HEIDENHEIM; AMMERBUCH-REUSTEN, KREIS TÜBINGEN

Bronzezeitliche Höhensiedlungen auf der Schwäbischen Alb

Einleitung

Das Jahr 2021 bedeutete einen enormen Zugewinn an Erkenntnissen zu früh- bis mittelbronzezeitlichen Höhensiedlungen der Schwäbischen Alb durch ein Projekt des Landesamtes für Denkmalpflege. Schon die zuvor realisierten Untersuchungen in dem mehrjährigen Vorhaben hatten aufschlussreiche Ergebnisse erbracht, die relevantesten werden einleitend kurz skizziert.

Zwischen Herbst 2018 und Frühjahr 2020 fanden auf der Anhöhe „Schlossbaufeld" bei Aalen-Unterkochen (Ostalbkreis) drei jeweils kurze Grabungskampagnen statt. Projektrelevant waren vor allem neue Erkenntnisse zur bronzezeitlichen Nutzung und zunächst noch die Datierung einer Holz-Erde-Mauer in die Stufe Hallstatt A. Neue Radiokarbondaten belegen nun eine Befestigung der Mittelbronzezeit von 1607–1292 cal BC (2-sigma) und zusammen mit den Funden das Ende der bronzezeitlichen Befestigungsphase in der Spätbronze- bis frühen Urnenfelderzeit.

Ab Herbst 2020 wurde dann mit der „Rotenay" bei Lauterach die nächste Anhöhe, für die ältere Lesefunde eine Nutzung während des 2. vorchristlichen Jahrtausends andeuteten, unter die Lupe genommen (Abb. 84).

Höhensiedlung „Rotenay" bei Lauterach

Die im Vorjahr realisierten Sondagen am Außenwall (Abb. 84, 1 und 2) offenbarten eine bisher selten beobachtete Konstruktion aus Trockensteinfront und Kalkstein-Sinter-Kern mit aus dem Tal herauftransportiertem Kalksinter. Nunmehr vorliegende Radiokarbondaten von Holzkohlen (Eiche) aus den Wallschichten, darunter auch aus einem Holzkohleband an der Wallsohle, decken den Zeitraum 1614–1127 cal BC (2-sigma) ab.

Die im Frühjahr und Sommer 2021 durchgeführten Grabungen konzentrierten sich auf den sogenannten Innenwall und eine der mutmaßlichen Siedlungsterrassen (Abb. 84, 7), die auf der hinter dem Wall leicht nach Süden und Osten abfallenden Spornfläche liegen, von der auch die bis dato bekannten Lesefunde stammen.

Innenbefestigung

Am Innenwall wurde aus praktischen Gründen ein etwa 15 m langes Profil entlang eines bestehenden, den Wall schräg durchstoßenden Forstweges angelegt (Abb. 84, 5). Der nach Süden abflachende Wall ist mit maximal rund 1,7 m Höhe am Profilaufschluss deutlich weniger mächtig als im nach Norden anschließenden Verlauf. Es zeigte sich ein im Wesentlichen ähnlicher Aufbau wie beim im Vorjahr untersuchten Außenwall. Auf der Außenseite befindet sich eine keilförmige Anhäufung lose gelagerter, größerer Kalksteine ohne erkennbare Ordnung, wohl der Versturz der ehemaligen Front. Den Profilbereich störte ein großer Wurzelstock, vermutlich deswegen waren Hinweise auf eine mögliche „Außenfassade" nicht festzustellen. Der untere Teil der zentralen

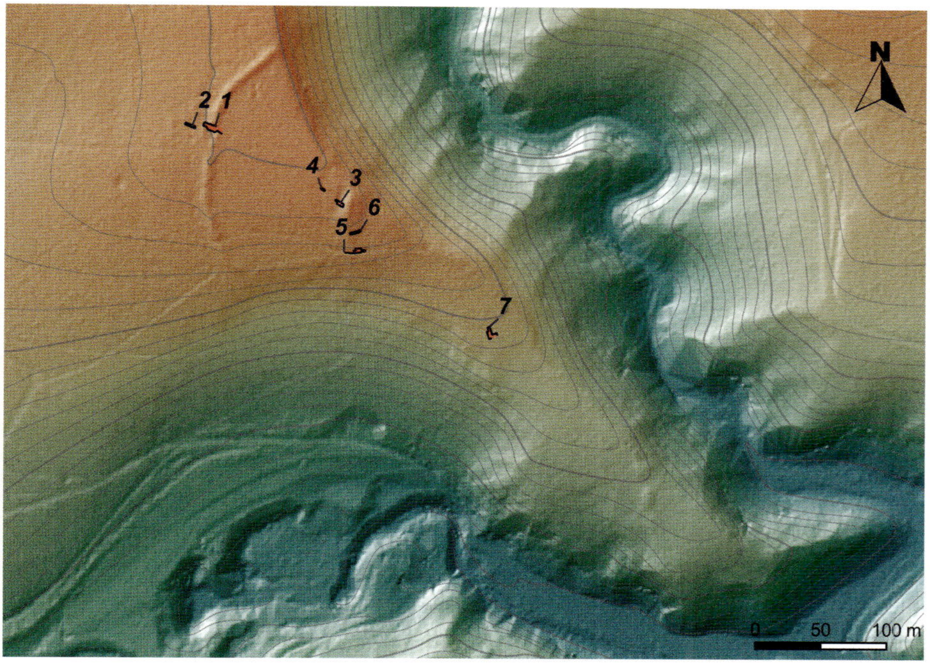

84 ◁ *Lauterach, „Rotenay". Plan der Höhenfundstelle mit den Grabungsflächen der Jahre 2020 und 2021.*

Schüttung besteht aus mittelgroßen Kalksteinen und Erde. Darüber und zum Inneren mächtiger werdend ist Kalksinter eingemischt, zur Innenseite ist ein sich deutlich abzeichnendes Paket aus fest verbundenem Kalksinter vorhanden. Abgetrennt durch eine geringmächtige Humuslage folgt der obere Wallbereich aus rotbraunem, leicht lehmigem Erdmaterial. Zu erwähnen ist in diesem Zusammenhang eine kleinere „Wallrippe", die sich außen an der Wallkrone über deren Gesamtlänge erstreckt. Möglicherweise handelt es sich hierbei um den verflossenen Rest eines entlang der Wallfront verlaufenden Aufbaus oder um eine zweite Ausbauphase.

Weitere Einblicke in die Konstruktion und insbesondere die im Gelände nicht eindeutig auszumachende Breite des Innenwalles sollte eine zweite Sondage senkrecht zu dessen Verlauf und einige Meter nördlich des Profils geben (Abb. 84, 6). Über mehrere Meter konnte knapp unter dem heutigen Waldhumus eine geschlossene Oberfläche aus fest verbundenem Sintermaterial verfolgt werden. Klar war deren Abschluss zum Inneren erkennbar, wo unter einem massiven Sinterblock zahlreiche Funde lagen. Der Bereich der Wallaußenseite wurde von der Sondage nicht erfasst. Im Ergebnis ist festzustellen, dass der Innenwall eine Breite von 15 m und mehr hat und eine Kalksinterschicht den gesamten Wallkern überdeckt.

Die wenigen, relativchronologisch nicht empfindlichen Keramikfunde aus den Wallschichten gestatten vorerst keine genaue Datierung des Innenwalles. Die prinzipiell gleiche Bauweise wie beim nun absolutchronologisch datierten Außenwall legt indes nahe, dass die innere und die äußere Befestigung auf der Rotenay in die Mittelbronzezeit gehören.

Von besonderer Bedeutung ist eine unter dem Innenwall erhaltene, ca. 0,20–0,30 m

85 △ *Lauterach, „Rotenay". Endneolithische Funde aus der Kulturschicht unter dem Innenwall und dem Bereich des „Podiums". Geweihfutter und -meißel, Miniaturbeile, Silexartefakte und ein gelochter Tierzahn.*

mächtige und sehr fundreiche Kulturschicht. Die daraus stammenden Keramikfragmente, Miniatursteinbeile, Geweihfutter und Silices können dem Goldberg-III-Schnurkeramik-Horizont des Endneolithikums zugewiesen werden (Abb. 85). Dies bestätigt ein auf 2851–2501 cal BC (2-sigma) datierter Knochenfund, der wohl sekundär verlagert schon im Vorjahr im flachen Graben vor dem nördlichen Teil des Innenwalles entdeckt wurde. In der zuvor genannten Kulturschicht fanden sich aber auch einige Scherben mit Doppelhalbkreiszier auf umlaufenden Leisten, die gemeinhin in den Horizont Bz A2/B datiert werden. Sie liefern einen Terminus post quem für die Errichtung des Innenwalles und deuten eventuell auf eine Belegung auch während der ausgehenden Frühbronzezeit hin.

Siedlungsspuren

Ebenfalls zu einer der beiden nun nachgewiesenen Belegungsphasen auf der Rotenay gehören die in der Literatur als „Podien" und mögliche Hausstandorte angesprochenen Geländeverebnungen auf der Spornhochfläche. Die Ausgrabung einer solchen (Abb. 84, 7), noch heute deutlich zu erkennenden Struktur ergab, dass es sich um eine in den anstehenden Fels eingearbeitete, etwa horizontale Terrassierung von rechteckig-gerundeter Form und ca. 5,5 m × 4,2 m Größe handelt. Die in diesem Bereich anstehende Felsoberfläche zeigte narbenartige Spuren der Zuarbeitung zu einer annähernd ebenen Fläche. Direkte Hinweise auf Ein- oder Überbauten, etwa Pfostenspuren oder eine Schwellbalkenkonstruktion, waren nicht festzustellen.

Die Verfüllung der Negativstruktur, Kalksteinbrocken und Humus, enthielt reichlich Keramik, darunter Fragmente typischer bronzezeitlicher Wirtschaftsware mit Tupfenleisten, Knochen, ferner Silexartefakte, Geweih-, Reibstein- und einzelne Bronzefragmente (Abb. 85). Die direkte Vergesellschaftung offensichtlich endneolithischen und bronzezeitlichen Materials gestattet vorerst keine eindeutige Datierung des Befundes. Denkbar ist auch die Nachnutzung einer noch erkennbaren älteren Struktur während der Bronzezeit.

Höhenbefestigung „Buigen" bei Herbrechtingen

Der ebene Spornrücken des von der Brenz auf drei Seiten umflossenen Buigen wird im Norden durch den noch heute beeindruckenden, über 5 m hoch erhaltenen Hauptwall mit vorgelagerten, tiefen Grabensegmenten vom Hinterland abgetrennt. Bereits 1907 hatten Friedrich Hertlein und Peter Goessler beidseitig den Wallkörper angegraben, Paul Reinecke dann die Funde als urnenfelderzeitlich angesehen. Neuere Lesefunde deuten indes eine mittelbronzezeitliche Datierung an. Ein weiterer Wall-Graben begrenzt die Hochfläche nach Süden, zusätzlich wird diese durch den sogenannten Binnenwall in zwei Bereiche gegliedert. Sondagen fanden an allen drei Wällen statt.

Hauptwall

Am Hauptwall wurde nur eine sehr kleine Sondage an dessen Basis am heutigen Weganschnitt untersucht, um Indizien für einen frühen Ausbau des Walles zu erlangen. Trotz des stark begrenzten Ausschnitts sind in Zusammenschau mit dem anstehenden Profil interessante Einsichten zu gewinnen. Auf einem fossilen Oberbodenhorizont hatte man mindestens zwei Schichten aus Kalksteinen mit lehmigem Material, wohl entnommen aus den vorgelagerten Segmentgräben, aufgebracht. Diesen Kern überdeckt eine (?) massive Kalksinterlage – vermutlich war es diese Schicht, die die ersten Ausgrä-

86 ▽ Herbrechtingen, „Buigen". Aufschluss des Spornwalls bei der Freilegung im Oktober 2021.

ber 1907 als durch Brand entstandenen „Kalkguss" interpretierten. Neben wenigen, vorerst nur als vorgeschichtlich ansprechbaren Scherben fanden sich einzelne Knochenfragmente für Radiokarbondatierungen.

Spornwall

Am Spornwall wurde ein 13,7 m langes Profil entlang des heutigen Wegdurchstoßes aufgeschlossen (Abb. 86). Hier zeigte sich, dass er ebenfalls auf einem fossilen Oberboden aufsitzt und im Kern aus Lehm, wie er hier unmittelbar ansteht, mit vereinzelten Kalksteinen besteht. Im basalen Bereich der zu vermutenden einstigen Front befindet sich, auf einer Lage fest verbundenen Kalksinters, ein senkrecht gelagerter, knapp 0,9 m hoher Kalksteinblock, unmittelbar dahinter größere Kalksteine. Über Letzteren folgt ein nach innen senkrecht abgeschlossener Bereich kleinerer Kalksteine mit Lehm. Dessen Unterkante stimmt mit einem knapp unter halber Profilhöhe verlaufenden Horizont aus etwa gleich großen Steinen und aschehaltigen Flecken überein. Zum Inneren hin war in den rampenartigen Lehmkern ein U-förmiger Befund eingetieft. Eine weitere oberflächig angelegte Sondage erbrachte Hinweise, dass auf der Innenseite der Befestigung eventuell eine Reihe mächtiger Pfosten verlief und der Wallkern mit Kalksteinen und Lehm abgedeckt war.

In der Zusammenschau ergeben sich Hinweise auf die Bauweise und eine Mehrphasigkeit bzw. einen mehrstufigen Bauprozess der Spornbefestigung. Die äußere Front war wohl eine Konstruktion aus Stein, Erde und wahrscheinlich Holz, dahinter war Erdmaterial (Rampe?) angeschüttet. Die Außenfassade bildeten vermutlich, zumindest im unteren Bereich, mächtige Kalksteinblöcke. Möglicherweise erst während eines späteren Aus- oder Umbaus kam vielleicht eine von Pfosten gestützte Innenkonstruktion hinzu. Begleitend befand sich im unmittelbaren Vorfeld ein in Abschnitten angelegter Graben.

Die überschaubare Anzahl von Scherben aus den Wallschichten, etwa eine Wandscherbe mit flächiger Fingertupfenzier, deutet auf eine mittelbronzezeitliche Zeitstellung des Walles. Einige Knochenfragmente sowie entnommene Proben für naturwissenschaftliche Analysen sollen genauere Anhaltspunkte zur Datierung liefern.

Binnenwall

Mit zwei weiteren Schnitten wurde der „Binnenwall" untersucht. Der Wallkörper bestand hauptsächlich aus ungeordneten Kalksteinen, vermutlich entnommen aus dem begleitenden Segmentgraben. Beim Anlegen hatte man wohl eine natürliche Felsrippe genutzt und diese teils mauerartig künstlich erhöht.

Höhensiedlung „Kirchberg" bei Ammerbuch-Reusten

Der Kirchberg bei Reusten ist eine der wichtigsten Fundstellen der Frühbronzezeit in Südwestdeutschland. Dies gilt umso mehr, da nur wenige hundert Meter entfernt auf der nördlich anschließenden Hochfläche im Jahr 2000 ein Gräberfeld und 2020 ein Grab mit Goldspirale, beide aus der Frühbronzezeit, entdeckt wurden. Seit Herbst 2021 kommen dort im Zuge eines Ehrenamtprojektes weitere frühbronzezeitliche Gräber zutage (siehe den Beitrag S. 18 ff.).

Ausgrabungen auf der mehrperiodigen Höhensiedlung mit mehreren Befestigungsresten durch Hans Reinerth und Hermann Stoll in den 1920er Jahren führten zur Entdeckung von zwei Siedlungsbereichen mit

Hausbefunden und einer Bestattung. Die 1966 von Wolfgang Kimmig veröffentlichten Funde gehören ins Mittel-, Jung- und Endneolithikum, die Urnenfelder- und Hallstattzeit, zumeist aber in die Früh- und beginnende Mittelbronzezeit. Leider sind der Verbleib der Altdokumentation und Lage sowie Größe der Grabungsschnitte unklar, der Zugriff auf potenziell in Frage kommende Archive ist blockiert. Die publizierten Informationen zu den Befunden sind, wie schon Kimmig betonte, sehr lückenhaft und teils widersprüchlich, insbesondere bezüglich der Befestigungsstrukturen.
All dies unterstreicht die Dringlichkeit neuer Forschungen, die 2021 mit Prospektionen und zwei Sondagen begannen.

Prospektionen

Während die sogenannte Südsiedlung wohl vollständig verloren ist, stellt sich die Frage nach erhaltenen vorgeschichtlichen Spuren in den anderen Spornbereichen. Um dies zu eruieren, wurden mit dem Pürckhauer-Bohrstock mehrere Schlagbohrprofile angelegt. Jene an der Südwestspitze erbrachten keine entsprechenden Indizien. Am Nordhang gab es zwar weder eindeutige Hinweise auf Befunde, Kulturschichten noch die Altgrabungen, doch zeigten die Bohrkerne humushaltige Horizonte teils bis in ca. 1,9 m Tiefe und in fast allen Tiefenbereichen Rot-/Brandlehmeinschlüsse und Fragmente vorgeschichtlicher Keramik.
Zudem führte die Firma Terrana Geophysik im Auftrag des Landesamtes für Denkmalpflege eine geomagnetische Prospektion auf der langschmalen Spornebene im Anschluss an die Hochfläche im Norden zum Burgstall hin durch. Diese offenbarte über den ganzen Bereich hinweg Messanomalien, die wohl archäologische Befunde repräsentieren.

Sondagen

Wegen der begrenzten Restflächen mit potenziell überlieferten vorgeschichtlichen Spuren wurden zwei nur schmale Sondagen auf dem vorderen Sporn angelegt. Die eine erfasste wenige Meter vor der heutigen Friedhofsmauer einen flachen Wallrest, der ungestört war und in die Neuzeit gehört. Es fanden sich ausschließlich entsprechende Scherben und Ziegelbruch, ferner wenige Knochenreste.
Die zweite Sondage erfolgte wenige Meter vor dem heutigen Geländeabfall in Richtung des Burgstalls (Abb. 87). Sie offenbarte eine Anhäufung von Kalksteinen unmittelbar dort, wo der in geringer Tiefe horizontal an-

87 ▽ Ammerbuch-Reusten, „Kirchberg“. Überblick über den Sondageschnitt am Rand des vorderen Sporns mit Blick nach Nordwesten.

stehende Muschelkalk nach Norden abfällt. Nur rund 1,0 m davor verlief quer zum Sporn eine 0,6 m breite und 0,3 m tiefe Felsrinne, die eventuell anthropogen sein könnte. Vor allem ab dort fanden sich sehr zahlreich Scherben, Knochen und einzelne Silices. Einer ersten Sichtung zufolge ist die Keramik ausschließlich vorgeschichtlich, einige verzierte Stücke lassen sich gut ins bekannte jungneolithische, vor allem aber früh- bis frühmittelbronzezeitliche Spektrum einordnen. Die Fundsituation lässt den Schluss zu, dass es sich entweder um den Rest einer bislang unbekannten Befestigung oder um eine Planie handelt.

Fazit und Ausblick

Bereits Jörg Biel konnte aufzeigen, dass eine Reihe von Höhenfundstellen ab dem Ende der Frühbronzezeit und bis in die entwickelte Mittelbronzezeit von Menschen aufgesucht worden waren. Siedlungsbefunde lagen in geringer Zahl indes nur vom Kirchberg in Reusten und vom Runden Berg bei Bad Urach vor, der einzige Hinweis für eine Befestigung stammte vom Schloßbaufeld bei Unterkochen.

Die Untersuchungen im Rahmen des Projekts seit 2019 erbringen nun Nachweise für mehrere Höhenbefestigungen der Mittelbronzezeit. Viel konkreter und komplexer ist der neue Wissensstand für die Anhöhe bei Unterkochen, eindeutig ebenso die Befundlage auf der Rotenay bei Lauterach mit dem dort angetroffenen interessanten Bauschema der Befestigungen mit Kalksinter über Kalkstein-Lehm-Kern. Dieses lässt sich auch am Hauptwall des Buigen bei Herbrechtingen nachvollziehen, was zusammen mit den Funden für dessen Einordnung in die Mittelbronzezeit spricht; die Bestätigung mit absoluten Daten steht noch aus. Ebenso ist zu klären, ob sich vage Indizien auf eine Befestigung der (ausgehenden) Frühbronzezeit auf dem Kirchberg in Reusten bestätigen und damit der erste Nachweis einer Höhenbefestigung jener Zeit in Südwestdeutschland gelingt. Die Untersuchungen dort werden 2022 fortgesetzt.

Unser herzlicher Dank gilt Richard Vogt für die geologische und bodenkundliche Aufnahme und Bewertung sämtlicher Grabungsaufschlüsse und die hervorragende Zusammenarbeit. Für die Genehmigungen und Unterstützung der Feldarbeiten möchten wir ebenfalls vielmals danken: Daniel Nägele, Thomas Mack und Rüdiger Deuschle von ForstBW; Claudius Kitz, Paul Arnold und Tobias Hofmann sowie Jorina Fink von den Oberen und Unteren Naturschutzbehörden der Regierungspräsidien Stuttgart und Tübingen sowie dem Landratsamt Tübingen; Martin Engelhardt für seine Expertise in Fragen des Naturschutzes; Christel Hahn als Bürgermeisterin der Gemeinde Ammerbuch.

André Spatzier, Simon Hye

LITERATURHINWEISE

J. Biel, Vorgeschichtliche Höhensiedlungen in Südwürttemberg-Hohenzollern. Forsch. u. Ber. Vor- u. Frühgesch. Baden-Württemberg 24 (Stuttgart 1987); W. Kimmig, Der Kirchberg bei Reusten. Eine Höhensiedlung aus vorgeschichtlicher Zeit. Urkunden Vor- u. Frühgesch. Südwürttemberg-Hohenzollern 2 (Stuttgart 1966); Ch. Morrissey/D. Müller, Buigen und Radberg bei Herbrechtingen, Landkreis Heidenheim. Atlas Arch. Geländedenkm. Baden-Württemberg 2,25 (Stuttgart 2007); A. Spatzier, Urnenfelder- und latènezeitliche Höhensiedlung bei Unterkochen. Arch. Ausgr. Baden-Württemberg 2019, 111–115; A. Spatzier/S. Hye, Die bronzezeitliche Höhenfundstelle „Rotenay" bei Lauterach. Ebd. 2020, 117–120.

Siedlungsfunde der Bronzezeit in Güttingen

Durch den Bau von zwei benachbarten Mehrfamilienhäusern westlich des historischen Ortskerns von Radolfzell-Güttingen waren 2020 und 2021 wiederholt Notbergungen durch die Kreisarchäologie des Landratsamtes Konstanz notwendig worden. Die Fundstelle liegt am hier nur noch flach geneigten südöstlichen Hangfuß des Durchenbergs. 430 m westlich davon wurde 2009 ein Gräberfeld der mittleren Bronzezeit (ca. 17.–15. Jh. v. Chr.) mit einigen reich ausgestatteten Bestattungen sowie eine Gruppe früheisenzeitlicher Brandgräber (ca. 8.–6. Jh. v. Chr.) im Vorfeld einer Baumaßnahme im Gewann „Mooshalde“ archäologisch untersucht (Abb. 88). Das merowingerzeitliche Reihengräberfeld mit dem bekannten Adelsgrab (um 600 n. Chr.) befand sich 400 m südwestlich der untersuchten Baugrube. Die bei Routinekontrollen durch die Kreisarchäologie festgestellten 128 Befunde waren insbesondere im nördlichen und östlichen Teil der 980 m² großen Baugrube in den anstehenden eiszeitlichen Schotterschichten erhalten geblieben. Der Fund war insofern überraschend, da man heute keinen für frühere Siedler elementaren Frischwasserzugang in unmittelbarer Nähe findet. Der Güttinger Dorfbach fließt 230 m südlich vorbei.

Häuser mit unterschiedlicher Ausrichtung

Der Befundplan zeigt in zwei Bereichen von etwa 11 m × 4,7 m und mindestens 5,7 m × 2,5 m Ausdehnung verschiedene Pfostenrei-

88 ◁ *Güttingen, „Zum Weinberg“. Luftbild von Osten. 1 Teilbereich der Grabungsflächen 2020/2021; 2 Lage des Gräberfelds der mittleren Bronzezeit/frühen Eisenzeit im Gewann „Mooshalde“, das heute mit einem Lebensmittelmarkt überbaut ist; 3 Lage des frühmittelalterlichen Gräberfelds „Kirchental“.*

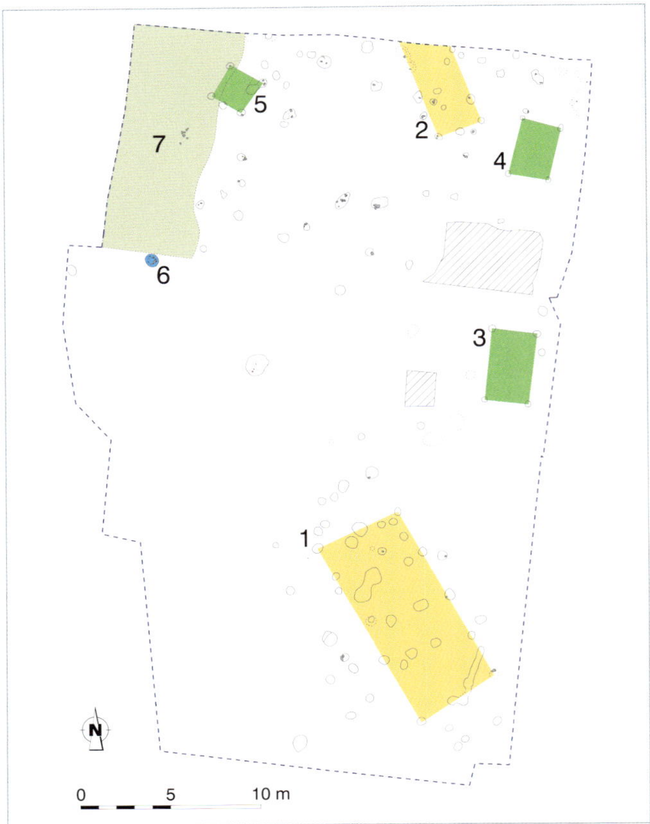

89 △ *Güttingen, „Zum Weinberg". Vorläufiger Gesamtplan der Rettungsgrabungen 2020/2021. 1, 2 postulierte Gebäudestandorte; 3–5 Vierpfostenbauten; 6 Grube am Übergang von der frühen zur mittleren Bronzezeit; 7 Rest einer vermutlich bronzezeitlichen Kulturschicht. – Gestrichelt: unsichere Befunde; schraffiert: Störungen.*

hen in Nordnordwest-Südsüdost-Anordnung bzw. rechtwinklig hierzu (Abb. 89). Hier dürfen wir mehrphasige Gebäudestandorte vermuten, doch ist die gesicherte Rekonstruktion eines oder mehrerer Grundrisse beim derzeitigen Auswertungsstand noch nicht möglich. Besser lassen sich mindestens drei Vierpfostengebäude von 2–4 m Länge und etwa 2–2,5 m Breite abgrenzen. Sie sind etwa Nordnordost–Südsüdwest orientiert und greifen mit ihren Pfostengruben zumindest in einem Fall noch in eine im Nordwesten der Grabungsfläche erhaltene dunkle, vermutlich bronzezeitliche Kulturschicht ein. Weitere Pfostenreihen könnten auch zu Zäunen oder ähnlichen Konstruktionen gehören.

Keramikfunde der Bronzezeit und des Mittelalters

Die unterschiedlichen Orientierungen der Pfostenstrukturen deuten verschiedene Siedlungsphasen an. Als besonders fundreich hat sich eine etwa 76 cm große und noch 34 cm tiefe Grube im nordwestlichen Grabungsbereich erwiesen. Sie enthielt große Teile eines grobkeramischen Topfes mit etwa 40–50 cm Durchmesser. Hinzu kommen weitere Keramikbruchstücke, zu denen auch Fragmente einer Schale mit Handhabe und Durchlochungen unter dem horizontal abgestrichenen Rand gehören. Aus den restlichen Befunden stammen meist wenige grobkeramische Scherben von Töpfen mit Schlickrauung, glattem Halsfeld, Fingertupfenleisten auf der Gefäßschulter und ausbiegenden, teils blockartig verdickten Rändern. Insgesamt lässt sich das Gros des keramischen Fundmaterials beim derzeitigen Auswertungsstand an den Übergang von der frühen zur mittleren Bronzezeit (Bronzezeitphase A2/B) und damit etwa ins 17./16. Jahrhundert v. Chr. einordnen. Aus einer kleinen Pfostengrube am Rand des Gebäudestandorts 1 stammt Keramik des frühen 13. Jahrhunderts n. Chr. (Bestimmung Dr. Bertram Jenisch), die vermuten lässt, dass man im Hochmittelalter an dieser Stelle erneut siedelte.

Die Entdeckung der bronzezeitlichen Befunde ist für die Ortsgeschichte von Güttingen bedeutend, da es sich hierbei vermutlich um Teile der schon lange gesuchten Siedlung handelt, deren Bewohner und Nachkommen auf dem nahe gelegenen Gräberfeld im Gewann „Mooshalde" ihre Toten bestatteten. Die ältesten Grablegen des Begräbnisplatzes dürften noch in die Bronzezeitstufe B gehören, wenngleich der größere Teil der beigabenführenden Gräber vermutlich während der entwickelten und fortgeschrittenen Mittelbronzezeitstufe C im 16./15. Jahrhundert v. Chr. angelegt wurde.

Abschließend sei der Bau Barth Holzbau GmbH, Owingen, und dem Tiefbauunternehmen Jürgen Bader, Radolfzell, für die gute Zusammenarbeit, Dr. Bertram Jenisch für hilfreiche Datierungshinweise und insbesondere dem ehrenamtlichen Beauftragten der Landesdenkmalpflege Dr. Herman Schmid für die tatkräftige Unterstützung der archäologischen Arbeiten vielmals gedankt.

Jürgen Hald

LITERATURHINWEISE

J. Krumland, Die bronzezeitliche Siedlungskeramik zwischen Elsaß und Böhmen. Internat. Arch. 49 (Rahden/Westf. 1998) 95–107; J. Hald, Ein Gräberfeld mit reichen Bestattungen der Bronze- und Eisenzeit. Arch. Ausgr. Baden-Württemberg 2009, 92–95; J. Hald/J. Wahl, Prunkvoll im Jenseits – Mittelbronzezeitliche Gräber von Radolfzell-Güttingen. In: 4000 Jahre Pfahlbauten. Ausstellungsbegleitband Kloster Schussenried und Federseemuseum Bad Buchau 2016 (Ostfildern 2016) 290–291.

HILZINGEN-WEITERDINGEN

Eine bronzezeitliche Siedlung bei Weiterdingen im Hegau

Der Ort Weiterdingen liegt inmitten der durch tertiären Vulkanismus geformten Kegelberglandschaft unmittelbar westlich des Hegaubeckens. Zur Besiedlung wurde eine nur wenig nach Osten geneigte Verebnungsfläche am östlichen Hangfuß des markanten „Hohenstoffeln“, noch über der teils feuchten Aue des Wiesentals, genutzt (Abb. 90). Im südlichen Teil dieser Fläche erschloss die Gemeinde Hilzingen in den letzten Jahrzehnten mehrere neue Wohnbaugebiete. Dabei konnten im Jahr 2011 durch die Kreisarchäologie des Landratsamtes Konstanz in einer Baugrube Funde der ausgehenden frühen bis beginnenden mittleren Bronzezeit geborgen werden. Die Auswertung der kleinen Rettungsgrabung durch Benjamin Höpfer zeigte, dass es sich wohl um umgelagertes Siedlungsmaterial aus einer weiter westlich, also hangaufwärts zu vermutenden Siedlungsstelle handeln dürfte. Als die Ausweitung des Baugebiets „Schwärzengarten“ in diesem Verdachtsbereich anstand, führte die Kreisarchäologie im März 2021 Sondierungen in der künftigen Baufläche durch. Dabei zeigte sich, dass sich unter bis zu 2 m mächtigen humosen Hangsedimenten im Westteil des 1,3 ha großen Erschließungsgebiets bronzezeitliche Siedlungsreste erhalten hatten. In der östlichen Hälfte hingegen sind möglichweise einst vorhandene Fundschichten und Befunde längst den schädlichen Auswirkungen von Erosion und landwirtschaftlicher Nutzung zum Opfer gefallen. Im Juli 2021 wurden vor Erschließungsbeginn die Straßen- und Kanaltrassen (3400 m^2) durch die Firma ArchaeoTask GmbH unter der örtlichen Leitung von Simon Rottler archäologisch untersucht. Die Kreisarchäologie und das Landesamt für Denkmalpflege übernahmen die fachliche Begleitung.

90 △ *Weiterdingen, „Schwärzengarten II". Luftbild von Osten auf das Untersuchungsgebiet am südwestlichen Ortsrand von Weiterdingen. Im Hintergrund ist der Doppelgipfel des Vulkanschlots „Hohenstoffeln" zu erkennen.*

Erstmals bronzezeitliche Siedlungsbefunde nachgewiesen

In den untersuchten Bereichen ließen sich 73 archäologische Befunde feststellen. Es handelt sich dabei mehrheitlich um Pfostengruben, die nur unter den kolluvialen Deckschichten im Westen erhalten waren. Die schmalen Grabungsflächen verhinderten allerdings, dass vollständige Gebäudegrundrisse erkannt werden konnten. Zwischen den Pfostengruben wurden zudem zwei Gruben mit Brandresten aufgedeckt. Der Gesamtplan zeigt, dass sich die Siedlungsbefunde im Nordwesten und Westen der Grabungsfläche konzentrieren, weshalb davon ausgegangen werden muss, dass sich die Bebauung noch weiter nach Westen und nach Norden, in den alten Ortsbereich von Weiterdingen, erstreckte.

Die geborgenen Keramikscherben von einfachen Gefäßen mit Fingertupfenleisten und kurzen, abgestrichenen oder spitz-runden Rändern lassen sich bislang nur grob in die mittlere bis späte Bronzezeit datieren. Bemerkenswert ist das vergleichsweise häufige Auftreten von Bronzefunden. Bereits in der 2011 untersuchten Baugrube waren mehrere Nadelschäfte zutage gekommen. 2021 konnten mittels Metallsonden insbesondere aus der unmittelbar über den Befunden liegenden Kulturschicht weitere Bronzeobjekte geborgen werden (Abb. 91). Hierzu gehören ein offener bandförmiger Bronzefingerring der mittleren bis späten Bronzezeit sowie das Bruchstück eines Bronzegusskuchens, das zeigt, dass in der Siedlung vermutlich Metall verarbeitet wurde. Das Fragment einer bronzenen Zungensichel mit Nietloch findet gute Entsprechungen in einem spätbronzezeitlichen Hortfund des 11. Jahrhunderts v. Chr. auf der „Eremitage“ bei Inzigkofen im Donautal (Urnenfelderstufe Ha B1). Insgesamt zeichnet sich anhand der Bronze- und Keramikfunde eine über längere Zeit, etwa zwischen 1500 und 1000 v. Chr. bewohnte Siedlung der Bronzezeit ab, zu der im Zuge der künftigen Baumaßnahmen sicherlich weitere Informationen gewonnen werden können.

Großer Dank gebührt der Gemeinde Hilzingen mit Bürgermeister Holger Mayer und Ortsvorsteher Egon Schmieder für die Unterstützung und Finanzierung der Ausgrabungsarbeiten. Weiterhin sei Thomas Hoppe für hilfreiche Datierungshinweise, dem Ingenieurbüro Freese und der Tiefbaufirma Storz für die gute Zusammenarbeit sowie insbesondere Marc Steidle und Sebastian Zettl für die Hilfe bei der Sondenprospektion vielmals gedankt.

Jürgen Hald, Simon Rottler, Julia Goldhammer

LITERATURHINWEISE

H. Reim, Ein spätbronzezeitlicher Opferplatz über der Donau bei Inzigkofen, Kreis Sigmaringen. Arch. Ausgr. Baden-Württemberg 2004, 62–65; B. Höpfer, Früh-/mittelbronzezeitliche Siedlungsspuren aus Weiterdingen, Lkrs. Konstanz. Fundber. Baden-Württemberg 34, 2014, 555–577.

91 ◁ *Weiterdingen, „Schwärzengarten“. Bronzefunde der mittleren bis jüngeren Bronzezeit aus der Kulturschicht (ca. 1500–1000 v. Chr.) in bergefrischem Zustand. Bandförmiger Fingerring, Bronzering, Fragment einer Zungensichel mit Nietloch und eingehämmerter Alveolenzier auf den Blattrippen, Fragment eines Bronzegusskuchens.*

Hinterm Kirchle von Möhringen an der oberen Donau – Inmitten eines Siedlungsareals der Bronze- und Eisenzeit

Nahe dem Ortskern von Möhringen wurden durch den geplanten Bau mehrerer Mehrfamilienhäuser mit Tiefgarage auf einem bislang unbebauten, etwa 1500 m² großen Grundstück des Wohngebietes „Hinter dem Kirchle“ archäologische Untersuchungen notwendig. Rund 400 m nördlich der Donau liegt der Bauplatz in flacher Hanglage auf durchschnittlich 666 m ü. NN am Fuße eines steil nach Süden abfallenden Spornes der Baaralb, der im Westen vom Kühltal und im Osten vom Bächetal mit dem Krähenbach flankiert ist.

In unmittelbarer Nähe wurden 1988/1989 bei Erschließungen und Bauvorhaben nördlich der Gabelung „An der Katzensteig/Mettenbergstraße“ zwölf Gräber mit Beigaben entdeckt (Abb. 92). Sie gehören sicherlich zu einem frühmittelalterlichen Gräberfeld, das sich vermutlich in ostwestlicher Richtung entlang des Steilhanges hinzog. Auf dem überplanten Areal wurden 2012 mithilfe von Baggersondagen durch das Landesamt für Denkmalpflege ein weiteres, damals in situ belassenes Körpergrab (Grab I) sowie etliche vorgeschichtliche Siedlungsbefunde aufgedeckt. Dementsprechend beauftragte die Stadt Tuttlingen die Firma ArchaeoTask GmbH mit der Ausgrabung, die vom 1. September bis zum 20. Oktober 2021 stattfand. Auf der untersuchten, etwa 1110 m² großen Fläche kamen an die 300 Befunde zutage. Mehrheitlich handelte es sich um Pfostenstellungen, jedoch konnten auch etliche Siedlungsgruben, zwei mögliche Grubenhäuser und zwei frühmittelalterliche Körperbestattungen dokumentiert werden.

Funde aus vier vorgeschichtlichen Epochen

Gut datierbare Funde aus sechs Gruben belegen Siedlungstätigkeiten während mindestens vier vorgeschichtlichen Epochen:

Aus einer kleinen, ovalen Grube (ca. 0,75 m × 0,65 m) stammt eine Rollenkopfnadel mit tordiertem Hals (Abb. 93) der ausgehenden Frühbronzezeit bzw. frühesten Mittelbronzezeit (Bz A2c bis Bz B1; freundlicher Hinweis A. Spatzier, LAD). In zwei nebeneinanderliegenden, langovalen Gruben (jeweils ca. 2 m × 1,2 m) kamen große Fragmente urnenfelderzeitlicher Keramikgefäße zutage. In zwei fast rechteckigen Gruben (ca. 2 m × 2 m und 2,18 m × 1,66 m) wurde eine relativ große Anzahl an hallstattzeitlichen Keramikscherben geborgen. In der südwestlichen der beiden Gruben war die Sohle von einer dünnen Brandschicht bedeckt. Auf dieser lagen in der Grubenmitte die Mehrzahl der Scherben, darunter auch ein kleiner Becher, als wären sie dort vor der eigentlichen Verfüllung deponiert worden. Eine ovale Grube (ca. 1,4 m × 1 m) beinhaltete latènezeitliche Keramik, darunter eine Scherbe mit der für die jüngere Latènezeit (Lt D1) typischen Stempelgrübchen-Verzierung.

Bronzezeitliche Grubenhäuser?

Aufgrund von Form und Größe ordnen wir zwei beinahe quadratische Gruben im nordöstlichen Teil der Grabungsfläche den Grubenhäusern zu, obwohl Pfostenstellungen

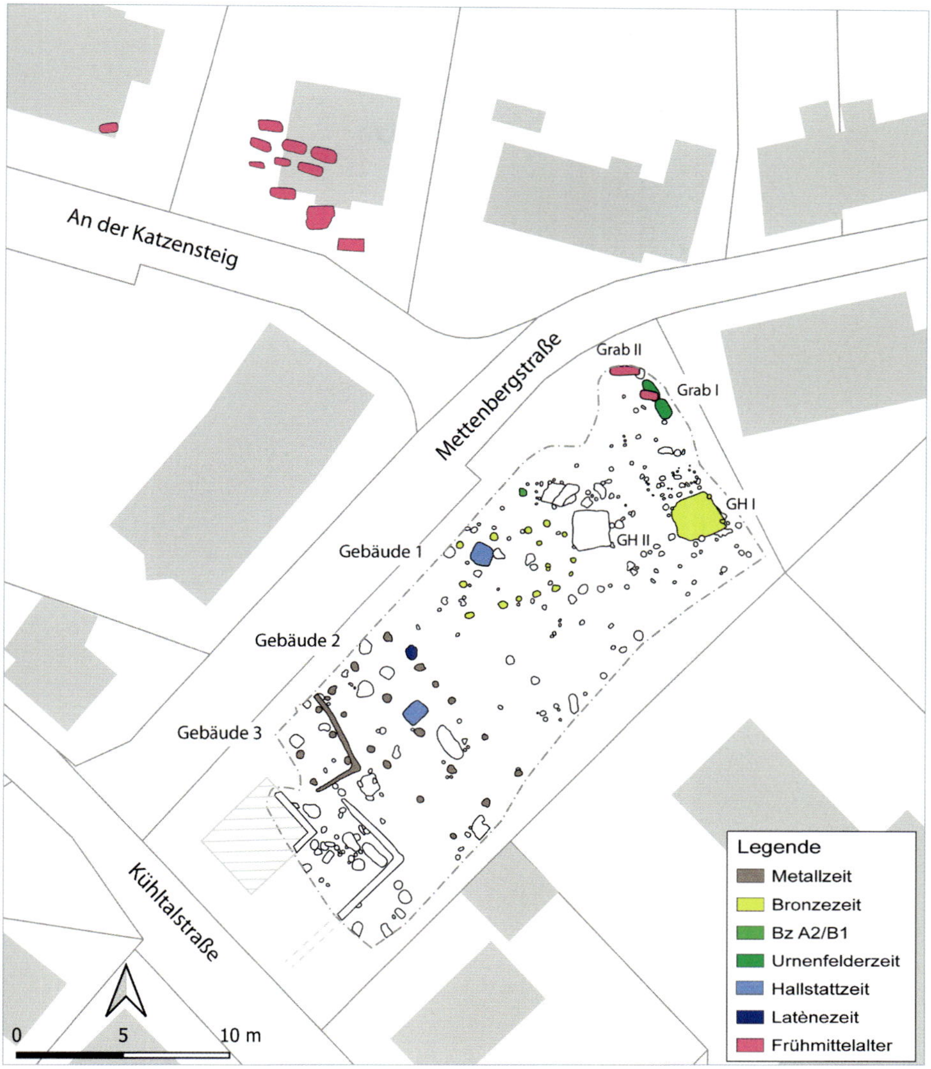

92 ◁ *Tuttlingen-Möhringen, „Hinter dem Kirchle". Katasterausschnitt mit dem vorläufigen Gesamtplan der Ausgrabung von 2021 und den zwölf Ende der 1990er Jahre entdeckten frühmittelalterlichen Gräbern.*

nicht innerhalb, sondern nur unmittelbar außerhalb dieser Strukturen belegt sind. Das größere Grubenhaus I mit einer Seitenlänge von etwa 4 m war noch 0,5 m tief erhalten und besaß nach allen Seiten hin eine fast vertikale Wandung. Das Fundmaterial aus der Grubenverfüllung – bestehend aus wenig Keramik, einer Knochenahle und einem Steinbeil – kann vorerst nur grob in die Bronzezeit verortet werden. Wie das kleinere (ca. 3,6 m × 3,4 m) und nur 0,18 m tief erhaltene Grubenhaus II chronologisch einzuordnen ist, bleibt zu klären.

Vorgeschichtliche Pfostenbauten

Die über die gesamte Grabungsfläche streuenden Pfostengruben lassen den Schluss auf mindestens drei Gebäudegrundrisse zu.

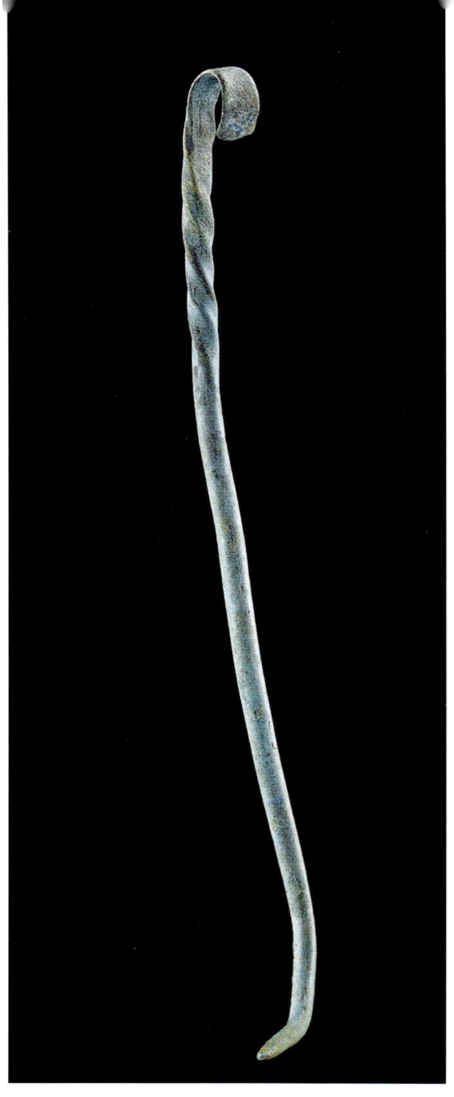

93 ▷ *Tuttlingen-Möhringen, „Hinter dem Kirchle". Rollenkopfnadel der späten Früh-bronze- bzw. frühen Mittelbronzezeit. Länge ursprünglich 9,3 cm, im vorliegenden Zustand mit verborgener Spitze 7,7 cm.*

Direkt südwestlich von Grubenhaus II zeichnet sich ein Ostnordost–Westsüdwest ausgerichteter Pfostenbau mit einem etwa 8 m langen und 6,5 m breiten Hauptraum im Westen sowie einer halbrunden Apsis im Osten ab (Gebäude 1). Gebäudegrundrisse dieser Form sind aus der Früh- und Mittelbronzezeit bekannt. Die spärlich vorhandenen Funde aus den Pfostengruben können jedoch nur generell als bronzezeitlich angesprochen werden.

Weiter südwestlich ist ein Nordwest–Südost ausgerichteter, zweischiffiger Pfostenbau von mindestens 17,8 m Länge und etwa 8,5 m Breite gut zu erkennen (Gebäude 2). Westlich davon folgt die Südostecke eines wahrscheinlich ähnlich ausgerichteten, ein- oder zweischiffigen Pfostenbaus mit Wandgräbchen (Gebäude 3; erhaltene Maße ca. 8 m × 4,7 m), der sich außerhalb der Grabungsgrenze fortsetzt und im Süden durch Fundamente eines neuzeitlichen Hofes gestört ist. Die in den Pfostengruben sehr spärlich vorhandenen Keramikfragmente lassen beide Gebäude nur allgemein in die Metallzeiten datieren.

Frühmittelalterliche Bestattungen

Grab I schneidet die zwei nebeneinanderliegenden Gruben aus der Urnenfelderzeit (siehe oben; Abb. 94). Die stark angezogenen Schultern und die eng am Körper liegenden Arme des Skelettes zeigen, dass das Grab bzw. der Sarg knapp bemessen war. Schädel und Oberarme waren beim Auffinden bereits stark beschädigt; am linken Unterschenkel befand sich ein kleines Eisenmesser – ein typischer Bestandteil alamannischer Frauentracht.

Das Skelett in Grab II, ebenfalls mit eingedrücktem Schädel, ist nur fragmentarisch erhalten: Geborgen werden konnten noch Armknochen, Beinknochen, die obersten zwei Halswirbel und einzelne Fingerknochen. Auch mehrere stark korrodierte Eisenobjekte wurden gefunden, darunter möglicherweise das Fragment eines Schwertknaufs. Aufgrund der erheblichen Störung im Torsobereich stellt sich die Frage, ob es sich hier um das Resultat einer ehemaligen Beraubung handelt. Bemerkenswert war die Erhaltung von Holzresten eines Sarges. Durch eine Beprobung konnte die Baumart Weißtanne *(Abies)* ermittelt werden (freundlicher Hinweis O. Nelle, LAD).

Resümee

Zu den Besonderheiten der Grabung gehört die Aufdeckung von zwei mutmaßlichen Grubenhäusern und mindestens drei Pfostenbauten auf engem Raum, deren Grundrisse unter den zahlreichen Pfostenstellungen auf den ersten Blick zu erkennen sind und die alle in die Bronze- und Eisenzeit datieren. Somit gelang durch die Flächengrabung neben der Dokumentation zweier frühmittelalterlicher Gräber ein erster Einblick in bronze- und eisenzeitliche Siedlungsstrukturen auf Gemarkung Möhringen nördlich der Donau. Die Fundstelle befindet sich offensichtlich inmitten eines weitläufigen Siedlungsareals: Zahlreiche bronzezeitliche Scherben in den überdeckenden Kolluvien zeigen an, dass zumindest nach Norden hin mit einer dichten Besiedlung dieser Phase zu rechnen ist. Die verkehrsgünstige Lage oberhalb der Donau und am Eingang zum Bächetal bildet schließlich einen äußerst geeigneten Ort für diese vorgeschichtlichen Ansiedlungen. Sie standen in Blickkontakt in Richtung Südosten zu den z. T. zeitgleichen Niederlassungen, die südlich der Donau in der Aue und auf dem südlich anschließenden Hang des Schuttkegels lagen und anlässlich der Erweiterung des Gewerbegebiets „Gänsäcker“ nachgewiesen wurden (siehe den Beitrag S. 153 ff.).

Herzlich gedankt sei Frau Sucheta-Bock, Stadt Tuttlingen, für die effiziente und vertrauensvolle Zusammenarbeit.

Andrej Girod, Gertrud Kuhnle, Diethard Tschocke

LITERATURHINWEISE

J. Armingeon/G. Kuhnle, Seltenheitswert – eine Mineralbodensiedlung der Früh- bis Mittelbronzezeit bei Tuttlingen. Arch. Ausgr. Baden-Württemberg 2020, 110–113; A. Gutekunst/G. Kuhnle, Eine Siedlung der jüngeren Latènezeit und Siedlungsspuren der Glockenbecherkultur an der Donau bei Tuttlingen. Ebd. 153–156; M. Schefzig, Siedlungen der Frühbronzezeit in Mitteleuropa – Eine Gegenüberstellung der Hausformen Süddeutschlands und des Aunjetitzer Bereiches. In: H. Meller/F. Bertemes (Hrsg.), Der Griff nach den Sternen. Wie Europas Eliten zu Macht und Reichtum kamen. Internationales Symposium in Halle (Saale) 16.–21. Februar 2005. Tagungen Landesmus. Vorgesch. Halle 5 (Halle [Saale] 2010) 333–349.

94 ◁ *Möhringen „Hinter dem Kirchle“. Frühmittelalterliche Bestattung (Grab I) über zwei urnenfelderzeitlichen Gruben.*

Ein spätbronzezeitliches Gräberfeld im Neubaugebiet „Herrengüter III" von Herbolzheim

Die Entdeckung zweier Brandschüttungsgräber bei Sondierungen im Vorfeld der geplanten Erweiterung nach Westen des Wohnbaugebiets „Herrengüter" am nördlichen Rand der Stadt Herbolzheim führte zur Ausschreibung einer archäologischen Ausgrabung, die durch die Firma Südwest-Archäologie zwischen dem 14.12.2020 und dem 18.6.2021 ausgeführt wurde.

Unter der 0,6–0,8 m dicken Humusschicht stand eine mindestens 2 m mächtige rotbraune sandig-kiesige Schwemmschicht an, in die die Gruben eingetieft waren. Ihre Verfüllungen unterschieden sich in Beschaffenheit und Farbe meistens so geringfügig vom gewachsenen Boden, dass sich viele Befunde lediglich durch eingeschlossene Materialien wie Steine, Keramik oder Holzkohlepartikel abzeichneten. Aus diesem Grund wurde fast die gesamte Fläche nach einer ersten erfolgten Dokumentation noch einmal mit dem Bagger abgezogen, um sicher zu sein, keine tiefer reichenden Strukturen übersehen zu haben. Diese Methode erwies sich in mehreren Fällen als erfolgreich und erlaubt die Annahme, dass alle erhaltenen Bestandteile des Kulturdenkmals vor der Zerstörung gerettet werden konnten.

95 ▽ *Herbolzheim, „Herrengüter III". Freilegung eines großen Keramikgefäßes mit Leichenbrandresten und darin deponierten kleineren Keramikgefäßen.*

Aufgrund der Konzentration der Befunde – etwa mittig in der freigelegten, rund 1,3 ha großen Fläche – können wir davon ausgehen, dass das spätbronzezeitliche Gräberfeld in seiner gesamten Ausdehnung erfasst wurde.

Neben den zwei bereits durch die Sondierungen bekannten Brandschüttungsgräbern wurden vier weitere, körperlange Gruben mit Leichenbranddeponierung entdeckt. Alle vier enthielten jeweils eine größere Anzahl an Keramikgefäßen unterschiedlicher Form und Größe, die in der Regel aufrecht auf der horizontalen Grubensohle standen und vermutlich ursprünglich Speisen enthielten. In zwei Fällen fanden sich auch Bronzeartefakte oder Bruchstücke von solchen, die wohl mit den Resten des Scheiterhaufens eingesammelt worden sind. Eine der Grabgruben war mit vier kleinen Steinplatten auf der Sohle und mehreren hochkant gestellten Steinen entlang der Wandung ausgestattet.

Das Gräberfeld zählte zudem mindestens 30 Urnengräber, bei denen das Keramikgefäß mit den Leichenbrandresten entweder allein oder zusammen mit wenigen, meist kleineren Gefäßen in einer runden bzw. ovalen Grube deponiert war. Die kleinen – ursprünglich wohl auch mit Speisen gefüllten – Gefäße fanden sich dabei sowohl außerhalb als auch innerhalb der Urne (Abb. 95).

Bei sieben weiteren kleinen Gruben mit Keramikgefäßen, aber augenscheinlich ohne menschliche Knochenreste stellt sich die Frage, ob es sich um reine Beigabe-Deponierungen handelt.

Vier langovale Gruben, die für gewöhnlich als Gargruben interpretiert werden, enthielten gebrannte Steine, wenige urnenfelderzeitliche Keramikscherben sowie verbrannte Erde mit Holzkohleanteilen: Diese Feuerstellen könnten für Kultfeuer gedient haben. In relativ zentraler Lage bildeten Pfostenstellungen den Grundriss eines 11,5 m breiten und mindestens 16 m langen vorgeschichtlichen Gebäudes, dessen mögliche Beziehung zum Gräberfeld noch genau untersucht werden muss.

Nach dem derzeitigen Stand der Auswertung überspannen die Befunde und Funde den Zeitraum von der Spätbronzezeit bis zur ausgebildeten Urnenfelderzeit (Bz D–Ha A; ca. 1300–1100 v. Chr.). Neben den zahlreichen Keramikgefäßen kamen einige bemerkenswerte Schmuckstücke aus Bronze zutage, darunter vier verzierte, massive Armringe aus einer einzigen Urnenbestattung (Abb. 96). Die beiden kleineren Ringe lassen sich anhand der längs verlaufenden Drei-Zonen-Fischgrätzier dem Typ Wallertheim zuweisen (Bz D–H A1). Auch die zwei größeren Ringe, die zusätzlich zu den drei Zonen mit Fischgrätzier Rillenbündel an den Enden aufweisen, gehören diesem Typ an (freundlicher Hinweis A. Spatzier, LAD). Die anstehende wissenschaftliche Auswertung der Befunde, Funde und Leichenbrandreste ist vielversprechend, wird sie doch interessante Fakten über die materielle Kultur, Handelsbeziehungen, sich wandelnde Bestattungssitten und die Zusammensetzung der vielleicht ersten auf Gemarkung Herbolzheim ansässigen Bevölkerungsgruppe vor mehr als 3100 Jahren liefern.

96 △ Herbolzheim, „Herrengüter III". Verzierte, massive Bronzeringe. Der vollständige kleinere Ring (Dm. 5,8 cm) hat ein rundes Profil; der größere Ring mit den überlappenden Enden (Dm. 7 cm), der deformierte größere Ring und der unvollständige kleinere Ring besitzen ein rundes Profil mit einer abgeflachten Seite.

Für die gute Zusammenarbeit danken wir Herrn Stefan Rheiner von badenovaKonzept und den Vertretern der Stadt Herbolzheim.

Gertrud Kuhnle, Diethard Tschocke, Dionyssis Antypas

LITERATURHINWEIS

G. Kuhnle/C. Berszin/U. Grabo, Zwei Brandschüttungsgräber der späten Bronzezeit in Herbolzheim. Arch. Ausgr. Baden-Württemberg 2020, 125–126.

Neue geoarchäologische Forschungen auf dem Heiligenberg: Sondage einer Podiengruppe am Osthang des Berges

Der Heiligenberg (439,1 m ü. NN) erhebt sich mehr als 300 m hoch über das Neckartal nördlich von Heidelberg. Er besteht im Wesentlichen aus rotbraunen, vornehmlich sandigen Gesteinsschichten der Miltenberg-Formation des Unteren Buntsandsteins (252,5–251 Mio. Jahre vor heute). Mit den beiden mächtigen Ringwällen, den Klosteranlagen und Besiedlungsspuren vom Neolithikum bis in die Neuzeit gehört er zu den eindrucksvollsten archäologischen Denkmälern in Baden-Württemberg.

Nach der Lehrgrabung, die 2019 einen Abschnitt des inneren Ringwalls erfasst hatte, beschlossen das Landesamt für Denkmalpflege (LAD) und das Kurpfälzische Museum Heidelberg (KMH), die Ausgrabungen mit einer neuen konkreten Fragestellung fortzuführen. Ziel der Unternehmung sollten die zahlreichen Podien werden, die überwiegend im Bereich zwischen dem inneren und dem äußeren Ringwall liegen (Abb. 97) und deren Nutzung und Zeitstellung bislang unklar ist. In Größe, Form und Lage unterscheiden sie sich doch sehr deutlich, ebenso kann man sie nicht pauschal einer Epoche zuweisen. Nutzungen als Wohnpodien, Gärten, kleine Äcker, für Handwerk oder als Meilerplätze sind denkbar.

Natur oder Mensch? Geophysikalische und geoarchäologische Untersuchungen

Durch das LAD wurden zunächst drei Podien mittels Bodenradar untersucht, da dieses Verfahren über die höchste vertikale Auflösung der im Untergrund untersuchten Strukturen verfügt. Ziel war es, Strukturen zu dokumentieren, die Rückschlüsse auf eine mögliche Bebauung oder anderweitige Nutzung der Podien ermöglichen sollten. Zum Einsatz kam eine Antenne mit der nominellen Mittenfrequenz von 400 MHz. Die Profile hatten einen Abstand von 0,50 m. Entlang jeden Profils erfolgten 40 Messungen pro Profilmeter. Diese Dichte konnte dank des Einsatzes eines Messrades mit höchster Genauigkeit (über 3900 Impulse pro Profilmeter) gewährleistet werden. Innerhalb aller drei Messflächen ließen sich dabei Strukturen sichtbar machen, die meistens auf geologische Formationen zurückgeführt werden müssen. Manche dieser Anomalien können aber aufgrund ihrer linearen Anordnung oder rechteckigen Ausformung auf potenzielle archäologisch relevante Strukturen hinweisen.

Im Rahmen eines Kooperationsprojektes zwischen der Universität Heidelberg und dem LAD wurden dann während eines Geländepraktikums des Geographischen Institutes im September 2021 vorbereitend zu den archäologischen Grabungen zwei Podien am Südosthang mittels Geoelektrik (vgl. Infokasten) prospektiert, um die Tiefe des Eingriffs in den Hang, die Mächtigkeit von Aufschüttungen und mögliche Steinsetzungen zu deren Stabilisierung nachzuweisen.

Die einzelnen Schichten des Buntsandsteins werden aufgrund von Unterschieden in deren Festigkeit von den natürlichen Prozessen nicht gleichmäßig abgetragen, sondern es bilden sich stellenweise Stufen, deren prominenteste im Gipfelbereich des Heiligenbergs zu finden sind. Im Kleinen zeigt sich dies auch in der Geomorphologie des Südhangs. Wie die Messungen ergeben haben (Abb. 98), stehen der Buntsandstein-Fels und schuttreiches Substrat bis dicht unter die Oberfläche an (Werte über 4000 Ω m in Rot und Violett), was im Gelände auch an freigelegtem Grobschutt bei Meter 32 erkennbar war. Die Sandsteine sind sonst von einer unregelmäßigen periglazialen Deck-

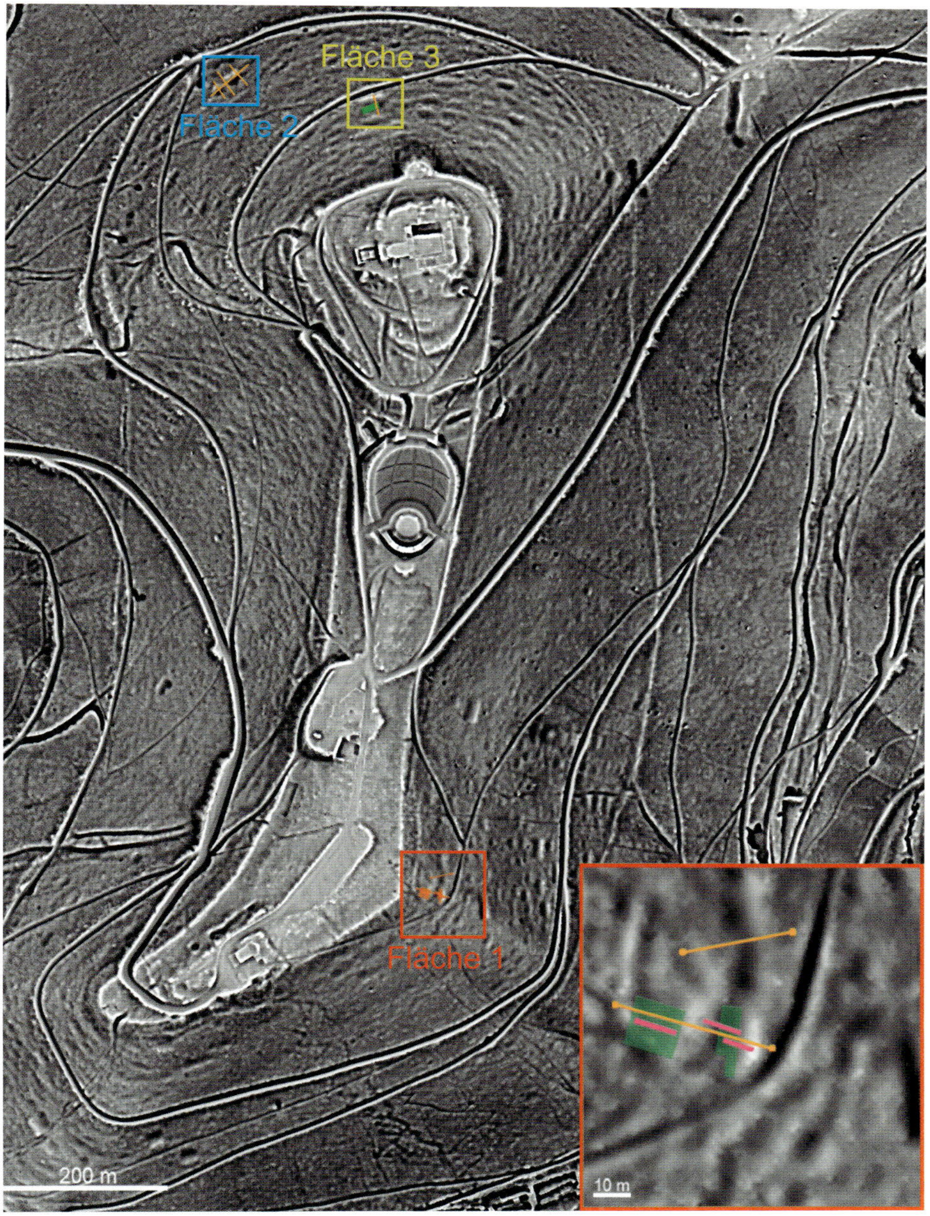

97 ◁ *Digitales Geländemodell/ LiDAR-Scan des Heiligenbergs mit Eintragung der Untersuchungsflächen. Durch den Dunkel-Hell-Kontrast gut sichtbar sind die Podien entlang des Plateaus. Rot umrandet: Ausgrabungsfläche; orange: lineare geoelektrische Messungen; grün: Georadarmessung; magenta: drei Sondageschnitte.*

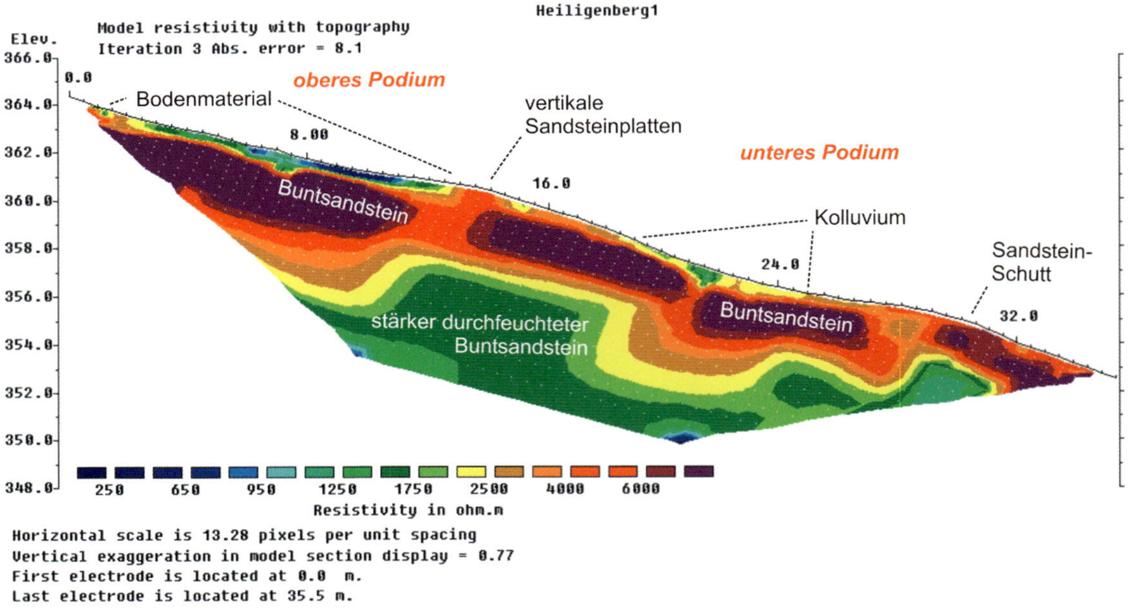

98 △ *Heiligenberg. Ergebnis der Geoelektrik (Schlumberger-Anordnung). Gut erkennbar sind die am Ende des oberen Podiums aufgestellten Schichten (rot), die dahinter feines Bodenmaterial (grün und blau) fixiert haben. Auffällig ist das geologisch vorgegebene flachere Einfallen des Buntsandsteins (violett) im Bereich des unteren Podiums sowie das Kolluvium (gelb und grün), das dort abgelagert wurde.*

schicht überdeckt, die reicher an Feinmaterial ist (Werte unter 2500 Ω m in Gelb, Grün und Blau), während das Gestein ab etwa 3 m Tiefe besser durchfeuchtet ist (Werte um 1750 Ω m in Grün). Das obere Podium ist durch eine geringmächtige feinkörnige Bodenauflage geprägt, die bei ca. 13,2 m abrupt endet. Hier reichen Buntsandsteinplatten bis nahe an die Geländeoberfläche. Im Bereich von Meter 19 bis 25 fällt auf, dass am bergseitigen Ende des Podiums mehr Feinmaterial liegt, das mutmaßlich in der jüngeren Zeit durch Bodenerosion hier kolluvial abgelagert wurde. Das Podium war also ursprünglich flacher. Insgesamt zeigt sich, dass die Lockermaterialauflage unter 50 cm mächtig ist und keine tiefgreifenden menschlichen Eingriffe in den Hang stattfanden. Die Neigung des Buntsandsteins um Meter 24 zeigt, dass dieser Bereich des Hanges hier von Natur aus flacher ist als dessen Nachbarschaft. Die Menschen haben hier also günstige Stellen ausgewählt, die sie leicht zu flachen Podien umgestalten konnten, die später durch Bodenerosion kolluvial wieder teilweise verschüttet wurden. Der im Zuge der archäologischen Grabung angelegte Sondageschnitt bestätigt die Anomalien der Geoelektrik. Hinter den aufgestellten Sandsteinplatten konnte viel Feinmaterial akkumuliert werden (Abb. 99). Ein dunklerer Horizont im unteren Profilbereich lässt auf eine alte Bodenoberfläche schließen, die später vermutlich im Zuge der Anlage des Podiums verschüttet wurde. In diesem sandig-steinigen Substrat hat sich bis heute ein neuer Boden gebildet. Auffällig sind Ton- oder Eisenbänder, deren Untersuchung Gegenstand einer laufenden studentischen Abschlussarbeit ist.

Sondagegrabung auf den Podien

Die untersuchten Podien liegen im Südosten des Gipfelplateaus direkt unterhalb des Inneren Ringwalls (Fläche 1) nur rund 20 m Luftlinie entfernt vom 2019 untersuchten Bereich der Befestigung. Die archäologische Untersuchung durch das KMH und das LAD wurde auf drei Flächen verteilt, die der Orientierung des geoelektrischen Profils (teils versetzt, teils überlappend) parallel folgen. Die rund 1 m breiten Schnitte waren zwischen 6,5 m und 12 m lang und wurden rechtwinklig zur Längsausrichtung der Podien geführt, wobei sowohl berg- als auch talseitig das natürliche Hanggefälle mit erfasst wurde (Abb. 99). Die Stratigraphie ließ – zumindest auf den ersten Blick – keine Befundstrukturen erkennen, die eindeutig menschlichen Eingriffen zuzuordnen wären. Die künstliche Überformung des Geländes offenbarte sich erst bei genauerer Betrachtung. Aussagekräftig ist hier das in Schnitt 1 dokumentierte Profil (Abb. 100): Der anstehende, von Spalten durchzogene und plattig aufgebrochene Fels bildet im Untersuchungsbereich keine linear geneigte Oberfläche, sondern weist im leicht abflachenden Bereich des Plateaus untergründig eine natürliche, wannenförmige Kluft von etwa 2 m Breite auf. Diese mit feinsandigem Verwitterungsmaterial des anstehenden Gesteins aufgefüllte „Sedimentfalle“ wurde künstlich eingeebnet. Die nivellierte, vom Fels begrenzte Oberfläche diente als Ausgangslage für Aufschüttungen und Einplanierungen, mit denen eine an die hangseitigen Felsstufen anziehende, 3 m breite Ebene hergestellt

99△ *Heiligenberg. Die archäologische Grabung zeigt deutlich die Strukturen, die sich in der geoelektrischen Resistivitätstomographie angedeutet hatten. Der Bereich hinter den durch Hangprozesse aufgestellten Sandsteinplatten fungiert als Sedimentfalle, sodass sich hier ca. 50 cm an Feinmaterial halten konnten. Der bräunlich-graue Horizont in 50–75 cm Tiefe wurde als alte Oberfläche identifiziert, die durch sandig-steiniges Substrat verschüttet wurde.*

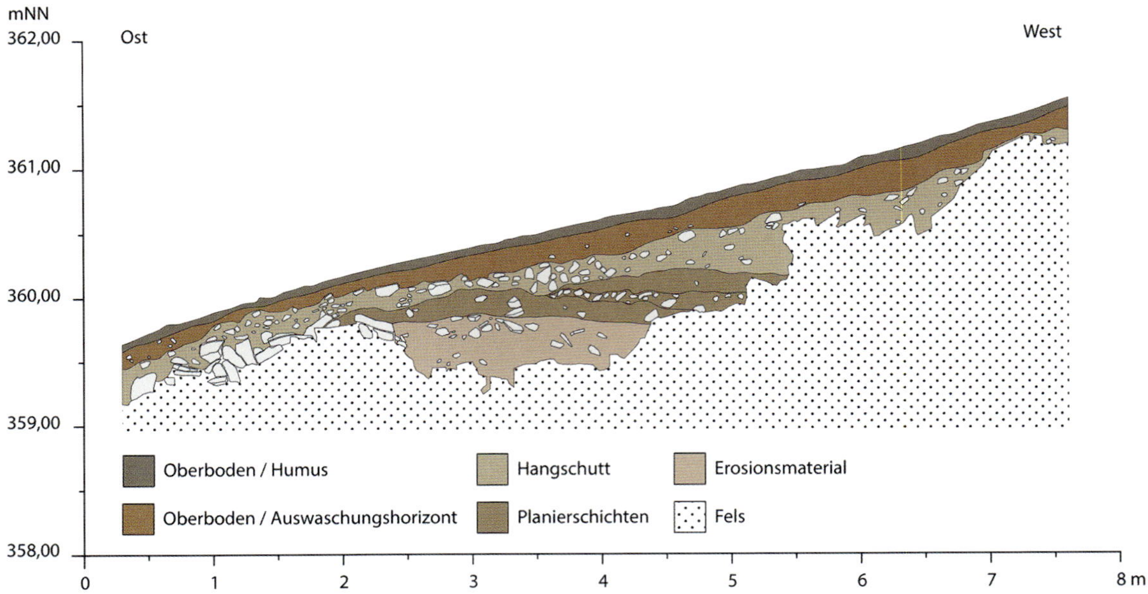

100 △ *Heiligenberg, Sondageschnitt 1. Profilumzeichnung im Bereich des künstlich angelegten Podiums.*

wurde. Innerhalb der aus mindestens drei Lagen bestehenden Aufschüttung fällt neben einer flachen Ausgleichsschicht aus angehäuften kleinteiligen Sandsteinbruchstücken besonders die partielle graubräunliche Verfärbung des sandig-schluffigen Materials auf. Ob es sich hierbei um den Rest einer in situ erfolgten Humusbildung oder um im Arbeitsprozess umgelagerten Oberboden handelt, wird noch zu klären sein. Da sich aber im Grabungsschnitt keine eindeutig als Laufhorizonte ansprechbaren Schichten abzeichneten (etwa durch das verstärkte Aufkommen von Holzkohle oder Hüttenlehm), ist davon auszugehen, dass die ursprüngliche(n) Oberfläche(n) erodiert sind. Die vormals markant ausgeprägte Geländeterrasse ist schließlich im Laufe der Zeit durch natürliche Erosionsprozesse verschliffen. Das von Menschenhand geschaffene, unter einem Kolluvium aus Hangschutt und einer rezenten Bodenauflage verborgene Podium ist gleichwohl noch gut im Hang zu erkennen. Der anthropogene Eingriff in das Gelände spiegelt sich auch im reichlich eingelagerten Fundmaterial, das vorwiegend aus den Aufschüttungen und Einplanierungen geborgen wurde und maßgeblich zur Frage der Entstehung beiträgt.

Aussagekräftige Funde

An der Größe der Grabungsschnitte gemessen, liegt das Fundaufkommen mit ca. 380 Keramikfragmenten deutlich über den Erwartungen; die Funde stammen teilweise auch aus tieferen Schichten.

Bemerkenswert ist, dass im Vergleich zum Fundmaterial aus der unmittelbar oberhalb gelegenen Grabungsfläche von 2019 die Keramik der Urnenfelderzeit (ca.1200–800 v. Chr.) deutlich zu überwiegen scheint. Es finden sich aber auch wenige eindeutig frühlatènezeitliche Stücke (ca. 450–300 v. Chr.). Material aus jüngeren Epochen fehlt ganz. Meistens handelt es sich um handgemachte grobe Gebrauchskeramik, doch sind auch sehr dünnwandige feinkeramische Scherben vertreten, teilweise mit Graphitierung. Auch von den bereits in großer Zahl vom Heiligenberg bekannten Rundeln aus Stein und Keramik fanden sich wieder drei Exemplare. Es ist nicht auszuschließen, dass die Podien bereits in der Urnenfelderzeit angelegt wurden und in der Frühlatènezeit weiter genutzt worden sind. Wie diese Nutzung konkret aussah, lässt sich aus der begrenzten Fläche der Sondageschnitte und dem Fundmaterial bislang nicht erschließen; dieses macht hinsichtlich der Zusammensetzung den Eindruck eines üblichen Siedlungsniederschlags. Die vorgeschichtliche Entstehung und Nutzung dieser beiden Podien ist somit gesichert, das Ergebnis sollte aber nicht vorschnell auf alle anderen übertragen werden. Hierzu sind sicher noch weitere Untersuchungen nötig.

Ein großer Dank geht an alle Kooperationspartner, die an diesem erfolgreichen Projekt mitgewirkt haben und mit ihren Arbeiten eine Ausgangsbasis für weitere Forschungen zu den Podien schaffen. Dank gilt auch den Studierenden des Geographischen Instituts, die mit viel Eifer und Sachverstand die geophysikalische Untersuchung als Geländepraktikum durchgeführt haben. Die Einmessung der Sondagen unterstützte das Vermessungsamt der Stadt Heidelberg. Ebenso hervorzuheben ist die Leistung des kleinen studentischen Grabungsteams, das in schwieriger Topographie trotz zum Teil widriger Wetterbedingungen und unter Einhaltung aller coronabedingten Einschränkungen die Arbeiten erfolgreich abschließen konnte.

Olaf Bubenzer, Sven Jäger, Renate Ludwig, Bertil Mächtle, Tobias Schöneweis, Harald von der Osten-Woldenburg, Günther Wieland

LITERATURHINWEISE

T. Schöneweis/G. Wieland/R. Ludwig, Lehrgrabung auf dem Heiligenberg: Einblicke in die vorgeschichtliche Besiedlung. Arch. Ausgr. Baden-Württemberg 2019, 108–111; R. Ludwig/P. Marzolff, Der Heiligenberg bei Heidelberg. Führer Arch. Denkmäler Baden-Württemberg 20 (Stuttgart 2008).

INFO

Die *Geoelektrische Resistivitätstomographie („Geoelektrik")* macht über induzierten Gleichstrom die elektrische Widerstandsverteilung des Untergrundes sichtbar. Je nach den Eigenschaften des Untergrundes weisen felsig-steinige oder grobkörnige, lockere Bereiche höhere Widerstandswerte auf, während feuchtere oder feinkörnigere Substrate und Böden niedrigere Widerstandswerte zeigen, da sie in ihren feinen Poren mehr Wasser halten und damit den Strom besser leiten können. Steinsetzungen oder auch der anstehende Buntsandstein lassen sich so gut von Aufschüttungen und der heutigen Bodenauflage unterscheiden und in ihrer Tiefenlage bestimmen. Größere archäologische Strukturen und die natürliche Untergrundbeschaffenheit werden so sichtbar gemacht.

Ein Schalenstein aus einer hallstattzeitlichen Grube von Tübingen-Bühl

Im Frühjahr 2021 wurde im Vorfeld des Neubaus eines Einfamilienhauses in der Weilerburgstraße in Bühl eine archäologische Untersuchung durchgeführt. Diese war erforderlich, weil bei Baumaßnahmen in der unmittelbaren Nachbarschaft in den Jahren 1964 und 1990 Siedlungsgruben angeschnitten worden waren, die anhand des Fundmaterials in das Mittelneolithikum datiert werden konnten. Die genaue Ausdehnung der jungsteinzeitlichen Siedlung ist unbekannt, doch konnten bei Ausgrabungen im Jahr 2019 im 200 m westlich gelegenen Gewann „Obere Kreuzäcker" weitere umfangreiche Zeugnisse einer mittelneolithischen Siedlung dokumentiert werden, die auf eine rege Siedlungstätigkeit in diesem Areal hindeuten.

Bei der jetzigen Grabung kamen auf 465 m^2 zahlreiche Pfostengruben zutage, die auf bauliche Strukturen hinweisen, sich aber nicht zu Gebäuden rekonstruieren ließen. Außerdem wurden mehrere Siedlungsgruben dokumentiert, darunter drei Kegelstumpfgruben. Im Mittelpunkt der Betrachtung steht hier die nördlichste dieser Gruben. Der im Planum etwa kreisrunde Befund mit ca. 2 m Durchmesser und einer erhaltenen Tiefe von 1 m sticht aufgrund seiner komplexen Stratigraphie und des enthaltenen Fundmaterials heraus. Nach einer ca. 40 cm starken, homogenen Verfüllung folgen auf 60 cm Mächtigkeit mehrere annähernd horizontale Bänder, abwechselnd aus Holzkohle und Lehm. Bereichsweise sind starke Konzentration von Rotlehm erkenn-

101 ▷ *Tübingen-Bühl, Weilerburgstraße. Profil der Grube Befund 28 mit horizontaler Schichtung und dem Schalenstein in situ.*

bar (Abb. 101). Die Entstehung der horizontal abgelagerten Schichten ist wahrscheinlich mit der mehrfachen Wiederverwendung als Vorratsgrube zu erklären. Nach der Entnahme z. B. von Getreide wurde die Grube ausgeräuchert, um Ungeziefer oder Schimmel zu beseitigen. Nach dem Abdecken der Holzkohle mit einer Lehmschicht wurde erneut Lagergut eingefüllt, bis nach der Entnahme im folgenden Jahr wiederum heiße Holzkohle eingebracht und flächig verteilt wurde. Dieser Vorgang hat sich bis zur Aufgabe der Grube mehrfach wiederholt.

102 △ *Tübingen-Bühl, Weilerburgstraße. Schwarztonige Schale mit kalenderbergartiger Reliefverzierung. Dm. 13 cm.*

Funde und Datierung

Das umfangreiche Fundmaterial ist qualitativ ausgesprochen hochwertig. Neben grobkeramischer Siedlungsware wurden die Reste zahlreicher feintoniger Gefäße entdeckt. Es handelt sich meist um braun- und schwarztonige offene Formen wie Schalen oder Schüsseln. Darunter sind mindestens vier Schalen, die unterhalb des Randes graphitiert oder mit graphitierten Winkelbändern verziert sind. Besonders auffällig ist eine schwarztonige, reliefverzierte Schale, die eine enge Parallele auf der Heuneburg bei Hundersingen hat und Einflüsse aus dem Osthallstattkreis zeigt (Abb. 102). Diese reliefverzierte Keramik ist charakteristisch für die Kalenderbergkultur, benannt nach dem eponymen Fundort am Rand des Wienerwaldes, die im nordostalpinen Raum verbreitet ist. Einflüsse dieses Keramikstils lassen sich bis in die deutschen Mittelgebirge und die Niederlande erkennen.

Weiterhin sind zwei dunkelgraue, feintonige Scherben einer mit omphalosartigen Dellen verzierten Schüssel erwähnenswert, bei der eine Abplatzung zusätzlich auf eine Kreis-Buckel-Verzierung hindeutet. Die beschriebene Feinkeramik datiert in die Stufe Hallstatt D1, zwischen dem Ende des 7. und der ersten Hälfte des 6. Jahrhunderts v. Chr., und grenzt auch die Nutzungszeit unserer Grube recht genau ein. Neben sieben verzierten und unverzierten Spinnwirteln ist auch das Bruchstück einer sogenannten Tonspule erwähnenswert, die bei uns sowohl in Siedlungen als auch in Opferplätzen gefunden werden, deren genaue Funktion allerdings unklar bleibt (Abb. 103)

103 ▽ *Tübingen-Bühl, Weilerburgstraße. Spinnwirtel und Tonspule (ganz rechts).*

Ein Relikt vergangener Zeiten

Die anfangs erwähnte homogene Verfüllung im obersten Bereich von Befund 28 markiert das Ende seiner Nutzungszeit. Die Kompaktheit und fehlende Schichtung weisen auf eine Verfüllung über einen kurzen Zeitraum hin. Herausragend ist hier der in unserer Region ungewöhnliche Fund eines Schalensteins, der bei der Aufgabe der Grube deponiert oder entsorgt wurde (Abb. 104). In den 80 cm × 65 cm × 19 cm großen Block aus lokalem Stubensandstein wurden vermutlich auf der Schauseite zahlreiche schalenartige Vertiefungen eingearbeitet. Sie bedecken nicht die gesamte Fläche; dort, wo sie fehlen, wirkt der Stein teilweise abgeschliffen oder abgegriffen. Die gegenüberliegende Seite ist unverziert und hat ebenfalls anscheinend geglättete Bereiche. Zumindest eine Schmalseite ist abgearbeitet, möglicherweise um eine Standfläche zu schaffen. Die Bedeutung von Schalensteinen ist nicht eindeutig geklärt, eine Funktion im Rahmen von zeremoniellen Handlungen ist aber wiederholt diskutiert worden. Da sie häufig in nicht stratifizierten Kontexten gefunden werden, ist ihre chronologische Einordnung schwierig. Das Gros der Schalensteine gehört aber zum Kanon spätneolithischer bzw. frühbronzezeitlicher Bildwerke. Trotz der Lage in einer hallstattzeitlichen Grube wird auch für den Schalenstein aus Bühl diese Datierung postuliert.

104 ▽ *Tübingen-Bühl, Weilerburgstraße. Schalenstein aus der Grube Befund 28.*

Steinerne Bildwerke sind im Neckartal zwischen Tübingen und Rottenburg aus mehreren Fundorten bekannt. Besonders zu erwähnen ist der 1985 im nur 3 km entfernten Weilheim entdeckte Menhir, dessen Entstehung aufgrund der Darstellung von Stabdolchen um die Wende vom 3. zum 2. Jahrtausend angenommen werden kann. Das Stück ist im süddeutschen Raum singulär und die nächsten Parallelen sind im Alpenraum Norditaliens zu suchen. In diesem Zusammenhang von besonderer Bedeutung sind die ebenfalls in den Stein eingearbeiteten Schälchen, die ihn mit dem Stein aus Bühl verbinden. Wie in Bühl sind auch auf dem Weilheimer Exemplar glatte Flächen erkennbar, die durch wiederholtes Berühren entstanden sein können. Der etwa 4,5 m hohe Stein war vermutlich an einer alten Verkehrsverbindung aufgestellt, auf deren Trasse später auch die römische Straße verlief.

Darüber hinaus sind mehrere anthropomorphe Stelen aus hallstattzeitlichen Grabkontexten in Rottenburg, Kilchberg und Stockach zu nennen, für die ebenfalls eine Entstehung im Neolithikum diskutiert wird und die in deutlich jüngeren funeralen Kontexten wiederverwendet worden sind. Die Bedeutung dieser Praxis ist nicht klar zu fassen. Vorstellbar ist eine Rückbesinnung auf die eigenen (?) Ahnen. Möglicherweise

sollte so eine Abstammungslinie konstruiert werden, um damit den Anspruch auf ein bestimmtes Territorium oder eine gesellschaftliche Rolle zu rechtfertigen.
Ob die Deponierung unseres Schalensteins in einer Siedlungsgrube einen rituellen Hintergrund hat, bleibt Spekulation. Es bestätigt sich aber ein bekanntes Muster in der Wiederverwendung stein- oder bronzezeitlicher Bildwerke in eisenzeitlichen Zusammenhängen im Neckartal zwischen Tübingen und Rottenburg. Der Bühler Schalenstein stellt hier eine wichtige Ergänzung dar.

Marc Heise

LITERATURHINWEISE

H. van den Boom, Keramische Sondergruppen der Heuneburg. Heuneburgstudien VII = Röm.-Germ. Forsch. 47 (Mainz 1989); W. Löhlein, Spätneolithische Grabmonumente mit trapezoidem Grundriß im Neckarland? Fundber. Baden-Württemberg 20, 1995, 219–228; H. Reim, Der Menhir von Weilheim – Zu neolithischen und frühbronzezeitlichen Steinbildwerken im Neckartal zwischen Rottenburg und Tübingen. In: H. P. Wotzka (Hrsg.), Grundlegungen – Beiträge zur europäischen und afrikanischen Archäologie für Manfred K. H. Eggert (Tübingen 2006) 445–460; U. Schwegler, Schalen- und Zeichensteine der Schweiz. Antiqua 22 (Basel 1992).

PFULLENDORF-OTTERSWANG, KREIS SIGMARINGEN

Hallstattzeitliche Grabhügel bei Pfullendorf-Otterswang. Neue Einblicke in eine altbekannte Fundstelle

Auf einer bewaldeten Hochebene nordöstlich von Kappel auf Gemarkung Otterswang werden ab dem frühen 19. Jahrhundert in der einschlägigen Literatur wiederholt Grabungstätigkeiten und dabei geborgene Funde aus einer kleinen Grabhügelgruppe genannt. Die Gruppe besteht aus insgesamt vier Hügeln. Heute liegen die Grabhügel in einem Bereich einer Kiesgrube, der mit der kommenden Ausbaustufe abgebaut werden wird. Rettungsgrabungen werden dort seit Juni 2021 durchgeführt.

Auf der Suche nach repräsentablen Funden

Wegen ihrer Größe und guten Erhaltung, die im Übrigen weitgehend dem heutigen Zustand entsprechen, gelangten die obertägig beeindruckenden Grabhügel bei Otterswang schon zu Beginn des 19. Jahrhunderts ins Blickfeld von Geschichtsliebhabern. Namentlich zuerst genannt ist Carl von Mayenfisch, ab 1846 Leiter der Fürstlich Hohenzollerischen Sammlungen in Sigmaringen, der als Kunstliebhaber und Sammler bereits 1833 einen Hügel ausgrub. Im Auftrag des Waldbesitzers, des Fürstenhauses von Hohenzollern, untersuchte Josef Baur, Pfarrer in Dietershofen bei Meßkirch, 1882 einen der größeren Hügel in vier Tagen. Aus seinem Grabungsbericht geht hervor, dass – abgesehen von einzelnen Hinweisen auf Urnen, wobei nur eine davon Leichenbrand enthielt – ausschließlich Körpergräber erfasst wurden. Auch diese Funde gelangten in die für die Vielfalt und Qualität ihrer Bestände bekannten fürstlichen Sammlungen.

„Hügelruinen" einer kleinen Grabhügelgruppe

Wie im 19. Jahrhundert durch die Ausgräber beschrieben, zeigten sich die vier Grabhügel im Vorfeld der Planungen mit dichtem Fichtenbewuchs zwar von erosionsbedingter Abtragung weitgehend verschont, drei von ihnen wiesen augenscheinlich allerdings massive Beeinträchtigungen durch frühere Abgrabungen und Dachsbauten, aber auch Wurzelstöcke auf. Es war also einerseits von einem desolaten Erhaltungszustand der Tumuli auszugehen, andererseits hatten Sondagen im Umfeld der Grabhügel 2019 ergeben, dass mit an Sicherheit grenzender Wahrscheinlichkeit neben den vier alt genannten Hügeln weitere inzwischen verebnete Grabhügel auszuschließen sind und nur vereinzelt mit Flachgräbern zwischen den Hügeln zu rechnen ist. Ausgehend von diesen Voraussetzungen, entschlossen sich der Kieswerkbetreiber und das Landesamt für Denkmalpflege – auch in Ermangelung denkmalgerechter Alternativen – zu Ausgrabungen, mit denen die Firma ArchaeoTask GmbH beauftragt wurde.

Zwischenergebnisse der Grabungen 2021

Trotz der vielfältigen, teils empfindlichen Störungen der Befunde ließen sich noch überraschend detaillierte Erkenntnisse zum Grabbau und zur Totenbehandlung gewinnen. Das Spektrum der Fibelfunde lässt mit ein- und zweischleifigen Schlangenfibeln sowie mit getriebenen und gegossenen Paukenfibeln eine durchgehende Belegung über die gesamte Späthallstattzeit nachvollziehen. Außerhalb der Hügelschüttungen wurden die Reste von mindestens sechs äußerst schlichten Brandgrubengräbern erfasst, die abgesehen von einem halbmondförmigen eisernen Rasiermesser keinerlei Beigaben

105 ▷ *Pfullendorf-Otterswang. Überblick von Nordost über die hallstattzeitliche Grabhügelgruppe.*

enthielten. Die zwischen 16 m und 24 m großen und noch bis zu 1,8 m hoch erhaltenen Grabhügel sind unregelmäßig über die 1,8 ha große Grabungsfläche verteilt (Abb. 105). Von einer Gruppe mit drei Tumuli (Hügel 2–4) im Norden ist ein einzelnes Grabmonument (Hügel 1) nach Südwesten abgesetzt und liegt hier zugleich exponiert an der höchsten Stelle im Gelände. Es handelt sich durchweg um reine Erdhügel, in deren Schüttungen aus Lösslehm sich noch zahlreiche, über den zentralen Kammergräbern aufgeschichtete Abstiche von Rasensoden erkennen ließen. An der Basis war jeweils noch die alte Oberfläche erhalten. Auch in die Hügelschüttungen eingetiefte Körpernachbestattungen liegen mittlerweile in einiger Zahl vor. Zwar hatten sich keine Skelettreste mehr erhalten, die ausgeschwemmten Metallsalze der vorwiegend bronzenen Grabbeigaben schufen allerdings besonders günstige Erhaltungsbedingungen für organische Materialien. So ließen sich vielfach mineralisierte Holz- und vereinzelt auch Textilreste beobachten.

Hügel 1

Am weitesten fortgeschritten sind die Untersuchungen an Hügel 1, der mit einem Durchmesser von 24 m und einer rekonstruierbaren Höhe von 2 m als der größte Tumulus der Gruppe gelten kann (Abb. 106). Eine massive konzentrische Störung des Hügels verhieß zunächst nichts Gutes für die Erhal-

106 ▽ *Pfullendorf-Otterswang. Hügel 1 während der Freilegung mit Eintragung der bisher dokumentierten Nachbestattungen. Die Sektoren NW und SO sind bereits auf die alte Oberfläche abgetragen.*

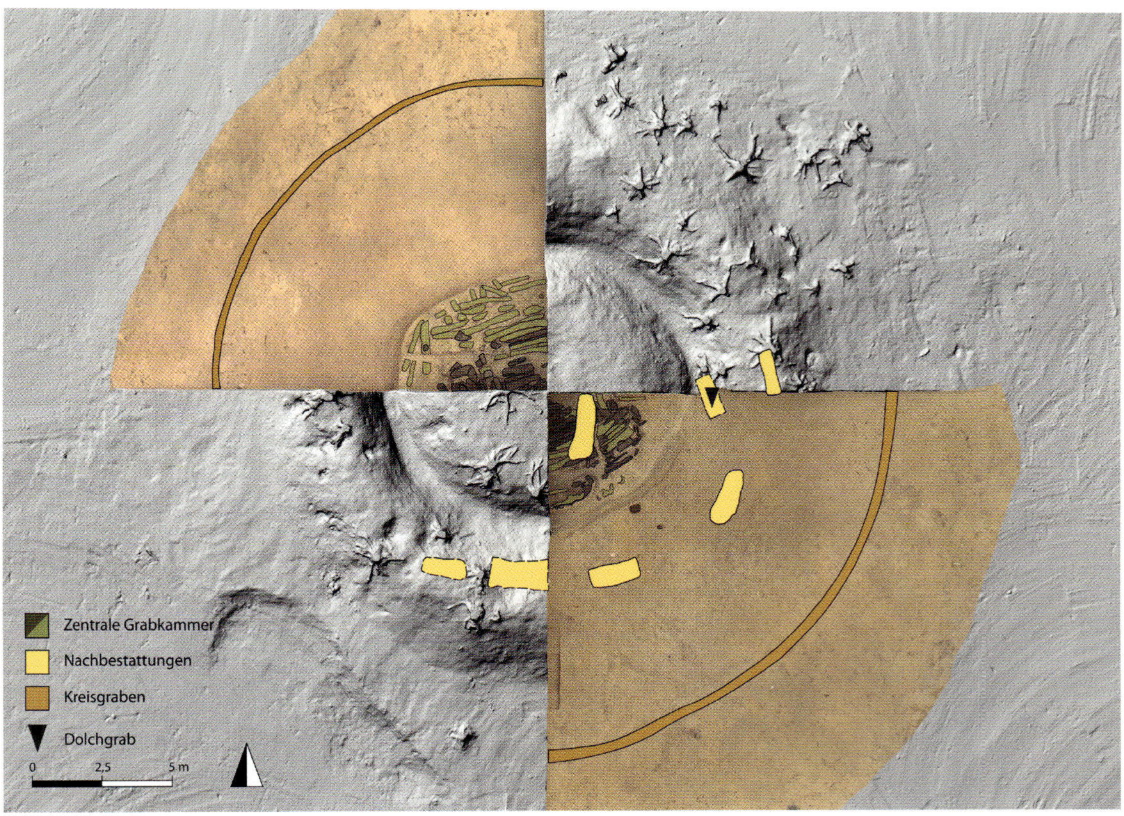

107 ▷ *Pfullendorf-Otterswang. Nachbestattung Bef. 36 in Hügel 1, Detail. Schlangenfibel (Typ S4) in Fundlage; Teile der Nadel sind durch eine Wurzel verlagert worden.*

108 ▷ *Pfullendorf-Otterswang. Eiserner Antennendolch mit Bronzescheide der Stufe Ha D1 aus einer Nachbestattung in Hügel 1. Durch einen Tierbau gestört, wurde die Waffe in drei Teile zerbrochen und in sekundärer Lage aufgefunden. Fotomechanische Rekonstruktion mit ergänztem Zierknopf.*

tung der Grabzusammenhänge. Rasch zeigte sich jedoch, dass der Befund darüber hinaus offenbar noch weitgehend intakt war. Den Hügelfuß umgab ein schmaler, aber ca. 0,5 m tiefer Kreisgraben, in dem eine Holzpalisade fundamentiert war. Bisher ließen sich sieben in die Hügelschüttung eingebrachte Nachbestattungen nachweisen, die, bei tangentialer Ausrichtung, konzentrisch um die Mitte angeordnet waren. Ausgehend von den erhaltenen Trachtausstattungen, die u. a. Pauken- und Schlangenfibeln (Abb. 107), Gürtelbleche sowie kugelförmige Ohrhänger umfassten, lassen sich mindestens zwei Frauen- und zwei Männergräber bestimmen. Bemerkenswert war das Grab eines Dolchträgers östlich der Hügelmitte. Der Antennendolch mit profilierter Bronzescheide (Abb. 108) datiert in die Stufe Ha D1 und weist zusammen mit einem glatten Gürtelblech seinen Träger als Angehörigen eines gehobenen sozialen Milieus aus. In der Hügelmitte konnten schließlich die „inkohlten" Hölzer eines großen rechteckigen Einbaus freigelegt werden, der ohne Zweifel von einer Nordwest–Südost orientierten Grabkammer der zentralen Hauptbestattung stammen muss. Die teils zur Mitte des Hügels hin verstürzten Bohlen deckten einen Bereich von mindestens 7 m × 6 m ab. Spuren eines Eingriffs im Zentrum dieses Bereiches könnten auf antike Beraubung oder eine zentrale Nachbestattung hindeuten.

Ausblick

Im November 2021 wurden die Arbeiten über den Winter eingestellt. Bis zu diesem Zeitpunkt waren alle vier Hügel soweit untersucht, dass Umfang, Erhaltung und die daraus resultierenden noch ausstehenden

Arbeiten möglichst genau zu kalkulieren waren. Besonders das Hügelzentrum von Hügel 1 wird einen der spannendsten Aspekte für die Fortsetzung der Ausgrabungen 2022 darstellen. Generell zeigte sich, dass teilzerstörte Hügel noch eine Menge an wertvollen Informationen zum Bestattungsbrauch, aber auch zu den unterschiedlichen Untersuchungsmethoden früherer Ausgräber preisgeben können.

Für die Unterstützung im Zuge der Vorbereitung des Grabungsareals und die gute und zielführende Zusammenarbeit während der Grabungen bedanken wir uns beim Werksbetreiber Valet & Ott, namentlich dem Geschäftsführer Herrn Dr. A. List und allen Angestellten.

Andreas Gutekunst, Doris Schmid

LITERATURHINWEISE

J. Baur, Ausgrabungen eines Grabhügels bei Kappel auf der Markung Otterswang. Mitt. Ver. Gesch. u. Altertumskunde Hohenzollern 17, 1883/1884, 49–55; L. Lindenschmit, Die vaterländischen Alterthümer der Fürstlich Hohenzoller'schen Sammlung zu Sigmaringen (Mainz 1860) 211 f.

■ TUTTLINGEN-MÖHRINGEN, KREIS TUTTLINGEN

Ein sehr beliebter Siedlungsplatz im geplanten Gewerbepark südlich der Donau bei Tuttlingen – auch in der späten Hallstattzeit

Seit dem Frühsommer 2020 laufen in Tuttlingen-Möhringen archäologische Ausgrabungen im Zuge der Erweiterung des Gewerbegebiets „Gänsäcker" um 17 ha (Gewerbepark DonauTech). Die zwei kleineren der drei ausgewiesenen Grabungsflächen (insgesamt 7,5 ha) konnten 2020 vollständig dokumentiert werden: Im Osten – Unter Haßlen 2 – wurde eine mehrphasige Siedlung der Früh- bis Mittelbronzezeit mit mindestens zehn Hausgrundrissen entdeckt und im Nordwesten – Unter Haßlen 1 – kamen ein trapezförmiger Pfostenbau möglicherweise der Glockenbecherzeit sowie eine mehrphasige Bebauung der jüngeren Latènezeit mit Grabenanlage und Bauten mit großen Pfostengruben zutage.

Auf der mit knapp 5 ha größten Teilfläche – Unter Haßlen 3 – südwestlich der bronzezeitlichen und südöstlich der latènezeitlichen Besiedlung dauert die durch die Grabungsfirma ArchaeoTask GmbH ausgeführte Maßnahme hingegen noch an. Die Grabungsfläche liegt auf einem geneigten, nach Norden Richtung Donau hin vorstoßenden Kegel aus Schwemmschutt, der aus gelblichem Weißjurakalk gebildet wird und von geringmächtigem Mutterboden überdeckt ist. Den Schwerpunkt der Ausgrabung in diesem Areal bilden die Überreste eines römischen Gutshofs mit mehreren Steingebäuden. Da die Untersuchungen und die Dokumentation noch andauern, sollen die Ergebnisse für die Römerzeit erst im nächsten Jahr vorgestellt werden.

Wie bei den beiden abgeschlossenen Grabungen zieht sich durch den nördlichen Teil der Grabungsfläche ein verfüllter Donaualtarm. In seinem Bereich konnte eine größere Zahl an Pfostenstellungen dokumentiert

109 ▽ *Tuttlingen-Möhringen, Unter Haßlen 3. Späthallstattzeitliche Keramikschale. H. 10,3 cm.*

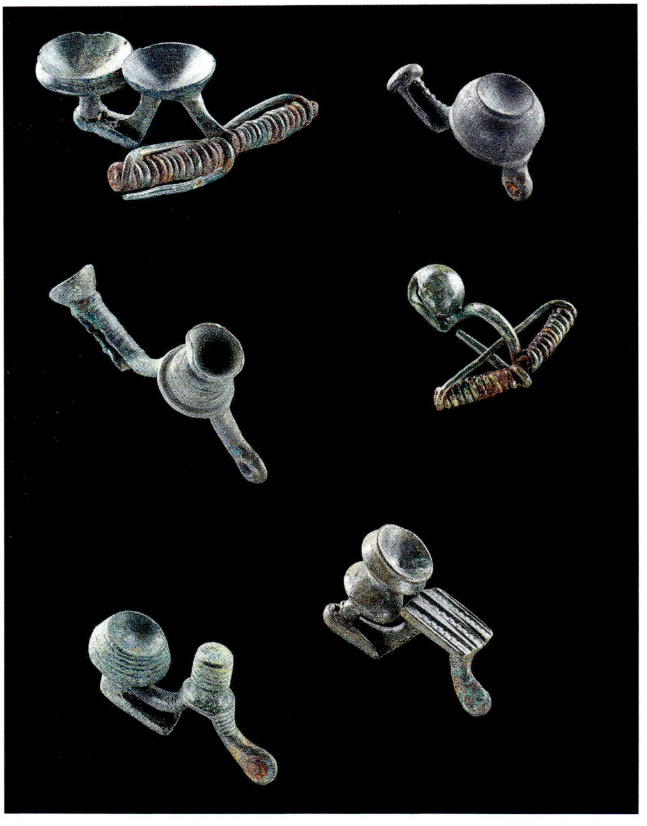

110 △ *Tuttlingen-Möhringen, Unter Haßlen 3. Späthallstattzeitliche Fibeln der Phase Ha D3: Doppelzierfibel (oben links, B. der Spirale 3,75 cm), zwei Paukenfibeln (oben rechts und Mitte links, mit zusätzlichen Schälchen auf der Pauke; L. 3,7 cm), Fußpaukenfibel (Mitte rechts), Fußzierfibel mit fein verzierter Bügelplatte (unten rechts, L. 2,35 cm), Fußzierfibel mit Profilierung auf dem Bügel (unten links).*

werden, deren Ausrichtung gut zu den bronzezeitlichen Langhausgrundrissen weiter östlich (Unter Haßlen 2) passt. Ob und wie weit sich die 2020 entdeckte latènezeitliche Siedlung Richtung Südosten fortsetzt, wird sich durch den verbleibenden Oberbodenabtrag einer rund 1,4 ha große Fläche zeigen. Der in der Donauaue beobachtete glockenbecherzeitliche Fundschleier lässt sich auch hangaufwärts feststellen. In einer Abflussrinne innerhalb des Schuttkegels führten Wechsel in der Sedimentzufuhr zu gröberen und feineren Ablagerungen mit ausgeprägten Humusanreicherungen und letztlich zur vollständigen Verfüllung: Das eingeebnete Gelände wurde dann von den Siedlern der Glockenbecherkultur in Nutzung genommen, wie die Beimengung von großteiligen Keramikfragmenten dieser Zeitstellung belegt.

Zahlreiche vorgeschichtliche Erdbefunde streuen im Gegensatz zu den römischen Steingebäuden und den dazugehörenden Strukturen, die sich in der Westhälfte konzentrieren, über die gesamte Grabungsfläche. Dadurch liegen im Westen die römischen und vorgeschichtlichen Befunde in unmittelbarer Nachbarschaft und überlagern sich teilweise. Anhand der Verteilung der Pfostengruben in der bislang geöffneten Grabungsfläche lassen sich mehrere rechteckige Hausgrundrisse sowie Speicherbauten rekonstruieren. Die Orientierung der Gebäude, deren Seitenlänge in der Regel nur 5–6 m beträgt, ist nicht einheitlich. Dies lässt eine Streusiedlung mit mehreren kleinen Hofeinheiten vermuten. Mehrere Siedlungsgruben lieferten eine signifikante Anzahl an Funden, die eine Besiedlung in der älteren Eisenzeit klar belegen. Neben späthallzeitlicher Keramik (Abb. 109) fanden sich bisher sechs Fibeln, die eindeutig in die Phase Ha D3 der Späthallzeit datieren (freundlicher Hinweis L. Hansen, LAD). Es handelt sich um eine Doppelzierfibel, zwei Paukenfibeln, eine Fußpaukenfibel sowie zwei Fußzierfibeln, die eine mit einer fein verzierten Bügelplatte, die andere mit einer Profilierung auf dem Bügel (Abb. 110).

Die gut datierbaren Funde belegen somit eine weitere Siedlungsaktivität zwischen ca. 500 und 450 v. Chr. auf dem äußerst siedlungsgünstigen Gelände südlich der Donau mit Blickkontakt zum Eingang des Bächetals und den vorgeschichtlichen Ansiedlungen unterhalb des Spornes der Baaralb im Nordwesten (siehe den Beitrag S. 134 ff.).

Der Stadt Tuttlingen und insbesondere Frau Sucheta-Bock gebührt unser herzlicher Dank für den reibungslosen Ablauf der archäologischen Maßnahmen.

Gertrud Kuhnle, Joachim Kitzberger, Peter Knötzele, Richard Vogt, Diethard Tschocke

LITERATURHINWEISE

J. Armingeon/G. Kuhnle, Seltenheitswert – eine Mineralbodensiedlung der Früh- bis Mittelbronzezeit bei Tuttlingen. Arch. Ausgr. Baden-Württemberg 2020, 110–113; A. Gutekunst/G. Kuhnle, Eine Siedlung der jüngeren Latènezeit und Siedlungsspuren der Glockenbecherkultur an der Donau bei Tuttlingen. Ebd. 153–156.

MARCH-HUGSTETTEN, KREIS BREISGAU-HOCHSCHWARZWALD

Neue Forschungen zur hallstattzeitlichen Höhensiedlung von Hugstetten

Westlich von Freiburg befindet sich in der Gemeinde March im Ortsteil Buchheim einer der größten Grabhügel der Hallstattkultur, das im Durchmesser 120 m große und 4 m hoch erhaltene „Große Bürgle“. Obwohl der Grabhügel bereits alt beraubt war, brachten Ausgrabungen von Ernst Wagner im Jahr 1884 neben den Überresten eines vierrädrigen Wagens mit Pferdegeschirr immer noch so außergewöhnliche Kostbarkeiten zum Vorschein wie gedrechselte Elfenbeinzylinder. Zum Bürgle gesellen sich zudem mindestens sechs weitere, teilweise sehr stattliche Grabhügel (Abb. 111).

Höhensiedlung auf dem Mühleberg?

Ungeklärt blieb bis zum heutigen Tage indes, wo sich der zur Gräbergruppe zugehörige Wohnsitz befunden haben mag. Schon länger wurde vermutet, dass dieser auf einem nur wenige hundert Meter entfernten Bergsporn im Ortsteil Hugstetten, dem Mühleberg, zu suchen sei, zumal Begehungen immer wieder kleinere Ansammlungen von einschlägigem Scherbenmaterial erbracht hatten. Der Mühleberg bildet das südliche Ende einer längeren Hügelkette und überblickt den östlichen Durchgang des Rheintals zwischen Schwarzwald und Kaiserstuhl sowie den Zugang zum Schwarzwald über das Tal der Dreisam. Ein etwa 2 ha großes Plateau wird von einer tiefer liegenden Terrasse umgeben. Zusammen ergeben sich ungefähr 5 ha Fläche, die im Westen und Süden durch Steilhänge von der Dreisamaue abgesetzt sind (Abb. 111). Auf der Ostseite ist der Hang in zwei künstliche Terrassen unbekannter Zeitstellung gegliedert.

111 △ *Lage der Höhensiedlungen und des hallstattzeitlichen Grabhügelfeldes von March. A March-Hugstetten, „Mühleberg"; B Freiburg-Hochdorf, „Hinter dem Berg". 1 March-Buchheim, „Auf den Blachen"; 2 March-Buchheim, „Furtfeld"; 3 March-Buchheim, „Großes Bürgle"; 4 March-Buchheim, „Kleines Bürgle"; 5 March-Hugstetten, „Wiedenacker"; 6 March-Hugstetten, „Sträßle"; 7 March-Hugstetten, „Engelgärtle".*

Nach Norden zu wird das Plateau durch drei steile Geländestufen abgeriegelt, die vom „Großen Bürgle" aus in gestaffelter Anordnung zu sehen sind.

Indizien in der Geomagnetik

Im Juni 2019 fanden in Zusammenarbeit mit dem Institut für Archäologische Wissenschaften der Universität Freiburg (IAW), Abt. Urgeschichtliche Archäologie, und Apostolos Sarris (Freiburg Institute of Advanced Studies/Foundation for Research & Technology Hellas) erstmals geophysikalische Messungen im Bereich der nördlichen Geländestufen statt. Bereits auf der Basis von LiDAR-Daten war die stellenweise erhebliche anthropogene Überprägung des gesamten Bergspornes unverkennbar. Durch weitere geomagnetische Messungen, die Harald von der Osten-Woldenburg (LAD) im Dezember 2020 durchführte, konnten in einigen Flächen mehrere Hinweise auf anthropogene Eingriffe ermittelt werden.

Abschnittsgräben – erste Zeugnisse einer befestigten Höhensiedlung

Zur Überprüfung der relevanten Anomalien wurden im Oktober 2021 gemeinsam mit der Universität Freiburg Baggerschnitte angelegt. Dabei konnten auf dem Plateau zwei in einem Abstand von 15 m vermutlich parallel Ost–West verlaufende Gräben aufgedeckt werden (Abb. 112). Sie sind über eine Länge von bis zu 50 m dokumentiert, ca. 6 m breit, deutlich mehr als 1,50 m tief (Grabensohle noch nicht erreicht) und scheinen eine etwa 2 ha große Fläche zu begrenzen, wobei noch ungeklärt ist, ob sie zu *einem* Grabensystem gehörten oder zu unterschiedlichen Zeiten genutzt wurden.

Das Fundmaterial der Gräben setzt sich hauptsächlich aus Keramikscherben, teilweise bearbeiteten Sandsteinbruchstücken (darunter eine Schleifplatte), Hüttenlehmbrocken und Holzkohlestücken zusammen. Die Keramik entspricht am ehesten dem am Zähringer Burgberg geborgenen Material der Stufen Ha C bis D1.

Damit ist erstmals die vorgeschichtliche Besiedlung des Bergsporns eindeutig belegt. Zudem dürften die Abschnittsgräben ausweislich der Keramik gleichzeitig mit den Grabhügeln in der Talaue sein. In diesem Zusammenhang ist eine weitere hallstattzeitliche Höhensiedlung nur etwa 2 km östlich in Freiburg-Hochdorf im Gewann „Hinter dem Berg“ von Interesse, von der u. a. ein 7 m breiter, jedoch undatierter Graben bekannt ist.

Ausblick

Für das Jahr 2022 sind weitere gemeinsame Untersuchungen geplant. Über die Identifizierung eines mutmaßlichen herrschaftlichen Wohnsitzes hinaus zielt die Untersuchung des Mühlebergs auf die früheisenzeitliche Siedlungsdynamik im Breisgau ab. In kaum einer anderen Landschaft sind Höhensiedlungen und Gräber, darunter etliche sehr reich ausgestattete, in solcher Dichte belegt. Nach dem Stand der Dinge wird man von einer allmählichen Siedlungskonzentration im Laufe der Späthallstattzeit und der Entstehung von einzelnen, überregional bedeutenden „Ansitzen“ auf Höhen ausgehen müssen.

112 ▽ *March-Hugstetten, „Mühleberg“. Drohnenfoto der Schnitte durch einen der Abschnittsgräben.*

Besonders bedanken möchten wir uns bei Viktor Godehard, Hildegard Wember, Monika Bohn und Erika Preuhs, die uns freundlicherweise den Zutritt zu ihren Grundstücken gewährten. Auch Lothar Fleck und Armin Keller vom Heimatverein March e. V. begleiteten unsere Forschungen stets mit wohlwollendem Interesse.

Marcel El-Kassem, Christoph Huth, Diethard Tschocke

LITERATURHINWEISE

V. Hachtmann, Die eisenzeitliche Keramik vom Zähringer Burgberg bei Freiburg im Breisgau (Rahden/Westf. 2011); J. Klug-Treppe, Hallstattzeitliche Höhensiedlungen im Breisgau. Forsch. u. Ber. Vor- u. Frühgesch. Baden-Württemberg 73 (Stuttgart 2003); C. F. E. Pare, Das „Bürgle" bei March-Buchheim: ein Riesengrabhügel der Späthallstattzeit. Arch. Korrbl. 22, 1992, 503–514; H. Wagner, March-Hugstetten (Lkr. Breisgau-Hochschwarzwald). Fundber. Baden-Württemberg 35, 2015, 685–687.

HAYINGEN-INDELHAUSEN, KREIS REUTLINGEN

Ausgrabungen in der Befestigungsanlage von Althayingen bei Indelhausen

Wenig südlich von Indelhausen nahe bei Hayingen liegt auf einem nach Osten zur Großen Lauter vorspringenden Bergsporn die ausgedehnte Höhensiedlung Althayingen (Abb. 113). Die Anlage ist im Westen in einen mehrfach befestigten, ca. 3 ha großen Vorbereich und eine im Osten liegende Kernanlage mit Randwall in Form eines et-

113 ▷ Luftbild der Befestigungsanlage von Althayingen. Blick von Nordosten.

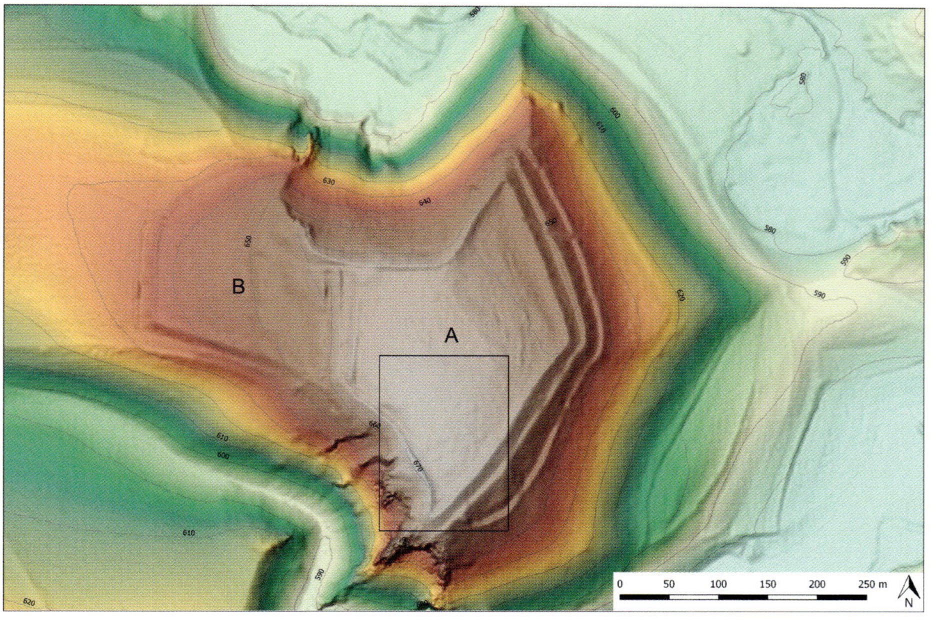

114 ◁ *Laserscan-Bild der Befestigungsanlage von Althayingen. A Kernanlage; B befestigter Vorbereich. Rechteck: Untersuchungsareal, siehe Abb. 115.*

wa 4 ha großen unregelmäßigen Fünfecks mit zwei vorgelagerten Wall-Graben-Anlagen gegliedert (Abb. 114). Unterhalb der Hochfläche liegt im steilen Südhang die Gerberhöhle, aus der Funde der Bronze- und Latènezeit sowie aus dem 4./5. und 7./8. Jahrhundert n. Chr. stammen.

Grabhügel oder Lesesteinhaufen in der Befestigungsanlage?

1937 wurden im Südteil der Hochfläche mehrere Steinansammlungen durch Ulrich Binder untersucht. In dem Manuskript seiner nicht fertiggestellten Dissertation an der Universität Tübingen über „Nacheiszeitliche Funde aus Höhlen der Schwäbischen Alb" schrieb er: „Auf der Hochfläche über der Höhle befinden sich zahlreiche Grabhügel. 3 wurden 1937 geöffnet. Einer enthielt ein vollständiges Brandgrab mit zahlreichen Beigaben aus der jüngeren Hallstattzeit, zwei waren ausgeplündert und enthielten nur noch Reste von Brandgräbern der gleichen Zeit."

Das geborgene Fundmaterial wurde später von Günther Mansfeld und Jörg Biel vorgelegt. Die späthallstattzeitlichen Metallobjekte in Form von u. a. einer Schlangenfibel, einem Bandohrring und Kugelkopfnadeln sowie Armringfragmenten aus Sapropelit würden tatsächlich gut zu Grabzusammenhängen passen. Allerdings wurden ebenfalls eine große Anzahl an späthallstatt- sowie frühlatènezeitlichen Keramikscherben und mehrere Spinnwirtel geborgen, die die Deutung als Grabbeigaben zumindest anzweifeln lassen und eher für Siedlungshinterlassenschaften zu sprechen scheinen. Zudem wären Bestattungen innerhalb von befestigten Siedlungen – zumal in Form von Grabhügeln – für diese Zeit außergewöhnlich. Trotz dieser spannenden Sachlage blieben weitere archäologische Untersuchungen in der Folge aus.

Aktuelle Forschungen

Im Jahr 2020 führte das Landesamt für Denkmalpflege im Rahmen eines von der Deutschen Forschungsgemeinschaft geförderten Langfristprojektes zur Erforschung des weiteren Umlandes des frühkeltischen Machtzentrums Heuneburg umfangreiche Prospektionsmaßnahmen durch. Neben Geländebegehungen, bei denen u.a. ein Ringfußknopf und eine Kugelkopfnadel aus der Hallstattzeit sowie eine Armbrustfibel aus dem 4. Jahrhundert n. Chr. zutage traten, wurde mit einem Handlaserscanner (ZEB-REVO) das Areal der Steinhaufen vermessen, um ein präzises Geländemodell zu erhalten (Abb. 115). Viele der Steinhügel sind offenbar bereits durchwühlt worden. Wo genau Binder damals grub, wissen wir heute leider nicht mehr. Nachfolgende geophysikalische Messungen erleichterten zudem die Auswahl der Grabungsflächen, da im Magnetogramm interessante Anomalien sichtbar waren.

Im Rahmen einer Lehrgrabung in Kooperation mit der Gesellschaft für Archäologie in Württemberg und Hohenzollern e. V. wurden schließlich vom 19. 7. bis 27. 8. 2021 drei Bereiche der Anlage genauer untersucht.

Zunächst wurde eine der wenigen noch ungestört wirkenden und von Binder als Grabhügel interpretierten Steinansammlungen mit einem Durchmesser von ca. 4 m und einer Höhe von noch bis zu 0,5 m bis auf den anstehenden Kalkfels ausgegraben (S1). Allerdings erbrachte der Schnitt keine archäologisch relevanten Befunde. Die Profile zeigten, dass das Kalksteinmaterial lose und ungeregelt aufeinanderlag. Es konnten keinerlei Strukturen entdeckt werden, die auf ein Grab schließen ließen. Es scheint sich um einen Lesesteinhaufen zu handeln, unter dem sich vereinzelt Siedlungskeramik der Späthallstattzeit erhalten hat.

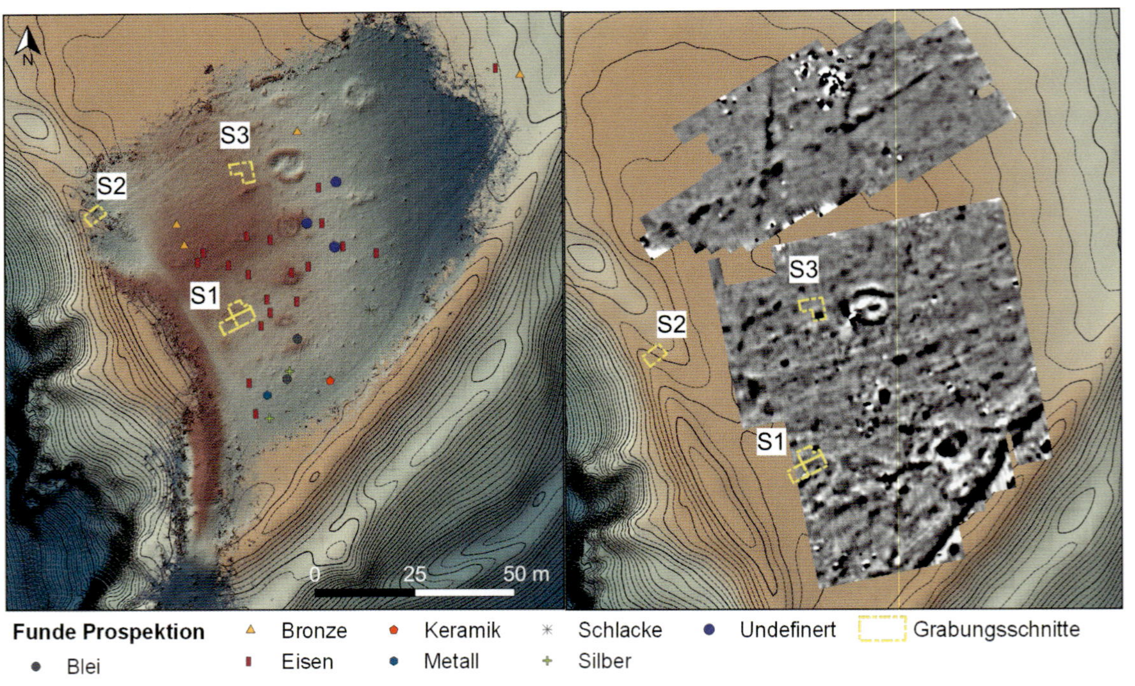

115 ▽ *Althayingen. Ergebnisse der Geländebegehungen und der Vermessung mittels Handlaserscanner (links) sowie der geophysikalischen Prospektion (rechts). Die Grabungsschnitte S1–S3 sind zusätzlich eingetragen.*

Auf Basis der geomagnetischen Messergebnisse wurde etwa 30 m nördlich ein L-förmiger weiterer Schnitt auf der Hochfläche angelegt (S3). Hier konnten mehrere in den anstehenden Fels eingetiefte Pfostenlöcher sowie eine 1,6 m × 1,9 m große, viereckig geformte Grube mit einer erhaltenen Tiefe von maximal 40 cm freigelegt werden. Innerhalb des Befundes kamen eine Fundkonzentration von späthallstattzeitlicher Gebrauchskeramik sowie ein Brandlehmstückchen mit Rutenabdruck zum Vorschein. In einer der Ecken der Grube konnte zudem ein Pfostenloch dokumentiert werden, was an eine ehemalige Funktion des Komplexes als kleines Grubenhaus denken lässt.

Ein weiterer Schnitt im Bereich des Randwalles der Kernanlage erbrachte die größte Erkenntnis dieser Grabungskampagne (S2). In Planum 5 traten mehrere in einer Reihe angeordnete Kalksteinblöcke auf, die mit ihrer auffällig geraden Seite nebeneinander auf Kante gesetzt waren. Um diese Struktur zu klären, wurde ein Profil entlang der Kalksteinreihe angelegt, das schließlich eine schlecht erhaltene Mauerrückfront aus mörtellos aufeinandergeschichteten Kalksteinblöcken zutage förderte. Die erhaltene Höhe der Mauerrückfront beträgt mindestens 1 m. Die genauen Ausmaße werden sich jedoch erst bei der Fortsetzung der Grabung im nächsten Jahr ermitteln lassen, da die Basis noch nicht erreicht wurde.

Davor fand sich in Richtung Hangkante eine Mauerverfüllung aus kleinteiligeren und strukturlos angeordneten Kalksteinen. Die Vorderfront konnte 2021 noch nicht freigelegt werden. Es ist jedoch davon auszugehen, dass ursprünglich eine Zweischalenmauer vorlag. Das Konstruktionsprinzip einer doppelschaligen Mauer mit Steinverfüllung kennen wir aus der Region bereits von den hallstattzeitlichen Befestigungsanlagen an der Heuneburg, der Alte Burg sowie der Großen Heuneburg.

Unterhalb des innenseitigen Mauerversturzes fand sich ein dunkler, holzkohlehaltiger und vor allem fundreicher Horizont. Dabei könnte es sich um eine alte Kulturschicht handeln, die nur noch an den gut geschützten Rändern der Befestigungsanlage, wie zum Beispiel im heutigen Wallbereich, erhalten ist. Die Funde sind dabei einheitlich der Späthallstattzeit zuzuordnen. Hervorzu-

116 △ *Althayingen. Späthallstattzeitliches Fundmaterial aus der Grabung im Bereich des Walles. Hervorzuheben sind ein Nadelaufsatz aus Knochen, bemalte Keramik und ein zweifach durchbohrtes Bronzestäbchen.*

heben ist das Auftreten von qualitätvoller rot-weiß bemalter Keramik. Neben einer kleinen profilierten Knochenperle – wohl ein Aufsatz einer Nadel – ist ein 6,8 cm langer Bronzestab mit zwei endständigen Durchbohrungen zu nennen (Abb. 116). Vielleicht handelt es sich hierbei um die Verstärkungsleiste eines hallstattzeitlichen Gürtelbleches.

Althayingen und die Heuneburg

Althayingen liegt etwa 23 km nordöstlich der Heuneburg in verkehrsgeographisch günstiger Lage. Die bisher freigelegten Befunde und das Fundspektrum sprechen für eine Errichtung der Anlage in der Späthallstattzeit zur Blütezeit der Heuneburg in der Stufe Ha D1. Ob Althayingen noch zu deren aktivem Wirkungsbereich gehörte oder möglicherweise als eigenständiges Machtzentrum aufzufassen ist, lässt sich derzeit noch nicht ermessen. Parallelen im Befestigungswesen sowie das Vorkommen von bemalter Keramik, für deren Produktion und Distribution die Heuneburg als bedeutendes Zentrum gilt, weisen zumindest auf enge Kontakte in die Heuneburgregion hin. Zur Klärung dieser und weiterer Fragen sollen die Grabungen im Jahr 2022 fortgesetzt werden.

Für die Ermöglichung dieser Ausgrabung und für die unkomplizierte Zusammenarbeit möchten wir uns ganz herzlich bei Herrn Markus Stoll bedanken. Außerdem sei der Gemeinde Indelhausen und vor allem Herrn Karl-Josef Aßfalg für seine Hilfsbereitschaft und sein Engagement gedankt. Frau Norma Müller verdanken wir Archivrecherchen, Frau Eva Klingenstein stellte dankenswerterweise wichtige Informationen zum Nachlass von Ulrich Binder zur Verfügung. Schließlich danken wir den Lehrgrabungsteilnehmer*innen für ihre tatkräftige und engagierte Mitarbeit.

Leif Hansen, Katalin Puster, Quentin Sueur, Jonas Abele, Dirk Krausse

LITERATURHINWEISE

G. Mansfeld, Späthallstattzeitliche Kleinfunde von Indelhausen (Kr. Münsingen). Fundber. Schwaben N. F. 19, 1971, 89–117; J. Biel, Vorgeschichtliche Höhensiedlungen in Südwürttemberg-Hohenzollern. Forsch. u. Ber. Vor- u. Frühgesch. Baden-Württemberg 24 (Stuttgart 1987) 117–120; 281–285;
D. Quast, Die frühalamannische und merowingerzeitliche Besiedlung im Umland des Runden Berges bei Urach. Forsch. u. Ber. Vor- u. Frühgesch. Baden-Württemberg 84 (Stuttgart 2006) 50; 244;
Ch. Morissey/D. Müller, Wallanlagen im Regierungsbezirk Tübingen. Atlas Arch. Geländedenkmäler Baden-Württemberg 2/26 (Stuttgart 2011) 278–293.

Neue Forschungsgrabungen in der Heuneburg-Außensiedlung

Das Wissen über die frühkeltische Heuneburg hat sich in den letzten Jahrzehnten stark gewandelt. Inzwischen kristallisiert sich heraus, dass der 3 ha große Burgberg selbst nur einen Teil eines riesigen Gesamtkomplexes darstellt. In der ersten Hälfte des 6. Jahrhunderts v. Chr. war im Nordwesten die ca. 1,5 ha große Vorburg vorgelagert, zudem bestand eine mindestens 100 ha große Außensiedlung im direkten Umfeld. Deren Ausdehnung ist dank umfangreicher Prospektionen und gezielter Grabungsschnitte weitgehend bekannt. Diese Außensiedlung war durch Wall-Graben-Systeme in unterschiedliche Areale untergliedert, in denen Gehöfte mit Palisadenumwehrung errichtet worden waren. In der Blütephase dürften schätzungsweise zwischen 4000 und 5000 Menschen an der Heuneburg gelebt haben.

Mächtige Grabenköpfe

Große Bereiche der Außensiedlung sind inzwischen mittels geophysikalischer Messungen prospektiert worden. Etwa 750 m westlich der Heuneburg in Hanglage oberhalb des Soppenbaches zeichnet sich im Magnetogramm deutlich ein winklig verlaufender Grabenabschnitt ab, der am südlichen Ende eine etwa 7 m breite Unterbrechung aufweist (Abb. 117). Es kam der Verdacht auf, dass es sich hierbei um eine Eingangssituation zur Außensiedlung handeln könnte. Parallel zu dem Grabenverlauf ist auf der östlichen Seite in der heutigen Wiese auf ca. 100 m Länge eine kleine Geländewelle sichtbar, die als Rest eines Walles interpretiert werden könnte. In einem mittels Drohnenaufnahmen neu erstellten Geländemodell zeichnet sich diese Erhebung ebenfalls ab.

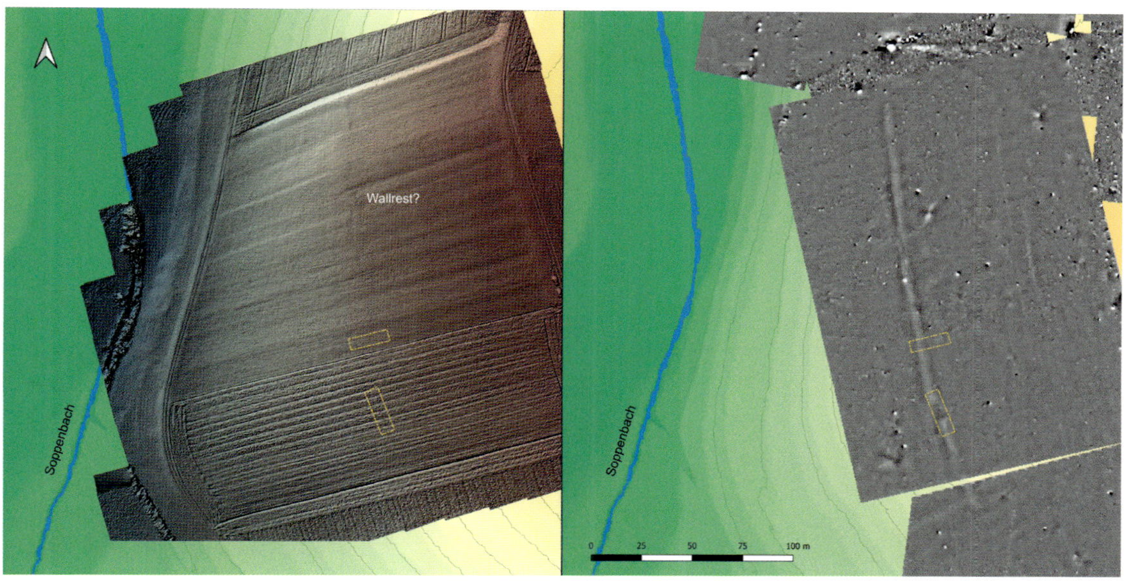

117 ▽ *Herbertingen-Hundersingen, „Weiherwasen". Mittels Drohnenbefliegung erzeugtes digitales Höhenmodell (links) sowie Messbild der geophysikalische Prospektion (rechts). Die Grabungsflächen sind gelb eingetragen.*

118 ▷ *Herbertingen-Hundersingen, „Weiherwasen". Der Grabungsschnitt wurde im Bereich der ehemals weitläufigen Außensiedlung angelegt. Im Hintergrund sind der Bussen und davor die Heuneburg erkennbar, am linken Waldrand zeichnen sich zwei Grabhügel der Gießübel-Talhau-Nekropole ab.*

Im Rahmen eines von der Deutschen Forschungsgemeinschaft geförderten Langfristprojektes wurde ein 6 m × 21 m großer Grabungsschnitt im Bereich der Unterbrechung angelegt (Abb. 118). Bereits im ersten Planum waren die beiden etwa 6 m breiten Grabenabschnitte deutlich sichtbar. Zunächst wurde bei beiden Grabenköpfen ein Querprofil angelegt. Schnell zeigte sich aufgrund der steilen Flanken, dass die Gräben noch eine erhebliche Tiefe aufweisen müssen. Aus Sicherheitsgründen wurden daraufhin im weiteren Verlauf Längsprofile herausgearbeitet und die obere Grabenverfüllung nach natürlichen Schichten abgetragen, um in einem weiteren Schritt die Querprofile erneut abtiefen zu können. Am Ende der Grabungssaison waren die ausgeschälten Grabenköpfe zum Großteil freigelegt und offenbarten dem Betrachter die einstige Form (Abb. 119). Die bislang ausgegrabenen Bereiche liegen teils 3 m unter der rezenten Geländeoberfläche. Bohrungen haben gezeigt, dass die Gräben an dieser Stelle vermutlich noch mindestens einen weiteren Meter in die Tiefe reichen. Im Jahr 2022 sollen die Arbeiten fortgeführt und beide Sohlen freigelegt werden.

Die komplexen Verfüllvorgänge innerhalb des Grabens können erst abschließend beurteilt werden, wenn dieser bis zur Basis ausgegraben wurde. Im Bereich der Grabenflanken zeichnet sich ab, dass einige Erdschollen bereits in der Nutzungszeit abgebrochen und abgerutscht sind. In der Verfüllung selbst gibt es Abschnitte mit gleichförmiger Zusammensetzung, deren Einbringung rasch erfolgt sein muss. Bereiche mit einer feinen Bänderung sprechen hingegen für Stillstandsphasen mit geringer Sedimenteinspülung. Stark holzkohlehaltige Schichten, Brandlehmpakete und zahlreiche Funde aus dem oberen Bereich des Grabens sprechen dafür, dass nach Aufgabe der Außensiedlung zurückgelassenes Siedlungsmaterial zur Verfüllung der Grabenköpfe verwendet wurde.

Vielfältiges Fundspektrum

Innerhalb der Grabenverfüllung konnten zahlreiche Tierknochen, Keramikfragmente und teils fast vollständige Gefäße sowie Bronzefunde in Form von Armringfragmenten und Fibelbruchstücken geborgen werden (Abb. 120). Auffällig ist das Vorkommen von rund 30 Abfallstücken aus Sapropelit, die von der Schmuckherstellung stammen dürften. Unter den Keramikscherben fällt qualitätvolle weißgrundig rot-grau bemalte Ware auf. Das Fundspektrum lässt sich einheitlich in die erste Hälfte des 6. Jahrhunderts v. Chr. datieren (Ha D1). Interessant ist das Auftreten von Brandlehmstücken, die auf der Außenseite einen Kalkputz aufzuweisen scheinen. Während für die Lehmziegelmauer bislang nicht eindeutig nachgewiesen ist, dass sie mit einem kalkhaltigen Verputz bestrichen war, konnte dies teils für die Innenbebauung auf dem Plateau belegt werden. Durch die neuen Funde zeichnet sich ab, dass wahrscheinlich auch Gebäude in der Außensiedlung einen Kalkverputz besessen haben. Bemerkenswert ist zudem ein ehemals viereckiger Batzen aus feinsandigem hellem Lehm mit Seitenlängen von ca. 40 cm, der im Zuge der Anlage eines Querprofils gekappt wurde (Abb. 121). Wir kennen entsprechende Funde von der Lehmziegelmauer der Heuneburg. Die dortigen, sehr ähnlich aussehenden Lehmziegel wiesen hauptsächlich Kantenlängen zwischen 34 cm und 62 cm auf, das häufigste Maß lag bei 40 cm × 40 cm. Auch im Bereich des Vorburgtores mit Steinsockel sind Funde zum Vorschein gekommen, die für einen ehemaligen Lehmziegelaufbau sprechen. Fassen wir auch im Bereich der Eingangssituation zur Außensiedlung Lehmziegelarchitektur? Diese Arbeitshypothese muss im nächsten Jahr durch weitere Ausgrabungen in diesem Areal geklärt werden.

119 ▽ *Herbertingen-Hundersingen, „Weiherwasen". Zwischen zwei ausgeschälten Grabenköpfen befindet sich der 7 m breite Zugang zur Außensiedlung.*

120 ▷ *Herbertingen-Hundersingen, „Weiherwasen". Objekte aus den beiden Grabenköpfen: kerbschnittverzierte Keramik, weißgrundig rotgrau bemalte Ware, Teile von Schalen, ein Bronzearmringbruchstück mit Strichverzierung und ein profiliertes Armringfragment aus Sapropelit.*

121 ▽ *Herbertingen-Hundersingen, „Weiherwasen". Teil eines ehemals viereckigen Lehmziegels aus feinsandigem, weißlichem Lehm, der beim Anlegen eines Grabenprofils angeschnitten wurde und hier noch teilweise in den ausgeschnittenen Profilblock eingebettet ist. Seitenlänge ursprünglich 40 cm.*

Wall-Graben-System?

Ein zweiter, 6 m × 20 m großer Schnitt etwa 20 m weiter nördlich diente der Untersuchung der Innenfläche hinter dem Graben. Es galt, die Erhaltungsbedingungen im ehemals besiedelten Bereich zu klären und zu prüfen, ob sich nachweisen lässt, dass der Graben von einem Wall begleitet wurde.

Dass derartige Befestigungswerke in der ehemaligen Außensiedlung vorhanden waren, zeigen z. B. in LiDAR-Aufnahmen sichtbare flache, rechtwinklig abknickende Wallreste im südlichen Vorfeld der Grabhügel der Gießübel-Talhau-Nekropole.

Der Grundgedanke bei den Grabungen war, dass sich in einem vormals besiedelten Innenbereich der ehemals vorhandene Wall dadurch zu erkennen gibt, dass unter ihm keine gleichzeitigen Siedlungsbefunde liegen können. Folglich hätte neben dem Graben ein von zeitgleichen Befunden freies Areal bestehen müssen, hinter dem dann die Siedlungsaktivitäten einsetzen. Dies war bei früheren Grabungen in der Außensiedlung bereits beobachtet worden. Leider hat sich gezeigt, dass aufgrund der langandauernden landwirtschaftlichen Aktivitäten in Hanglage die Befunderhaltung ausgesprochen schlecht ist, sodass sich in der Fläche abgesehen vom lediglich im Planum erfassten Graben keine gesicherten Befunde abzeichneten. Außerhalb des Grabens konnten zudem keine archäologischen Funde dokumentiert werden.

Die Grabungen im Bereich der Außensiedlung haben neue interessante Aspekte ans Licht gebracht. Die mächtigen Gräben in diesem Bereich der Außensiedlung hatten zweifellos eine fortifikatorische Funktion. Die 7 m breite Unterbrechung zwischen den Grabenköpfen spricht für einen geräumigen Eingangsbereich in die Außensiedlung. Es ist zu vermuten, dass dieses Areal durch einen Torbau geschützt wurde, was im nächsten Jahr durch weitere Grabungen untersucht werden soll. Die Vielzahl an Funden in der Grabenverfüllung sowie deren Qualität sprechen für eine dichte Besiedlung in diesem Bereich und für einen gewissen Wohlstand der einstigen Bewohner.

Wir danken Herrn Thomas Schönenberger und Herrn Michael Weiß für die Möglichkeit, die Ausgrabungen durchführen zu können. Für seine unermüdliche ehrenamtliche Mitarbeit danken wir ferner Herrn Jürgen Hamann. Herrn Richard Vogt verdanken wir bodenkundliche Untersuchungen und Beobachtungen zu den Verfüllprozessen innerhalb der Gräben.

Leif Hansen, Quentin Sueur, Jonas Abele, Jörn Heimann, Dirk Krausse

LITERATURHINWEISE

S. Kurz, Die Heuneburg-Außensiedlung. Forsch. u. Ber. Vor- u. Frühgesch. Baden-Württemberg 72 (Stuttgart 2000); ders., Zur Genese und Entwicklung der Heuneburg in der späten Hallstattzeit. In: D. Krausse (Hrsg.), „Fürstensitze" und Zentralorte der frühen Kelten. Abschlusskolloquium des DFG-Schwerpunktprogramms 1171 in Stuttgart, 12.–15. Oktober 2009. Forsch. u. Ber. Vor- u. Frühgesch. Baden-Württemberg 120 (Stuttgart 2010) 239–256; L. Hansen u. a., Weitere Grabungen im Umfeld des „Fürstensitzes" an der Heuneburg. Arch. Ausgr. Baden-Württemberg 2015, 131–133; D. Krausse u. a., Die Heuneburg – keltischer Fürstensitz an der oberen Donau. Führer Arch. Denkmäler Baden-Württemberg 28[3] (Stuttgart 2017).

HERBERTINGEN, KREIS SIGMARINGEN

Neue Untersuchungen an einem Prunkgrab der Bettelbühlnekropole bei der Heuneburg

Die aus sieben Hügeln bestehende Bettelbühlnekropole liegt etwa 2,5 km südsüdöstlich der Heuneburg in der Donauebene. Die spektakuläre Blockbergung des Zentralgrabes unter Hügel 4 machte schon Ende 2010 überregional Schlagzeilen. Hügel 2 der Grabhügelgruppe wird seit 2018 vom Landesamt für Denkmalpflege in einem von der Deutschen Forschungsgemeinschaft geförderten Projekt untersucht.

Die Hügelumgrenzung

Die im vergangenen Jahr abgeschlossenen Untersuchungen im Gelände konnten den Verdacht bestätigen, dass der Grabhügel ursprünglich nicht rund, sondern annähend quadratisch war. Er besitzt Seitenlängen von etwa 45 m und weist eine erhaltene Höhe von maximal 1,1 m auf. Bereits 2020 war am südlichen Rand des Tumulus ein linear verlaufendes Gräbchen mit Resten von senkrecht eingelassenen Kanthölzern entdeckt worden. Es stellte sich die Frage, ob dieses Gräbchen von der Hügeleinfassung stammen könnte, wie sein weiterer Verlauf aussieht und wie es chronologisch einzuordnen ist. Dendrochronologische Datierungen anhand der erhaltenen Hölzer erbrachten lediglich einen Terminus post quem von 627 ± 10 v. Chr. als frühestmöglichen Zeitpunkt der Baumfällung.

Im Jahr 2021 wurden im Osten und Südosten des Hügels zwei Sondageschnitte angelegt. Auf diese Weise konnte festgestellt werden, dass der im Süden liegende West–Ost verlaufende Graben in einem Winkel von 96 Grad nach Norden umbiegt (Abb. 122). Die Entfernung vom Gräbchen zur zentralen Grabkammer betrug im Süden und Osten rund 14–15 m. Das 2021 freigelegte Gräbchen wies Breiten zwischen 0,51 m und 0,67 m auf und war bis zu 0,78 m unter die antike Oberfläche eingetieft worden. Es konnten noch die Reste von insgesamt vier senkrecht stehenden Holzpfosten mit einer maximalen erhaltenen Höhe von 42 cm geborgen werden (Abb. 123). Ferner gab es in zwei Bereichen Fragmente von waagrecht liegenden Hölzern auf der Grabensohle. Standspuren von 19–28 cm Breite und 30–50 cm Länge belegen zudem die ehemalige Existenz weiterer aufragender Kanthölzer.

Das Vorhandensein eines viereckigen, annähernd quadratischen Umfassungsgrabens mag auf den ersten Blick verwundern, stellt jedoch keinen Einzelfall dar. Es gibt weitere Beispiele etwa in Rottenburg-Baisingen und Rottenburg „Lindele“, aus dem Gräberfeld beim Burrenhof bei Grabenstetten, aus Illingen „Sulzbachwald“ und aus dem Hügel 6 der Bettelbühlnekropole.

Freilegung der zentralen Grabkammer unter Laborbedingungen

Das Zentralgrab unter Hügel 2 wurde aufgrund der problematischen Erhaltungs- und Grabungsbedingungen bereits 2020 im Block in die Restaurierungslabore des LAD

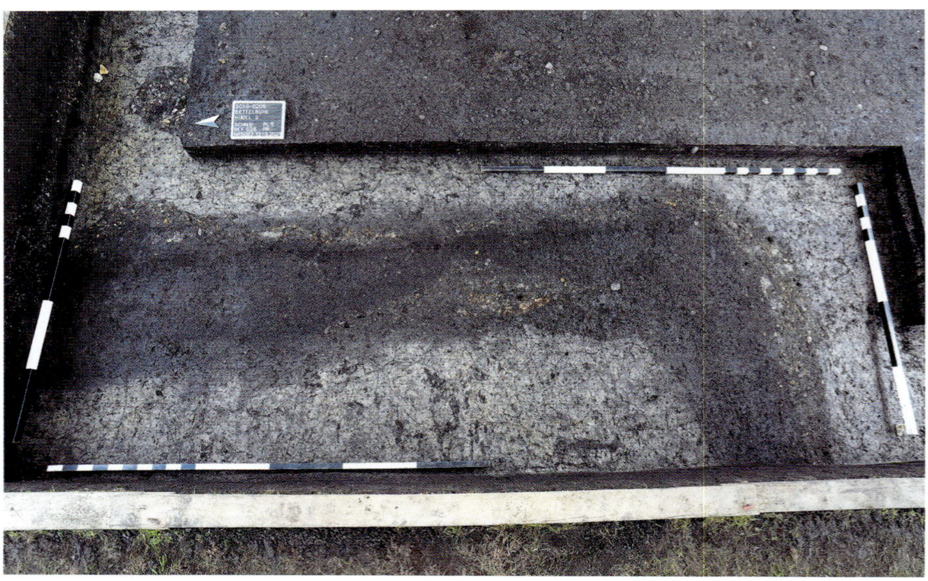

122 ▷ *Herbertingen, Bettelbühlnekropole, Hügel 2. In der Grabungsfläche zeichnet sich der scharf umknickende Umfassungsgraben deutlich durch seine dunkle Einfüllung ab.*

123 △ *Herbertingen, Bettelbühlnekropole, Hügel 2. In dem Umfassungsgraben haben sich senkrecht aufragende Hölzer erhalten.*

nach Ludwigsburg transportiert und seitdem dort freipräpariert (Abb. 124). Die aus Eichenhölzern gezimmerte Grabkammer, von der sich die Bodenhölzer und die unterste Lage der Wandbohlen erhalten haben, ist ca. 3,15 m × 5,13 m groß. Dimensionen, archäologischer Befund und Überlieferungszustand ähneln denen der Kammer unter Hügel 4. Es kann kein Zweifel daran bestehen, dass die zentrale Grabkammer unter Hügel 2 ursprünglich ähnlich reich und qualitätvoll mit Beigaben ausgestattet war wie jene des benachbarten Hügels 4. Anders als Letztere fiel sie jedoch einer oder mehreren antiken Beraubungen zum Opfer. Spuren des Einstiegsschachts, durch den die Grabräuber zu der Zentralbestattung gelangten, zeichnen sich archäologisch im Bereich der östlichen Grabkammerwand ab. Diese Beraubungsprozesse erfolgten offensichtlich sehr gründlich, sodass nur sehr kleine oder für die Grabräuber wertlose Objekte im Grab zurückblieben.

Erhaltene Ausstattung und Beigaben

Die meisten Befunde und Funde konnten direkt auf den Hölzern des Grabkammerbodens dokumentiert werden. Durch die Lage der Bettelbühlnekropole im Überschwemmungsbereich eines Baches haben sich neben den Bauhölzern der Grabkammer auch einige Beigaben aus vergänglichen organischen Materialien, wie Holzobjekte, Reste von Geflechten und vereinzelt Tierfell erhalten. Unter den Hölzern befinden sich Objekte unterschiedlicher Form und Größe, die z. T. Durchlochungen und andere konstruktive Details aufweisen. Als Holzarten sind u. a. Eiche, Esche und Ahorn nachgewiesen, die sich als anspruchsvolle Konstruktionshölzer für unterschiedlichste Zwecke eignen und auch beim frühkeltischen Wagenbau zum Einsatz kamen. Mutmaßliche Wagenkastenbeschläge aus Bronze liegen im Fundmaterial der Grabkammer bereits vor, sodass davon auszugehen ist, dass die Hölzer zumindest teilweise von einem Wagenkasten stammen. Dagegen konnten eindeutige Reste der Räder, wie Radreifen oder Nabenbeschläge, bisher noch nicht identifiziert werden. Objekte aus Eisen fehlen im Grab bisher völlig, was jedoch auf die wechselfeuchten Erhaltungsbedingungen zurückzuführen sein dürfte.

Weitere Funde liegen regellos in der Grabkammer verstreut. Dazu zählen 30 gerippte Goldröhrenperlen (Abb. 83, siehe S. 120), wie sie in ähnlicher Form bereits in Hügel 4 begegneten, sowie zahlreiche Fragmente von teilweise verzierten Bronzeblechen. Zu nennen sind darüber hinaus eine Schließe und weitere Reste eines mit bronzenen Zwecken besetzten Gürtels. Bemerkenswert sind außerdem fünf Bernsteinfibeln, sogenannte Sanguisugafibeln (Abb. 83). Bis zur Ausgrabung von Hügel 4 im Jahr 2010 waren solche Fibeln in Südwestdeutschland gänzlich unbekannt. Als typische Bestandteile weiblicher Schmuckausstattungen des späten 7. und frühen 6. Jahrhunderts v. Chr. waren sie vornehmlich in Italien und im Südostalpenraum verbreitet. Bernstein liegt außerdem in Gestalt kleiner gedrechselter sowie weiterer einfacher Perlen vor (Abb. 83). Ferner kam ein quaderförmiger, eingekerbter Gagat- oder Sapropelitanhänger zum Vorschein.

Die bisher freipräparierten Menschenknochen liegen ebenfalls in sekundärer Lage verstreut in der Grabkammer. Zur Frage nach dem Alter und Geschlecht des oder der Bestatteten muss die weitere anthropologische Auswertung mittels 3D-Röntgencomputertomogrammen abgewartet werden. Aufgrund der Grabbeigaben ist aber von der Bestattung einer Frau auszugehen. Von besonderem Interesse ist ein länglicher, 33,3 cm auf 70,2 cm großer Klumpen aus Kiefernharz, der in unmittelbarem Befundzusammenhang mit den menschlichen Skelettresten steht (Abb. 124, Bildmitte). Sehr wahrscheinlich gehört er in den Kontext einer Konservierung bzw. Präparation des Leichnams. In antiken Quellen wird Kiefern- bzw. Pinienharz wiederholt als Mittel zur Totenbalsamierung genannt.

Weitere Knochen stammen von unterschiedlichen Tieren und bedürfen teilweise noch einer Bestimmung. Schon jetzt nachgewiesen sind die Reste eines etwa einjährigen Hausschweins, das als Speisebeigabe zu deuten ist. Dicht neben den Schweineknochen fand sich zerscherbte Gefäßkeramik, die auf weitere Speise- bzw. Getränkebeigaben hindeutet.

Trotz der gründlichen antiken Beraubung der Grabkammer belegen die erhalten gebliebenen Goldperlen, die qualitätvollen Bernsteinfibeln und die Reste des Wagenkastens, dass die Zentralbestattung unter Hügel 2 ähnlich reich ausgestattet war wie jene unter dem unmittelbar benachbarten Hügel 4.

Ausblick

In den nächsten Monaten werden von den komplexen Befunden aus der Grabkammer Teilblockbergungen genommen, die dreidimensional geröntgt werden. Nach Auswer-

124 ▷ *Herbertingen, Bettelbühlnekropole, Hügel 2, Zentralgrabkammer. Um die komplexen Laborgrabungen durchführen zu können, ohne Befunde und Funde zu beeinträchtigen, wird liegend auf fahrbaren Arbeitsbühnen gearbeitet. Zusammengepresste Folien dienen der Stabilisierung der Objekte. Die Boden- und Wandhölzer der Grabkammer haben sich aufgrund des feuchten Bodenmilieus recht gut erhalten. In der Bildmitte liegt ein großer Klumpen aus Kiefernharz, der möglicherweise bei der Leichenkonservierung eine Rolle spielte.*

tung der Daten werden die Blöcke manuell freigelegt. Zudem stehen weitere naturwissenschaftliche Analysen der Materialien an. Besondere wissenschaftliche Bedeutung wird dabei der dendrochronologischen Untersuchung der gut erhaltenen Konstruktionshölzer der Grabkammer und der Erforschung des zeitlichen Verhältnisses des Hügels 2 zu dem im Jahr 583 v. Chr. angelegten Hügel 4 der Bettelbühlnekropole zukommen. Vom Fund- und Fibelspektrum her lässt sich bereits jetzt sagen, dass diese beiden reichen Gräber zeitlich eng beieinanderliegen und der Stufe Ha D1 angehören. Die Goldperlen und Bernsteinfibeln deuten zudem darauf hin, dass es sich bei dem Kammergrab unter Hügel 2 ebenfalls um die Bestattung einer Frau handelt.

Wir danken Herrn Edwin Schelkle für die Möglichkeit, die Ausgrabung auf seinem Gelände durchführen zu können. Herrn Oliver Nelle und Herrn Sebastian Million verdanken wir die dendrochronologische Datierung der Hölzer im Umfassungsgraben, Herrn Nelle zudem die anatomische Bestimmung der Hölzer. Großer Dank gebührt ferner Michael Francken (Anthropologie) und Simon Trixl (Archäozoologie) für die bisherige Ansprache des Knochenmaterials in situ.

Dirk Krausse, Leif Hansen, Nicole Ebinger

LITERATURHINWEISE

Vierrädrige Wagen der Hallstattzeit. Untersuchungen zur Geschichte und Technik. Monogr. RGZM 12 (Mainz 1987); J. Koch, Hochdorf VI. Der Wagen und das Pferdegeschirr aus dem späthallstattzeitlichen Fürstengrab von Eberdingen-Hochdorf (Kr. Ludwigsburg). Forsch. u. Ber. Vor- u. Frühgesch. Baden-Württemberg 89 (Stuttgart 2006); D. Krausse/L. Hansen/N. Ebinger, Ein neues Prunkgrab der Bettelbühlnekropole bei der Heuneburg. Arch. Ausgr. Baden-Württemberg 2020, 143–145; D. Krausse/N. Ebinger, Das Geheimnis der Keltenfürstin. Der sensationelle Fund von der Heuneburg (Darmstadt 2021).

WEISSACH, KREIS BÖBLINGEN

Kelten und Römer im Tal von Weissach

Spätestens seit den Baubeobachtungen und Begehungen des ehrenamtlich Beauftragten W. Schray in den 1970er und 1980er Jahren ist bekannt, dass sich im Nordosten Weissachs eine ausgedehnte archäologische Fundstätte zwischen Bahnhof- und Theodor-Heuss-Straße erstreckt. Unter einem mächtigen Kolluvium liegen hier Befunde, die durch verschiedene Epochen der Vorgeschichte bis ins Mittelalter reichen. Vor den archäologischen Arbeiten 2021 wurde die Denkmalfläche aufgrund der überwiegenden Anzahl an römischen Funden als provinzialrömische Siedlung geführt, doch die Untersuchungen ergaben, dass die Siedeltätigkeiten im Weissacher Tal Jahrhunderte und Jahrtausende vor den Römer einsetzten.

Sondagen und Ausgrabungen in der Talstraße 29

Aufgrund der anstehenden Neubebauung mit sechs Reihenhäusern kam es in der Talstraße im Juli 2021 zu bauvorgreifenden Sondagen, die im Herbst zu flächigen Grabungen führten. Beide Maßnahmen wurde von der Firma ArchaeoBW GmbH ausgeführt.

Das Grundstück befindet sich am Hangfuß sowie direkt am Rand des Überschwemmungsbereichs des Strudelbachs und fällt von Norden nach Süden ab. Diese topographische Situation erklärt, weshalb erste archäologische Strukturen erst in über einem Meter Tiefe zutage kamen (Abb. 125). Es handelte sich hierbei um Gruben, Pfostengruben, Steinsetzungen und ein Grubenhaus. Nach derzeitigem Stand decken die Befunde ein Zeitspektrum von der Eisenzeit bis ins Mittelalter ab. Unter dem Humus und einem mächtigen Kolluvium wurden zunächst mehrere mittelalterliche Siedlungsbefunde freigelegt. Es ließ sich jedoch aus den Befunden keine Struktur rekonstruieren. Nach einem weiteren Abtrag wurden mehrere römische Siedlungsreste erfasst. Auch hier ließen sich die Pfostengruben und Mauerreste leider nicht zu einem eindeutigen Gebäude zusammensetzen. Im letzten Abtrag wurde ein frühgeschichtliches Grubenhaus dokumentiert. Die Reste römischen Mauerwerks und das Grubenhaus bilden hier die aussagekräftigsten archäologischen Strukturen.

Römische Mauerreste und ein eisenzeitliches Grubenhaus

Im Südwesten der Grabungsfläche wurden linear verlaufende, aufeinander bezogene Steinsetzungen mit Nord-Süd-Ausrichtung dokumentiert. Hierbei handelt es sich wohl um die letzten Reste eines Mauerfundaments, bestehend aus mittelgroßen und großen Kalksteinen ohne erkennbare Bearbeitungsspuren. Ob es das Fundament eines Hauses war, konnte aufgrund der Erhaltungsbedingungen nicht abschließend geklärt werden. Die Funde – Tierknochen, Metall, Keramik (darunter auch Terra sigillata) – datieren den Befund in römische Zeit.

125 ▽ Weissach, Talstraße. Überblicksaufnahme der Grabungsfläche. Im östlichen Schnitt gut zu erkennen eine Schwemmschicht mit Funden verschiedener Zeitstellung. Im westlichen Schnitt rechts unten die Reste des römischen Mauerwerks und nordwestlich davon das sich rechteckig abzeichnende eisenzeitliche Grubenhaus.

Ein rechteckiger Befund mit abgerundeten Ecken befand sich relativ mittig in der westlichen der beiden Grabungsflächen und zeichnete sich deutlich vom umgebenden Erdreich ab. Bei 5,58 m Länge und 3,45 m Breite war der Befund noch zwischen 0,48 m und 0,55 m tief erhalten und wurde als Grubenhaus angesprochen. Untersucht wurde er mittels eines Kreuzschnittes. Mittig verlief in dreien der Profile ein feines, unregelmäßiges Holzkohleband. Es waren einige wenige Einschlüsse in Form von Holzkohleflittern und -bröckchen, mehrere mittelgroße Steine, Rotlehmbrocken und Keramikscherben zu beobachten. Im vierten Profil zeichnete sich in Ost-West-Richtung mit steilschräger Wandung und unregelmäßiger Sohle ein weiterer Befund von 1,08 m Länge und noch 0,19 m Tiefe ab. Form, Verfüllung und Färbung erlauben die Bezeichnung als Feuerstelle.

Nach der Dokumentation aller Profile und Plana wurde die restliche Verfüllung des Grubenhauses bis zur Unterkante ausgenommen (Abb. 126). Hier zeichneten sich in der Mitte des Befundes drei Pfostengruben über die Breite verteilt ab. Zwei davon reichten noch 0,40 m und 0,52 m unter die Sohle des Grubenhauses. Anhand des geborgenen Fundmaterials lässt sich dieser Befundkomplex in die Späthallstatt-/Frühlatènezeit datieren.

Die Untersuchungen in Weissach zeigen wieder einmal, dass sich Kulturdenkmale auch in stark überprägten Gebieten erhalten, und gewähren einen kleinen Einblick in die Siedlungsgeschichte des Ortes.

Felicitas Schmitt,
Gaëlle Bernauer-Duranthon

126 △ *Weissach, Talstraße. In Planum 4 zeichneten sich auf der Sohle des eisenzeitlichen Grubenhauses noch verschiedene Befunde ab, drei davon Pfostengruben. Im nordöstlichen Viertel sind anhand der rötlichen Verfärbung die Reste der Feuerstelle zu erkennen.*

GRABENSTETTEN, KREIS REUTLINGEN, UND ERKENBRECHTSWEILER, KREIS ESSLINGEN

Geplant und strukturiert – Neue Ergebnisse zur Besiedlung und Bebauung des Oppidums Heidengraben

Mit einer Gesamtfläche von knapp 1800 ha ist das spätkeltische Oppidum Heidengraben bei Grabenstetten die größte befestigte Siedlung der vorrömischen Eisenzeit auf dem europäischen Festland. Seine Mauern und Fortifikationsanlagen erstreckten sich einst über eine Länge von mehr als 11 km und sind auch heute noch hervorragend in der Landschaft erkennbar. Dennoch war lange Zeit nur relativ wenig über die Bebauungsstruktur dieses herausragenden Fundplatzes bekannt. Aus diesem Grund führt das Institut für Ur- und Frühgeschichte und Archäologie des Mittelalters der Universität

Tübingen gemeinsam mit dem Landesamt für Denkmalpflege seit mehreren Jahren gezielte geomagnetische Untersuchungen und Ausgrabungen im Bereich dieses einmaligen Kultur- und Landschaftsdenkmals durch.

Im Zentrum der Stadt

Während sich die Geländearbeiten des vergangenen Jahrzehnts vor allem auf den weiteren Innenraum des Oppidums, den Ritual- und Bestattungsplatz beim Burrenhof sowie die Areale vor den Toren des Heidengrabens konzentrierten, lag der Fokus der Untersuchungen im Jahr 2021 erstmals seit Langem wieder auf dem eigentlichen Siedlungszentrum, der sogenannten Elsachstadt (Abb. 127). Die letzten Grabungen hatten hier 2010 stattgefunden. Zwar stammen die meisten und qualitätvollsten Funde des Oppidums aus der Elsachstadt, doch war bislang so gut wie nichts über deren Bebauung und Besiedlung bekannt.

Bei der Elsachstadt handelt es sich um ein ca. 170 ha großes, separat befestigtes Areal mit insgesamt vier Toren (Abb. 127, A–D). Bis zum Frühsommer 2021 konnten davon knapp 20 ha geomagnetisch untersucht und ausgewertet werden. Dabei zeichnete sich in

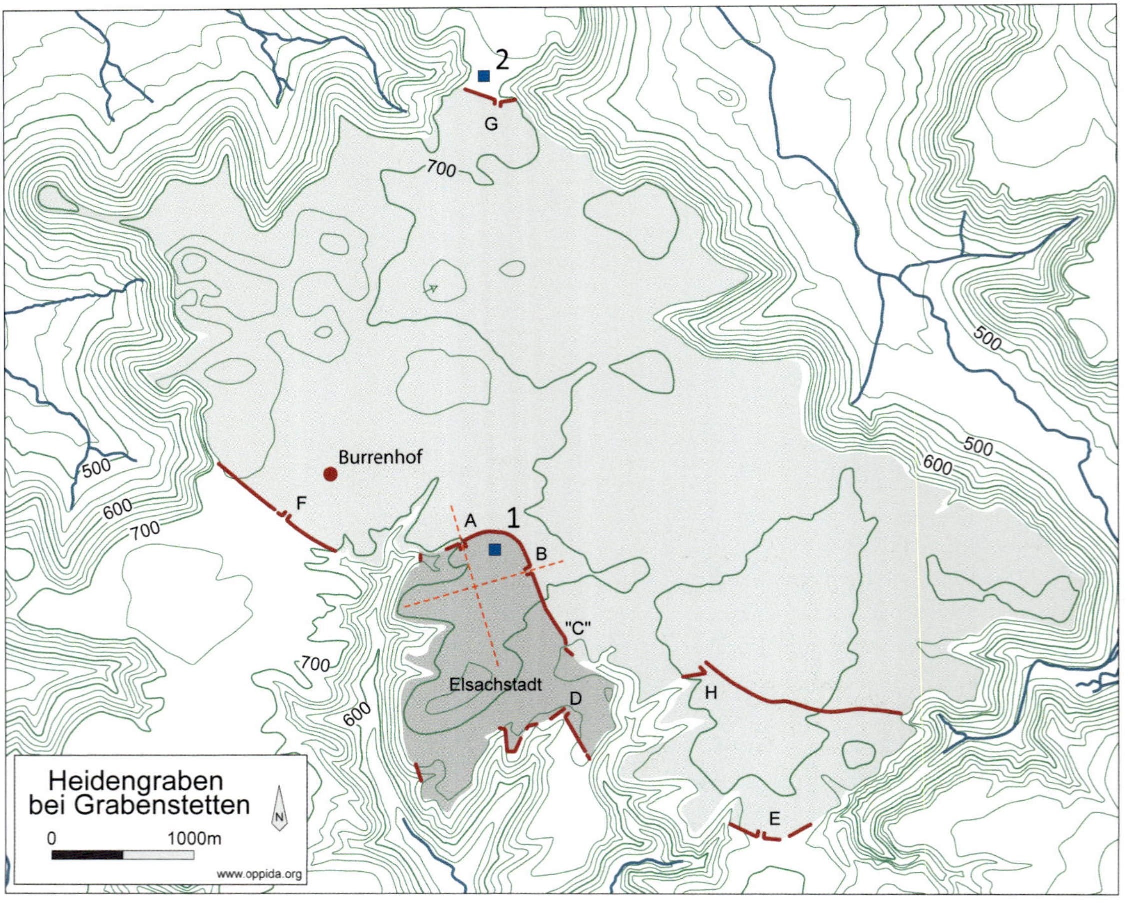

127 ▽ *Erkenbrechtsweiler, Hülben, Grabenstetten. Oppidum Heidengraben mit spätkeltischen Befestigungsanlagen (dunkelrot), Siedlungszentrum „Elsachstadt" und Grabungsarealen des Jahres 2021 (blau). 1 Siedlungsareal „Seelenau"; 2 Befestigung „Bassgeige". Gestrichelte rote Linien: Wegachsen durch Tor A und B.*

der Flur „Seelenau", ganz im Norden der Elsachstadt (Abb. 127, 1), ein Areal mit zahlreichen auffälligen Strukturen ab, zu denen mindestens zwei gut erhaltene Hausgrundrisse (Abb. 128, A und B), verschiedene Gruben und weitere linear angeordnete Pfostensetzungen gehören.

Gebäude der späten Latènezeit

Aufgrund der zeitlich begrenzten Grabungskampagne wurde entschieden, neben einem rechteckigen Grubenbefund (Abb. 128, C) nur den kleineren der beiden Grundrisse archäologisch zu untersuchen (Abb. 128, A). Wie im geomagnetischen Messbild bereits erkennbar, zeigte sich ein etwa 8,6 m langes und 5,4 m bzw. 7,0 m breites Gebäude mit vier Eckpfosten sowie einem zusätzlichen größeren Pfosten in der Mitte. Des Weiteren waren im nördlichen Bereich mindestens zwei, eventuell sogar vier kleinere Pfosten vorgesetzt. Sie dürften wohl einst zu einem vorgelagerten Eingangsbereich oder einem größeren Vorbau bzw. Vordach gehört haben.

Die erstaunlich gut erhaltenen Pfostengruben reichten bis zu 0,65 m in die Tiefe. Vor allem die größeren Grubenbefunde waren massiv mit Brandschutt verfüllt, der neben verziegeltem Lehm und Asche zum Teil auch größere Mengen an Keramik enthielt (Abb. 129). Letztere setzt sich aus handgemachter und scheibengedrehter Ware zusammen und ist stark verbrannt. Darüber hinaus fanden sich in den Pfostengruben des Gebäudes sowie in den weiteren Befunden im näheren Umfeld verschiedene Objekte aus Metall. Zu ihnen gehören unter anderem ein U-förmiger Haken, ein Flachmeißel und eine 13 cm lange Pflugschar oder Tüllenhacke aus Eisen (Abb. 130).

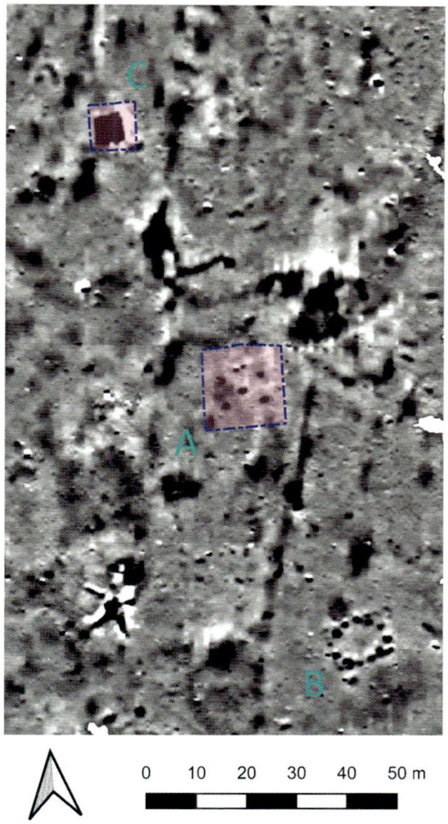

128 ◁ *Grabenstetten, Heidengraben. Ausschnitt aus dem geomagnetischem Messbild der 2021 genauer untersuchten Fläche im Gewann „Seelenau" mit Grabungsflächen (blau/rosa). A und B spätlatènezeitliche Hausgrundrisse; C rechteckige Grube.*

Stadtplanung in spätkeltischer Zeit

Das untersuchte Gebäude wie auch die weiteren Befunde, die in der Geomagnetik sichtbar wurden, zeigen eine Ostnordost-Westsüdwest- bzw. Nordnordwest-Südsüdost-Ausrichtung und sind weitgehend parallel bzw. rechtwinklig zueinander angelegt. Die Orientierung der Baustrukturen folgt dabei den Wegachsen durch Tor A und B und scheint in größeren Bereichen der Elsachstadt Anwendung gefunden zu haben. Bereits in den 1990er Jahren wurden mehrere hundert Meter weiter südlich, im Zentrum der Elsachstadt, Pfostensetzungen mit der gleichen Ausrichtung dokumentiert. Während der Ausgrabung und anschließen-

129 △ *Grabenstetten, Heidengraben. Profilansicht der Grube des südwestlichen Eckpfostens von Haus A (Blickrichtung Süden). Deutlich erkennbar ist die massive Verfüllung der Pfostengrube mit Brandschutt und Keramik.*

den Auswertung konnten sie aber noch nicht zu Hausgrundrissen ergänzt werden. Erst mit den Ergebnissen des Jahres 2021 fügt sich nun das Bild einer strukturierten Bebauung innerhalb des Siedlungszentrums zusammen. Mehr und mehr zeigt sich damit, dass die Gesamtanlage des Oppidums vorab geplant und nach einem einheitlichen System umgesetzt wurde. Dies betrifft nicht nur die Elsachstadt, sondern auch die Befestigungsanlagen der spätkeltischen Großsiedlung. So konnte unlängst gezeigt werden, dass sowohl die äußeren Befestigungslinien als auch die Fortifikationsanlagen der Elsachstadt nach dem exakt gleichen Bauprinzip errichtet wurden, indem zunächst die vorgelagerten Befestigungsgräben ausgehoben und mit dem daraus stammenden Erdmaterial das Fundament für die Pfostenschlitzmauern planiert wurde.

Großflächige geomagnetische Untersuchungen

Ein weiterer Schwerpunkt der Geländeaktivitäten lag im Jahr 2021 auf der geophysikalischen Prospektion inner- und außerhalb des Oppidums. So wurden gezielt die Bereiche im Umfeld der Tore E und B mittels geomagnetischer Messungen in den Fokus genommen. Insgesamt konnten dabei weitere 30 ha Fläche durch die Universität Tübingen sowie das Unternehmen Terrana Geophysik, Mössingen, geomagnetisch untersucht werden. Die Datenauswertung ist derzeit noch in Bearbeitung, lässt aber bereits jetzt ein vielschichtiges und komplexes Bild unterschiedlichster Strukturen erkennen.

Wie im Jahr zuvor fanden darüber hinaus auch im vergangenen Sommer gezielte Sondagegrabungen im Bereich der bislang noch nicht genauer datierten Befestigung an der Bassgeige, nördlich von Erkenbrechtsweiler, statt (Abb. 127,2). Dabei konnte der Ausschnitt einer massiven (Zweischalen-)Mauer mit zugehörigem Graben freigelegt werden. Inwiefern das Fragment einer römischen Reibschale, das unmittelbar nördlich der Mauer aus gesägten Kalksintersteinen auf Höhe des Fundaments geborgen wurde, als Anhaltspunkt für die zeitliche Einordnung der Befestigung zu werten ist, müssen weitere Grabungen im kommenden Jahr klären.

Ergebnisse

Die Grabungsergebnisse der vergangenen Jahre lassen das Oppidum Heidengraben heute in einem vollkommen neuen Licht erscheinen. Von einer weitgehend unbekannten und unbebauten Siedlungsanlage hat sich das Bild hin zu einer geplanten und strukturierten, stadtartigen Großsiedlung

entwickelt, deren Organisation, innere Gliederung und Befestigung einem einheitlichen und vorgegebenen Konzept folgten. Hierzu konnte im Jahr 2021 mit dem erstmaligen Nachweis vollständiger Hausgrundrisse der Spätlatènezeit ein weiterer wichtiger Baustein geliefert werden.
Die durch Feuer vernichteten Gebäude sowie die anschließende systematische Verfüllung der Pfostengruben mit zum Teil vollständigen Keramikgefäßen und Metallobjekten zeugen von einer intentionellen und planmäßigen Zerstörung. Es ist dies ein Phänomen, das auch aus zahlreichen anderen spätkeltischen Siedlungen Baden-Württembergs bestens bekannt ist und an eine rituelle Räumung und Reinigung des Siedlungsareals denken lässt.

Wie in den Jahren zuvor wurden die Untersuchungen 2021 von zahlreichen Personen und Institutionen unterstützt und begleitet. Ein besonderer Dank gilt dabei den Landwirten und Grundstückseigentümern W. Gollmer, Strohweiler, sowie H. und G. Schempp, Erkenbrechtsweiler, auf deren Flächen die Ausgrabungen durchgeführt wurden. Technische und logistische Unterstützung erhielten die Arbeiten darüber hinaus von Seiten der fodilus GmbH, Rottenburg-Wurmlingen, sowie von den Bauhöfen der Gemeinden Grabenstetten, Erkenbrechtsweiler und Hülben.

Gerd Stegmaier, Markus Dürr, Jörg Bofinger

130 △ *Grabenstetten, Heidengraben. Ausgewählte Funde aus den Pfostengruben von Haus A und den umgebenden Strukturen. Vollständiges Keramikgefäß (sekundär verbrannt), eiserner Flachmeißel, U-förmiger Haken und Pflugschar oder Tüllenhacke aus Eisen.*

INFO

Weitere Informationen zur „Region am Heidengraben"

Kelten-Erlebnis-Pfad
Auf einer Strecke von 6 km führt ein kostenfreier, multimedialer Weg mittels modernster Medien durch das Oppidum. Startpunkt ist der Informationspavillon beim Burrenhof.
Parkplatz: Hochholz/Astropfad
www.kelten-erlebnis-pfad.de

Keltenmuseum Heidengraben
Böhringer Straße 7
72582 Grabenstetten

Öffnungszeiten:
Mai bis September, sonntags 14–17 Uhr
Führungen durch das Museum und das Oppidum nach Terminabsprache
www.keltenmuseum-heidengraben.jimdo.com

LITERATURHINWEISE

D. Ade u. a., Der Heidengraben – Ein keltisches Oppidum auf der Schwäbischen Alb. Führer Arch. Denkm. Baden-Württemberg 27 (Stuttgart 2012); Ch. Morrissey/D. Müller, Der Heidengraben auf der Uracher Alb. Atlas Arch. Geländedenkm. Baden-Württemberg 2/23 (Wiesbaden 2017); J. Bofinger/G. Stegmaier, Stadtplanung in spätkeltischer Zeit. Arch. Deutschland 2021/ 3, 50–51; G. Stegmaier u. a., Neue Erkenntnisse zu den Siedlungs- und Fortifikationsstrukturen im Bereich des Oppidums Heidengraben. Arch. Ausgr. Baden-Württemberg 2020, 156–161 (mit weiterer Literatur).

Eine weitere Fundstelle bei der Viereckschanze von Wilflingen

Südlich von Wilflingen liegt ca. 3 km nordwestlich der Viereckschanze beim Hohmichele, 700 m nordwestlich der Schanze „Unterer Mauerhau" und knapp 3 km südöstlich von zwei Schanzen bei Heiligkreuztal eine weitere, namensgebende Viereckschanze im Walddistrikt „Schanze". Ihre Vielfalt an Bodendenkmalen verdankt diese Region wohl maßgeblich ihrem Wasser- und Quellreichtum. Anlässlich der Planung einer 80 ha großen Photovoltaikanlage durch die EnBW Energie Baden-Württemberg AG im Bereich des Eisighofes fanden im Spätherbst 2021 Sondagen statt, um die archäologischen Verhältnisse im Umfeld der Viereckschanze zu klären.

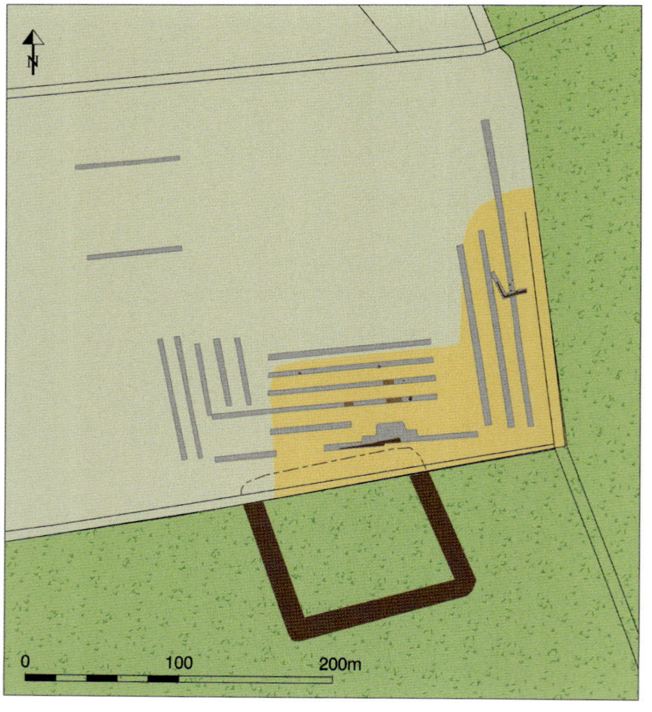

131 ▽ *Langenenslingen-Wilflingen. Lageplan mit Sondageschnitten (grau), Viereckschanze und Befunden (braun) sowie Ausdehnung der Befunde außerhalb der Viereckschanze (ocker).*

Bodendenkmal im Gewann „Schanze"

Diese Viereckschanze ist 1882 auf der „Archäologischen Karte des Königreichs Württemberg" zum ersten Mal kartiert. Der größte Teil liegt bis heute im Wald und ist dementsprechend gut erhalten: Mit einer Größe von ca. 92 m × 100 m besitzt sie einen annähernd quadratischen Grundriss. Der westliche Wall erhebt sich noch knapp 2 m über die heutige Grabensohle und gut 1 m über die Innenfläche der Schanze. Lediglich der nördliche Abschluss mit Wall und Graben liegt in einer ehemaligen Ackerfläche und ist heute vollständig eingeebnet. Seit einigen Jahren wird dieser Bereich als Grünland genutzt.

Ergebnis der Sondagen

Auch wenn im Zuge der Errichtung einer Photovoltaikanlage keine flächigen Bodeneingriffe notwendig werden, so führen erforderliche Leitungsverlegungen und Rammbohrungen doch zu einem gleichmäßigen Raster an punktuellen Störungen, die das Gesamtbild von archäologischen Strukturen erheblich beeinträchtigen können. Aus diesem Grund wurden im direkten Umfeld der Viereckschanze, das von der PV-Anlage überplant ist, Sondagen durch das Landesamt für Denkmalpflege durchgeführt.
Deren Ziel war es, zu ermitteln, ob sich auch außerhalb der Wall-Graben-Konstruktion gleichzeitige Strukturen oder gegebenenfalls weitere Siedlungsareale anderer Epochen befinden (Abb. 131).

Befunde nördlich der Viereckschanze

Im südlichsten Schnitt parallel zur Nordseite der Viereckschanze wurde eine räumlich begrenzte Schicht aus durchmischtem anstehendem Material angetroffen. Dabei handelt es sich aller Wahrscheinlichkeit nach um durch die Landwirtschaft verzogene Reste des Walls oder Grabens. Der Graben selbst wurde in den Schnitten nicht erfasst, er liegt wenig weiter südlich in dem genannten Grünstreifen. In den nördlich benachbarten Schnitten zeichneten sich, dem nach Norden leicht abfallendem Gelände entsprechend, mehrere Nord–Süd ausgerichtete Geländesenken oder Erosionsrinnen ab, innerhalb derer deutliche Staunässehorizonte abzulesen waren. Außerdem weisen auch diverse neuzeitliche Drainagegräben unterschiedlicher Ausrichtung, teils mit Tonröhren, in diesem Bereich auf reiche Wasservorkommen hin.

Zwischen diesen Drainagen erfasste man vereinzelt Pfosten- und Siedlungsgruben der jüngeren Latènezeit. Weiter im Nordosten im östlichsten, an einen Feldweg grenzenden Schnitt kam ein maximal 0,8 m breiter und 0,4 m tiefer stumpfwinklig abbiegender Graben zum Vorschein, der im Osten 15 m weit bis zur Grabungsgrenze und darüber hinaus reicht. Im Norden läuft der Graben flach aus und endet nach einer Länge von 12 m sehr wahrscheinlich erhaltungsbedingt. Wegen seiner geringen Breite und Tiefe dürfte es sich um die Einfriedung eines Gehöftes handeln. Innerhalb des Grabengevierts deuten Pfostengruben Hausgrundrisse an. Sowohl im Graben als auch in den Grubenverfüllungen fand sich ebenfalls jüngerlatènezeitliche Keramik (Abb. 132).

132 △ *Langenenslingen-Wilflingen. Keramik der jüngeren Latènezeit mit Kammstrich und Kammeinstichen, teilweise graphitiert, aus den Befunden nördlich der Viereckschanze.*

Auch wenn die archäologischen Strukturen durch die Sondagen nur sehr ausschnitthaft erfasst sind, belegen sie dennoch eine im Norden und Nordosten außerhalb der Viereckschanze liegende Besiedlung, die durch die PV-Anlage mindestens partiell zerstört würde.

Derzeit prüft die EnBW AG, ob zusätzlich zur Viereckschanze auch der nördlich anschließende Bereich mit dieser durch die Sondagen nachgewiesenen Siedlung von der Planung ausgenommen werden kann. Aus denkmalpflegerischer Sicht wäre dieser Schritt sehr zu begrüßen.

Doris Schmid

LITERATURHINWEIS

K. Bittel/S. Schiek/D. Müller, Die keltischen Viereckschanzen. Atlas Arch. Geländedenkm. Baden-Württemberg 1 (Stuttgart 1990) 230–234.

RÖMISCHE ZEIT

133 Öhringen, Ostkastell. Bruchstück einer Bronzekasserolle mit reliefiertem Griff aus Mittelgallien. Der Weißmetallüberzug (Zinn) ahmt Versilberung nach. Die Motive unter den Entenköpfen (u. a. Geldsack, Maske, Heroldsstab) sind Götterattribute. Länge 6 cm (zum Beitrag S. 187 ff.).

GEISLINGEN-BINSDORF, ZOLLERNALBKREIS

Geomagnetische Prospektionen im Kastell Häsenbühl bei Binsdorf

Das Kastell Häsenbühl liegt auf der Hochfläche des Kleinen Heubergs an zwei bedeutenden römischen Fernstraßen. Hier kreuzt die Verbindung von *Arae Flaviae* / Rottweil nach *Sumelocenna* / Rottenburg diejenige zwischen Schwarzwald und Donau. Das Kastell wurde im Zuge des Baus der Kinzigtalstraße und der Grenzverschiebung nach Norden in vespasianischer Zeit errichtet (um 75 n. Chr.).

Unmittelbar südlich davon erstreckt sich der ausgedehnte *vicus* und etwa 300 m nordöstlich stand ein ganz außergewöhnliches Großmonument, das vielleicht zu Ehren von Vespasian (69–79 n. Chr.), Titus (79–81 n. Chr.) oder Domitian (81–96 n. Chr.) errichtet worden ist. Ortswahl und Funktion geben bis heute Anlass zu Spekulationen über die besondere Bedeutung des Kastellplatzes. Die genaue Lokalisierung des Kastells gelang erst im Jahr 1986 durch Luftbildaufnahmen. Erkennbar waren eine dreifache Grabenstruktur, das Stabsgebäude und einige Pfostenreihen. Es handelt sich um eine reine Holz-Erde-Anlage, die wahrscheinlich über einen relativ kurzen Zeitraum in Benutzung war.

Die dürftige Quellenlage und die durch herausgepflügte Funde dokumentierte fortschreitende Zerstörung der Anlage gaben den Anlass, mithilfe nichtinvasiver Methoden den Erhaltungszustand der archäologischen Befunde zu klären. Im Herbst 2021 führte daher die Firma Terrana Geophysik aus Mössingen im Auftrag des Landesamtes für Denkmalpflege geomagnetische Prospektionen im Kastellbereich durch. Sie erwiesen sich als außergewöhnlich erfolgreich. Die Messdaten zeigen eine Anlage mit einer maximalen Ausdehnung von 250 m Länge und 190 m Breite sowie einer Innenfläche von 190 m × 160 m bzw. rund 3 ha (Abb. 134). Die Befunderhaltung ist ausweislich des Magnetogramms im Norden besser als im Süden.

Fast vollständig erkennbar sind die Gräben des Kastells mit Zugängen im Süden *(porta principalis dextra)*, Osten *(porta praetoria)* und Westen *(porta decumana)*. Im Norden befindet sich eine Geländekante. Die Gräben sind hier entweder der Erosion zum Opfer gefallen oder das Kastell war in diesem Bereich durch eine ursprünglich steilere Kante natürlich geschützt. Für Letzteres spricht, dass im Nordwesten die Gräben miteinander verbunden sind und es sich andeutet, dass sie nur bis zur Hangkante angelegt wurden und dieser Abschnitt lediglich von einem einzelnen Graben gesichert wurde. Im Innenbereich schließt sich – vor allem im Süden, Westen und Osten erkennbar – eine Doppelpfostenreihe an, bei der es sich um die Holz-Erde-Konstruktion der Umwehrung handeln dürfte. Die Pfosten sind auch im Eingangsbereich des Kastells deutlich ausgeprägt und können als Toranlage interpretiert werden. Auf der Innenseite ist parallel zur Holz-Erde-Mauer ein schmaler Graben sichtbar, wahrscheinlich der Entwässerungsgraben der *via sagularis*. Im Zentrum befindet sich das Stabsgebäude *(principia)* mit rückwärtiger Raumzeile im Westen sowie einem Innenhof mit offener *porticus*. Um die *principia* herum sind zahlreiche als

Gebäude anzusprechende Strukturen angeordnet, deren Funktion sich bislang noch nicht in jedem Fall mit letzter Sicherheit bestimmen lässt. Nördlich des Stabsgebäudes deuten engmaschige Pfostensetzungen ein Lebensmittellager *(horreum)* an. Darüber zeichnen sich lange, etwa Ost–West ausgerichtete Gebäude mit kleinteiliger Innengliederung ab, bei denen es sich vermutlich um Magazine vom Hoftyp handelt. Die starken Anomaliewerte in diesem Areal weisen darauf hin, dass die Gebäude abgebrannt sind.

Der Name der im Kastell stationierten Einheit ist nicht überliefert, aufgrund der Größe kann als Besatzung eine *ala quingenaria* (Reitereinheit) oder *cohors quingenaria equitata* (teilberittene Infanterie, jeweils etwa 500 Mann) angenommen werden.

Überraschend sind die Strukturen im Osten vor der *porta praetoria*. Sie könnten auf eine Fortsetzung des *vicus* in Richtung Kaiserdenkmal hindeuten.

Marc Heise

LITERATURHINWEISE

J. Heiligmann, Der „Alb-Limes". Ein Beitrag zur römischen Besetzungsgeschichte Südwestdeutschlands. Forsch. u. Ber. Vor- u. Frühgesch. Baden-Württemberg 35 (Stuttgart 1990); M. Kemkes, Das Kaiserdenkmal auf dem Häsenbühl bei Geislingen, Zollernalbkreis. In: Ders. u. a. (Hrsg.), Ob res prospere gestas – wegen erfolgreich ausgeführter Taten [Festschr. Jörg Heiligmann]. (Friedberg 2018) 122–135.

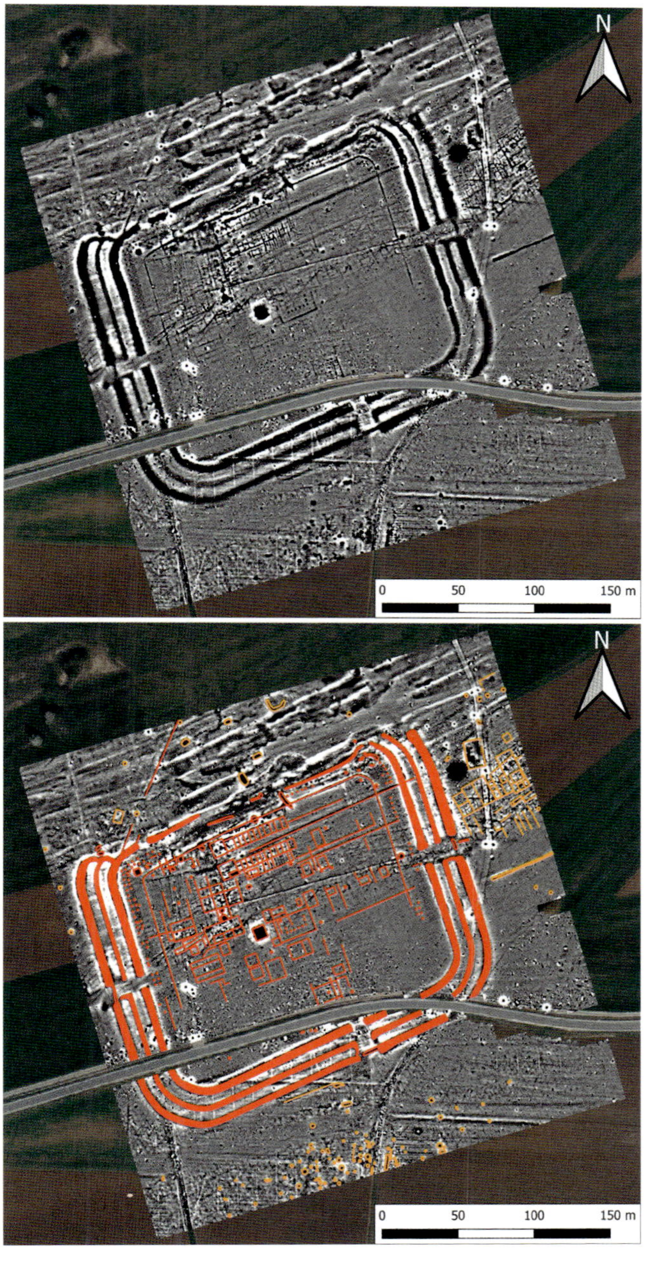

134 △ *Geislingen-Binsdorf, Häsenbühl. Magnetogramm von Kastell und Umgebung, unten mit Interpretation der Strukturen. Rot: Kastellgräben und Gebäude; orange: Siedlungsbefunde außerhalb des Kastells.*

Quadratisch, praktisch, ein Kastell? Ein neuer Fundplatz in Mögglingen sorgt für Diskussionen

Entdeckungsgeschichte

Knapp hundert Jahre nach dem Ende der systematischen Erforschung des Raetischen Limes liefert dieser immer noch neue Erkenntnisse: So rückte aufgrund einer Fundmeldung ein Acker bei Mögglingen in der Flur „Bibert“ in den Fokus der Forschung, in dessen Umfeld bis dato keine archäologischen Strukturen oder Funde bekannt waren. Der Limes läuft in gut 600 m Entfernung vorbei, sodass zunächst kein Zusammenhang zu erkennen war. Um den Fundplatz zu verifizieren, wurde das Gelände 2012 vom Landesamt für Denkmalpflege großflächig geophysikalisch untersucht. Die Überraschung war groß, als sich im Messbild ein rechteckiges Grabenwerk von ca. 62 m Seitenlänge zeigte (Abb. 135). Die abgerundeten Ecken und ein Eingang an der Westseite waren deutlich zu erkennen, ein weiterer scheint sich im Osten anzudeuten.

135 ▽ Mögglingen, „Bibert“. Im Magnetogramm zeichnet sich der Umfassungsgraben der annähernd quadratischen Anlage mit den Eingängen deutlich ab. In Blau eingetragen ist die Grabungsfläche 2021.

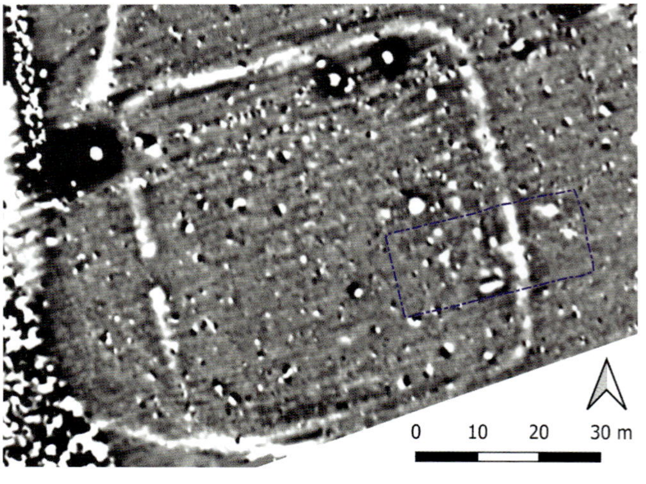

Dieser Grundriss erinnert sogleich an Kleinkastelle am Limes, solche Anlagen liegen jedoch in der Regel viel näher an der Grenze. Ein ähnlicher Grundriss wurde auch beim Limestor in Rainau-Dalkingen entdeckt. Diese Neuentdeckungen zeigen deutlich, welch großes Forschungspotenzial am Limes noch gegeben ist.

Gute Lage

Das Grabenwerk liegt auf einem kleinen Plateau, das nach Westen leicht und nach Süden stark abfällt und vom mehrere Meter tiefer gelegenen Ammersbach abgeschnitten wird. In der Sichtachse der Eingänge liegen der Kolbenberg im Osten und der Rechberg auf der gegenüberliegenden Seite, die als Geländemarken deutlich hervortreten.

Um Erhaltung und Datierung abzuklären, wurde 2013 eine zweitägige Sondage angesetzt. Auf dem sehr steinigen Acker konnten dabei allerdings keine Mauerreste erkannt und der Graben lediglich im Planum dokumentiert werden. In einer angeschnittenen Grube kamen römisches Kochgeschirr, Bauteile und Bruchstücke von Sandsteinfigurinen zutage, die eine römische Zeitstellung der Anlage belegen.

Diese Funde und Ergebnisse reichten jedoch nicht aus, den Charakter des Bauwerks zu bestimmen. Sowohl die Zusammensetzung des Fundmaterials als auch die Lage ließen an der Interpretation als Kleinkastell Zweifel aufkommen. Auch konnten die Befunde aus dem Magnetogramm und deren Erhaltung nicht überzeugend geklärt werden – es zeigte sich allerdings eine starke Gefährdung durch Bewirtschaftung und natürliche Erosion.

Flächige Untersuchungen

Um weitere Fragen beantworten und die Situation bewerten zu können, bedurfte es eines größeren Grabungsausschnittes. In Abstimmung mit dem Grundstückspächter konnte von August bis Mitte Oktober 2021 eine Fläche von 430 m² archäologisch untersucht werden. Hierfür wurde ein Bereich ausgewählt, der neben Mauer und Graben im Magnetbild einige Auffälligkeiten zeigte (Abb. 135).
Bereits direkt unterhalb des Pflughorizontes in einer Tiefe von 20–30 cm wurden archäologische Befunde angetroffen. Dabei handelte es sich hauptsächlich um tief reichende Strukturen; antike Nutzungsschichten oder aufgehende Bebauung hatten sich nicht erhalten. Die Geologie des Untergrunds erschwerte die Identifikation von Erdbefunden in den anstehenden lehmigen und schieferhaltigen Bodenschichten. Klüfte im hier oberflächennah anstehenden Wilden Schiefer führten zu einem Nachsacken der oberhalb gelegenen Erdschichten. Diese zeigten sich im Planum wie anthropogene Befunde, auch die Anlage von Profilschnitten brachte nicht zwangsläufig Klarheit.

Feste Mauern

Quer durch die Fläche zieht die aus den Radaraufnahmen bekannte Umfassungsmauer (Abb. 136), von der sich noch 20–30 cm tiefe Fundamentreste erhalten haben. Diese enthielten teilweise sekundär verwendete brandgerötete Kalksteine, was andeutet, dass es sich bei der Mauer nicht um einen Bau aus der Anfangsphase des Limes handeln kann. In das Innere abgehend konnte noch eine mindestens 1,8 m lange Mauer erfasst werden. Diese war nur noch bis zu 5 cm tief erhalten und durch den Pflug bereits stark in Mitleidenschaft gezogen worden.
Um einen unüblichen Befund handelt es sich bei einer in die Berme eingetieften Steinset-

136 ▽ *Mögglingen, „Bibert". Drohnenaufnahme der Grabungsfläche während der Untersuchung. Außen vor der klar abgegrenzten Umfassungsmauer verläuft der mit Versturz verfüllte Graben. Norden ist unten.*

zung von 0,6 m auf 0,6 m ohne Maueranschluss, die mit Steinen und Mörtel verfüllt war. Gut 3 m nördlich davon gab es einen weiteren Einbau in die Berme, der allerdings größer und flächig mit mörtelhaltigem Material aufgefüllt war. Wofür diese sockelartigen Unterbauten gedient haben, ist noch unklar. Sie scheinen jedoch nicht die Umfassungsmauer zu stabilisieren.

Ein wehrhafter Graben

Auf eine ca. 0,4 m breite Berme folgt ein noch 1,40 m tiefer Spitzgraben (Abb. 137). Dieser war ursprünglich V-förmig angelegt worden und reichte bis in sehr harte Schieferschichten. Bereits nach kurzer Zeit wurde er (wieder) zur Hälfte aufgefüllt, wofür Material von den Seiten abgegraben wurde. Dadurch entstand ein ca. 6 m breiter Sohlgraben, der erst mit Aufgabe der Mauer abschließend verfüllt wurde: Große Steine und Mörtelschichten mit dazwischenliegenden plaggenartigen Ansammlungen von Schneckenhäusern zeugen von einem langsamen Verfall der Mauer.

Was wars gewesen?

Offen bleibt nun die Frage nach der Funktion der Anlage. Der Spitzgraben und die Umfassungsmauer sprechen für ein Kleinkastell. Jedoch liegt dieses vergleichsweise weit vom Limes entfernt. Eine Straße, welche die Kastelle Böbingen und Aalen verband und deren Überwachung das Kastell dienen könnte, wurde in der Umgebung nicht nachgewiesen. Die Anbauten beiderseits der Außenmauer, die selbst bis dato lediglich an der Ostseite belegt ist, sind hingegen untypisch für Verteidigungsbauten. Eine Sichtverbindung zu den Zeugenbergen mag hier von Bedeutung gewesen sein und den Ort sakral respektive religiös aufgeladen haben. Vielleicht liegt der Schlüssel zur Lösung auch im Umbau des Grabens: Nach der Aufgabe eines Kastells könnte das Areal als Heiligtum weitergenutzt worden sein. Eine ähnliche Umwidmung lässt sich beispielsweise am Wachtturm 10/37 „Schneidershecke“ am Odenwaldlimes nachweisen. Sollte es sich um einen Kultbezirk oder Ähnliches handeln, wäre dies der erste Nachweis eines derartigen Komplexes am Raetischen Limes

137 ▷ *Mögglingen, „Bibert“. Im Profil zeigen sich deutlich die unterschiedlichen Verfüllungen des Grabens. Blick nach Süden.*

und wir müssten unser Bild einer solchen Grenzanlage komplett neu bewerten und wesentlich überarbeiten.
Die auffällige Fundarmut des gesamten Areals erschwert die Interpretation zusätzlich. Die genaue Datierung bleibt vorerst noch unklar, das spärliche Fundmaterial belegt eine römische Präsenz im 2. und frühen 3. Jahrhundert n. Chr.

Ausblick

Die schlechte Erhaltung der Befunde macht deutlich, dass die weniger tief reichenden Strukturen bereits weitestgehend der Erosion zum Opfer gefallen sind und unbedingt vor ihrer gänzlichen Zerstörung dokumentiert werden müssen. 2022 soll daher geklärt werden, ob die Zerstörung überall gleichermaßen fortgeschritten ist. Der Nachweis einer Umfassungsmauer auch an den anderen Seiten mag darüber hinaus mehr Hinweise für die Interpretation hinsichtlich der Funktion der Anlage bringen können.

An dieser Stelle sei dem Grundstückseigentümer Paul Kuhn und dem Pächter Florian Weiß für die gute Zusammenarbeit und Hilfe gedankt. Ebenso möchten wir unseren Dank den Ehrenamtlichen Katja Baumgärtner, Jochen Bohn und Jürgen Schmidt aussprechen, die uns mit ihrem unermüdlichen Einsatz auch logistisch sehr unterstützten.

Andreas Schaflitzl, Paul Güldenstein

LITERATURHINWEISE

St. Bender, Der Feldzug gegen die Germanen 213 n. Chr. In: Caracalla. Kaiser – Tyrann – Feldherr. Ausstellungsbegleitband Limesmuseum Aalen 2013 (Darmstadt 2013) 104–131, hier 129 f.;
E. Fabricius/F. Hettner/O. von Sarwey (Hrsg.), Der Obergermanisch-Raetische Limes des Römerreiches. Abt. B, Bd. 5, Strecke 10 (Heidelberg, Berlin, Leipzig 1935) 80–92.

ÖHRINGEN, HOHENLOHEKREIS

Quartiere und Mannschaften im Öhringer Ostkastell

Nachdem im letztjährigen Band über die umfangreichen Grabungen im Öhringer Westkastell beim Krankenhaus berichtet werden musste, stand nur ein Jahr später das Ostkastell im Fokus der Archäologie. Es liegt in unmittelbarer Nähe zum Limes. Mit einer Größe von gut 2 ha kann es wie das in etwa gleich große Westkastell als Unterkunft einer Kohorte, d. h. einer Besatzung von ca. 500 Mann angesprochen werden. Tatsächlich ist vom Ostkastell bisher wenig mehr als seine Umwehrung bekannt. Bis in die 1950er Jahre hinein lag das Kastellgelände noch am Rand Öhringens. Kurz vor der anstehenden Überbauung gelang es Hans Schönberger vom Saalburgmuseum zusammen mit der Denkmalpflege, mit Mitteln der Deutschen Forschungsgemeinschaft einige Schnitte durch Gräben und Mauern anzulegen. Für Untersuchungen im Innenraum reichten die Ressourcen nicht. Zumindest bei der Umwehrung konnten jedoch die früheren Erkenntnisse von Christian Ernst Hanßelmann (1768/69) und der Reichs-Limeskommission (1892–1894) wesentlich erweitert werden.

Gärten als archäologisches Reservat

Im Jahr 2021 wurde nun ein schon länger geplantes Bauvorhaben realisiert, das den Ersatz eines der bestehenden Einfamilienhäuser durch einen größeren Wohnkomplex umfasste. Die dazugehörige Tiefgarage dehnt sich in den alten Garten aus. Hier war die archäologische Substanz noch im Zustand der 1950er Jahre erhalten, wie eine anfängliche

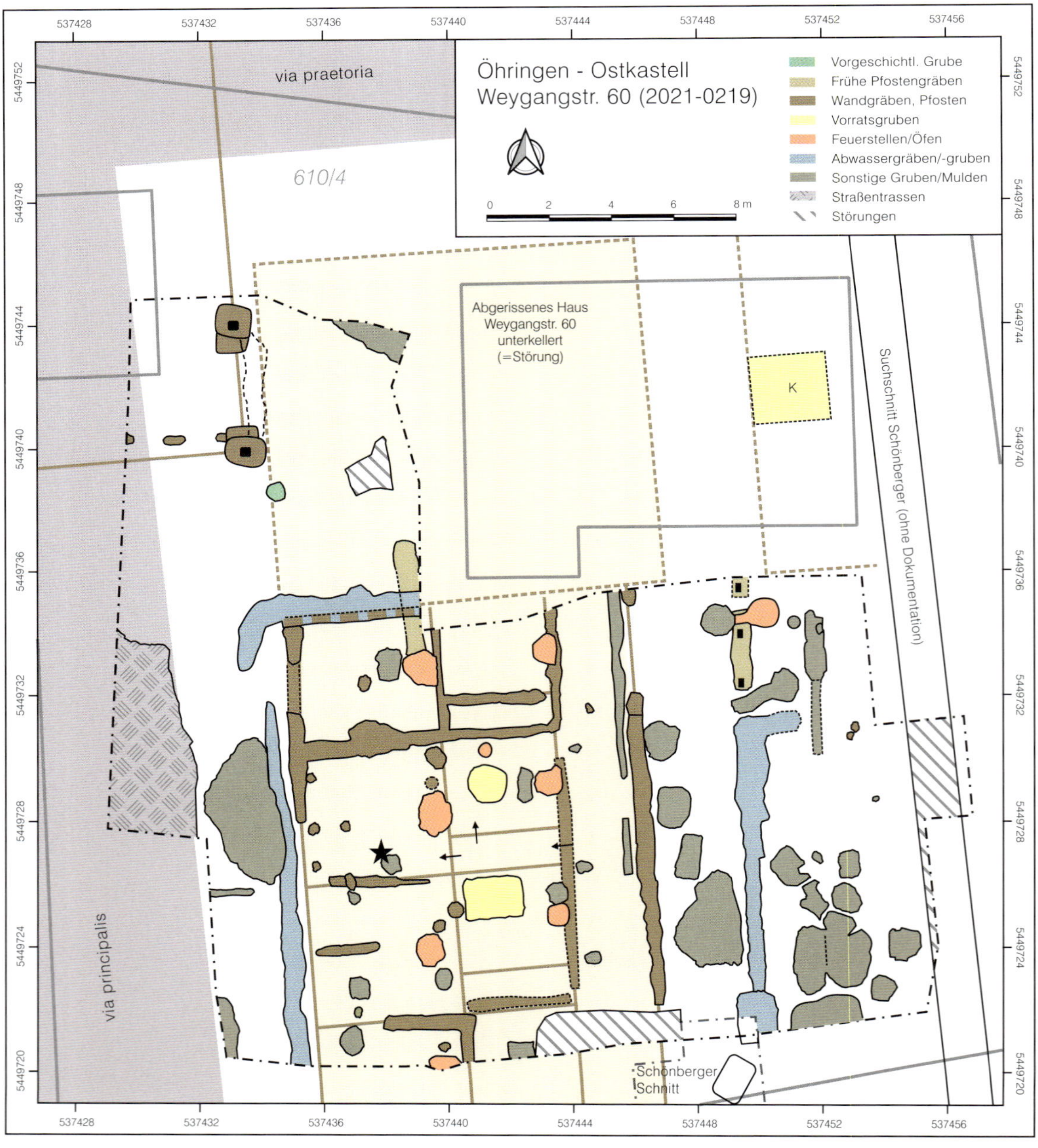

138 △ *Öhringen, Weygangstraße, Ostkastell. Vorläufige Interpretation der Grabungsergebnisse. Der Stern kennzeichnet die Fundstelle der Besitzermarke (Abb. 141).*

Prospektion ergeben hatte. Diese Situation ist nicht untypisch und zeigt, dass gerade mäßig verdichtete neuzeitliche Siedlungsbereiche noch ein erhebliches archäologisches Denkmalpotenzial aufweisen können. Den Zuschlag für die Rettungsgrabungen erhielt die Firma fodilus GmbH.

Kastellstraßen und *principia*

Das Baugrundstück an der heutigen Weygangstraße liegt nahe dem Zentrum des Ostkastells. Es erschließt den Zwickel zwischen der Nord–Süd verlaufenden *via principalis* und der senkrecht darauf stoßenden *via praetoria,* die vom Haupttor im Osten durchs Lager zieht (Abb. 138). Das Pflaster der *via principalis* war teilweise noch erhalten. Im Norden zieht die Straßentrasse unter die bis dato unbekannte Vorhalle des Stabsgebäudes *(principia).* Mehrere größere Pfostengruben konnten ihr zugeordnet werden. Offenbar wurde die Vorhalle einmal grundlegend erneuert, jedoch nie in Stein ausgebaut. Mit einer rekonstruierbaren Ausdehnung von ca. 26 m auf 12 m fällt sie auffallend klein aus. Zu den *principia* selbst fehlt bisher jeder Aufschluss.

Mannschaftsbaracken

Östlich der *via principalis* wurden eine Reihe von Gräben und Gruben angetroffen, die von einer mehrphasigen Innenbebauung herrühren. Diese lassen sich als Überreste einer Nord–Süd ausgerichteten Baracke für eine Centurie von Fußsoldaten mit anschließendem Innenhof deuten (Abb. 138; 139). Die Wände ruhten auf hölzernen Schwellbalken, die kaum in den Boden eingetieft waren. Daher sind die dazugehörigen Gräbchen nur partiell zu erkennen. Zudem hat man die Bauten zum Ausgleich des Geländegefälles gestuft angelegt, was eine unein-

139 ◁ *Öhringen, Weygangstraße, Ostkastell. Blick auf den Westteil der Grabungsfläche mit den Feuerstellen in der Baracke. Im Umfeld zeichnen sich schwach die Wandgräben ab. Blick nach Nordwest.*

140 △ Öhringen, Weygangstraße, Ostkastell. Verlorene Habseligkeiten: Bruchstück eines Lederbeschlags, Peltafibel, Löffel und Kniefibel. Bronze, z. T. verzinnt.

heitliche Erhaltung bewirkt hat. Das dürfte auch das Ausbleiben von Bauspuren im Norden erklären, wo vermutlich ein Kopf- bzw. Endbau der Baracke gelegen hat. Südlich schließt dann die übliche doppelte Kammerreihe mit vorgelagerter Portikus an. Die größeren Gruben innerhalb der Baracke sind mit Holz oder Flechtwerk ausgekleidete Vorratsgruben.

Der Hof zeigt Abwassergräben und muldenförmige Senken bzw. Gruben, deren Funktion im Einzelnen offenbleibt. Außerdem findet sich hier ein Backofen. Er überlagert ältere Bauspuren, die nicht zu den übrigen Befunden zu passen scheinen. Weiter nördlich hat sich unter dem Kellerboden des abgerissenen Wohngebäudes der Rest einer verschalten Grube (Keller oder Latrine) erhalten. Sie dürfte zum Kopfbau einer zweiten Baracke gehören, die ansonsten außerhalb des ergrabenen Areals lag. Ausrüstungsgegenstände der Soldaten fanden sich vor allem im Bereich der westlichen Unterkunft, darunter das Fragment einer Bronzekasserolle mit reliefiertem Griff aus Mittelgallien (Abb. 133, siehe S. 180) sowie weitere Kleinfunde (Abb. 140). Im Südosten wurde der steinerne Kopf einer kleinen mutmaßlichen Geniusstatue entdeckt. Es wird sich um einen *genius centuriae* handeln, d. h. den Schutzgeist der Centurie oder deren Unterkunft. Das Wort *centuria* steht für beides.

Mehr Platz!

Ungewöhnlich ist, dass bei den Baracken nicht wie üblich nur die rückwärtigen Zimmer *(papilio)* durch Feuerstellen als Wohnstuben ausgewiesen sind, sondern auch die kleineren Vorräume, die gemäß der traditionellen Bezeichnung *arma* eigentlich als Kammern für die Ausrüstung fungierten. Deswegen sind sie nun mit einer regulären Wand vom Flur abgetrennt (vgl. Abb. 138; 139). Ein ähnlicher Barackengrundriss ist aus dem Limeskastell Lorch bekannt.

Möglicherweise fassen wir damit eine historische Entwicklung: Als im Lauf des 2. Jahrhunderts die römischen Lager standortfest geworden waren und damit die Soldaten langfristig in denselben beengten Unterkünften einquartiert waren, hat man ihnen offenbar durch Auslagerung des schweren Gepäcks mehr Platz zum Leben zugestanden. Leider wissen wir noch viel zu wenig über die Innenbebauung der Limeskastelle im späten 2. und 3. Jahrhundert n. Chr., um dieser interessanten Frage weiter nachgehen zu können. Den Öhringer Befunden kommt daher eine besondere Bedeutung zu.

Legionäre als Besatzung des Ostkastells?

Wer war im Ostkastell stationiert? Einen überraschenden Hinweis zu dieser viel diskutierten Frage liefert ein kleines Ausrüstungsschildchen aus Bronzeblech (Abb. 141). Die eingepunzte Inschrift lautet (vorläufige Lesung, nach M. Scholz, Frankfurt): LEG(io/onis) VIII A(ugusta/ae)? CO(nstans/antis)? [PI]A(/ae)? // FID(elis) COMMOD(a/ae)? // >(centuriae) AVRE(lii) FLO//RI IVLI(i/o) C(a)E//LESTI.
Sieht man von den Problemen der genauen Auflösung insbesondere der Kasusendungen einmal ab, so bezeugt das unscheinbare Blech offenbar die Anwesenheit eines gewissen Iulius Caelestis von der Straßburger 8. Legion aus der Centurie des Aurelius Florus. Bestand die Besatzung des „Hilfstruppenlagers" demnach aus abkommandierten Legionären, zumindest teilweise? Obwohl für ein Kastell am Limes ungewohnt, sollte man diese Möglichkeit vielleicht nicht von vorneherein ausschließen. Anderseits wissen wir, dass z. B. die steinernen Umwehrungen der Limeskastelle des Öfteren von Spezialisten der Legionen errichtet worden sind, nicht von den örtlichen Hilfstruppen. Das Osterburkener Annexkastell hat z. B. die 8. Legion unter Kaiser Commodus zu einem unbekannten Zeitpunkt zwischen 185 und 192 n. Chr. errichtet. Ist es Zufall, dass die Öhringer Besitzermarke – wenn der Ehrenname der Legion, *„pia fidelis"*, korrekt aufgelöst ist – in die gleiche Zeit gehört? Übernachteten Spezialisten zum Ausbau der Umwehrung in Stein im Öhringer Lager?
Eine andere Frage ist, ob die Marke in die Reihe der außergewöhnlichen Ausrüstungsschildchen gehört, die die Forschung mit der Schenkung von Waffen an verdiente Soldaten unter Kaiser Commodus in Verbindung gebracht hat. Anlass waren die inneren Unruhen im gallisch-germanischen Raum 185/186 n. Chr., bei denen die *legio VIII Augusta* auch ihren Beinamen *pia fidelis constans Commoda* („treu und fest zu Commodus stehend") erhalten hat.

141 △ *Öhringen, Weygangstraße, Ostkastell. Das in Form einer* tabula ansata *ausgeschnittene Bronzeblech war ehemals aufgenietet und diente zur Kennzeichnung des Besitzes eines der in der Baracke untergebrachten Soldaten. Länge 5,5 cm.*

Datierung

Datierende Funde wie Münzen und Sigillaten sind nur in geringer Zahl zutage gekommen. Sie vermögen kaum etwas zur Einengung des allgemeinen zeitlichen Ansatzes von der Mitte des 2. bis zur Mitte des 3. Jahrhunderts (?) beizutragen. Auch die Vermutung, dass das Ostkastell früher (oder später?) als das eher abseits gelegene Westkastell gegründet worden sei, steht somit weiter unbeantwortbar im Raum.

Der Investorin Retter Immobilien GmbH danken wir für die konstruktive Zusammenarbeit sowie Irmgard und Walter Dürr für die freundliche Unterstützung der Grabung.

Klaus Kortüm, Ralf Keller

LITERATURHINWEISE

H. Schönberger, Eine Grabung im Rendelkastell zu Öhringen. Fundber. Schwaben. N. F. 15, 1959, 54–64; J. Gorecki, Römische Metallgefäßspektren aus ausgewählten militärischen Fundkomplexen diesseits von Rhein und Donau von der Zeit der späten Republik bis zum Beginn des 2. Jahrhunderts n. Chr. In: H.-U. Voß/N. Müller-Scheeßel (Hrsg.), Archäologie zwischen Römern und Barbaren 1 (Bonn 2016) bes. 184–186; 204–206; H. U. Nuber, Zur Frühgeschichte der Stadt Lorch. In: G. Seitz (Hrsg.), Hans Ulrich Nuber. Ausgewählte Schriften (Rahden/Westf. 2016) 445–452; S. Roth/A. Thiel, Vicus Aurelianus – Das römische Öhringen. Arch. Inf. Baden-Württemberg 74 (Stuttgart 2016) 75–79.

INFO

Römische Kasserollen

Kasserollen mit rundlichem Gefäßkörper und flachem Griff sind eine typische Form römischer Metallgefäße. Sie zählen zum Trinkgeschirr. Ihre antike Bezeichnung war vermutlich *trulla*. Produziert hat man sie in großen Stückzahlen von der Zeitenwende bis in die erste Hälfte des 2. Jahrhunderts, zunächst in Italien, dann auch in Gallien. In dieser Zeit waren sie auch Teil der regulären militärischen Ausrüstung und wurden auf dem Marsch am Mann getragen, wie auf der Trajanssäule dargestellt. Neben den gewöhnlichen Exemplaren aus Bronze gibt es auch solche aus Silber. Bei besonderen Stücken sind zudem die Griffe wie in Öhringen mit mythologischen Szenen verziert.

LADENBURG, RHEIN-NECKAR-KREIS

Vom Kastell zur Stadt. Eine Baubegleitung in Ladenburg mit herausragenden Ergebnissen

Ab November 2020 bis August 2021 wurden große Teile der Kanalisation inmitten der Ladenburger Altstadt und des Grabungsschutzgebiets komplett erneuert oder neu angelegt. Die Firma Südwest-Archäologie übernahm die Baubegleitung dieses aus denkmalpflegerischer Sicht sehr komplexen Vorhabens.

Die Leitungstrasse war in drei zusammenhängende Bauabschnitte (BA) untergliedert. BA 1 für einen neuen Gefälleumkehrkanal führte vom Anschlusspunkt in der Lustgartenstraße parallel zur St.-Sebastian-Kapelle bis zur Kirchenstraße durch weitgehend unversehrte archäologische Substanz. In BA 2 folgte die Anbindung bis zur Heidelberger Straße bzw. Neugasse, teils die Flucht der bestehenden Kanalisation aufnehmend. BA 3 schließlich beinhaltete die Erneuerung der Wasserleitung Kirchenstraße Richtung Hauptstraße.

Was war zu erwarten?

Zu rechnen war mit römischen Strukturen der bekannten Ladenburger Besiedlungsabfolge von der militärischen Besetzung bis hin zum römischen Verwaltungszentrum. Gerade im Umfeld von St. Sebastian gingen wir auch von Zeugnissen des mittelalterlichen und neuzeitlichen Bischofshofs bzw. Amtshofs aus; weiter östlich von Relikten der ottonischen Stadtbefestigung sowie dem Straßenring, der im 12./13. Jahrhundert entstand.

Arbeitsbedingungen

Die archäologische Baubegleitung der Abschnitte 1 und 2 war eine große Herausforderung für alle Beteiligten, vor allem für das Grabungsteam (Abb. 142). Die Ausschachtungen für die Kanalsegmente erfolgten in kleinen Abschnitten von 3–4 m Länge. In der erforderlichen Arbeitstiefe von bis zu 4 m hatte der Schacht gerade einmal eine lichte Weite von knapp 1,5 m. Längsprofile waren aus sicherheitstechnischen Gründen nur bis zu einer Tiefe von maximal 1,5 m zu dokumentieren. Darunter galt es die Ausschachtungen mit Verbauelementen zu sichern, die auch beim weiteren Abtiefen immer mit der Sohle des Eingriffsbereichs bündig abschließen mussten. Die Querprofile mussten angesichts der möglichen Einsturzgefahr geböscht werden und waren damit nur bedingt aussagekräftig.

Die schmalen, kurzen Abschnitte erschwerten die Befunderkennung bzw. -zuordnung. Größere Befunde konnten kaum flächig zusammenhängend freigelegt werden. Mauern und andere Baubefunde ließen sich nur sukzessive bzw. lagenweise abtragen und dokumentieren. Die enorme Tiefe in den engen Arbeitsbereichen sowie die winterlich feuchte Witterung in den ersten Monaten erschwerten die täglichen Ausgrabungsarbeiten erheblich. Ein ständiges Abwägen zwischen Arbeitssicherheit und bestmöglicher Befunderkennung und -sicherung gehörte zur Tagesordnung.

142 △ *Ladenburg, Kirchenstraße. Arbeiten unter erschwerten Bedingungen: Dokumentation eines Steingebäudes im Kanalgraben.*

Der Wurzelschutz im Bereich eines Naturdenkmals führte stellenweise noch zum Einsatz eines Saugbaggers, eine Verfahrensweise, die im Hinblick auf eine denkmalgerechte Ausgrabung nur in Ausnahmefällen zum Einsatz kommen sollte.

Kastellzeitliche Befunde

Umso erfreulicher war es, dass trotz aller Widrigkeiten noch unerwartet viele Befunde im Trassenverlauf angetroffen und dokumentiert werden konnten. Die Bauabschnit-

143 △ *Ladenburg, Kirchenstraße. Erdbefund einer Uringrube als Indiz für die Unterbringung der Pferde in den Mannschaftsbaracken des Kastells.*

144 △ *Ladenburg, Kirchenstraße. Steingebäude mit Türdurchlass im Untergeschoss. Östliches Gewände und Schwelle noch in situ; der Sturz und das westliche Gewände waren bereits abgebaut.*

te 1 und 2 queren den vorderen Bereich des Kastells *(praetentura)* südlich der Straße *(via praetoria),* die vom Stabsgebäude zum Haupttor (Teile davon im Grabungsfenster gegenüber dem Bischofshof sichtbar) in Richtung Neckar führte. In fast 4 m Tiefe zeichneten sich Wandgräbchen, Teile von Gruben und vereinzelte Pfostenlöcher ab. Hierbei handelt es sich um Ausschnitte der Mannschaftbaracken, wohl ähnlich denjenigen, die C. Sebastian Sommer im rückwärtigen Bereich des Kastells, südlich der St.-Gallus-Kirche, erstmals1986 nachweisen konnte. Die wohl sehr ausschnitthaften neuen Befunde bestätigen den Forschungsansatz Sommers, dass Soldaten und Pferde der in Ladenburg stationierten Reitereinheit zumindest in der ersten Bauphase des Kastells gemeinsam unter einem Dach untergebracht waren. Jedenfalls fanden sich wiederum die charakteristischen länglichen Gruben mit stark kalkhaltiger, grünlicher Verfüllung und Sickerspuren im Umfeld. Aufgrund der seinerzeit nachgewiesenen sehr hohen Phosphatwerte wurden diese Befunde sicherlich zu Recht als Uringruben in Pferdeställen gedeutet (Abb. 143).

Trotz der geringen Flächengröße bezeugen die Befunde auch für den vorderen Kastellbereich zwei Bauphasen. Deutlich erkennbar waren sich überlagernde oder sich schneidende Wandgräbchen; dunklere, mit Brandschutt verfüllte, folgen auf die älteren, helleren, weitgehend sterilen Strukturen.

Civitaszeitliche Befunde

Wie erhofft, hatten sich besonders im BA 1 Mauern mehrerer Steingebäude unterschiedlicher Größe und Ausstattung erhalten. Wie die im römischen Stadtplan bereits eingezeichneten Strukturen folgt ihre Ausrich-

145 ◁ *Ladenburg, Kirchenstraße. Digitaler Rekonstruktionsversuch des Türgewändes mit isometrischer Ansicht von der Türfront (links) und von innen (rechts).*

tung der oben genannten römischen Ausfallstraße des Kastells in Richtung Fluss, die, wie ihr Pendant in Richtung Norden und Süden auch, die Topographie der zivilen Siedlung entscheidend prägte.

Besondere Aufmerksamkeit verdient die Ecke eines massiven, einst wohl recht stattlichen Gebäudes mit noch gut erhaltenem Fugenstrich. Eingebettet in die Mauer lag ein großer Sandsteinquader. Nachdem dieser gehoben war, wurde ersichtlich, dass es sich um den Sturz eines vollständig erhaltenen Türgewändes handelt. Dies bestätigte sich beim weiteren Abtiefen (Abb. 144).

Das Türgewände

Da dieser bedeutende Baubefund aufgrund der schwierigen Bedingungen nicht in Gänze in situ dokumentiert werden konnte, wurde entschieden, erst nach der Dokumentation und Bergung die einzelnen Blöcke im Depot mittels *Structure from motion* aufzunehmen. Hierfür wurden diese von allen Seiten systematisch abfotografiert und aus diesen mehreren Hundert Fotos für jeden Stein ein maßstäbliches 3D-Modell errechnet. Am Computer wurden Sturz, Schwelle und Seiten nach der vorliegenden Befunddokumentation positioniert und ergeben nach diesem Rekonstruktionsversuch einen Durchgang von 1,82 m lichter Höhe sowie 1,12 m Breite (Abb. 145).

Auf den Befundfotos war erkennbar, dass die Ausrichtung der Pfosten im Verhältnis zu dem mit der anschließenden Mauerflucht ausgerichteten Schwellstein und Sturz leicht abgewinkelt war. Die Steine selbst sind anscheinend nur flüchtig nachbearbeitet worden. Manche Flächen sind schräg abgearbeitet und die Auflageflächen nur grob zugerichtet. Am auffälligsten ist dabei der östliche Pfosten, der in sich schief und etwas kürzer als sein westliches Pendant ist. Daher steht er nicht auf der ebenfalls schräg abfallenden Auflagefläche der Schwelle auf. Da ausgerechnet dieser Pfosten zuerst geborgen werden musste, ist nicht mehr zu erschließen, wie die Lücke überbrückt worden war.

INFO

Interaktives 3D-Modell

des Türgewändes bei Sketchfab: https://skfb.ly/o8A7n

Die Qualität des Gewändes lässt eher auf eine „zweite Wahl“ schließen und ist kaum mit einem repräsentativen Eingang zu verbinden. Erklärbar ist dies durch die Tiefe des Befundes, denn der eigentliche Laufhorizont lag offenbar über dem Türgewände, sodass wir es hier wohl mit einem Durchgang in einem Keller zu tun haben. Auch wenn die Vertiefungen in Schwelle und Sturz funktional erscheinen und eine aus zwei Holzelementen gefertigte Tür aufnehmen konnten – etwa eine Flügeltür in Angeln und ein Einschiebeelement, ähnlich wie bei einer römischen Ladenfront –, bleibt offen, ob dies in einem Keller z. B. in einer Binnensituation überhaupt notwendig war. Erst die Aufdeckung weiterer Gebäudeteile könnte konkrete Auskunft über die Nutzung dieses Türgewändes geben.

Eine Feuerstelle im Nachbargebäude, der Fundamentvorsprung an der Außenseite und im Profil erkennbare Reste eines Laufhorizonts stimmen höhenmäßig überein. Sie liegen ca. 1,80 m über der Schwelle des Kellerdurchgangs und spiegeln den civitaszeitlichen Laufhorizont wider.

Die erwarteten oben genannten mittelalterlichen/frühneuzeitlichen Befunde blieben so gut wie aus. Möglicherweise ist um St. Sebastian bereits in früheren Zeiten mit einer Platzanlage zu rechnen.

Gräber aus dem Dreißigjährigen Krieg

Für die Erneuerung der bestehenden Wasserleitung in BA 3 musste nur ca. 1,2 m tief in den Boden eingegriffen werden. Umso überraschender war es, dass unter und zwischen alten Leitungen offenbar neuzeitliche Bestattungen angetroffen wurden. Diese waren durch die schmale Trasse häufig nicht vollständig zu erfassen; zudem hatten moderne Eingriffe ihre Spuren hinterlassen. Die Skelette waren Ost–West ausgerichtet und dicht gedrängt in gestreckter Rückenlage niedergelegt. Es sind Männer und Frauen, ebenso wurde ein Neugeborenes identifiziert. Möglicherweise handelt es sich um Opfer des Massakers im Zuge der Rückeroberung Ladenburgs durch den Grafen von Mansfeld im Jahr 1622, die hastig in Massengräbern beigesetzt wurden. Bei Umbauarbeiten am Gasthaus „Zur Kartoffel“ und anderen Bodeneingriffen im besagten Areal waren bereits zuvor Bestattungen dieses Friedhofs zutage gekommen.

Die Nachbearbeitung dieser umfangreichen Baubegleitung ist noch nicht abgeschlossen. Wir dürfen gespannt sein, wie der Gesamtplan der Einzelabschnitte aussehen wird und wie die neuen Befunde sich in das bisher bekannte Bild des römischen Ladenburg einfügen.

Ganz herzlich danken möchten wir den Teams der Baufirma Josef Schnell in Ladenburg sowie dem Bauleiter Herrn Markus Doppler für die stetige Unterstützung und Hilfsbereitschaft.

Daniel Langhauser, Sven Jäger, Britta Rabold

LITERATURHINWEISE

C. S. Sommer, „Where did they put the horses?“. Überlegungen zu Aufbau und Stärke römischer Auxiliarsoldaten und deren Unterbringung in den Kastellen. In: Provinzialrömische Forschungen. Festschrift für Günter Ulbert zum 65. Geburtstag (Espelkamp 1995) 158–165; ders., Vom Kastell zur Stadt. LOPODVNVM und die CIVITAS VLPIA SVEBORVM NICRENSIVM. In: H. Probst (Hrsg.), Ladenburg. Aus 1900 Jahren Stadtgeschichte (Ubstadt-Weiher 1998) 97–99; P. Kienzle, Introvertiertes Wohnen – Spuren des Sicherheitsdenkens in der römischen Architektur. In: M. Reuter/R. Schiavone (Hrsg), Gefährliches Pflaster. Kriminalität im Römischen Reich. Xantener Berichte 21 (Mainz 2011) 3–17.

Weitere Erkenntnisse zur römischen Stadtbefestigung von Ladenburg?

Aushubarbeiten für ein Schwimmbecken im Gartenareal des Anwesens Schulstraße 13 wurden im Frühjahr 2021 durch die Archäologische Denkmalpflege in Karlsruhe begleitet. Die ca. 30 m² große und knapp 2 m tiefe Baugrube liegt in der Altstadt, nur wenige Meter südlich der mittelalterlichen Stadtbefestigung. Zu erwarten waren Befunde und Funde der römischen Besiedlungsabfolge (Kastellvicus, Zivilstadt) bis hin zu Zeugnissen aus dem Mittelalter bzw. der frühen Neuzeit. Das zugehörige Wohngebäude enthält Teile des ehemaligen Botzheimer Adelshofs, der bis in das hohe Mittelalter zurückreicht. Bei Umbauarbeiten des Wohnhauses und der Nebengebäude sind verschiedentlich Funde aus allen genannten Epochen bekannt geworden.

Erst in einer Tiefe von 1,6–1,8 m ließen sich einige nicht deutlich gegeneinander abgrenzbare archäologische Strukturen erkennen (Abb. 146). Ein weiteres Abtiefen der Fläche war nicht möglich, da das Bodenniveau des Beckens bereits erreicht war. Reste einer Stickung aus Kalkstein sowie die fast flächige, dunkle Verfärbung darunter gehören in nachantike Zeit. Einige Pfostenlöcher und der grabenartige Befund im Osten der kleinen Fläche dagegen scheinen antik zu sein.

Der Graben zeichnete sich auch in der unteren Hälfte des angrenzenden Ostprofils ab, war jedoch teilweise bereits stark überformt. Der Befund ließ sich noch etwa 1 m tief erkennen, seine maximale Breite liegt bei 6–8 m. Ein massiver Eingriff war an der vermeintlichen Grabenspitze erkennbar. Im Einvernehmen mit Bauherrschaft und beauftragter Firma konnten wir hier einen Schacht anlegen mit dem Ziel, diesen Befund zu klären.

Zu unserer großen Überraschung entpuppte sich die Störung als Grabgrube für ein kleines Pferd (Abb. 147). Nach der Bestimmung durch Simon Trixl (LAD) war das männliche Tier etwa 1,2 m groß und mit vier Jahren noch nicht ganz ausgewachsen. Sämtliche Skelettelemente waren noch vorhanden, d. h. das Tier kam als vollständiger Kadaver in seine Fundlage.

Laut AMS-Datierung des Curt-Engelhorn-Zentrums Archäometrie Mannheim (Altersbestimmung mit Radiokohlenstoff) ergibt sich für das Pferdeskelett mit einer Wahrscheinlichkeit von 95 % ein kalibriertes Alter für den Zeitraum von 1214 bis 1269, also in etwa zeitgleich mit der Erbauung der benachbarten mittelalterlichen Stadtbefestigung im 13. Jahrhundert.

Wie kann nun der Grabenbefund eingeordnet werden? Auf jeden Fall ist er deutlich äl-

146 ▽ *Ladenburg, Schulstraße 13. Planum 1. Im Vordergrund zeichnet sich der Graben ab.*

ter als das darin bestattete Pferd. Zur mittelalterlichen Befestigung könnte er allein durch seine Lage im Stadtgebiet nicht gehört haben. Ein Zusammenhang mit der 2012 erstmals entdeckten Siedlungsbefestigung im Norden der römischen Stadt (Zwingertgasse 3–5) ist durchaus möglich, wenn auch anhand des Profils nicht eindeutig zu belegen.

147 ▽ Ladenburg, Schulstraße 13. Ostprofil. Im Graben eingebrachte Bestattung eines Pferdes.

Die Tiefe der in Ladenburg bekannt gewordenen römischen Gräben liegt bei durchschnittlich 2,0–2,7 m, ihre Breite reicht von 8 m bis 10 m. Diese Maße ließen sich durchaus auf den Graben in der Schulstraße übertragen. Leider war die Grabungsfläche zu klein, um die weiter südlich anzunehmende Stadtmauer zu erfassen.

In jedem Fall war der Graben nur gering verfüllt, als das Pferd dort bestattet wurde. Es stellt sich auch die Frage, warum man die aufwendige Grabgrube anlegte und das Pferd nicht einfach im Graben niederlegte. Derzeit jedenfalls sprechen die Indizien eher für eine römische Datierung des rätselhaften Befunds.

Britta Rabold, Sarah Rudolf

LITERATURHINWEIS

B. Rabold, Kleine Ausgrabung, große Erkenntnis – ein Baufenster in der Zwingertgasse in Ladenburg. Arch. Ausgr. Baden-Württemberg 2012, 181–184.

■ ROTTWEIL, KREIS ROTTWEIL

Im Zentrum – Neue Untersuchungen in *Arae Flaviae* / Rottweil

In den letzten Jahren war die Archäologische Denkmalpflege in Rottweil meist mit eher kleineren Bauvorhaben befasst. Auch wenn im Berichtszeitraum wiederum über ein Dutzend kleinere Bodeneingriffe in der archäologischen Kernzone denkmalfachlich begleitet werden mussten, stand das Jahr 2021 doch eher im Zeichen großräumiger Projekte. Sie betrafen einerseits den Zentralbereich der Kastelle westlich des Neckars, andererseits den Kern der Zivilstadt auf dem gegenüberliegenden Höhenrücken von Hochmauren.

Röntgenblick in den Untergrund

Naturwissenschaftliche Prospektionsmethoden wurden in Rottweil schon früh eingesetzt. So hat bereits 1988 eine Gruppe polnischer Wissenschaftler das Gelände südlich der Insula M geophysikalisch untersucht. Dieses ca. 1,7 ha große, weitestgehend unerforschte Wiesenaral liegt im zentralen Bereich der römischen Stadt und steht aufgrund seiner Bedeutung teils als Grabungsschutzgebiet, teils als eingetragenes Kulturdenkmal unter besonderem Schutz.

148 △ *Rottweil. Magnetogramm des römischen Stadtzentrums östlich der antiken Hauptstraße.*

In den über 30 Jahren, die seit dieser Prospektion vergangen sind, haben sowohl die Messtechnik als auch Datenverarbeitung und visuelle Darstellung erhebliche Fortschritte gemacht. Daher schien es sinnvoll, erneut eine Prospektionskampagne zu starten. Beruhte die erste Untersuchung auf der elektrischen Widerstandsmessung, so fiel die Wahl nun auf die Geomagnetik, die neben Steinbauten auch andere Bodeneingriffe nachzuweisen vermag.

Strukturierte Bebauung der Zivilstadt

Im neuen Messbild der Firma Terrana Geophysik, Mössingen, treten die archäologischen Strukturen unter der Wiese in bisher unerreichter Deutlichkeit vor Augen (Abb. 148). Das Areal zieht sich östlich der römischen Hauptstraße von den diversen Nachbargrundstücken der Insula M im Norden über das große Wohngebäude (H) mit dem 1784 entdeckten Sol-Mosaik und dem mutmaßlichen Forumsplatz (O) bis hin zu kleinteiligen Steinbaustrukturen (F) im Süden. Das Bild bestätigt im Prinzip die frühere Messung, ist jedoch wesentlich eindeutiger und detaillierter. Sehr gut erkennt man, dass der prospektierte Bereich keineswegs eine homogene innerstädtische Wohnbebauung aufweist, sondern in mindestens sechs unterschiedlich genutzte Teilareale zerfällt.

Das Messbild gibt zumeist die steinerne Bebauungsphase wieder, nicht aber die direkt darunterliegenden Holz-Fachwerk-Bauten. Lediglich im Bereich des vermuteten Forumsplatzes fehlt eine solche Überlagerung. Ob die dortigen Bauspuren jedoch tatsächlich nur aus anfänglich bestehenden Holzstrukturen resultieren, kann die Geophysik allein nicht klären.

In der Nordhälfte der gemessenen Fläche sind auch Teile der Doppelgräben der Kastelle IV und V aus der Frühzeit des Ortes zu erkennen. Wo sie nach Norden umbiegen, sind die Gräben aufgrund der späteren zivi-

149 ▷ *Rottweil. Gegenüber dem Römerbad beginnen die Abbrucharbeiten für den neuen Wohnbaukomplex.*

len Überbauung nicht mehr nachweisbar. Damit bleibt offen, ob die bisherige, auch auf den ersten Messungen basierende Rekonstruktion mit versetzt angeordneten Grabenköpfen vor den westlichen Kastelltoren zutrifft.
Die für das nächste Jahr geplante Wiederholung der geoelektrischen Messungen lässt eine noch detailliertere Beurteilung der Steinbauten erwarten. Zudem dürften damit auch die gestörten Bereiche am Rand der Messfläche zugänglich werden.

150 △ *Rottweil. Das Zahlzeichen auf einem doppelkonischem Gewichtsstein aus dem Legionslager steht für drei römische Pfund. Das Gewicht beleuchtet den Bereich Heeresversorgung und Bevorratung.*

Auf den Spuren der 1. Legionskohorte

In unmittelbarer Nähe der 1967 ergrabenen Thermen des Rottweiler Legionslagers wird in der Hölderstraße 11 aktuell eine neue Wohnanlage realisiert. Mit der notwendigen bauvorgreifenden Rettungsgrabung hat der Investor die Firma ArchaeoBW GmbH beauftragt (Abb. 149). Nach ihrem Abschluss wird die Grabung zu den größten Untersuchungen innerhalb des Lagers gehören.
Das Grundstück liegt südlich, d.h. rechts, neben dem Stabsgebäude *(principia)* des Kastells. In den meisten Legionslagern war hier die 1. Kohorte untergebracht. Als vornehmster Truppenteil hatte sie Anspruch auf bessere Unterkünfte. Die Wohntrakte für die 5 (oder 6?) *centuriones* waren zudem deutlich größer als die der übrigen Hauptleute. Auch wies die 1. Kohorte gegenüber den Kohorten 2 bis 10 die doppelte Mannschaftsstärke auf (ca. 800 Mann?). Ob diese Verdoppelung auf alle Legionen zutraf und wie diese im Detail organisiert war, ist in der Forschung umstritten. Wenn, wie es nach den ersten Grabungsergebnissen aussieht, im Rottweiler Lager tatsächlich Unterkünfte für die 1. Kohorte existiert haben – und zwar der 11. Legion, deren Stammlager weiterhin *Vindonissa*/Windisch geblieben zu sein scheint – hätte dies Auswirkungen auf die Bewertung des Rottweiler Kastells. Dieses wäre dann nicht als einfacher Außenposten einzustufen, sondern hätte tatsächlich als vollständig ausgebautes Legionslager gedient. Dies war bisher so sicher nicht.
Unter den ersten Grabungsfunden aus dem Legionslager hervorzuheben ist ein Gewichtsstein mit einem durch drei eingeritzte Striche angegebenen Nominalgewicht von drei römischen Pfund (957 g), der im gegenwärtigen Zustand mit 932 Gramm allerdings leicht „untergewichtig" ist (Abb. 150).

Archäologie auch unterm Straßenpflaster

Zufälligerweise finden gleichzeitig mit den genannten Untersuchungen auch Bauarbeiten in der unweit gelegenen Lindenstraße statt. Hier begleitet das LAD die zuvor mehrfach verschobenen Arbeiten zum Austausch der Straßendecke und der Versorgungsleitungen. Trotz zahlreicher moderner Störungen erwies sich die Straßentrasse

151 △ *Rottweil. Teilabschnitt der Lindenstraße vor Auftrag der neuen Straßendecke. Im Vordergrund die dunkle Verfüllung des Wehrgrabens von Kastell II, die links einen schmalen Pfostengraben des Legionslagers abschneidet. Rechts hinten ein vermutlich mittelalterlicher Steinbrunnen. Alles Übrige sind moderne Befunde/Störungen.*

archäologisch als wesentlich ertragreicher, als anfänglich erwartet werden konnte (Abb. 151). So wurden unter späteren Schichten u. a. die Pfostengräben einer mehrphasigen legionslagerzeitlichen Bebauung erfasst. Diese scheint mit den in der Hölderstraße ergrabenen Strukturen zusammenzuhängen. Deckt die dortige Maßnahme das hintere Ende der Bauten neben den *principia* ab, so erschließt die Erneuerung der Lindenstraße offenbar deren vorderen Teil. Auch diese Rettungsgrabungen, bei denen eine stete Abstimmung zwischen Straßenbau, Versorgungsunternehmen, Gartenbau und Archäologie unabdingbar ist, sind noch nicht abgeschlossen.

Kasernen von Kastell II bestätigt

Über den Strukturen des Legionslagers liegen solche eines Auxiliarlagers, das vollständig in Stein ausgebaut war (Kastell II). Die oben genannten Grabungen betreffen daher auch diese militärische Anlage (vgl. Abb. 151). In den Jahren 1894/95 hatte die Reichs-Limeskommission (RLK) im Bereich der heutigen Hölderstraße – damals noch ein Gartengelände – Mauern freigelegt. Sie werden heute in der Regel als Teile römischer Kasernen angesprochen. Eine Zuordnung zur hochmittelalterlichen Stadtsiedlung *Rotuvilla,* die auch von den aktuellen Bodeneingriffen betroffen ist, konnte aber bisher nicht völlig ausgeschlossen werden. Die neuen Grabungen haben die alten Pläne im Prinzip als zuverlässig erwiesen, trotz mancher Fehlinterpretationen, die daraus resultierten, dass die RLK nur schmale Suchschnitte gezogen hatte. Auch die Deutung als Nord–Süd orientierte Mannschaftsbaracken des Kastells II konnten die Grabungen absichern.

Zum Schluss sei allen an den Projekten beteiligten Personen und Firmen für die gute Zusammenarbeit gedankt: im Zusammenhang mit den Messungen auf Hochmauren Herrn Frey (Rottweil) sowie den Mitarbeitern der Firma Terrana, dann der Stadt Rottweil und den in der Lindenstraße tätigen Firmen, außerdem Herrn Mandic, Immo-Pro-Invest, sowie S. Barthel und M. Wagschal, ArchaeoBW GmbH.

Klaus Kortüm

LITERATURHINWEISE

C. S. Sommer/T. Herbich/K. Misiewicz, Geophysical Prospection in Roman Rottweil – Arae Flaviae. A Resistivity Survey and its Results. Mit einer deutschen Kurzfassung. Fundber. Baden-Württemberg 18, 1993, 83–111; K. Pollard/J. Berry, Die Legionen Roms (Darmstadt 2012) 46 f.; K. Kortüm, MVNICIPIVM ARAE FLAVIAE / Rottweil – Ein Update. In: C. Sebastian Sommer gewidmet. Ber. Bayer. Bodendenkmalpflege 62, 2021, 229–244.

Ein weiterer römischer Steinbau und spätkeltische Siedlungsbefunde im „Brunnenrain" bei Owingen

Nördlich des heutigen Ortskerns von Owingen, Stadt Haigerloch, waren Ende des 19. Jahrhunderts im Gewann Brunnenrain römische Gebäudeteile entdeckt worden. Im Vorfeld der Erschließung des Neubaugebietes Brunnenrain ließ daher das Landesamt für Denkmalpflege im Jahr 2006 geophysikalische Messungen durchführen. Dabei wurden die Grundmauern eines römischen Gutshofes sowie spätkeltische Siedlungsreste, wie z. B. ein etwa 45 m langer Graben, nachgewiesen. Das Areal befindet sich auf einem sanft nach allen Seiten hin abfallenden Hügel, unmittelbar südlich der aus der Schweiz kommenden und über *Arae Flaviae* / Rottweil und *Sumelocenna* / Rottenburg bis in den mittleren Neckarraum führenden römischen Fernstraße.

Aufgrund der geplanten Erweiterung des Baugebietes in Richtung Norden im Jahr 2021 veranlasste das Landesamt für Denkmalpflege archäologische Sondagen, die von der Fima ArchaeoBW GmbH aus Gerlingen durchgeführt wurden. Diese erbrachten weitere Siedlungsbefunde im nach Westen abfallenden Bereich des Hügels. Im Juli wurde dieser Teil von ArchaeoBW flächig ergraben.

Die 2006 durchgeführten geophysikalischen Messungen wiesen lediglich auf eine sogenannte Portikusvilla mit Eckrisaliten hin. Nebengebäude konnten nicht erkannt werden, sodass man davon ausgehen konnte, dass die zum Gutshof gehörenden Nebengebäude aus Holz errichtet waren. Die Grabung erbrachte nun den Nachweis von zwei weiteren ebenfalls aus Steinen errichteten Gebäuden (Abb. 152). Von Ost nach West verlaufend, konnte eine zweischalige, trocken gesetzte Mauer dokumentiert werden (Bef. 0019). Eine intensive landwirtschaftliche Nutzung sowie Erosion hatten bewirkt, dass sowohl im Westen als auch im Osten der weitere Mauerverlauf nicht weiter verfolgt werden konnte. Die bestenfalls noch drei Steinlagen hoch erhaltene Mauer flachte sowohl zur Hügelkuppe als auch hangabwärts immer weiter ab, sodass auch das Fundament bald verschwunden war. Die 0,7 m breite Mauer war aus gelbgrauen Buntsand-

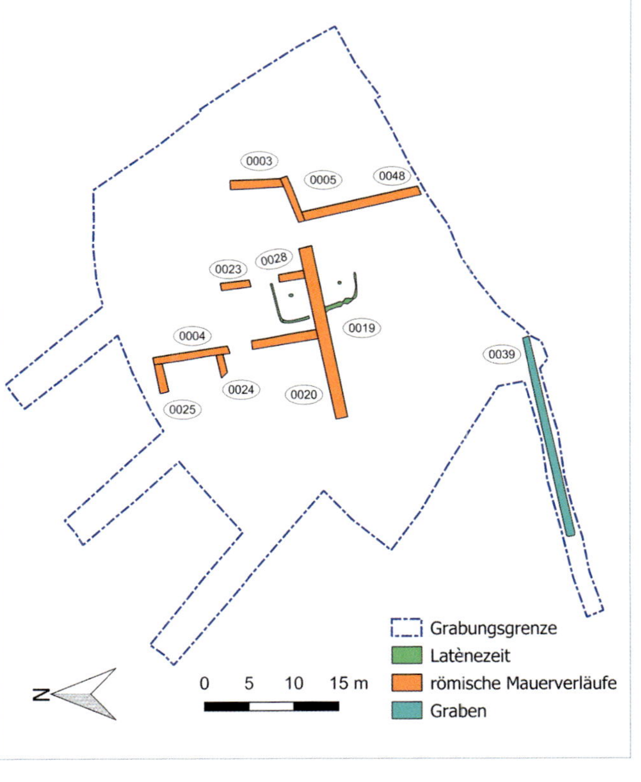

152 ▽ *Haigerloch-Owingen, „Brunnenrain". Vereinfachter Gesamtplan der aufgedeckten Befunde.*

153 △ *Haigerloch-Owingen, „Brunnenrain". Ost-West verlaufende Mauer (Bef. 19) mit schwach erkennbarem darunterziehenden Wandgräbchen des latènezeitlichen Gebäudes.*

steinen und Kalksteinen errichtet und ließ sich noch auf einer Länge von knapp 25 m verfolgen. Der Mauerrest Befund 0005 könnte ehemals ebenfalls Teil dieser Mauer gewesen sein. Etwa in der Mitte von Befund 0019 zog eine weitere, zeitgleich errichtete, etwa 20 m lange und 0,8 m breite Mauer der gleichen Bauweise nach Norden (Bef. 0020 und Bef. 0004). An ihrem nördlichen Ende setzten zwei Mauerreste an, die nach Westen abbogen und nach ca. 2,5 m endeten und ab hier ebenfalls der Bodenerosion zum Opfer gefallen waren. Hier dürfte sich ein kleinerer Vorraum befunden haben, dem sich im Süden ein größerer Raum anschloss. Die Gesamtausdehnung des Gebäudes bleibt leider unklar. Parallel zur Mauer 0020 wurden östlich zwei weitere Mauerreste, die Befunde 0023 und 0028, dokumentiert. Mit Befund 0048 liegt eine Nord–Süd verlaufende Trockenmauer eines weiteren Gebäudes vor. Im Gegensatz zu den überwiegend aus Muschelkalkbruchsteinen bestehenden Mauern waren hier auffälligerweise grüngraue Buntsandsteine verbaut worden, die möglicherweise auf unterschiedliche Steinlieferanten hindeuten. Von Befund 0048 abzweigende Mauerzüge dürften ebenfalls aberodiert sein.

Im Südwesten wurde auf 19 m Länge ein 0,85 m breiter und bis zu 0,4 m tiefer Graben (Bef. 0039) freigelegt, der in seinem Verlauf möglicherweise bereits 2006 dokumentiert werden konnte. Da der Graben zumindest einmal vom eingeschwemmten Sediment gereinigt worden war, kann es sich nicht um das Wandgräbchen eines Gebäudes handeln. Vielmehr dürfte der Befund zur Entwässerung gedient haben. Neben wenigen latènezeitlichen Scherben wurden Fragmente römischer Dachziegel aus der Zeit um die Mitte des 3. Jahrhunderts n. Chr. gefunden.

Neben einigen spätlatènezeitlichen Gruben und Pfostenstellungen wurden unterhalb einer römischen Kulturschicht Reste eines spätlatènezeitlichen Gebäudes freigelegt. Die Befunde bestanden aus Wandgräbchen mit abgerundeten Ecken sowie unterschiedlich tief erhaltenen Pfostengruben (Abb. 153).

Die überwiegend römische Grobkeramik datiert von der ersten Hälfte des 2. bis in die Mitte des 3. Jahrhunderts n. Chr. Darüber hinaus wurde das Randstück einer Terra-sigillata-Bilderschüssel der Form Dragendorff 37 gefunden. Es lässt sich dem Töpfer Reginus I aus Rheinzabern zuschreiben und datiert somit in die frühe zweite Hälfte des 2. Jahrhunderts n. Chr. Erwähnenswert sind neben einem Sesterz des Kaisers Commodus, geprägt 180 n. Chr. in Rom für seine Gattin Bruttia Crispina (RIC 669), auch das Fragment einer mit Glasschliff verzierten Terra-sigillata-Schüssel der Form Ludovici SSb. Derartige Fundstücke können in die Mitte des 3. Jahrhunderts datiert werden. Als keramisches Sonderstück ist die Imitation eines Terra-sigillata-Napfes der Form Dragendorff 33 anzusprechen.

Für die gute Zusammenarbeit bei diesen Untersuchungen möchten wir uns bei Herrn Hans-Martin Schluck und seinen Mitarbeiter*innen vom Bau- und Hauptamt der Stadt Haigerloch herzlich bedanken.

Michael Wagschal, Marc Heise

LITERATURHINWEISE

H. Reim/H. von der Osten-Woldenburg, Ein römischer Steinbau und spätkeltische Siedlungsreste im „Brunnenrain" bei Owingen, Stadt Haigerloch, Zollernalbkreis. Arch. Ausgr. Baden-Württemberg, 2006, 153–157.

KRESSBRONN, BODENSEEKREIS

Auf den Spuren der Römer am Heiligenhof bei Kressbronn

Der archäologische Fundplatz Kressbronn-Heiligenhof ist eines der interessantesten archäologischen Denkmälerensembles Oberschwabens, einer Region, die bisher eher im Blickschatten der archäologischen Forschung im Bodenseeraum steht. Das Ensemble umfasst eine römische Siedelstelle, vermutlich ein Landgut *(villa rustica)*, auf einem Plateau über der Argen (Heiligenhof/Heiligenloch) sowie einen in der Hallstattzeit, dem frühen Mittelalter (späte Merowinger-/Karolingerzeit) und vermutlich auch im 3./4. Jahrhundert n. Chr. besiedelten, topographisch markanten Höhenrücken (Lenensburg). Die Professur für Archäologie der Römischen Provinzen der Universität

154 ◁ *Kressbronn-Heiligenhof. Blick von der Lenensburg auf den Heiligenhof mit der Befundfläche in der an den Hof angrenzenden Wiese.*

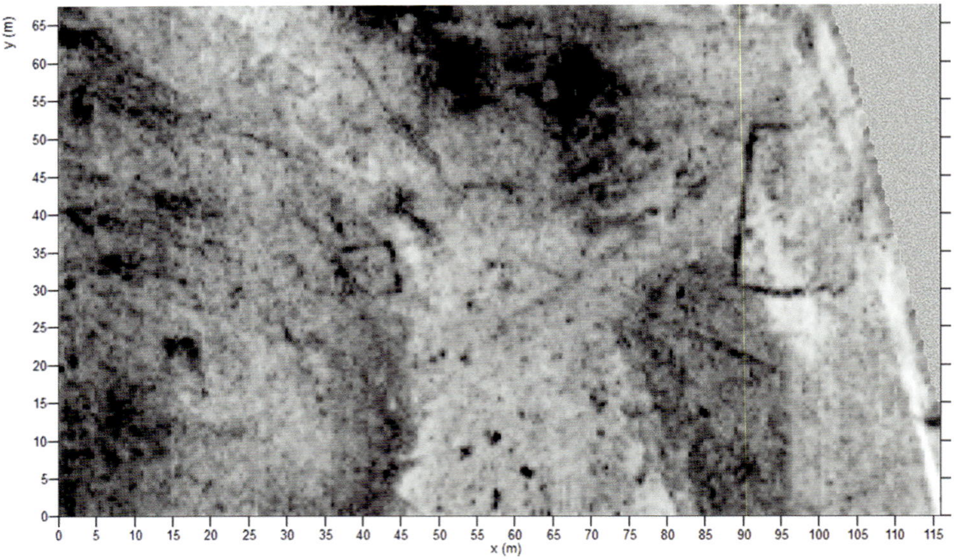

155 ▷ *Kressbronn-Heiligenhof. Ergebnis der geophysikalischen Prospektion mit deutlich erkennbaren Gebäudegrundrissen (Ausschnitt).*

Bamberg führte im Rahmen einer Lehr- und Forschungsgrabung vom 19. September bis 11. Oktober 2021 im Bereich der *villa rustica* archäologische Untersuchungen durch (Abb. 154).

Frühere Untersuchungen

Eine erste ausführlichere Würdigung erfuhr der Platz 1885 durch Konrad Miller in den Schriften des Vereins für die Geschichte des Bodensees und seiner Umgebung. Im November 1913 hat Gerhard Bersu als Direktor der Römisch-Germanischen Kommission in Frankfurt Grabungen auf der Lenensburg und im Bereich des südlich und westlich anschließenden Plateaus durchgeführt. Für dieses hatten die Grundstückseigentümer von großen Steinen, Ziegeln und Mörtelresten berichtet, die sie beim Pflügen behinderten. Die Funde ließen keinen Zweifel an einer römischen Datierung der Fundstelle beim Heiligenhof. Bersus Ausgrabungen in deren Bereich verfolgten also primär denkmalpflegerische Aspekte – die Dokumentation, zeitliche und funktionale Einordnung eines Geländedenkmals angesichts seiner fortschreitenden Zerstörung –, während er die terrassenförmig angelegte eisenzeitliche Höhensiedlung des 8.–7. Jahrhunderts v. Chr. oben auf der Lenensburg aus originär wissenschaftlichem Interesse untersucht hat.

Die Tatsache, dass bereits zu Zeiten Bersus von den römischen Baustrukturen nur noch die untersten Schichten erhalten waren, zeigt, wie stark der Bestand erodiert und verpflügt war. Bersu konnte unter anderem eine römische Warmluftanlage (Hypokaust) von 4,5 m × 4,8 m Größe freilegen. Hypokaustanlagen dienten in römischer Zeit meist der Beheizung von Thermen, aber auch von Wohnräumen mit Heizungsbedarf. Ein weiterer Einsatzbereich waren Darren, in denen Getreide getrocknet oder geröstet werden konnte.

Der von Bersu freigelegte Befund gab also Anlass, nach dem Kontext zu fragen: Welche Funktion hatte der kleine freistehende

Raum und wo befand sich das zugehörige Herrenhaus samt Nutzbauten wie Ställen, Lagerhallen und Remisen, die eine *villa rustica* erst funktionstüchtig machten? Wie datiert die Anlage? Wie war sie an das Verkehrsnetz und an die Märkte angebunden?

Arbeiten der Universität Bamberg

Um auf diese Fragen Antworten zu finden, war es zunächst erforderlich, die archäologischen Spuren auf dem in Frage kommenden Territorium möglichst komplett zu erfassen. Hierzu werden im Rahmen einer zeitgemäßen Archäologie nichtinvasive geophysikalische Prospektionsmethoden eingesetzt, von denen 2014 Geomagnetik und 2018/2019 Georadar, Letzteres in Kooperation mit der Professur für Informationsverarbeitung in der Geoarchäologie an der Universität Bamberg, angewandt wurden.

Dabei gaben sich auf der ca. 16 ha großen Messfläche Grundrisse und Strukturen deutlich zu erkennen, anhand derer die Grabungsflächen sehr präzise positioniert werden konnten (Abb. 155). Naturgemäß war es auch wünschenswert, einen klaren Bezug zu den bereits von Bersu freigelegten Befunden herzustellen. Mit diesen Prämissen wurden 2021 zwei Grabungsflächen geöffnet, in denen mit aussagekräftigen Befunden zu rechnen war.

Bereits in geringer Tiefe kamen die ersten Mauerstrukturen eines im Georadarplan erkennbaren Hallenbaus zutage. Wie schon bei den Ausgrabungen Bersus waren sie ganz charakteristisch aus „Grauwacken", glazialem Geschiebematerial, im Lehmverband errichtet worden. Allerdings handelte es sich hierbei nur um die ca. 90 cm breiten Fundamente, während von aufgehenden Mauern nichts erhalten war. Da sich auch im oberflächlichen Schutt keine Spuren verstürzter Mauern fanden, ist davon auszugehen, dass das Aufgehende dieser Gebäude, ähnlich der benachbarten städtischen Siedlung von *Brigantium* / Bregenz, in verputzter Lehmfachwerktechnik errichtet wurde.

Der Befund lässt zudem den Schluss zu, dass im Bereich dieses Hallenbaus keine älteren Gebäude standen und dieser auch nicht umfänglich umgebaut wurde. Dasselbe gilt für die etwas komplexere Struktur in einer weiteren Fläche, etwa 25 m östlich des von Bersu freigelegten Hypokaustums. Hier gab der Befund interessante Einblicke in den Baubestand und auch seine Gefährdung. An eine in West-Ost-Richtung ziehende Mauer schließt hier nördlich eine Mörtelestrichfläche an (Abb. 156). Während sie mauerseitig gut erhalten ist, durchziehen im übrigen Teil Pflugfurchen den Mörtelestrich in parallelen Linien. Der auf den auffallend dicken Estrich verstürzte Ziegelbruch deutet darauf hin, dass wir auch hier eine Warmluftanlage oder zumindest einen ziegelgedeckten Fach-

156 ▽ *Kressbronn-Heiligenhof. Ost–West orientiertes Rollsteinfundament und nördlich anschließender Mörtelestrich mit vertikal verlaufenden Pflugfurchen und Ziegelversturz.*

werkbau auf einem Rollsteinfundament vor uns haben.

In dieser Grabungsfläche hatte das Grabungsteam auch Finderglück: Keramikfunde und eine Fibel lassen auf eine Nutzung des Gebäudes im 2./3. Jahrhundert n. Chr. schließen. Damit befinden wir uns in einer Zeit, in der das nördliche Bodenseegebiet längst erschlossen war, und es verwundert, dass in dieser naturräumlich begünstigten Situation nicht bereits in der Frühzeit römischer Präsenz, im 1. Jahrhundert n. Chr., eine *villa rustica* bestand. Aufgrund der sehr stark gestörten Befunde und der kleinen Grabungsausschnitte sollte man jedoch Vorsicht walten lassen, aus einem Einzelbefund weitreichende historische Schlüsse zu ziehen.

Fragen und Perspektiven

Wenngleich auf die oben formulierten Fragestellungen noch keine Antworten zu finden waren, lassen sich aus den Ergebnissen der Grabungen dennoch schon weiterführende Überlegungen formulieren: Was haben die kleinen, einzeln stehenden und teilweise heizbaren Räume zu bedeuten? Waren sie vielleicht nur die Reste einer ehemals zu dem Gutshof gehörenden Therme, die im Laufe ihres Bestehens umfunktioniert wurde? Könnte diese Maßnahme im Zusammenhang mit einer allgemeinen Klimaverschlechterung seit der Zeit um 200 n. Chr. stehen, als Darren benötigt wurden, um das nicht reif gewordene Getreide zu trocknen? Bestand die Villa überhaupt über die Zeit der Germaneneinfälle hinaus, die zwischen 230 und 259/60 n. Chr. im östlichen Bodenseeraum stattfanden, oder wurde sie Opfer der Rückverlagerung der römischen Grenze? Dieser Fragenkatalog regt dazu an, der archäologischen Dokumentation einer archäologisch wenig erforschten, aber bedeutenden Kulturlandschaft Süddeutschlands ein verstärktes Augenmerk zu widmen.

Für die Unterstützung der Arbeiten bedankt sich das Team der Universität Bamberg bei Anton und Karl Geiger, den Eigentümern des Heiligenhofes, für die Gastfreundschaft bei Anita und Karlheinz Kugel vom Bergerhof, für das rege Interesse an unseren Forschungen bei den Gemeindemitgliedern und dem Förderkreis Heimatkunde Tettnang, namentlich ihrem Vorsitzenden Gisbert Hoffmann.

Michaela Konrad, Astrid Schmölzer, Fabien Griessel

LITERATURHINWEISE

K. Miller, Das untere Argental. Schr. Ver. Gesch. Bodensee 14, 1885, 80–101 bes. 96; G. Bersu, Die Lenensburg im Argental, O.A. Tettnang. Fundber. Schwaben 21, 1913, 32–39; ders., Heiligenhof Markung Betznau O.A. Tettnang. Römisches Bad. Fundber. Schwaben 21, 1913, 58 f.; P. Goessler, Die vor- und frühgeschichtlichen Altertümer des Oberamts Tettnang. In: Beschreibung des Oberamts Tettnang 2 (Stuttgart 1915) 136–176 bes. 169 f.; M. G. Meyer, Die ländliche Besiedlung von Oberschwaben zur Römerzeit. Materialh. Arch. Baden-Württemberg 85 (Stuttgart 2010) 105–108 mit weiterführender Literatur.

Victoria en miniature – Kleiner Überraschungsfund aus der römischen Villa von Rheinfelden-Herten

Im September und Oktober 2020 erfolgten die ersten Baumaßnahmen im Rahmen der seit Jahrzehnten geplanten Ortsumfahrung des Ortsteils Wyhlen der Gemeinde Grenzach-Wyhlen. Dabei standen zur Leitungsverlegung zwei Durchpressungen im Kreuzungsbereich der bestehenden Bundesstraße 34 und der Bahnlinie Basel–Waldshut an. Genau hier – zu einem kleinen Teil auf Gemarkung Wyhlen und zum größten Teil auf Gemarkung Herten – liegt gegenüber der römischen Kolonie *Augusta Raurica* / Augst und mehreren antiken Rheinübergängen eine seit 1933 bekannte römische Siedlungsstelle, die 1983/84 und zwischen 1987 und 1991 großflächig ausgegraben wurde (Abb. 157). Sie wurde zunächst als Straßenstation, später als Gutshof und zuletzt als Axialhofvilla angesprochen. Gebäude D mit vier Mauervorlagen im Süden (Gemarkung Wyhlen) wird heute eher als Speicherbau und nicht mehr als Tempel interpretiert. Dagegen wird Gebäude E mit einer zentral gelegenen Grube, die als Verankerung für ein Kultbild gedient haben kann, als Heiligtum gedeutet.

157 ▽ Rheinfelden-Herten, „Marker-Letten/Stocketen" und Grenzach-Wyhlen, „Markmatten". Plan der römischen Villa mit Eintragung der aktuellen archäologischen Untersuchungen.

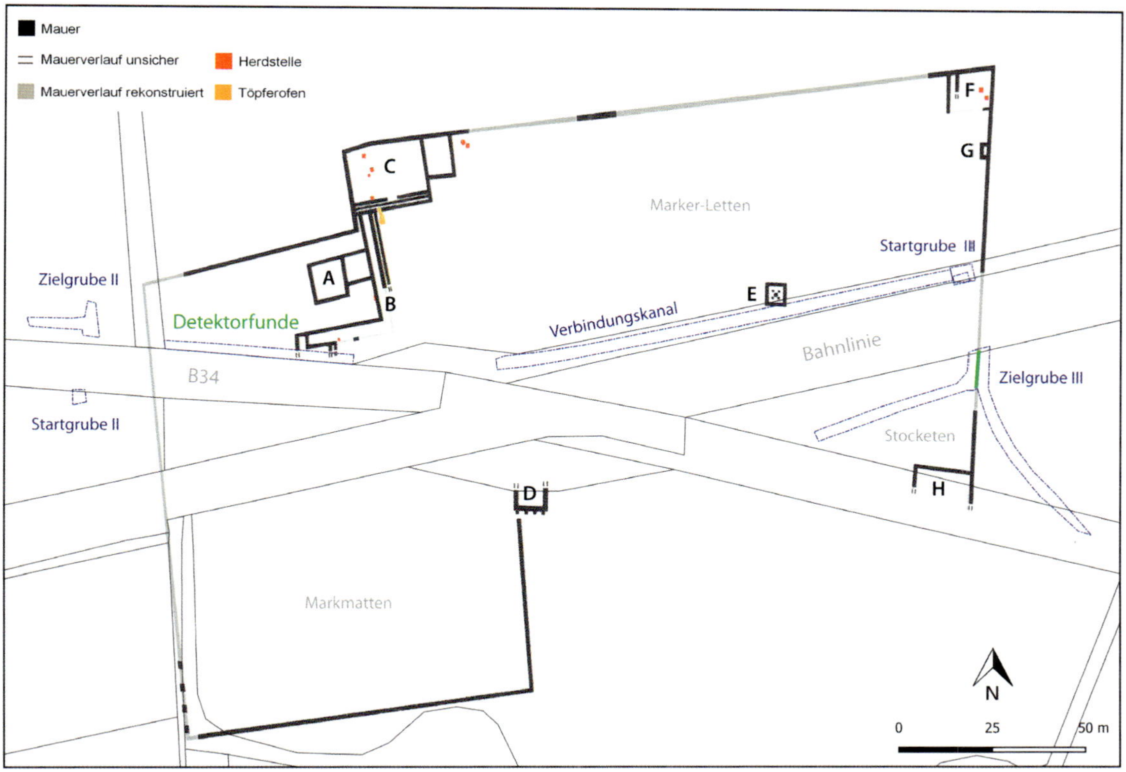

158 ▷ *Rheinfelden-Herten, „Marker-Letten/Stocketen". Bronzeplättchen mit Darstellung der Victoria. Höhe 1,5 cm.*

Aufgrund dieser Sachlage wurde die Anlage der Start- und Zielgruben II und III der Durchpressungen samt Zufahrts- und Abfahrtsrampen durch die Firma ArchaeoTask GmbH archäologisch begleitet. Dabei kam in der Zielgrube III südlich der Bahnstrecke (Gemarkung Herten) auf etwa 11 m Länge direkt unter dem Humus tatsächlich die hier vermutete östliche Umfassungsmauer der *pars rustica* zutage. Die Rollierung aus Kalksteingeröll und -bruch wies eine Breite von ca. 0,75 m auf und war noch bis zu 0,5 m hoch erhalten.

Zwischen den beiden Durchpressungen und somit längs durch das Areal der römischen Villa wurde zudem ein 1,2–1,5 m tiefer Verbindungskanal ausgehoben. Er verlief jedoch durch bereits gestörtes Terrain direkt nördlich des Bahndammes *(pars rustica)* und nördlich der B 34 *(pars urbana)*, weshalb archäologische Befunde nicht mehr in situ dokumentiert werden konnten. Trotzdem wurde der ehrenamtliche Mitarbeiter der Archäologischen Denkmalpflege Heiko Böhmisch beauftragt, Sohle und Wände des Kanalgrabens mit der Metallsonde abzusuchen. Tatsächlich entdeckte er in dem westlichen Teilstück des Kanals – also in der archäologisch bereits erschlossenen Fläche mit dem west-östlich verlaufenden Flügel der Portikus B – drei hochinteressante Funde aus Bronze, deren Restaurierung erst vor Kurzem abgeschlossen werden konnte. Möglicherweise stammen sie aus dem Erdaushub der damaligen Grabung, auf der noch kein Metalldetektor zum Einsatz gekommen war. Das älteste Stück, das wohl in die späte Latènezeit datiert, ist ein radförmiger Riemenschieber oder Zierbeschlag. Bei einer nicht sehr abgegriffenen Münze handelt es sich um einen augusteischen Nemausus, der bis in die Zeit der flavischen Kaiser im Umlauf war. Die Münze zeigt auf dem Avers Agrippa (links) und Augustus (rechts) und auf dem Revers ein an eine Palme gekettetes Krokodil sowie den Schriftzug COL NEM für Colonia Nemausensis, das heutige Nîmes. Auch den dritten Gegenstand – ein kleines gegossenes, leicht gewölbtes Bronzeplättchen – halten wir für antik, obwohl wir bisher kein vergleichbares Stück gefunden haben (Abb. 158). Das oben abgebrochene Plättchen ist noch 15 mm hoch; die intakte Unterkante misst 9 mm und die Längsseiten erscheinen ebenfalls unbeschädigt. Die Darstellung auf der Vorderseite ist ein bekanntes Motiv der römischen Kaiserzeit: Die geflügelte Victoria hält einen Schild, den sie mit der rechten Hand mit einem Schreibgriffel beschreibt, ihr linker Fuß steht auf einem runden Gegenstand, vermutlich einem Helm. Ob als Statue oder abgebildet auf Münzen und Reliefs wie auf der Trajanssäule geht es dabei in der Regel um die Erwähnung eines bestimmten Sieges bzw.

ruhmreicher Taten. Könnte dieses kleine Bronzeplättchen als Votiv im Tempel des Gutshofes (Abb. 157, E) abgelegt worden sein? Auch wenn diese Victoria en miniature noch viele Fragen aufwirft, ist ihre Auffindung durchaus bemerkenswert.

Für die zielführende und unkomplizierte Zusammenarbeit mit den Projektkoordinatoren der Ortsumfahrung Wyhlen, Herrn Oliver Gassenmeier bis 2021 und Herrn Jens Scheck ab September 2021 (Regierungspräsidium Freiburg, Referat 47.3 – Baureferat Süd), bedanken wir uns herzlich bezüglich dieser wie auch aller weiteren und laufenden Maßnahmen, bei denen es sich bisher hauptsächlich um Sondierungen durch das Projekt Flexible Prospektionen des Landesamtes für Denkmalpflege handelt.

Gertrud Kuhnle, Diethard Tschocke, Carina Danner

LITERATURHINWEIS

L. Blöck, Die römerzeitliche Besiedlung im rechten südlichen Oberrheingebiet. Forsch. u. Ber. Arch. Baden-Württemberg 1 (Esslingen 2016).

NIEDERESCHACH, SCHWARZWALD-BAAR-KREIS

Ein römisches Werkstattgelände bei Niedereschach

Auf Gemarkung Niedereschach wurde im Gewann „Untere Feilenschmiede" unterhalb der *villa rustica* von Niedereschach-Fischbach, Flur „Bubenholz", anhand von Lesefunden und geophysikalischer Prospektion ein Werkstattgelände mit einem Brennofen identifiziert (Abb. 159).

Die römische Villa auf Gemarkung Fischbach war spätestens seit dem 19. Jahrhundert Ziel ungeregelter Materialausbeutung. Nach dem Fund eines Fragments einer Jupitergigantensäule und eines Ziegels mit Stempel der 21. Legion wurden im Jahr 1897 auf dem Höhenrücken drei Gebäude einer Villa freigelegt und hangabwärts ein Thermengebäude. Aufgrund der zahlreichen Fundmeldungen nach Begehungen durch Hans-Otto Wagner untersuchte und konservierte die Denkmalpflege Freiburg in den Jahren 1985–1987 das Bad und die drei

159 ▽ *Niedereschach. Lageplan der* villa rustica, *des zugehörigen Badgebäudes und des Lesefund- und Prospektionsareals im Gewann „Untere Feilenschmiede".*

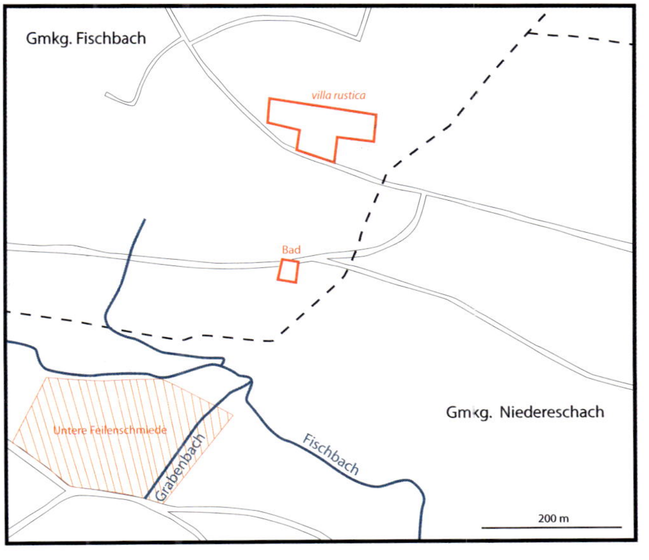

Gebäude der Villa, für die drei Bauphasen dokumentiert wurden. Bei der ältesten, qualitätvollsten Phase wurde an eine militärische Bestimmung gedacht, der zivile Nutzungen folgten.

Lesefunde von Ziegeln und Fehlbränden

Im Tal des Fischbachs, knapp 200 m unterhalb des Badgebäudes und bereits auf Gemarkung Niedereschach wurde nach Begehungen der Denkmalpflege Freiburg irrtümlich der Standort einer weiteren *villa rustica* vermutet. Im Jahr 2016 fielen Wagner hier ausgepflügte Sandsteine und römische Ziegelbruchstücke auf, darunter das Bruchstück der glasierten Innenauskleidung eines Ofens. Die Funde waren über ein etwas erhabenes Areal verstreut. Bei weiteren Begehungen fand Wagner beidseits des Grabenbachs, der im Osten der Fundstelle in den Fischbach mündet, Fragmente von Fehlbränden römischer Leistenziegel. Sie waren teils verbacken, einige trugen Reste grünlicher Glasur. Da dies im Innenraum eines Ziegelbrennofens auftritt, schloss Wagner auf das Vorhandensein eines römischen Ziegelbrennofens.

Bei einer Befliegung durch das Landesamt für Denkmalpflege im September 2018 waren in dem bekannten Fundareal aufgrund des Bewuchses keine Befunde zu erkennen. Westlich angrenzend zeichneten sich jedoch zahlreiche runde Gruben ab, die der römischen Fundstelle nicht eindeutig zugeordnet werden können. Durch Wagner hier aufgelesene Schlackenreste wurden von Guntram Gassmann, LAD, als eher hochmittelalterlich bis neuzeitlich eingeschätzt. In diesem Zusammenhang ist auf den Namen „Untere Feilenschmiede" hinzuweisen.

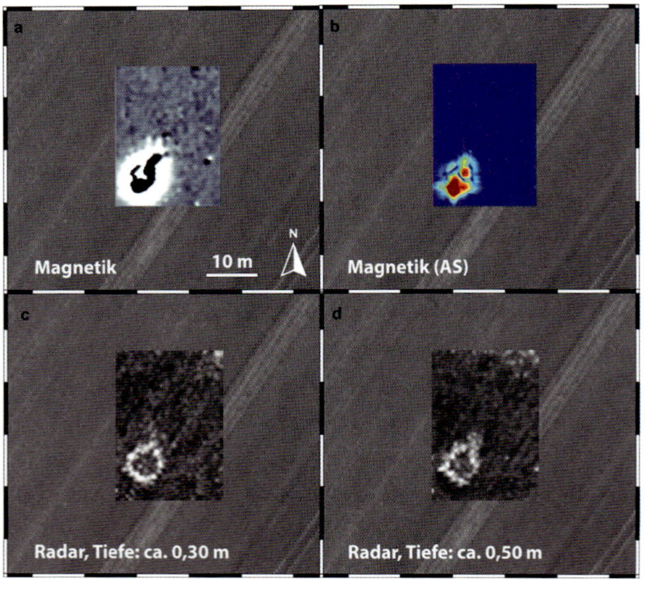

160 ▽ Niedereschach, „Untere Feilenschmiede". a Ergebnisse der geomagnetischen Kartierung; b analytisches Signal (AS) des Magnetogramms; c, d Resultate der Radaruntersuchungen in einer Tiefe von etwa 0,30 m und 0,50 m.

Geophysikalische Messungen

Nachdem Wagner weitere ausgepflügte Funde gemeldet hatte, unternahm das LAD am 2. September 2021 im östlichen Fundareal eine geophysikalische Untersuchung. Begonnen wurde mit einer geomagnetischen Kartierung. Sie erlaubt eine recht schnelle Messung und exakte Ortung. Die zunächst auf 20 m × 20 m aufgespannte Messfläche orientierte sich an Steinfunden auf dem Acker. Während der Messung zeigte sich, dass die Fundamentreste des Ofens einige Meter neben den Steinfunden lagen, woraufhin die Messfläche um 10 m verlängert wurde. Im magnetischen Abbild dokumentiert eine starke geomagnetische Anomalie die Lage des Ofens (Abb. 160 a). Da die geomagnetischen Anomalien meist größer sind als die sie erzeugenden Störkörper, wurde das analytische Signal (AS) der Anomalie berechnet (Abb. 160 b). Dieses zeigt recht genau die Umrisse des Störkörpers. Der

Ofen überstreicht eine Fläche von etwa 4,6 m × 4,8 m. Nordwestlich des Ofenkörpers ist ein etwa 1,5 m × 1,5 m großer weiterer Teil des Ofens zu erkennen, möglicherweise der Kamin (?), der durch eine U-förmige Struktur umgrenzt wurde.

Da sich Bodenradar-Untersuchungen und geomagnetische Kartierung ideal ergänzen können, wurde die Fläche erneut mit einem Bodenradarsystem SIR-4000 und einer 400-MHz-Antenne untersucht. Der Vorteil liegt in der hohen Abbildungsgenauigkeit unterirdischer Strukturen sowie im Vermögen, diese dreidimensional zu erfassen. Zwei der Messergebnisse zeigen den Ofenkörper in einer Tiefe von etwa 0,30 m und 0,50 m (Abb. 160 c und d). In 30 cm Tiefe scheint der Ofen eine kreisrunde Struktur gehabt zu haben, falls die Beackerungstiefe geringer ist und der Pflug den Ofen in dieser Tiefe nicht teilweise zerstört haben sollte. Im Zentrum des Ofens sind vier kleine, quadratisch angeordnete Steinfundamente zu erkennen. In einer Tiefe von etwa 50 cm zeichnet sich der Ofenkörper deutlich ab und ist vergleichbar mit dem errechneten analytischen Signal der Magnetfeldmessungen. Den Radarmessungen zufolge hatte der Ofen eine maximale Breite von 5,6 m und eine maximale Länge von 10 m. Der Durchgang zwischen Brennbereich und Abluftkanal ist deutlich zu erkennen. Der Ofen ist in etwa Südwest–Nordost orientiert und nutzte die vorherrschende Windrichtung aus Südwest.

Spezielle Ziegelbrennöfen sind meist rechteckig, entsprechend der Bestückung mit rechteckigem Brenngut. Bei Bedarf wurden allerdings in generell runden Keramiköfen auch Ziegel gebrannt. Zu klären bleibt, ob die als Lesefunde aufgesammelten Fehlbrände der römischen Ziegel beim Brennvorgang entstanden oder ob die Ziegel verbrannt sind, weil sie beispielsweise in einem Ofen verbaut waren.

In Niedereschach konnte dank der jahrzehntelangen Initiative von privater Seite und dem Einsatz der dem LAD zur Verfügung stehenden technischen Möglichkeiten in einer wenig erforschten Gegend des Landes ein Mosaikstein zur Einschätzung der Organisation ländlicher Niederlassungen aus provinzialrömischer Zeit gesetzt werden.

Ute Seidel,
Harald von der Osten-Woldenburg,
Hans-Otto Wagner

LITERATURHINWEISE

E. Wagner/F. Haug (Hrsg.), Fundstätten und Funde aus vorgeschichtlicher, römischer und alamannisch-fränkischer Zeit im Großherzogtum Baden 1. Das Badische Oberland: Kreise Konstanz, Villingen, Waldshut, Lörrach, Freiburg, Offenburg (Tübingen 1908) 105–107; G. Fingerlin, Zum römischen Gutshof von Fischbach, Gemeinde Niedereschach, Schwarzwald-Baar-Kreis. Arch. Ausgr. Baden-Württemberg 1985, 157–159; Fundber. Baden-Württemberg 19/2, 1994, 119 Taf. 102 C (R. Dehn).

Bad Buchau, Neuweiher II – römerzeitliche Holzbefunde und ein weiterer Einbaum

Im Rahmen der mehrjährigen Untersuchungen am Südrand der ehemaligen Insel Buchau kamen innerhalb der Grabungsfläche von 2021 im Neubaugebiet Neuweiher II weitere überraschende Befunde und Funde zutage (Abb. 161).

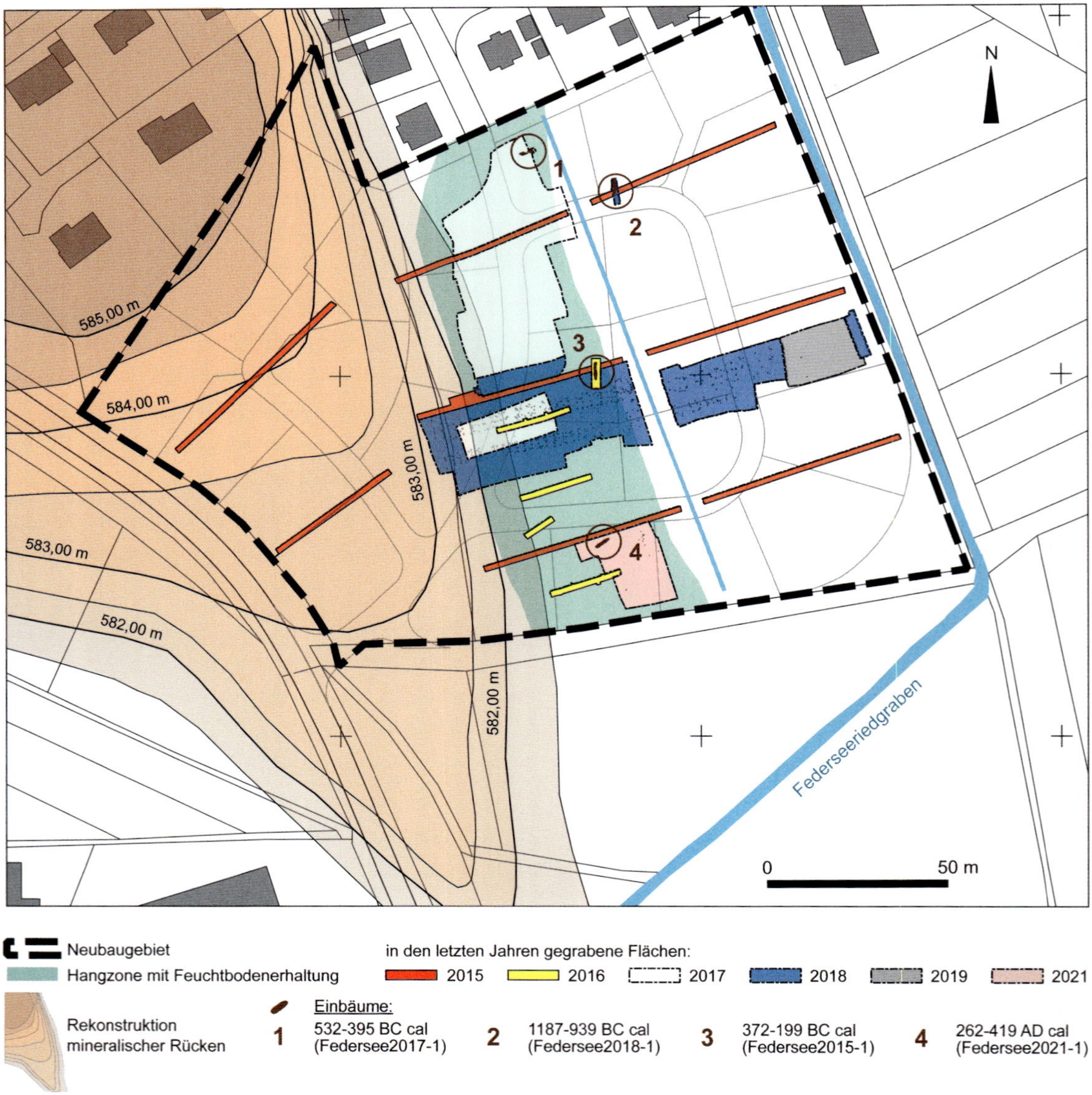

161 ▽ *Bad Buchau, Neuweiher II. Bauperimeter mit gegrabenen Flächen. Hervorgehoben sind außerdem die Einbaumfunde mit ^{14}C-Datierungen (cal 2 sigma).*

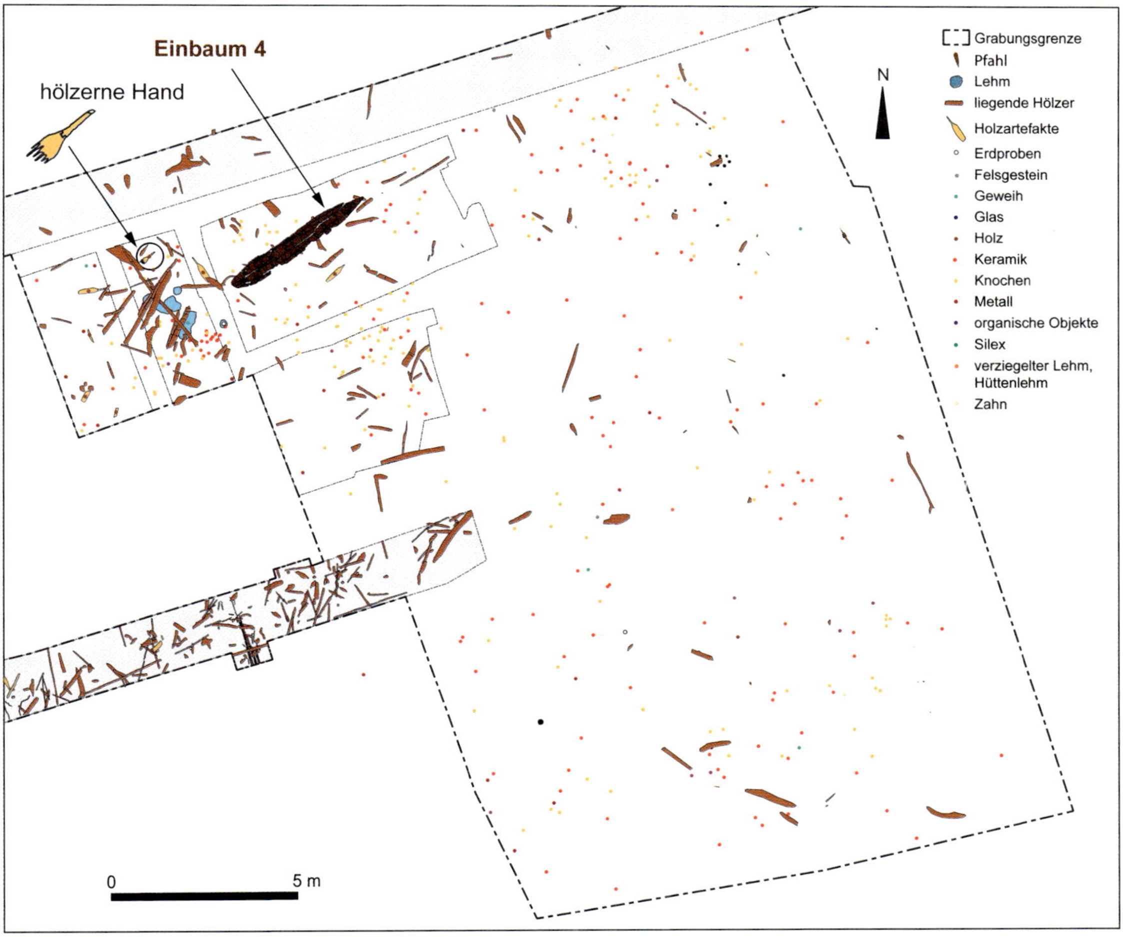

162 △ *Bad Buchau, Neuweiher II. Grabungsfläche 2021 mit Befunden, dem Einbaum und der hölzernen „Hand". Die „Hand" liegt stratigraphisch unterhalb der römerzeitlichen Holzbefunde.*

Bauhölzer und Paddel aus römischer Zeit

Seeseitig fand sich eine Molluskenbank, hinter der sich ein Kulturschichtkeil angesammelt hatte, der vor allem aus Holzkohle und Holzschnipseln bestand. Die Schicht war kleinflächig und nicht sehr mächtig. Auf dieser Schicht sowie land- und seewärts auch darüber hinaus fand sich eine Anhäufung von bearbeiteten Hölzern mit Brandspuren und Lehm (Abb. 162). Eindeutige Baustrukturen ließen sich nicht identifizieren und es waren auch keine Pfähle vorhanden, was dafür spricht, dass es sich hier um verstürzte bzw. angeschwemmte Bauteile handelt. Die Holzanhäufung setzt sich nach Süden fort und konnte noch nicht vollständig ausgegraben werden. Nach ersten dendrochronologischen Datierungen von Hölzern aus dem Befund datiert er in die römische Zeit. Es liegen mehrere Eichenhölzer mit Daten um Christi Geburt vor. Ebenfalls aus dem Süden des Baugeländes, aber nicht aus einer Kulturschicht, stammen insgesamt sieben Paddel, von denen bisher vier datiert wurden. Diese ergaben ebenfalls römerzeitliche Datierungen, die allerdings über mehrere hundert Jahre streuen, vom 1. Jahrhundert v. Chr. bis zum 4. Jahrhundert n. Chr. Die unterschiedlichen Datierungen deuten darauf hin, dass hier an der Südspitze der Insel mit länger dauernden Aktivitäten in römischer Zeit zu rechnen ist. Weiteres eindeutig römisches Fundmaterial kam nicht zum Vorschein. Ob der unter den Holzbefunden liegende Kulturschichtkeil ebenfalls in diese Zeit gehört, ist im Moment noch offen. Eindeutig römische oder zeitlich anders einzuordnende Funde, die die Schicht datieren würden, sind nicht aufgetreten.

Römerzeitliche oder gar spätantike Schichtreste mit Feuchterhaltung sind generell sehr selten, und im Federseebecken waren Befunde oder Funde aus dieser Zeit bisher kaum vorhanden. Die angetroffenen Holzstrukturen setzen sich nach Süden weiter fort und sollen in der Grabungskampagne 2022 möglichst vollständig freigelegt werden. Um abzuklären, ob sich weitere Baustrukturen wie Landestege oder Hafenanlagen im Baugelände bzw. weiter südlich des Bauperimeters erstrecken, sollen auch noch geophysikalische Prospektionen durchgeführt werden.

Ein spätantiker Einbaum und eine Holz-„Hand"

Zwei spektakuläre Neufunde aus der Grabung 2021 sind ein weiterer Einbaum und eine Gabel bzw. „Hand" aus Kernobstholz. Die „Hand" lag stratigraphisch unterhalb der oben beschriebenen Holzanhäufung und des Kulturschichtkeils. Sie ist bisher undatiert, dürfte aber älter sein als die römerzeitlichen Holzbefunde. Das Objekt ist leicht überlebensgroß und hat sechs „Finger", von denen einer etwas kleiner ist und etwas tiefer ansetzt als die übrigen. Im Bereich des „Handgelenks" befindet sich eine rechteckige Aussparung, die dafür spricht, dass das Objekt Teil einer größeren Konstruktion oder irgendwo befestigt war (Abb. 163). Unmittelbar seewärts der römerzeitlichen Hölzer lag ein weiterer Einbaum, der zwar in viele Stücke zerbrochen war, aber noch relativ gut und in voller Länge inklusive Bug und Heck erhalten ist (Abb. 164). Er besteht aus Erlenholz und ist mit 4,50 m Länge vergleichsweise klein. Ein erstes ^{14}C-Datum ist römerzeitlich bzw. spätantik (262–419 AD, cal 2s). Weitere Datierungen sind in Arbeit.

163 ▷ *Bad Buchau, Neuweiher II. Hölzerne „Hand" aus der Grabung 2021 in Fundlage.*

Schwemmgut und Siedlungshinweise

Aus der Grabungsfläche wurden bisher insgesamt vier Einbäume geborgen. Diese datieren in die Spätbronzezeit, die Eisenzeit und die Römerzeit bzw. Spätantike (vgl. Abb. 161). Die hohe Dichte an Einbäumen ist ein Charakteristikum des Federseebeckens. Insgesamt kennen wir mit den Neufunden der letzten Jahre über 60 Wasserfahrzeuge, die mehrheitlich in die Bronzezeit datieren.

Obwohl sehr viel jungsteinzeitliches Fundmaterial aus dem späten 5. und frühen 4. Jahrtausend v. Chr. in Form von Keramik der Aichbühler Gruppe vorliegt, wurden bisher keine Einbäume, Paddel oder andere Holzartefakte in diese Zeit datiert. Neolithische Hölzer liegen nur aus dem Frühneolithikum (kleiner Pfahl) und der Horgener Kultur vor (zwei Späne). Dies bestätigt den Eindruck, dass während des Zeitfensters der Aichbühler Keramik keine Feuchterhaltung gegeben war und umgekehrt zu einigen der datierten Hölzer keine größeren Fundmengen vorhanden sind. Möglicherweise handelt es sich bei den meisten erhaltenen Hölzern um Schwemmgut, während der große Aichbühler Fundkomplex mit bruchfrischen Kanten an der Keramik eher auf eine Ansiedlung in unmittelbarer Nähe dieses Uferabschnitts hindeutet.

Paul Scherrer, Renate Ebersbach, Oliver Nelle

LITERATURHINWEISE

R. Ebersbach/O. Nelle/P. Scherrer, Zwei frühmittelalterliche Steganlagen aus Bad Buchau, Neuweiher. Arch. Ausgr. Baden-Württemberg 2018, 221–224;
R. Ebersbach/P. Scherrer/O. Nelle, Funde vom Rentier bis zum Mittelalter in Bad Buchau, Neuweiher II. Arch. Ausgr. Baden-Württemberg 2017, 36–39;
B. Dieckmann u. a., Keltischer Einbaum und alamannischer Bootssteg (?) bei Bad Buchau. Arch. Ausgr. Baden-Württemberg 2016, 170–173.

164 △ *Bad Buchau, Neuweiher II. Einbaum 4 aus der Grabung 2021 nach der Freilegung.*

Fahren und Gleiten während der Spätantike in der Löwenstraße von Ettenheim-Altdorf

Die geplante Errichtung eines Mehrparteienhauses mit Tiefgarage auf einer bislang baulich ungenutzten Parzelle direkt an der B 3 im Ettenheimer Ortsteil Altdorf machte eine Ausgrabung notwendig, die 2021 durch die Firma Archäologischer BaustellenService in Süddeutschland (ABSiS) durchgeführt wurde. Auf eine Sondierung der etwa 2000 m^2 großen Fläche war zuvor verzichtet worden, da sowohl die Situation in der direkten Umgebung als auch die Topographie archäologische Befunde erwarten ließen. In entsprechender Lage am Fuß der Vorgebirgszone des Schwarzwaldes sind im relativ flach auslaufenden Gelände zahlreiche vorgeschichtliche und römische Siedlungsspuren und auch Gräber bekannt; zuletzt wurden 2020 durch die Ausgrabung in der benachbarten Flur „Steinröhre" Teile der römischen Niederlassung aufgedeckt.

Während der fünfmonatigen Maßnahme konnten innerhalb des bis dahin als Gartenfläche genutzten Areals zahlreiche Siedlungsbefunde des 4./5. Jahrhunderts gesichert werden. Die Befundlage war stellenweise sehr dicht, wobei aufgrund der mitunter bestehenden Überschneidungen von einer mehrphasigen Nutzung des Platzes auszuge-

165 ▽ *Ettenheim-Altdorf, Löwenstraße. Vorläufiger Gesamtplan der Grabung 2021.*

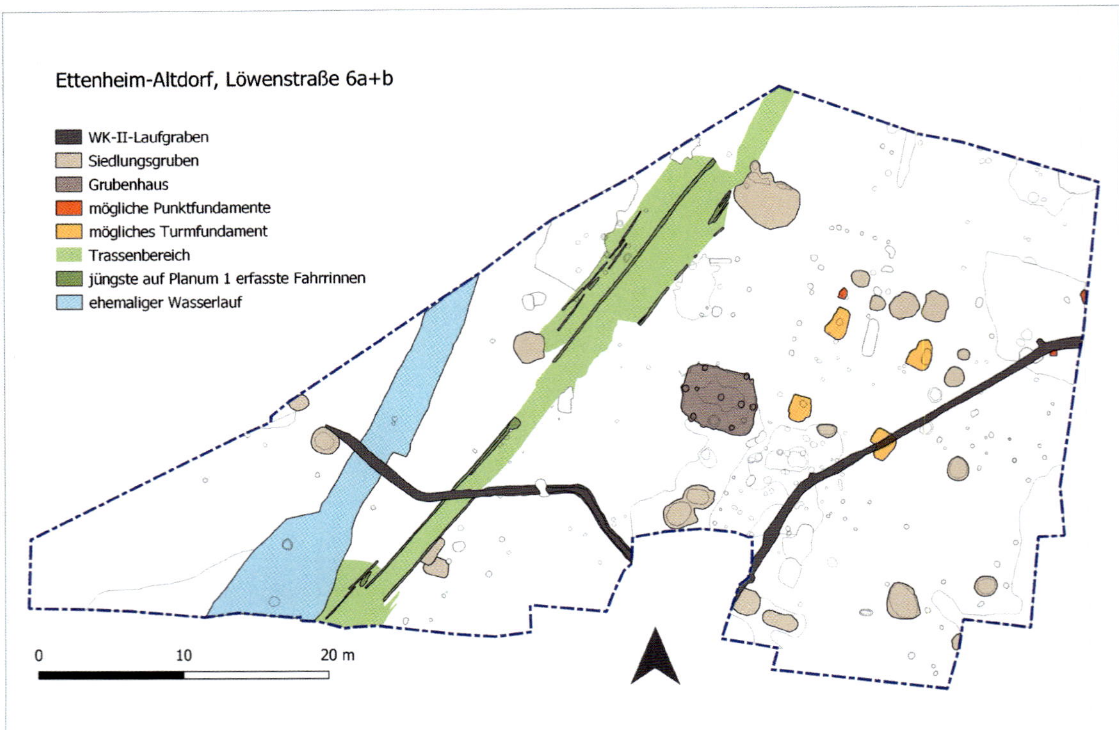

hen ist. Das teilweise sehr reichhaltige vorgeschichtliche Fundmaterial aus dem Kolluvium, in das die Befunde eingetieft waren, zeugt zudem von älteren Siedlungen, die einst in der Nähe existiert haben.

Pfosten, Schmuck und „Wildschweinragout"

Partiell geschnitten durch einen Laufgraben des Zweiten Weltkriegs – auf der gesamten Fläche fanden sich Hinterlassenschaften dieses Ereignisses wie etwa Patronen, eine Feldflasche oder ein Stück Stacheldraht –, wird das Gros der Befunde zweifelsohne von Pfostenstellungen gebildet. Diese sind häufig sehr tief, wohingegen sie sich im Planum nicht selten nur sehr vage abzeichneten; dennoch lassen sich bereits auf den ersten Blick mehrere zusammenhängende Strukturen ausmachen (Abb. 165). Hinzu kommen noch Gruben sowie Grubenkomplexe, außerdem ein einzelnes Grubenhaus. Letzteres besitzt eine Ausdehnung von 5,4 m × 2,2 m und zeigt fünf Stützpfosten in der Mittelachse und jeweils zwei weitere an den Langseiten. Besonders die größeren Befunde erbrachten einiges Fundmaterial, darunter auffällig viele Tierknochen – offenkundig Speiseabfälle und nicht selten Reste von Wildschweinen mitunter recht kapitaler Größe (freundlicher Hinweis Simon Trixl, LAD). Außerdem konnten neben Fragmenten von Ton- und Glasgefäßen Objekte der persönlichen Ausstattung der einstigen Bewohner – so etwa eine Bernsteinperle, eine Schere, Fibeln, Kammfragmente, Nadeln etc. (Abb. 166) – geborgen werden.

Unter den Siedlungsbefunden fällt sekundär verwendetes römisches Baumaterial auf, so vor allem eine Setzung aus vier mehr oder minder komplett erhaltenen Hohlziegeln.

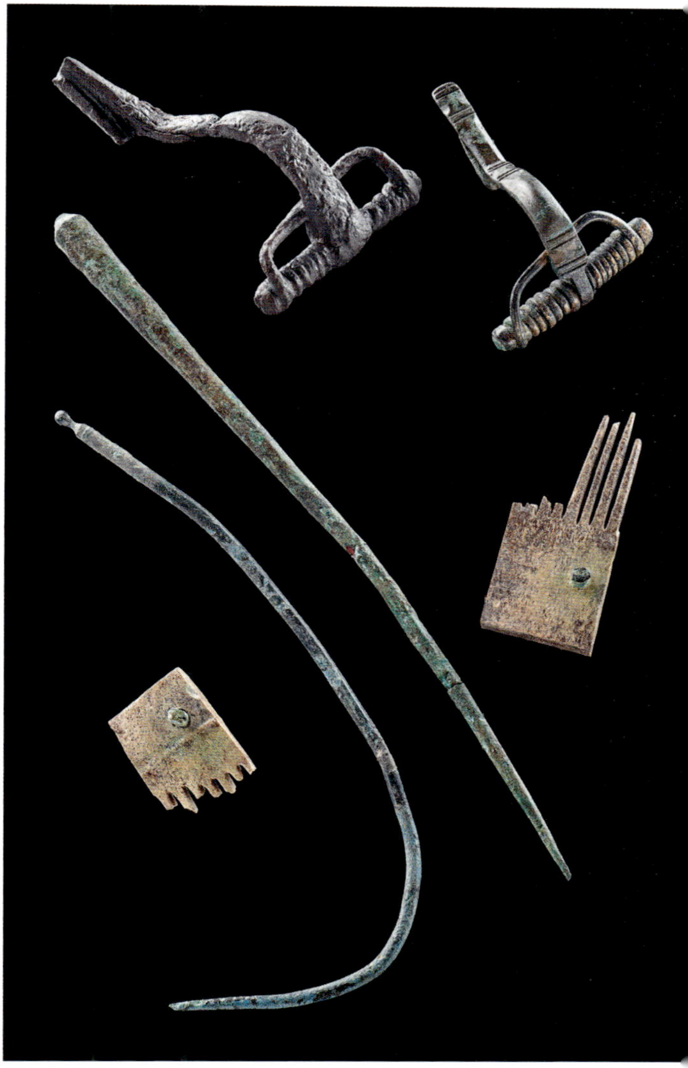

166 △ *Ettenheim-Altdorf, Löwenstraße. Eine eiserne (L. 6 cm) sowie eine bronzene Armbrustfibel (L. 4,7 cm), eine feine Haarnadel mit Kugelkopf und eine pfriemförmige Gewandnadel (L. 13,87 cm) aus Bronze sowie zwei Fragmente eines beinernen Kammes mit Bronzenieten.*

Diese und weitere Ansammlungen aus Bruchsteinen und römischen Ziegeln in der Nähe dienten vermutlich als Punktfundamente. Gleichzeitig liefern die Bauelemente einen Hinweis auf die einstige Existenz eines beheizten Gebäudes unweit der Ausgra-

167 △ *Ettenheim-Altdorf, Löwenstraße. Schnitt durch die Wegtrasse mit Anriss der einzelnen Strukturen. In Hellgrün hervorgehoben ist der Straßenkörper, dunkelgrün markiert sind die Sohlbereiche der sich mehrfach überlagernden Fahrrillen. Im dokumentierten Profil überdeckt die Trasse zwei ältere Pfostenstellungen.*

bungsstelle. Aus dem vertrauten Rahmen fallen vier annähernd quadratisch angeordnete, sehr mächtige Pfostenstellungen mit einem Durchmesser von jeweils um die 60 cm. Da sich innerhalb der Grabungsfläche keine zuverlässige Fortsetzung dieses ca. 8 m × 8 m großen Gevierts fassen lässt, wäre eine erste Ansprache als turmartiger Bau zu erwägen. Wie sich dieser zeitlich zu den restlichen Siedlungsbefunden verhält und wozu er genutzt wurde – ob z. B. als Speicher über einer Wagenremise oder als Signalturm –, ist noch unklar.

Fahrweg durch den Schlamm

Zu den Besonderheiten der Grabung gehört eine recht unscheinbare, bis zu 5 m breite lineare Struktur, die von Nordosten nach Südwesten die Grabungsfläche durchzieht und sich nach dem Schneiden als unbefestigte Fahr-/Wegtrasse entpuppte – damit war sie vermutlich nicht intentionell angelegt worden, sondern stellt ein Relikt der spätantiken Geländenutzung dar. Mehrere Profile lassen mitunter tief eingegrabene und mehrfach ineinandergreifende Fahrrillen und damit einen feinstratigraphischen Aufbau erkennen (Abb. 167), der eine Auftrennung in mehrere, vermutlich aber recht kurzzeitige Nutzungshorizonte erlaubt.

Auf den sicherlich zeitweise weichen, lehmigen Untergrund wurde immer wieder Material zu seiner Stabilisierung aufgebracht. Neben vornehmlich recht feinem Kies handelt es sich um meist klein gebrochene Keramikscherben und vor allem zahlreiche Schlackebrocken, die auf Handwerkstätigkeiten in der näheren Umgebung hindeuten. Das Material findet sich in unterschiedlicher Dichte als dünne und stark komprimierte Schicht sowohl an der Unterkante einer jeden Fahrrinne als auch in der jeweiligen verbindenden ebenen Fläche dazwischen. Aufgrund der einheitlichen Abstände zwischen jeweils zwei vermutlich zusammengehörigen Fahrrillen lässt sich eine Spurweite der Fahrzeuge von etwa 1,4 m feststellen.

Eisgleiten in Altdorf

Dass in Altdorf neben dem Karren bei hinreichend frostiger Witterung auch der „Schlittschuh" zur Fortbewegung genutzt wurde, zeigt ein gut erhaltener Röhrenknochen eines Großsäugers (Abb. 168), der aufgrund seiner Bearbeitungsspuren mit großer Wahrscheinlichkeit als Schlittkufe anzusprechen ist. Da hier eine Bohrung zur Fixierung am Fuß fehlt, könnte es sich auch um ein Halbfabrikat handeln; dennoch scheint eine Lochung nicht zwingend erforderlich zu sein. Das Körpergewicht sollte ausreichen, um den Knochen zum Gleiten in Position zu halten. Möglicherweise wurde er im Winter zur Überquerung einer wasserführenden Rinne genutzt, die direkt westlich der Fahrtrasse in ähnliche Richtung verläuft. Diese Rinne barg in ihrem sandigen Bett zudem eine Menge an Funden, die dort – mitgenommen vom Wasserfluss – in Sedimentfallen hängengeblieben waren.

Fazit

Zwar hatte man in der Altdorfer Löwenstraße zweifelsohne mit archäologischen Befunden gerechnet, dennoch erbrachten die Ausgrabungen einen gänzlich unerwarteten Einblick in eine in der regionalen Forschung bislang stark unterrepräsentierte Epoche. Eine genauere Absteckung des zeitlichen Rahmens und des chronologischen Verhältnisses der einzelnen Befunde zueinander wird zwar erst nach einer detaillierten Auseinandersetzung mit den im Zuge dieser Maßnahme gesicherten Befunden und Funden möglich sein. Allerdings kann jetzt schon herausgestellt werden, dass diese Fundstelle aufgrund ihrer flächendeckenden Befunddichte und des vielfältigen Fundmaterials den Kenntnissen über die Epoche der endenden römischen Besiedlung und der Völkerwanderungszeit am Oberrhein neuer Nährboden sein wird.

Unser Dank gebührt dem Investor, Herrn V. Masur vom KMBB Bauservice, für seine Unterstützung und das entgegengebrachte Vertrauen, sowie der Firma Singler, welche hier die erforderlichen Baggerarbeiten äußerst professionell ausführte.

Andreas Hanöffner, Lucie Siftar, Gertrud Kuhnle, Diethard Tschocke

168 △ *Ettenheim-Altdorf, Löwenstraße. Schlittknochen aus einem der Grubenkomplexe im Südwesten der Fläche, Unter- und Seitenansicht.*

LITERATURHINWEISE

R. Askamp/M. Kokabi/J. Wahl, Das römische Brandgrab von Altdorf, Gde. Ettenheim, Ortenaukreis. Fundber. Baden-Württemberg 12, 1987, 325–363; L. Blöck, Die römerzeitliche Besiedlung im rechten südlichen Oberrheingebiet. Forsch. u. Ber. Arch. Baden-Württemberg 1 (Stuttgart 2016) 184; H. Esslinger/G. Kuhnle/D. Tschocke, Einblick in einen Randbereich der römischen Siedlung von Ettenheim-Altdorf. Arch. Ausgr. Baden-Württemberg 2020, 188–192; L. Siftar, Fundschaubeitrag zu Ettenheim-Altdorf. Fundber. Baden-Württemberg 35, 2015, 653–662.

FRÜHMITTELALTER

169 Knittlingen, „Im Bergfeld". Fibelensemble aus Grab 25: Bügelfibel Typ Rositz, zoomorphe Kleinfibel Typ Herpes, Almandinscheibenfibel (Dm. 1,4 cm). Erste Hälfte 6. Jh.

KNITTLINGEN, ENZKREIS

Das Gräberfeld von Knittlingen „Im Bergfeld" – Merowingerzeitliche Bestattungen und jungsteinzeitliche Siedlungsspuren

Historische Topographie

Unweit des Austritts der Weißach aus dem Stromberg nach Westen in das fruchtbare, seit dem frühen Neolithikum besiedelte Lösshügelland des Kraichgaus liegt das Städtchen Knittlingen. Mit der für das Jahr 843 in den Schenkungsbüchern des Klosters Lorsch aufgeführten Angabe *in Cnudelinger marca* findet der Ort erstmals – zumindest indirekt – schriftliche Erwähnung. Das auf -ingen endende Toponym und einschlägige archäologische Fundstellen belegen indes eine noch frühere Entstehung. Die in einer Urkunde aus dem Jahr 1250 getroffene Differenzierung in *inferiori villa Knuthelingen, superiori vel media* deutet ein Fortdauern des lockeren frühmittelalterlichen Siedlungsbildes an (Abb. 170). Mit den in der späten Merowingerzeit einsetzenden Siedlungsfunden in der Flur „Oberhofen" sind dabei – gemeinsam mit dem oberhalb gelegenen Gräberfeld – sicher die Ursprünge Oberknittlingens zu fassen. Das abgegangene Unterknittlingen dürfte etwa 600 m westlich der Kernstadt (Mittelknittlingen) im Umfeld der Pflegmühle zu suchen sein. Das hangaufwärts „Im Bergfeld" nachgewiesene Reihengräberfeld weist dabei auf eine frühmittelalterliche Entstehung hin.

Konservatorische Ausgangslage

Die Entdeckung des Gräberfeldes „Im Bergfeld" geht auf das Jahr 1920 zurück, als bei Bauarbeiten für eine niemals fertig gestellte Schmalspurbahn eine größere Anzahl mero-

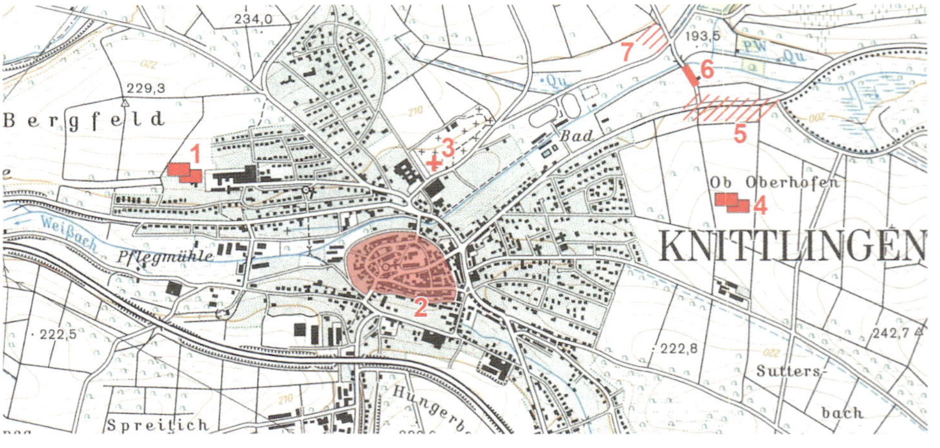

170 Knittlingen. Historische Topographie. 1 Gräberfeld „Im Bergfeld" (6.–7. Jh.); 2 mittelalterliche Kernstadt mit Maulbronner Pfleghof; 3 abgegangene Pfarrkirche St. Georg; 4 Gräberfeld „Ob Oberhofen" (7.–8. Jh.); 5 Wüstung „Oberhofen" (frühmittelalterliche Lesefunde, hoch- bis spätmittelalterliche Siedlungsbefunde); 6 Knüppeldamm (12.–16. Jh., dendrodatiert); Wüstung Altenhof (Siedlungsbefunde 13. Jh.).

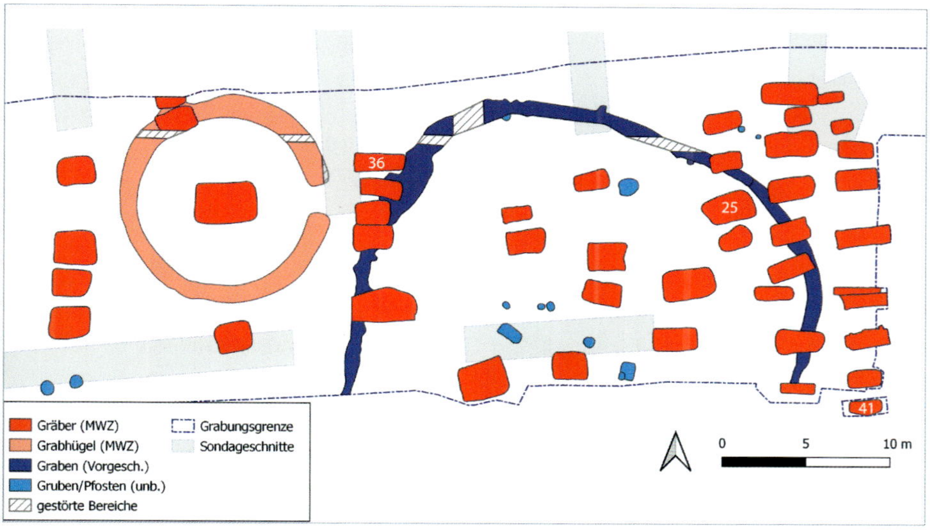

171 ◁ *Knittlingen, „Im Bergfeld". Schnitt 3 (östlicher Teil), Befundplan. Die im Text erwähnten Frauengräber sind bezeichnet.*

wingerzeitlicher Bestattungen aufgedeckt wurde. Weitere Gräber sollen zwischen 1945 und 1955 beim Ausbau der Firma Neumo zutage gekommen sein. Anlässlich der beabsichtigten Erschließung eines Wohngebietes waren 1984 bei Sondagen des damaligen Landesdenkmalamtes auch nördlich davon Grablegen nachzuweisen. Mit den anlässlich der Wiederaufnahme der Planungen 2021 durchgeführten Prospektionen des LAD konnte schließlich die nördliche und westliche Ausdehnung des Gräberfeldes erfasst werden. Darüber hinaus kamen hier einzelne vorgeschichtlich Befunde zutage. Dies gab Anlass zu einer Rettungsgrabung des so umschriebenen Bereichs, die von August 2021 bis März 2022 von der Firma ArchaeoBW GmbH durchgeführt wurde.

Vorgeschichtliche Besiedlungsspuren

Vom Areal des Bahnhofsgeländes waren bereits früher einzelne vorgeschichtliche Siedlungsspuren, wie der Fund eines Mahlsteins, bekannt. Auch bei der Sondage zeigte sich, dass das Gelände „Im Bergfeld" bereits vor der Merowingerzeit besiedelt war. Hierbei wurden u. a. zehn Pfostengruben dokumentiert, die wohl zu einem nicht komplett erfassten Gebäude von ca. 5 m Breite gehören. Bei der nachfolgenden Rettungsgrabung wurde nur wenige Meter entfernt am westlichen Rand der Grabungsfläche eine Siedlungsgrube freigelegt. Von der darin enthaltenen Keramik deutet ein verziertes Fragment auf eine Datierung ins Mittelneolithikum hin. Am Ostrand des Grabungsgeländes konnte zudem der Teil einer elliptischen Grabenanlage von etwa 26 m Breite dokumentiert werden (Abb. 171). Die Struktur, bei der es sich um die Umzäunung eines kleinen Gehöfts handeln dürfte, wurde nicht in ihrer gesamten Länge erfasst. Der Befund liegt in einem äußerst dicht belegten Teil des Gräberfelds. Daher ist es nicht erstaunlich, dass hier keine Hausgrundrisse erkannt werden konnten. Im gesamten merowingerzeitlich stark überprägten Areal liegen nur wenige weitere Pfosten- und Grubenbefunde vor, deren genauere Einordnung jedoch nicht möglich ist.

Die Gräber – eine erste Vorschau

Die in den bis zum Berichtszeitpunkt geöffneten Flächen angetroffenen 112 Gräber sind mehr oder weniger West-Ost orientiert. Schnitt 1, ganz im Norden, erbrachte lediglich vier Bestattungen und erfasst die Belegungsgrenze in diese Richtung. Schnitt 3 wiederum, der unmittelbar nördlich an die ehemals geplante Bahntrasse anschließt, umfasste 72 Gräber. Diese Fläche soll nun näher betrachtet werden. Ganz im Osten befindet sich die dichteste Belegung, die eine regelmäßige Reihung erkennen lässt (Abb. 171). Je weiter die Gräber nach Westen ausgreifen, umso größer werden die Abstände zwischen den einzelnen Grablegen, wobei vereinzelt zwischen zwei und vier Gräber nebeneinander angelegt wurden. Ob dies auf Familienverbände oder lediglich Gleichzeitigkeit der Grablegungen hindeutet, muss vorerst offenbleiben. Ein Hinweis auf Ersteres dürfte vor allem durch Nachbestattungen Bestätigung finden, die exakt in der Grabgrube der Vorgängerbestattung angelegt wurden und stratigraphisch oberhalb dieser lagen. Etwas östlich der oben genannten Zone dichter Belegung befand sich eine mittig innerhalb eines Kreisgrabens angelegte Bestattung (Abb. 171). Der Kreisgraben ist im Osten unterbrochen, was als Rampe hinauf auf einen Grabhügel interpretiert werden kann. Diese optisch herausragende Bestattung wird im Osten wie auch im Westen von jeweils vier weiteren Bestattungen flankiert, die sich auf die Zentralbestattung innerhalb des Kreisgrabens beziehen dürften, da die räumliche Nähe dazu sehr auffällig ist.

Die geborgenen Beigaben und Trachtbestandteile lassen erste Tendenzen der Belegungsabfolge des Gräberfeldes erkennen.

172 ▽ *Knittlingen, „Im Bergfeld". Grab 25. Befundplan (genordet).*

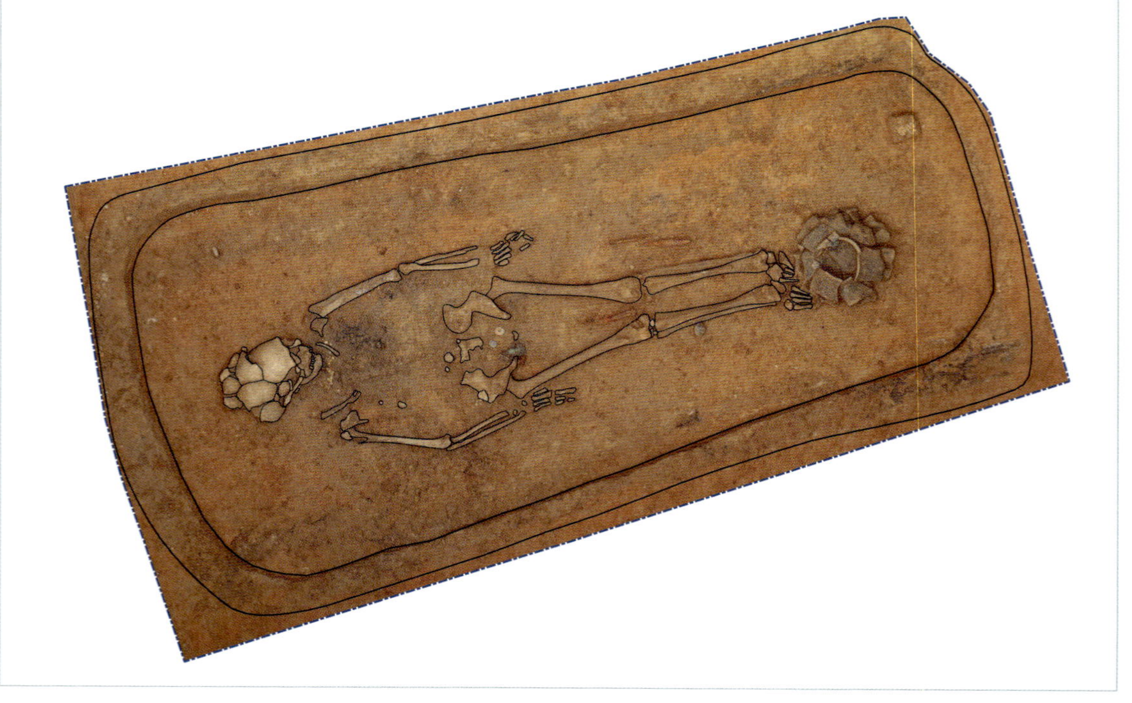

Grundsätzlich nimmt die Reichhaltigkeit der Beigabenausstattung von Osten nach Westen hin ab. Zwar gibt es auch innerhalb dieses Gräberfeldes antike Beraubungen, jedoch fallen diese nicht so sehr ins Gewicht, um die getroffene Aussage zu schmälern. Neben der Anzahl der Gegenstände spiegelt sich die zeitliche Komponente auch in der Qualität und der Art der Fundgegenstände wider. Insgesamt konnte – bis hin zu Pferdegeschirr und Bronzebecken – annähernd das gesamte Spektrum an typisch merowingerzeitlichem Fundmaterial geborgen werden.

Der Beginn der Belegung dürfte in die erste Hälfte des 6. Jahrhunderts fallen und kann im Osten ausgemacht werden. Am westlichen Rand dieser Kernzone fand sich als eine der frühesten Bestattungen das reich ausgestattete Frauengrab 25 (Abb. 171). Der Bestatteten war zu ihren Füßen ein Keramikgefäß und nordöstlich davon ein Kamm sowie an ihrem linken Bein ein eisernes Messer beigegeben worden (Abb. 172). Zu ihrer Tracht gehörten eine Perlenkette, ein Ziergehänge – bestehend aus Perlen, einem Spinnwirtel und zwischen ihren Beinen liegenden unverzierten, einfachen Eisenschlüsseln – sowie drei Fibeln: eine zoomorphe Kleinfibel vom Typ Herpes im Hals-, eine kleine Almandinscheibenfibel im Brust- und eine Bügelfibel vom Typ Rositz im Hüftbereich (Abb. 169, siehe S. 222). Diese Stücke repräsentieren eine ebenso unvollständige wie „zusammengestückelte" Vierfibeltracht, wie sie für die ältere Merowingerzeit typisch ist.

In diesem östlichen Bereich des Gräberfeldes fanden sich auch einzelne Bestattungen des frühen 7. Jahrhunderts (Abb. 171). Grab 41 mit einer durchbrochenen bronzenen Zierscheibe (Abb. 173) ganz im Südosten deutet eine Entwicklung des Gräberfeldes nach Süden in den 1920 gestörten Bereich hinein an. Grab 36 mit einer filigranverzierten Goldscheibenfibel (Titelbild) fügt sich dagegen in die im Untersuchungsbereich festgestellte Belegungsabfolge von Ost nach West ein.

Die jüngsten der bisher aufgedeckten Gräber gehören in das späte 7. Jahrhundert.

173 △ *Knittlingen, „Im Bergfeld". Bronzezierscheibe aus Grab 41, spätes 6./erste Hälfte 7. Jahrhundert. Dm. 9,2 cm. Die Zierscheibe war mit einem bronzenen Umfassungsring mit Beinkern eingefasst.*

Gedankt sei der Firma Neumo, namentlich dem Besitzer, Herrn Wolf Ehrenberg, für die besondere Unterstützung, sowie den Herren Harry Jost, Neumo, und Siegfried Gerst, Gerst Ingenieure, für die gute Zusammenarbeit bei der Koordinierung von Bauplanung und Ausgrabung.

Steffen Berger, Folke Damminger, Inga Kretschmer

LITERATURHINWEISE

F. Damminger, Die Merowingerzeit im südlichen Kraichgau und in den angrenzenden Landschaften. Materialh. Arch. Baden-Württemberg 61 (Stuttgart 2002) 141 f. 167 f. 224–227 Taf. 16–20; 70 Karte 15; 28.

GEISINGEN-GUTMADINGEN, KREIS TUTTLINGEN

Ein merowingerzeitliches Gräberfeld in Gutmadingen

Aufgrund älterer Fundmeldungen von frühmittelalterlichen Grabfunden war schon seit Längerem im Westen des Dorfes Gutmadingen ein Areal als archäologisches Denkmal ausgewiesen. Es handelt sich um einen nach Norden zur Donau hin abfallenden Hang mit schichtgebundenem Wasser. Aus diesem Grund dürfte der Hang überwiegend als Wiese genutzt worden sein. Im Sommer 2021 erfolgte im Bereich der Erschließungstrassen für das geplante Baugebiet „Westäcker" die archäologische Sondierung. Genau an der Anschlussstelle zwischen altem und neuem Kanal zeichneten sich etwa 80 Grabgruben ab. Es ist sehr wahrscheinlich, dass ein Teil des Gräberfeldes bei der Anlage der älteren Kanalisation und der Wohnbebauung unerkannt zerstört wurde. Um die Erschließung zu ermöglichen, wurden zunächst die 33 unmittelbar bedrohten Bestattungen freigelegt. Dabei handelt es sich überwiegend um beigabenlose bzw. beigabenarme Bestattungen, die teilweise auch beraubt waren. Die Verstorbenen waren in einfachen Erdgräbern ohne weitere Einbauten beigesetzt worden. Trotz des sehr tonigen, staunassen Bodens sind bislang noch keine organischen Reste, wie z. B. Holzsärge, angetroffen worden.

Zwei Bestattungen unterscheiden sich durch ihre reiche Ausstattung deutlich von den anderen. Es handelt sich um die Beisetzungen von zwei schwer bewaffneten Männern. Die Beigaben des einen Grabes wurden in der Zwischenzeit restauriert und stehen deshalb für eine erste Ansprache zur Verfügung (Abb. 174). Der Verstorbene, nach der vorläufigen Bestimmung ein erwachsener Mann, erhielt als Beigaben eine damaszierte Spatha mit zugehörigem Gurt und Messer, eine Lanze sowie einen Schild. Die Spatha lag auf Höhe des rechten Oberarmes, die Lanzenspitze rechts unterhalb der Füße, nahe dem Schild. Die teilweise leicht profilierten Gürtelbeschläge und Riemenverteiler bestehen aus Eisen, die Niete sind aus Bronze. Silbertauschierung oder Ähnliches ist nicht vorhanden. Spannend sind auch die ersten Eindrücke von Textilien in drei unterschiedlichen Qualitätsstufen. Der herausragende Fund ist der annähernd zylindrische Sturzbecher aus honiggelbem Glas, der zwischen den Füßen des Toten lag. Seine Höhe beträgt etwa 12 cm, der Mündungsdurchmesser 5 cm. Typologisch entspricht er den Gläsern, die z. B. in Orenhofen und Rittersdorf (Trierer Land) gefunden wurden. Die Herstellung dürfte im Raum des heutigen Belgien erfolgt sein. Die Datierung des Glases in das zweite und dritte Drittel des 6. Jahrhunderts korrespondiert mit den übrigen Funden aus dem Grab. Aber auch die übrigen Beigaben des Gräberfeldes sind in das 6. Jahrhundert zu datieren. Dennoch kommt diese Untersuchung rechtzeitig zur 750-Jahr-Feier des Dorfes Gutmadingen und zeigt, dass es 700 Jahre älter ist, als bislang gedacht. Man kann auf den Fortgang der Grabungen im Jahr 2022 gespannt sein.

Die Grabungen wurden durch die Gemeinde Geisingen, insbesondere Herrn Bürgermeister Numberger, dankenswerterweise unterstützt.

Andreas Haasis-Berner,
Georg Häußler

174 ◁ *Geisingen-Gutmadingen, „Westäcker". Die Beigaben des Waffengrabes. Bemerkenswert ist der Glasbecher.*

Ein kleiner Siedlungsausschnitt des frühmittelalterlichen Dettingen

Das am nördlichen Rand des Ortskerns von Dettingen liegende Areal Untere Straße 14–18 sollte auch in den bisherigen Freibereichen großflächig neu bebaut werden. Dadurch wurde hier zunächst eine Sondage nötig, die Siedlungsbefunde erbrachte, und in der Folge eine Rettungsgrabung; beide Maßnahmen wurden von der Firma ArchaeoConnect GmbH durchgeführt.

175 △ *Dettingen unter Teck. Besiedlung des frühen bis hohen Mittelalters. 1 Hintere Str. 113, Eisenproduktionsstätte 8./9.–11./12. Jh.; 2 Hintere Str. 90, hochmittelalterliche Siedlungsreste; 3 Bahnhof, Gräberfeld 2. Viertel 6.–Mitte 7. Jh.; 4 Kirchheimer Str., Siedlung 7./8. Jh.; 5 Tuchfabrik Berger, Gräberfeld 2.Viertel 6.– Anfang 8. Jh.; 6 Untere Str. 14–18, Siedlung 5.–12. Jh. (Grabung 2021).*

Lange Zeit waren in Dettingen von der (früh-)mittelalterlichen Besiedlung nur zwei Gräberfelder bekannt, die ursprünglich wohl mehrere Hundert Gräber umfassten. Dasjenige am Bahnhof (Abb. 175, 3) hat eine Belegungszeit vom zweiten Viertel des 6. Jahrhunderts bis zur Mitte des 7. Jahrhunderts, während das Gräberfeld bei der ehemaligen Tuchfabrik Berger im Süden Dettingens (Abb. 175,5) zur selben Zeit beginnt, aber bis zum Anfang des 8. Jahrhunderts weiterläuft.

Ab 2015 kam dann eine größere Siedlungsfläche vornehmlich des 7./8. Jahrhunderts dazu (Abb. 175, 4; Kirchheimer Str.), ebenso wie ein kleinerer hochmittelalterlicher Aufschluss (Abb. 175, 2; Hintere Str. 90) und eine große Eisenproduktionsstätte des 8./9. bis 11./12. Jahrhunderts nur ca. 100 m nordwestlich der jetzigen Grabung (Abb. 175, 1; Hintere Str. 113). Damit begann sich das frühmittelalterliche Siedlungsbild des Ortes zu verdichten. Als weiteres Puzzleteil kommt die Grabung von 2021 hinzu (Abb. 175, 6; Untere Str. 14–18), die überraschenderweise eine große Zahl Funde der frühesten Merowingerzeit erbrachte.

Das Grabungsareal wies größere Störungen vor allem an der südlichen Seite entlang der Unteren Straße durch Bebauung und Unterkellerungen auf (Abb. 176). Ansonsten zeigten sich abgesehen von zwei Steinkellern, die

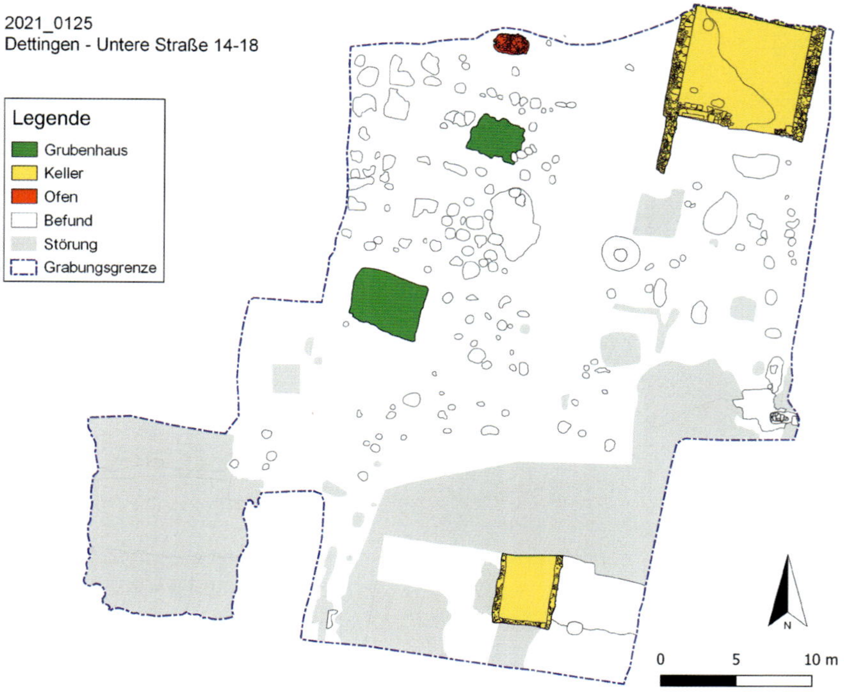

176 ◁ *Dettingen unter Teck, Untere Straße 14–18. Gesamtplan der Befunde.*

aber in die Neuzeit datieren, vor allem eine Vielzahl von Pfostenlöchern und Gruben, die das übliche Bild einer früh- und hochmittelalterlichen Siedlung vermitteln. Weiter konnten an der nördlichen Grabungsgrenze ein Ofen, der wohl einen Backofen darstellt, sowie zwei Grubenhäuser aufgedeckt werden. Trotz der Verfälschung der Befundverteilung durch die modernen Störungen scheint sich eine Verdichtung Richtung Nordosten abzuzeichnen; in diese Richtung setzte sich die Siedlung auf jeden Fall fort, während die Befunde nach Süden und Osten auszudünnen scheinen.

Das Besondere an der Siedlung ist wie schon erwähnt das Fundmaterial, das eine große Vielfalt an hierzulande sehr seltener Keramik des 5. Jahrhunderts n. Chr. zeigt und zu großen Teilen aus dem südlichen der zwei Grubenhäuser stammt. Aus diesem konnten auch größere Mengen Tierknochen geborgen werden.

Das keramische Fundmaterial

Das insgesamt nicht sehr umfangreiche keramische Fundgut deckt einen Zeitraum vom 5. bis ins 11./12. Jahrhundert ab. Dabei kommt dem Material aus dem südlichen Grubenhaus überregionale Bedeutung zu. Zum einen sind Funde der zweiten Hälfte des 5. Jahrhunderts aus gut dokumentierten Zusammenhängen auch heute noch selten. Zum anderen ist es die Zusammensetzung aus verschiedensten Warenarten, die ungewöhnlich ist.

Handgeformte Gefäße spielen mit nur wenigen Scherben – anders als bei dieser Zeitstellung eigentlich zu erwarten – keine große

177 ▷ *Dettingen unter Teck, Untere Straße 14–18. Scherbe eines reduzierend gebrannten feintonigen Bechers mit eingeglättetem Zickzackdekor aus dem südlichen Grubenhaus der 2. Hälfte des 5. Jhs.*

Rolle. Die dominierende Drehscheibenkeramik besteht zu einem geringeren Teil aus Erzeugnissen westlicher Tradition, unter denen wiederum jene in „Mayener Art“ überwiegen. Vorherrschend sind Gefäße in östlicher („donauländischer“) Tradition. Bei ihnen bestimmen reduzierend gebrannte rauwandige Gefäße das Bild. Ein Schalenrand und zwei Topfränder sind jedoch ungewöhnlicherweise oxidierend gefeuert und zeigen flächigen Glasurauftrag innen bzw. Glasurspritzer außen. Reduzierend dunkel gebrannt sind auch etliche feintonige Becher- und Krugfragmente. Zwei der Becher weisen einen eingeglätteten Gitter- bzw. Zickzackdekor auf (Abb. 177). Eines der Henkelbruchstücke trägt auf der Oberseite mittig eine kräftige Rippe, wie sie ähnlich bei Krügen mit Einglättverzierung auf dem Runden Berg bei Urach vorkommt.

Bei den rauwandigen Gefäßen „Mayener Art“ sind mehrere Ränder von steinzeugartig hart gebrannten Deckelfalztöpfen (Alzei-Form 27) und von Schalen mit einziehendem Rand (Alzei-Form 29) vertreten. Hervorhebenswert ist das Vorhandensein eines Deckelknaufes, denn tönerne Deckel verschwinden seit dem 3. Jahrhundert für lange Zeit nahezu völlig aus dem Formenschatz der Töpfer. Gleichfalls betont werden muss das Vorkommen einer späten Reibschüssel in einer niedrigen Ausprägung.

Bei den Erzeugnissen in westlicher Tradition steht ein Import außer Frage. Außer Mayen wird man zweifellos weitere, derzeit allerdings noch unbekannte (linksrheinische?) Produktionsorte vermuten müssen. Wenigstens ein Teil der in östlicher Tradition gefertigten Gefäße könnten dagegen in der näheren oder weiteren Umgebung entstanden sein, wie mehrere Töpferöfen mit zahlreichen Funden „donauländischer“ Art in der Wüstung Sülchen bei Rottenburg bezeugen.

Erkenntnisse für die Siedlungsgeschichte

Nach diesen Grabungsergebnissen wurde hier die bislang älteste frühmittelalterliche Siedlung auf Dettinger Gemarkung gefunden, die ausweislich der Keramik ab dem 5. Jahrhundert existierte. Dabei belegen die Funde auch besonders durch die Keramik Mayener Art überregionale Beziehungen wohl in das linksrheinische fränkische Gebiet. Weiterhin liegt ein Schwerpunkt des Materials auf rauwandiger Drehscheibenware des 6./7. Jahrhunderts, es finden sich aber auch Übergänge zur älteren gelben Drehscheibenware, ebenso wie diese selbst. Leider zeigten sich nur sehr wenige Ränder, wobei sowohl der Typ Runder Berg als auch der Typ Jagstfeld vertreten sind, dieser zusammen mit ganz wenigen Scherben nachgedrehter Waren. Somit ist eine Siedlungskontinuität vom 5. bis ins 12. Jahrhundert gegeben, wobei im Spätmittelalter dann die Besiedlung an der Unteren Straße einzusetzen scheint.

Wahrscheinlich bestatteten die Bewohner des hier erfassten Siedlungsausschnitts ihre Toten auf dem Gräberfeld am Bahnhof, das in einer Entfernung von 250–300 m liegt.

Das Gräberfeld bei der Tuchfabrik Berger dagegen ist als Bestattungsplatz eher unwahrscheinlich, da es mehr als 600 m weiter südlich liegt. Allerdings existierte die Siedlung schon, bevor das Gräberfeld im zweiten Viertel des 6. Jahrhunderts belegt wurde, und lief dann wohl kontinuierlich weiter, wobei das Siedlungsareal vermutlich in das spätestens ab dem Spätmittelalter als Dorf fassbare Dettingen übergegangen ist. Das Gräberfeld an der Tuchfabrik Berger gehörte wahrscheinlich zu der teilweise in der Kirchheimer Straße erfassten frühmittelalterlichen Siedlung, wobei hier nur ganz wenige Scherben des 5. Jahrhunderts zutage kamen und der Schwerpunkt des Fundniederschlags deutlich später lag. Dabei ist aber der Kern der Siedlung wohl nicht erfasst worden, sodass ein früherer Beginn möglich ist.

Auf jeden Fall bestand das frühmittelalterliche Dettingen aus mehreren, mindestens aber zwei Siedlungskernen, deren Bewohner wohl auch unterschiedliche Gräberfelder nutzten. Weiterhin lässt sich wohl am Siedlungsrand eine spezialisierte Eisenproduktion über einen längeren Zeitraum nachweisen, die mit Sicherheit nicht nur den lokalen Bedarf gedeckt haben wird. Im Hoch- oder spätestens im Spätmittelalter wuchsen dann die Siedlungskerne zusammen, um sich grob um die Kirche und die Hauptstraßen zu gruppieren. Dabei liegen die bis jetzt fassbaren frühmittelalterlichen Siedlungen nur 400–650 m auseinander, alle noch innerhalb des Ortskerns des frühen 19. Jahrhunderts. Die Existenz weiterer frühmittelalterlicher Siedlungskerne innerhalb dieser Grenzen und möglicherweise auch außerhalb erscheint wahrscheinlich.

Dorothee Brenner, Uwe Gross

LITERATURHINWEISE

J. Scheschkewitz/A. Janas, Ein Siedlungsausschnitt des frühmittelalterlichen Dettingen unter Teck. Arch. Ausgr. Baden-Württemberg 2015, 212–215; U. Gross/E. Schmidt, Archäologische Untersuchungen im Randbereich des abgegangenen Dorfes Sülchen bei Rottenburg. Der Sülchgau 47/48, 2003/2004, 1–14; D. Brenner, Dörfer am Fuß der Schwäbischen Alb im Licht jüngster Ausgrabungen. In: D. Ade u. a. (Hrsg.), Sachgeschichte(n). Beiträge zu einer interdisziplinär verstandenen Archäologie des Mittelalters und der Neuzeit. Festschrift für Barbara Scholkmann zu ihrem 80. Geburtstag (Tübingen 2021) 259–276, hier 266–268.

UNTERENSINGEN, KREIS ESSLINGEN

Vorgeschichtliche und frühmittelalterliche Siedlungen in der Neckaraue in Unterensingen

Da die „Mittlere Braike", ein etwas mehr als 3 ha großes Gelände in Unterensingen, das bisher als Ackerland genutzt wurde und zum größten Teil als Kulturdenkmal ausgewiesen war, in ein Wohngebiet verwandelt werden sollte, wurden hier archäologische Sondagen notwendig (Abb. 178). Nahebei waren seit den 1960er Jahren bei verschiedenen Baumaßnahmen neolithische und römische Funde, aber auch ein Brandgrab der Urnenfelderzeit zutage gekommen. Die durch das mobile Sondageteam (PfP, Projekt flexible Prospektion) des LAD durchgeführte Voruntersuchung konnte dann auch

in weiten Teilen der Ackerfläche dicht unter dem Humus mehr oder weniger locker gestreute Siedlungsspuren nachweisen.
Die daraufhin notwendig gewordene Rettungsgrabung im Vorfeld der Erschließung wurde von Mai bis Anfang Dezember 2021 von der beauftragten Firma ArchaeoBW GmbH durchgeführt. Das Areal liegt etwas mehr als 700 m nördlich des Ortskerns von Unterensingen, nur zwischen 200 m und 400 m vom Neckar entfernt, in einem Bereich, der erst im 20. Jahrhundert vom Ort her aufgesiedelt wurde. Dabei befindet sich das Gebiet heute im nur schwach ansteigenden, ehemaligen Auenland des Neckars, nur ca. 1 m höher als dessen Ufer und somit auch in vorgeschichtlicher und mittelalterlicher Zeit in einer hochwassergefährdeten Zone. Die angetroffenen Bodenverhältnisse spiegeln dies wider, es finden sich verschiedene alte Mäander des Neckars sowie im Wechsel Hochflutlehme und aufgeschlossene ältere Kiesbänke. Diese jungen Talsedimente liegen über den Kalken und Tonsteinen der Arietenkalk-Formation des Unteren Schwarzjura.

Die Ergebnisse der systematischen Prospektion, bei der sowohl metallzeitliche als auch früh- und hochmittelalterliche Befunde festgestellt werden konnten, wurden im Zuge der Flächengrabung verdichtet und vervollständigt, dabei zeigte sich der Schwerpunkt deutlich beim frühen Mittelalter (Abb. 179).

Siedlung der Urnenfelderzeit

Die metallzeitlichen, vor allem urnenfelderzeitlichen Siedlungsspuren mit wenigen locker gestreuten Befunden sind auf das nördliche Drittel der Fläche begrenzt. Neolithische Funde dagegen fehlen fast vollständig; römische Funde sind nur in Form weniger Scherben vertreten, darunter allerdings ein bemerkenswertes Amphorenbruchstück. Trotz des diffusen Befundbildes, das zu einem erheblichen Anteil aus Resten von abgelagerten Fließerden bestehen dürfte, ist vor allem das Fundmaterial der späten Bronzezeit recht repräsentativ. Erwähnenswert sind hier vor allem eine bronzene Sichel der Untermainisch-Schwäbischen

178 ▷ *Unterensingen, „Mittlere Braike". Übersicht über die südöstliche Grabungsfläche mit alternierend offenen Schnitten.*

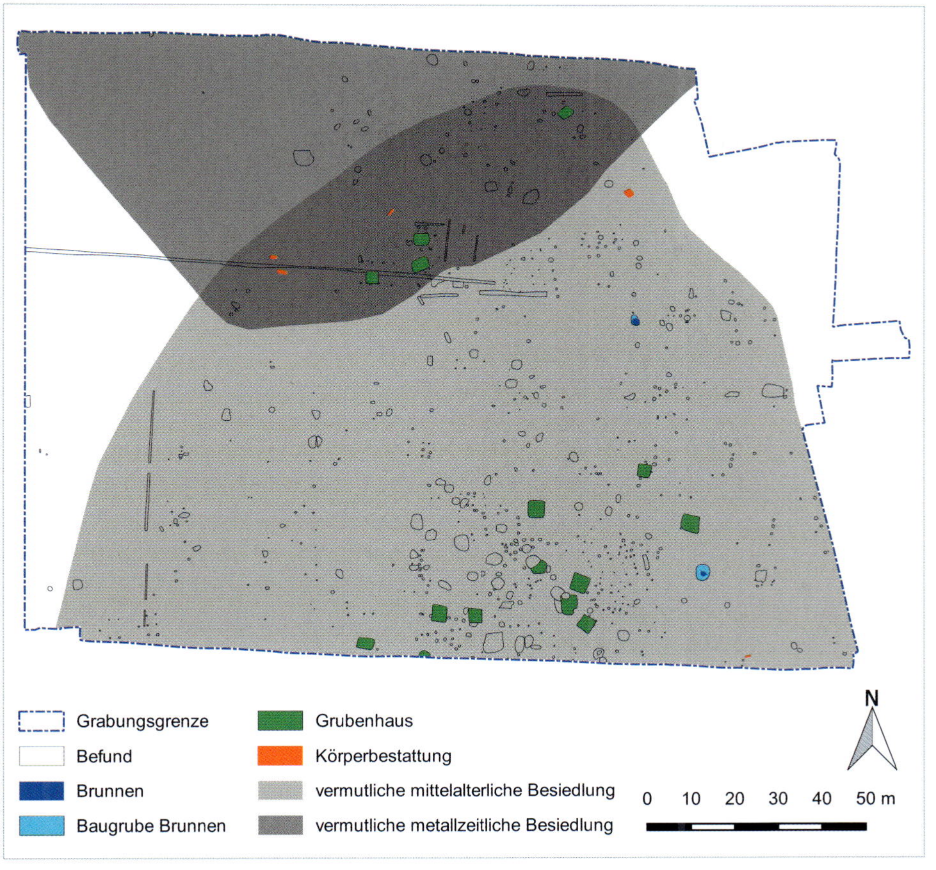

179 *Untersingen, „Mittlere Braike". Gesamtplan der Grabung.*

Gruppe (Ha A, ca. 1200 v. Chr.) und eine verzierte Gewandnadel.

Eine neue frühmittelalterliche Besiedlung der Neckaraue

Die mittelalterlichen Befunde dagegen zeigen ein dichteres Bild. Dabei war der Nachweis einer früh- bis hochmittelalterlichen Besiedlung in diesem Bereich völlig überraschend, da davon bislang noch keinerlei Spuren bekannt geworden waren. Neben eher locker gestreuten Befunden in den Randbereichen nach Norden und Westen verdichtet sich die Besiedlungsstruktur nach Süden hin und erstreckt sich auch noch weiter unter die Blumenstraße, wahrscheinlich bis in das anschließende Wohngebiet. Trotz der Lage in der wohl saisonal überschwemmten Auelandschaft lässt sich hier mit zahlreichen Pfosten- und Siedlungsgruben sowie den Resten von 17 Grubenhäusern eine recht kontinuierliche und längerfristige Nutzung dieses Siedlungsbereiches belegen. Dabei konnten nirgends alte Oberflächen oder Eintiefungsniveaus ergraben werden. Die noch erhaltene Tiefe der Grubenhäuser schwankt dabei von 70 cm bis zu nur 10 cm und es wird deutlich, dass auf dem Gelände mit einer z. T. erheblichen Erosion gerechnet werden muss, der flach

180 △ *Unterensingen, „Mittlere Braike". Ausgenommener und geschnittener frühmittelalterlicher Brunnen. Zum Zeitpunkt der Aufnahme war die Sohle noch nicht erreicht.*

eingetiefte Befunde in möglicherweise größerem Umfang zum Opfer gefallen sein dürften.

Die Grubenhäuser lassen relativ wenige Baustrukturen wie Böden oder Eingangsbereiche erkennen, auch die Pfostenstellungen sind nicht unbedingt sehr regelhaft ausgeprägt. Immerhin besaßen die meisten in unterschiedlichen Konstellationen Giebel- oder Eckpfosten, meist innerhalb des eingetieften Bereichs. Stakenlöcher wurden oft festgestellt, ohne allerdings evidente Strukturen abzubilden. Nur der Fund von zwei Webgewichten und einem Spinnwirtel zeigt die Nutzung zumindest eines Teils der Grubenhäuser als Webhütten an. Der Untergrund war auch teilweise durchaus ungeeignet für die Anlage größerer eingetiefter Strukturen wie Grubenhäuser, da die Kiesbänke einen mehr als instabilen Baugrund bilden. So war das Bodenniveau einiger Grubenhäuser auch genau an der Grenze vom stabilen Lehm zu den darunterliegenden Kiesschichten, wo eine weitere Abtiefung nicht sinnvoll gewesen wäre.

Trotz der unmittelbaren Nähe zum Neckar fanden sich auf dem Areal zwei Brunnen, wovon zumindest der südliche auch längerfristig genutzt wurde (Abb. 180). Er war bis zu einer Tiefe von ca. 3,40 m unter dem Planum eingetieft und besaß eine Wandung, die aus örtlichen Bruchsteinen sorgfältig gesetzt war. An seiner Basis war kein hölzerner Unterbau des Steinschachts vorhanden; die Filterwirkung der anstehenden Schotter war sicher ausreichend, um eine gute Wasserqualität zu liefern. Der zweite Brunnen war bis auf den wasserundurchlässigen Verwitterungslehm eingetieft. Möglicherweise war er gar nicht oder nur kurz in Benutzung; das sehr zahlreiche Steinmaterial in der Grubenverfüllung und eine vollständig fehlende gemauerte Wandung könnten für einen Einbruch der Wand schon während der Bauzeit sprechen.

Frühmittelalterliche Siedlungsbestattungen

Weit verstreut über das gesamte Siedlungsareal fanden sich insgesamt fünf Bestattungen, allesamt Körpergräber. Es handelt sich um zwei adulte Individuen, zwei Kinder und einen Neonatus. Letzterer konnte allerdings nicht in situ dokumentiert werden, da erst bei der Durchsicht des Fundmaterials einer Grube die menschlichen Knochen zwischen Tierknochen und Keramikscherben ausgelesen wurden. Die Grabgruben der übrigen Bestattungen sind alle West–Ost ausgerichtet, bei einem der Erwachsenen und einem Kind waren auch Beigaben vorhanden. Während das adulte Individuum mit einem Messer, einem kleinen Schleifstein, einer Gürtelschnalle, möglicherweise Ohrringen und mehreren Eisenringen, deren Zweck momentan noch unbekannt ist, ausgestattet war (Abb. 181), wurden dem Kind nur zwei Glasperlen ins Grab gelegt. Immerhin kann so auch für die anderen Gräber eine frühmittelalterliche Datierung wahrscheinlich gemacht werden. Weitere Details lassen die noch ausstehenden anthropologischen Bestimmungen sowie ^{14}C-Datierungen erwarten.

Ältere Typen der älteren gelben Drehscheibenware

Das Fundmaterial der mittelalterlichen Siedlung enthält in erster Linie das übliche Spektrum von Keramik, Tierknochen und spärlichen Metallfunden. Das keramische Fundmaterial besteht zu einem sehr hohen Anteil aus älterer gelber Drehscheibenware, dazu kommen noch wenige Befunde, die auch rauwandige Drehscheibenwaren enthalten, meist Donzdorfer Art, die ins 7. und 8. Jahrhundert datieren. Von der älteren gelben Drehscheibenware scheinen nach einer ersten Durchsicht des Fundmaterials nur die beiden älteren Typen vorzukommen, der Typ Kirchhausen mit rollrädchenverzierter oder stark geriefter Wandung und der Typ Runder Berg, sodass die Siedlung in das 8. bis 10. Jahrhundert datiert werden kann, ohne die Wende zum 2. Jahrtausend zu erreichen, da die charakteristischen Ränder des Typs Jagstfeld vollständig fehlen.

Eisenschlacken – Recycling und Verarbeitung

Eine weitere Fundgattung nimmt überraschenderweise einen sehr großen Raum ein. Es handelt sich um mehrere Dutzend Kilogramm Eisenschlacken, die aus der Verfüllung zahlreicher Befunde stammen. Vertreten sind sowohl Schmiede- als auch Verhüttungsschlacken des frühmittelalterlichen Typs Frickenhausen. Diese lagen z. T. in kleingepochtem Zustand vor, womit eine Verwendung zur Gewinnung von Restmetall aus Verhüttungsabfall naheliegt. Eine Verhüttung selbst vor Ort ist unwahrscheinlich; selbst wenn das Fehlen von Verhüttungsöfen durch die z. T. starke Erosion erklärbar wäre, ist doch kein Erzabbau bzw. erzhaltige Schichten in weiterem Umkreis

181 ◁ *Unterensingen, „Mittlere Braike". Im westlichsten der aufgedeckten Gräber war ein erwachsenes Individuum mit einfachen Beigaben bestattet: Messer, Schleifstein, Gürtelschnalle, Ohrringe (?) und mehrere Eisenringe.*

bekannt. Die nächsten anstehenden Eisenerze finden sich im Albvorland auf den Gemarkungen Frickenhausen und Dettingen/Teck und liegen in einer Entfernung vom Grabungsort von mehr als 7 km. Allerdings gibt es auf der rechten Neckarseite in und bei der Stadt Nürtingen – also sehr viel näher an Unterensingen – zahlreiche Verhüttungsspuren mit genügend Hinweisen, um eine örtliche Eisenproduktion zu belegen. Vermutlich handelt es sich in Unterensingen aber um eine Siedlung, in der man sich mit der Weiterverarbeitung von Eisen in größerem Maßstab beschäftigte; daraufhin deuten auch ca. ein halbes Dutzend Eisenmesser im Fundgut.
Die Besiedlung der nicht besonders siedlungsfreundlichen Neckaraue ist also mit Sicherheit mit der Ausübung eines solchen Handwerks in Zusammenhang zu bringen, das auch von der leichten Erreichbarkeit ausreichender Mengen an Holz und Wasser abhängig war. Ob es sich dabei also um einen regulären Vorläufer der heutigen Siedlung Unterensingen gehandelt hat, darf bezweifelt werden, die Siedlung bildet aber sehr wohl einen Teil der frühmittelalterlichen, möglicherweise weit verstreuten Besiedlung der Umgebung, wobei eine Siedlungskontinuität des Ortskerns vom Frühmittelalter bis in heutige Zeit zwar angenommen, aber bislang nicht belegt werden kann.

Unser Dank für die sehr gute Zusammenarbeit gilt in erster Linie der Gemeinde Unterensingen, besonders Herrn Bürgermeister Sieghart Friz und Herrn Dieter Fritz, Leiter des Haupt- und Bauamts, sowie den Mitarbeitern der beteiligten Ingenieurbüros, Herrn Günter Baumann und Herrn Siegbert Spiess. Unser besonderer Dank geht an die Nachbarn und Einwohner für ihr großes Interesse an ihrer Geschichte und unserer Arbeit.

Dorothee Brenner, Christian Hoyer, Jörg Bofinger, Nadine Huber

LITERATURHINWEIS

M. Kempa, Archäologische Untersuchungen an früh- und hochmittelalterlichen Verhüttungsplätzen. In: Abbau und Verhüttung von Eisenerzen im Vorland der mittleren Schwäbischen Alb. Forsch. u. Ber. Vor- u. Frühgesch. Baden-Württemberg 86 (Stuttgart 2003) 9–115.

■ ALBSTADT-EBINGEN, ZOLLERNALBKREIS

Das frühmittelalterliche *Ebinga* – Mittelpunkt einer karolingischen Grundherrschaft?

Der Neubau einer Seniorenresidenz in Albstadt-Ebingen erforderte im Sommer 2021 eine archäologische Ausgrabung auf einem rund 3000 m² großen Grundstück an der Schillerstraße (Abb. 182). Damit beauftragt war die Firma ArchaeoBW GmbH. In direkter Nachbarschaft waren bei Erschließungsarbeiten in den letzten Jahren wiederholt früh- und hochmittelalterliche Siedlungsspuren entdeckt worden, die mit dem 793 erstmals erwähnten Dorf Ebingen, das damals zum Grundbesitz des Klosters St. Gallen gehörte, in Zusammenhang zu bringen sind. Das Areal, das 800 m westlich der spätmittelalterlichen Altstadt von Ebingen liegt, war von Bodeneingriffen bislang weitgehend verschont geblieben, sodass mit vergleichsweise guten Erhaltungsbedingungen für archäologische Befunde zu rechnen war.

Der Raum östlich von Balingen besaß im Mittelalter eine wichtige Verkehrspfortenfunktion, wobei Ebingen an einer offenbar bereits spätestens in römischer Zeit stark frequentierten Verbindungsstraße über die Schwäbische Alb lag, sodass eine Überquerung des Höhengürtels von diesem Ort aus vergleichsweise bequem möglich war. Zudem waren die Eisenerzvorkommen im Bereich des Albtraufs für die Herrschaftsträger sicher von besonderem Interesse und können zusätzlich siedlungsbildend gewirkt haben.

Neun Grubenhäuser …

Eine Vielzahl an Holzbauspuren belegt eine intensive Bebauung und Nutzung des gesamten untersuchten Areals (Abb. 183). Dies wird auch durch neun Grubenhäuser deutlich, die wahrscheinlich, wie bei diesem Haustyp nicht anders zu erwarten, handwerklichen Zwecken dienten. Auffallend waren die variierenden Eingrabungstiefen der Hausgruben, die möglicherweise auf funktionale Unterschiede der Gebäude hinweisen können, denen bereits bei ihrer Erbauung Rechnung getragen wurde. Soweit sich dies erkennen ließ, wurden zumindest drei dieser Grubenhäuser offenbar als Sechs-Pfosten-Konstruktion errichtet. Bemerkenswert ist eine rund 4 m lange und 3,30 m breite Hausgrube, die noch 1,34 m tief erhalten war. Da man davon ausgehen muss, dass im Bereich der Grabungsfläche die frühmittelalterliche Oberfläche mindestens 0,6 m höher lag als das bei der Grabung angetroffene Niveau, dürfte das Gebäude ursprünglich gut 2 m tief in den Boden eingegraben gewesen sein. Das Gebäude wurde von Nordosten über einen außenliegenden, rampenartigen Zugang erschlossen. Im Randbereich liegende Pfosten könnten darauf hindeuten, dass die Hausgrube innerhalb eines größeren Pfostenhauses lag und es sich somit nicht um ein Grubenhaus, sondern um einen Erdkeller handelte. Ein im Bereich der

182 ▽ *Albstadt-Ebingen, Schillerstraße 125. Blick auf den westlichen Teil der Grabungsfläche zu Beginn der Untersuchungen aus der Vogelperspektive. Deutlich sind die Hausgruben der Grubenhäuser und der Befestigungsgraben im nördlichen Teil der Fläche zu erkennen.*

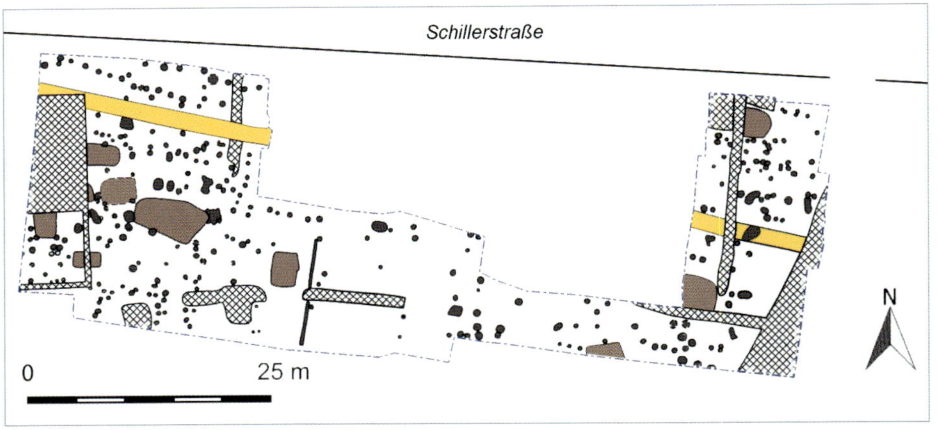

183 ▷ *Albstadt-Ebingen, Schillerstraße 125. Schematischer Gesamtplan der Befunde mit Pfosten- und Siedlungsgruben (dunkelgrau), Grubenhäusern (braun) und Spitzgraben (gelb); Störungen sind schraffiert dargestellt.*

Sohle angetroffener Laufhorizont zeigte deutliche Spuren großer Hitzeeinwirkung und auch an den Grubenwänden waren teils massive Hinweise auf eine Brandzerstörung des darüber stehenden Gebäudes auszumachen. Zudem ließ sich anhand der Brandspuren deutlich erkennen, dass die Wandkonstruktion der Keller- oder Hausgrube offenbar aus einer horizontal gesetzten Bohlenwand bestanden hatte. Sollte es sich bei dem Befund tatsächlich um einen in ein größeres Gebäude integrierten Erdkeller mit Holzwänden gehandelt haben, so wäre dieser Befund ausgesprochen ungewöhnlich für Siedlungen des Frühmittelalters und ist dann sicherlich in Verbindung mit einer besonderen ökonomischen Funktion des zugehörigen Gebäudes zu sehen.

… und viele Pfosten

Die zahlreichen Pfostengruben lassen sich anhand ihrer Lage und Eingrabungstiefe dagegen kaum oder nur unter Vorbehalt zu (Teil-)Grundrissen einzelner Pfostenhäuser zusammenfügen. Die dicht beieinanderliegenden Befundstrukturen zeugen aber von mehrphasigen Bautätigkeiten auf der ehemaligen Siedlungsfläche. Im östlichen Randbereich der Grabungsfläche belegt eine Gebäudeecke ein West–Ost orientiertes Pfostenhaus von deutlich mehr als 9 m × 6 m Grundfläche, dessen östlicher Abschluss jedoch außerhalb der Untersuchungsfläche lag. An keiner Stelle hatten sich früh- und hochmittelalterliche Lauf- bzw. Oberflächenniveaus erhalten.

Ein Befestigungsgraben als Hinweis auf einen besonderen Rechtsbezirk?

In der nördlichen Hälfte der Grabungsfläche wurde über eine Länge von rund 90 m an verschiedenen Stellen zudem ein ursprünglich mehr als 2 m tiefer, von Westen nach Osten verlaufender Spitzgraben erfasst, der im Westen an seiner Nordseite von einer Reihe massiver Pfosten begleitet wurde (Abb. 183; 184). Weitere Befundstrukturen im Randbereich beziehen sich sichtbar auf diesen Graben. Die Lage des Grabens und der (wohl) zugehörigen Pfostenbefunde in dessen Randbereich scheint anzudeuten, dass diese zweifelsohne fortifikatorische Anlage sich auf eine Siedlungsstruktur nördlich der untersuchten Fläche bezogen hat. Da

Ebingen im 9. Jahrhundert als Ausstellungsort in einer Urkunde Graf Bertolds, des zuständigen Grundherrn, genannt ist, muss es zu dieser Zeit administrative Einrichtungen mit entsprechende Baulichkeiten gegeben haben, in denen ein solcher Rechtsakt vorgenommen werden konnte. Vielleicht ließe sich hier ein Zusammenhang mit dem archäologisch erfassten Graben herstellen, der das Areal eines größeren, nördlich des Grabungsareals gelegenen Fronhofs als besonderen Rechts- und Herrschaftsbezirk im 8./9. Jahrhundert von der übrigen Siedlung separiert haben könnte.

184 △ *Albstadt Ebingen, Schillerstraße 125. Profilschnitt durch den unteren Teil des langen Spitzgrabens unmittelbar südlich der Schillerstraße.*

Eisenverarbeitung und Weberei

Anhand des keramischen Fundmaterials zeichnet sich beim momentanen Kenntnisstand eine Nutzung des erfassten Dorfareals von der Zeit um 700 bis in das 11./12. Jahrhundert ab. Fließ- und Schmiedeschlacken belegen zumindest die Verhüttung von Eisenerzen und Weiterverarbeitung des Eisens im Nahbereich zur Siedlung, ohne dass unter den Befunden eindeutige Ofenstrukturen erkannt werden konnten. Die vergleichsweise dichte Bebauung mit Grubenhäusern und vereinzelte Fragmente von Webgewichten sprechen zudem für Textilherstellung im Siedlungsareal. Die Ergebnisse der aktuellen Grabungen ermöglichen jedenfalls einen interessanten und spannenden Einblick in die Struktur des frühmittelalterlichen Dorfes und geben eine genauere Vorstellung von der dörflichen Lebensweise auf der Alb am Übergang vom frühen zum hohen Mittelalter.

Mathias Hensch, Max Hermann

■ GEISLINGEN AN DER STEIGE, KREIS GÖPPINGEN

Auf Sand gebaut – Neues zum frühmittelalterlichen Siedlungsareal „Mühlwiesen" in Geislingen an der Steige

Zu Siedlungstopographie und Forschungsgeschichte

Im Geislinger Talkessel laufen die Täler der oberen und mittleren Fils, der Eyb und der Rohrach sowie das Längental mit dem Talgrabenbach zusammen. Die unteren Hangzonen des steil abfallenden Albtraufs bestehen aus Verwitterungsschutt. Den Talgrund bilden bis zu 20 m mächtige holozäne Sand-, Kies- und Auelehmablagerungen. Vor allem im Umfeld von Eyb und Rohrach entstanden markante Kalktuffbarren und Schwemmschichten aus Kalktuffsand. Im Mündungszwickel zwischen Rohrach und Eyb entwickelte sich auf den hier leicht erhöhten Ablagerungen im Verlauf der Völkerwanderungszeit sowie während der Merowinger- und der Karolingerzeit das Siedlungsareal „Mühlwiesen“. Darüber hinaus sind auch Siedlungsspuren der Urnenfelderkultur und der römischen Kaiserzeit bekannt. Die frühmittelalterlichen Siedlungsreste verteilen sich auf das Gebiet zwischen der Mühlstraße im Süden, der Kantstraße im Osten, der Eybacher Straße und der Rheinlandstraße im Norden und der Seitenstraße im Westen. Im Kreuzungsbereich von Mühlstraße und Kantstraße liegt das 1921 entdeckte Reihengräberfeld „Mühlwiesen“ mit Bestattungen des späten 6. und 7. Jahrhunderts.

Seit 1947 führte Albert Kley bei Baumaßnahmen in diesem Gebiet zahlreiche Fundbergungen und Dokumentationen durch. 1977 nahm Jörg Biel vom damaligen Landesdenkmalamt aufgrund einer Fundmeldung Kleys auf dem Anwesen Eybacher Straße 53 eine kurze Notgrabung vor. Seither wurde eine Vielzahl neuer Bodeneingriffe durch die Kreisarchäologie Göppingen im Auftrag des Landesamts für Denkmalpflege systematisch überwacht.

Siedlungsspuren unweit der Eyb

Unmittelbar nördlich der Eybacher Straße fällt das Gelände zur Eyb steil ab. Nahe der Hangkante konnten bei der Notgrabung Biels in einer bereits ausgehobenen Baugrube die Reste von zwei kleinen Grubenhäusern und einzelne Grubenbefunde erfasst werden. Nach dem Abriss einer ehemaligen Schmuckfirma auf dem benachbarten

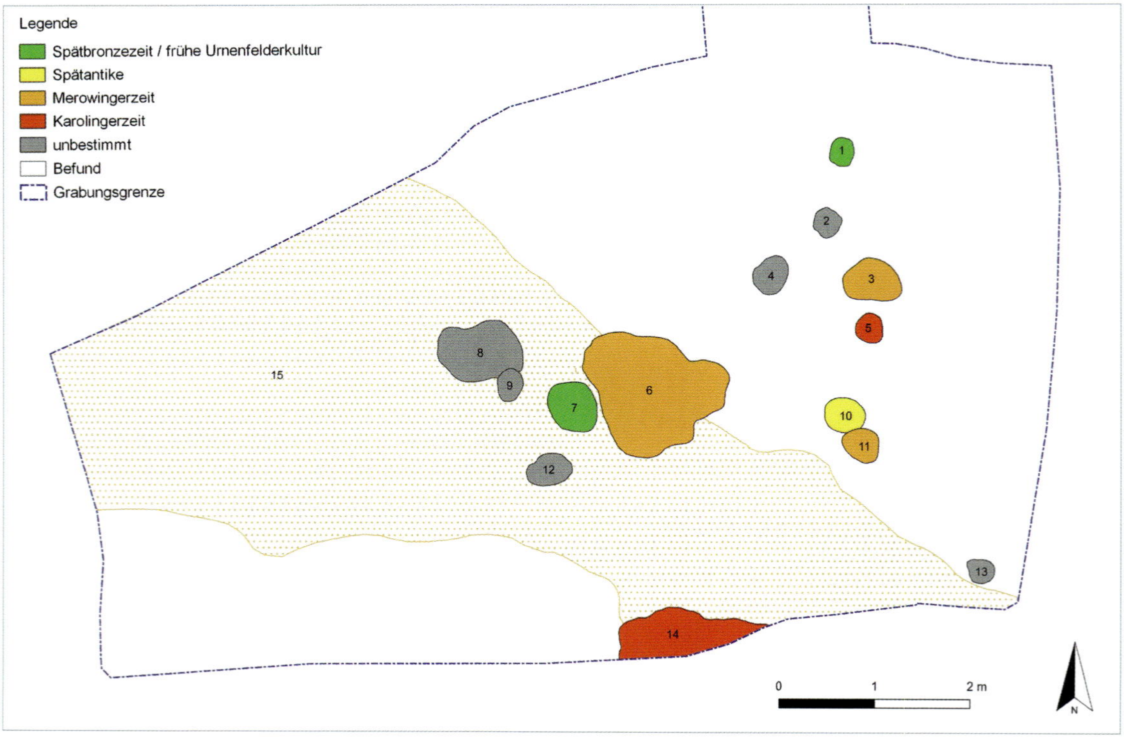

185 ▽ *Geislingen an der Steige, Eybacher Straße 51. Plan der Grabungsfläche. 1–14 ur- und frühgeschichtliche Befunde; 15 Verlauf eines Bachbetts aus der Zeit noch vor dem Einsetzen der urgeschichtlichen Siedlungsaktivitäten.*

Grundstück Eybacher Straße 51 sah die Planung vor, hier 2021 eine Tiefgarage und zwei Wohnhäuser zu errichten. Zusammen mit der Firma ArchaeoConnect GmbH und abgestimmt mit dem Landesamt für Denkmalpflege führte die Kreisarchäologie Göppingen noch vor dem Beginn der Bauarbeiten auf dem nur geringfügig durch die Altbebauung gestörten südlichen Geländeabschnitt eine Sondage durch. Mithilfe eines Baggers wurden vier jeweils 1,80 m breite und bis zu 30 m lange Schnitte in Nord-Süd-Richtung durch das Gelände gezogen. Unter einer Zone mit Abbruchschutt lagen noch Reste einer alten humosen Oberfläche und eines geringmächtigen lehmigen Unterbodens. Darunter traten fluviatile Kalktuffablagerungen mit einer Abfolge von Sand- und Kiesschichten sowie feineren Auelehmeinschwemmungen in Erscheinung. Die Schnitte wurden vorsorglich in eine Tiefe von bis zu 2 m vorgetrieben, da man 2007 in der Kantstraße 17 beim Ausheben einer Baugrube in entsprechender Tiefe auf einer Kalktuffbarre eine lehmige Schwemmschicht mit verlagerten Siedlungsfunden der Römischen Kaiserzeit und der Völkerwanderungszeit beobachtet hatte. In den Schnitten 1 bis 3 zeichnete sich in etwa 0,70 m Tiefe im Kalktuffsand ein mit fein- und grobsandigem Material aufsedimentiertes Bachbett ab.

Im Südteil von Schnitt 1 traten in einer Tiefe von 1,10 m Siedlungsbefunde zutage, die in eine grau bis ockerfarben gefleckte Sandschicht und in die Bachsedimente eingetieft waren (Abb. 185). Daraufhin wurde im südöstlichen Eckbereich des Grundstücks eine 45 m² große Fläche angelegt, um das Ausmaß der Befundstreuung zu erkunden. Insgesamt konnten zwölf Pfostengruben mit Durchmessern von 40–60 cm und Tiefen von 32–45 cm freigelegt werden. In drei Fällen waren noch schwache Pfostenstandspuren erkennbar. Mangels Funden sind sechs Pfostengruben zeitlich nicht bestimmbar.

Die Pfostengrube 1 lässt sich durch die ^{14}C-Datierung von Holzkohle dem 13. vorchristlichen Jahrhundert zuweisen. In diese Phase des Übergangs von der Spätbronzezeit (Stufe Bz D) zur frühen Urnenfelderkultur (Stufe Ha A1) gehörten auch die Scherben eines Zylinderhalsgefäßes mit horizontal umlaufenden Rillengruppen, umrieften Buckeln und einem randständigen Henkel aus der Pfostengrube 7. Im Geislinger Talkessel sind zwar zahlreiche Siedlungsplätze der Urnenfelderkultur bekannt, dieser frühe Zeithorizont konnte aber bis jetzt noch nicht nachgewiesen werden.

Die ^{14}C-Datierung einer Holzkohlenprobe aus der Pfostengrube 10 weist diesen Befund in die Völkerwanderungszeit. In die Zeit des 3./4. nachchristlichen Jahrhunderts gehört auch die verlagerte Scherbe eines auf der Drehscheibe hergestellten Gefäßes aus der Pfostengrube 3. Der wulstartig verdickte Rand eines Topfs der Rauwandigen Drehscheibenware datiert den Befund in die Merowingerzeit. Die Grube 6 lässt sich durch einen weiteren Wulstrand eines Topfes dieser Warengruppe ebenfalls dem 7./8. Jahrhundert zuweisen. Denselben Zeitansatz belegt auch die ^{14}C-Datierung von Holzkohle aus der Pfostengrube 11.

Am Südrand der Grabungsfläche zeichnete sich die Nordwestecke des West–Ost orientierten Grubenhauses 14 ab. Im Profil war dieser Befund in seiner ganzen Länge erkennbar. Das Grubenhaus hatte eine Länge von 3,40 m und war noch 0,50 m tief erhalten. Auf der Sohle lag ein großer Weißjurastein, der jedoch keine Bearbeitungsspuren aufwies. In der Verfüllung fanden sich zwei sekundär verlagerte Scherben von Töpfen Rauwandiger Drehscheibenware. Für eine

Datierung des Grubenhauses in die Karolingerzeit sprechen jedoch die ausbiegenden Ränder von Töpfen der Feinsandig-glimmerhaltigen nachgedrehten Ware. Auch die Pfostengrube 5 gehört nach Aussage der ^{14}C-Datierung einer Holzkohlenprobe und dem Fund einer gerieften Wandscherbe eines Topfs der Älteren gelben Drehscheibenware in das 9. Jahrhundert.

Schlussbemerkung

Mit der Untersuchung konnte die nördliche Grenze des Siedlungsareals „Mühlwiesen" mit Befunden der Völkerwanderungszeit sowie der Merowinger- und Karolingerzeit erfasst werden. Die Datierung des Grubenhauses in das 9./10. Jahrhundert lässt vermuten, dass auch die 1977 weiter östlich beobachteten Grubenhäuser in der Karolingerzeit errichtet wurden. Die Siedlungsaktivitäten scheinen in den „Mühlwiesen" mit dem Ende dieses Zeithorizonts abzubrechen.

Für die gute Zusammenarbeit danken wir Simone Fronz und Thomas Kleibner von der Bauverwaltung der Stadt Geislingen a. d. Steige, Waldemar Weis von Exklusiv Wohnbau Süd GmbH, Martin Keller Erdarbeiten GmbH sowie der ehrenamtlichen Mitarbeiterin Evi Kletti.

Reinhard Rademacher, Manuel Birker

LITERATURHINWEISE

A. Kley/R. Schreg, Vor- und Frühgeschichte von Geislingen und Umgebung. Scherben schreiben Geschichte (Geislingen a. d. Steige 1992); R. Schreg, Die alamannische Besiedlung des Geislinger Talkessels (Markung Altenstadt und Geislingen, Stadt Geislingen a. d. Steige, Lkr. Göppingen). Fundber. Baden-Württemberg 23, 1999, 385–617.

RÖMERSTEIN-ZAININGEN, KREIS REUTLINGEN

Einblicke in die (früh-)mittelalterliche Siedlungsstruktur Zainingens

Zainingen liegt im Bereich eines Tuffschlotes des Albvulkanismus und besitzt somit aufgrund natürlicher hydrologischer Gegebenheiten eine für das Karstgebiet der Alb vergleichsweise siedlungsgünstige Lage. Dieser Vorteil wahr wohl bereits in keltischer und römischer Zeit ausschlaggebend für Siedlungsprozesse, wie hallstattzeitliche Funde und eine römische Villa nordwestlich des heutigen Ortes nahelegen. Neben dem Ortsnamen spricht der Einzelfund eines Saxes für eine Gründung Zainingens im Laufe der Merowingerzeit. Urkundlich wird das Dorf in kopialer Überlieferung des 12. Jahrhunderts im Lorscher Codex von 788 als Mittelpunkt der *Zeininger marca* erstmals genannt. Zur karolingerzeitlichen Siedlung dürfte eine bis in das 8. Jahrhundert zurückreichende Kirche gehört haben, auf die u. a. das Martinspatrozinium der heutigen Pfarrkirche verweisen kann. Für das 13. Jahrhundert ist die Anwesenheit eines Ortsadels überliefert, ohne dass sich dessen Ansitz bislang archäologisch oder topographisch fassen ließe.

Bereits 2016 waren bei einer Baumaßnahme an der Mühlensteige im Bereich der ehemaligen Flur „Grundwiesen", rund 160 m nördlich des durch die Uraufnahme überlieferten historischen Dorfkerns, zahlreiche Pfostenspuren, drei Grubenhäuser sowie ein birnenförmiger Ofen dokumentiert worden (Abb. 186). Die Mühlensteige gehört im Ortsgebiet von Zainingen zu einem Nord-Süd verlaufenden Altstraßensystem, das den Raum Esslingen – Nürtingen – Kirchheim u. T. mit dem Donauraum um Riedlingen und Ehingen verband. Dieses Straßensystem traf im Ortskern von Zainingen auf eine West-Ost-Route, die aus dem Raum Tübingen über den Albanstieg nach Urach und weiter in den Raum Ehingen – Erbach – Ulm zur Donau führte. Bereits die 2016 erfassten Befunde ließen intensive mittelalterliche Siedlungsaktivitäten nördlich des durch die Uraufnahme des frühen 19. Jahrhunderts überlieferten Ortskerns vermuten. Diese könnten mit einer in der Urkarte östlich der Mühlensteige verzeichneten, etwa 8 m × 5 m großen Quellmulde in Zusammenhang zu sehen sein, die über einen schmalen Zulauf die östliche der ehemals vier großen Hülen auf der Talsohle mit Wasser speiste.

Aufgrund der Befundsituation von 2016 wurde im Frühsommer 2021 ein 50 m nördlich gelegenes, bislang unbebautes Grundstück an der Mühlensteige, auf dem ein Einfamilienhaus entstehen sollte, bauvorgreifend archäologisch untersucht. Im Bereich der ca. 12 m × 10 m großen Baufläche und der neu geplanten Leitungsgräben konnte hier wiederum eine Anzahl mittelalterlicher Siedlungsbefunde dokumentiert werden (Abb. 186; 187). In der Fläche zeigte sich eine vergleichsweise dichte Befundsituation, zu der zwei Grubenhäuser gehörten, von denen jedoch nur das östliche vollständig erfasst wurde. Auch eine Vielzahl an Pfostengruben deutet eine vergleichsweise intensive Nutzung des Areals nördlich des heutigen Dorfkerns an, wobei die Quantität der Befunde auf dem nun erfassten Areal gegenüber dem 2016 untersuchten Grundstück, sofern sich dies aus den kleinen Untersuchungsflächen ableiten lässt, abnimmt. Da sich durch die Lage der historisch überlieferten Hülen im Dorfkern und der Martinskirche am Südrand der Siedlung anneh-

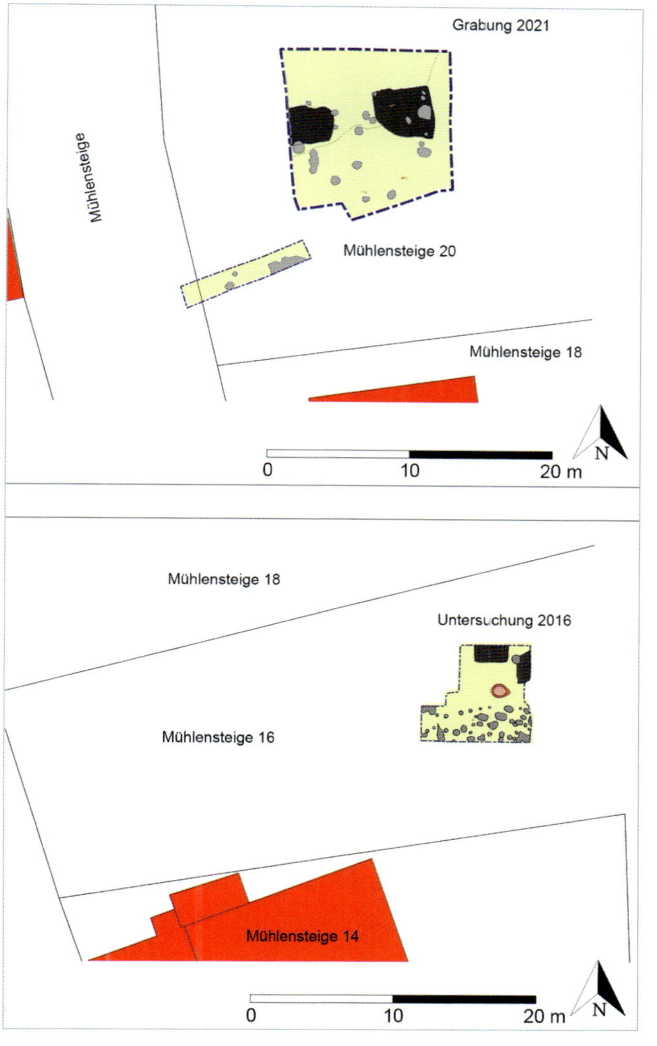

186 △ *Römerstein-Zainingen. Übersichtsplan zu den Untersuchungsflächen von 2016, Mühlensteige 16 (unten), und 2021, Mühlensteige 20.*

187 △ *Römerstein-Zainingen. Die Grabungsfläche mit frühmittelalterlichen Grubenhäusern im Planum. Blick von Nordosten, Herbst 2021.*

men lässt, dass die frühmittelalterliche Siedlung auch im Bereich des heutigen Dorfkerns lag, dürfte das Siedlungsareal in der Frühzeit zumindest nach Norden eine deutlich größere Ausdehnung besessen haben als während des Spätmittelalters und der frühen Neuzeit. Hier könnte sich die Mittelpunktfunktion des frühen Dorfs widerspiegeln, die in der karolingischen Ersterwähnung aufscheint und während des Hochmittelalters verloren ging, wenngleich das Fundmaterial der aktuellen Grabung eine Nutzung des Geländes von der späten Merowingerzeit bis zum Ausgang des Hochmittelalters nahelegt. Bei zukünftigen Baumaßnahmen im nördlichen Ortsgebiet von Zainingen wird dieser neuen Erkenntnis Rechnung getragen werden müssen.

Mathias Hensch

LUDWIGSBURG-NECKARWEIHINGEN, KREIS LUDWIGSBURG

Einblicke in das früh- und hochmittelalterliche Neckarweihingen zwischen Gräberfeld und spätmittelalterlichem Dorf

Für das Dorf Neckarweihingen, das als *Wihingen* erstmals im Jahr 1291 in einer Urkunde als Schenkung an das Kloster Bebenhausen erwähnt wird, öffnete sich im Frühjahr 2021 ein kleines archäologisches Fenster zu seinen mittelalterlichen Wurzeln. Anlass war die geplante tiefgründige Neubebauung des am nordwestlichen Rand des Ortskerns gelegenen Grundstücks Fährgasse 14. Die Stelle liegt, wie der Straßenname schon andeutet, am Weg zum ehemaligen Neckarübergang und am nach Südwesten zum Ufer abfallenden Hang.

Da das Areal Teil des Kulturdenkmals des Ortskerns von Neckarweihingen ist und schon in den 1990er Jahren in der Baugrube eines benachbarten Hauses früh- und hochmittelalterliche Funde und Befunde beobachtet worden waren, wurde zunächst eine Sondage als Sachverhaltsermittlung und sodann – nachdem wie erwartet Befunde aufgetreten waren – eine Rettungsgrabung notwendig, die beide von der Firma AAB-Archäologie, Berlin, durchgeführt wurden.

Aufgrund der älteren straßenseitigen Bebauung, die das Gelände flächig abgegraben hatte, blieben nur ca. 450 m² als Untersuchungsfläche, in der sich aber eine hohe Dichte an Befunden unter den 0,9 m starken Deckschichten zeigte.

Eisenzeitliche Besiedlung

Die ältesten Befunde gehörten allerdings nicht ins Mittelalter, sondern in die frühe bis mittlere Eisenzeit. Sie ließen sich nicht nur anhand der enthaltenen recht zahlreichen Keramik, sondern teilweise auch durch die gräulich braune Farbe ihrer Verfüllung von den späteren Siedlungsbefunden unterscheiden. Eindeutig waren unter der Fülle der Befunde nur zwei größere Gruben hier zuzuordnen, eine große Materialentnahmegrube und eine noch 1 m tief erhaltene kegelstumpfförmige Vorratsgrube. Allerdings erscheint es wahrscheinlich, dass auch noch einige der Pfostengruben ohne datierendes Material in diese Siedlungsphase gehören.

Mittelalterliche Siedlungsphase

Die überwiegende Mehrzahl der aufgedeckten Befunde gehörte zu einer dicht bebauten früh- und hochmittelalterlichen Siedlung (Abb. 188). Das Befundspektrum umfasste erwartungsgemäß – neben einem Grubenhaus – mehrheitlich einfache Pfostengruben sowie multifunktionale Siedlungsgruben, aber auch vereinzelte Speichergruben sowie fünf kleinere Öfen.

Das einzige Grubenhaus lag an der östlichen Grundstücksgrenze und konnte deswegen nur zum Teil untersucht werden. Die Nordwest–Südost ausgerichtete Struktur war noch ca. 0,5 m tief erhalten und hatte eine Länge von 3,80 m. Leider waren weder ein Laufhorizont noch sonstige Spuren von Einbauten oder konstruktive Pfosten erkennbar, sodass die Interpretation als Grubenhaus lediglich auf der Form, der senkrechten Wandung und dem horizontalen Boden beruht.

Innerhalb der zahlreichen Pfostengruben ließ sich nur ein einziger, anhand seiner überdurchschnittlich tiefen Pfostengruben klar erkennbarer Gebäudegrundriss rekonstruieren. Es handelte sich um einen Nordost–Südwest ausgerichteten, aus fünf Pfostenpaaren konstruierten einschiffigen Ständerbau von 7,5 m × 6,5 m Seitenlänge und einer Grundfläche von knapp 49 m^2. Im Inneren des Gebäudes fand sich neben kleineren Pfostengruben von Zwischenwänden oder technischen Einbauten als besonderer Befund eine zentral vor der nordöstlichen Schmalseite gelegene Feuergrube eines ovalen Kuppelofens.

Im Umfeld des Gebäudes lagen darüber hinaus die Feuergruben von vier ähnlichen Kuppelöfen (Abb. 189). Bei allen Befunden handelte es sich um ovale Strukturen von etwa 1,7 m × 1,1 m Größe und Resterhaltungstiefen von etwa 0,4 m. Die Funktion der Öfen ist momentan noch unklar, die geringe Verziegelung der Grubenwände sowie die Formgebung sprechen für eine Funktion als einfache Backöfen.

188 ▽ *Ludwigsburg-Neckarweihingen, Fährstraße 14. Gesamtplan der ergrabenen Befunde.*

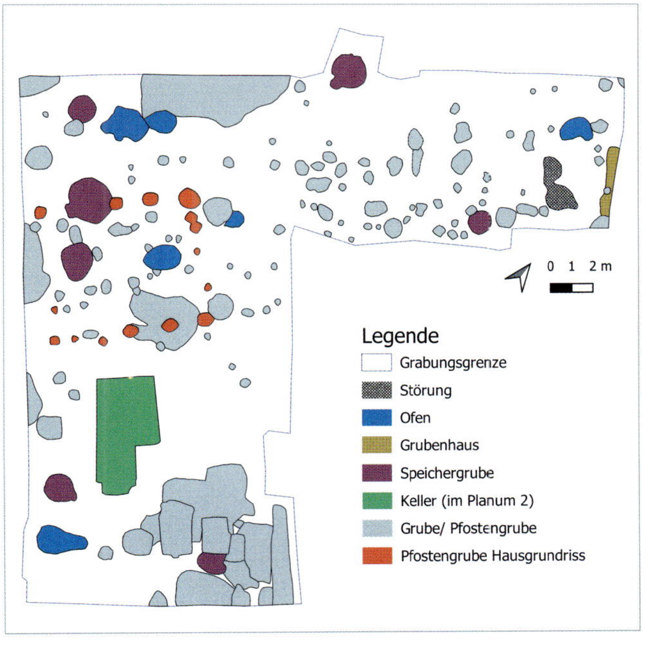

189 ▷ *Ludwigsburg-Neckarweihingen, Fährstraße 14. Profil durch zwei der (Back-)Öfen.*

Offenbar setzte sich die Besiedlung nahtlos ins Spätmittelalter fort: Auf der Grabungsfläche fand sich noch ein Erdkeller, der zwar nicht wesentlich größer, aber deutlich tiefer als das Grubenhaus war. Nach einem eher unregelmäßigen Umriss in Planum 1 zeigte sich dann etwas tiefer ein nahezu quadratischer, 3 m × 3 m messender Grundriss mit einem rechteckigen Annex in der südwestlichen Ecke. Bei diesem könnte es sich um den ursprünglichen Zugangsbereich gehandelt haben. Konstruktive Einbauten konnten mit zwei Pfostengruben und den Resten einer aus Kalkstein aufgebauten Trockenmauer entlang der nördlichen Annexseite erfasst werden. Die gerade verlaufenden Wände des bis zu 1,60 m tief erhaltenen Kellers sprechen jedoch klar für eine wohl hölzerne Auskleidung.

Siedlungsgeschichtliche Einordnung

Auch wenn das Areal recht kleinflächig war, stellt es dennoch den bisher größten archäologischen Aufschluss der Siedlung Neckarweihingen dar. Der frühmittelalterliche Ursprung des Ortes ist durch das in ca. 200–250 m Entfernung gelegene, ursprünglich wohl mehrere Hundert Bestattungen zählende Ortsgräberfeld in seiner typischen Lage oberhalb der Besiedlung am steileren Hang belegt. Möglicherweise gehörte zumindest der Beginn der Besiedlung in der Fährstraße noch zu diesem Ortsgräberfeld, das nach bisherigen Erkenntnissen wohl ins 6. und 7. Jahrhundert zu stellen ist. Abgesehen von den wenigen eisenzeitlichen Befunden setzt die Besiedlung hier am Neckarhang nach einer ersten Durchsicht des leider nur sehr wenige Randscherben umfassenden keramischen Materials wohl erst im 8. oder 9. Jahrhundert ein. Die vorherrschende Warenart ist die ältere gelbe Drehscheibenware, wobei sowohl der älteste Typ Kirchhausen, der darauf folgende Typ Runder Berg und auch der jüngste Typ Jagstfeld mit wenigen Exemplaren vertreten sind. Anhand des Fundmaterials scheint sich die Besiedlung auch nahtlos bis ins 14./15. Jahrhundert fortzusetzen, mit den für diese Zeit typischen Bügelkannen, Flaschen und Töpfen mit Karniesrand der reduzierend gebrannten jüngeren Drehscheibenware. Die Mehrzahl dieser Funde stammt aus der Verfüllung des Kellers, sodass dessen Auflassung ins Spätmittelalter datiert werden kann. Möglicherweise bildeten sich erst zu diesem Zeitpunkt die noch heute vorhandenen Straßenfluchten tatsächlich aus, wodurch die bisherige Siedlung in die Gartenflächen zu liegen kam und dadurch gut konserviert wurde.

Für die gute Zusammenarbeit möchten wir der Seitz Immobilien GmbH sowie der Tiefbaufirma Karl Stein danken.

Stephan Weber, Dorothee Brenner

LITERATURHINWEISE

K. Frank/I. Stork, Neues zum alamannischen Gräberfeld von Ludwigsburg-Neckarweihingen. Arch. Ausgr. Baden-Württemberg 1987, 175–177; Stadt Ludwigsburg. Denkmaltopographie Baden-Württemberg I.8.1 (Esslingen a. N. 2004) 229; 233.

WIERNSHEIM, ENZKREIS

Ein außergewöhnliches Siedlungs- und Handwerksareal der frühalamannischen bis spätmittelalterlichen Zeit in Wiernsheim

Die Gemeinde Wiernsheim liegt ca. 30 km westlich von Stuttgart im sogenannten Heckengäu, einer Altsiedellandschaft im Osten des Enzkreises. Der Ort wird im Jahr 1186 als *Winresheim* in einer Urkunde Kaiser Friedrichs I. erstmals schriftlich erwähnt.

190 ▽ *Wiernsheim, Enzkreis. Luftbild des Ortszentrums mit den beiden Grabungsflächen in der Kronengasse (vorne) und der Hindenburgstraße (hinten).*

191 ▷ *Wiernsheim, Enzkreis. Wannenförmige frühmittelalterliche Schmiedeesse aus verziegeltem Lehm.*

Seine Besiedlungsgeschichte reicht aber wesentlich weiter zurück, wie es die Endung des Ortsnamens auf „-heim" schon andeutete und nun auch neue Untersuchungen im Bereich der Kronengasse 5–7 sowie der Hindenburgstraße 11 belegen. Dort kam es, im Zuge der Errichtung zweier Seniorenwohnanlagen, zwischen Mitte März und Ende Mai 2021 zu umfangreichen archäologischen Ausgrabungen, die durch das Landesamt für Denkmalpflege veranlasst und von der Firma fodilus GmbH, Rottenburg-Wurmlingen, durchgeführt wurden.

Insgesamt konnte dabei ein Areal von rund 1500 m² untersucht und dokumentiert werden, das sich auf zwei voneinander getrennte, etwa gleich große Grabungsflächen verteilte (Abb. 190). Neben zahlreichen Pfostensetzungen und Fundamentgräbchen, die zu Hausgrundrissen, Hütten und sonstigen Überdachungen bzw. Gebäuden gehören, kamen unter anderem zwei Erdkeller mit Steineinbauten, zwei Brunnen sowie verschiedene Gruben unterschiedlichster Größe, Form und Funktion zutage.

Hammerschlag und Grubenmeiler

Vor allem das östlich gelegene Areal in der Kronengasse erbrachte dabei zahlreiche unerwartete und zum Teil spektakuläre Funde und Befunde. So konnten dort mindestens sechs langovale, ca. 0,9 m × 0,6 m messende Wannen aus verziegeltem Lehm dokumentiert werden, bei denen es sich um die Reste ehemaliger Schmiedeessen handelt (Abb. 191). Die Essen fanden sich sowohl einzeln als auch gruppiert um eine 0,65 m tiefe Werkgrube angeordnet, in der ein Schmied stehend das Metall auf Höhe der umgebenden Essen bzw. eines dort zu vermutenden Ambosses bearbeitete.

Die Verarbeitung des Werkstoffs Eisen konnte dabei nicht nur durch die zuvor beschriebenen Befunde, sondern auch durch eine Schmiedekalotte sowie zahlreiche Schmiedeschlacken nachgewiesen werden, die über das gesamte Areal streuen. Ein weiterer sicherer Beleg für die Herstellung und Zurichtung von Eisenobjekten gelang darüber hinaus durch das Ausschlämmen von Hammerschlagresten aus der Verfüllung der Werkgrube (Abb. 192). Bei diesen nur wenige Millimeter großen Metallplättchen handelt es sich um ein Abfallprodukt des Schmiedevorgangs. Aufgrund ihrer geringen Größe sind solche Hammerschlagreste nur sehr selten auffindbar. Ihr Nachweis stellt daher ein herausragendes Indiz für die Durchführung von Schmiedearbeiten unmittelbar vor Ort dar.

Ergänzt wird das zuvor beschriebene Ensemble an technischen Installationen durch mindestens fünf Grubenmeiler, die etwa 60 m entfernt in der Hindenburgstraße ausgegraben und dokumentiert werden konnten. Sie wiesen im Planum eine rechteckige Form mit abgerundeten Ecken auf und dienten zur Herstellung von Holzkohle, die man für die Befeuerung der Essen brauchte. Interessant ist, dass die Grubenmeiler eine einheitliche Länge von 1,60 m und eine normierte Breite von 1,0 m besaßen.

Sowohl die Schmiedeessen als auch die Grubenmeiler datieren anhand der aus ihnen geborgenen gelbtonigen Drehscheibenware in das frühe Mittelalter zwischen dem 8. und 11. Jahrhundert und stellen in diesem Kontext eine Besonderheit dar. Dennoch bilden sie nicht die ältesten Funde und Befunde der Grabungskampagne 2021.

Als die Römer gingen

Wesentlich früher anzusetzen sind Keramikfragmente aus einem eher unscheinbaren Grubenbefund. Aufgrund ihrer Form und Machart stammen sie aus der Zeit zwischen dem ausgehenden 3. und dem beginnenden 5. Jahrhundert und gehören damit dem chronologischen Abschnitt der Spätantike bzw. der frühen Alamannen an. Diese Epoche ist hierzulande durch das Ende der römischen Herrschaft und die Einwanderung germanischer Stämme aus weiter nördlich und östlich gelegenen Regionen wie dem Elb-/Saale-Gebiet geprägt.

Bei den in Wiernsheim geborgenen Funden handelt es sich einerseits um scheibengedrehte Nigra-Ware, die außerordentlich fein gearbeitet ist, andererseits aber auch um handgemachte Keramik, die sowohl Einflüsse und Elemente aus dem römischen wie auch dem germanischen Kulturkreis erkennen lässt (Abb. 193). Das Fundmaterial spiegelt damit einen äußerst bewegten Zeitabschnitt der südwestdeutschen Landesgeschichte wider.

Noch älter als die frühalamannischen Funde sind zwei neolithische Steinbeile, die innerhalb des Siedlungsareals gefunden wurden. Ob es sich bei ihnen um jungsteinzeitliche Siedlungs- und Aufenthaltsanzeiger oder um während späterer Zeit in die mittelalterliche Siedlung eingetragene Archaika bzw. Sammelstücke handelt, kann beim aktuellen Stand der Forschung nicht gesagt werden.

192 ▽ *Wiernsheim, Enzkreis. Detailaufnahme eiserner Hammerschlagreste, die beim Schmiedevorgang als Abfallprodukt entstanden.*

193 △ *Wiernsheim, Enzkreis. Ausgewählte Fragmente von Drehscheibenware und handgemachter Keramik der spätantiken bis frühalamannischen Zeit.*

Einen Meilenstein in der Erforschung der Ortsgeschichte bildet der Nachweis spätantiker bzw. frühalamannischer Keramikfunde des 3. bis 5. Jahrhunderts, die bis dato nicht nur die ältesten nachrömischen Siedlungsbelege in Wiernsheim, sondern im gesamten Enzkreis sind. Ob mit ihnen der Beginn und die Gründung des heutigen Ortes Wiernsheim erfasst wurde, müssen zukünftige Untersuchungen zeigen. In jedem Fall stellt das neu entdeckte Schmiedeareal in der Kronengasse einen herausragenden Beleg frühmittelalterlicher Handwerkstätigkeit dar, die eventuell eine Tradition bis in moderne Zeit vor Ort erkennen lässt.

Die frühmittelalterlichen Schmiedeessen und Grubenmeiler liegen nur etwa 60–130 m östlich der mittelalterlichen Mauritiuskirche, einem im Kern romanischen Kirchenbau. Dennoch befand sich das genannte Handwerksareal bis in die Neuzeit in einer unbebauten, randlichen Ortslage. Diese war für feuergefährliche Arbeitstätigkeiten bestens geeignet, was sich auch in zwei unweit von dort gelegenen historischen Schmieden widerspiegelt.

Gesamtbetrachtung

Zusammenfassend betrachtet umspannt das 2021 in Wiernsheim geborgene keramische Fundmaterial einen zeitlichen Rahmen vom 3. bis zum 16. Jahrhundert, wobei durchaus mit Unterbrechungen in der Nutzung des Siedlungs- und Handwerksareals zu rechnen ist. Die jüngsten Funde, die vor allem aus Erdkellern mit Steineinbauten stammen, dürften dabei bereits an die noch erhaltene Bebauung im unmittelbaren Umfeld der Grabungsflächen anschließen, die bis in die zweite Hälfte des 16. Jahrunderts zurückreicht.

Für wichtige Hinweise zur Eisenbearbeitung und zu den genannten Schmiedeessen danken wir Herrn Dr. G. Gassmann, LAD. Ebenso danken wir Herrn F. Schmierer, Wiernsheim, für Informationen zur Lage neuzeitlicher Schmiedewerkstätten in Wiernsheim. Des Weiteren danken wir Herrn K. Dieterich und Herrn M. Tröbs von der Paulus Wohnbau GmbH, Pleidelsheim, ganz herzlich für die gute und kollegiale Zusammenarbeit. Gleiches gilt für Herrn K. Kegel, Architekturbüro A. Raible, Kornwestheim, sowie Herrn K. Mannhardt, Gottlob Stäbler GmbH & Co. KG, Weil der Stadt.

Gerd Stegmaier, Folke Damminger, Elisa Desaymonet

LITERATURHINWEISE

S. Jäger, Germanische Siedlungsspuren des 3. bis 5. Jahrhunderts zwischen Rhein, Neckar und Enz. Forsch. u. Ber. Arch. Baden-Württemberg 14 (Wiesbaden 2019); F. Damminger, Südwestdeutschland und das mittlere Enzgebiet zwischen Antike und frühem Mittelalter. In: Stadtarchiv Mühlacker (Hrsg.), Bettelarm und abgebrannt. Von der Burg Löffelstelz und dem Mittelalter in Dürrmenz. Beitr. Gesch. Stadt Mühlacker 7 (Heidelberg, Ubstadt-Weiher, Weil am Rhein, Basel 2010) 11–44; ders., Als die Germanen frech geworden. In: Kelten – Dinkel – Eisenerz. Arch. Inf. 73 (Esslingen 2015) 101–109; ders., Vom Ende der Römerzeit bis zum hohen Mittelalter. In: Enzkreis. Denkmaltopographie Bundesrepublik Deutschland. Kulturdenkmale in Baden-Württemberg (in Vorbereitung).

WEISSACH-FLACHT, KREIS BÖBLINGEN

Textilhandwerk und Töpferofen – Früh- bis hochmittelalterliche Siedlungsreste aus Flacht

Der südlich von Weissach liegende Teilort Flacht findet seine erste Erwähnung in den Schriftquellen zwar erst Ende des 13. Jahrhunderts, aber durch eine sehr engmaschige Beobachtung der Flachter Baustellen, u. a. durch den Heimatforscher Willy Schray, sind zahlreiche vorgeschichtliche, römische und frühmittelalterliche Fundstellen im Ortskern bekannt. So wurden 1972 in unmittelbarer Nachbarschaft zur 2020 geplanten Neubebauung des Grundstücks Friedhofstraße 17 schon bei der Tieferlegung des Kellers Funde gemacht, die mindestens bis in die Merowingerzeit zurückgingen und weiter bis ins 11./12. Jahrhundert zu datieren waren. Somit war das neu überplante Gelände Teil eines Kulturdenkmals, und da sich auf dem großen Grundstück von Friedhofstraße 17 nur ein relativ kleines teilunterkellertes Haus befand, das nun durch ein wesentlich größeres Mehrfamilienhaus mit Tiefgarage ersetzt werden sollte, waren hier zunächst Sondagen und danach Grabungen notwendig. Beides wurde von der Firma fodilus GmbH ab Sommer 2020 mit Unterbrechungen bis ins Frühjahr 2021 durchgeführt. Auch wenn das Gelände relativ kleinflächig war und teilweise durch den Keller und das abgebrochene Haus gestört war, konnte doch eine erhebliche Anzahl von Befunden, die teilweise erst 1,50 m unter der Geländeoberfläche zutage kamen, dokumentiert werden. Erschwert wurde die Grabungstätigkeit auch durch die sehr kleinteilige komplexe Stratigraphie von sich mehrfach überschneidenden Befunden.

Ein Töpferofen der rauwandigen Drehscheibenware

Einen der ältesten Befunde stellt mit Sicherheit ein sehr gut erhaltener merowingerzeitlicher Töpferofen dar (Abb. 194). Hier war die Lochtenne mit der darüberliegenden Brennkammer samt Befüllung noch vorhanden; nur die Ofenkuppel war eingestürzt. Unterhalb der Tenne befand sich der durch eine Mittelzunge geteilte Feuerungsraum. Ein Bedienraum war leider nicht mehr nachweisbar. Dabei ist die Aufdeckung eines solchen Ofens als großer Glücksfall zu bezeich-

194 ▷ *Weissach-Flacht, Friedhofstraße 17. Lochtenne (links) und Feuerungsräume mit abgebauter Lochtenne (rechts) des Töpferofens der rauwandigen Drehscheibenware.*

nen, denn in Süddeutschland mangelt es bislang an Produktionsstätten zu der aus den Gräbern und zunehmend auch aus Siedlungen der Merowingerzeit gut bekannten Keramik. Zurzeit kennt man nur ein halbes Dutzend Töpfereien des 6./7. Jahrhunderts, wobei bei zweien der Nachweis nur über Fehlbrände gelungen ist.

In Flacht handelt es sich wie an den anderen Orten mit nachgewiesenen Brennöfen um stehende Öfen, bei denen die Töpferware auf einer durchlochten Lehmplatte, der Lochtenne, gestapelt war, während die Hitze aus der direkt darunter liegenden Brennkammer kam. Das Prinzip ist von römischen Töpferöfen bekannt, wobei die frühmittelalterlichen sehr viel kleinere Abmessungen besaßen als ihre antiken Vorläufer. Die in diesen Öfen produzierte Keramik stand ebenso in spätantiker Tradition. Auch die in Flacht hergestellte Rauwandige Drehscheibenware stammt unmittelbar von der spätrömischen Haushaltskeramik ab.

Da sich im Brennraum in Flacht noch große Mengen an deutlich zu hoher Hitze ausgesetzten Töpfen befanden, ist davon auszugehen, dass es sich hier um Brenngut des Ofens gehandelt hat. Es war im Ofen verblieben, da dieser wahrscheinlich auch zu stark beschädigt war, um weitergenutzt zu werden. Bei den Flachter Erzeugnissen handelt es sich ganz überwiegend um unverzierte Töpfe (sog. Wölbwandtöpfe) verschiedener Größe, die zum Kochen und zur Bevorratung dienten. Die vorliegenden Randformen zeichnen sich durch eine große Variationsbreite aus. Einfache Wulst- oder ausbiegende Ränder kommen ebenso vor wie unterschnittene, im Profil dreieckige Leistenränder und Spätformen der spätantiken Deckelfalzränder. Daneben können anhand der charakteristischen Henkel auch mehrere Flüssigkeitsbehälter (Krüge) identifiziert werden. Auch wenn zugehörige Randstücke im Fundgut fehlen, müssen sie kräftig ausgebildete Ausgussschnauzen besessen haben. Es fällt auf, dass die Töpfe aus sehr grob mit Quarz und Glimmer gemagertem Ton gefertigt sind und größtenteils sehr dicke Wandungen und enorm starke Böden besitzen. Die Keramik datiert den letzten Brand des Ofens ins fortgeschrittene 7. Jahrhundert.

Pfostenbauten und Grubenhäuser

Neben dem Töpferofen zeigten sich die normalen Strukturen einer Siedlung, die größtenteils aus Pfostenlöchern und Grubenhäusern bestehen (Abb. 195). Eine größere Anzahl der Pfosten wies dabei deutlich erkennbare Pfostenstandspuren auf; auch Keilsteine bzw. Steine an der Basis der Grube waren öfters zu finden. Deutlich lässt sich die westnordwest-ostsüdöstliche Ausrichtung der Pfosten als dieselbe wie die der Grubenhäuser erkennen, während eine Rekonstruktion von Hausgrundrissen schwierig ist und einer Auswertung vorbehalten bleiben muss. Insgesamt wurden zehn Grubenhäuser dokumentiert, die sich deutlich auf den südlichen Bereich der Ausgrabung Richtung Friedhofstraße konzentrieren. Nur sechs von diesen Grubenhäusern liegen separat, die anderen vier finden sich dicht gedrängt nahe beim Töpferofen an der südlichen Grabungsgrenze. Diese waren aufgrund ihrer sehr ähnlichen Verfüllungen und Tiefen grabungstechnisch nur schwer voneinander zu trennen, was nur nach der Anlage zahlreicher Profile gelang. In der nordwestlichen Ecke der Grabungsfläche fand sich dann noch eine Ecke eines Schwellgräbchenbaus.

Fundmaterial und Datierung

Die mengenmäßig größte Fundkategorie ist wie üblich die Keramik, wobei hier die vorherrschende Warenart die rauwandige Drehscheibenware darstellt, die sich ja auch im Töpferofen fand. Daneben besteht bis auf wenige römische und vorgeschichtliche Scherben sowie einige handgemachte frühmittelalterliche Stücke das keramische Material fast ausschließlich aus älterer gelber Drehscheibenware, vorwiegend des frühen Typs Kirchhausen. Auffällig ist das recht geringe Vorkommen des Typs Runder Berg. Erst der späte Typ Jagstfeld ist dann wieder stärker vertreten. Die Pfostengruben und somit die zugehörigen Häuser lassen sich zum

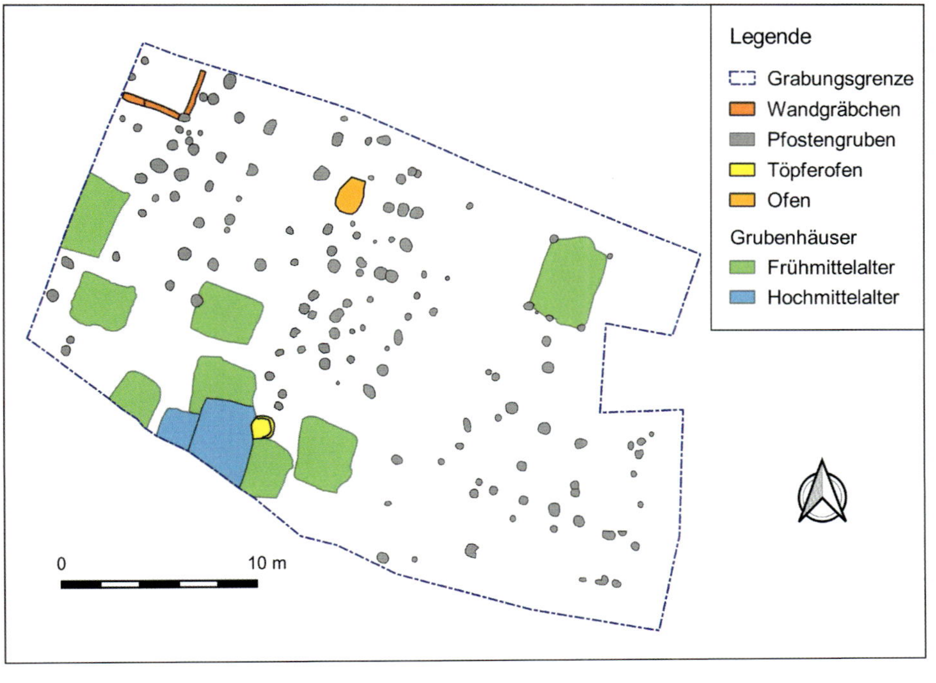

195 ◁ *Weissach-Flacht, Friedhofstraße 17. Gesamtplan der archäologisch untersuchten Fläche mit farblich markierten Befundstrukturen.*

196 △ *Weissach-Flacht, Friedhofstraße 17. Spinnwirtel aus Bein mit Kreisaugenverzierung und Spinnwirtel mit umlaufenden Linien, möglicherweise aus Elfenbein.*

jetzigen Zeitpunkt kaum datieren; die Grubenhäuser sind aufgrund des hohen Fundanfalls in den Verfüllungen dagegen zeitlich gut einzuordnen. Die meisten gehören ins 8. bzw. 8./9. Jahrhundert; zwei der an der südlichen Grabungsgrenze liegenden Grubenhäuser datieren dagegen deutlich ins Hochmittelalter. Eins der Grubenhäuser scheint älter zu sein und ist wahrscheinlich ins 7. Jahrhundert zu stellen. Aus diesem stammen auch einige tönerne Webgewichte sowie frühmittelalterliche Glasperlen und eine eiserne Pfeilspitze, die durchaus in diesen Zeithorizont passen.

Auch zwei Spinnwirtel, die in einer nicht eindeutig datierbaren Kulturschicht zutage kamen, fallen aus dem normalen Fundspektrum heraus (Abb. 196). Einer davon ist ein scheibenförmiger Wirtel aus Bein mit einem Durchmesser von 3,7 cm und einer Höhe von nur ca. 1,2 cm, dessen flache Oberseite eine Verzierung aus Kreisaugen und Ritzlinien aufweist. Der zweite Spinnwirtel besitzt einen zylindrischen, leicht konischen Körper mit 2,5 cm Durchmesser und 2,7 cm Höhe und ist mit umlaufenden eingetieften Linien verziert. Bei dem Material könnte es sich möglicherweise um Elfenbein handeln.

Siedlungsgeschichtliche Ergebnisse

Mit diesen Grabungsergebnissen liegt nun – nachdem 2018 bei einer größeren Grabung im Ortskern keine frühmittelalterlichen Befunde aufgetreten waren – ein Ausschnitt der frühmittelalterlichen Besiedlung des Ortes Flacht vor. Ihre Laufzeit scheint sich mit einem Schwerpunkt im 8. Jahrhundert vom 7. bis zunächst ins 9. Jahrhundert zu erstrecken, wobei auch im 11./12. Jahrhundert zumindest mit zwei sich überschneidenden Grubenhäusern eine etwas jüngere hochmittelalterliche Siedlungsphase erfasst ist. Die Siedlung lag also am westlichen Abhang des Ettlesberges im hier schon steilen Hang, bevor das Gelände in Richtung Westen zum Tal des Strudelbachs hin abflacht. Bedingt durch die Hanglage fanden sich die Befunde in einer Tiefe von ca. 1,50 m unter der heutigen Geländeoberkante von Kolluvien und Planierschichten bedeckt. Heute befindet sich die Stelle innerhalb des Ortes, lag aber bis ins 19. Jahrhundert noch südöstlich des Ortskerns von Flacht. Dabei hat sie nur eine sehr geringe Entfernung von 160 m zur Kirche, die nordwestlich auf der anderen Talseite erhöht gelegen ist. Sie könnte die Siedlung zu den aus Flacht bekannten merowingerzeitlichen Gräbern sein, deren Existenz aber ausschließlich Altfunde bezeugen, deren genauere Anzahl und Datierung unbekannt ist. Die nächste Fundstelle von Gräbern liegt nur ca. 90 m weiter oberhalb am Hang des Ettlesberges, während die zweite Fundstelle ca. 170 m weiter nördlich im Talgrund gelegen ist. Eine Zugehörigkeit zu der nahe gelegenen Fundstelle scheint aufgrund der recht typischen Lage der Gräber am Hang über der Siedlung zumindest wahrscheinlicher zu sein. Wie groß die Niederlassung ursprünglich gewesen ist, kann wohl leider aufgrund der dichten Bebauung nicht mehr eruiert werden. Möglicherweise handelt es sich auch nur um einen Teil einer weiter verstreuten frühmittelalterlichen Besiedlung des oberen Strudelbachtals. Auch ob es sich bei dem Töpferofen der Rauwandigen Drehscheibenware um einen Solitär gehandelt hat oder ob die Töpfertätigkeit nach dessen Aufgabe noch fortgeführt wurde, bleibt unbekannt. Auf jeden Fall erweitert der Ofenfund das Wissen um die frühmittelalterliche Töpferei, das bislang auf nur wenigen nachweisbaren Töpferofenstandorten beruhte.

Abschließend sei der Gemeinde Weissach für die technische Unterstützung der archäologischen Ausgrabungen ganz herzlich gedankt. Ebenso danken wir Herrn J. Ballreich, G & B Architekten, Sindelfingen, sowie Herrn E. Münz, IW Plan – Immobiliengesellschaft mbH & Co. KG, Ludwigsburg, ganz herzlich für die gute und kollegiale Zusammenarbeit.

Matthias Aust, Katharina Conrad, Radoslaw Gresiak, Dorothee Brenner, Uwe Gross

LITERATURHINWEISE

M. Aust/D. Brenner/A.-K. Schmidt, Nah am Wasser gebaut – zur mittelalterlichen Besiedlung von Flacht. Arch. Ausgr. Baden-Württemberg 2018, 247–251; W. Schray, Ortsgeschichte Flacht (Ulm 1980); W. Veeck, Die Alamannen in Württemberg. Germanische Denkmäler der Völkerwanderungszeit 1 (Berlin 1931); A. Heege, Töpferöfen – Pottery kilns – Fours de potiers. Die Erforschung frühmittelalterlicher bis neuzeitlicher Töpferöfen (6.–20. Jh.) in Belgien, den Niederlanden, Deutschland, Österreich und der Schweiz. Basler Hefte Arch. 4 (Basel 2007) 11–43.

MITTELALTER UND NEUZEIT

197 △ *Sulzfeld, Rentamt. Spätmittelalterliches Messer mit goldverziertem Griff (zum Beitrag S. 353 ff.).*

Mittelalterliche Gehöfte am Schloss in Bohlingen

Südlich des Galgenbergs in Bohlingen ließ der Konstanzer Bischof Franz Johann Praßberg, Vogt von Altensummerau, über der Talaue der Radolfzeller Aach 1686 ein stattliches Barockschloss erbauen. Es diente nach der Zerstörung einer weiter westlich liegenden älteren Burganlage als Amtshaus und gelegentlich als Jagdschloss. Nach verschiedenen Nutzungen soll das derzeit leer stehende Anwesen saniert und künftig wieder zu Wohnzwecken genutzt werden. Im südlichen Hofbereich sowie in den anschließenden Parzellen wurden zudem neue Wohngebäude errichtet. Die Kreisarchäologie des Landratsamtes Konstanz überwachte die hierfür notwendigen Erdarbeiten und konnte trotz zahlreicher neuzeitlicher Eingriffe in den verschiedenen Baugruben mittelalterliche Siedlungsbefunde feststellen. Sie wurden in mehreren kleineren Rettungsgrabungen im November und Dezember 2020 sowie im Mai und Juni 2021 von der Kreisarchäolologie untersucht (Abb. 198). Insgesamt konnten dabei 72 Befunde auf einer 630 m² großen Gesamtfläche dokumentiert werden.

Zwischen einigen neuzeitlichen Fundamenten und vielen rezenten Eingriffen hatten sich die Reste von vier Grubenhäusern erhalten (Abb. 199, Nr. 1–4). Sie weisen Längen bis 3,4 m und Breiten bis 2,4 m auf und zeigen leicht uneinheitliche Orientierungen um West–Ost und Südwest–Nordost. Während Grubenhaus 4 nur noch wenige Zenti-

198 ▷ *Bohlingen, Schlossstraße. Übersichtsbild von Südost über einen Teilbereich der nördlichen Ausgrabungsfläche im Jahr 2021. Im Hintergrund ist das barocke Schlossgebäude zu erkennen.*

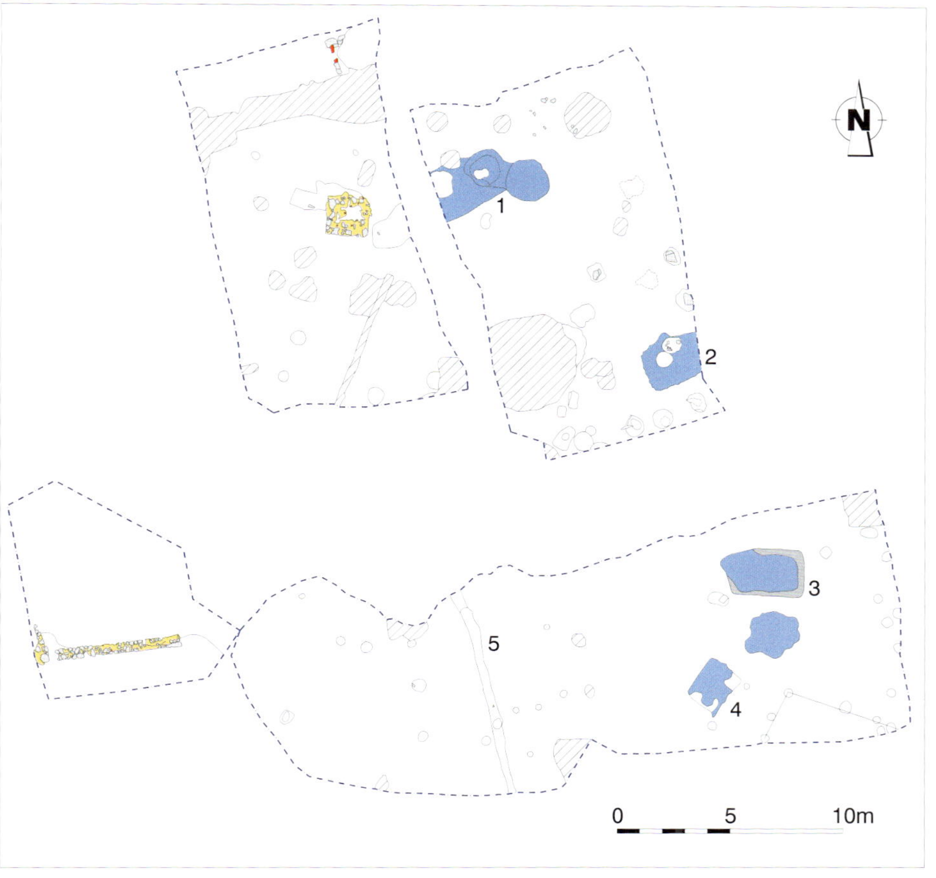

199 ◁ *Bohlingen, Schlossstraße. Vorläufiger Gesamtplan der Ausgrabungen 2020/2021. Blau: Grubenhäuser 1–4 und Auswahl an Gruben; 5 Gräbchen; gelb: neuzeitliche gemauerte Fundamente; schraffiert: Störungen.*

meter tief erhalten war, ließ sich bei Grubenhaus 3 noch eine Tiefe von 68 cm feststellen. Eine umlaufende randliche Verfärbung setzte sich im Befundprofil auch in der Verfüllung von Grubenhaus 3 fort. Offensichtlich wurde der Erdbau nicht in einem Zug, sondern in mehreren Phasen verfüllt. Wie auch bei den anderen Grubenhäusern waren keine Pfosteneinbauten an den Schmalseiten oder in den Ecken der wannenförmigen Eintiefungen feststellbar.

Teilweise kamen in den Grubenhausverfüllungen zahlreiche Tierknochen zutage, die auf eine Verarbeitung von Bein hindeuten. Eine flache Rinne in der nördlichen Sohlhälfte von Grubenhaus 1 steht möglicherweise in Zusammenhang mit einem Gewichtswebstuhl, sodass wir Textilverarbeitung in dieser Werkhütte vermuten dürfen. Die Grubenhäuser lieferten insgesamt wenig datierendes Material. Die Verfüllung von Grubenhaus 3 lässt sich aufgrund von Keramikfragmenten der nachgedrehten Ware, teils mit Wellenband oder Rollrädchenzier, in Vergesellschaftung mit grauer Drehscheibenware in das frühe 13. Jahrhundert datieren. Weitere Scherben aus anderen Befunden gehören noch in das 12. Jahrhundert. Hinzu kommen zahlreiche Pfostengruben, die sich allerdings bis auf einen angeschnittenen Nordwest–Südost orientierten Grundriss in der Südostecke der Untersuchungsfläche noch nicht zu Hausgrundrissen zusammenfügen lassen. Zu nennen wären noch wenige Abfallgruben sowie ein Nordnordwest–Südsüdost verlaufendes flaches Gräbchen (Abb. 199, Nr. 5), das möglicherweise als Zaungräbchen diente und eine Siedlungseinheit abgrenzte.

Fassen wir das fragmentarische Befundbild zusammen, so zeigt sich, dass bei den Notbergungen 2020 und 2021 vermutlich zwei bis drei Gehöfte mit Pfostenbauten und zugehörigen Grubenhäusern erfasst wurden. Sie belegen, dass in Bohlingen bereits im 12./13. Jahrhundert östlich der im 17. Jahrhundert weitgehend abgegangenen Befestigung eine Siedlung mit gegliederter Binnenstruktur bestand.

Abschließend sei noch darauf hingewiesen, dass einige der Befunde in verschiedene kolluviale Erdschichten, also umgelagerte Hangsedimente, eingetieft waren. Beim Schnitt durch das tiefe Grubenhaus 3 zeigte sich, dass diese Kolluvien eine ca. 20–40 cm mächtige dunkle Schicht abdecken, in der kleinste Holzkohleteilchen sowie ein Silexabschlag eingelagert waren. Sie könnte einen älteren, vermutlich jungsteinzeitlichen Horizont markieren. Ein 1935 im Gewann „Lummold" am Südhang des Galgenbergs gefundenes Steinbeil darf als weiterer Hinweis auf neolithische Aktivitäten im näheren Umfeld gewertet werden.

Unser Dank gilt den verschiedenen Bauherrschaften sowie der Tiefbaufirma Zeiher für die konstruktive Zusammenarbeit. Großer Dank gebührt wieder einmal dem ehrenamtlichen Beauftragten der Denkmalpflege Dr. Hermann Schmid, der tatkräftig die Rettungsgrabungen unterstützte.

Jürgen Hald, Bertram Jenisch

LITERATURHINWEISE

A. Müller/F. Götz, Bohlinger Herrschafts-, Rechts- und Besitzverhältnisse vom Mittelalter bis ins 19. Jahrhundert. In: H. Berner (Hrsg.), Beiträge zur Geschichte von Bohlingen. Hegau-Bibliothek 25 (Singen 1973) 123–177; Landesarchivdirektion Baden-Württemberg/Landkreis Konstanz (Hrsg.), Der Landkreis Konstanz. Amtliche Kreisbeschreibung IV (Sigmaringen 1984) 163–175; J. Hald, Aus Bohlingens Frühzeit. Neue archäologische Ausgrabungen im Baugebiet „Hinter Hof". Singen Jahrbuch 52, 2018, 28–30; J. Hald/J. Kitzberger, Frühbronzezeitliche Grabfunde in Bohlingen – weitere archäologische Untersuchungen im Baugebiet „Hinter Hof". Arch. Ausgr. Baden-Württemberg 2017, 90–93 mit weiterer Lit.

■ ÖHNINGEN-WANGEN, KREIS KONSTANZ

Beheizte Stuben im Dorf – Mittelalterliche Siedlungsfunde in Wangen am Bodensee

Das zur Gemeinde Öhningen gehörende Dorf Wangen liegt am Südrand der Höri unmittelbar am Ufer des aus dem Bodensee fließenden Rheins. Die erste urkundliche Erwähnung von Wangen erfolgte 1155, ohne dass wir Näheres zu dem Ort erfahren. Die Nennung eines *plebanus* lässt auf den Bestand einer Kirche schließen, die dann 1275 urkundlich belegt ist. Erst später ist der Hl. Pankratius als Kirchenpatron genannt. Seit 1112 sind Dienstmannen nachweisbar, die sich nach Wangen benennen. Zur Verwaltung des Reichenauer Besitzes erbauten diese um 1200 das zwischen Wangen und Hemmenhofen gelegene Schloss Marbach. Ab dem 17. Jahrhundert entwickelte sich der Ort zu einer christlich-jüdischen Landgemeinde. Bis zum Übergang an Baden 1803 gehörte Wangen zum Ritterkanton Hegau und war im Besitz der Familie von Ulm.

Am Hang oberhalb des alten Ortskerns war an der Straße „Zum Schienerberg" (Gewann „Untere Bünt") ein großer plateauartiger Geländeabschnitt am tief eingeschnittenen Tobelbach bislang von Bebauung frei geblieben. 2021 wurden für ein großes Bauvorhaben mit zentraler Tiefgarage und vier Mehrfamilienhäusern erhebliche Teile der knapp 0,5 ha großen, bisher als Weide genutzten Fläche abgetragen. Zuvor angelegte Probeschürfe der Kreisarchäologie des Landratsamtes Konstanz zeigten mittelalterliche Siedlungsbefunde, die eine Rettungsgrabung notwendig machten. Mit den von Mitte Mai bis Anfang Juli 2021 durchgeführten Ausgrabungsarbeiten war die Fachfirma ArchaeoTask GmbH unter der örtlichen Leitung von Andrej Girod vom Investor betraut. Die Maßnahme wurde von der Kreisarchäologie und dem Landesamt für Denkmalpflege fachlich begleitet.

Hochmittelalterliche Siedlungsbefunde

Auf der etwa 3000 m² großen Grabungsfläche wurden 162 Pfostengruben, 51 Siedlungsgruben, sechs Grubenhäuser und zwei Erdkeller erfasst (Abb. 200). Im Nordteil der Grabungsfläche befanden sich der Großteil

200 ◁ *Wangen, Zum Schienerberg. Vorläufiger Gesamtplan der 2021 archäologisch untersuchten Fläche.*

201 △ *Wangen, Zum Schienerberg. Profilschnitt durch ein hochmittelalterliches Grubenhaus mit massiven Brandresten in der Grubenverfüllung.*

202 ▽ *Wangen, Zum Schienerberg. Hochmittelalterlicher Erdkeller mit einschaliger Auskleidung der Grubenwände mit Steinwacken. Im Nordosten ist der Zugang als dunkle streifenförmige Verfärbung erkennbar.*

der Siedlungs- und Abfallgruben, beide Erdkeller und fünf der sechs Grubenhäuser. Im zentralen und südlichen Bereich der Grabungsfläche waren hingegen zahlreiche Pfostengruben festzustellen. Beim bisherigen Auswertungsstand lassen sich verschiedene Gebäudestandorte erahnen, die eine einheitliche Ausrichtung um Nord–Süd bzw. rechtwinklig hierzu um West–Ost besessen haben dürften. Hierzu gehören mindestens zwei Sechs-Pfosten-Grundrisse mit 3,3 m × 2,8 m und 3,5 m × 2,5 m Ausdehnung, bei denen es sich möglicherweise um Speicherbauten handelte. Weitere Pfostenreihen könnten auch zu Zaunkonstruktionen oder Ähnlichem gehören. Die Grubenhäuser besaßen alle eine annähernd rechteckige Form mit bis zu 3,9 m Länge und 2,9 m Breite und waren in Westsüdwest-Ostnordost-Richtung angelegt worden. Bei vier Grubenhäusern handelte es sich wohl um Firstpfostenbauten, bei einem um einen Bau mit Eckpfosten. Der Fund eines Spinnwirtels in einer dieser Werkhütten darf als Hinweis auf Textilarbeiten gewertet werden. Weitere handwerkliche Aktivitäten lassen sich ohne detaillierte Auswertung für die anderen Grubenhäuser noch nicht benennen. Massiver Brandschutt in einer der Grubenhütten weist auf ein Brandereignis im näheren Umfeld hin (Abb. 201).

Die Erdkeller

Der westliche der beiden Erdkeller mit 5,6 m × 2,0 m Größe (erhaltene Tiefe ca. 40 cm) besaß wohl einen Zugang von Norden, was durch die L-förmige Kontur gut zu erkennen ist (Abb. 202). Die Grubenwände waren mit einer einschaligen, mauerartigen Steinverblendung an allen Seiten mit Ausnahme des Eingangs ausgekleidet. An beiden Stirnseiten des Erdkellers befand sich je eine

tief gründende Pfostengrube. Möglicherweise trugen diese Pfosten eine Dachkonstruktion, sodass es sich in diesem Fall wohl eher um ein aufwendig gestaltetes Grubenhaus als um eine Teilunterkellerung eines größeren ebenerdigen Hauses handelte.
Der zweite Erdkeller (Tiefe ca. 1 m) wurde durch die Baumaßnahme nur teilweise berührt und nicht vollständig ausgegraben. Seine Länge beträgt 6,4 m einschließlich einer westlichen Ausbuchtung, bei der es sich um den Zugang handeln dürfte. Hier bestand ein flaches Gefälle zur Sohle hinab, während Süd- und Ostseite sehr steile Wandungen besaßen. Zweischalige Mauerreste im Südwesten, wie auch die im Zugangsbereich liegende große Zahl behauener Steine, deuten darauf hin, dass das zugehörige Gebäude zumindest teilweise aus Stein aufgeführt war. Der Fund einer Becherkachel datiert die Erdkellerverfüllung in das Hochmittelalter.

Das Fundgut

Wie bei einer mittelalterlichen Siedlungsgrabung zu erwarten, machten Tierknochen den Großteil der Funde aus. Hierzu gehören auch vier nahezu vollständig erhaltene Rinder- und Hundeskelette. Die übrigen Knochen sind größtenteils Schweinen und Rindern zuzuordnen und als Schlacht- und Speiseabfälle zu betrachten. In den Grubenverfüllungen fanden sich auch immer wieder Bruchstücke von Mühlsteinen aus grobem Randenkalk, die in den meisten Fällen durch Hitzeeinwirkung rötlich verfärbt waren. Sie sind typisch für Siedlungsbefunde des frühen- bis hohen Mittelalters im Hegau. Die Keramikfunde aus den verschiedenen Grubenfüllungen lassen sich zeitlich in das 12. und das beginnende 13. Jahrhundert einordnen. Hierzu gehören auch Fragmente nachgedrehter Ware, von denen einige die für diese Ware typischen Bodenzeichen aufweisen. Erstaunlich ist das Vorkommen mehrerer Becherkacheln von Kachelöfen im Fundgut (Abb. 203). Kachelöfen wurden wohl zuerst in den Häusern der sozialen Oberschicht genutzt und werden daher eher in einem wohlhabenderen Milieu verortet. In Bauernhäusern etablieren sich hingegen durch Kachelöfen beheizte Stuben erst um oder nach 1300 n. Chr. Die in Wangen geborgenen Ofenkacheln datieren nach ihrer Machart in das 12. oder das beginnende 13. Jahrhundert und liegen damit vor diesem Zeithorizont.

203 ▽ *Wangen, Zum Schienerberg. Hochmittelalterliche Keramik und Ofenkacheln des 12./13. Jhs. aus verschiedenen Befunden.*

Resümee

Insgesamt wurden mit der 2021 durchgeführten archäologischen Untersuchung erstmals großflächige Einblicke in Siedlungsbereiche des hochmittelalterlichen Ortes Wangen möglich. Die zahlreichen Befunde zeigen oberhalb des heutigen Ortszentrums während des 12. und beginnenden 13. Jahrhunderts eine gehöftartige Siedlungsstruktur mit einheitlich orientierten, vermutlich auch teilunterkellerten Pfostengebäuden und zugehörigen Grubenhäusern. Die Dichte der Werkhütten im nördlichen Bereich der Grabungsfläche deutet auf verstärkte handwerkliche Aktivitäten in diesem Areal der Siedlung hin. Auch das Anlegen von Erdkellern mit bereits ersten Elementen von Steinausbauten sowie die Funde von Ofenkacheln zeigen, dass die Bewohner dieses Siedlungsteils vermutlich einem gehobeneren sozialen Milieu des Ortes angehört haben dürften.

Abschließend sei Frau Elvira Prettl und der EP Grundstücks GmbH vielmals für die Finanzierung der Ausgrabungsarbeiten gedankt. Weiterhin gebührt großer Dank Herrn Architekt Ingo Bucher-Beholz sowie der Tiefbaufirma Joos für die kooperative und gute Zusammenarbeit. Abschließend danken wir herzlich Dr. Simon Trixl für wertvolle Auskünfte sowie dem Grabungsteam für deren engagierten Einsatz.

Jürgen Hald, Andrej Girod, Bertram Jenisch

LITERATURHINWEISE

Landesarchivdirektion Baden-Württemberg/Landkreis Konstanz (Hrsg.), Der Landkreis Konstanz. Amtliche Kreisbeschreibung III (Sigmaringen 1979) 369–375; H. Berner (Hrsg.), Öhningen 1988. Beiträge zur Geschichte von Öhningen, Schienen und Wangen (Singen 1988); E. Roth Heege, Ofenkeramik und Kachelofen. Typologie, Terminologie und Rekonstruktion. Schweizer Beitr. Kulturgesch. u. Arch. Mittelalter 39 (Bern 2012).

■ KIRCHHEIM UNTER TECK, KREIS ESSLINGEN

Zwischen Zentrum und Peripherie – Siedlungsentwicklung vor den „Toren“ Kirchheims

Aufgrund der großflächigen Neubaupläne mit Tiefgarage für das sogenannte Gerberviertel in Kirchheim/Teck musste das ca. 2000 m^2 große Areal zunächst archäologisch sondiert werden. Da sich die Vermutung großflächiger Befunderhaltung bestätigte, folgte eine Rettungsgrabung. Sowohl die Sondage als auch die von März bis August 2021 ausgeführte Grabung wurden durch die Firma ArchaeoConnect GmbH übernommen.

Das Gerberviertel befindet sich zwischen Schülestraße, Gerberstraße, Schlachthausstraße und Alleenstraße direkt nordwestlich des Schlosses und des ehemals im Verlauf der Alleenstraße gelegenen Festungswalls. Es gehört somit zu der schon im Spätmittelalter entstandenen Ötlinger Vorstadt. Im Westen grenzt es an das bereits 1996/97 ausgegrabene Schlachthausareal mit Siedlungsspuren von der Urnenfelderzeit bis ins 13. Jahrhundert mit einem Schwerpunkt im Früh- und Hochmittelalter und dem Nachweis von Handwerken. Auch weiter nördlich und östlich wurden früh- und hochmittelalterliche Strukturen im Bereich Krautmarkt, Max-Eyth-Straße bis zur Ecke Alleenstraße/Schlachthofstraße nachgewiesen.

Leben an der Lauter im frühen und hohen Mittelalter

Somit hat sich der Verdacht erhärtet, dass die präurbane Siedlung im Osten Kirch-

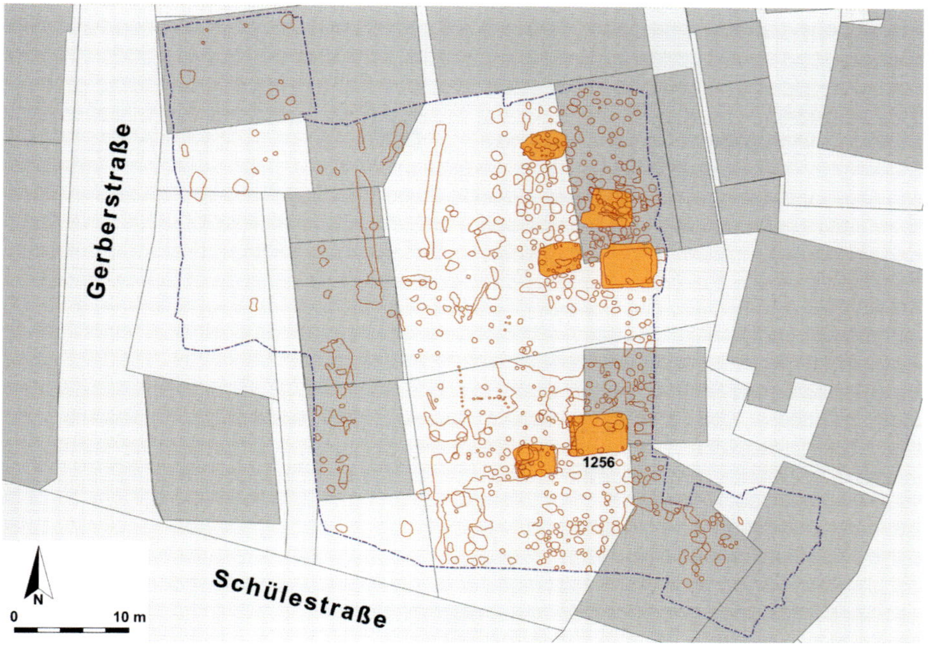

204 ◁ *Kirchheim u. T., Gerberviertel. Gesamtplan aller früh- und hochmittelalterlichen Befunde. Grubenhäuser sind hervorgehoben.*

heims am Ufer der Lauter nicht nur eine auf einzelne Bereiche beschränkte lockere Bebauung aufwies, sondern dass es sich hier wohl um ein ausgedehntes, dicht bebautes Areal gehandelt hat (Abb. 204). Der zeitliche Schwerpunkt der Besiedlung lag laut der Funddatierung zwar sicher im 11. und 12. Jahrhundert, es gibt aber durchaus auch ältere Funde und einzelne Befunde, die bis zurück ins 8. Jahrhundert reichen (Abb. 205). Mit der Stadtwerdung Kirchheims in der ersten Hälfte des 13. Jahrhunderts wurde diese Siedlung aufgegeben. Das Areal lag nun direkt vor der Befestigung der neuen Stadt.

Das nun ergrabene Gebiet war dicht mit Pfosten- und Grubenhäusern bebaut, wie die in den anstehenden Schotter eingetieften Befunde zeigen. Die Überdeckung einiger Strukturen mit aufgeschwemmtem Kies zeugt von Hochwasserereignissen und einer längeren Laufzeit der Siedlung.

Alle sechs Grubenhäuser lagen im östlichen Teil der Grabungsfläche (Abb. 204). In ihren Maßen entsprachen sie vergleichbaren frühmittelalterlichen Bauten. Hinweise auf ihre Nutzung waren selten. In einem Fall fanden sich mehrere Webgewichte auf dem Stampflehmboden, zweimal wiesen Holzkohlereste und lokale Brandspuren auf Feuerstellen. Ebenerdige Gebäude ließen sich trotz einer großen Anzahl von Pfostengruben nicht sicher rekonstruieren. Lediglich kleine, eng gestellte Stakenlöcher verbanden sich zu Zaunreihen. Ein wohl aus Lehm aufgesetzter Kuppelofen könnte ein nicht mehr nachweisbares, vielleicht auf Schwellbalken errichtetes Gebäude beheizt haben.

Zahlreich sind die Hinweise auf Metallverarbeitung. Doch obwohl aus den Verfüllungen der meisten Siedlungsgruben Eisenschlacken vorliegen, fehlen die zugehörigen Befunde zur Verarbeitung von Eisen vollständig. Besonders große Ansammlungen von Verhüttungs- und Schmiedeschlacken sind mit Flussschottern verzahnt, was auf einen Transport durch die Hochwasser der

205 △ *Kirchheim u. T., Gerberviertel. Funde aus dem ältesten Grubenhaus. Knochennadel oder Schreibgriffel, Fragment einer Glasperle und Keramik der Älteren gelben Drehscheibenware vom Typ Kirchhausen.*

Lauter von einem flussaufwärts liegenden Verhüttungsplatz außerhalb Kirchheims hindeutet.

Aufgabe und Neubeginn

Nach dem Ende des 12. Jahrhunderts führten vermutlich wiederholte Überschwemmungen zu einem bis zu 1,5 m starken Bodenauftrag. Das dunkle, feinsedimentige Kolluvium lagerte sich nach Ausweis der Funde bis zum 15. Jahrhundert ab. In diesem Zeitraum wurde das Areal vor der Stadt offenbar nur temporär genutzt. Erst danach setzte eine erneute Bauphase ein, die nun bereits in Stein ausgeführt wurde.

Aus dieser Zeit konnten vier kleine Gewölbekeller aus Sandstein und schiefrig brechendem Mergel, jeweils nahe der Straßenfluchten gelegen, dokumentiert werden. Zentraler auf dem Baufeld, auf dem ehemaligen Grundstück Gerberstraße 15, stand bis vor wenigen Jahren noch ein Eindachhof, der dendrochronologisch auf das Jahr 1580 datiert wurde (Jahrringlabor Hofmann, Nürtingen). Seine flachen Fundamente konnten nunmehr ergraben werden. Bemerkenswert ist vor allem die Tatsache, dass dieser Bau als einer der ganz wenigen in Kirchheim den verheerenden Stadtbrand vom 3. August 1690 überstanden hatte. Ein Sandsteinbrunnen komplettiert das Siedlungsgeschehen in der damaligen Vorstadt.

Das Gerberviertel trägt seinen Namen zu Recht

Wie sowohl durch den Namen des Areals als auch historische Nennungen von Gerbereien hier erwartet, fanden sich zahlreiche Gerbergruben unterschiedlicher Größe und Bauart. Obschon sie in die spätere Neuzeit bis ins frühe 20. Jahrhundert datieren, war ihre archäologische Untersuchung doch von Nöten. Trotz der Wichtigkeit der Lederherstellung für die Stadt Kirchheim sind die schriftlichen Quellen nämlich nicht zusammenfassend ausgewertet und noch viele Fragen zum neuzeitlichen Handwerk unbeantwortet.
Allerdings musste während der Ausgrabung der Gerbereibefunde der Gesundheitsschutz eine führende Rolle einnehmen. Mit Milzbranderregern, einer alten Plage des Gerberhandwerks, war zwar nicht zu rechnen, doch wurden Proben aus allen Gruben auf Schwermetalle bzw. Metallsalze getestet (Labor und Sachverständigenbüro Dr. Graner

206 △ *Kirchheim u. T., Gerberviertel. Moderne Gerbergruben unterschiedlicher Bauart.*

& Partner GmbH in Waghäusel-Kirrlach). So wurde in wenigen Befunden das hochtoxische Chrom (VI) nachgewiesen, das unter unsachgemäßen Bedingungen bei der Gerbung mit Chromoxidsalzen entstehen kann. Immerhin ließ sich so ein erster Datierungsanhalt gewinnen, denn die Chromgerbung wurde 1861 patentiert.

Sämtliche ca. 30 Gerbergruben befanden sich im nordwestlichen Teil des Grabungsareals. Besonders typisch waren rechteckige oder quadratische Gruben mit Größen zwischen 1,80 m und 2,50 m. Ein klares Indiz für die Ansprache als Gerbergrube war die mächtige Tonauskleidung an den Seiten und dem Boden (Abb. 206). Darin zeichneten sich die Standorte der eigentlichen Gerberbottiche, die meist eine fassartig rundliche Form hatten, deutlich ab. Ihre Tiefen unter der heutigen Oberfläche lagen in der Regel zwischen 0,50 m und 1 m.

Sicher waren die Nähe zur Lauter und zum Schlachthof wesentliche Standortfaktoren für die Gerberei. Brauch- und Abwasser konnten von der Lauter bezogen, Häute auch direkt am Ufer gewaschen werden.

Vor der eigentlichen Gerbung wurden die Felle mit warmem Wasser geweicht und anschließend enthaart. Die Haarlockerung, die sogenannte Äscherung, geschah dann unter Zuhilfenahme von Kalkmilch oder Pottasche und Wasser in speziellen Gruben. Insgesamt vier Befunde konnten durch die untersten, aschehaltigen Verfüllstrukturen oder deutliche Kalkreste als solche Äscher angesprochen werden. Die meisten anderen Gruben blieben unspezifischer. Auch ihre Verfüllungen mit Bauschutt verhinderten

weitere Aufschlüsse über die Prozesse, die darin stattgefunden haben.
Durch die Grabungen im Gerberviertel ließen sich weitere wichtige Bausteine gewinnen, mit denen die Geschichte, Siedlungsentwicklung und das Handwerk der vorstädtischen Siedlung sowie der Stadt Kirchheim weitergeschrieben werden können.

Wir danken der Dettinger Firma Most Bau GmbH & Co. KG für die gute Zusammenarbeit.

Dorothee Brenner, Hauke Kenzler

LITERATURHINWEISE

M. Baur, Geschichte und Stand der archäologischen Forschung in Kirchheim unter Teck (Kirchheim unter Teck 2000); M. Baur, Zum Abschluss der Grabung „Schlachthofgelände" in Kirchheim unter Teck. Arch. Ausgr. Baden-Württemberg 1997, 167–170; B. Jenisch: Von der grünen Haut zum Leder. Archäologische und historische Spuren des Gerberhandwerks. In: W. Melzer (Hrsg.), Archäologie und mittelalterliches Handwerk. Eine Standortbestimmung. Beiträge des 10. Kolloquiums des Arbeitskreises zur archäologischen Erforschung des mittelalterlichen Handwerks. Soester Beitr. Arch. 9 (Soest 2008) 217–232.

KONSTANZ, KREIS KONSTANZ

Zur Bebauung der Konstanzer Vorstadt Stadelhofen

Die drei Häuser Bodanplatz 14 und 16 sowie Hüetlinstraße 2 in der ehemaligen Konstanzer Vorstadt Stadelhofen bilden ein großes Eckgrundstück. Die Häuser am Bodanplatz wurden 1406/1407 erbaut, für das Haus Hüetlinstraße 2 lässt sich ein Umbau im Jahr 1655 belegen. Die Komplettsanierung wird seit einigen Jahren denkmalpflegerisch betreut. Im Erdgeschoss der Gebäude sollen neue Läden eingerichtet werden; um die dafür mittlerweile nötige Raumhöhe zu erreichen, wird der Fußboden bis zu 1,1 m abgetieft. Sondagen im Jahr 2018 zeigten, dass in 0,5–0,7 m Tiefe bereits mit archäologischen Befunden zu rechnen war, was eine vollständige Ausgrabung unumgänglich machte. Im Februar 2021 begann die von der Bauherrschaft beauftragte Firma ArchaeoTask GmbH unter örtlicher Grabungsleitung von Brigitte Laschinger mit den archäologischen Untersuchungen im Hinterhofbereich der Häuser Bodanplatz 14 und 16. Die Ausgrabung der Innenbereiche wird 2022 stattfinden.

Alte Parzellengrenzen abgesteckt …

An drei Stellen konnten Flechtwerkzäune (zwei in Nordost-Südwest-Ausrichtung, einer in Nordwest-Südost Ausrichtung) dokumentiert werden, die Parzellengrenzen darstellen: Dicht an den Zäunen sind Latrinen angelegt, was verdeutlicht, dass wir uns hier in den Hinterhofarealen der Grundstücke befinden (Abb. 207).
Eine weitere Parzellengrenze in Nordost-Südwest-Ausrichtung können wir unter einem aus statischen Gründen stehen gelassenen Steg vermuten, da nördlich und südlich des Steges vollkommen unterschiedliche Schichtungen dokumentiert wurden.
Die beobachteten Parzellengrenzen deuten allerdings auf eine ursprünglich kleinteilige-

re Grundstückseinteilung als heute hin. Normalerweise ist eher das Gegenteil zu beobachten: Größere Parzellen werden mit wachsendem Bevölkerungsdruck geteilt, um eine dichtere Bebauung zuzulassen.

Kleine Latrinen, lange Zeit

Es wurden insgesamt zehn Latrinen freigelegt, die alle wenig eingetieft und meist mit Holz ausgesteift waren. Ihre jeweilige Nutzungszeit war eher kurz, wie das Fundspektrum belegt: Die Funde sind relativ „sortenrein" und immer innerhalb eines Zeitraums von ein oder zwei Jahrhunderten zu datieren. Die ältesten Funde stammen aus dem 13. bis 14. Jahrhundert und befanden sich in den unteren Einlagerungen einer Latrine, die in ihren oberen Schichten Material aus dem 15. Jahrhundert führte. In einer weiteren Latrine wurde als einziges Fundstück eine Scherbe aus dem 13. Jahrhundert freigelegt. Die übrigen beinhalteten jeweils Material aus dem 15. bis 16. Jahrhundert, dem 16. und 17. Jahrhundert sowie dem 19. Jahrhundert.
Neben den üblichen Abfällen eines Handwerkerhaushaltes wie Koch- und Nutzgeschirr, Wasserkannen, Lederabfällen von Kinderschuhen usw. finden sich in einigen Latrinen auch höherwertige Stücke, die man in einem ärmeren Viertel wie diesem nicht unbedingt erwarten würde, wie zum Beispiel Fragmente mehrerer gläserner Nuppenbecher oder ein zerbrochenes Aquamanile.
Die Häuser am Bodanplatz 14 und 16 wurden erst im beginnenden 15. Jahrhundert errichtet. Das Vorhandensein von mindestens einer, gegebenenfalls auch zweier Latrinen älteren Datums am hinteren Ende der Parzelle deutet auf eine frühere Bebauung hin. Bislang ist nur der Hinterhof dieser Gebäudeecke untersucht, die archäologischen Untersuchungen werden im Jahr 2022 im Bereich der Innenräume weitergeführt.

207 △ *Konstanz, Bodanplatz 14–16. Blick nach Südost auf die Grabungsfläche im Hinterhof der Gebäude. Rechts ist die Stakenreihe eines Zaunes klar zu erkennen, links mehrere sich schneidende Latrinen.*

Einen großen Dank aussprechen möchten wir dem Architekten, Herrn Gerhard P. Maier vom Architekturbüro Bauraum GmbH, für die hervorragende Zusammenarbeit trotz der schwierigen Umstände, die eine Gesamtsanierung von drei denkmalgeschützten Häusern mit sich bringt, sowie auch der Bauherrin, der Katholischen Gesamtkirchengemeinde Konstanz.

Caroline Bleckmann, Brigitte Laschinger

LITERATURHINWEISE

M. Dumitrache, Konstanz. Arch. Stadtkataster Baden-Württemberg 1 (Filderstadt 2000); Dokumentation Bauforschung, URL: http://www.bauforschung-bw.de/objekt/id/213540077818/ (Büro Winterfuchs, Stand 2016).

Neues aus der Vorstadt – Archäologische Ausgrabungen im „Ochsenareal“ in Bad Liebenzell

Topographie und Geschichte

Die Keimzellen der Stadt Liebenzell liegen am westlichen Ufer der Nagold, unweit der Mündung des aus dem Schwarzwald heranfließenden Lengenbachs. Die Ursprünge des Ortes lassen sich in den Schriftquellen nur ansatzweise fassen. Um 1190 schenkte Uta, die Tochter des Grafen Gottfried von Calw und Gemahlin Welfs VI., das um 1130 als Heiratsgut erhaltene *oppidum Zell* an das Kloster Hirsau. Der Ortsname (frühes 12. Jh. [Kop.] *Chele*, 1130 [Chron.] *Zell*) weist auf ein frühes, bald jedoch abgegangenes (Hirsauer) Kloster hin. Stichhaltige Beweise für dessen Verortung im Umfeld eines im Volksmund auch Klosterbuckel genannten Burghügels (Abb. 208, 5) fehlen bislang. Plausibler scheint die Lokalisierung des frühesten Siedlungskerns im Bereich der *extra muros* gelegenen Liebenzeller Kirche (Abb. 208, 3), die im Zuge der Schenkung von 1190 Erwähnung findet. Die eigentliche ummauerte Stadt (Abb. 208, 2) wurde erst später zu Füßen der wohl noch im 12. Jahrhundert entstandenen, aber erst im 13. Jahr-

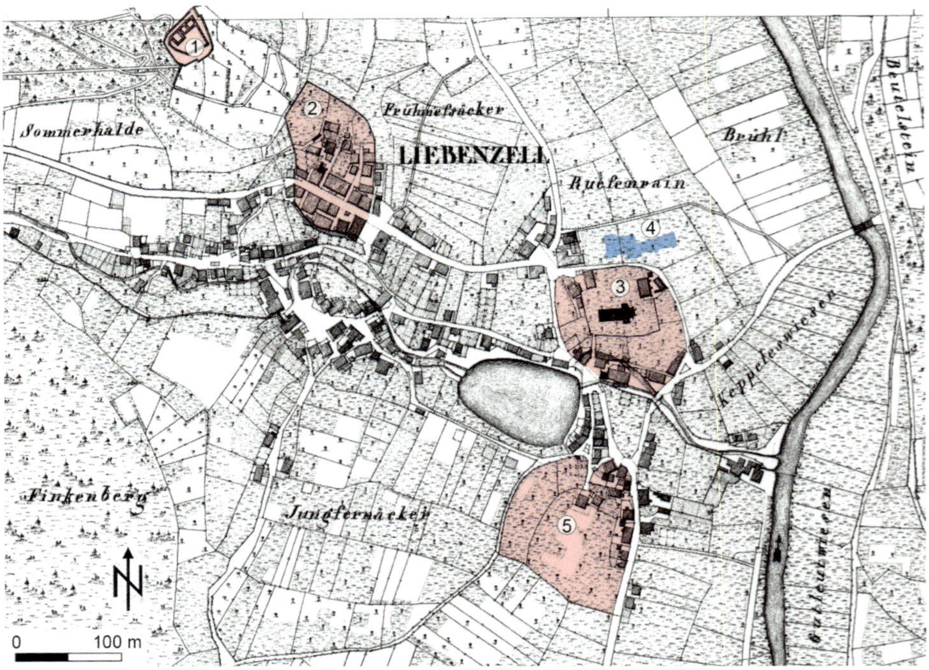

208 △ *Bad Liebenzell. Historische Flurkarte von 1835. 1 Burg Liebenzell; 2 ummauerte Stadt; 3 Vorstadt (vermutete Ausdehnung) mit Pfarrkirche St. Blasius; 4 Grabungsfläche von 2021; 5 Klosterbuckel, ehem. Burgstall, heute Standort des Schlayerschlössles (erbaut 1886).*

hundert sicher greifbaren Burg (Abb. 208, 1) angelegt.

Das Ochsenareal

Das sogenannte Ochsenareal liegt östlich unterhalb der ummauerten Altstadt und nördlich der Kirche Sankt Blasius (Abb. 208, 3). Auf dem Gelände bestanden bis 2010 zwei unterkellerte Hotelbauten; auf der württembergischen Urkarte von 1836 (Abb. 208) erscheint es jedoch noch als landwirtschaftlich genutzte Freifläche. Im Vorfeld einer geplanten baulichen Entwicklung prospektierte das Landesamt für Denkmalpflege im November 2020 die nicht durch die Vorgängerbebauung gestörten Partien des Areals. Die dabei zutage gekommenen, bis in die Frühzeit der Stadtentwicklung zurückreichenden Befunde gaben Anlass zu einer planmäßigen Ausgrabung der Fläche (Abb. 208, 4), die schließlich von Mai bis Juli 2021 von der Firma ArchaeoBW GmbH durchgeführt wurde.

Der Befund

Die früheste Siedlungsaktivität lässt sich indirekt durch eine aus einem jüngeren Befund im östlichen Teil des Areals stammende Wandscherbe der Älteren gelben Drehscheibenware vom Typ Jagstfeld (freundl. Hinweis U. Gross) in der ersten Hälfte des 12. Jahrhundert festmachen.
Die Befunde des 12. und 13. Jahrhunderts – zumeist unspezifische Gruben und mögliche Pfostenlöcher – streuen über die gesamte Untersuchungsfläche, konzentrieren sich jedoch deutlich im Westen (Abb. 209). In diesem Bereich fand sich eine – teilweise außerhalb der Grabungsgrenze liegende – annähernd quadratische Grube von rund 6 m Seitenlänge. Der ebene, ca. 1,2 m unter Grabungsplanum liegende Boden legt eine Deutung als Erdkeller nahe. Die im unteren Bereich stark mit Holzkohle durchsetzte Verfüllung enthielt Keramik des 12./13. Jahrhunderts, darunter eine große Zahl möglicherweise von der Innenausstattung des zugehörigen Hauses stammender Becherkacheln. Zwei etwas jünger verfüllte Gruben – eine länglich, eine rundlich – könnten aufgrund ihres Lagebezugs zu dem Erdkeller mit aller Vorsicht als Spuren des obertägigen Gebäudes gedeutet werden, das in seiner Lage auf einen Vorgänger des heute in leicht anderer Flucht südlich des Grabungsgeländes verlaufenden Alten Schulwegs bezogen gewesen wäre. Einige in nördlicher Verlängerung des länglichen Grubenbefundes in Reihe liegende, leider undatierte Pfostenlöcher wiesen jeweils ähnliche Verfüllungen auf und könnten zu dieser Bebauung gehört haben. Konzentrationen von Holzkohle und verziegeltem Lehm in der Verfüllung des Kellers und mindestens einer weiteren Grube zeugen möglicherweise von einem Brandereignis im 13. Jahrhundert.
Interessant ist der Befund eines rechtwinklig zu dieser angenommenen Pfostenreihe verlaufenden Gräbchens. Die Fundleere und die Tatsache, dass es keinen anderen Befund schneidet, könnten für eine frühe Zeitstellung sprechen. Eine Deutung als ältere Parzellengrenze scheint nicht ganz abwegig.
In der östlichen Hälfte der Untersuchungsfläche konnte ein umfangreicher Befundkomplex aus dem 15./16. Jahrhundert dokumentiert werden (Abb. 209). Auffälligster Befund war dabei eine unter die südliche Grabungsgrenze reichende runde Steinsetzung von ca. 3,7 m Durchmesser. Nördlich schloss sich ein großer Grubenkomplex an, dessen westliche Grenze von zwei parallel

209 ▷ *Bad Liebenzell, Ochsenareal. Grabungsplan mit vorläufiger Phaseneinteilung.*

verlaufenden, teils nur noch als Ausbruchgräbchen erhaltenen Steinsetzungen oder -fundamenten gebildet wurde. In der grabungsvorbereitenden Sondage konnte dieser eventuell als Kanal anzusprechende Befund bis hin zu der runden Steinsetzung nachgewiesen werden. Die ursprüngliche Funktion des gesamten Fundkomplexes erschloss sich nicht, doch liegt eine Deutung als Niederschlag einer gewerblichen Tätigkeit am Ortsrand nahe.

Die (frühe) Neuzeit ist im Befund durch einige über die Grabungsfläche streuende unspezifische Gruben repräsentiert (Abb. 209). Hervorzuheben ist dabei eine Grube, die zahlreiche Funde – darunter importiertes Steinzeug und höherwertige Ofenkacheln – aus dem 17./frühen 18. Jahrhundert enthielt.

Resümee

Die Ausgrabungen im Ochsenareal werfen ein Schlaglicht auf die bauliche Entwicklung am Rand des *extra muros* gelegenen ältesten Siedlungskerns von Liebenzell. Lässt sich für die erste Hälfte des 12. Jahrhunderts Siedlungstätigkeit nur indirekt nachweisen, setzen ab der zweiten Jahrhunderthälfte die entsprechenden Befunde ein, darunter auch mögliche Spuren einer Parzellengrenze. Der Erdkeller aus dem 12./13. Jahrhundert belegt dabei eine (Wohn)bebauung, die wohl den nördlichen Rand der Vorstadt markierte. Die Verfüllungen einiger Befunde weisen auf ein Brandereignis hin, mit dem möglicherweise das Ende dieser Siedlungsaktivitäten in Verbindung steht.

Nach einer Brache im 14. Jahrhundert sind im 15./16. Jahrhundert wieder umfangreichere Strukturen fassbar, die wahrscheinlich mit handwerklichen Aktivitäten am Rande der Siedlung in Verbindung stehen. Für die nachfolgenden Jahrhunderte gibt es wiederum nur Spuren einer kurzzeitigen Nutzung. Bemerkenswert erscheint dabei eine aus dem 17./frühen 18. Jahrhundert stammende Grubenverfüllung, könnte sie doch auf Zerstörungen im Pfälzischen Erbfolgekrieg hinweisen, in dessen Verlauf 1692 auch das unweit Liebenzells gelegene herzoglich-württembergische Jagdschloss im ehemaligen Kloster Hirsau von französischen Truppen niedergebrannt wurde.

Dank gilt den Vereinigten Volksbanken eG, Böblingen, für die Finanzierung von Prospektion und nachfolgender Ausgrabung sowie Herrn Schmid von den Vereinigten Volksbanken eG, Herrn und Frau Wilk, Herrn Dukureh von ACTIV-IMMOBILIEN GmbH & Co. KG und der Stadt Bad Liebenzell für die konstruktive und vertrauensvolle Zusammenarbeit.

Folke Damminger,
Gaëlle Bernauer-Duranthon,
Uwe Gross

LITERATURHINWEIS

M. Frieß (Hrsg.), Steinhaus, Rittergut und Adelssitz. Burgen und Schlösser im Landkreis Calw (Ostfildern 2020) 74–84.

ULM

Neues vom Ulmer Stadelhof – Die Grabung Schwilmengasse 9

Bisherige Forschungen

Durch ein Neubauvorhaben in der Schwilmengasse 9 wurde eine der wenigen verbliebenen Kriegsbrachen in Ulm neu bebaut. Nach den Zerstörungen des Zweiten Weltkrieges war die ehemals mit Häusern bestandene Fläche als Parkplatz genutzt worden. Sie befindet sich innerhalb des Areals, in dem sich früher der Stadelhof befunden haben soll (Abb. 210). Dieser gilt als einer der wirtschaftlichen Versorgungshöfe der Pfalz, seine Lage wird von historischer Seite im Gebiet zwischen Fischergasse, Hämpfergasse, dem östlichen Teil der Schwilmengasse und möglicherweise noch Bereichen der Gerbergasse lokalisiert. Von archäologischer Seite gibt es hierzu bislang nur wenige Erkenntnisse. Leider fanden beim Bau des Parkhauses im Fischerviertel in den 1970er Jahren keine archäologischen Beobachtungen statt. Hervorzuheben ist jedoch eine Grabung in der Fischergasse 34, bei der 2012 erstmals eine intensive Nutzung des Bereichs mit fester Parzellierung seit dem 11. Jahrhundert fassbar wurde. Auf einer Fläche von knapp 250 m² fanden sich acht Grubenhäuser und Erdkeller des späten 10. bis frühen 13. Jahrhunderts, von denen fünf in direkter Abfolge erbaut wurden. Dabei waren Brandereignisse im 12. Jahrhundert und späten 12./frühen 13. Jahrhundert ausschlaggebend für Zerstörung und Wiederaufbau der Gebäude.

Aktuelle Grabung

Auch beim Vorhaben in der Schwilmengasse war eine Fläche von ca. 250 m² betroffen. Nach dem Oberbodenabtrag kamen einzelne Pfosten zutage, während straßenseitig eine vom Kriegsschutt geprägte größere Fläche nur wenig Hoffnung auf ältere Befunde ließ. Die erforderliche archäologische Untersuchung erfolgte von Januar bis April 2021 durch die Firma Kohler & Tomo Ar-

210 △ *Ulm. Lage der Grabungen innerhalb des Fischerviertels auf Grundlage des Schlumberger-Plans von 1808. 1 Schwilmengasse 9; 2 Fischergasse 34.*

chäologie GbR. Die Grabungszeit von über drei Monaten lässt bereits vermuten, dass die tatsächliche Befundsituation der ersten Einschätzung nicht entsprach.

Zwar befand sich zentral eine moderne Störung, die aber nicht tief in den Boden reichte. Auch die Baugruben der angrenzenden Neubauten hatten nur randliche Störungen verursacht. Jüngere Eingriffe beschränkten sich auf einen kleinen, einfach aus Backsteinen gemauerten Keller des 18./19. Jahrhunderts sowie eine moderne Sickergrube. Darüber hinaus hatten Vorkriegsbebauung und Hinterhof den Boden über Jahrhunderte versiegelt und so – wie in der Fischergasse – eine dichte Abfolge von fünf Erdkellern und Grubenhäusern des 11./12. Jahrhunderts bewahrt. Auch hier zeugte Brandschutt von Zerstörung und Wiederaufbau in diesen beiden Jahrhunderten.

Dichte Siedlungsabfolge

Der älteste Horizont besteht aus zwei Grubenhäusern, die in einem Abstand von 9,5 m liegen. Während das eine Grubenhaus (Abb. 211, 1) bis an die Straße im Norden heranreicht, liegt das andere im hinteren Hofbereich (Abb. 211, 2). Beide werden von jüngeren Erdkellern gestört, aber die erhaltenen Außenkanten lassen eine parallele Anordnung auf gleicher Höhe vermuten. Für das südliche Grubenhaus lässt sich eine Breite von 2,8 m und eine Länge von 3,8 m rekonstruieren. Eine gleichzeitige Nutzung ist stratigraphisch zwar nicht nachweisbar, aber aufgrund der Anordnung und identischer Höhe des Bodenniveaus zu vermuten. Die Aufgabe der Gebäude ist ausweislich des Fundmaterials tendenziell noch im 11. Jahrhundert erfolgt.

Die kleinen Grubenhäuser werden abgelöst durch wesentlich größere Erdkeller. Wiederum findet sich ein nördliches Gebäude am Straßenrand (Abb. 211, 3) und ein südliches im Hof (Abb. 211, 4), wobei diese versetzt zueinander stehen. Die westliche Außenkante von Haus 3 liegt auf derselben Geraden wie die östliche von Haus 4. Beide sind durch moderne Eingriffe und den jüngsten Keller (Abb. 211, 5) gestört. Für den Keller von Haus 4 lassen sich jedoch eine Länge von 7,3 m und eine erhaltene Breite von 4,7 m mit einem Eingang im Süden nachweisen, während die erhaltene Fläche von Haus 3 lediglich 2 m × 3,4 m misst. Beide besitzen ein ca. 0,4 m tieferes Bodenniveau als die älteren Grubenhäuser. Gemeinsam ist beiden auch, dass sie während der ersten Nutzungsphase einem Brandereignis zum Opfer gefallen sind. Eine deutliche Holzkohleschicht deckt Teile des Fußbodenhorizontes ab. Aus diesem Horizont stammen aus Haus 4 typische Keramik der nachgedrehten Ware und ältere gelbe Drehscheibenware des 11./12. Jahrhunderts. Die Kombination der Randformen lässt jedoch an eine Verfüllung in der zweiten Hälfte des 11. bis in der ersten Hälfte des 12. Jahrhundert denken. Darüber hinaus fanden sich ein Fragment eines hochmittelalterlichen Hufeisens sowie zwei silberne Pfennige, von denen der besser erhaltene sich nach Matthias Ohm, Landesmuseum Württemberg, als frühe Ulmer Prägung des 11./12. Jahrhunderts bestimmen lässt. Bemerkenswert ist der Fund eines 24,4 g schweren, im Durchmesser 3,1 cm großen bronzenen Napf- oder Einsatzgewichtes mit randlicher Kreisaugenverzierung. Der nördliche Keller wurde nach dem Brand weitergenutzt, wie ein weiterer Fußbodenhorizont über der Brandschicht zeigt. Der jüngste Keller (Abb. 211, 5) scheint nahezu quadratisch mit den Maßen von ca. 6,3 m × 6,5 m und weist auf der Südseite einen ca. 2 m breiten hofseitigen Eingang auf. Der Keller liegt zu dieser Zeit bereits in der Mitte der heutigen Parzelle, die damals also vermutlich der heutigen Ausdehnung entsprochen haben wird. Die Sohle des Kellers reicht bis auf ein anstehendes Kiesband herab, sodass eine natürliche Pflasterung erzielt wurde. Die Treppenstufen zeichnen sich im Profil deutlich ab, wobei ein Unterbau aus Kalksteinen den Abgang stabilisierte. Innerhalb des Kellers sind einzelne Pfosten zu erkennen, die aber nach erster Sichtung der Dokumentation keiner klaren konstruktiven Funktion zugewiesen werden können. Die Verfüllung des Kellers ist immer wieder mit Brandschutt durchsetzt, ohne dass sich allerdings ein eindeutiger Brandhorizont auf der einstigen Kellersohle abzeichnet. Unter dem Fundmaterial sind neben zwei weiteren hochmittelalterlichen Hufeisen auch das Ortband einer Dolchscheide sowie ein Spielstein aus Knochen (Abb. 212). Letzterer lässt sich aufgrund der Verzierung direkt mit einem Fund aus der Grabung Fischergasse vergleichen. Unter der Keramik finden sich keinerlei Formen des 13. Jahrhunderts, sodass eine Aufgabe des Kellers noch im 12. Jahrhundert anzunehmen ist.

Vergleichbare Entwicklungen

Betrachtet man die Entwicklung der Parzelle, so fallen deutliche Parallelen zu der Grabung in der Fischergasse auf. In beiden Fällen überraschen Platzkonstanz und intensive Besiedlung außerhalb der eigent-

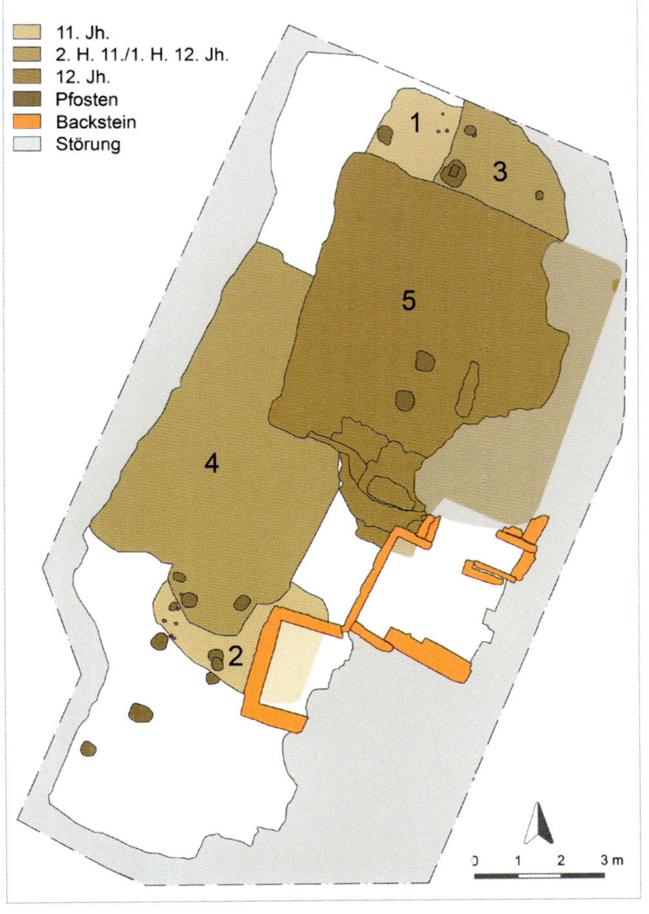

211 ▽ *Ulm. Gesamtplan der Ausgrabung in der Schwilmengasse 9. 1–5 Kennzeichnung der verschiedenen Grubenhäuser/Erdkeller.*

212 △ *Ulm, Schwilmengasse 9. Zu den Funden der Grabung zählen ein Spielstein (rechts), ein Ortband und ein 24,4 g schweres Napfgewicht (Dm. 3,1 cm).*

lichen Kernstadt, die bis in das 10. bzw. 11. Jahrhundert nachweisbar ist. Es liegt nahe, dies im Zusammenhang mit dem Stadelhof, dem historisch überlieferten Wirtschaftshof der Pfalz, zu sehen. Das Fundmaterial mit frühen Hufeisen, Ortband, Spielstein, Napfgewicht und Münzen zeugt ebenfalls von der Wirtschaftskraft der Bewohner, die anscheinend auch eine Schicksalsgemeinschaft gebildet haben, wie flächenübergreifende Brandereignisse vermuten lassen. Es ist verlockend, zumindest einen der Brände als Zeugnis der erbitterten Auseinandersetzungen zwischen Staufern und Welfen zu sehen, die dazu führten, dass der Welfenherzog Heinrich der Stolze 1131 die Dörfer rings um die Pfalz und 1134 die ganze Stadt verwüstet haben soll. Es bleibt abzuwarten, ob weitere Untersuchungen im Fischerviertel diese Eindrücke bestätigen.

Abschließend gilt es der Firma Casa Nova und vor allem den Bauträgern, Familie Mirakaj, für ihre Geduld und die Unterstützung dieser komplexen Grabung zu danken, die wichtige Ergebnisse für die Stadtgeschichte Ulms erbracht hat.

Jonathan Scheschkewitz, Petra Kohler, Nicolas Tomo, Daniel Ebrecht

LITERATURHINWEIS

H. Lang/St. Killinger/J. Scheschkewitz, Grabungen in der Fischergasse und der Sedelhofgasse in Ulm. Arch. Ausgr. Baden-Württemberg 2012, 267–272.

SINDELFINGEN, KREIS BÖBLINGEN

(K)eine gute Adresse: die Bebauung hinter der „Traube" in Sindelfingen

Das Haus Lange Straße 22 war wohl für viele Sindelfinger lange Zeit keine „gute Adresse". Nicht erst als letzte Punkmusikkneipe in weitem Umkreis genoss die „Traube" bei vielen einen zweifelhaften Ruf, während sie für andere schlicht „Kult" war. Dies wird sich nach der umfänglichen Sanierung des 1461 (d) errichteten und später mehrfach umgebauten Gebäudes wohl ändern.

Längerer Vorlauf

Zum neuen Nutzungskonzept gehört ein rückwärtiger, L-förmiger Anbau anstelle der bereits vor Jahrzehnten bzw. Jahren obertägig abgebrochenen Anwesen Obere Burggasse 2 und Lange Straße 20 (Abb. 213). Da beide mit Ausnahme eines Scheunenkellers, der in die Neubebauung einbezogen wird, nicht unterkellert waren, sollte noch Vorhandenes dokumentiert und die Bodeneingriffe archäologisch begleitet werden, womit die Firma IKU-Archaeo beauftragt wurde. Zu rechnen war mit den in der Region häufig auftretenden Nachgeburtsbestattungen sowie älteren, womöglich vorstädtischen Siedlungsspuren. Bereits im Sommer 2017 hatten fünf kleine Vorsondagen durch Tilmann Marstaller direkt hinter der „Traube" u. a. Keramik des 9./10. Jahrhunderts erbracht, jedoch konnten dieser bislang keine entsprechenden Befunde zugeordnet werden. Im März 2020 wurde dann das rezente Fußbodenniveau von Obere Burggasse 2 freigelegt, dokumentiert und im Folgejahr schließlich abgebaut, ebenso Lange Straße 20 im Hinterhof. Außerdem wurde der Gewölbekeller freigelegt und untersucht.

Die üblichen Verdächtigen

Wenig überraschend fanden sich im Boden des Gewölbekellers an fünf Stellen Nachgeburtstöpfe im anstehenden Mergel. Bereits 2020 waren im Haus Obere Burggasse 2 entlang der Ostwand zur Tenne drei solcher Gefäße in Scherben geborgen worden, ein weiteres 2021. Laut einem Zeitzeugen wurde der Keller gemeinsam mit dem Haus Lange Straße 20 genutzt und war auch nur von dessen Tenne aus zugänglich; vielleicht wollte man deshalb solche doch sehr privaten Objekte lieber im eigenen Haus behalten. Dabei zeigen einige der Gefäßscherben Schmauchspuren auch auf den Bruchkanten; sie wurden also verwendet, obwohl sie offenbar Risse oder Brüche aufwiesen und Feuer ausgesetzt waren.

213 ◁ *Sindelfingen, Lange Straße 20/22, Ende März 2020. Am rechten Bildrand die Obere Burggasse, oben die „Traube", nach unten folgen Stallpflaster, Wohnteil, Tenne sowie Scheuer mit Keller unter der Plane. Links unten schließen an das Kopfsteinpflaster der Tenne Flur und Stallteil von Lange Straße 20 an.*

214 ▷ *Sindelfingen, Lange Straße 20/22. Der freigelegte Gewölbekeller von der Oberen Burggasse aus gegen Südosten. Die Westwand der Scheuer darüber verlief vom Kellerabgang (rechter Bildrand, mit Balkenstumpf) zur Einwurföffnung (links) seitlich über dem Gewölbe.*

Im anstehenden Mergel unter dem Hausboden von Lange Straße 20 von 1808 (a) zeugte nur die letzte Lage einer isolierten Mauerecke von älteren Baulichkeiten, außerdem ein Balken(?)gräbchen und zwei Pfostenlöcher, eines mit einem spätmittelalterlichen Topfdeckel. Bei der Freilegung des Kellergewölbes wurde auch das kräftige Gefälle des Geländes nach Südwesten deutlich, wo der Mergel an der Grenze zum östlichen Nachbarn gut 1,5 m höher ansteht. Der Hof und die Grundfläche für Lange Straße 20 waren entsprechend weit abgegraben worden.

Unterirdische Nachrüstung

Die Stirnwände des Kellers waren an das Gewölbe angesetzt, wobei die rückwärtige Wand zur Oberen Burggasse teilweise über den Gewölbescheitel hinausragt. Dazu hatte allerdings die Schwelle des 1494 (d) erbauten Scheunenteils über dem Keller abgeschnitten werden müssen. Da auch im Süden der mit Backsteinen eingewölbte Kellerabgang in das spätmittelalterliche Holzgerüst eingreift, spricht alles dafür, dass der bestehende Scheunenbarn nachträglich unterkellert wurde, obwohl die Kellergrube unter dem östlichen Querbund der Tenne hindurch in diese hineinreicht (Abb. 214). Unter Fachwerkbauten sind solche Operationen gut machbar und vielfach belegt.

Nur beinahe ein Keller

Zuletzt wurde der Aushub für die Fundamente des Neubaus archäologisch begleitet. Deren großzügige Dimensionen hingen nicht zuletzt am seltsamsten Befund der Untersuchung: Fast das gesamte Wohngebäude von Obere Burggasse 2 stand auf der Verfüllung einer ca. 9 m × 9 m großen, fast 2 m tiefen Grube, mit einem im 20. Jahrhundert gekappten Annex im Südwesten (Abb. 215). Nur die Nordseite des Gebäudes ruhte durchgängig auf dem anstehenden Mergel, dazu die Südostecke und der anschließende Ostteil der Südseite. Deren Westteil hingegen sowie die Westseite lagen in der Grube und gründeten entsprechend tiefer auf deren Sohle. Zwischen Nord- und Südwestecke reichte die Grube sogar unter der Ostwand hindurch bis zur Mitte der Tenne, dennoch gründete in diesem Bereich das Fundament nur flach. Die Grubenverfüllung musste sich jedenfalls über einige Jahre hinweg gesetzt haben, bevor man darauf ein Haus bauen konnte (das folglich keinen Keller erhielt). Sie bestand aus fast steinfreiem, umgelagertem Aushub mit vereinzelten Tierknochen und Scherben des späteren 13. bis 14. Jahrhunderts. Dort, wo sie bei der Grabung erreicht wurde, fanden sich auf der Grubensohle keinerlei „Bodensatz“ oder Spuren von Einbauten. Demnach war die große Grube umgehend wieder verfüllt worden. Anscheinend war hier das Vorhaben eines großen, ob der relativ geringen Tiefe vermutlich flach gedeckten Kellers noch während der Umsetzung aus unbekannten Gründen aufgegeben worden.

Ursprünglich ein Eindachhof?

Diese Befundlage wirft zentrale Fragen zur Baugeschichte von Obere Burggasse 2 auf. Zuletzt bestand dieses aus einem Wohnteil mit Stall und innenliegendem Flur im Westen und einem östlichen Scheunenteil mit innenliegender Tenne und äußerem Heubarn (Abb. 215). Während der Scheunenteil, seit 1939 eine notdürftig reparierte Brandruine, auf 1494(d) datiert werden konnte, wurde der Wohnteil bereits vor 1968 undokumentiert abgebrochen. Anhand der vor dem Abbruch der Scheunenruine angefertigten 3D-Scanaufnahmen und einzelnen

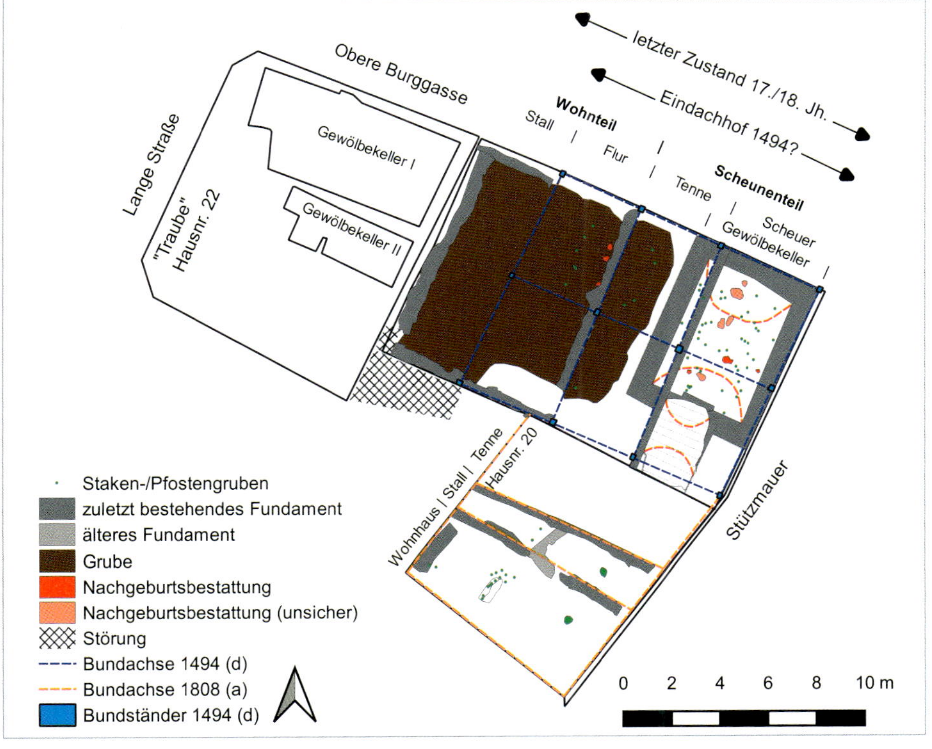

215 ◁ *Sindelfingen, Lange Straße 20/22. Übersichtsplan der archäologischen Befunde und Bauphasen.*

Fotografien ist jedoch klar, dass sich das Gebäude von 1494 (d) weiter nach Westen erstreckte. Die Tenne war dabei vom westlichen Hausteil von Beginn an durch Lehmflechtwerkwände abgetrennt. Dies spricht für dessen Nutzung als Wohnteil, was bedeutet, dass es sich bei dem Kernbau von Obere Burggasse 2 mutmaßlich um den ältesten bekannten Eindachhof der Sindelfinger Altstadt handelte. Aufgrund von indirekten Spuren einer ehemaligen westlichen Außenwand (?), die etwa im selben Abstand zur Tennenwand verlief wie die östliche Außenwand des Barns, umfasste der Wohnteil von 1494 (d) zunächst nur eine Querzone. Mit seinen drei Querzonen würde das so rekonstruierte Gebäude dem bislang ältesten bekannten Eindachhof der Altstadt gleichen, Martinsgasse 1 von 1540 (d).

Frühneuzeitlicher Teilneubau?

Es spricht vieles dafür, dass dieser älteste Wohnteil durch den zuletzt bestehenden, bis dicht an die „Traube" heranreichenden, nun aber zwei Querzonen umfassenden Wohnteil ersetzt wurde. Wann dies geschah bleibt unsicher. Aufgrund der Bauabfolge stellt sich jedoch die Frage, ob die große, alsbald wieder verfüllte Grube vielleicht erst dieser Bauphase zuzuordnen ist. Die Keramik aus der Verfüllung hilft hier nicht weiter. Zumindest einen Terminus ante quem bilden die vier Nachgeburtstöpfe aus Obere Burggasse 2, die sich aber nur vage ins 17./18. Jahrhudert datieren lassen. Ein zeitlicher Zusammenhang mit der Errichtung des kleinen Eindachhofes Lange Straße 20 um 1808 (a) ist damit noch nicht völlig ausgeschlossen. Spätestens mit Erstellung der Urkarte von 1830 besaß das Gebäude seine maximale Ausdehnung.

INFO

Tenne: Ein- oder Durchfahrt einer Scheune zum Entladen der Garben oder des Heus. Häufig auch der überdachte Platz zum Ausdreschen der Frucht („Dreschtenne").
Barn / Heubarn (auch als Bergeraum bezeichnet): Lagerraum einer Scheune seitlich der Tenne, meist ohne Decken- bzw. Dachgebälk zum ungehinderten Aufschichten von Heu und Stroh.

Nicht zuletzt aufgrund der großflächigen Abtragungen im Zuge von historischen Baumaßnahmen konnten auf dem untersuchten Gelände keine eindeutigen Spuren vorstädtischer Besiedlung mehr gefunden werden, die aber durchaus in diesem Umfeld bei weiteren Baumaßnahmen zu erwarten sind. Stattdessen konnten interessante Details sowohl über die Baugeschichte der betroffenen Grundstücke als auch über den bautechnischen Umgang mit nachträglichen Unterkellerungen von bestehenden Gebäuden gewonnen werden.

Wir danken dem Bauträger, Wohnstätten Sindelfingen; den PlanerInnen von Glück + Partner, Stuttgart, sowie nicht zuletzt den Mannen der Firmen Sommer-Eisele, Weil der Stadt, und Lux, Böblingen, für die gedeihliche Zusammenarbeit sowie Ilja Widmann, Stadtmuseum Sindelfingen, für die Unterstützung.

Dorothee Ade, Wiebke Griebel,
Tilmann Marstaller, Andreas Willmy

LITERATURHINWEISE

E. Schempp, Sindelfinger Häuserbuch (unveröff. Manuskript, Stadtarchiv Sindelfingen); Jahrringlabor Hofmann & Reichle, Gutachten (Ergänzung) zu Obere Burggasse 2 in Sindelfingen (2021); T. Marstaller, Haus und Hof hinter Mauern. In: H. Zecha, Sindelfingen und seine Altstadt – ein verborgener Schatz (Sindelfingen 2013) 153–261.

Erste Grabungen in der Stadt Geisingen

2021 bestand erstmals die Möglichkeit, in der um die Mitte des 13. Jahrhunderts gegründeten Stadt Geisingen archäologische Untersuchungen durchzuführen. Der Ort erlebte im 16. Jahrhundert als Regierungssitz der Fürstenberger für drei Jahrzehnte seine Blütezeit. Während des Dreißigjährigen Krieges litt die Stadt schwer und konnte sich nicht mehr von diesem Niedergang erholen. Anfang des 19. Jahrhunderts wurde sie in das Großherzogtum Baden eingegliedert.

Anlass der Grabung war die komplette Renovierung des Gasthauses Krone, eines der wichtigsten Gasthäuser des Ortes. Auf dem Grundstück nördlich des Hauses stand bis ins 20. Jahrhundert eine Scheune. Da nun geplant war, das Grundstück zu unterkellern, mussten die archäologischen Befunde vor ihrer Zerstörung dokumentiert werden. Mit den Arbeiten beauftragt wurde die Firma ArchaeoTask GmbH, Engen-Welschingen. Die untersuchte Fläche betrug rund 160 m² und war teils durch moderne Kanalgräben gestört.

Die Baubefunde

Bei den ältesten Befunden handelte es sich um einzelne Pfostengruben, eine rechteckige Grube sowie ein Grubenhaus (Abb. 216), die in den gewachsenen Boden eingetieft waren. Die Maße des Grubenhauses betrugen 4,60 m auf 3,18 m bei einer Tiefe von ca. 1 m. An den Längsseiten befanden sich jeweils drei Pfosten. Im Grubenhaus verteilt kamen mehrere Stakenlöcher zutage, die zusammen mit einer länglichen Grube als Standort eines Gewichts-/Hochwebstuhles rekonstruiert werden konnten. Die Anordnung der Stakenlöcher deutet darauf hin, dass, anders als üblich, der Webstuhl nicht an die Wand gelehnt war, sondern frei stand. In dem Grubenhaus konnten Funde aus dem Hochmittelalter – u. a. Keramik und ein Spinnwirtel – geborgen werden. Die Keramik aus der rechteckigen Grube dürfte in das 13. Jahrhundert zu datieren sein. Ob diese Befunde vor der Stadtgründung zu datieren sind oder schon städtischen Struk-

216 ▽ *Geisingen, Hauptstraße 33–35. Grubenhaus, Planum 6. Standort des Webstuhls mit Grube für die Webgewichte und umliegenden Stakenlöchern.*

217 ▷ *Geisingen, Hauptstraße 33–35. Planum 1 und 2. Steingebäude mit neuzeitlichem Pflaster und Grube; ergänzte Mauerzüge schraffiert.*

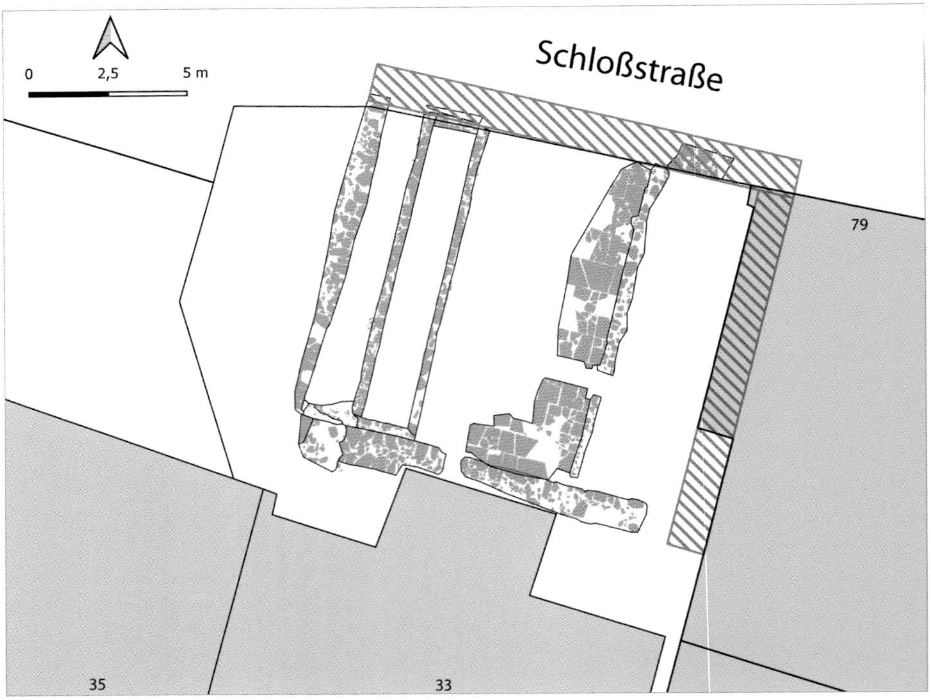

turen zuzuordnen sind, kann noch nicht entschieden werden.

Nach Aufgabe des Grubenhauses und der Pfostenbauten erfolgte die Errichtung eines Steinhauses von ca. 12 m × 12 m Grundfläche mit 1,2 m mächtigen Mauern. Dieses Gebäude (Abb. 217) scheint von einem Brandereignis betroffen gewesen zu sein, das in einer Brandschicht seinen Niederschlag fand. Die darin enthaltene Keramik aus dem 14./15. Jahrhundert legt den Gedanken nahe, dass es sich bei diesem Ereignis um den Stadtbrand von 1487 gehandelt haben könnte. Innerhalb des Gebäudes wurde dann zu einem unbekannten Zeitpunkt von Nord nach Süd ein etwa 5 m breites Kalksteinpflaster angelegt, das mit einer Mauer eingefasst war. Dieses Pflaster diente sicherlich zum Befahren und Begehen des Innenraumes. Westlich dieses Pflasters befand sich auf ganzer Länge des Gebäudes eine langrechteckige Grube, die in ihrer jüngsten Nutzung mit einem Betonverputz versehen worden ist. Sie dürfte zur bereits erwähnten Scheune gehört und zum Lagern von Mist oder Ähnlichem gedient haben. Im frühen 20. Jahrhundert wurde sie dann aufgegeben und verfüllt.

Dem Bauherrn Christoph von Bothmer und dem Architekten Markus Uhrig danken wir sehr für die gute Zusammenarbeit und Unterstützung.

Andreas Haasis-Berner, Brigitte Laschinger

Größer als erwartet – Aufschlüsse zur spätmittelalterlichen Siedlungsstruktur von Pfedelbach

Erstmals urkundlich erwähnt wird Pfedelbach im Jahr 1037 als „Pfadelbach“, entstanden sein dürfte es jedoch bereits im 8. oder 9. Jahrhundert. Nach dem Dreißigjährigen Krieg wurde das stattliche Dorf zur Residenz ausgebaut und mit einem Etter sowie vier Toren eingehegt. Die ehemalige Funktion als hohenlohische Residenz bestimmt weitgehend auch heute noch das Ortsbild.
Die geplante Neubebauung mit mehreren Mehrfamilienhäusern im Bereich Kelterstraße/Kirchgasse machte hier bauvorgreifende Untersuchungen notwendig. Da die überplante Fläche teilweise im historischen Ortskern liegt, waren in dem betreffenden Bereich vor allem archäologische Zeugnisse zur mittelalterlichen und frühneuzeitlichen Siedlungsgeschichte des Ortes zu erwarten.
Dementsprechend wurde das Areal zunächst im Rahmen einer archäologischen Prospektion durch das Landesamt für Denkmalpflege voruntersucht. Dabei zeigte sich, dass sich die spätmittelalterlich-frühneuzeitliche Siedlung deutlich weiter nach Osten und damit über die eigentliche Verdachtsfläche hinaus erstreckt haben muss, als bislang angenommen. Anhand der angetroffenen Gruben, Pfostengruben und Planierschichten ließen sich für das Spätmittelalter mindestens zwei Besiedlungsphasen unterscheiden. Da im Zuge der vorgesehenen Neubebauung mit weiteren archäologischen Zeugnissen zu rechnen war, bedurfte es vor Beginn der Baumaßnahmen einer Rettungsgrabung. Die ca. 2400 m² große Fläche wurde im Zeitraum von April bis Juni 2021 von der Firma ArchaeoBW GmbH untersucht.

Erste Siedlungsaktivitäten

Die stratigraphische Situation stellte sich im Untersuchungsgebiet sehr unterschiedlich dar. Während im Ostteil nur eine Schicht Auelehm als Hangsediment erfasst wurde, waren die im Westteil angetroffenen Kulturschichten deutlich mächtiger. Dies dürfte vor allem durch die leichte Hanglage, die unmittelbare Nähe zum ehemaligen Pfedelbacher Bach und nicht zuletzt durch die

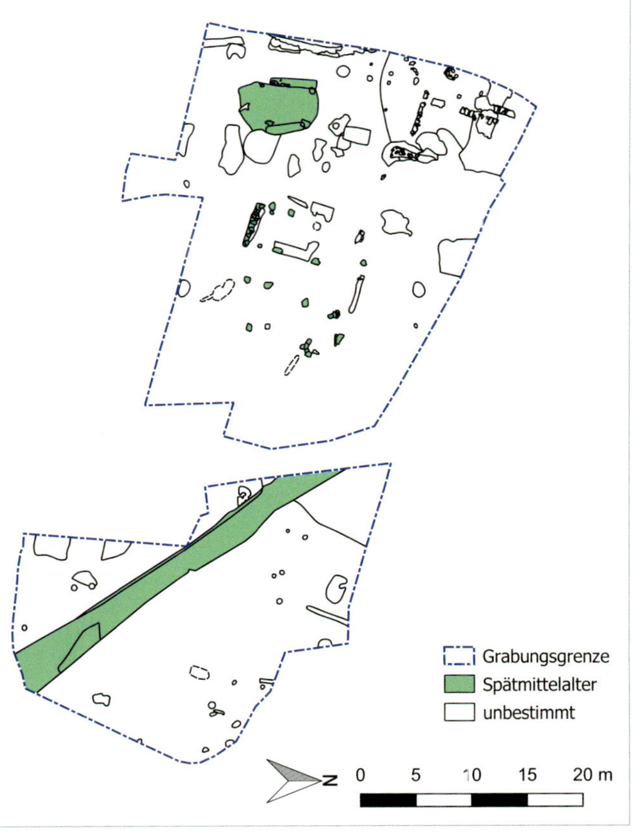

218 ▽ Pfedelbach, Kelterstraße. Bereinigter Gesamtplan der Grabungen.

219 △ *Pfedelbach, Kelterstraße. Profil des spätmittelalterlichen Brunnens.*

stärkeren Siedlungsaktivitäten in diesem Areal bedingt sein.

Relikte älterer Bebauung zeigten sich im Westen vor allem in Gestalt zweier Gebäudegrundrisse (Abb. 218). Der erste Hausbefund im Südwesten der Grabungsfläche war insbesondere noch anhand seiner Baugrube sowie der in der Hausmitte angetroffenen Überbleibsel eines lehmigen Nutzungshorizonts nachweisbar. Zudem konnten im Bereich des einzigen erhaltenen Sockelsteins noch Reste einer Schwellbalkenkonstruktion dokumentiert werden. Die aufgefundene Keramik verweist den Befundkomplex in das späte Mittelalter.

Der zweite Gebäudegrundriss lag unmittelbar östlich des ersten Hausbefunds. Zu identifizieren war er vor allem anhand eines relativ regelmäßig gesetzten Rasters aus Sockelsteinen sowie der verkohlten Reste einer Balkenkonstruktion. Im südwestlichen Bereich des Grundrisses zeigte sich eine in Reihe gesetzte Formation aus größeren Sandsteinquadern, die als Teil der Fundamentierung anzusprechen sein dürfte. Auch hier legt das Fundmaterial eine Datierung in das Spätmittelalter nahe, was durch die noch ausstehende ^{14}C-Datierung der Balkenreste weiter eingegrenzt werden soll.

Zu den spätmittelalterlichen Siedlungsbefunden zählt darüber hinaus eine Steinsetzung, die als Brunnenschacht interpretiert wird (Abb. 219). Sie besteht aus drei erhaltenen Werksteinlagen, die einhäuptig, also direkt gegen das Erdreich der Baugrube gesetzt waren. Sie bildeten ehemals einen geschlossenen Grundriss, in dessen Inneren eine lockere kiesige Verfüllung angetroffen wurde.

Im Osten des Grabungsareals wurde aufgrund der geringeren Bautiefe nur die erste befundführende Schicht unter dem humosen Oberboden dokumentiert. Hier zeigten sich vor allem Erdbefunde wie Gruben und Pfostengruben, deren Anordnung jedoch keine Rekonstruktion der Siedlungsstruktur zulässt. Der Hauptbefund war ein von Nordwest nach Südost verlaufender Spitzgraben, der anhand der gefundenen Keramik ebenfalls ins Spätmittelalter datiert werden kann (Abb. 220). Ob und in welchem Zusammenhang er mit den im Westen angetroffenen Hausbefunden im Zusammenhang steht, muss mangels stratigraphischer Bezüge leider offenbleiben.

220 ▽ *Pfedelbach, Kelterstraße. Profil des spätmittelalterlichen Spitzgrabens.*

Ein besonderer Dank für die Kooperation gebührt dem Projektleiter der Weinberger Bau Objekt GmbH & Co. KG in Bretzfeld, Herrn Colin Böhrkircher, sowie der Stadt Pfedelbach.

Max Hermann, Petru Ciocani, Olaf Goldstein

LITERATURHINWEIS

Das Land Baden-Württemberg. Amtliche Beschreibung nach Kreisen und Gemeinden. 4 Reg.-Bez. Stuttgart, Regionalverbände Franken und Ostwürttemberg (Stuttgart 1980) 239.

ELLWANGEN, OSTALBKREIS

Rund ums Kloster – Ein spätmittelalterlicher Gebäudekomplex unter dem Karl-Wöhr-Platz in Ellwangen

Ellwangen geht auf die um 764 erfolgte Klostergründung durch den Adeligen Hariolf, Bischof von Langres, zurück. Vor dem Kloster entwickelte sich bald eine Marktsiedlung, wobei es im frühen 12. Jahrhundert offenbar zum Ausbau des Klostermarktes kam und man vermutlich bald darauf mit der Befestigung der frühstädtischen Siedlung begann.

Am westlichen Rand des ehemaligen Klosterbezirks und damit innerhalb der Keimzelle von Ellwangen befinden sich der heutige Karl-Wöhr-Platz und der Methodiusplatz. Ihre Neugestaltung machte eine archäologische Begleitung der Tiefbauarbeiten erforderlich, die von Mai bis Oktober 2021 von der Firma Ostalb-Archäologie GbR aus Neresheim durchgeführt wurde.

Hinweise auf das archäologische Potenzial dieser Stadtplätze ergaben sich bereits 1929 bei Kanalisationsarbeiten unmittelbar westlich des Karl-Wöhr-Platzes. Neben den vermutlichen Resten des abgegangenen Schmiedtores konnte (süd-)westlich des Hauses Schmiedstraße 1 ein vierlagiger Knüppeldamm lokalisiert werden. Darüber hinaus war hier nach den Ergebnissen der Grabungen auf dem benachbarten Marktplatz (2012–2015) mit der Fortsetzung eines Hohlwegs des 13.–15. Jahrhunderts zu rechnen, der als Verbindung zwischen der ehemaligen Jagstfurt und der Klosteranlage gedient haben könnte.

Der Gebäudekomplex …

Obwohl bereits ein Großteil des Karl-Wöhr-Platzes durch Leitungssysteme gestört ist, kamen nach dem Rückbau der alten Pflasterung noch diverse Gruben- und Schichtbefunde zum Vorschein. Am Übergang zum Methodiusplatz traten darüber hinaus diverse Mauerzüge zutage, die eindeutig mit den Hauptbefunden auf dem Karl-Wöhr-Platz zusammenhängen. Hierbei handelt es sich um die Reste eines ehemaligen Steingebäudes, das in seiner Ausrichtung stark von der heutigen Bebauung abweicht (Abb. 221; 222). Vor allem die Nord–Süd orientierte, 8,30 m lange Ostmauer aus Ellwanger Mürbsandstein konnte noch auf ganzer Länge erfasst werden. Auf Höhe ihrer Mauerenden fanden sich in Fortsetzung nach Westen noch die bis zu 5,70 m langen Reste der Süd-

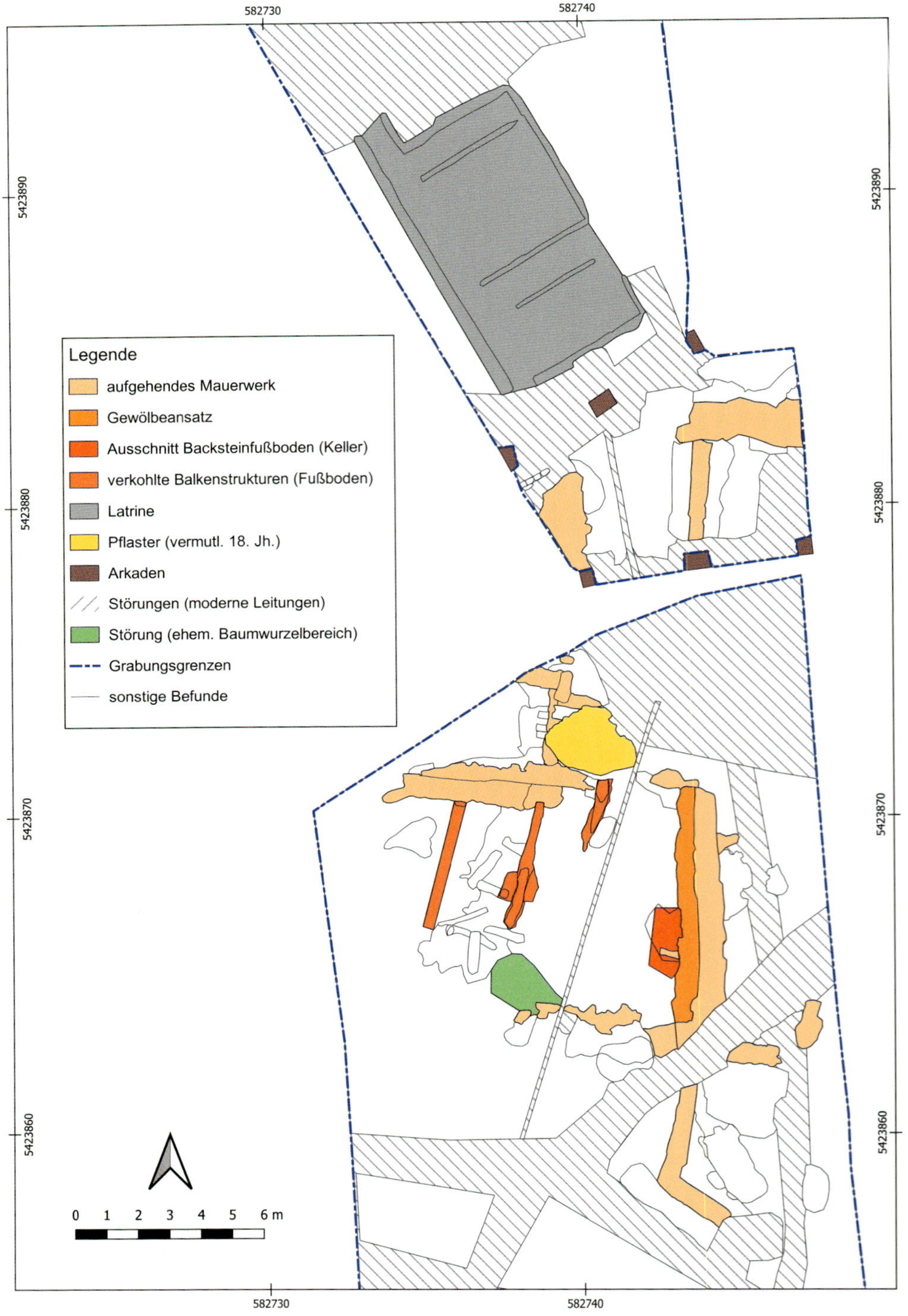

221 △ *Ellwangen, Karl-Wöhr-Platz. Bereinigter Gesamtplan der Grabungen.*

und Nordmauer des Gebäudes. Letztere war – ebenso wie die nördlich hiervon angetroffene Ofenstelle in Gestalt von angesinterten Backsteinen – durch den Bau des ehemaligen Gymnasiums stark gestört. Am Mauerwerk bzw. südlich hiervon waren jedoch noch diverse Balkenlager sowie die zugehörigen verkohlten Holzbalken und ein Schwellenbereich über einer Feinsandschicht auf einer Kalksteinrollierung nachweisbar.

Entlang der Westflanke der Ostmauer konnte anhand der leicht schräg angesetzten Sandsteine noch ein Gewölbelager beobachtet werden, dessen westliches Gegenstück nach den Ergebnissen einer Sondage und eines Radargramms unter dem oben beschriebenen Holzfußboden begründet zu vermuten ist. Durch einen weiteren kleinen Aufschluss auf der Innenseite der Ostmauer war darüber hinaus noch der Ansatz eines nach Westen abgehenden Binnenmäuerchens sowie in einer Tiefe von 1,90 m der Kellerboden aus Backsteinen nachweisbar.

… und seine Datierung

Nach dem überwiegend spätmittelalterlich geprägten Fundkonvolut war der wiederentdeckte Gebäudekomplex offenbar ehemals Teil einer Häuserzeile, die nach dem Klosterbrand von 1443 entstanden ist. Sie orientiert sich am Verlauf eines bereits ab 1136 entlang der Schmied- und Spitalstraße angelegten Häuserbogens aus klösterlichen Wirtschaftsgebäuden, der den Klosterbezirk über fünf Gässchen mit der profanen Siedlung im Süden verband. Ob die ergrabenen Brandschichten auf einen der Ellwanger Stadtbrände zurückzuführen sind, sollen die noch ausstehenden ^{14}C-Datierungen klären.

Den spätestmöglichen Datierungsansatz für den Abbruch des Gebäudekomplexes bildet der Bau des Jesuitenkollegs in den Jahren 1722 bis 1728. Die Errichtung des zugehörigen Kollegiumsgebäudes und Gymnasiums (1722/23) ging mit einer vollständigen Neugestaltung dieses Areals einher, die nur durch einen kompletten Rückbau der spät-

222 ◁ *Ellwangen, Karl-Wöhr-Platz. Übersicht über das Grabungsareal. Norden ist rechts.*

mittelalterlichen Bauten zu realisieren war. Neben der frühneuzeitlichen Verfüllung des Kellers fanden diese Umgestaltungsmaßnahmen ihren archäologischen Niederschlag in Gestalt eines Pflasterrestes mit variierendem Verlegemuster südlich des Gymnasiums. Dieser greift in die mittelalterliche Kulturschicht ein und dürfte nach einer zeitgenössischen Stadtansicht spätestens um 1729 entstanden sein. Darüber hinaus wurde östlich des heutigen Landgerichts eine parallel verlaufende, rechteckige Vier-Kammer-Latrine entdeckt, deren Vorgängerbau vermutlich zunächst als Einkammer-Klärgrube bei der Neuerrichtung des Gymnasiums um 1722 angelegt wurde.

Ein besonderer Dank für ihre Kooperation gebührt der Firma Grünanlagen Schwarz GmbH, Aalen, der Landesgartenschau Ellwangen 2026 GmbH in Person von Herrn St. Brendle sowie der Stadt Ellwangen, hier insbesondere Herrn Stadtarchivar C. Remmele und Frau E. Lingel, ehemals Untere Denkmalschutzbehörde.

Dana Herrmann, Marina Hinnen, Benny Rieger, Olaf Goldstein

LITERATURHINWEISE

Ellwangen und seine Denkmäler. Geschenk und Verpflichtung. Denkmalpflegerischer Fachplan Ellwangen (Jagst). In: Ellwanger Jahrb. Sonderband 2014, 85–95; A. Grupp, Die Bautätigkeit der Jesuiten in Ellwangen. In: F. Brendle/F. Fechner/A. Grupp (Hrsg.), Jesuiten in Ellwangen. Oberdeutsche Provinz, Wallfahrt, Weltmission (Stuttgart 2012) 113–134; E. Huber, Die Gestaltung der mittelalterlichen Stadt Ellwangen. Ellwanger Jahrb. 17, 1956/1957, 22–62.

■ KORB-KLEINHEPPACH, REMS-MURR-KREIS

Aufschlüsse zur Nutzungsgeschichte der Kleinheppacher Kelter

Da der Bereich der 1927 erbauten und 2017 abgerissenen Genossenschaftskelter in Kleinheppach überplant war, wurde hier nach ersten Befunden, die beim Abschieben des aufplanierten Abbruchschutts zutage gekommen waren, eine Rettungsgrabung veranlasst, die durch die Firma AAB Archäologische Ausgrabungen und Bauprojektbetreuung, Berlin, durchgeführt wurde.

Mehrphasige Baustrukturen

Historische Nennungen einer „Alten Kelter" aus dem Jahr 1562 sowie die kritische Neudurchsicht alten Kartenmaterials hatten im Vorfeld den Verdacht erhärtet, dass diese an Ort und Stelle der neuzeitlichen ausgedehnten Kelteranlage bestanden haben musste. Während der zweimonatigen Ausgrabung konnten Gebäudefundamente und technische Anlagen zur Weinherstellung aus verschiedenen Nutzungsphasen dokumentiert werden. Die Außenmauern des Vorgängerbaus, der vermutlich um 1780 errichtet wurde, waren noch komplett erhalten. Durch die archäologische Untersuchung wurden Schilderungen aus der Ortschronik von Kleinheppach verifiziert, wie z. B. die Erweiterung der Kelter, die für das Jahr 1805 bezeugt ist. Die Ausgrabungen bestätigten, dass die ursprünglich 15 m × 15 m große

Kelter mit drei Kelterbäumen um mindestens einen Kelterbaum erweitert wurde, nachdem die zweite Kleinheppacher Kelter, die man im 16. Jahrhundert am Ortsrand errichtet hatte, aufgegeben worden war. Außerdem wurden verschiedene Mauerzüge der „Alten Kelter" und vielleicht auch von deren historisch bezeugtem benachbarten „Zehnthäuslein" gefunden. Die älteren Fundamente sind durchweg weniger massiv gemauert und dürften eventuell auch nur aus einlagigen Steinsetzungen unter Schwellbalken einer aufgehenden Holzkonstruktion bestanden haben. Nach Aufgabe der spätmittelalterlichen Kelter wurde auf dem gesamten Areal eine mindestens 50 cm mächtige Planierschicht aufgebracht, wodurch sich das Fußboden- und Nutzungsniveau deutlich anhob.

Einrichtungen und Überrreste der Weinherstellung

Zu den technischen Anlagen, die während der Ausgrabung dokumentiert wurden, zählen u. a. vier neuzeitliche Baumkeltern (Abb. 223) mit einer Länge von jeweils ca. 11 m. Lage und Länge konnten anhand der Reste von Schragen rekonstruiert werden. Diese Schragen waren rechteckige, ca. 3 m × 2 m große Holzkisten, die mit Sandsteinquadern gefüllt waren und an der Spindel auf der dem Pressgut gegenüberliegenden Seite des Kelterbaums befestigt waren. Mittels der Spindel wurden die Schragen bei jedem Pressgang nach oben gezogen; durch ihr Eigengewicht senkten sie sich in der Folge in eine passgenaue, in den Boden eingelassene, sauber mit Steinquadern ausge-

223 ◁ *Korb-Kleinheppach, Alte Kelter. Senkrechtaufnahme des Grabungsareals mit den Resten der vier neuzeitlichen Kelterbäume. Die Mauerzüge am oberen und linken Bildrand gehören zur Bauphase um 1780. Unten die vier zugehörigen rechteckigen Schragengruben, davon die rechte im 1805 angebauten Teil.*

kleidete Grube. Dieser mehrere Stunden andauernde Vorgang wurde pro Pressgut mehrmals wiederholt und führte zu einem vollständigen Auspressen der Trauben. Von den Schragen sind nur noch die Wandauskleidungen der Gruben sowie jeweils unterschiedlich viele, sorgfältig behauene Steinquader erhalten. Von den hölzernen Konstruktionsteilen gibt es keine Überreste. Unter dem westlichen Schragen kam in ca. 40 cm Tiefe eine weitere rechteckige Steinsetzung gleichen Ausmaßes zutage. Es fehlten die Schragensteine, dafür lag hier das einzige Beispiel vor, wo am Boden der Grube ein flacher Sandstein lag, der eine runde Vertiefung von ca. 30 cm Durchmesser aufwies und sicher das Gegenlager der Spindel bildete (Abb. 224).

Zudem konnten an der Gegenseite der Kelterbäume drei runde Auffangbecken aus Sandstein erfasst werden, die jeweils ein Fassungsvermögen von mindestens 2400 Litern hatten. Zwei davon waren mittels eines Kanals miteinander verbunden. Ein weiteres Becken überlagerte diese. Anscheinend war eine Steinauskleidung am Boden nicht unbedingt zwingend, weshalb davon ausgegangen werden muss, dass hier Fässer oder andere Auffangbehälter aufgestellt wurden. Ein weiteres gemauertes, jedoch im Grundriss rechteckiges Becken mit Auslass dürfte wohl einer älteren Nutzungsphase angehören.

Im nördlichen Außenbereich des Keltergebäudes konnten 22 Gruben und Reste einer Ofenkonstruktion freigelegt werden. Die zumeist wannenförmigen Gruben waren zum Teil sorgfältig mit Ton ausgestrichen. In einem Fall konnte gut erhaltener Traubentrester in der Verfüllung dokumentiert werden, der mittels ^{14}C-Analyse ins 14. Jahrhundert datiert wurde (2 Sigma-Bereich: 1318–1396). Dies lässt darauf schließen, dass die abgebeerten Trauben hier zerquetscht, gelagert und eventuell auch zur Gärung gebracht wurden, was der Weinqualität und der Aus-

224 ▷ *Korb-Kleinheppach, Alte Kelter. Auf dem Boden eines älteren Schragens wurde eine Sandsteinplatte mit runden Abriebspuren gefunden.*

beute zuträglich war. Der Ofen war birnenförmig und dürfte wohl dem Typ des liegenden Ofens angehören: Er hatte vermutlich einen runden, überkuppelten Nutzungsraum und eine vorgelagerte Anheizgrube. Seine Funktion kann nicht erschlossen werden.

225 △ *Korb-Kleinheppach, Alte Kelter. Die beiden um 1344 in eine Grube eingestellten Eichenbalken, die als Hinterdocke einer Baumkelter interpretiert werden.*

Der älteste Befund

Aus der ältesten Phase der Kelter stammt eine Holzkonstruktion aus Eichenhölzern, die ursprünglich wohl als Hinterdocke für eine Baumkelter gedient hat. Zwei grob zugearbeitete Hälften eines mächtigen Eichenstamms waren senkrecht in eine knapp 1 m tiefe Grube, das sogenannte Dockenloch, eingebracht und dort mit weiteren Hölzern verkeilt worden (Abb. 225). Die Fällung der Eiche konnte mittels Dendrochronologie auf 1344 ± 10 datiert werden. Der Zwischenraum zwischen den beiden Balken maß 50 cm und gibt damit die Breite des eingespannten Kelterbaums vor. Vermutlich an oder knapp unter der ehemaligen Oberfläche waren noch fünf parallele, kaum bearbeitete Eichenäste erhalten, die hier einen horizontalen Rost bildeten. Unter dem sogenannten Biet (Kelter-Tenne) war eine feste, glatte Oberfläche nötig, die ungeheuren Druck aufnehmen musste. Vielleicht wurde hierfür die Grubenfüllung vorher mit Eichenhölzern abgedeckt. Die Abbildung 226 zeigt eine Rekonstruktion einer Baumkelter ausgehend von den Kleinheppacher Befunden.

Historisches Umfeld

Konstruktionsweise, Holzverbrauch und das benötigte Gebäude eines bzw. mehrerer großer Kelterbäume legen die Vermutung nahe, dass hier wohl eine gemeinschaftliche oder durch große Grundherrschaften aufgebrachte Investition zugrunde liegt. Erwähnenswert ist in diesem Zusammenhang die direkte Nähe zum ehemaligen Adelssitz Kleinheppachs, dem sogenannten Burstel, einem von einem wasserführenden Graben umgebenen Mottenhügel. Er war noch in den 1960er Jahren obertägig erhalten. Von dort sind im Magazin des Heimatmuseums noch Lesefunde gelagert: Es handelt sich vorwiegend um hochwertiges Fundmaterial des 12.–14. Jahrhunderts. Ein Lagerbucheintrag von 1537 spricht dafür, dass diese Turmhügelburg bereits im Spätmittelalter aufgelassen wurde.
1467 erkaufte hier Graf Ulrich von Württemberg Rechte, vermutlich war er auch im Besitz der Korn- und Weinzehnten. Es scheint wahrscheinlich, dass die Rechte vom lokalen Adel, der seinen Sitz auf der Niederungsburg direkt neben der Kelter hatte, auf das Haus Württemberg übergegangen sind. Auch einige überraschende Funde, die in adligen Kontext gestellt werden dürften, deuten darauf hin, dass bereits die Anfang des 14. Jahrhunderts gebaute Kelter auf die

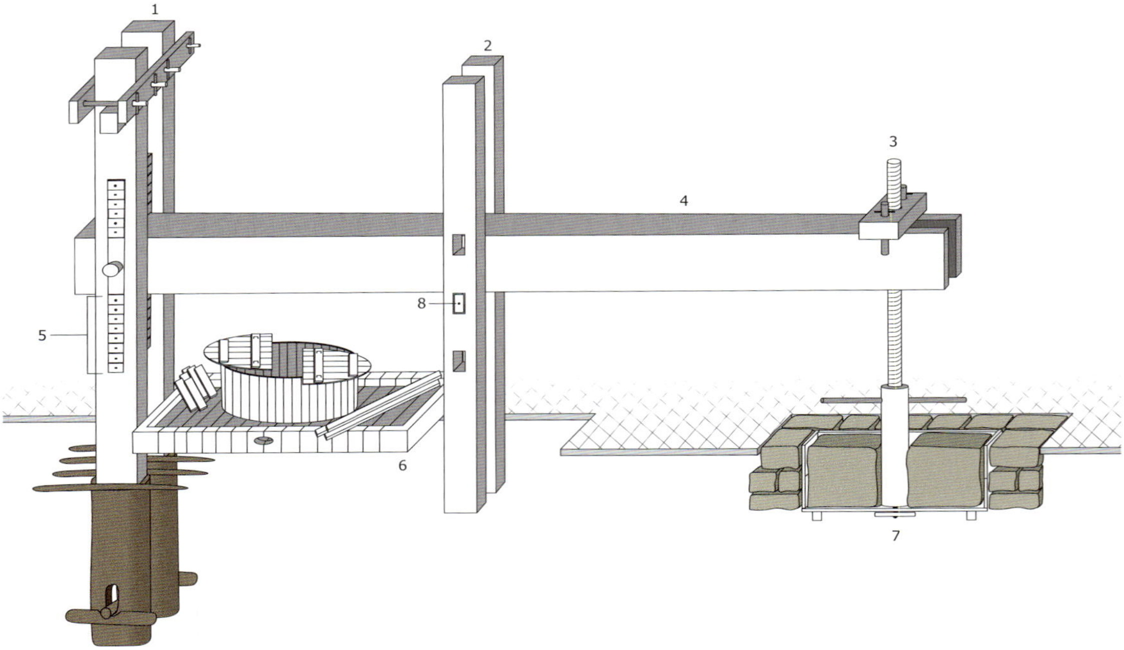

226 △ *Rekonstruktionszeichnung einer Baumkelter unter Einbeziehung der spätmittelalterlichen Befunde aus Kleinheppach (farbig). 1 Hinterdocke, 2 Vorderdocke, 3 Spindel, 4 Kelterbaum, 5 Sicherungshölzer, 6 Biet, 7 Schragen, 8 Esel.*

Initiative des lokalen Adels zurückging. In der Ortschronik von Kleinheppach wird der Weinanbau und dessen Verarbeitung erstmals für das Jahr 1284 bezeugt, schon 1343 besaßen die Grafen von Württemberg einen Weinberg in Kleinheppach.

Wir bedanken uns bei der Gemeindeverwaltung Korb, bei allen Kleinheppachern und ganz besonders bei Ortsvorsteher Gerhard Liebhard für ihr vielfältiges Entgegenkommen und die aktive Kooperation.

Aline Kottmann, Christoph Kutz

REMSHALDEN-BUOCH, REMS-MURR-KREIS

Rettungsgrabung erweitert Kenntnis um Laufzeit von Friedhof, Siedlung und Keramikproduktion in Buoch

Im März und April 2021 wurde aufgrund eines anstehenden Neubaus das Gelände in der Stuifenstraße 17 nahe der Kirche in Remshalden-Buoch vom Landesamt für Denkmalpflege bauvorgreifend archäologisch untersucht (Abb. 227).

Bereits bei Abbrucharbeiten in den Jahren 2013 und 2014 war die Denkmalpflege auf das Areal aufmerksam geworden. In den Ausbruchgruben der ehemaligen Keller wurden die in Buoch sehr häufig auftretenden „Scherbenpackungen“ angetroffen: mächtige Lagen dicht gepackter Keramikfragmente, die den Ausschuss der hier im hohen und späten Mittelalter produzierenden Töpfereien darstellen. Außerdem wurden damals zwei Bestattungen freigelegt, die aus dem Hochmittelalter stammten.

Aus diesem Grund war es notwendig, das Areal vor der Zerstörung weiterer archäologischer Befundsubstanz zu untersuchen. Ein fleißiges Team von Mitarbeitern und ehrenamtlichen Helfern der Denkmalpflege machte sich nach Abstimmung mit der Bauherrschaft daran, die noch ungestörten Bereiche bis auf die Baugrubensohle auszugraben.

Das Fundmaterial

Tatsächlich konnten auch in den neuen Ausgrabungsschnitten wieder zahlreiche Konzentrationen von Keramikscherben beobachtet werden. Diese sind, wie im gesamten Ortskern üblich, der sogenannten Buocher Feinware zuzuordnen. Die helltonige, feinwandige Drehscheibenware ist meist rot bemalt und in einem auffallend vielfältigen Formenspektrum vertreten. Vom 12. bis zum 14. Jahrhundert gehörte sie auf die Tafel jeder begüterten Familie im weiten Umkreis. Das zeigt sich durch die Konzentration der Funde im städtischen Kontext, in Burgen sowie Klöstern und in weit entfernten Bischofssitzen. Die Buocher Feinware gehörte zweifellos zu den „Prestigeobjekten“ jener Zeit.

In der Stuifenstraße 17 wurden außerdem mehrere Produkte der gleichen Warenart aus späteren Jahrhunderten gefunden. Diese belegen, dass die Töpfereien in Buoch länger als bisher angenommen, mindestens aber bis ins 17. Jahrhundert, weiterarbeiteten. Interessanterweise sind Exporte der Buocher Feinware aus dieser Zeit nicht mehr geläufig. Es scheint eine Änderung des Magerungsmusters und zugleich einen Umschwung innerhalb des Buocher Produktionsspektrums gegeben zu haben. Im Gegensatz zum vorher produzierten feinen Tafelgeschirr wurde nun auch technische und sehr viel gröbere Baukeramik aus denselben Rohstoffen produziert. Die Grabung erbrachte beispielsweise verschiedene Formen von Ofenkacheln und sogar verschiedene Dachziegelformen aus Buocher Ware (Abb. 228).

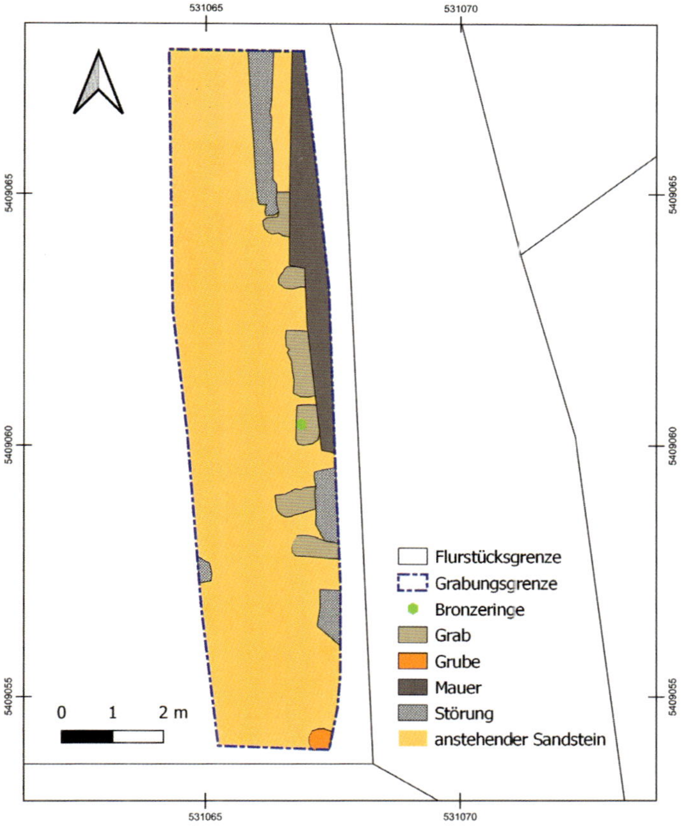

227 △ *Remshalden-Buoch, Stuifenstraße 17. Übersichtsplan der Grabungsbefunde.*

Die Befunde

Die Baubefunde, die auf der Grabung angetroffen wurden, waren leider nur noch ausschnitthaft erhalten und lassen eine Interpretation nicht ohne Weiteres zu. Ein Mauersockel bzw. Fundamentstreifen aus sehr großen, rechtwinklig zugearbeiteten

228 △ *Remshalden-Buoch, Stuifenstraße 17. Ofenkacheln, technische Keramik und Dachziegel aus Buocher Produktion.*

Sandsteinen verlief beispielsweise direkt unter dem Weg, der an der heutigen Friedhofsmauer entlangführt. Er macht den Eindruck, als ob oberhalb einer Baufuge eine Ausbesserung vollzogen werden musste. Der untere, ältere Teil könnte zu einer Vorgängerbebauung gehören. Die großformatige Ausführung wiederum deutet auf ein Gebäude von besonderer Bedeutung hin. Dafür spricht auch die Lage im Ortskern nahe der hochmittelalterlichen Töpferei.

Die Bestattungen

Die Ausgrabung in der Stuifenstraße 17 brachte außerdem Teilpartien von mindestens neun Gräbern mit insgesamt zwölf Teilskeletten zu tage, die aufgrund von Durchmischung und Verlagerung des Erdmaterials sowie durch die Überschneidung mehrerer Grabgruben nicht in jedem Fall einer eigenen Grabgrube zugewiesen werden konnten. Hinweise auf Särge oder Ähnliches gab

es nicht. Die Buocher Gräber waren in regelmäßigen Abständen in christlicher Tradition West–Ost orientiert und in rechteckiger Grubenform angelegt. Dabei wurden die Individuen in gestreckter Rückenlage mit seitlich anliegenden Armen und dem Kopf im Westen bestattet. Ein Begräbnis hob sich allerdings von den anderen ab, denn das Individuum wurde mit dem Kopf im Osten und damit genau in Gegenrichtung zu den anderen niedergelegt. Diese Niederlegungsweise wurde im Mittelalter vermutlich meist für Menschen gewählt, die von der Gemeinschaft geächtet wurden und denen der Seelenfrieden somit verwehrt bleiben sollte.
Aufgrund der Ausschnitthaftigkeit der Sondage konnte nur der westlichste Teil der entdeckten Grabgruben untersucht und nur Teile der Skelette geborgen werden. Die Individuen liegen daher allesamt unvollständig vor, zudem fällt das Knochenmaterial äußerst dünn und brüchig aus. Beides erschwerte die Bergung sowie die anschließende anthropologische Untersuchung. Hinweise auf das Geschlecht der Bestatteten gibt es kaum. Die Altersbestimmungen ergaben jedoch, dass es sich hauptsächlich um Kindergräber handelt. Diese traten einheitlich in der östlichen Reihe auf. Eines der Kinder wurde sogar mit zwei Kopfschmuckringen (Abb. 229) aus Buntmetall bestattet, wie sie vom 8. bis zum 12. Jahrhundert vorkommen. ^{14}C-Datierungen von sieben Knochenproben liegen in einem zeitlichen Rahmen vom 10. bis zum 12. Jahrhundert.
Eine weitere Gräberreihe schloss sich im Westen an. Hierbei handelte es sich um erwachsene Individuen. Auf derselben Höhe waren, wie eingangs bereits erwähnt, bei einer früheren Ausgrabung zwei weitere adulte Skelette entdeckt worden, deren Datierungsspielräume zwischen dem ausgehenden 9. und dem ausgehenden 12. Jahrhundert liegen. Laut dem derzeitigen Stand der Forschung scheint der ausgegrabene Friedhofsbereich nahe der Buocher Kirche demnach schon mindestens um das Jahr 1000 genutzt und spätestens gegen 1200 aufgegeben worden sein. Zwischenzeitlich wurde das Areal explizit für die Bestattung von Kindern verwendet. Insgesamt weist der Buocher Friedhof somit eine kontinuierliche Belegung ab dem 10. Jahrhundert bis heute auf.

229 △ *Remshalden-Buoch, Stuifenstraße 17. Kopfschmuckringe mit S-förmigen Schleifen aus Grab 3.*

Fazit und Ausblick

Neben den bereits durchgeführten ^{14}C-Datierungen der Bestattungen, der Restaurierung sowie wissenschaftlichen Vorlage der Funde der Ausgrabung haben die vielen interessierten Stimmen aus Buoch uns dazu veranlasst, das Töpferhandwerk im Ort genauer zu betrachten. Außer einem einzigen im Jahr 1980 zufällig beim Bau des Gemeindehauses entdeckten Töpferofen sind bisher keine Herstellungseinrichtungen dieser so wichtigen Keramikproduktion bekannt. Zukünftig werden deshalb geophysikalische Prospektionen und weitere Untersuchungen bezüglich der Keramikherstellung in Buoch durchgeführt. Die Ergebnisse werden anschließend im Zuge einer Neugestaltung des Heimatmuseums in Buoch präsentiert.

Abschließend danken wir dem Grabungsteam, das durch Annika März und Ruth Schumacher tatkräftig unterstützt wurde, sowie der Baugemeinschaft und vor allem Herrn Robert Schneider für seine Kooperation und Hilfsbereitschaft. Außerdem bedanken wir uns bei der Gemeinde Remshalden für die logistische Unterstützung. Allen Buochern und vor allem den Mitgliedern des Heimatvereins sei ebenfalls herzlich gedankt.

Aline Kottmann, Katalin Puster,
Reinhold Feigel

LITERATURHINWEISE

U. Gross, Zur mittelalterlichen Keramikproduktion in Buoch. Buocher Hefte 6, 1987, 3–24; ders., Neues zur rotbemalten Feinware. Ebd. 10, 1990, 3–16; ders., Nochmals zur „Rotbemalten Buocher Feinware". Ebd. 27, 2007, 34–48; E. Roth-Heege, Ofenkeramik und Kachelofen. Typologie, Terminologie und Rekonstruktion im deutschsprachigen Raum. Schweizer Beitr. Kulturgesch. u. Arch. Mittelalter 39 (Basel 2012); H. Schäfer/U. Gross, „Rotbemalte Feinware" aus einer Töpfereiabfallhalde in Remshalden-Buoch, Rems-Murr-Kreis. Arch. Korrbl. 11, 1981, 355–360.

RAVENSBURG, KREIS RAVENSBURG

Frosch ohne Brunnen – Ausgrabungen im Bauhof der ehemals Freien Reichsstadt Ravensburg

Das Gebäude des vormaligen städtischen Bauhofs an der Nordostecke der Ravensburger Altstadt entstand im heutigen Zustand in den 1730er Jahren. Es lehnt sich an die spätmittelalterliche Stadtmauer an und verbindet als rund 50 m langer Baukörper den Grünen Turm mit dem Frauentor (Abb. 230). Während das Frauentor Teil der älteren Stadtbefestigung um die „Oberstadt" ist, gehört das Areal des Bauhofs und Grünen Turms bereits zur „Unterstadt", einer weitläufigen Stadterweiterung des Spätmittelalters. Deren Ummauerung musste im Anschluss an die alte Stadtmauer beim Marientor den alten Stadtgraben queren, den man verfüllte, um den heutigen Marienplatz anzulegen. Die neue Stadtmauer wurde dabei offenbar von der Sohle des alten Grabens aus errichtet, denn sie reicht dort mehr als 4 m in die Tiefe, während das Gebäude der Bauhütte auf der Grabenfüllung steht.

Etwas zu viel für eine Baubegleitung

Der Bauhof hat seit seiner Errichtung zahlreiche Umbauten und Umnutzungen hinter sich. Im Zuge der seit 2021 laufenden Sanierung zur künftigen Nutzung als städtische Musikschule waren in dem größtenteils nicht unterkellerten Gebäude flächige Bodeneingriffe notwendig, die eine archäologische Begleitung erforderten. Mit deren Durchführung wurde die Firma IKU-Archaeo, Rottenburg, beauftragt. Die zu untersuchenden Bodenbereiche wurden dabei von Lage und Tiefe der bauseitig notwendigen Eingriffe vorgegeben. Wegen Schadstoffbelastungen der Fußbodenunterbauten wurden diese mit einem Saugbagger entfernt, um die Staubentwicklung zu minimieren, was für uns eine interessante neue Erfahrung mit entsprechend anzupassender Arbeitsweise bedeutete.

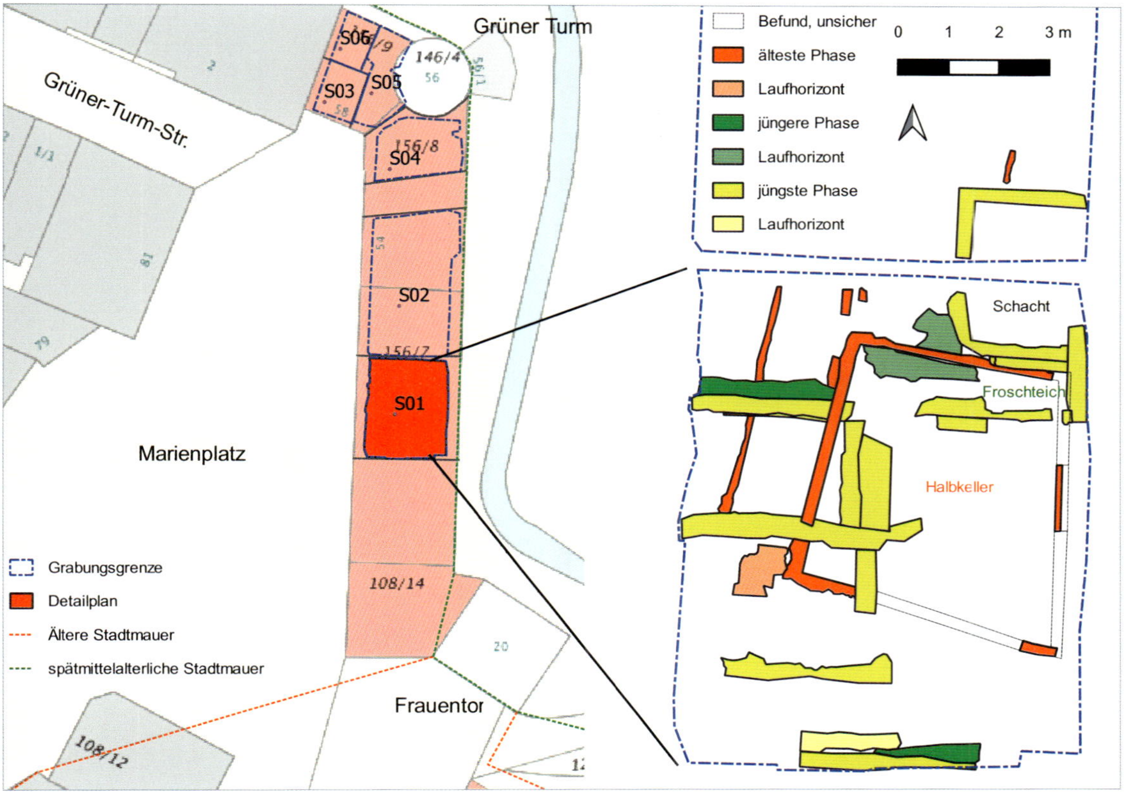

Die beiden nördlichen Innenräume erbrachten nur wenige unscheinbare archäologische Strukturen zur neuzeitlichen Nutzung des Gebäudes. So konnten im Bereich des Grünen Turms nur geringe ziegelgemauerte Reste eines kleinen Anbaus an die östliche Stadtmauer sowie ein schwaches, ebenfalls ziegelgemauertes Geviert südlich des Turms untersucht werden. Wichtig ist, dass dieses sich offensichtlich an der nördlichen Stadtmauer orientierte. Hierauf wird noch zurückzukommen sein.

Das „Archäologiezimmer" …

Ein fast 80 m² großer Raum im mittleren Gebäudeteil wurde zum Schwerpunkt der archäologischen Arbeiten und intern bald „Archäologiezimmer" getauft (Abb. 230; 231). In dessen Nordostecke lag ein großer, gemauerter Schacht, der mit seiner nördlichen Hälfte auch unter den nördlich anschließenden Raum zog und mittels eines Entlastungsbogens von der Trennwand beider Räume überspannt wurde. Die genaue Tiefe und Zweckbestimmung dieses Schachtes sind unklar (Latrine?). Der Rest eines auf Sand verlegten glatten Ziegelbodens kann anhand des Plattenformats in die Erbauungszeit des Gebäudes um 1730 datiert werden.

Der Raum war ursprünglich durch längs und quer verlaufende Schwellbalkenfundamente in kleinere Einheiten unterteilt. Einer dieser kleineren Räume wurde von Westen

230 △ *Ravensburg, Marienplatz 52–58. Schematischer Überblicksplan zu den Untersuchungen in der Bauhütte.*

231 ▷ *Ravensburg, Marienplatz 52–58. Blick ins „Archäologiezimmer". Unter dem Nordpfeil die leicht schräg laufende Westwand des Halbkellers aus dem Vorgängerbau, dahinter die Ziegeltreppe in den späteren, tiefer liegenden Raum dahinter. Beiderseits weitere Trennwände, im Hintergrund die Stadtmauer, davor rechts der Ziegelboden der 1730er Jahre.*

über einen kleinen Treppenzugang erschlossen, da das Niveau hier an der Stadtmauer ursprünglich merklich tiefer lag als in den Nachbarräumen. In den nördlich angrenzenden Raum, der die gesamte Gebäudebreite einnahm, führten dagegen zwei in ihrer baulichen Ausführung provisorisch wirkende Zugänge. Den Fußboden dieses Raumes bedeckte eine dicke Schicht aus Holzabfällen und Fensterglasscherben. Darunter hatten sich Reste eines ursprünglichen Estrichs erhalten, zum Teil bestand das Laufniveau aber lediglich aus aufplaniertem Schotter.

232 ▽ *Ravensburg, Marienplatz 52–58. Der 10 kg schwere Brunnenfrosch in seinem Biotop.*

… mit „Froschteich"

Im Winkel zwischen dem erwähnten Schacht und der Stadtmauer bildeten wiederverwendete Balken ein etwa 1 m² großes Geviert, das mit Holzabfällen gefüllt war. Darin „saß" eine Froschskulptur aus Sandstein, die dem Holzgeviert sogleich seinen Aliasnamen „Froschteich" verlieh (Abb. 232). Der durchbohrte Schlund des Frosches verrät seine ursprüngliche Funktion als Brunnenfigur. Ausweislich der Bruchflächen an den Extremitäten war diese wohl Teil eines größeren Ensembles. In geringer Entfernung fand sich dann auch der Vorderfuß eines zweiten Exemplars, zusammen mit einer

kleinen, leider schlecht erhaltenen Sandsteinfigur eines Adlers, dem Wappentier der alten Reichsstadt. Zu einem Brunnen könnte auch eine kurze, massive steinerne Röhre gehört haben, die unmittelbar neben dem Frosch zutage kam. Das dem Wasser gegensätzliche Element Feuer vertraten dagegen zahlreiche tönerne Unschlittlämpchen (Talglämpchen) samt Dochtresten in der Verfüllung des „Froschteichs".
Beim weiteren Bodenabtrag zeigte sich, dass der tiefer liegende Raum in der Verfüllung eines größeren Mauergevierts lag, das sich an die Stadtmauer anschloss und dessen Westseite im spitzen Winkel von etwa 14 Grad zur Stadtbefestigung verlief. Wegen seiner geringen Tiefe wird er als „Halbkeller" angesprochen. Einen Anhaltspunkt zum Zeitpunkt seiner Auflassung bietet eine Graubündener Münze von 1724 aus dem unteren Bereich der Verfüllung. Somit dürfte die Anlage im Zuge des Neubaus in den 1730er Jahren aufgegeben worden sein. Parallel zur Westseite des Halbkellers konnten zwei Schwellgräbchen mit Holzresten nachgewiesen werden. Die „Schieflage" des Halbkellers im Verhältnis zum Stadtmauerverlauf ließ sich zunächst nicht erklären.

Paradigmenwechsel

Die Lösung ergab erst ein erweiterter Blickwinkel. Die Fluchtlinien von Halbkeller und Unterzügen beziehen sich offenbar rechtwinklig auf die vom Grünen Turm nach Westen verlaufende, nördliche Stadtmauer. Diese Orientierung zeigen auch das gegenüber liegende Haus Marienplatz 81 (1533 erwähnt) und die Seitenstraßen zur Grüner-Turm-Straße. Sie folgen dem Konzept der rechtwinkligen Anlage der nördlichen Unterstadt, dem offenbar auch das Gebäude des alten Bauhofs folgte. Damit erklärt sich auch die Darstellung in den Stadtansichten von Conrad Boeckh (1616) und David Mieser (1625, Abb. 233), die zwischen Grünem Turm und Marientor jeweils drei Gebäude abbilden. Die dem Betrachter zugewandte westliche Traufseite des nördlichen Gebäudes verläuft vom Grünen Turm aus nach Süden. Das südlich anschließende Gebäude springt deutlich zurück, seine Baulinie folgt eher der Stadtmauer gegen Südosten. In der so entstandenen südlichen Giebelseite des nördlichen Gebäudes zeichnen Boeckh und Mieser ein großes Einfahrtstor. Damit wird klar, dass dieses Gebäude einen trapezoiden, nach Süden breiter werdenden Grundriss besaß, wie auch der Halbkeller in seinem Inneren. Dadurch musste das Dach des Gebäudes nach Süden breiter und höher werden, was wohl insbesondere Mieser darzustellen versuchte. Mit dem Neubau des 18. Jahrhunderts löste man sich in dieser schwierigen Ecke vom stadtplanerischen

233 △ *Ravensburg, Marienplatz 52–58. Die Vorgängergebäude der „Bauhütte" zwischen Grünem Turm („V") und Marientor („P") von Westen in David Miesers Stadtprospekt von 1625. Das nach Süden (rechts) breiter und höher werdende Dach des am Grünen Turm ansetzenden Gebäudes ist ebenso erkennbar wie das Tor in der Südfassade.*

Paradigma des rechten Winkels und seinen vom Verlauf der Stadtmauer diktierten, schiefwinkligen Konsequenzen für die Bebauung – zugunsten einer einheitlichen, rechteckig-symmetrischen Kubatur des Gebäudes (und vielleicht auch eines größeren Vorplatzes).

Die archäologischen Arbeiten in der Ravensburger Bauhütte sind noch nicht abgeschlossen und sollen Anfang 2022 fortgesetzt werden. Schon jetzt ergeben sich aber zahlreiche interessante Einblicke in die Baugeschichte des Gebäudekomplexes und die historische Topographie des Marienplatzes.

Mathias Hensch, Andreas Willmy

BAD URACH, KREIS REUTLINGEN

Zäune *unterm* Garten – Neue Siedlungsbefunde aus dem Garten des Alten Amtsgerichts, Bad Urach

Im Zuge der Überarbeitung des Hochwasserschutzes für die Innenstadt Bad Urachs soll der Verlauf des „Dreiachtelkanals" im Bereich der ehemaligen Stadtbefestigung unmittelbar hinter dem Haus des Tourismus verändert werden. Schon im Oktober/November 2020 konnte eine Arbeitsgemeinschaft freiberuflicher Archäologen im Auftrag der Stadt diesen Bereich umfassend untersuchen. Im Mai 2021 wurde nun die Restfläche im Norden dieser Grabung dokumentiert.

234 ▷ *Bad Urach, Altes Amtsgericht. Die Stakenreihe als Grenze am Ostrand greift bis in die tiefer liegende Kulturschicht ein. Hell zeichnet sich schon der gewachsene Tuffsand ab, am rechten Bildrand schneidet der ehemalige Gewölbekeller in die älteren Schichten ein.*

Der Untersuchungsbereich 2021 umfasst frühstädtische Oberflächen und den südlich davon gelegenen Gewölbekeller des ehemaligen Alten Amtsgerichts.

Vor- und frühstädtische Besiedlung

Unter der vorstädtischen Kulturschicht des 12./13. Jahrhunderts kamen einige teils unförmige Gruben im anstehenden Kalktuff zum Vorschein, die sich funktional nicht gut ansprechen lassen, nach Aussage der wenigen Fundstücke jedoch zum vorstädtischen Zeithorizont zu rechnen sind.

Darüber liegen zweiphasige Aufplanierungen aus homogenen Kalksanden, die verfestigt wirken und stabile, trittfeste und sehr ebene Oberflächen bilden. Die Ansprache der 2020 nur ausschnitthaft erfassten und in diesem Jahrbuch vorgelegten Befunde als „vorstädtische Fußböden" muss indessen verworfen werden. So konnten bei der flächigen Aufnahme 2021 keine Strukturen eines begrenzenden Gebäudes dokumentiert werden. Stattdessen sind in diesem Bereich fast einhundert Stakenlöcher in mehreren Phasen und Konstellationen eingebracht worden, beginnend schon vor der ersten Aufplanierung. In der ersten Phase zeichnen sich zwei weitgehend parallele Reihen in ungefährer Nord-Süd-Ausrichtung ab, die mit etwas über 2 m Abstand über ca. 4 m zu verfolgen waren. Schon mit der Anlage des ersten festen Oberflächenniveaus ist die westliche Reihe nicht mehr zu erfassen, um so deutlicher tritt aber die östliche Reihe in Erscheinung, die nun als Stakenbündel eine immer wieder erneuerte Grenze entlang dem östlichen Rand der Grabung markiert (Abb. 234). Im Norden zeigt sich nun eine vergleichbare Stakenkonzentration, die hier aber Südwest–Nordost ausgerichtet ist, sodass beide Stakenreihen nun in einem spitzen Winkel aufeinander zulaufen.

Im oberen Oberflächenniveau konnten nur wenige Stakenlöcher festgestellt werden. Die östliche Stakenreihe bleibt jedoch auch in dieser Phase bestehen, womit wir hier eine etablierte Grenze zwischen zwei Bereichen, vielleicht auch Parzellen, erkannt haben dürften.

Eine Feuerstelle oder sonstige In-situ-Verziegelungen ließen sich, anders als 2020 vermutet, nicht feststellen. Die jüngere vorstädtische Oberfläche war jedoch mit einer Schuttauflage bedeckt, die auch umgelagerte Bruchstücke von Kalksandoberflächen enthielt, die zum Teil Brandrötungen aufwiesen. Dazu zeigten sich viele kleine Rostflecken und Reste eiserner Nägel, die über die gesamte Fläche verteilt waren.

Die Deutung der vorstädtischen Oberflächen ist schwierig. Wahrscheinlich handelt es sich, obwohl keinerlei Auflagerungen durch Belaufung oder Witterung erkennbar sind, um Außenflächen. Hierfür spricht, dass die Befunde im Bereich der mehrphasigen Stakenreihen auslaufen: Offenbar sind es mit Stakenzäunen abgegrenzte Werkstatt-, vielleicht auch Pferchbereiche für Kleinvieh, eventuell Geflügel, das zur Verdichtung der Oberflächen beigetragen haben könnte.

Über das nun zahlreicher vorliegende Fundmaterial lassen sich die vor- bzw. frühstädtischen Horizonte in das 13. bis frühe 14. Jahrhundert datieren. Dies ist insofern von Bedeutung, als dass sie von den mächtigen Aufschüttungen im Zusammenhang des Stadtmauerbaus überlagert werden. Die Stadtmauer, die für das Jahr 1294 mit dem Zeughaus- oder Ulrichsturm sogar baulich belegt ist, wurde im Bereich des Amtsgerichts definitiv erst während des fortgeschrittenen 14. Jahrhunderts errichtet, sodass daraus eine Gesamtbaudauer von mehreren

Jahrzehnten zu folgern ist. In Anbetracht dessen, dass bereits für 1254 ein Schultheiß belegt ist, lässt sich für Urach ein beträchtlicher Zeitraum zwischen rechtlicher und tatsächlicher, materieller Stadtwerdung bzw. deren Abschluss verzeichnen.

Spätmittelalterlicher Keller

Im Mai 2021 wurde auch der Abbruchschutt des 19. Jahrhunderts aus dem im 16. Jahrhundert errichteten Gewölbekeller des ehemaligen Alten Amtsgerichts entfernt (Abb. 235). Der Kellerboden war nicht mehr erhalten, sodass keine weiteren Aussagen zur ehemaligen Nutzung möglich waren. Die Wände sind aus Kalk- und Kalktuffsteinen aufgebaut, in denen vereinzelt Baukeramik enthalten ist. Als ungewöhnliche Besonderheit ist zu erwähnen, dass die Kellerwände auf drei unterschiedliche Weisen zusammengefügt sind, in einem Fall sogar unter Verzicht auf die Ausmauerung der Ecksituation selbst (Abb. 236). Dies scheint jedoch nicht auf Mehrphasigkeit zurückzugehen: Die Mauertechnik und die Verwendung gemischter Baumaterialien sind in allen vier Wänden gut vergleichbar.

Das Gewölbe scheint ehemals aus Kalktuffsteinen aufgebaut gewesen zu sein, wie In-situ-Reste zeigen. In der Kellerfüllung waren aber nur überraschend wenige Tuffblöcke enthalten, wonach diese offenbar geborgen und wiederverwendet worden sind.

Die nördlich und südlich angrenzenden Bereiche innerhalb und außerhalb der Stadtbe-

235 ▽ *Bad Urach, Altes Amtsgericht. Blick in den ausgeräumten Gewölbekeller. In der Nord- und Ostecke sind noch einzelne Steine des Gewölbes in situ erhalten. Der Boden ist jedoch gestört.*

festigung werden im Zuge der Verlegung des Dreiachtelkanals 2022 archäologisch begleitet.
Wir danken der Stadt für die bewährte freundliche Unterstützung der Arbeiten.

Markus Wolf, Sören Frommer, Dorothee Ade

LITERATURHINWEISE

S. Frommer/D. Ade/M. Wolf, Ein Querschnitt durch die Uracher Stadtbefestigung – die Grabung am Alten Amtsgericht in Bad Urach. Arch. Ausgr. Baden-Württemberg 2021, 270–273; M. Wassner, Urach im Mittelalter. In: Th. Braun (Hrsg.), Geschichte der Stadt Urach. Uracher Geschichtsbl. 4 (Stuttgart 2016) 66–147.

236 △ Bad Urach, Altes Amtsgericht. In der Ostecke enden die Kellerwände vor einer lockeren Auffüllung, ohne sich zu berühren.

BAD URACH, KREIS REUTLINGEN

Eine bislang unbekannte Befestigungsmauer in der Uracher Altstadt?

In der schriftlichen Überlieferung wird Urach durch die Nennung des gleichnamigen Grafengeschlechts im ausgehenden 11. Jahrhundert erstmals indirekt erwähnt. Die Grafen von Urach gelten als Erbauer der Burg Hohenurach und einer kleineren Burg in der Ermsniederung, die wahrscheinlich westlich des späteren Schlosses lag. Im Umfeld dieses Ansitzes entwickelte sich im Lauf des Hochmittelalters eine Marktsiedlung, deren Existenz in einer Urkunde von 1188 durch die Nennung eines *mercators* (Kaufmann) im Gefolge der Uracher Grafen aufscheint und deren Entwicklung in der zweiten Hälfte des 13. Jahrhunderts in den Rechtsstatus der Stadt mündete. Auf städtische Strukturen verweist dann ein 1254 erwähnter Schultheiß. 1316 werden Einwohner Urachs als *cives* bezeichnet. Eine zumindest in Teilen massive Stadtbefestigung im ausgehenden 13. Jahrhundert belegt der 1294 datierte Zeughaus- oder Ulrichsturm in der Nordostecke der Altstadt. Im Bereich des Alten Amtsgerichtes ist der Stadtmauerbau dagegen erst in das 14. Jahrhundert zu datieren (vgl. den Beitrag S. 302 ff.).

Überraschung: die Mauer unter der Straße, aber …

Im Zentrum der Altstadt konnte nun in der Bismarckstraße östlich des Chors der Amanduskirche eine Nordwest–Südost orientierte Mauer dokumentiert werden, die vom Gewölbe des seit 1432 in den Schriftquellen belegten Dreiachtelkanals geschnitten wurde. Durch diesen wurde seit dem Spätmittelalter Wasser der Erms in die Altstadt eingeleitet. Die archäologischen Untersuchungen im

Bereich des Alten Amtsgerichts erlauben die Datierung eines ersten Kanals in die Jahre „um 1400“.

Die zweischalige Mauer in Lehm-Sand-Bindung war im erfassten Fundamentbereich etwa 0,9 m breit. Die Unterkante konnte bei der Untersuchung nicht erreicht werden. In der südlichen Mauerschale wiesen u. a. Tuffsteinblöcke mit sauber gearbeiteter Außenfläche auf aufgehendes Mauerwerk hin. Die Mauerflucht zeigte gegenüber der östlich anschließenden Kirchstraße einen abweichenden, deutlich stärker nach Südosten orientierten Verlauf.

… was tut sie da?

In seiner baulichen Ausführung zeigt der Befund deutliche Parallelen zu einer Mauer des 14. Jahrhunderts, die als spätmittelalterliche Umfassungsmauer des Schlossbezirks gedeutet wird. Diese Mauer, die an die älteste bekannte Stadtmauer angesetzt war, konnte 2020 am Alten Amtsgericht erfasst werden. Sie war hier ebenfalls älter ist als die Baumaßnahme zur Einleitung des Dreiachtelkanals. Die in der Bismarckstraße festgestellte Mauer könnte demnach zu einer Ummauerung des späteren Schlossareals gehört haben, die während des 14. Jahrhunderts errichtet wurde (Abb. 237). Auffallend ist aber, dass die Unterkante des Befundes am Amtsgericht deutlich höher lag als beim Mauerbefund in der Bismarckstraße.

Nicht weniger interessant wäre daher die Deutung des 2021 erfassten Mauerabschnitts als Teil einer frühen, bislang unbekannten Ummauerung eines älteren Siedlungskerns, dessen Süd- und Ostgrenze sich

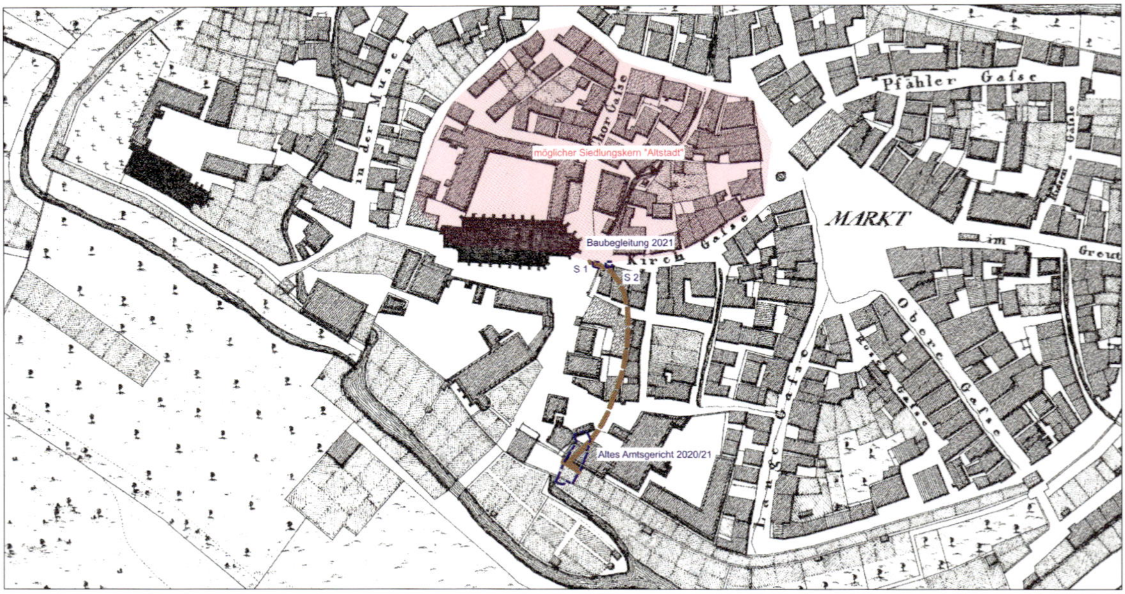

237 △ Bad Urach. Alternative Erklärungsmodelle zur Einordnung der möglichen Befestigungsmauer in der Bismarckstraße. Braune Linie: Verbindung der lehm-/sandgebundenen Mauer in der Bismarckstraße mit der am Alten Amtsgericht erfassten, als Umfassungsmauer des Schlossbezirks gedeuteten Mauer (14. Jh.). Rosa Flächensignatur: Vorschlag für einen älteren, zwischen der Straße „Auf dem Graben“ und der Kirchstraße gelegenen Siedlungskern nördlich und nordöstlich der Amanduskirche.

noch heute im gebogenen Verlauf der Kirchstraße abzuzeichnen scheint (Abb. 237). Auch im Westen des heutigen Altstadtareals könnte sich anhand des Verlaufs der Straße „Auf dem Graben" ein solch früher Siedlungsbereich eingrenzen lassen.
Inwieweit sich die hier vorgeschlagenen Deutungen mit ihren rekonstruierten Mauerverläufen aber mit der Lage der Vorgängerbauten der spätgotischen Amanduskirche in Einklang bringen lassen, können nur zukünftige archäologische Aufschlüsse erhellen. In Anbetracht der kleinen Untersuchungsfläche in der Bismarckstraße und der zahlreichen Störungen in diesem Bereich wäre es letztlich auch denkbar, dass das aufgedeckte Mauerwerk zu einem profanen Steinbau gehörte, dessen Konzeption und Funktion jedoch ebenso im Dunkel des Uracher Bodens verborgen bleiben. Mit dem Mauerbefund liegt jedenfalls ein weiterer kleiner Baustein zur Klärung der frühen Stadttopographie vor, was in Anbetracht der großen landesgeschichtlichen Bedeutung Urachs ein echtes Desiderat darstellt.

Sören Frommer, Mathias Hensch

LITERATURHINWEISE

S. Frommer/D. Ade/M. Wolf, Ein Querschnitt durch die Uracher Stadtbefestigung – die Grabung am Alten Amtsgericht in Bad Urach. Arch. Ausgr. Baden-Württemberg 2020, 270–273; T. Marstaller, Im Spannungsfeld von Tradition und Innovation: Urachs historische Bauwerke bis zum 19. Jahrhundert. In: Th. Braun (Hrsg.), Geschichte der Stadt Urach. Uracher Geschichtsbl. 4 (Stuttgart 2016) 284–320; M. Wassner, Urach im Mittelalter. Ebd., 66–147; E. Schmidt, Baugeschichtliche Beobachtungen an Kirchen im Regierungsbezirk Tübingen. Fundber. Baden-Württemberg 15, 1990, 421–436.

GÖPPINGEN, KREIS GÖPPINGEN

Eine unbekannte Wehrmauer nahe dem Liebenstein'schen Stadtschlösschen in der Göppinger Altstadt

Forschungsgeschichtliches

Die mittelalterliche Stadtgründung Göppingens vollzog sich im Verlauf der ersten Hälfte des 13. Jahrhunderts. Eine Urkunde des Stauferkaisers Friedrich I. Barbarossa nennt aber schon 1154 eine Siedlung *Geppingin*. Bereits 1206 gab es hier eine *curia* und in der Umgebung drei herrschaftliche „Häuser". Vieles spricht dafür, dass der Herrenhof am Nordostrand der Altstadt im Bereich des späteren Adelberger Pfleghofs lag. Dort ließen sich 2017 bei archäologischen Untersuchungen erstmals auch merowingerzeitliche Siedlungsaktivitäten belegen. Zwei der drei herrschaftlichen Ansitze befanden sich vermutlich im Umfeld des Stadtschlosses und des Freihofs am nordwestlichen Stadtrand. In der Kirchstraße 29 konnte 2014 bei einer Baubeobachtung erstmals Keramik des 12. und frühen 13. Jahrhunderts geborgen werden.
Das dritte herrschaftliche „Haus" lag mit großer Sicherheit unweit des ehemaligen Fischtors am Südrand der Stadt im Bereich des Liebenstein'schen Stadtschlösschens. Der an die Stadtmauer angesetzte Fachwerkbau von 1536 beherbergt heute das Städti-

sche Museum „Storchen“. Als Vorgängerbau wird 1524 das „Liebenstein'sche Haus“ genannt. Spuren dieser Anlage traten 2012 während der Renovierung des „Storchen“ im südöstlichen Außenbereich zutage. Die aus der Bauzeit stammenden Auffüllschichten im Erdgeschoss enthielten neben spätmittelalterlichen Funden auch verlagerte Keramik aus der Karolingerzeit sowie aus dem Zeitraum des 12. bis frühen 14. Jahrhunderts. Auch in der Wühlestraße 23 fand sich 2009 entsprechende Keramik aus der Zeit vor der Stadtgründung. Zudem erbrachte 2014 eine Baubeobachtung in der Querstraße 16 nachgedrehte Keramik der Merowinger- oder Karolingerzeit. Mit diesen eng beieinander liegenden Fundplätzen lässt sich das Areal eines herrschaftlichen Ansitzes, der bereits vor der Stadtgründung bestand und dessen Anfänge möglicherweise in der Karolingerzeit liegen, zunächst einmal grob umreißen.

Ausgangssituation

Auf dem nicht weit vom „Storchen“ entfernten Areal der abgerissenen Anwesen Spitalstraße 17 und 19 führte die Kreisarchäologie Göppingen in Zusammenarbeit mit der Grabungsfirma ArchaeoConnect GmbH und in Absprache mit dem Landesamt für Denkmalpflege eine baubegleitende Untersuchung durch. Die beiden Handwerkerhäuser waren unmittelbar nach dem Stadtbrand von 1782 errichtet worden. Aufgrund einer Teilunterkellerung der Gebäude und durch moderne Installationen wiesen mehrere Zonen innerhalb des Bauareals massive Störungen auf. Im westlichen Abschnitt waren mögliche Spuren älterer Bebauung bereits vollständig beseitigt.

Baureste aus der Zeit vor 1782

Unter den vielfältigen Relikten der abgerissenen Gebäude folgte eine flächendeckende Planierung des Brand- und Bauschutts von 1782. Sie war mit überwiegend neuzeitlichen Gefäß- und Ofenkachelfragmenten sowie Dachziegelbruchstücken durchsetzt. Im Zuge der Vorbereitung des Geländes für eine Neubebauung hatte man vor den Planierungsarbeiten im östlichen Abschnitt der Baufläche auch eine Lage sehr feuchten Erdmaterials abgetragen. Deshalb waren die Baubefunde aus der Zeit zwischen den Stadtbränden von 1425 und 1782 massiv gestört. Unter der Schuttplanierung traten die Sohlen von zwei Erdkellern zutage. Von dem Erdkeller 1 war am Südrand der Baugrube nur noch der nordwestliche Eckbereich mit Seitenlängen von 2,40 m und 4,50 m erhalten. Er wurde von dem annähernd quadratischen Erdkeller 2 geschnitten, dessen Seitenlängen 4,20 m betrugen. Dieser Erdkeller gehörte zu einem Nordwest–Südost ausgerichteten Gebäude aus der Zeit nach dem ersten Stadtbrand von 1425. Während dessen nordwestliche Außenwand auf einer sehr breiten Mauer älterer Zeitstellung ruhte, zeichnete sich von der Nordostwand nur noch das 6,70 m lange Teilstück eines Schwellbalkenfundaments ab. Die Gefäßkeramik aus diesem Siedlungshorizont umfasst neben Jüngerer grauer Drehscheibenware des späten 15. Jahrhunderts vor allem glasierte Formen des 16. und 17. Jahrhunderts.

Die Baureste waren in eine bis zu 0,50 m starke Planierschicht mit Brandschutt des ersten Stadtbrands von 1425 eingetieft. Sie enthielt Scherben von Gefäßen der Jüngeren grauen Drehscheibenware. Während einzelne Ränder in das 14. Jahrhundert weisen, datiert der überwiegende Teil der Keramik be-

reits in das 15. Jahrhundert. Den Untergrund bildete das grauschwarze, mit Ast- und Zweigbruch angereicherte Lehmsediment eines ehemaligen Bachbetts. Zur Eindämmung der Feuchtigkeit hatte man im Zuge der Geländeplanierung zunächst eine Lage aus dünnen Zweigen und darüber eine 0,30 m starke Schicht aus Dachziegel- und Steinbruch eingebracht. Die ^{14}C-Daten von Holzproben aus der Zweigschüttung und aus der oberen Planierschicht fallen in das ausgehende 14. Jahrhundert.
Die paläobotanische Untersuchung von Bodenproben aus der Planierung erbrachte den Nachweis von Emmer, Dinkel, Nacktweizen, Hafer und Hirse. In der Ablagerung des Bachs fanden sich vor allem Wildpflanzen wassernaher Standorte sowie Schalen von Krebstieren und Fischreste.

Überraschender Mauerbefund

Die Planierung des Stadtbrands von 1425 reichte bis an die bereits oben erwähnte Mauer heran, die in Nordost-Südwest-Richtung durch das gesamte Baugelände zog. Deren vollständige Freilegung erbrachte eine überraschende Befundsituation (Abb. 238). Die zweischalige Mauer aus Kalksteinen war noch bis zu 1 m hoch und 1,60 m breit. Einzig entlang der nordwestlichen Seite war eine geringfügig vorkragende und nur 0,35 m starke Fundamentierung

238 ▽ *Göppingen, Spitalstraße 17–19. Die Wehrmauer aus der Zeit vor der Stadtgründung verlief entlang eines ehemaligen Bachs.*

erkennbar. Sie war auf einer anstehenden Arietenkalkbank gegründet, die hier steil nach Osten zu dem parallel verlaufenden Bachlauf abfiel. Mehrere Ausbrüche in der südöstlichen Mauerschale stammen von Baumaßnahmen der Zeit nach 1782.

Die gesamte Befundsituation spricht für eine Wehrmauer, die bereits in der Zeit vor der Stadtgründung entlang eines Wasserlaufs angelegt wurde. Es ist naheliegend, diese Befestigungsanlage mit dem dritten „Haus" von 1206 im Umfeld des Liebenstein'schen Stadtschlösschens in Verbindung zu bringen. Interessanterweise liegt aus dem Bereich des Bachbetts auch die ^{14}C-Datierung einer Holzkohlenprobe vor, die in die Zeit des 8./9. Jahrhunderts weist. Nach der Errichtung der Stadtbefestigung im frühen 13. Jahrhundert verlor die Wehranlage ihre Funktion. Ihr Abriss erfolgte spätestens mit der Neugestaltung der Stadt nach der Brandkatastrophe von 1425. Zu dieser Zeit hatte man auch das alte Bachbett verfüllt und das Gelände für die vorgesehene Bebauung präpariert. Der massive Mauerstumpf diente partiell noch als Fundament für nachfolgende Bauvorhaben.

Unser Dank für die gute Zusammenarbeit geht an das Klinikum Christophsbad, das Architekturbüro fai Architekten, die Steeb Hoch- und Tiefbau GmbH, das Vermessungsbüro Mayer und Jahn und an das Referat Baurecht der Stadt Göppingen. Dank gebührt auch der ehrenamtlichen Mitarbeiterin E. Kletti, der Bundesfreiwilligendienstlerin F. Geiger und der Fachstudentin J. Guttermann.

Reinhard Rademacher, Maximilian Zerrer, Andrea Orendi

LITERATURHINWEISE

M. Weidenbacher, Arch. Ausgr. Baden-Württemberg 2017, 292–294; R. Rademacher, ebd. 2012, 257–261; ders., Karrenrad und Kiepenkerle. Zur Stadtkernarchäologie in Göppingen. In: D. Ade u. a. (Hrsg.), Sachgeschichte(n). Beiträge zu einer interdisziplinär verstandenen Archäologie des Mittelalters und der Neuzeit. Festschrift Barbara Scholkmann (Tübingen 2021) 411–423.

SCHOPFHEIM, KREIS LÖRRACH

Die erste Untersuchung der Schopfheimer Stadtbefestigung

Schopfheim liegt am Unterlauf der Wiese auf einer leichten Erhöhung südlich des Flusses, die bei den häufigen und heftigen Hochwassern Schutz bot. Ausschlaggebend für die Stadtgründung war sicherlich auch der hier anstehende Buntsandstein, ein ausgezeichneter Werkstein. Ferner bildete der Naturraum die Grundlage für eine Kreuzung der durch das Wiesetal führenden Straße mit der von hier aus nach Osten ins Wehratal abzweigenden Verbindung. Historisch ist *Scofheim* in einer Urkunde des Klosters St. Gallen vom 26. Juli 807 erstmals fassbar. In der Folgezeit entstand eine Steinkirche, die in kirchlicher Hinsicht sicherlich schon früh eine zentralörtliche Funktion einnahm. 1258 ist die Pfarrei bezeugt. Quellen zur eigentlichen Stadtgründung sind nicht bekannt. In einer Urkunde von 1283 wird nicht nur das *oppidum Schopheim*

239 ◁ *Schopfheim, Neubau Kindertagesstätte. Die Stadtmauer besteht auf der dem Graben zugewandten Seite aus unregelmäßigen Sandsteinbrocken.*

erwähnt, sondern auch zahlreiche städtische Elemente, wie ein steinernes Haus, das der Konstanzer Kanoniker Meister Kuno von Breisach erbaut hatte und nun Mechthild von Basel und ihren Töchtern schenkte. Da sehr viele Städte in Südbaden in der Zeit um 1250 und kurz danach gegründet wurden, spricht viel dafür, dass dieser Ansatz auch für Schopfheim gilt. Als Gründer wird Konrad von Rötteln vermutet. Er ist auch in der Kirche von Schopfheim bestattet. Mit einer bebauten Fläche von 1,5 ha zählt Schopfheim zu den Zwergstädten. Die befestigte Fläche beträgt insgesamt knapp 3 ha. Die Pfarrkirche lag im Süden der Stadt, nach Norden hin folgten sieben Reihen mit insgesamt etwa 75 Hofstätten, in denen etwa 400 Personen gelebt haben dürften.

Die Stadtbefestigung entspricht einem Muster, das im südwestdeutschen Raum vielfach vertreten ist: Einem inneren Ring, bestehend aus der Stadtmauer und dem Stadtgraben, folgt ein schmaler Zwischenraum, der seinerseits von einer zweiten Mauer und einem Graben umschlossen wird. Im Nordosten wird die Stadtmühle in den äußeren Bering mit einbezogen. Wie in Süddeutschland üblich, waren an die innere Stadtmauer Häuser angebaut. Im Nordosten von Schopfheim befand sich die Stadtburg als Sitz der Stadtherren. Ungewöhnlich ist die Beobachtung, dass an den Ecken jeweils Türme standen. Ein eigener Torturm ist nicht bekannt. Ab dem Spätmittelalter lässt sich im Osten und Süden die schmale Bebauung entlang der äußeren Stadtmauer belegen.

Die erste Grabung in der Altstadt

Die Grabung erfolgte südlich der über einem römischen Gebäude und frühmittelalterlichen Bestattungen errichteten St. Michaelskirche von Schopfheim. Hier besteht seit dem frühen 19. Jahrhundert ein vom Rathaus und weiteren Gebäuden gebildeter Riegel, in dem u. a. eine Kindertagesstätte untergebracht ist. Die Pläne, diese Kita nach Norden hin zu erweitern, waren der Anlass für die Maßnahme. Ziel war es, Aufschluss über die Größe und die Verfüllung des inneren Stadtgrabens zu erhalten. Dass die Baugrube auch noch die Stadtmauer betreffen würde, war anhand der Überlagerung von historischen Stadtplänen mit den heutigen Verhältnissen nicht zu erwarten. Die von der Firma E & B excav unter der örtlichen Grabungsleitung von Benjamin Hamm durchgeführte Untersuchung der Baugrube dauerte zwei Wochen, beinhaltete aber auch weitere Baubeobachtungen im Vorfeld.

Im Norden der Baugrube konnte auf einer Länge von 12 m die leicht bogenförmig verlaufende Stadtmauer freigelegt werden (Abb. 239). Deren Oberkante wurde bei der Anlage von Planum 1 auf einer Höhe zwischen 372 m und 371,82 m ü. NHN ersichtlich. Die zum Graben hinweisende Mauerschale der Stadtmauer besteht aus unregelmäßig geformten Quadern aus Buntstandstein, die in 4 m Tiefe unterhalb des modernen Laufniveaus bei 368,40 m ü. NHN

240 ▽ *Schopfheim, Neubau Kindertagesstätte. Mit einer Mauerdicke von 1,75 m zählt die Stadtmauer zu den stärksten, die in Südbaden bekannt sind.*

direkt auf den Wieseschotter gesetzt wurden. Die nördliche Schale besteht dagegen aus Bachwacken. Die zweischalige Mauer selbst ist 1,75 m dick und damit eine der mächtigsten Stadtmauern, die in Südbaden bekannt sind (Abb. 240). Diese imposante Stadtmauer steht wie die doppelte Umwehrung in erstaunlichem Widerspruch zu der geringen Größe der Stadt.

Südlich der Mauer befindet sich der Graben, der im Profil eine mehrphasige Verfüllung aufweist, die sich anhand des enthaltenen Fundmaterials grob in drei Abschnitte gliedern lässt (Abb. 241).

Innerhalb der unteren Verfüllungen, die auf dem natürlichen Wiesetalschotter aufliegen, dominiert Keramik aus der zweiten Hälfte des 13. bis zum 15. Jahrhundert das Fundmaterial. Die Datierung der ältesten Keramik aus diesem ca. 0,9 m dicken Verfüllungspaket deutet indirekt auf die Entstehungszeit der Stadt und ihrer Befestigungen in der Zeit um 1250 oder kurz danach hin. Darüber zeigt sich ein ca. 1 m starkes Schichtpaket, in dem sich humose Schichten abzeichnen und worin, abgesehen von einzelnen Einträgen moderner Objekte, etwas (spät-)mittelalterliche, vornehmlich aber frühneuzeitliche Keramik zum Vorschein kam. Es hat den Anschein, als ob ab der Zeit „um 1500" der bereits teilweise verfüllte Graben als Garten genutzt wurde. Jüngere Stadtpläne des 18. und 19. Jahrhunderts zeigen für den Bereich der Grabung geometrisch angelegte Gartenareale.

Das oberste Verfüllungspaket mit einer Stärke von ca. 1,60 m besteht aus mehreren Schichten, darunter auch Bauschutt und Abbruchmaterial. Es enthält Funde aus dem 19. und 20. Jahrhundert. Daraus kann man folgern, dass der bis dahin noch erkennbare und als Garten genutzte innere Stadtgraben ab dem frühen 19. Jahrhundert gezielt

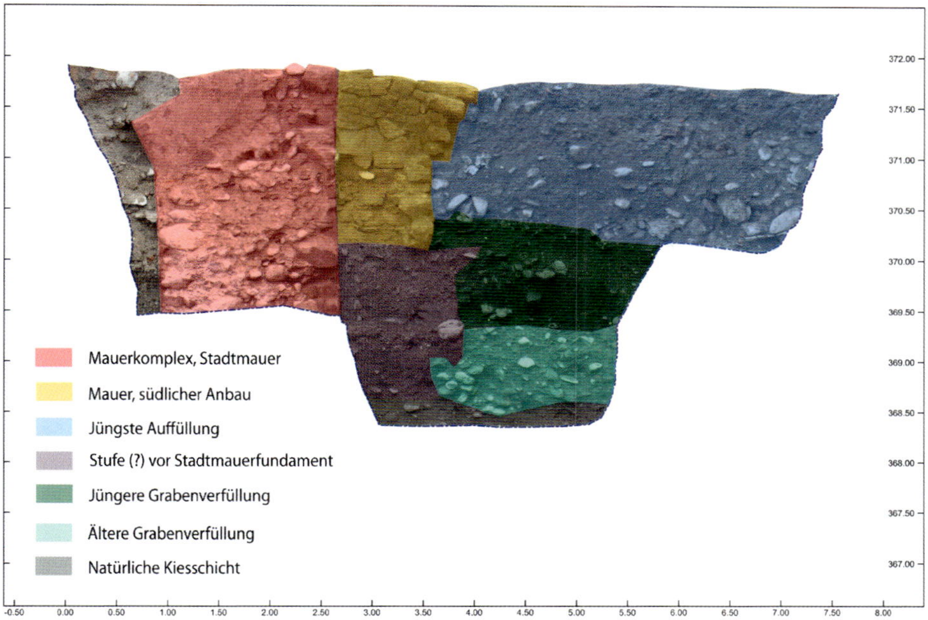

241 ◁ *Schopfheim, Neubau Kindertagesstätte. Profil durch die Stadtmauer und den Graben mit seiner mehrphasigen Verfüllung.*

verfüllt wurde, um einen Platz zwischen Rathaus und Kirche zu schaffen. In diesem Zeitraum müssen auch die Häuser und Scheunen abgebrochen worden sein, die an die innere Stadtmauer angebaut waren. Fundamente, die diesen Bauten zuzuordnen sind, wurden bei den Grabungen dokumentiert. Dabei fällt auf, dass diese Gebäude, soweit ersichtlich, mit ihren Fundamenten maximal auf etwa 370,10 m ü. NHN eingreifen und punktuell an die ältere Stadtmauer angesetzt wurden. Weiterhin bieten Anhaftungen aus Mörtelputz an der Nordseite der Mauer und im oberen Drittel des freigestellten Mauerkörpers Anhaltspunkte für einen Durchgang zu einem Kellerraum, der die Stadtmauer als äußere Mauer nach Süden nutzte. Eine südlich der Stadtmauer vorgelagerte Baustruktur könnte einen Abgang oder eine Materialschütte markieren.

Durch die Überlagerung der alten Stadtpläne kann eine Grabenbreite von etwa 8 m angenommen werden. Das bedeutet, dass das 1825–1827 erbaute Rathaus und die daran anstoßenden Gebäude auf der Fläche unmittelbar südlich des inneren Grabens entstanden sind.

In diesem insgesamt recht kleinen Ausschnitt war es dennoch möglich, zahlreiche neue Aspekte zur Frühgeschichte der Stadt Schopfheim und ihrer erstaunlich umfangreichen Umwehrung zu gewinnen. Dies bestätigt wieder einmal, wie wichtig die Dokumentation auch kleiner Bodeneingriffe im städtischen Raum ist.

Ein herzliches Dankeschön geht an die Stadt Schopfheim, insbesondere an Frau Martina Milarch und Herrn Holger Waßmer, die die Grabungen auf vielfältige Art und Weise unterstützt haben. Weiterhin geht ein Dank an die Firma Binder & Blum sowie an das Team von E & B excav, Thomas Banholzer, Luis Begemann und Anna Jäckle, für ihren Einsatz an der Mauer.

Andreas Haasis-Berner, Benjamin Hamm

Verschüttet und vergessen – ein bislang unbekannter Teil der Stadtbefestigung von Pfullendorf

Das ehemals freie Reichsstädtchen Pfullendorf liegt teils auf einem Vorsprung, teils am Hang über der Talaue. Der Stadtgraben umläuft den Mauerbering deshalb nicht vollständig, da ihn die Topographie vor allem an der Nordwestseite entbehrlich macht. Wo vorhanden, wurde der Graben im 19. Jahrhundert zugeschüttet und einige Gassen durch die Stadtmauer nach draußen verlängert, wie etwa 1841 die Museumsgasse am Nordrand der Stadt. Ihr Straßendamm bildet zugleich den Abschluss der Grabenverfüllung, denn ab hier fällt das Vorgelände nach Westen so stark ab, dass der Stadtgraben hier ausläuft. Später wurde der Damm noch nach Westen verbreitert, um Fläche für einen kleinen Parkplatz zu gewinnen.

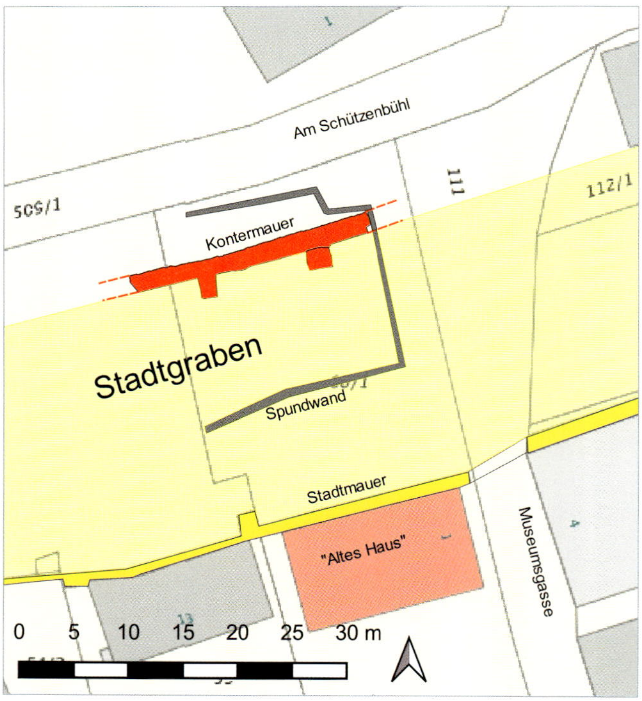

242 △ *Pfullendorf, Am Schützenbühl. Lage der archäologisch erfassten Kontermauer im Stadtgraben zwischen dem „Alten Haus" und dem Fußweg „Am Schützenbühl"; grau dargestellt ist die Spundwand der Baugrube für das Blockheizkraftwerk.*

Überlegte Platzwahl

Just unter diesem Parkplatz entsteht nun, halb unterirdisch, die Heizzentrale für die Nahwärmeversorgung der Altstadt. Mächtige Spundwände bei der Museumsgasse und vor der Stadtmauer ermöglichten es, einen Teil des Parkplatzes rund 8 m tief auszuheben, um die Heizzentrale einbauen, zufüllen und darüber den Parkplatz wiederherstellen zu können (Abb. 242). Weder die Lage im Stadtgraben noch die der Akten boten Anlass zu ernsterer Besorgnis seitens der Denkmalpflege, jedoch wurde die Maßnahme vorsorglich mit der Auflage einer Baubeobachtung belegt, die von der Firma IKU-Achaeo durchgeführt wurde.

Ein tiefer Graben

Unter rund 6 m Aushub und Schutt des letzten Jahrhunderts wurde schließlich ein auch in seiner Massivität und Ausdehnung gänzlich unerwarteter Mauerzug aufgedeckt (Abb. 243). Er erstreckt sich im Abstand von gut 20 m parallel vor der Stadtmauer. Die grabenseitige Südfront wird verstärkt durch zwei markante Stützpfeiler, für die

243 ◁ *Pfullendorf, Am Schützenbühl. Blick von der Stadtmauer nach Norden auf die Grabenseite der Kontermauer mit Entlastungsbogen zwischen den Stützpfeilern. Nach Westen (links) fällt das Gelände deutlich ab und lässt den Stadtgraben hier auslaufen.*

sich Entsprechungen an der gegenüber hoch aufragenden Stadtmauer finden. Auf der freigelegten Länge von 22 m verringert sich die Mauerbreite von 1,9 m im Osten auf 1,6 m im Westen, was vielleicht auf eine einst mit dem Geländeverlauf abnehmende Mauerhöhe schließen lässt. Zugleich fällt auch das Mauerfundament nach Westen zu immer weiter ab, um schließlich im Planum zu verschwinden. Es ruht stellenweise auf Nagelfluh, der hier anscheinend von umgelagertem Molassesand umgeben ist.

Ähnlich vielgestaltig ist das Mauerwerk, das viele Ziegel mit teilweise zerfallenden Sandsteinen und einzelnen Nagelfluhbrocken kombiniert. Ein weitgehend ausgemauerter Entlastungsbogen aus Ziegeln nährt in Verbindung mit einem kleinen Versatz in der Mauerfront den Verdacht, dass hier eine Reparatur vorgenommen werden musste.

Zu deuten ist dieser Befund als Konter- oder Futtermauer, die feldseitige Stützmauer des Stadtgrabens. Angesichts der Topographie und der Mauerstärke ergab dies eine beeindruckende Anlage mit 20 m breitem und auf Höhe der Museumsgasse rund 6 m tiefem Graben. Hinzu kam stadtseitig das Alte Haus, dem die Gasse ihren Namen verdankt: In dem Fachwerkbau des 14. Jahrhunderts, heute Museum, steckt ein steinerner, in die Stadtmauer integrierter Wohnturm, der den wehrhaften Eindruck dieses Abschnitts noch verstärkt haben muss. Der monumentale Charakter der Anlage und ihr wenig mittelalterliches Mauerwerks legen allerdings nahe, hier eine frühneuzeitliche Ertüchtigung der alten Stadtbefestigung zu vermuten.

Ausblick

Archivalisch scheint zur Pfullendorfer Stadtbefestigung mit Ausnahme des Privilegs, sie errichten zu dürfen, und der vier Stadttore fast nichts bekannt zu sein. Allerdings wird das reichsstädtische Archiv Pfullendorfs im Generallandesarchiv Karlsruhe verwahrt, darunter auch ein Bestand mit städtischen Bausachen. Es könnte lohnend sein, dort nachzuforschen.

Das Entgegenkommen von Bauherrschaft und Planern ermöglicht es, die Mauer größtenteils zu erhalten. Zudem soll in der Westansicht der Heizzentrale ihre Lage anschaulich gemacht werden, sodass sie hoffentlich nicht so bald wieder dem Vergessen anheimfallen wird.

Andreas Willmy, Wiebke Griebel

LITERATURHINWEIS

J. Groner, Pfullendorf im Linzgau (Pfullendorf 1988) 70 f. 171–185.

Von Schanzen und Bastionen – Die Ausgrabungen in der Ludwig-Zorn-Straße in Eppingen

Aufgrund eines Bauvorhabens zur Errichtung von zwei Mehrfamilienhäusern mit Tiefgarage wurden in der Ludwig-Zorn-Straße in Eppingen archäologische Untersuchungen notwendig. Die überplante Fläche liegt im Bereich heute abgegangener Schanzanlagen und Bastionen sowie in unmittelbarer Nähe der ehemaligen Eppinger Stadtbefestigung. In dem betreffenden Areal waren daher vor allem archäologische Zeugnisse zur mittelalterlichen und frühneuzeitlichen Siedlungsgeschichte des Ortes zu erwarten. Dementsprechend wurde die Baufläche im Dezember 2020 im Rahmen einer archäologischen Prospektion durch das Landesamt für Denkmalpflege voruntersucht, was erwartungsgemäß den Nachweis eines frühneuzeitlichen Befestigungswerks erbrachte. Darüber hinaus traten während der Sondage diverse spätmittelalterliche Siedlungsbefunde in Gestalt eines Grubenhauses oder Erdkellers und von insgesamt elf Gruben zutage. Letztere waren mit zahlreichen Schlackeresten verfüllt, die als Hinweis auf einen metallverarbeitenden Werkplatz gewertet werden konnten.

244 ▽ *Eppingen, Ludwig-Zorn-Straße. Bereinigter Gesamtplan der Grabungen.*

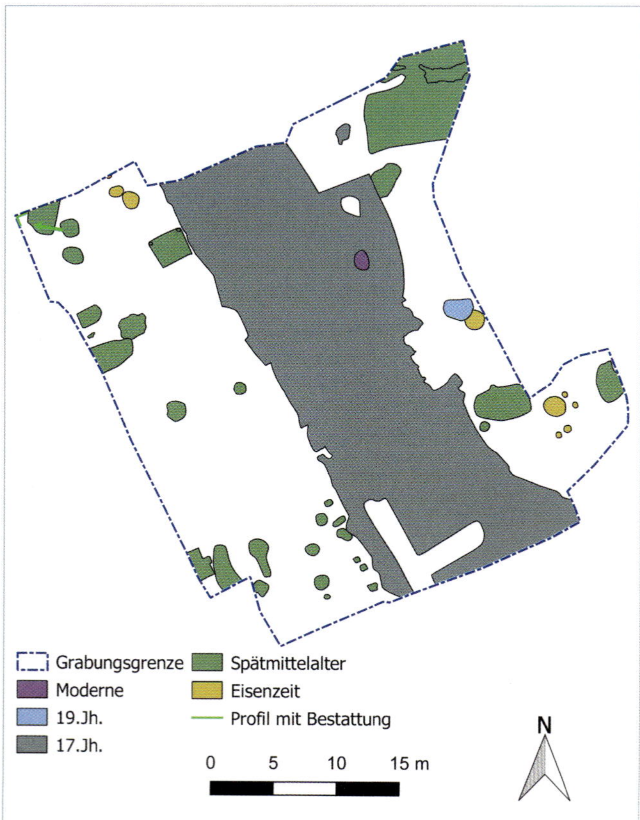

Durch die geplante Neubebauung war daher von der Zerstörung wichtiger archäologischer Zeugnisse auszugehen, die bauvorgreifend dokumentiert bzw. geborgen werden mussten. Die Untersuchung der ca. 1500 m² großen Fläche erfolgte von Mai bis Juli 2021 durch die Firma ArchaeoBW GmbH aus Gerlingen. Hierbei gelang der Nachweis, dass das zu bebauende Areal von der Eisenzeit über das Spätmittelalter bis in die frühe Neuzeit kontinuierlicher oder zumindest periodischer Nutzung und damit einem ständigen Wandel unterlegen hat.

Historischer Hintergrund

Die ursprünglich dörfliche Siedlung Eppingen ist wohl schon in alamannischer Zeit angelegt worden, sodass die Sage um die angeblich 630 erfolgte Kirchengründung einen wahren Kern besitzen könnte. Urkundlich erwähnt wird Eppingen erstmals im Jahr 985 als *Epbingon*. Die für 1219 belegte *civitas* wird vermutlich um 1220/30 befestigt und bekommt im Jahr 1303 das Stadtrecht verliehen. Im 15./16. Jahrhundert entsteht westlich der Altstadt die Brettener Vorstadt, die zwischen 1519 und 1533 ebenfalls befestigt wird.

Um 1693 werden während des Pfälzischen Erbfolgekriegs Verschanzungen um die Stadt angelegt und vermutlich nur wenig später baut man die mittelalterliche Befestigung der Brettener Vorstadt zusätzlich mit Bastionen aus. Auf dem Stadtplan von 1695 ist die neu umwehrte Stadtmauer mit ihren Toren und Türmen sowie Resten eines Halsgrabens westlich der Vorstadt noch gut nachvollziehbar. Diese Maßnahmen betonen die strategische Bedeutung der Stadt am Südrand des pfalzgräflichen Territoriums und stehen im Zusammenhang mit den von Markgraf Ludwig Wilhelm in den Jahren 1695/97 geschaffenen „Eppinger Linien".

Als Eppingen seit den 1780er Jahren über die Stadtmauer hinweg expandiert, wird diese mit Ausnahme des Pfeifferturms inklusive der Bastionen sukzessive geschleift. Sowohl von der spätmittelalterlichen als auch von der frühneuzeitlichen Befestigung sind daher zwar nur relativ spärliche Reste auf uns gekommen, jedoch können diese anhand von historischen Plänen relativ zuverlässig rekonstruiert werden. Archäologisch überliefert ist diese Situation noch unter anderem südlich der Ludwig-Zorn-Straße, wo sich die Anlagen in nur wenig gestörten Grünbereichen bis heute im Boden erhalten haben.

Die frühneuzeitliche Schanze

Um die stratigraphische Situation besser einschätzen zu können, wurde zunächst an der nördlichen Grabungsgrenze ein Leitprofil angelegt. Hierdurch konnte vor allem die historisch überlieferte und im Zuge der Prospektion bereits angeschnittene Befestigung des 17. Jahrhunderts erfasst werden, die jedoch nur noch indirekt in Gestalt eines Schanzgrabens nachweisbar war. Aufgrund der Ungenauigkeit der zeitgenössischen Pläne muss dabei unklar bleiben, ob es sich hierbei um den Graben des eigentlichen Befestigungswerks oder lediglich um ein westlich vorgelagertes Schutzwerk in der Art einer sogenannten *Couvreface* handelt.

Der Graben zog sich in südsüdöstliche Richtung durch die gesamte Grabungsfläche und war noch auf einer Länge von etwa 48,00 m und einer maximalen Breite von 14,00 m

245 ▽ *Eppingen, Ludwig-Zorn-Straße. Übersicht über das Grabungsareal, Blick von Süden.*

erhalten; die trapezförmige Sohle wurde in einer Tiefe von knapp 1,70 m erreicht (Abb. 244; 245). Das Fundmaterial der Grabenverfüllung stellt sich sehr heterogen dar und streut zeitlich vom Spätmittelalter bis in die Neuzeit. Es dürfte sich dabei vor allem um verlagertes Material vom Rückbau der Schanze handeln, wodurch die Datierung der Aufgabe des Grabens auf archäologischem Wege nur bedingt möglich ist.

Die spätmittelalterlichen Grubenhäuser

Bei der Anlage des frühneuzeitlichen Schanzgrabens waren offenbar einige mittelalterliche Befunde zerstört worden, nur westlich und östlich des Grabens hatten sich noch Zeugnisse dieser Zeitstellung erhalten.
So konnten im Westteil der Grabungsfläche noch mindestens vier Grubenhäuser nachgewiesen werden (Abb. 246). Funde wie Nägel oder eine Schere im Umfeld und innerhalb der Grubenhausbefunde deuten darauf hin, dass diese zumindest teilweise von Schmieden genutzt worden sind. Ein weiteres potenzielles Grubenhaus fand sich unweit östlich dieser Befunde. Aufgrund der mit gut 0,40 m relativ geringen Tiefe und der an den Ecken nachgewiesenen Pfostengruben ist jedoch nicht auszuschließen, dass es sich hierbei lediglich um eine überdachte Grube handelt.
Zwei weitere Grubenhäuser traten im Ostteil zutage. Eines davon enthielt mehrere Brandhorizonte, die alle auf ein einzelnes Feuerereignis zurückgehen dürften. Aus der Verfüllung eines weiteren Grubenhauses im Südosten des Grabungsareals stammen unter anderem eine Millefiori-Perle und ein zoomorph verziertes Keramikfragment, das möglicherweise als Kinderspielzeug gedient hat.
Außer den Grubenhäusern traten noch mehrere Gruben zutage, die regelmäßig und in größeren Mengen Schlackereste in ihren Verfüllungen aufwiesen. Gestützt durch die Ergebnisse der Prospektion, das Fundspektrum der Grubenhausverfüllungen sowie die Lage vor den Toren der Stadt legt dies die Vermutung nahe, dass hier im Spätmittelalter metallverarbeitendes Gewerbe betrieben worden ist.

246 ▽ *Eppingen, Ludwig-Zorn-Straße. Profil durch die neuzeitliche Bestattung (links) und ein spätmittelalterliches Grubenhaus (rechts).*

Weitere Befunde

Dass das Areal bereits in der Eisenzeit besiedelt war, belegen die ältesten Befunde der Grabung: Insgesamt konnten fünf Gruben sowie Pfostengruben eines für diese Zeit typischen Vierpfostenspeichers erfasst werden. Ein Kuriosum fand sich schließlich in der Nordwestecke der Grabungsfläche: Bei der Anlage von Profilen konnte eine Westsüdwest–Ostnordost orientierte Bestattung angeschnitten werden (Abb. 246). Zwischen den Beinen fand sich ein Glasfragment, das eine Datierung des Grabes in das 19. Jahrhundert zulässt. Da weder ein Friedhof noch eine Kirche in unmittelbarer Nähe der Fundstelle bekannt ist, muss der Grund für diese Einzelbestattung offenbleiben.

Für ihre Kooperation ist insbesondere dem Projektleiter der Paulus Wohnbau GmbH, Herrn Rüdiger Braun, sowie der Stadt Eppingen herzlich zu danken.

Steffen Berger, Martina Reps, Olaf Goldstein

LITERATURHINWEISE

Denkmalpflegerischer Werteplan Gesamtanlage Eppingen (Esslingen a. N. 2008); B. Röcker, Eppingen und Umgebung während des Pfälzischen Erbfolgekrieges im Jahre 1693. In: Eppingen – Rund um den Ottilienberg 6, 1994, 78–89; E. Lacroix, Eppingen. Denkmalpfl. Baden-Württemberg 3, 1960, 16–19.

FREIBURG IM BREISGAU

Fortführung der Ausgrabung auf dem Friedhof des mittelalterlichen Gutleuthauses von Freiburg

Im Hof des Anwesens Kronenstraße 21 kam es durch die Errichtung eines Anbaus mit Tiefgarage zu einer archäologischen Rettungsgrabung, bei der ein Teilbereich des ehemaligen Freiburger Leprosenfriedhofs mit hoher Befunddichte erfasst wurde. In dem 450 m² großen Baufenster wurden bei der ersten Grabungskampagne etwa 300 Bestattungen dokumentiert, die zum einen dem 1256 bis Mitte des 17. Jahrhunderts genutzten Leprafriedhof zuzuordnen sind, während zum zweiten in der Mitte des 18. Jahrhunderts Nachbestattungen mit gefallenen Soldaten erfolgten. Teile dieser Bestattungen werden inzwischen im Rahmen von zwei Masterarbeiten an der Universität Tübingen anthropologisch ausgewertet.

Eine Umplanung im Bereich der Tiefgaragenzufahrt machte eine weitere Untersuchung des Friedhofsareals notwendig. Mit der Durchführung der Rettungsgrabung von August bis Anfang November 2021 beauftragte die Maximilian Kehl GbR die Firma Südwest-Archäologie, Landau. Im Bereich der Abfahrtsrampe der Tiefgarage wurden auf einer Fläche von 97 m² weitere 143 Individuen – stets mit anthropologischer Beteiligung – dokumentiert.

247 △ *Freiburg i. Br., Kronenstraße 21. Befundplan der Grabungskampagne 2021 im Teilbereich Abfahrt Tiefgarage. 1 Fundament Kapelle; 2 Altarfundament; 3 Abbruchhorizont der Kapelle; 4 Mauerfundament, das die Kapelle überlagert.*

248 ▷ *Freiburg i. Br., Kronenstraße 21, Abfahrt Tiefgarage. Ein Grab des mittelalterlichen Leprafriedhofs überlagert die Fundamente der abgebrochenen Kapelle.*

Reste einer bislang unbekannten Kapelle

Am Nordrand der Grabungsfläche wurde das Fundament des Ostabschlusses eines Ost–West orientierten Gebäudes erfasst (Abb. 247). Seine etwa 80 cm breiten Mauern sind zweischalig aus großen, lagenhaft angeordneten Geröllen und einem weißen, sandhaltigen Mörtel erbaut. Die Südostecke des Gebäudes bildete hingegen ein massiver Eckstein aus Buntsandstein. Der Bau besitzt eine rekonstruierte Breite von 7,2 m und war in einer Länge von 5–7,5 m erhalten. Die Baustruktur setzt sich nach Westen in das Nachbargrundstück fort. Mittig an der östlichen Innenwand des Gebäudes wurde eine 3 m × 2 m große dichte Lehmsubstruktion entdeckt, in deren Mitte sich ein gemörteltes, 1,4 m × 1,2 m großes Bruchsteinfundament befand. Dieser Befund ist als Altarfundament zu deuten (Abb. 247, 2). Bei dem Gebäude handelte es sich offenbar um eine bislang unbekannte Kapelle im nordwestlichen Bereich des Leprosenfriedhofs.

Die Kapelle ist nach Aussage ^{14}C-datierter Gräber älter als die erste urkundliche Nennung des Gutleuthauses. Offenbar war die Wegekapelle am Zusammentreffen der beiden Überlandstraßen der Nukleus des Leprosoriums. In der Fundamentgrube der Südostecke der Kapelle fand sich das Bodenfragment eines Topfes der Nachgedrehten Ware, sodass vom Bau des Gebäudes nicht lange nach der Mitte des 12. Jahrhunderts auszugehen ist. Lange scheint die Kapelle nicht bestanden zu haben, denn in den anplanierten Abbruchhorizont aus Bauschutt und Ziegelresten der ursprünglichen Dachdeckung waren zahlreiche Gräber eingetieft (Abb. 248). In den Abbruchschichten fand sich auch ein etwa 25 cm langer Handmeißel aus Eisen, der den Bauhandwerkern wohl verloren gegangen ist.

Über dem Abbruchhorizont der Kapelle konnte vermutlich ein Teilstück einer jüngeren Begrenzungsmauer des Friedhofs erfasst werden. Insbesondere viele der jüngeren Gräber orientierten sich an dieser Einfriedung.

Ergebnisse der zweiten Grabungskampagne

Zu den etwas über 300 Bestattungen der ersten Kampagne, von denen 207 Bestattungen und 78 Streufundkomplexe bereits anthropologisch voruntersucht sind, kommen nun weitere 143 Bestattungen hinzu. Die Befunde der neu gegrabenen Fläche unterscheiden sich von denen des Vorjahres. Während auf der 2020 untersuchten Fläche 0,66 Gräber/m^2 zutage kamen, waren es nun 1,47 Gräber/m^2 und das, obwohl es deutlich weniger Nachbestattungen von Soldaten zu verzeichnen gab. Die hohe Anzahl der Bestattungen steht im engen Zusammenhang mit der oben beschriebenen Kapelle, in deren Nähe sich besonders viele Bestattungen befanden. Bei den 2020 geborgenen Bestattungen konnten 92,2 % als männliche und lediglich 4,4 % als weibliche Individuen erkannt werden. Diese Tendenz zeichnet sich auch für die zweite Grabungskampagne ab. Offenbar wurde bisher lediglich der vorwiegend zur Bestattung von Männern genutzte Teil des Friedhofs erfasst.
Signifikant unterschiedlich ist die erhöhte Zahl von Kindergräbern. In der Ausgrabungskampagne 2020 gab es einige wenige Kleinkindbestattungen nur bei Doppelbestattungen mit Erwachsenen, weitere vier konnten als Streufunde erfasst werden. Ein 9- bis 11-jähriges Kind erhielt ein eigenes Grab. In der Kampagne 2021 sind mindestens sieben Kinderbestattungen, teils in kleinen Särgen beigesetzt (Abb. 249), nachgewiesen worden. Beim Schädel von Skelett 3016 konnten noch 46 kleine Glasperlen ausgelesen werden. Das wohl weibliche Kind verstarb im ersten Lebensjahr (Neonatus).
Bemerkenswert sind die Gräber von drei Neonaten in unmittelbarer Nähe zur Kapellenmauer. Hier liegt der Verdacht nahe, dass es sich um sogenannte Traufkinder handelt. War ein Kind ohne Taufe verstorben, bedeutete dies im Mittelalter für die Hinterbliebenen einen Grund zur Sorge, was das ewige Heil ihres Neugeborenen im Jenseits betraf. Man durfte die ohne Taufsakrament verstorbenen Neugeborenen nicht auf dem Friedhof beisetzen. Nach der mittelalterlichen christlichen Glaubensvorstellung blieb ihnen damit der Himmel verwehrt und sie verweilten stattdessen ohne Erlösung an einem Ort zwischen Himmel und Hölle. Das Bestatten der ungetauften Neugeborenen unter der Dachtraufe von Kirchen oder Kapellen galt als Möglichkeit, wie sie diesem Schicksal entrinnen konnten: Der Volksglaube besagte, dass durch das vom Kirchendach herabrieselnde Wasser dem Neugeborenen nachträglich das Sakrament der Taufe gespendet würde.

Schlussbemerkungen und Ausblick

Der mittelalterliche Leprafriedhof Freiburgs gehört mit seinen nunmehr fast 450 Bestattungen bundesweit zu den am besten

249 ▽ *Freiburg i. Br., Kronenstraße 21, Abfahrt Tiefgarage. Bestattung eines Kindes in einem Holzsarg bei der Freilegung.*

untersuchten Grabstätten dieser Art. Etwa 20 Prozent seiner Fläche wurden ausgegraben, es lässt sich daraus ableiten, dass während seiner 376-jährigen Nutzungszeit etwa 2000 Menschen dort beerdigt worden sind. In dem erfassten Ausschnitt waren fast ausschließlich Männer bestattet, offenbar spiegelt der Friedhofsplan die nach Geschlechtern getrennte Unterbringung im Gutleuthaus wider. In der Kampagne 2021 wurde unerwartet eine Kapelle am Nordrand des Friedhofs aufgedeckt. Um sie herum waren die Gräber besonders dicht angelegt, darunter befanden sich auch etliche Kleinkindgräber.

Es ist erfreulich, dass Teile der Ausgrabung derzeit im Rahmen von zwei Masterarbeiten an der Universität Tübingen ausgewertet werden. Die Bearbeitung der Fundstelle wird sicherlich noch viele Erkenntnisse zur Freiburger Gesundheits- und Sozialgeschichte im Spätmittelalter bereithalten. Im Hinblick auf die Datierung der beigabenarmen Gräber kommt der ^{14}C-Analyse der Skelette eine besondere Bedeutung zu. Im Jahr 2022 wird es eine weitere, abschließende Grabungskampagne geben.

Für die gute Zusammenarbeit vor Ort gebührt Herrn Maik Disch, Maximilian Kehl GbR, und den ausführenden Baufirmen unser Dank. Sehr unterstützt hat uns auch unser ehrenamtlich Beauftragter Klaus Rechner.

Bertram Jenisch, Laurin Stöckert, Carola Berszin

LITERATURHINWEISE

U. Knefelkamp, Das Gesundheits- und Fürsorgewesen der Stadt Freiburg im Breisgau im Mittelalter. Veröff. Archiv Stadt Freiburg i. Br. 17 (Freiburg 1981); B. Kuner, Das Freiburger Gutleuthaus im Spätmittelalter. Organisation – wirtschaftliche Basis – Alltagsleben. Schau-ins-Land 125, 2006, 7–24; S. Ulrich-Bochsler, Von Traufkindern, unschuldigen Kindern und Wöchnerinnen. Anthropologische Befunde zu Ausgrabungen im Kanton Bern. In: J. Schibler (Hrsg.), Beiträge zur Archäozoologie, Archäologie, Anthropologie, Geologie und Paläontologie. Festschrift für H. R. Stampfli (Basel 1990) 309–318; B. Jenisch u. a., Die Siechen im Felde – Freiburgs mittelalterlicher Leprafriedhof. Arch. Ausgr. Baden-Württemberg 2020, 260–264; B. Jenisch/C. Berszin, Neue archäologische und anthropologische Befunde zum ehemaligen mittelalterlichen Gutleuthaus Freiburgs. Schau-ins-Land 140, 2021 (im Druck).

■ AMMERBUCH-ENTRINGEN, KREIS TÜBINGEN

Frühneuzeitliche Gräber am schiefen Turm von Ammerbuch-Entringen – Angst vor Wiedergängern?

Entringen wird im Jahr 1075 erstmals als *Antringin* indirekt durch die Nennung eines Angehörigen des gleichnamigen Hochadelsgeschlechts erwähnt. Der Ortsname auf -ingen und die am westlichen Ortsrand entdeckten alamannischen Reihengräber verweisen jedoch auf die merowingerzeitlichen Anfänge der Siedlung. Als Zubehör der Burg Hohenentringen lag die Ortsherrschaft im Hochmittelalter in den Händen der hochadeligen Herren von Entringen, kam Ende des 13. Jahrhunderts an die Herren von Hailfingen, um während des 15. Jahrhunderts an Württemberg überzugehen.

Nahe der Kirche St. Michael lag zudem ein Fronhof des Klosters Bebenhausen, das über umfangreichen Güterbesitz im Dorf verfügte.

Im *liber decimationis* von 1275, einem Zehntverzeichnis des Bistums Konstanz, findet sich erstmals die Erwähnung einer Pfarrkirche, eines Pfarrers und eines Vikars in Entringen. Eine Ausgrabung im Inneren der Michaelskirche ergab 1967/68 dann jedoch eine bis in das Frühmittelalter zurückreichende christliche Tradition des Platzes. Am Platz befand sich ein Friedhof des 7./8. Jahrhunderts, für den bereits ein erster früher Kirchenbau vorauszusetzen ist. Für das 9. Jahrhundert lässt sich unter der heute stehenden Kirche eine erste Steinkirche fassen, die in (früh-?)romanischer Zeit von einem Neubau abgelöst wurde. Von Letzterem haben sich in der Südostecke des um 1452 errichteten Langhauses eine vermauerte Rundbogenarkade sowie Reste vom Dachansatz des Querhauses an der Westseite des gotischen Turms erhalten.

Senkungen im nicht tragfähigen geologischen Untergrund führen seit Langem zu erheblichen Schäden an der Substanz des denkmalgeschützten Kirchenbaus. Nach einer Sanierung zur statischen Sicherung des im Nordwesten an den gotischen Chor angesetzten Turms in den 1990er Jahren wurden nun aufgrund einer fortschreitenden Schadensentwicklung erneute Sicherungsmaßnahmen zu dessen Stabilisierung nötig. Diese sollen zwölf massive Pfahlgründungen aus Stahlbeton gewährleisten, für deren Herstellung eine Baugrube von rund 200 m^2 Fläche im historischen Friedhofsbereich geöffnet werden musste. Das betroffene Areal wurde daher im Frühjahr 2021 von der Grabungsfirma ArchaeoBW GmbH archäologisch untersucht.

Im westlichen Teil der Grabungsfläche wurde im Anschluss an die Nordwand der stehenden Kirche eine bereits 1967/68 untersuchte Fläche geöffnet, in der die damals bereits dokumentierten Reste der Nordwestecke des Querhauses der hochmittelalter-

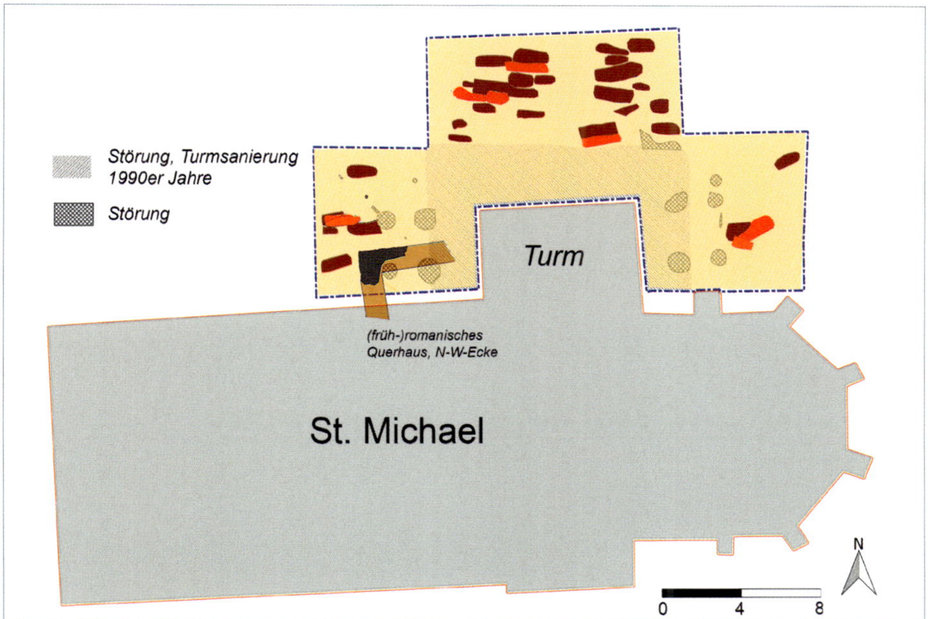

250 ◁ *Ammerbuch-Entringen, Friedhof St. Michael. Vereinfachter Befundplan des Untersuchungsbereichs nördlich der Michaelskirche. Grau: 1967/68 und 2021 nachgewiesener Mauerblock; ocker: zu rekonstruierende Bauflucht (hier bereits gestört); Schraffur: Störung durch Fundamentsanierung 1990er Jahre; Kreuzschraffur: Betonpfähle zur Turmsicherung 2021.*

lichen Kirche erneut aufgedeckt und dokumentiert wurden (Abb. 250; 251). Das aus quaderähnlich zugerichteten, flachen Sandsteinen bestehende zweischalige Mauerwerk hatte sich an dieser Stelle nur noch zwei bis drei hoch Lagen erhalten und wurde durch die anschließende Baumaßnahme vollständig zerstört.

Im Friedhofsareal konnten dann 49 zum Teil erheblich gestörte Gräber mit insgesamt 55 Individuen erfasst werden, die ganz überwiegend wohl in Zusammenhänge des 16. bis 18. Jahrhunderts gehören (Abb. 250). Wie nicht anders zu erwarten, handelte es sich um einfache Erdgräber, die größtenteils als Einzelbestattungen eingebracht worden waren. Allerdings fanden sich auch vier Doppelgräber, in denen die Verstorbenen zeitgleich nebeneinander bestattet wurden. Eine genaue Bestimmung von Geschlechter- und Altersverteilung sowie von pathologischen Veränderungen konnte während der Untersuchung nicht durchgeführt werden. Sie soll zu einem späteren Zeitpunkt nachgeholt werden. In 19 Gräbern fanden sich Sargnägel und Holzreste, die die Verwendung von Holzsärgen überliefern. Wie im mittelalterlich-frühneuzeitlichen Grabkontext üblich, war der weitaus überwiegende Teil der Gräber West–Ost orientiert, in elf Fällen zeigten sich jedoch auch deutliche Abweichungen von der gängigen Ostung der Grablegen. Bei rund der Hälfte der erfassten Individuen hatte man die Toten mit im Brustbereich gekreuzten Unterarmen bestattet. Die Beinhaltung konnte aufgrund zahlreicher Störungen durch jüngere Eingriffe lediglich bei 27 Bestattungen beobachtet werden. Auffallend waren hierbei Überkreuzungen der Unterschenkel im Bereich der Fußknöchel oder Schienbeine bei immerhin 16 Bestatteten. Diese Gräber standen im Befundkontext zu insgesamt 22 Gräbern, bei denen man den Toten Langknochen aus verlagertem Grabzusammenhang quer zur Liegerichtung, zumeist im Nacken-/Schulterbereich und im Bereich der Kniekehlen bzw. der Unterschenkel unter den Körper gelegt hatte (Abb. 252). Diese Maßnahmen waren im Zuge der Bestattung sicher intentionell motiviert. Erklärungsversuche gestalten sich schwierig. Dass hier Särge oder Totenbretter auf die quer zur Längsrichtung auf der Grabsohle positionierten menschlichen Knochen hinabgelassen wurden, um Seile zum Herablassen des Sarges unter diesen hervorziehen zu können, erscheint kaum überzeugend. Auffallend sind die regelhafte Positionierung der Langknochen im Bereich der unteren Beinextremitäten bzw. Knie und des Schulter-Nacken-Gürtels sowie das Zusammenfallen der Befundsituation solcher „Unterlegknochen“ mit der engen Überkreuzlage der Fußknöchel bzw. Schienbeine. Denkbar ist nämlich auch eine Fesselung der Toten im Grab, indem man deren Beine im Bereich der Unterschenkel verschnürte und Langknochen als „Knebel“ an die Kniekehlen und jochartig an den Schultergürtel band – oder vielleicht auch nur symbolisch niederlegte. Diese Deutung

251 ▽ *Ammerbuch-Entringen, Friedhof St. Michael. Nordwestecke der (früh-)romanischen Vorgängerkirche unmittelbar westlich der Turmwestseite.*

würde sich durchaus auch mit bekannten Bestattungspraktiken aus Spätmittelalter und früher Neuzeit verbinden lassen. Diese standen offenbar in Verbindung mit einer diffusen, für nahezu alle Zeitabschnitte der Menschheitsgeschichte anzunehmenden Angst vor Wiedergängern. Derartige „Rituale des Aberglaubens“ lassen sich dann auch nicht allein aus archäologischen Befunden ableiten, sondern sind ebenso aus der jüngeren schriftlichen und ethnologischen Überlieferung bekannt. Aus historisch-soziologischer Sicht gehören die Entringer Befunde also in einen spannenden Kontext, wenngleich man sich mit ihnen sicherlich den Grenzen archäologischer Aussagefähigkeit nähert.

Nur in vier Gräbern wurden „Beigaben“ im weitesten Sinne angetroffen. Bei einer Doppelbestattung, vermutlich von Mutter und Kind, war das Mädchen (?) mit einer Totenkrone aus durchbrochenem, mit Buntmetalldrähten durchwirktem Textil (Spitze, Brokat?) ausgestattet. Hier handelt es sich jedoch nicht um eine Beigabe im eigentlichen Sinn, sondern vielmehr um eigens für die Grablegung gefertigte Totenkleidung. Bei der weiteren Doppelbestattung einer Frau (?) und eines Kindes hatte man der Frau eine halbierte Münze auf die Schläfe gelegt. Münzbeigaben sind auch aus neuzeitlichen Grabzusammenhängen hinlänglich bekannt und könnten eine Fortführung alter, auf antike Wurzeln zurückgehender Vorstellungen sogenannter Charonspfennige sein. Trotz ihres vergleichsweise geringen Umfangs liefern die Untersuchungen in Entringen doch interessante Einblicke in die frühneuzeitliche Sepulkralkultur Südwestdeutschlands.

Mathias Hensch, Max Hermann

LITERATURHINWEIS

R. Bauer/B. Scholkmann (Hrsg.), Die Kirche im Dorf. St. Michael in Entringen (Tübingen 2002).

252 ◁ *Ammerbuch-Entringen, Friedhof St. Michael. Gestörte frühneuzeitliche Bestattung mit untergelegten menschlichen Langknochen im Bereich der Knie.*

Frauengeschichten aus dem Kloster St. Peter an der Fahr in Konstanz

Die ehemalige Mädchenschule Zoffingen am Rheinsteig in Konstanz soll zum Seniorenheim umgebaut werden. Die Schulgebäude aus dem 19. Jahrhundert stehen unter Denkmalschutz, Neubauten sind im Bereich der Sporthalle (20. Jh.) und an der Westseite des Grundstücks geplant. Weitere Bodeneingriffe werden in der ehemaligen Klosterkirche erfolgen, hier wird eine Kapelle eingerichtet.

Eine bewegte Geschichte

Auf dem Schulgelände stand das Frauenkloster St. Peter an der Fahr. Aus der Chronik der Stadt Konstanz von Gregor Mangold kann entnommen werden, dass sich 1256 eine „Frauensammlung" an der „Fahr" niederließ, in einem Kloster, das zuvor von einer anderen Schwesterngemeinschaft bewohnt gewesen war. Das Kloster etablierte sich im 14. und 15. Jahrhundert als Kloster für die Töchter des reichen Bürgertums. Während der Reformationskriege zeigten sich die Nonnen der „neuen Lehre" sehr zugetan, was dazu führte, dass sie 1549 aufgefordert wurden, entweder wieder nach den alten Sitten, also den katholischen, zu leben und zu agieren, oder innerhalb von acht Tagen das Kloster zu räumen. Die gesamte Schwesternschaft entschied sich trotz ihres hohen Alters dafür, das Kloster zu verlassen. Ein städtischer Verwalter übernahm 25 Jahre lang die Aufsicht über das Klostergut, bis 1574 sieben Töchter aus guten Konstanzer Häusern zur Unterweisung in das Kloster St. Agnes in Freiburg im Breisgau entsandt wurden. Sie kehrten 1577 in das Kloster St. Peter an der Fahr zurück. Das Kloster florierte die nächsten 200 Jahre erneut, bis es im Zuge der Josephinischen Säkularisierung 1785 zunächst mit dem Kloster Zoffingen (Konstanz, Brückengasse) vereint und schließlich 1789 ganz aufgelöst wurde.

Neue Untersuchungen, alte Bekannte

Im Rahmen der Recherchen zur Klostergeschichte begegnete uns eine alte Bekannte: 2009 hatten archäologische Ausgrabungen innerhalb der ehemaligen Jesuitenkirche in Konstanz stattgefunden, wo in prominenter Lage neben einem Seitenaltar das Grab der 1671 beigesetzten Anna-Maria Eggsin freigelegt wurde. Sie hatte eine Stiftung verfügt, die es ärmeren Mädchen ermöglichen sollte, wechselweise in das Kloster St. Peter an der Fahr oder in das Kloster Zoffingen einzutreten.

Und nun zur Archäologie …

Die Bauarbeiten wurden von 2017 bis 2021 abschnittsweise baubegleitend archäologisch betreut. Mit Ausnahme der Nordostseite konnte der Verlauf der Außenmauern des Klosters verifiziert werden. Die archäologischen Befunde korrespondieren mit der Federzeichnung in Abbildung 253. Vor allem die südwestliche Eckverstärkung und einer der Strebepfeiler an der westlichen Sei-

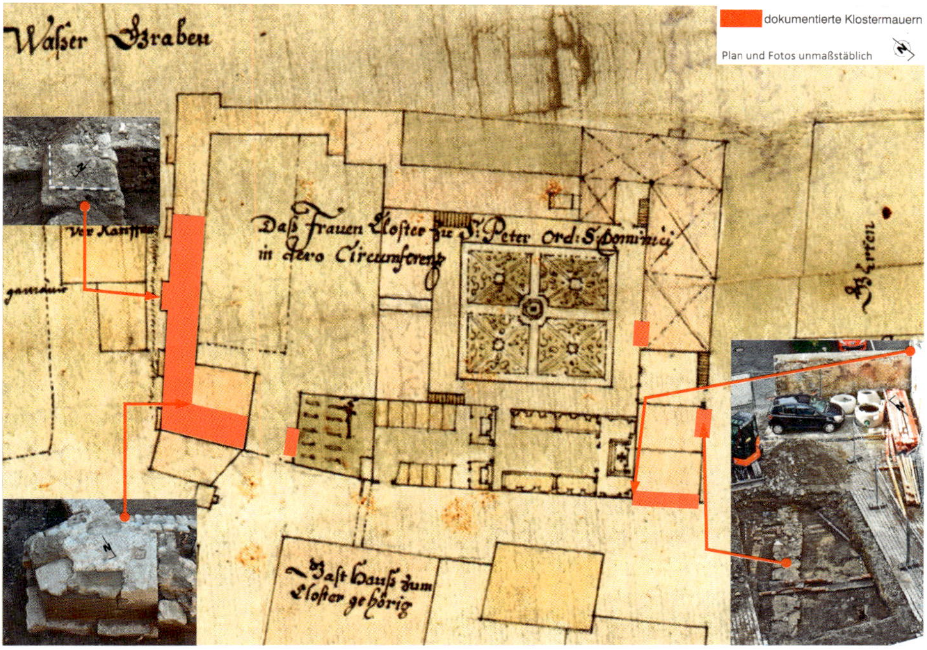

253 ◁ *Konstanz, Rheinsteig 7, ehem. Kloster St. Peter an der Fahr. Federzeichnung der Klosterumrisse aus dem 18. Jh. mit Überlagerung der freigelegten Befunde.*

te können identifiziert werden. Der Verlauf der Friedhofsmauer vor der Westseite der Kirche konnte erfasst werden, der Friedhof selbst wurde bereits im 20. Jahrhundert undokumentiert zerstört.

Wegen fehlender Funde lassen sich die Mauern nicht sicher datieren. Unter einem Strebepfeiler an der Westseite der Außenmauer kam als Unterbau in 4 m Tiefe ein Pfahlbündel aus Erlenstämmen zum Vorschein, ein ^{14}C-Datum lieferte einen Zeitansatz zwischen AD 1496 und 1640 (2 sigma kalibriert).

Die Bauart der Mauern und das verwendete Material lassen ebenfalls eine Entstehung im 16. oder 17. Jahrhundert vermuten. Da den Quellen zufolge das Kloster fast 30 Jahre lang leer gestanden hatte, wird man wohl davon ausgehen können, dass vor dem Wiedereinzug der Nonnen im Jahr 1577 Umbau- und Sanierungsarbeiten im größeren Umfang stattfanden. Spuren einer früheren Bebauung des Areals wurden nicht gefunden.

An dieser Stelle gebührt Herrn Hoffmann vom Caritasverband Konstanz, Herrn Kühnen der Werkgruppe 3 sowie den Mitarbeitern der Firma Stocker ein großer Dank für die stets unproblematische, vorausschauende und flexible Zusammenarbeit.

Caroline Bleckmann

LITERATURHINWEISE

C. Bleckmann/B. Jenisch, Ausgrabungen in der Christuskirche Konstanz. Arch. Ausgr. Baden-Württemberg 2009, 261–265; G. Mangold, Kurze Chronik der loblichen frey- und kirchstat Costanz (Konstanz 1544); J. Marmor, Geschichtliche Topographie der Stadt Konstanz (Konstanz 1860); M. Weber, Zur Geschichte von St. Peter in Konstanz. Schr. Ver. Gesch. Bodensee 54, 1926, 204–242; H. Schmid, Die Säkularisation der Klöster in Konstanz und Umgebung 1782–1832. Ebd. 96, 1978, 69–124.

Bauarchäologie im Kloster Rot an der Rot

Das ehemalige Prämonstratenserkloster Rot wurde 1126 zunächst als Doppelkloster gegründet und unter päpstlichen Schutz gestellt. Im Jahr 1140 erhielten die Prämonstratenserinnen dann in unmittelbarer Nachbarschaft ein eigenes Kloster, das jedoch nur kurze Zeit Bestand hatte. Nachdem das Kloster im 12. und 13. Jahrhundert eine Blützezeit erlebte, war die Abtei gegen Ende des 14. Jahrhunderts hoch verschuldet. Erst im zweiten Drittel des 15. Jahrhunderts kam es unter Abt Martin Hesser zu einer wirtschaftlichen Erholung des Klosters, was umfangreiche Bautätigkeiten im Konventsbereich zur Folge hatte, die u.a. auch den Neubau eines Kreuzgangs beinhalteten.
Möglicherweise im Jahr 1481 ereignete sich ein folgenschwerer Brand, bei dem auch die Kirche beschädigt wurde, deren Wiederaufbau mit der Weihe 1509 abgeschlossen wurde. Bereits ab 1506 kam es zu weiteren größeren Baumaßnahmen, die u.a. das Dormitorium im Ostflügel, das Refektorium und den Küchentrakt im Westflügel sowie einen *Kuchlbau* im Südwesten des Konvents betrafen. Im Dreißigjährigen Krieg gelang es dem Kloster, durch Kontributionszahlungen einer Zerstörung zu entgehen, wenngleich die Region vor allem in den Jahren 1630–1648 schwer zu leiden hatte. 1681 kam es dann erneut zu einem schweren Brand, bei dem vor allem die Kirche und der Westflügel in Mitleidenschaft gezogen wurden. Die Wiederaufbaumaßnahmen bildeten den Auftakt zur barocken Umgestaltung des Klosters, die mit dem Neubau der Kirche von 1777 bis 1786 ihren weitgehenden Abschluss fand. Im Zuge der Säkularisation wurde das Kloster 1803 aufgehoben. Ende der 1950er Jahre erwarb die Diözese Rottenburg-Stuttgart die Klostergebäude und richtete dort ein Jugend- und Bildungshaus ein, das bis heute Bestand hat.

Archäologie und Bauforschung

Im ehemaligen Kreuzgarten wurde im Sommer 2021 eine neue Aufzuganlage errichtet, für deren Bau eine bis zu 4 m tiefe Baugrube an der Innenseite des Südflügels vorgesehen war (Abb. 254). Diese Maßnahme erforderte eine bauvorgreifende archäologische Ausgrabung des betroffenen Bereichs, die von der Firma Archäologie-Zentrum, Günzburg, durchgeführt wurde. Zeitgleich wurden am stehenden Baubestand und an den archäologisch aufgedeckten Baubefunden bauforscherische Untersuchungen durch Karin Uetz, Vogt-Mosisgreut, vorgenommen, wobei sich die Zusammenarbeit von Archäologie und Bauforschung wieder einmal als sehr fruchtbar erwies.

Der mittelalterliche Kreuzgang

Den wichtigsten Befund der Untersuchung stellen die Reste der Innenseite des Süd- und Westflügels des im frühen 19. Jahrhundert abgebrochenen Kreuzgangs dar (Abb. 254; 255). Unklar war zunächst, ob die erfassten Baustrukturen zu dem archivalisch überlieferten gewölbten Kreuzgang gehören, der ab 1441 unter Abt Martin Hesser errichtet wurde, oder ob diese zu einer Bauphase nach dem Klosterbrand von 1681 zu zählen sind. Ein Vergleich der Backsteinmaße der archäologisch dokumentierten Fundamente mit den Maßen der bei den Baumaßnahmen in den 1680er Jahren verwendeten Backsteine in den heutigen Dachräumen der Konventflügel sowie ein Vergleich der verwendeten Setzmörtel ergab, dass die Baureste aus gotischer Zeit stammen.

Die innere Kreuzgangmauer des Südflügels ruht interessanterweise auf älteren Pfeilerfundamenten, die wahrscheinlich bereits die Arkaden des romanischen Kreuzgangs trugen. Die innere südliche Kreuzgangwand dürfte eine Länge von etwa 17 m besessen haben. Die Lage des mittelalterlichen Kreuzgangs ist auch insofern interessant, als die Südwand der mittelalterlichen Kirche – unter der Voraussetzung eines quadratischen Kreuzgangs – etwa 7 m weiter südlich der barocken Südwand der heutigen Kirche zu suchen ist. Die mittelalterliche Klosterkirche dürfte somit deutlich weiter nach Süden gereicht haben als ihr zweifelsohne größerer barocker Nachfolger. Mehrere, wohl unverbaute gotische Architekturteile im Fundmaterial, darunter qualitätvolle Maßwerkfragmente und Bodenfliesen, zeugen von der einstigen Ausstattung des gotischen Kreuzgangs.

Unterhalb eines barocken Kellerabgangs in der Südwestecke der Grabungsfläche lag das West–Ost orientierte Grab eines älteren Mannes, das unter Vorbehalt in das 16. Jahrhundert zu datieren ist. Der Tote war in einem einfachen Leichenhemd beigesetzt worden, das mit zahlreichen Haften im Schulter- bis Beckenbereich geschlossen wurde. Die Bestattung war nach der Beisetzung mit einer dicken Kalklage bedeckt worden. Überraschenderweise fanden sich im Grabungsbereich keinerlei Hinweise auf weitere Gräber. Ob demnach im südlichen Kreuzgang tatsächlich bis in das frühe 17. Jahrhundert nur in Ausnahmefällen bestattet wurde oder ältere Bestattungen im Zuge barocker Umgestaltungen aus dem älteren Kreuzgang an andere Stelle transloziert wurden, entzieht sich unserer Kenntnis. Auf Letzteres könnte die Lage des erfassten Grabes unterhalb der Kellertreppe hindeuten, wo man es bei einer Umbettung älterer Bestattungen durchaus hätte „übersehen“ können.

Barockes Kloster mit mittelalterlichem Kern

Nach dem Klosterbrand von 1681 wurde die Kreuzgangfassade in der Formensprache des

254 ▽ *Rot a. d. Rot, Kloster. Blick auf die Grabungsfläche am Südrand des ehemaligen Kreuzgartens mit Resten des gotischen Kreuzgangs und Befunden zur barocken Gartengestaltung von Westen.*

255 △ *Rot a. d. Rot, Kloster. Lageplan der 2021 untersuchten Bereiche im ehemaligen südlichen Kreuzgarten. Die Reste des gotischen Kreuzgangs sind rot dargestellt.*

Frühbarocks überarbeitet, die Grundstruktur jedoch im Wesentlichen beibehalten. Der im heutigen Dormitoriumstrakt verbaute Ostarm des Kreuzgangs zeugt dabei noch von der Gestaltung des späten 17. Jahrhunderts. Auf die barocke Gestaltung des Kreuzgartens mit Hochbeeten und Wasserführung verweisen weitere Baubefunde, darunter ein gemauerter Kanal und ein mit hydraulischem Kalk abgedichtetes Wasserbecken. Kreuzgang und Kreuzgarten wurden im Laufe der Jahrhunderte mehrfach durchgreifenden Umgestaltungsmaßnahmen unterzogen. Die Übereinstimmung der archäologischen Befunde mit den im stehenden Bau erhaltenen Baubefunden lässt jedoch erkennen, dass ein Teil des stehenden Baubestands noch gute Vorstellungen von der Konzeption und den Höhenniveaus des mittelalterlichen Klosters vermittelt. So gehen auch die Keller- und Erdgeschossmauern des heutigen Südflügels noch auf die mittelalterliche Anlage zurück.

Die archäologischen Untersuchungen lassen also erstmals deutlich werden, dass trotz der zahlreichen Brände und Modernisierungsmaßnahem eine hohe Persistenz innerhalb der Konventsgebäude besteht. Das romanische und gotische Kloster Rot liegt somit in der heute sichtbaren barocken Anlage geborgen.

Mathias Hensch, Anja Seidel, Karin Uetz

WEINGARTEN, KREIS RAVENSBURG

Der Blick des Wenzel Hollar – Neues aus Kloster Weingarten

Dranbleiben lohnt sich. Seit Jahren steht das Gelände der einstigen Reichsabtei auf dem Martinsberg in Weingarten unter archäologischer Beobachtung, wozu Neu- und Umbau- oder Renovierungsmaßnahmen beständig Anlass bieten. Hierzu zählte immer wieder auch die Sanierung der nördlichen Klostermauer. 2021 standen Maßnahmen zum Abflachen der 5–6 m hohen Böschung im Nordosten der Klostermauer an. Zwar hält die hochwertig errichtete Stützmauer hinter der Kalktuff-Fassade dem Hang seit mehr als 200 Jahren stand, doch schien den Verantwortlichen der zuständigen Baubehörden die statische Situation des Bauwerks immer weniger sicher.

Überraschung im Hang

Daher sah die Planung vor, rund 700 m² Böschung auf rund 100 m Länge um bis zu 1 m abzutragen und zu stabilisieren. Die Hangsituation in einem Bereich, der erst im 18. Jahrhundert ins Klosterareal einbezogen wurde, schien archäologisch wenig bedenklich, dennoch wurde vorsorglich die Auflage einer Beobachtung verfügt und von der Firma IKU-Archaeo, Rottenburg am Neckar, durchgeführt.

Schon beim Humusabtrag kamen in der nach Ostnordost abfallenden Böschung parallel zum Hang vier Abschnitte von maximal 0,6 m breiten Bruchsteinmauern zutage, die durch moderne Eingriffe nur noch fragmentarisch erhalten waren (Abb. 256). Sie liegen recht genau da, wo die Urkarte von 1825 eine Art Begrenzung verzeichnet. Es könnte sich hier um Reste der spätbarocken Gartenanlagen handeln, die beim Bau der Parkplatzzufahrt zugeschüttet wurden. Allerdings zieht der südlichste Mauerabschnitt in spitzem Winkel über ein östlicher orientiertes Mauerstück, das somit in einen älteren Zusammenhang gehören muss.

Von deutlich anderem Format war ein Mauerbefund im Nordosten des Hangabschnitts. Hier wurde eine solide, 1 m breite Mörtelmauer aus großen Wacken und Bruchsteinen erfasst, die bis zu 0,7 m hoch erhalten war (Abb. 256). Sie bog im Osten rechtwinklig in den Hang hinein und war nach Westen mehr als 12 m lang. Ein Abschluss wurde hier nicht erfasst. Die Ecksituation im Osten legt nahe, dass es sich bei diesem Fundament um die Reste eines Gebäudes handelt, das seiner Lage nach dann mit Sicherheit zur vorbarocken Bebauung des Klosterareals gehörte. Nach Rücksprache mit den Planern konnte diese Mauer erhalten und in die Hangsicherung einbezogen werden.

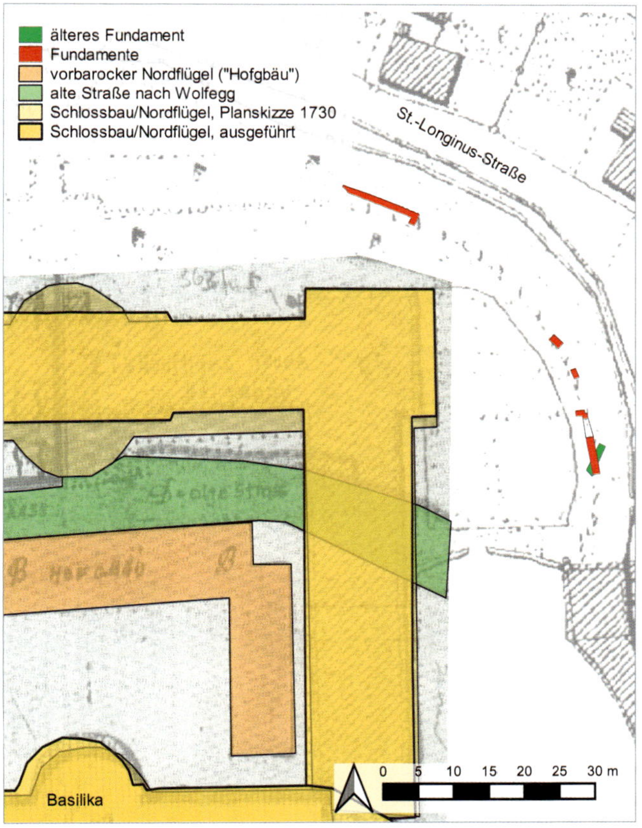

256 △ *Weingarten, Nördliche Klostermauer. Lage der Mauerfundamente im aktuellen Katasterplan über einer Entwurfsskizze von 1730 (Ausschnitt). Sie zeigt oben den heutigen spätbarocken Schlossbau als projektiertes neues Gebäude, unten den abgebrochenen, 2016 wiederentdeckten alten Nordflügel („HOFGBÄU", B), dazwischen die „alte Straß" (D) und ganz unten die Basilika.*

Nicht spektakulär, aber wichtig

Die Bedeutung dieser Befunde erschließt sich erst im Kontext mit früheren Erkenntnissen, insbesondere aus archäologischen Begleitungen im „Schlosshof" nördlich der Basilika im Jahr 2016. Dort konnten im Hofbereich die Kellerflucht und die Außenwände des vorbarocken Nordflügels des einstigen Klosterhofs dokumentiert werden. Demnach war alte Nordhof deutlich schmaler als in den bekannten Ansichten Pater Gabriel Bucelins um 1630/40. Die archäologische Situation entspricht vielmehr Darstellungen des 18. Jahrhunderts, aber auch derjenigen von Bucelins Zeitgenossen Wenzel Hollar, der die Westansicht des vorbaro-

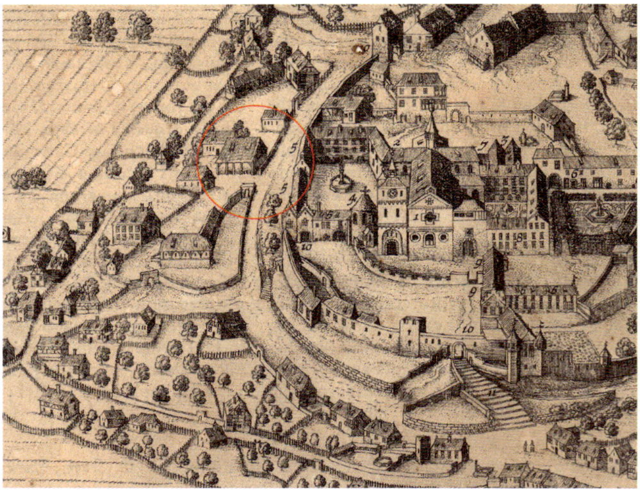

257 △ *Weingarten, Nördliche Klostermauer. Westansicht von Wenzel Hollar, 1657 oder 1627/29, Ausschnitt. Links, d. h. nördlich der „alten Straß“ nach Wolfegg, die eng um den alten Nordflügel des Klosters (bez. „5“) herumführte, stehen Gebäude. Dort sind die aufgefundenen Mauerreste zu verorten.*

cken Klosters mit schmalem Nordhof und der nach Wolfegg führenden Straße zeigt, die eng um die Nordseite des Klosters herumführte (Abb. 257). Nördlich der Straße sind Hofstellen, weitere Gebäude sowie Böschungen und Stützmauern dargestellt. Demnach müsste die alte Landstraße nach Wolfegg unter der Nordhälfte des heutigen Schlosshofs liegen, der mit Abbruchschutt der vorbarocken Gebäude erheblich aufplaniert wurde. Hollars Hofstellen waren also unter und nördlich des heutigen Nordflügels bis an den Rand der in der Maßnahme von 2021 abzuflachenden Böschung zu vermuten. Auch wenn ein Zusammenhang mit diesen Höfen unsicher bleiben muss, unterstreichen die unerwarteten Baureste im Hang doch, dass bei der anstehenden Fortsetzung der Arbeiten zwischen Nordflügel und Hang auf weitere Befunde zur vorbarocken Bebauungsstruktur und zur Gesamtkonzeption des Klosters zu achten ist. Die baubegleitenden Maßnahmen von 2021 konnten somit weitere Bausteine zur Erstellung eines spannenden und größeren historischen Bildes liefern.

Mathias Hensch, Andreas Willmy

LITERATURHINWEIS

R. Fesseler, Geschichte und Geschichten in und um Altdorf-Weingarten (Ravensburg 1996) 16 f. 160 f. (mit weiterer Literatur u. Quellen).

■ BADEN-BADEN

Baurelikte aus 700 Jahren Stiftskirche Liebfrauen in Baden-Baden

Im Zuge der Innenrenovierung der ältesten Kirche der Stadt Baden-Baden waren ein Team des Landesamtes für Denkmalpflege ab März und die Firma Südwest-Archäologie Anfang Mai 2021 tageweise baubegleitend tätig. Die liturgische Neuordnung und damit verbunden der Umbau des Altarbereichs sahen umfangreiche Rückbauarbeiten in potenziell archäologisch relevanten Bereichen vor. Auch wenn keine nennenswerten Funde gemacht werden konnten, schlummerten unter einer massiven, Ende der 1960er Jahre aufgebrachten Betondecke auf ca. 25 m² doch Baubefunde unterschiedlichster Epochen (Abb. 258).

Die Gruft Jakobs II. von Baden

Bei Betonsägearbeiten, die den Boden im Altarbereich in Blöcke schnitten, stieß man noch vor Erreichen des gewünschten Ni-

258 ◁ *Baden-Baden, Stiftskirche Liebfrauen. Überblick über die Untersuchungsfläche mit Baubefunden.*

veaus im nordöstlichen Teil auf die Grablege Jakobs II. von Baden (1471–1511; Abb. 258, 1). Das dabei touchierte Ziegelgewölbe erlaubte durch eine kleine Öffnung die Dokumentation des Innenraums. Von dem 1808 nach Baden-Baden überführten Eichensarg des Fürsterzbischofs waren aufgrund von Feuchtigkeit auf der Sohle nur noch verrottetes Holz sowie die in sich zusammengefallenen Bleisargreste zu beobachten. Die Wände der Gruft jedoch zieren Fresken, die laut Schriftquellen die Bemalung der ersten Grablege in St. Florin, Koblenz, widerspiegeln. Die Seitenwände sind mit einem roten griechischen Kreuz, die nordöstliche Stirnwand mit einem Brustbild des dornengekrönten Christus (Abb. 259) und die gegenüberliegende, südwestliche Rückwand mit dem Wappen des Verstorbenen bemalt – hier ist die Gruft alt gestört (Abb. 260). Das Gewölbe sowie die Seitenwände wurden gekappt und mit einer massiven Sandsteinplatte überdeckt. Danach wurde die entstandene Gewölbelücke wieder zugemauert.

Archäologische Baubefunde

Durch fachgerechten Rückbau konnte die Störung der Grablege mit den 1867 durchgeführten Bauarbeiten zum Einbau einer Heizung in Verbindung gebracht werden. Um heißes Thermalquellwasser im Kirchenboden zirkulieren zu lassen, waren seinerzeit Rohrleitungskanäle angelegt worden. Der dokumentierte Kanal (Abb. 258, 2) störte aber nicht nur die Grablege Jakobs II., sondern auch noch die Grüfte von Maria Viktoria Pauline von Arenberg (1714–1793; Abb. 258, 3) und Karl Wilhelm Eugen von Baden-Durlach (1713–1783; Abb. 258, 4) sowie eine vierte Gruft (Abb. 258, 5), die auf historischen Plänen fehlt und somit nicht zugeordnet werden kann. Alle Gewölbe waren im südwestlichen Teil um ca. 60–80 cm gekappt, die Grablegen mit Sandsteinplatten überdeckt und die Gewölbelücken mit der nordöstlichen Kanalwand zugemauert worden – eine pragmatische Lösung für ein damals hochmodernes Heizsystem.

Ungefähr auf gleichem Niveau stieß man in der Mitte der Untersuchungsfläche auf eine profilierte, geschwungene Sandsteinstufe (Abb. 258, 6). Deren typisch barockisierende Form erlaubt die Datierung in die erste Hälfte des 18. Jahrhunderts, als die Stiftskirche nach einem verheerenden Brand im Zuge des Pfälzischen Erbfolgekriegs wieder auf- und umgebaut wurde. Diese barocke Stufe wiederum überlagerte einen Sandsteinplattenboden (Abb. 258, 7) samt massiver Fundamentierung, bei dem es sich wahrscheinlich um den mittelalterlichen Boden aus dem 14. Jahrhundert handeln dürfte. Daran schließt noch einmal ein massives, aus Spoliensteinen errichtetes Fundament an (Abb. 258, 8), das den genannten Boden schnitt und teilweise überlagerte. Womöglich liegt hier das Fundament eines Altars vor, der 1866/67 während der Renovierung im neugotischen Stil errichtet worden war.

Trotz wechselvoller Kirchengeschichte und zahlreicher Umbauten hatte der Altarbereich der Stiftskirche Liebfrauen Baurelikte

259 ▷ Baden-Baden, Stiftskirche Liebfrauen. Blick in die Gruft Jakobs II. mit Störung im südwestlichen Teil durch den Einbau der Heizung im Jahr 1867.

aus den letzten 700 Jahren bewahrt. Umso erfreulicher war, dass die Bauherrin, die katholische Kirchengemeinde Baden-Baden, und deren Bauleitung, das Erzbischöfliche Bauamt Heidelberg, aufgrund der vorgefundenen historischen Zeugnisse die Umplanung angingen, konservatorische Maßnahmen ergriffen und auf ein weiteres Abtiefen und somit die Zerstörung von Denkmalsubstanz verzichteten.

An dieser Stelle sei Frau Karen Veihelmann, Büro für Baukonstruktion Karlsruhe, für die gute Zusammenarbeit und Herrn Bernhard Nicola, Erzbischöfliches Bauamt Heidelberg, für sein überaus hilfreiches Geschichtswissen zur Stiftskirche Liebfrauen besonders gedankt.

Judith Baldauf, Frank Krämer, Sarah Rudolf

260 △ *Baden-Baden, Stiftskirche Liebfrauen. Blick in den intakten Teil der Gruft Jakobs II. mit Gewölbe, Christusfresko und Überresten des Eichen- sowie Bleisargs.*

LITERATURHINWEIS

H. Monz, Der Trierer Kurfürst Jakob II. kehrte heim: die Flucht aus dem „Schlachthaus". In: Jahrb. Kreis Trier-Saarburg 1994, 115–124.

HERBERTINGEN-HUNDERSINGEN, KREIS SIGMARINGEN

Die Baumburg bei Hundersingen, Großgrabhügel und mittelalterliche Motte

Großgrabhügel der Hallstattzeit wird zur hochmittelalterlichen Motte

Etwa 1,2 km südsüdwestlich der Heuneburg und unmittelbar an einem über der Donau gelegenen Steilhang befindet sich die Baumburg, ein mit einer Höhe von 9–10 m imposanter und deutlich im Gelände erkennbarer, markant gestufter Hügel. An seiner Basis besitzt dieser einen Durchmesser von etwa 80 m, an der leicht aufgewölbten Kuppe sind es zwischen 25 m und 30 m. Besonders am nördlichen und südlichen Hügelfuß sind noch Reste eines umlaufenden Grabens zu erkennen, der nach Osten in die Steilkante zur Donauebene ausläuft. Etwa 100 m südwestlich des Hügels hat ein verlandeter Bachlauf ein tiefes, Richtung Donau abfallendes Tälchen eingeschnitten, das nach Westen als sohlförmiger Graben künstlich verlängert wurde, sodass zwischen diesem und dem Burghügel ein als Vorburg zu bezeichnendes Areal abgegrenzt wurde.
Bereits früh verwies etwa Wolfgang Kimmig darauf, dass „die Baumburg zusammen mit dem [250 m südwestlich gelegenen] Lehenbühl eine Einheit bildet in dem Sinne, daß es sich nur um eine, repräsentativ über dem Donausteilufer aufgeschüttete und zur Heuneburg gehörige Grabhügelgruppe han-

deln kann“, die dann im „Mittelalter, vermutlich während des 10.–12. Jahrhunderts, einen adligen Grundherrn verlockt haben [muss], ihn zu einer Turmhügelburg oder einer sogenannten ‚Motte‘ umzugestalten“.

Historische Überlieferung

Die Baumburg – auch *Buenburg, Buwenburg, Bawenburg* – war Sitz der bereits 1090 und 1092 urkundlich überlieferten Familie von Buwenburg (zuvor wohl von Hundersingen). Wenngleich verschiedentlich vermutet wurde, dass die Anlage erst im 15. Jahrhundert zerstört worden sei, wird sie in Urkunden schon 1344 als Burgstall bezeichnet und dürfte wohl bereits zu diesem Zeitpunkt in einem ruinösen Zustand gewesen sein. Den 1552 von Baltasar von Hornstein unternommenen Versuch, den „uralte[n] Burgstall“ wiederaufzubauen, vereitelten die Klosterfrauen und der Klostervogt von Heiligkreuztal, da sie vermuteten, Baltasar von Hornstein könnte die „auf dem Schlosse haftenden Gerechtigkeiten hervorsuchen“. Im Jahr 1558 trat Baltasar von Hornstein die Burg schlussendlich, im Tausch gegen zwei Höfe bei Daugendorf und Herbertingen, an das Kloster ab.

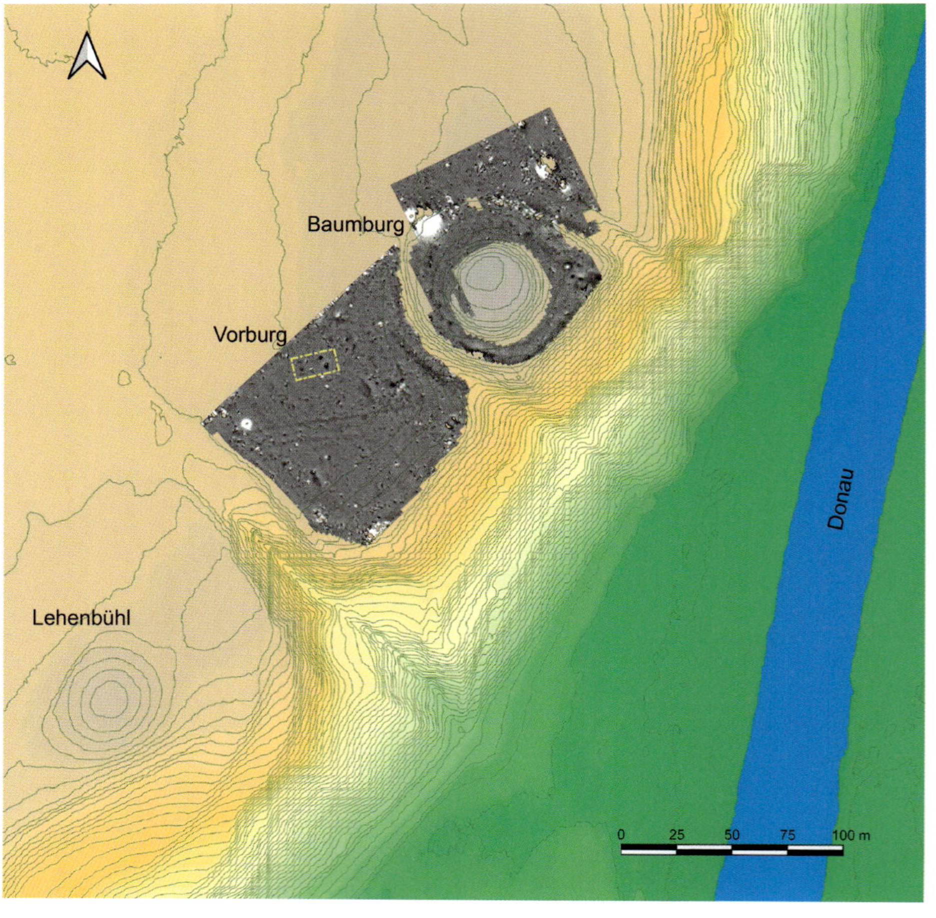

261 ▷ *Herbertingen-Hundersingen. Magnetische Messungen im Bereich der Baumburg und des Vorburgareals mit Lage der Grabungsfläche (gelb). Südwestlich liegt der hallstattzeitliche Großgrabhügel Lehenbühl.*

Forschungen im Rahmen des Heuneburg-Langfristprojektes

Im Rahmen eines von der Deutschen Forschungsgemeinschaft geförderten Forschungsprojektes, das seit dem Jahr 2014 das Umland des frühkeltischen Fürstensitzes an der Heuneburg untersucht, wurde gleich im ersten Projektjahr eine geophysikalische Prospektion im Umfeld der Baumburg durchgeführt (Abb. 261). Im Vorburgareal zeigten sich verschiedene Anomalien, die von Gruben, Gräben und Hausgrundrissen stammen dürften. Es stellte sich die spannende Frage, ob diese Strukturen ausschließlich mit der mittelalterlichen Baumburg in Zusammenhang stehen oder teils auch zu der viel älteren eisenzeitlichen Außensiedlung gehören könnten. Zur Klärung dieser Frage wurde im Sommer 2021 etwa 60 m südwestlich des markanten Burghügels eine 10 m × 20 m messende Sondage angelegt, deren Position anhand von im Magnetogramm ersichtlichen Anomalien ausgewählt wurde.

Siedlungsstrukturen, Funde und chronologische Einordnung

Im Zuge der Grabung wurden zahlreiche, meist als einfache Gruben und Pfosten anzusprechende Befunde freigelegt und dokumentiert, von denen besonders ein Grubenhaus sowie zwei stratigraphisch jüngere Öfen zu erwähnen sind (Abb. 262). Letztere sind im Umriss birnenförmig und besitzen eine Länge von 2–3 m. Eine funktionale Ansprache, etwa als Brenn- oder Schmelzöfen, ist nicht möglich.

Das geborgene umfangreiche keramische Inventar erlaubt eine recht genaue zeitliche Einordnung. Das Gros bilden Gefäße der sogenannten Albware, für die eine an der Oberfläche sowie vor allem im Bruch deutlich erkennbare, feine Kalzitmagerung charakteristisch ist. Das Hauptverbreitungsgebiet dieser auch als Nachgedrehte Ware bezeichneten Warenart bilden die Schwäbische Alb sowie darüber hinaus der mittlere Neckarraum und der Nordschwarzwald. Die

262 ▽ *Herbertingen-Hundersingen, Baumburg. Mittelalterliches Grubenhaus, das von einem jüngeren Ofen geschnitten wird.*

263 △ *Herbertingen-Hundersingen, Baumburg. Auswahl an hoch- und spätmittelalterlichen Keramikfunden.*

Gefäße wurden von Hand aufgebaut und anschließend mit einer ungleichmäßig laufenden, vermutlich handgetriebenen Töpferscheibe nachgearbeitet, bevor sie im offenen Feuer oder Meiler gebrannt wurden. Trotz des großen Verbreitungsraums ist also von einer lokalen Produktion für eine örtlich oder kleinräumig begrenzte Abnehmerschaft auszugehen.

Das aus dem Vorburgareal stammende Gefäßspektrum umfasst mehrheitlich Töpfe bauchig-kugeliger Form mit ebenen Standböden und halslos aufsitzenden, stark eingezogenen Rändern (Abb. 263). Vereinzelt lassen sich an der Innenseite der Randscherben produktionsbedingte, schlecht verstrichene Wulstgrenzen erkennen. Der verschiedentlich an den Gefäßen zu beobachtende Dekor besteht aus einfachen, steilen, bis an den Rand reichenden Wellenlinien (Abb. 263, oben links), seltener aus einer mehrreihigen Wellenverzierung (Abb. 263, Mitte rechts). Einer der Böden weist darüber hinaus eine für die Warenart typische kreuzförmige Bodenmarke auf, die auf markierte hölzerne Unterlagen bei der Herstellung der Gefäße zurückzuführen ist (Abb. 263, unten Mitte). Die an diesem Boden nachträglich angebrachte Durchlochung dürfte auf eine siebartige Verwendung des Gefäßes hindeuten.

Eine genauere Zuweisung zur frühen und älteren Albware sowie damit verbunden eine zeitliche Einordnung zwischen der zweiten Hälfte des 11. und der zweiten Hälfte des 12. Jahrhunderts kann vor allem aufgrund der spitz ausgezogenen, im Profil keilförmigen Ränder, des großflächigen und steilen Wellenliniendekors sowie der wandständigen Ösenhenkel (Abb. 263, Mitte) erfolgen.

Jüngeres Fundmaterial erbrachten hingegen lediglich zwei große Gruben am westlichen Rand der Sondage. Erwähnenswert scheint neben verschiedenen Gefäßen der jüngeren Grautonigen Drehscheibenware, die ins 14. Jahrhundert zu datieren sind, vor allem ein zu einer Bügelkanne gehörendes, mit Kerbreihen verziertes Bandhenkelfragment (Abb. 263, oben Mitte). Aufgrund der an der Henkeloberseite erkennbaren leichten Kehlung kann das Fragment frühestens in das fortgeschrittene 13. Jahrhundert eingeordnet werden. In der Zusammenschau mit den beiden birnenförmigen Öfen, von denen einer das Grubenhaus schneidet, also stratigraphisch eindeutig jünger ist, muss von einer Nutzung des Vorburgareals im fortgeschrittenen Hoch- und Spätmittelalter

ausgegangen werden. Denkbar erscheint, dass diese in Zusammenhang mit dem in diesem Areal erstmals 1392 urkundlich bezeugten Wirtschaftshof steht.
Die Grabungen an der Baumburg haben erwiesen, dass die ausgegrabenen Befunde in das Hoch- und Spätmittelalter datieren. Fundmaterial oder eindeutige Befunde aus der Hallstattzeit traten nicht auf. Allenfalls zwei bogenförmig verlaufende seichte Gräbchen stellen möglicherweise die letzten Überreste von Grabhügeln dar, die mit der Baumburg und dem Lehenbühl eine hallstattzeitliche Nekropole gebildet haben könnten.

Wir danken Herrn Günter Möhrle und Frau Martina Görlach für die unkomplizierte Zusammenarbeit sowie Frau Renate Supp für ihre ehrenamtliche Mitarbeit.

Robin Dürr, Leif Hansen, Fiona Vernon

LITERATURHINWEISE

Beschreibung des Oberamts Riedlingen (Stuttgart, Tübingen 1827) 195–197; Beschreibung des Oberamts Riedlingen (Stuttgart 1923) 805–806; W. Kimmig, Die Heuneburg an der oberen Donau. Führer Vor- u. Frühgesch. Denkm. Württemberg u. Hohenzollern 1 (Stuttgart 1968) 107–110; U. Gross, Mittelalterliche Keramik zwischen Neckarmündung und Schwäbischer Alb. Bemerkungen zur räumlichen Entwicklung und zeitlichen Gliederung. Forsch. u. Ber. Arch. Mittelalter Baden-Württemberg 12 (Stuttgart 1991) 52–59; Ch. Bizer, Die Oberflächenfunde von Burgen der Schwäbischen Alb. Ein Beitrag zur Keramik- und Burgenforschung. Forsch. u. Ber. Arch. Mittelalter Baden-Württemberg 26 (Stuttgart 2006) 22–43.

MÜNSINGEN-GUNDELFINGEN, KREIS REUTLINGEN

Erste Einblicke in den Untergrund der Burg Niedergundelfingen

Die Burg Niedergundelfingen liegt auf einem markanten Umlaufberg der Großen Lauter, wenig östlich des Dorfes Gundelfingen (Abb. 264). Nach bisherigem Kenntnisstand wurde die Burg gegen Ende des 11. Jahrhunderts als Sitz der Herren von Gundelfingen gegründet. Der erste fassbare Vertreter dieser edelfreien Familie bezeugte im Jahr 1105 eine Güterschenkung an das Kloster St. Blasien (Lkr. Waldshut). Wahrscheinlich kam es im Laufe des 13. Jahrhunderts zu umfangreichen Ausbaumaßnahmen an der Burg, die in den heute noch in weiten Teilen sichtbaren Zustand der Anlage mündeten. Kurz nach 1400 wechselte die Burg zweimal den Eigentümer und kam 1409 in den Besitz der Herren von Stein zu Klingenstein, um spätestens zu Beginn des 17. Jahrhunderts an die Herren von Meldegg überzugehen.

War die Hauptburg ursprünglich größer?

Die rechteckig ummauerte Kernburg besitzt eine Grundfläche von nur etwa 48 m × 22 m (Abb. 265). Im Norden befand sich ein Palas, der ausweislich eines romanischen Doppelfensters wohl im Laufe des 13. Jahrhunderts entstand, im Süden stand ein Torhaus, dem ein Abschnittsgraben vorgelagert war. Dem Torbereich wurde im 19. Jahrhundert nach innen ein noch heute bestehender Wohnflügel anfügt. Im Burghof befinden sich eine mittelalterliche Filterzisterne und ein ebenfalls mittelalterlicher Keller, der sich im Osten an die Ringmauer anlehnt. Die Kernburg ist seit dem 15./16. Jahrhundert von einer Zwingermauer umgeben, in die ursprünglich mehrere Schalentürme integriert waren. Nach Süden schließt sich ein etwa 43 m × 46 m großer Plateaubereich an, der spornartig gegen das Lautertal vorspringt und bislang als Vorburg gedeutet wurde. Hier steht die ehemalige Burgkapelle, die der schriftlichen Überlieferung zufolge im Jahr 1715 ruinös war und im Laufe des 18. Jahrhunderts wiederhergestellt wurde. Sie ist dem heiligen Michael geweiht und trägt somit ein für Kapellen im Eingangsbereich von Burgen charakteristisches Patrozinium. Erstaunlicherweise ist der Chor nach Süden ausgerichtet. Die Lage der Kapelle gibt einen Hinweis darauf, dass dieser Bereich zunächst Teil einer größeren Kernburg war, die in spätromanischer Zeit eine deutliche Reduktion erfuhr.

Die Grabung – klein, aber spannend …

Der Bau einer Schuppenremise erforderte im Herbst 2021 eine archäologische Untersuchung des etwa 8 m × 11 m großen, südwestlich der Kapelle St. Michael gelegenen Baufelds (Abb. 264; 265). Da der Baukörper in eine steil abfallende Hangkante am Übergang zum Plateau hineingebaut werden sollte, waren die Bodeneingriffe im Hangbereich erheblich. Unmittelbar südlich dieses Bereichs ist am Fuß dieser Hangkante eine aus Lesesteinen errichtete Mauer an einigen Stellen obertägig sichtbar, die bislang als

264 ▽ *Gundelfingen. Blick auf die Burg Niedergundelfingen von Nordosten. Links am Hang unterhalb der Kapelle ist die Grabungsfläche von 2021 zu erkennen.*

Mauerbefestigung einer Vorburg gedeutet wurde. Eine 2017 durchgeführte Sondage hatte im Bereich des geplanten Baufelds Hinweise auf mittelalterliche, stark holzkohlehaltige Kulturschichtaufträge ergeben.

Ein Gebäude des 13. Jahrhunderts

Die Untersuchungen erbrachten den Nachweis, dass die heute bestehende steile Hangkante und das westlich anschließende Plateau erst in der Übergangszeit zwischen Mittelalter und Neuzeit entstanden. Das Niveau lag im Südwesten des Untersuchungsschnitts am Übergang zum Plateau ursprünglich bis zu 3 m tiefer, als es die heutige Situation überliefert (Abb. 266). Als ältester Kulturauftrag fand sich über dem natürlichen Verwitterungshorizont eine lehmig-humose Schicht, die vereinzelte, wohl hallstattzeitliche Keramikscherben erbrachte. Überraschend kamen im Westprofil Reste eines zumindest in seinem unteren Bereich massiv gemauerten Gebäudes zum Vorschein, dessen mögliche Nordwestecke sich in der westlichen Grabungswand befand. Im Osten wurde das Gelände für den Bau offenbar mit Planiermaterial nivelliert. Soweit sich aus dem fragmentarisch erhaltenen Befund erkennen ließ, bestand das etwa 0,5 m starke Mauerwerk aus unbearbeiteten Kalklese- oder Bruchsteinen, die in einen gut abgebundenen, harten Kalkmörtel verlegt wurden. In der Fläche war der Befund leider durch jüngere Eingriffe vollständig gestört, sodass sich keine genauen Aussagen zu diesem Bauwerk machen lassen. Fügt man die beiden erfassten Mauerfluchten jedoch nach der Vermessung zusammen, so ergäbe sich erstaunlicherweise eine spitzwinklige Gebäudeecke (Abb. 265, 1). Immerhin zeigt der Befund, dass der südöstliche Hangbereich früh in Bebauungsprozesse eingebunden war. Zugleich lässt sich erahnen, dass die heutige topographische Situation mit dem zum Auffahrtsweg steil abfallenden Gelände ebenfalls auf jüngere Umformungen der Topographie zurückgeht, da für ein größeres Gebäude heute kaum genügend Platz bliebe. Die jüngsten Keramikfunde der für den Bau eingebrachten Planierschicht datieren in die erste Hälfte des 13. Jahrhunderts. Jedoch fanden sich hier, ebenso wie in allen jüngeren Kulturschichtzusammenhängen, auch einzelne Keramikscherben, die in das 11./12. Jahrhundert gehören und somit in die Frühzeit der Burg weisen.

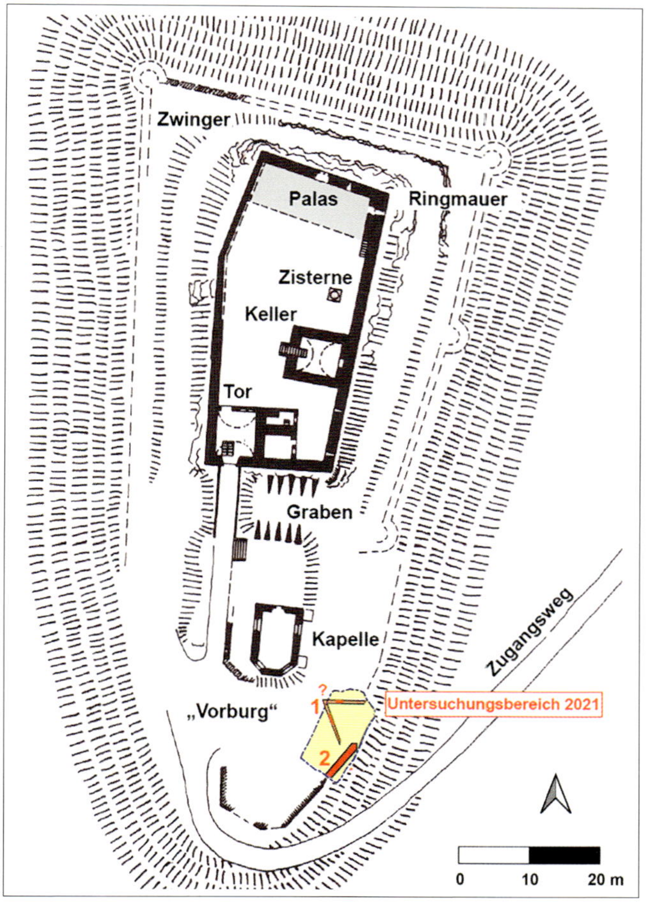

265 △ *Gundelfingen, Burg Niedergundelfingen. Schematischer Grundriss der Burg (nach G. Schmitt) mit Untersuchungsbereich von 2021. 1 Mauerbefunde des 13. Jhs. (?) mit rekonstruiertem Mauerverlauf; 2 Hangmauer des 15./16. Jhs.*

266 △ *Gundelfingen, Burg Niedergundelfingen. Südprofil im Bereich des Hangschnitts mit mittelalterlicher Stratigraphie und Resten der Hangmauer des 15. Jhs. (links).*

Der neue Besitzer ließ abbrechen …

Direkt südlich des Gebäudes lag eine an einigen Stellen mehr als 1 m mächtige, stark mit Holzkohle, Asche, Fachwerklehm (?) und Kulturschutt wie Keramik, Dachziegeln und Tierknochen durchsetzte Schicht, deren obere Bereiche zudem stark kleinteiliges Bruchsteinmaterial führten. An der Oberkante dieser Schicht fanden sich zahlreiche Hohlziegelfragmente. Aus den gleichen Schichtzusammenhängen stammt ferner eine Anzahl Metallfunde, u. a. Eisenbeschläge, Hufnägel, Hufeisen und ein Trensenknebel. Aber auch einige besondere Fundstücke sind darunter, wie eine ursprünglich vergoldete bronzene Buchschließe und ein herzförmiges Applikationsblech aus Buntmetall. Der Abschluss der spätmittelalterlichen Planiermaßnahmen stand in Verbindung mit der Errichtung der oben erwähnten Mauer, die bis zum Beginn der Untersuchungen in der Regel als Relikt einer „Vorburgbefestigung“ angesehen wurde. Die angetroffene Befundsituation zeigte jedoch, dass es sich bei der etwa 0,6 m starken Bruchsteinmauer von verhältnismäßig schlechter Bauqualität offenbar um eine einfache Hangmauer handelt, die den durch die Aufhöhung des Geländes entstandenen Erddruck zum Geländeabfall abfangen sollte. Schichtzusammensetzung und stratigraphische Situation legen es nahe, dass hier Abbruchmaterial des erfassten Gebäudes einplaniert wurde und diese Maßnahme demnach im Kontext mit dessen Niederlegung stattfand. Die jüngsten Keramikfunde aus dieser Schicht gehören in die Zeit um 1400, wodurch sich ein Zusammenhang mit den für 1407/1409 belegten Besitzerwechseln der Burg ergeben könnte. Während des 16./17. Jahrhunderts wurde das Gelände dann durch erneute Planiermaßnahmen noch einmal um gut 0,8 m erhöht und im Wesentlichen die heute bestehende Topographie geschaffen.

Trotz ihres bescheidenen Umfangs haben die archäologischen Untersuchungen im Randbereich der Burg Niedergundelfingen doch erstmals einen interessanten archäologischen Einblick in deren Bau- und Nutzungsgeschichte erbracht und verdeutlichen zugleich das archäologische Potenzial der Anlage.

Mathias Hensch

LITERATURHINWEIS

G. Schmitt, Burgenführer Schwäbische Alb. 2 Alb Mitte-Süd (Biberach 1989) 183–192.

Ausgrabungen in der ehemaligen Burg Stahleck bei Lichtenstein-Holzelfingen

Im Sommer und Herbst 2021 hat die Universität Tübingen in Kooperation mit dem Landesamt für Denkmalpflege archäologische Untersuchungen an der Burgstelle Stahleck im Zellertal bei Lichtenstein-Holzelfingen durchgeführt. Die Anlage auf einem steilen Felsen am Rand der Hochfläche liegt gegenüber einer 2020 untersuchten klerikalen Niederlassung am sogenannten Brudersteig, über deren Untersuchung wir im letzten Band dieses Jahrbuchs berichtet haben, und war im Mittelalter Sitz der wohl dem Ministerialadel zugehörigen Herren von Stahleck. Als erster urkundlich überlieferter Vertreter der Familie wird ein 1254 erwähnter *Cunradus de Stahelekke* angesehen. Für 1304 ist eine Angehörige der Familie als Nonne im nahen Kloster Offenhausen erwähnt, und bereits 1322 endet mit der Nennung eines Dietrich von Stahleck die spärliche historische Überlieferung. Bei den Stahleckern dürfte es sich um ritterliche Lehensleute der Herren von Greifenstein gehandelt haben, deren Stammburg rund 1,5 km entfernt bei

267 ▽ *Gesamtplan der Burgstelle Stahleck. – Einklinker: Die Greifensteiner Burgengruppe im 3D-Modell, v. l. n. r. die Burgen Hochbiedeck, Unterer und Oberer Greifenstein, die Klosterwüstung Brudersteig und die Burgstelle Stahleck.*

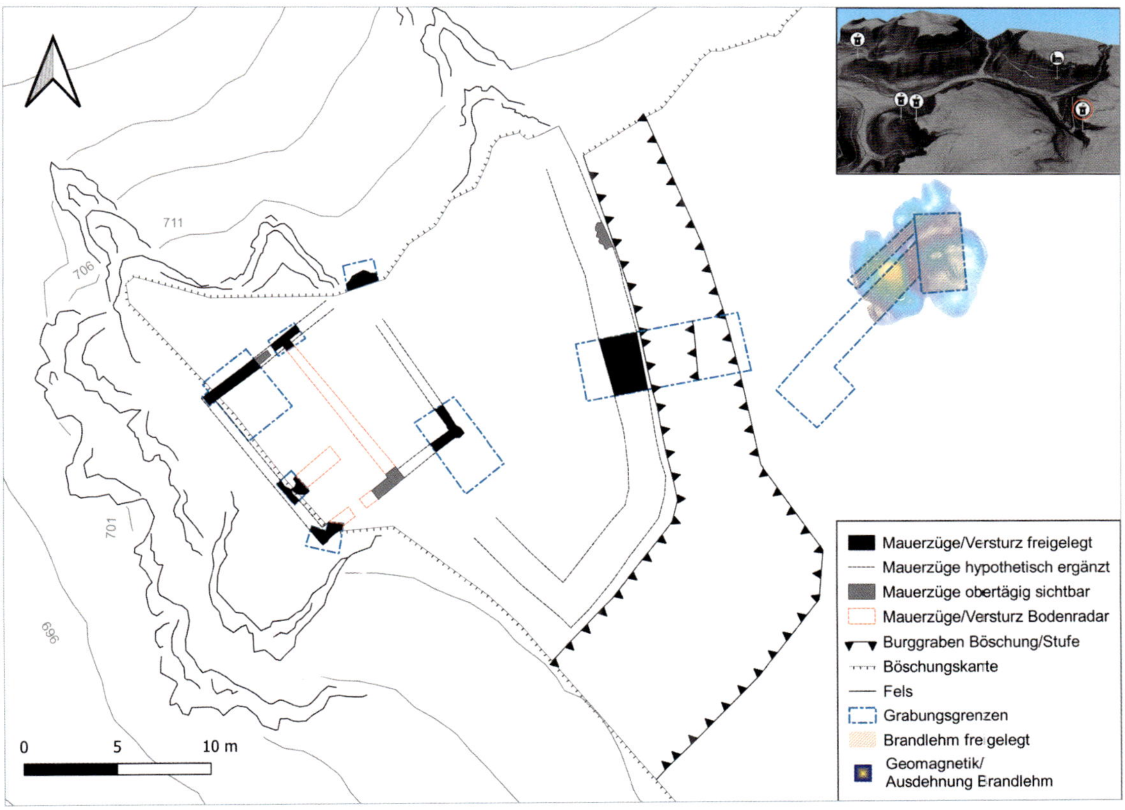

268 △ *Burgstelle Stahleck. Freilegung der östlichen Mauerecke des Hauptbaus der Kernburg durch Tübinger Studierende im Juni 2021.*

Holzelfingen lag. Nahe der Burg Stahleck erreichte eine mittelalterliche Straße die Hochfläche, deren frühneuzeitlicher Ausbauzustand in Form eines mit Kalksteinen gepflasterten Straßenkörpers teilweise erhalten ist. Dies lässt vermuten, dass verkehrsgeographische Aspekte bei der Standortwahl der Burg eine Rolle gespielt haben könnten.

Ausgangslage und Baubefunde

Feldseitig wurde die etwa dreieckige Kernburg mit einer Fläche von rund 22 m × 25 m durch einen heute stark verfüllten Halsgraben geschützt (Abb. 267). Dahinter erhebt sich ein steindurchsetzter Schuttwall, der stellenweise Reste von Fundamentmauerwerk erkennen lässt. Die auffallend ebene Innenfläche geht teilweise auf eine vor 1900 erfolgte Planierung zurück. Spuren der Innenbebauung sind obertägig kaum erhalten, doch vereinzelt lassen sich Relikte von Mauerzügen erkennen, deren Oberkanten im Bereich des stark frequentierten Wanderwegs des Albvereins freigelegt wurden. Ergänzend erbrachte eine im Vorfeld der Grabungskampagne durchgeführte Prospektion mittels Geomagnetik und Bodenradar des Landesamtes für Denkmalpflege durch Harald von der Osten-Woldenburg Hinweise auf weitere Mauerzüge.

Im Kernburgareal konnten an der Spornspitze in sechs Grabungsschnitten die Fundamentmauern eines rund 10 m × 10 m messenden (Haupt-)Gebäudes erfasst werden, das als repräsentativer Wohnbau genutzt worden sein dürfte (Abb. 268). Dieser verfügte im Erdgeschoss über einen Zwischenmauerzug und damit zwei separate Räume. Die mit kalkhaltigem Mörtel durchsetzten Fundamentmauern aus unregelmäßigen Kalksteinen wiesen eine Stärke von 0,5–0,6 m auf. Reste von einstigem Sichtmauerwerk oder Laufhorizonte konnten nicht erfasst werden und scheinen großflächig dem Steinraub und späteren Planierungen zum Opfer gefallen zu sein. Verschiedene Befunde weisen auf eine Zweiphasigkeit hin; die dokumentierten Mauern dürften zur jüngsten Ausbauphase des Gebäudes gehören, das ehemals mit Hohlziegeln gedeckt gewesen sein muss.

Das Fundmaterial innerhalb der Kernburg datiert schwerpunktmäßig in das 13. Jahrhundert. Zahlreiche Becherkacheln verweisen auf die gehobene Wohnkultur, da rauchfreie Öfen in dieser Zeit noch weitgehend den sozialen Eliten vorbehalten waren. Der standesgemäßen Fortbewegung zu Pferde sind Teile von Trensen und Hufeisenfragmente zuzuordnen.

Ein weiterer Grabungsschnitt wurde durch den nordöstlichen Abschnitt des Halsgrabens gelegt (Abb. 269). In dem begleitenden Schuttwall innerhalb der Kernburg konnten Reste einer bis zu 1,80 m starken Umfassungsmauer freigelegt werden, die nach Aufgabe der Burg bis auf die untersten Lagen abgetragen wurde. Der Burggraben von etwa 4,7 m Breite und 1,60 m Tiefe war aus dem anstehenden Fels gearbeitet und konnte bis zur Sohle untersucht werden. Die Verfüllung aus großformatigen, mit reichlich Hohlziegelbruch durchsetzten Kalksteinen ist als Versturz der Umfassungsmauer zu deuten. Die stratigraphisch ältesten Funde auf der Grabensohle, darunter Scherben der mittleren und jüngeren Albware, verweisen auf eine Entstehung der Burg in der ersten Hälfte des 13. Jahrhunderts. Bruchstücke rot bemalter Feinware, zwei Fragmente von Nuppengläsern und ein Ortband aus Buntmetall lassen sich mit der zeittypischen ritterlich-adeligen Sachkultur in Einklang bringen.

Entdeckung einer Vorburg

Auffällige Geländemerkmale und Lesefunde im Vorfeld des Grabens deuteten auf ein ausgedehntes, bis dato unbekanntes Vorburgareal hin. In zwei Schnitten konnte dort eine massive Brandlehmschicht erfasst und in ihrer weiteren Ausdehnung durch die Magnetik-Prospektion verfolgt werden (Abb. 270). Zahlreiche Abdrücke von hölzernen Konstruktionselementen sowie großflächig in situ erhaltene Balkenabdrücke und verkohlte Hölzer von verstürzten Decken- und/oder Wandelementen belegen dort einen Fachwerkbau, der einem Schadensfeuer zum Opfer fiel. Der teils extreme Verschlackungsgrad des Lehms verweist auf hohe Brenntemperaturen von teilweise über 1000 °C. Das keramische Fundmaterial im Brandschutt datiert hauptsächlich in das 14. Jahrhundert und damit in die vermutlich letzte Nutzungsphase der Burg bzw. in die Spätphase der Herrschaft Greifenstein. Auffällig ist die große, teilweise mit dem Brandlehm verbackene Menge an viereckigen Napfkacheln. In der Vorburg gab es demnach im 14. Jahrhundert offenbar einen

269 ◁ *Burgstelle Stahleck. Halsgraben und angeschnittene Reste der untersten Fundamentlage der ehemaligen Umfassungsmauer (gelb markiert). Blick von Nordosten nach Südwesten auf das Kernburgareal.*

komfortablen, rauchfreien Wohnraum – möglicherweise in Form einer Stube innerhalb des abgebrannten Fachwerkgebäudes. Auf eine Mehrphasigkeit der Vorburgbebauung und eine Nutzung auch nach dem Brandereignis verweisen Pfostengruben und ein schmales Kalksteinmäuerchen, die stratigraphisch über dem Brandschutt liegen.

Eine kriegerische Zerstörung?

Den Keramikfunden zufolge war die Burg bis in die Mitte des 14. Jahrhunderts bewohnt. In welchem historischen Kontext ihre Aufgabe erfolgte, ist bislang noch unklar. Im Zuge der laufenden Grabungsauswertung wird unter anderem zu klären sein, ob die historisch überlieferten kriegerischen Ereignisse des Jahres 1311, die mit der Zerstörung der nahe gelegenen Burgen Greifenstein und Lichtenstein einhergingen, auch auf Burg Stahleck Spuren hinterlassen haben.

270 ▽ *Burgstelle Stahleck. Brandlehmbefunde und in situ liegende Balkenabdrücke eines größeren Vorburggebäudes.*

Fortsetzung des Projekts im Sonderforschungsbereich RessourcenKulturen

Die archäologischen Untersuchungen konnten die bisherige Einschätzung der Burg Stahleck als unbedeutende, möglicherweise nur aus Holz bestehende Anlage korrigieren. Der Adelssitz war deutlich größer als erwartet, repräsentativ ausgestattet und in wesentlichen Teilen in Steinbauweise ausgeführt. Neben der Burg Stahleck werden in einem gemeinsamen Forschungsprojekt der Universität Tübingen (SFB 1070 RessourcenKulturen) und des Landesamtes für Denkmalpflege verschiedene weitere Burganlagen und Kulturlandschaftselemente der mittelalterlichen Herrschaft Greifenstein archäologisch untersucht. Die Grabungsergebnisse an Burg Stahleck sind ein wichtiger Puzzlestein zum Verständnis dieser Adelsherrschaft.

Lokale Vereine, Gemeinden und interessierte Bürgerinnen und Bürger partizipieren aktiv an den Forschungen. Die Grabungskampagne auf Burg Stahleck wurde maßgeblich von der Gemeinde und dem Geschichtsverein Lichtenstein finanziert, denen hierfür ein besonderer Dank auszusprechen ist.

Moritz Foth, Michael Kienzle, Jonathan Scheschkewitz, Lukas Werther

LITERATURHINWEISE

Ch. Bizer, Oberflächenfunde von Burgen der Schwäbischen Alb. Ein Beitrag zur Keramik- und Burgenforschung. Forsch. u. Ber. Arch. Mittelalter Baden-Württemberg 26 (Stuttgart 2006) 125–127; W. Kinkelin, Das Pfullinger Heimatbuch (Reutlingen 1956) 384–385; G. Schmitt, Burgenführer Schwäbische Alb 4 (Biberach 1991) 311–314; Th. Schön, Die von Stahleck. Reutlinger Geschichtsbl. N. F. 13, 1902, 15; Burgenbauer, Raubritter, Klostergründer? – Archäologie und Geschichte der edelfreien Herren von Greifenstein im oberen Echaztal. URL: https://www.greifenstein-projekt.de (Zugriff 25. 2. 2022).

Auf Spurensuche nach der Oberen Burg in Neibsheim

Topographie und frühe Ortsgeschichte

Der Brettener Ortteil Neibsheim liegt – inmitten des fruchtbaren Lösshügellandes des Kraichgaus – in ausgeprägter Muldenlage in einem rechtsseitigen Nebental des Saalbachs. Ein merowingerzeitliches Gräberfeld weist das 770 als *Nichbodesheim* im Lorscher Codex genannte Dorf als frühmittelalterliche Gründung aus. Der recht geringe Umfang der Schenkungen an das Reichskloster sowie die späteren Besitzrechte des Bistums Speyer und des Klosters Limburg lassen auf salisches Hausgut vor Ort schließen. Zu diesem Besitz gehörten auch die beiden Neibsheimer Burgen.

Die Obere Burg: Vergangenheit und Zukunft

Die gemeinhin nordnordöstlich des Oberdorfs im Gewann „Schloßbuckel“ lokalisierte Obere Burg wird in der Mitte des 14. Jahrhundert als speyerisches Lehen erst für die von Obrigheim, später für die Nachtschad

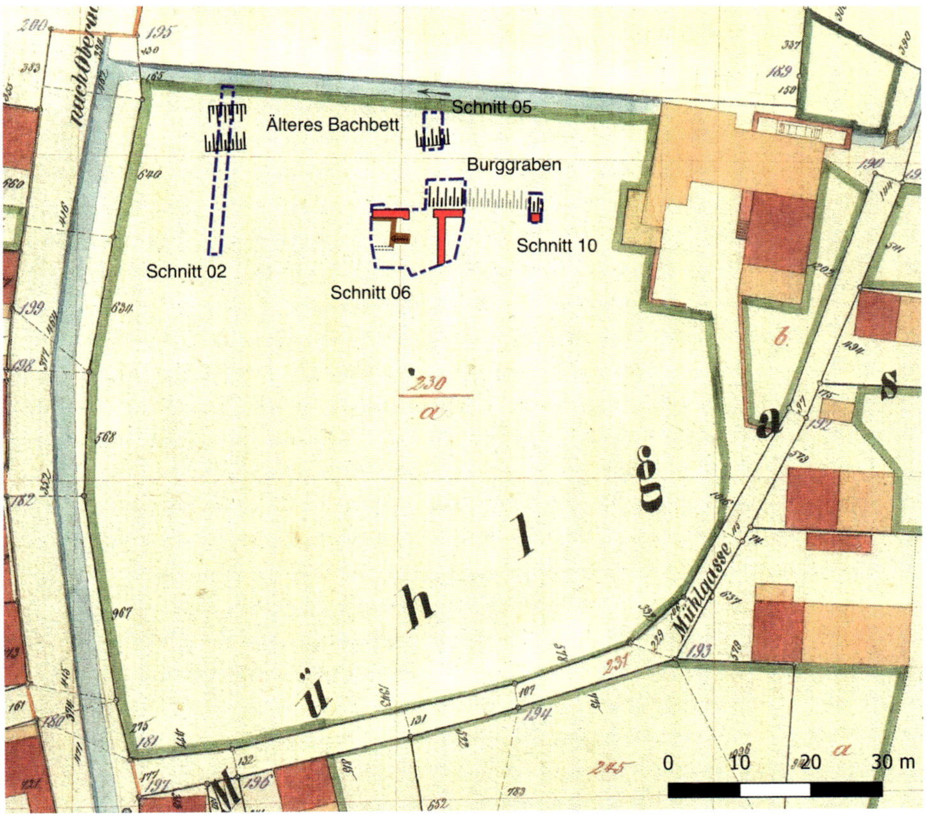

271 ◁ *Neibsheim. Ausschnitt der Urkarte von 1867 mit dem Flurstück der oberen Mühle und schematischem Eintrag der Grabungsbefunde.*

von Sickingen in den Schriftquellen fassbar. Als die Anlage im 15. Jahrhundert an Speyer heimgefallen war, wurde sie zum bischöflichen Schloss. Nach dem fortschreitenden Verfall der Gebäude erteilte der Speyerer Bischof 1748 die Erlaubnis, auf dem Gelände eine Mühle, die zweite in Neibsheim, zu errichten. Angetrieben wurde diese durch einen hangabwärts geführten, rechtwinklig von Osten in den Talbach mündenden Mühlkanal bzw. -graben (Abb. 271).

Die Denkmalfläche für die verschwundene Burg wurde beiderseits dieses Kanals ausgewiesen. Als Pläne aufkamen, hier ein Wohngebiet zu entwickeln, wurde das Gelände Ende Januar bis Anfang März 2021 durch das Landesamt für Denkmalpflege prospektiert.

Die Resultate der Prospektion

Die annähernd ebene Fläche in der Aue des Talbachs sprach zunächst nicht zwingend für das Vorhandensein archäologischer Reste der Burg. Diese hätte man eher im Bereich der etwas hangaufwärts, hochwassersicher gelegenen Mühle (Abb. 271) vermutet. Zunächst bestätigte sich diese Annahme, blieben doch sämtliche im Bereich der geplanten Baufenster angelegten Suchschnitte nördlich des Mühlgrabens – abgesehen von einigen möglichen Pfostengruben – befundfrei. Zudem zeigte sich auf der ganzen Fläche eine recht mächtige neuzeitliche Auffüllschicht. Südlich des Mühlgrabens konnte unter dieser jedoch eine hangabwärts Richtung Talbach führende Rinne dokumentiert werden (Abb. 271). Aus den unteren Verfüllschichten geborgene Funde aus dem 12./13. Jahrhundert lassen vermuten, dass es sich um einen mittelalterlichen Bachlauf etwa parallel zum Verlauf des heutigen Gewässers handelte. Die Rinne wurde im 16./17. Jahrhundert zugeschüttet. Umfangreichere Baureste der ehemaligen Burg wurden schließlich in einem Baufenster am Südrand des geplanten Wohngebiets angetroffen.

272 ▷ *Bretten-Neibsheim, Talbachstraße (ehem. Obere Burg). Baufenster 5/6, Überblick über den Grabungsbefund. 1 Gebäude (Phase 1), Kellerabgang von Osten; 2 Gebäude (Phase 1), Brandschuttverfüllung des aufgelassenen Kellers; 3 Umfassungsmauer (Phase 2); 4 Durchlass (Tor) durch die Umfassungsmauer (Phase 2); 5 Gebäude (Phase 2); 6 Verfüllung des vorgelagerten Grabens. Blickrichtung West.*

273 ◁ Bretten-Neibsheim, Talbachstraße (ehem. Obere Burg). Baufenster 5/6, Detailbefund (vgl. Abb. 272). 1 Gebäude (Phase 1), ausgebrochene Nordwand; 2 Gebäude (Phase 1), Kellerabgang von Osten; 3 Gebäude (Phase 1), Brandschuttverfüllung des aufgelassenen Kellers; 4 Umfassungsmauer (Phase 2); 5 Durchlass (Tor) durch die Umfassungsmauer (Phase 2); 6 neuzeitliche Auffüllung; 7 Mutterboden. Blickrichtung West.

Die wiedergefundene Burg

Dieser Baubefund (Abb. 272; 273) erwies sich als zumindest zweiphasig. Die erste, in das 12. oder gar noch in das 11. Jahrhundert datierende Phase wird durch die Reste eines im Schnitt nicht vollständig erfassten unterkellerten Baus repräsentiert. Der Zugang zu dem Keller erfolgte zu seiner Nutzungszeit durch einen Abgang von Osten her.

Das Haus wurde im 14./15. Jahrhundert – möglicherweise infolge eines Brandereignisses – abgetragen und einplaniert. Dabei brach man zunächst die Kellerwände und den Abgang aus; die verbliebene Grube wurde anschließend mit Brandschutt verfüllt. In einer zweiten Bauphase wurde in Flucht der Nordwand des ehemaligen Gebäudes eine neue Mauer errichtet. Ein westlich vorgelagerter, im 16./17. Jahrhundert verfüllter Graben spricht für die Deutung als Umfassungsmauer der Burganlage. Eine Lücke in dieser Mauer deutet auf einen Zugang zum Burginneren hin. Am Ostrand des Baufensters wurde die Westmauer eines auch im Bereich der östlich gelegenen Bauplätze erfassten Gebäudes aufgedeckt. Die Bauten der zweiten Phase wurden im 18. oder spätestens im 19. Jahrhundert abgerissen und mit der oben genannten Auffüllschicht überdeckt.

Fazit

Was eine mögliche vorburgzeitliche Nutzung des Areals angeht, so sind die angetroffenen Pfostengruben als Siedlungsindikator leider zu unspezifisch, um sie etwa mit dem gut 200 m westsüdwestlich bekannten frühmittelalterlichen Gräberfeld in Verbindung bringen zu können. Einige verlagerte karolingerzeitliche Scherben zeugen aber indirekt von Siedlungsaktivitäten im Umfeld der späteren Burg. Spätestens im 12. Jahrhundert – also noch deutlich vor der ersten schriftlichen Erwähnung der Anlage – ist dann ein in der Nähe eines Bachlaufs stehendes (einzelnes?) Gebäude nachzuweisen. Dieses fiel im späten Mittelalter möglicherweise einem Brand zum Opfer. Mit der zu identifizierenden Umfassungsmauer sind die Befunde der in das 14./15. Jahrhundert gehörigen zweiten Bauphase dann mit Sicherheit als Teil einer Burganlage – zweifelsfrei das in den Quellen genannte Speyerer Lehen – anzusprechen. Verfüllschichten des 16./17. Jahrhunderts in Bachlauf und Burggraben zeugen vom langsamen Verfall der Befestigung. Deren endgültiger Abriss und Überdeckung gingen wohl mit der Errichtung der Mühle 1748 einher. Das auf der badischen Urkarte aus den 1860er Jahren eingetragene Mühlengrundstück dürfte mit dem damals der – bis heute noch dort ansässigen – Müllersfamilie übereigneten Burggelände identisch sein. Daraus ist zu schließen, dass die südlichen Teile der Anlage in jüngerer Zeit bereits ohne archäologische Beobachtung überbaut worden sind.

Dank gebührt der Firma Weisenburger Bau GmbH, Karlsruhe, für die Zusammenarbeit, namentlich sei Herr Alexander Kinsvater genannt.

Folke Damminger,
Marianne Lehmann

LITERATURHINWEIS

F. Damminger, Die Merowingerzeit im südlichen Kraichgau und in den angrenzenden Landschaften. Materialh. Arch. Baden-Württemberg 61 (Stuttgart 2002) 164 (m. Verweis auf weiterführende landeskundliche Literatur).

GERSTETTEN-DETTINGEN AM ALBUCH, KREIS HEIDENHEIM

Umwehrung der ehemaligen Burg Falkenstein erschließt sich bei Sanierungsarbeiten

Die Burg Falkenstein entstand mutmaßlich bereits um 1160 unter Gotebert von Falkenstein, einem Vasall des Markgrafen von Vohburg. Über Adela von Vohburg kam der Besitz in staufische Hände und war spätestens im 13. Jahrhundert Sitz eines den Grafen von Helfenstein zuzuordnenden Ministerialengeschlechts. 1390 erfolgte der Verkauf an die Herren von Rechberg, die eine eigene Linie begründeten und 1470 die Burg zum Schloss umbauten. Nach der Schlacht von Nördlingen 1634 zerstörten schwedische und französische Truppen das mittlerweile württembergische Rentkammerschloss, was 1740 einen Teilabbruch der Anlage zur Folge hatte. 1818 wurden die letzten Reste des Turms mit Burgtor vollständig abgebrochen. Einige Gebäude der ehemaligen Vorburg – im Spätmittelalter ausgestattet mit einem imposanten Steinbau und später als Domäne genutzt – blieben bestehen. Auch ein runder Fundamentkranz, vermutlich von einem Wehrturm, ist noch heute in Teilen vorhanden.

Neue Aufschlüsse durch Sicherungsmaßnahmen

Die hochmittelalterliche Anlage befand sich auf dem Felsgrat, der mit senkrechten Wänden aus dem Talhang des Brenztales nach Osten vorspringt. Der Sporn ist durch einen in den Fels gearbeiteten Halsgraben vom Vorburgareal abgeschnitten. Er ist 6 m breit und konnte nur mittels einer Brücke überwunden werden. Bis auf den Halsgraben und wenige, unscheinbare Mauerreste ist von der Anlage nichts mehr erhalten.

Aufgrund des stark fortschreitenden Verfalls dieser Mauer, der durch das Ausschneiden von Bewuchs zu Naturschutzzwecken im Jahr 2010 und die anschließende Beweidung der Hänge noch verstärkt wurde, war eine Dokumentation des Bestands geboten. Außerdem wurde im Sommer 2021 die moderne Holzbrücke über den Halsgraben aus Sicherheitsgründen abgebrochen. Auch diese Maßnahme brachte Mauerteile der Hauptburg zutage.

Die nun möglich gewordene Gesamtschau der erhaltenen Mauerpartien lässt eine sehr viel größere Grundfläche erschließen, als sie das Gelände vorzugeben scheint: Durch Trag- und Futtermauern war anscheinend eine annähernd längsrechteckige Fläche nutzbar gemacht worden (Abb. 274). Vor allem im Bereich der steilen Böschung nördlich des Felsgrates konnten mehrere neu entdeckte Mauerschalen und sogar ein von diesen Mauern vor der Erosion geschütztes Schichtpaket dokumentiert werden. Hier zeigte sich eine Bauabfolge: Im Osten eines von zwei Mauern (Abb. 275, 1 und 3) bereits flankierten Bereichs wurde eine Nord–Süd gerichtete Mauer mit zwei erhaltenen Au-

274 ◁ *Gerstetten-Dettingen. Die eingemessenen Mauerreste der Hauptburg des Falkenstein auf Grundlage eines entzerrten Orthofotos vom Frühjahr 2022.*

275 ▷ *Gerstetten-Dettingen, Falkenstein. Die durch Erosion freigelegten Mauerteile am nördlichen Steilhang. 1, 3 alte Mauerschalen (rot) mit Kernmauerwerk (gelb); 2 später angesetztes Mäuerchen.*

ßenschalen (Abb. 275, 2) wohl später eingebaut. Ausweislich der stratigraphisch geborgenen Funde muss dieses jüngere Mäuerchen im Laufe des Spätmittelalters errichtet worden sein, vielleicht im Zuge des Umbaus zum Schloss durch die Rechberger. Dass in dieser Ecksituation ein überdachtes Gebäude, vielleicht sogar ein Befestigungsturm gestanden haben muss, bezeugen mächtige Packungen von Biberschwanzziegeln, die über weiteren Versturzschichten mit frühneuzeitlichen Hohlglas- und Keramikscherben lagen. Vermutlich rühren sie von der Zerstörung während des Dreißigjährigen Krieges oder dem folgenden Teilabriss. Funde von Bleiruten, Butzenscheiben und zylindergeblasenem Fensterglas zeugen von der ehemaligen Ausstattung des Baus. Dieser war einst von beeindruckender Dimension – heute sind davon nur noch die Stützmauer und der Brunnenschacht eines Brunnenhauses an der Südflanke der Spornspitze erhalten, allerdings in dringend sanierungsbedürftigem Zustand.

Dank gebührt Forst BW, der Familie Kümmerle und dem Ingenieurbüro Braun, Pforzheim, für die gute Kooperation sowie Herrn Gregor Sing für das Anbringen eines Schutzzauns.

Jens-Martin Barke, Jörg Hofmann, Aline Kottmann

LITERATURHINWEISE

H. Bühler, Dettingen 600 Jahre Markt. In: H. O. Köpf (Hrsg.), Adel, Klöster und Burgherren im alten Herzogtum Schwaben (Weißenhorn 1996) 495–514; E. Gradmann, Die Kunst- und Altertumsdenkmale im Königreich Württemberg. Jagstkreis, Oberamt Heidenheim (Stuttgart 1914).

Auf der Suche nach dem Schloss – Ausgrabungen im Rentamt in Sulzfeld

Zur frühen Ortsgeschichte

Der Ort Sulzfeld liegt, dem Heuchelberg vorgelagert, am Ostrand des Kraichgaus. Auch wenn der Ortsnamentyp nicht zwingend darauf hinweist, belegen 1953 ca. 250 m östlich der Dorfmitte entdeckte Gräber aus dem fortgeschrittenen 7. Jahrhundert die Existenz einer frühmittelalterlichen Ausbau(?)siedlung. Für einen Ort des Altsiedellandes ungewöhnlich spät wird Sulzfeld erst im 11. Jahrhundert erstmals schriftlich erwähnt, als die 1077 verstorbene Kaiserin Agnes fünf dort gelegene Hufen an das Benediktinerkloster Hirsau verschenkte.
Im Laufe des Mittelalters etablierte sich in Sulzfeld das aus der Ministerialität stammende Adelsgeschlecht der Göler von Ravensburg, die außerhalb des Dorfes auf der gleichnamigen Burg residierten.

Das Rentamt

Abgesehen von der Ravensburg errichteten die Göler im frühen 17. Jahrhundert auch im Ortsbereich repräsentative Wohnsitze, so das sogenannte Pforzheimer Schloss an der östlichen Seite der Hauptstraße. Später diente dieses als Rentamt zur Verwaltung der grundherrschaftlichen Einnahmen. Der trapezförmige Hof der Anlage wird im Norden und Osten von Wirtschaftsbauten des 19. Jahrhunderts gesäumt (Abb. 276, 3). Die Südwestecke bildet ein L-förmiger Gebäudeflügel aus dem 18. Jahrhundert (Abb. 276, 2), an den sich nach Norden – als ältester erhaltener Bauteil – ein Treppenturm mit einem auf 1609 datierten Renaissanceportal (Abb. 276, 1) anschließt. Wie auf einem schematischen Lageplan aus dem Jahr 1745 zu erkennen ist, bestand die Anlage damals aus einem weiteren, nach Norden gespiegelten L-förmigen Gebäudeflügel, der 1807 abgerissen wurde. Nachdem das Rentamt jahrelang als Produktionsstätte des Göler'schen Weingutes diente, soll nun dort unter einem neuen Besitzer eine Wohn- und Therapieanlage entstehen. Da zur Planung auch eine Tiefgarage gehört, wurde der Innenhof im Oktober 2020 durch das Landesamt für Denkmalpflege prospektiert. Die aufgedeckten Befunde ließen eine vollständige Dokumentation des Bereichs notwendig erscheinen. Die entsprechenden Ausgrabungen wurden von Mai bis Juni 2021 von der Firma ArchaeoTask GmbH durchgeführt.

Die bauliche Entwicklung vom Frühmittelalter bis zur Neuzeit

Das Fundspektrum umfasst neben Glas- und Metallfunden größtenteils Keramikscherben, darunter auch das verlagerte Fragment eines linearbandkeramischen Kumpfes. Hervorzuheben sind Becherkacheln aus dem 12. bis 13. Jahrhundert sowie spätmittelalterliches und frühneuzeitliches Fensterglas. Beide Fundgattungen lassen auf einen gewissen Wohlstand der Bewohner bzw. Besitzer schließen. Dies gilt insbesondere auch für ein spätmittelalterliches Messer mit Beingriff und Goldzier (Abb. 197, siehe S. 258).

Strukturen, die dem baulichen Erscheinungsbild seit dem 19. Jahrhundert zugeordnet werden können, umfassen massive Steinplattenabdeckungen, eine rechteckige Pflasterung (Abb. 277, A) und ein längliches Steinbecken im Osten der Grabungsfläche. Wahrscheinlich diente der Komplex der Aufstallung von Nutztieren, wie auch heute noch durch Erzählungen der Bevölkerung von Sulzfeld überliefert wird.

Die frühneuzeitlichen Bauten lassen sich in mindestens zwei Phasen untergliedern. Zur jüngeren Bauphase gehört ein barockes Steinpflaster, das teilweise nur noch durch die Reste eines Pflasterbettes aus Buntsandsteinbruch nachgewiesen werden konnte. Im Westen, direkt an die Hauptstraße angrenzend, ist der später als Abbruchgrube genutzte Kellerbereich eines Steingebäudes angetroffen worden (Abb. 277, B). Dieser ist

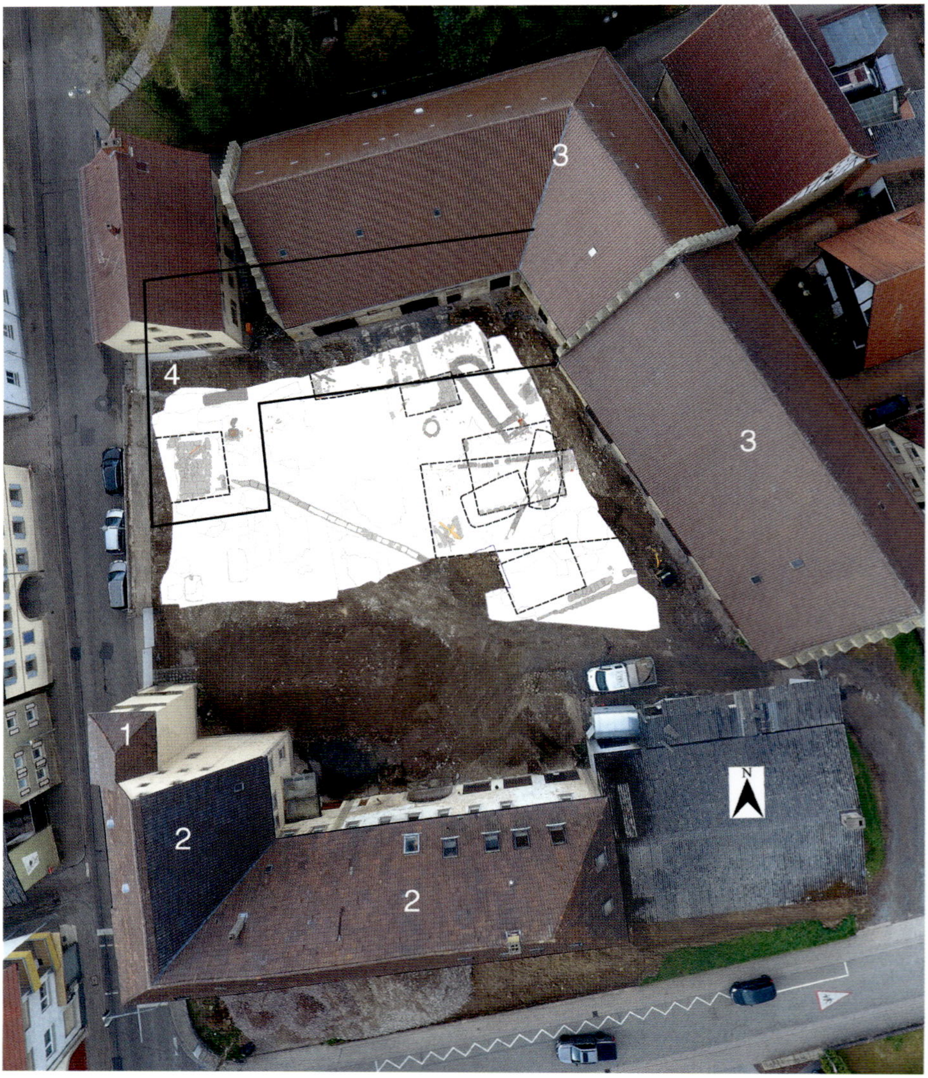

276 ▷ *Sulzfeld, Rentamt. Luftbild der Anlage mit Eintrag der Grabungsflächen und der wichtigsten Befunde (zur Legende siehe Abb. 277; zur besseren Visualisierung wurden die älteren Befunde nach oben gelegt). 1 Treppenturm, 1609; 2 Südflügel, 18. Jh.; 3 Wirtschaftsbauten, 19. Jh.; 4 Nordflügel, abgerissen 1807, ungefähre Lage.*

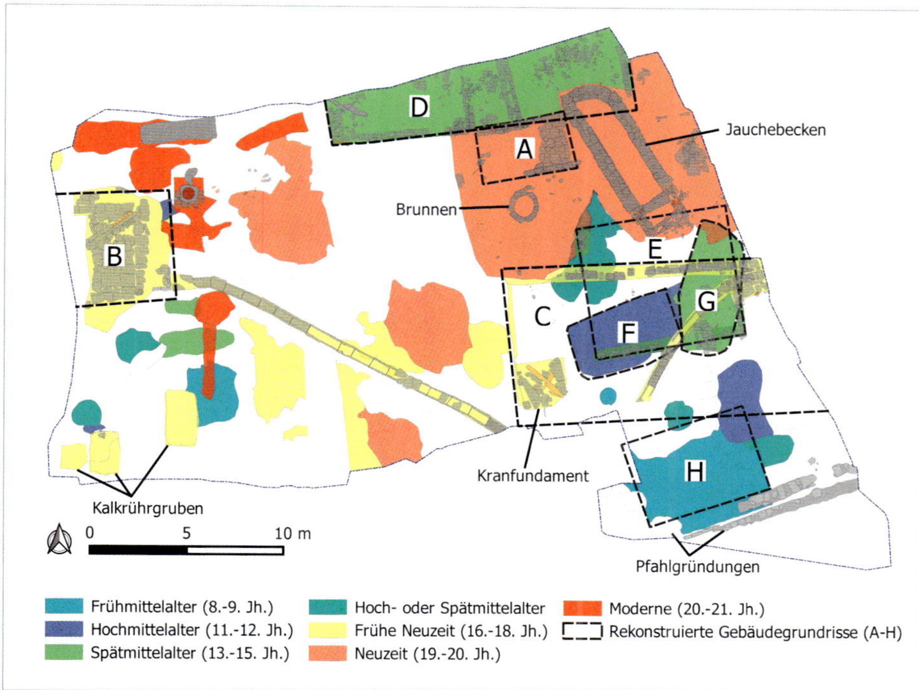

277 ◁ *Sulzfeld, Rentamt. Befundplan mit einer vorläufigen Phasengliederung und erschlossenen Grundrissen.*

wahrscheinlich dem eingangs erwähnten L-förmigen Nordflügel zu zuordnen. Ein weiteres, 13 m × 7 m messendes Gebäude der frühen Neuzeit im östlichen Bereich der Grabungsfläche weist ein Mauerfundament samt darunter verlaufendem Wasserkanal auf (Abb. 277, C). Dieser wurde später vom barocken Pflaster überbaut.

Von Interesse ist eine innerhalb dieser Grundrissgrenzen verortete quadratische Grube (Abb. 278). In deren Zentrum ist der Rest eines Pfahles in einer kreuzförmigen Holzkonstruktion vorgefunden worden. Sowohl darüber als auch darunter sind größere Steine zur Stabilisierung angebracht. Dabei sind vor allem vier fragmentierte renaissancezeitliche Wendeltreppenstufen hervorzuheben. Sie dürften, gemessen an ihrer Größe, aus dem Treppenturm des Südflügels (Abb. 276, 1) stammen, wo heute noch deutliche Ausbruchspuren zu sehen sind. Eine Deutung des Befunds als Reste eines zum Bau oder Abriss von Bauten dieser Zeit genutzten Krans liegt nahe.

Ein weiterer Gebäudeabschnitt, der vermutlich dem 1807 abgerissenen Nordflügel zuweisbar ist, konnte auf einer Fläche von 14,5 m × 4 m an der nördlichen Grabungsgrenze identifiziert werden (Abb. 276; 277, D). Mehrere datierbare Verfüllschichten im Sohlbereich lassen eine Einordnung in das 14./15. Jahrhundert zu. Reste eines weiteren vermutlichen Steinbaus dieser Zeit (Abb. 277, E) fanden sich unter dem erwähnten neuzeitlichen Gebäude. Ersteres überlagerte einen Erdkeller aus dem 13./14. Jahrhundert (Abb. 277, G) mit treppenartiger Wandung und Resten einer in der Sohle eingetieften Schwellbalkenkonstruktion sowie ein hochmittelalterliches Grubenhaus (Abb. 277, F). Ein zylindrisches Webgewicht und ein gerillter Spinnwirtel aus

dessen Verfüllung sowie Spuren einer reihigen Staketenanordnung weisen auf dessen Nutzung zur Textilverarbeitung hin.
Die frühesten Siedlungsbefunde gehören in das 8./9. Jahrhundert, darunter die mit 1,2 m unter Planum erstaunlich tiefe Verfüllung eines 6,5 m × 3,8 m messenden Erdkellers (Abb. 277, H). An dessen Sohle sind anhand eines vergangenen Holzbalkens und einer vorgelagerten Pfostengrube Hinterlassenschaften eines Einbaus nachzuweisen.
Ein leider undatierter Mauerrest sowie ein in die Südwestecke des eben genannten Erdkellers eingreifender Bereich verdeutlichen eine besondere Baumaßnahme im feuchten Untergrund. Es handelt sich um senkrechte Pfahlgründungen unterhalb der Mauern, wahrscheinlich um den Bewegungen des nassen Erdreichs entgegenzuwirken. Nicht umsonst ist für den Standort des ehemaligen Rentamts der Begriff „Wasserschloss“ überliefert.

278 ▽ *Sulzfeld, Rentamt. Kranfundament des 18./19. Jhs. mit eingebauten renaissancezeitlichen Wendeltreppenstufen.*

Resümee

Bei den Ausgrabungen im Rentamt konnte über den Nachweis von Teilen der abgerissenen barocken Hofanlage hinaus die Bebauung des Areals bis in die Karolingerzeit und somit deutlich vor die Zeiten der ersten schriftlichen Erwähnung Sulzfelds zurückverfolgt werden. Auch wenn die gesamte Parzelle Spuren der Nutzung aufwies, lag bis in das Spätmittelalter der bauliche Schwerpunkt in ihrem rückwärtigem Bereich. Offenbar folgten die Strukturen des frühen und hohen Mittelalters dabei einer anderen Ausrichtung als die spätmittelalterliche Anlage (vgl. Abb. 276). Was die Suche nach einem Vorgänger des Schlosses angeht, so zeigt sich der Wohlstand der Bewohner eher in den Funden als in den überlieferten Bauresten.

Abschließend sei der Firma RoCo GbR, Eppingen, für die Finanzierung sowohl der Sondagen als auch der Ausgrabung sowie Herrn Manuel Müller und Herrn Daniel Merkle vom Büro Müller & Schmidt für die angenehme und konstruktive Zusammenarbeit bei der Koordination des Projektes gedankt.

Steven Bosch, Folke Damminger

LITERATURHINWEISE

A. v. Oechelhäuser/F. X. Kraus (Hrsg.), Die Kunstdenkmäler der Amtsbezirke Sinsheim, Eppingen und Wiesloch (Kreis Heidelberg). Die Kunstdenkmäler des Grossherzogthums Baden 8,1 (Tübingen 1909) 200–201; B. Breitkopf/K. Hochstuhl, Sulzfeld (Ubstadt-Weiher 1997).

Von Austern und Kohlen – Archäologische Untersuchungen in der ehemaligen markgräflichen Residenz in Karlsruhe-Durlach

Nachdem bereits im Jahr 2019 bei den vorbereitenden Leitungsverlegungen Baubefunde der Karlsburg, der ehemaligen Residenz der badischen Markgrafen in Durlach, zutage gekommen und dokumentiert worden waren, wurde vom Juni 2020 bis April 2021 der eigentliche Neubau der Schloss-Schule durch die Firma ArchaeoTask GmbH archäologisch begleitet. Für den modernen Schulbau hatten 1962 der Dienerbau der Karlsburg und die um 1850 nach Plänen Jakob Hochstetters errichtete Kaserne weichen müssen (Abb. 279). Der rigorose Umgang mit dem historischen Bestand zeigte sich nicht nur an den aufgehenden Bauten; durch die massive Unterkellerung der Schule wurden zudem nicht nur deren Fundamente, sondern auch etwaige ältere Befunde ebenso restlos wie undokumentiert ausgeräumt. So blieb 2021 im Wesentlichen nur übrig, im Zuge des Kellerrückbaus die Anschlüsse an den 1962 verursachten „Fehlbestand" zu dokumentieren.

Der Befund

Der wohl früheste Befund ließ sich in der Ostwand der Baugrube in Gestalt einer in den anstehenden Boden eingetieften, kegelstumpfförmigen Grube fassen (Abb. 280, 2). Die wohl unter Grundwassereinfluss vergleyte Verfüllung enthielt zwar keine chronologisch ansprechbaren Funde, doch ist zu hoffen, dass die ^{14}C-Datierung einiger daraus geborgener Tierknochen einen Anhaltspunkt auf die Zeitstellung gibt.

279 △ Karlsruhe-Durlach. Luftbild der Karlsburg mit Dienerbau und Kaserne, Zustand 1958. Blick nach Süd.

Wenn auch nicht unbedingt in der Substanz, so aber doch funktional als ältester Baubefund ist ein Ost–West verlaufender, im Bereich des Schulkellers ausgebrochener Mauerzug anzusprechen (Abb. 280, 3), dessen Gründung bis unter die Sohle der rezenten Baugrube reichte. Sein Verlauf ist identisch mit der mittelalterlichen Zwingermauer (Abb. 281), die hier an der Südostecke der Stadt bereits die ab 1515 von Markgraf Ernst zum Jagdschloss ausgebaute Tiefburg schützte. Die Mauer selbst ließ sich weder konstruktiv noch stratigraphisch datieren, doch konnten bei der Grabung kleinere Mengen Gefäßkeramik und das Fragment einer glasierten Ofenkachel des 15./16. Jahrhunderts geborgen werden. Auch Reste von

280 ▷ *Karlsruhe-Durlach, Karlsburg. Ostprofil der Baugrube (vgl. Abb. 281). 1 Mauern des Dienerbaus; 2 vorgeschichtliche (?) Grube; 3 Zwingermauer.*

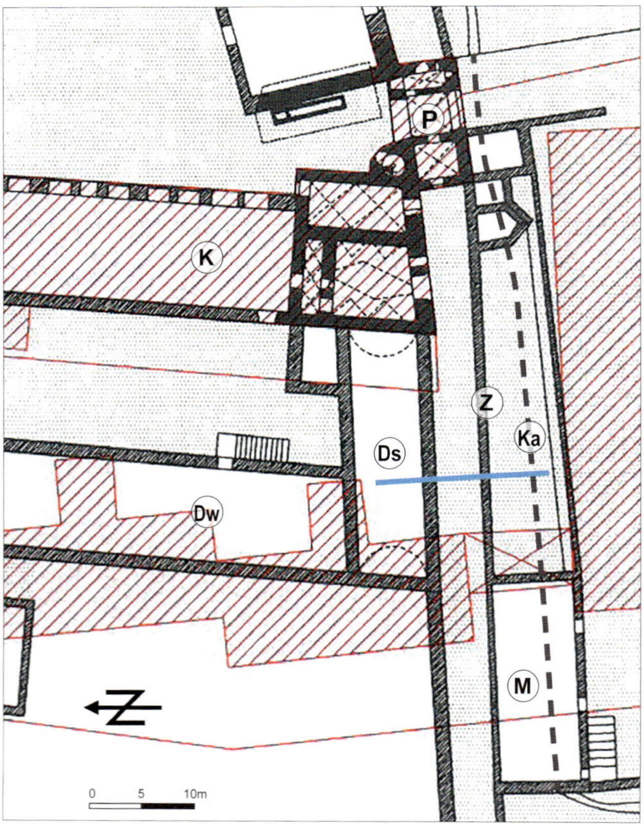

281 ▽ *Karlsruhe-Durlach, Karlsburg. Überlagerung des Lageplans der Karlsburg um 1680 (schwarz) mit der heutigen Bebauung (rot); Ds = Dienerbau, Südflügel; Dw = Dienerbau, Westflügel; K = Kavaliersbau; M = Metzig; P = Prinzessinnenbau; Z = Zwingermauer; ergänzt: Ka = Kanal. In Blau ist die ungefähre Lage des Ostprofils der Baugrube angegeben. Nach M. Bachmann.*

Butzenglasfenstern dürften in diese Zeit gehören.

Aus der Zeit der 1563 einsetzenden Umgestaltung der Anlage zur markgräflichen Residenz stammen die nördlich an die Zwingermauer anschließenden Reste des Dienerbaus (Abb. 280, 1; 281). Erstaunlicherweise waren diese auf Lehm und nicht auf Pfählen gegründet, wie es aufgrund sowohl von Beobachtungen an anderer Stelle der Grabung als auch von Fotos vom Bau der Schule 1962 zu erwarten gewesen wäre. Aus den wenigen intakten Schichten in diesem Bereich konnten – als archäologischer Beleg höfischer Tafelfreuden – Schalen von der Nordsee importierer Europäischer Austern *(Ostrea edulis)* geborgen werden (Bestimmung E. Frey, Naturhistorisches Museum Karlsruhe).

Der schon 2019 im Bereich des Prinzessinnenbaus erfasste, südlich parallel zur Zwingermauer verlaufende gewölbte Kanal konnte in seinem Verlauf 2020/21 weiterverfolgt werden. Es handelt sich dabei um die Verdolung eines einst offen durch den Stadt-/Schlossgraben verlaufenden Wasserlaufs (Abb. 281). Im feuchten Untergrund unter dem Kanal hatten sich zwei größere Balken mit Bearbeitungsspuren – darunter

Nuten und Aussparungen – erhalten. Eine konstruktive Analyse erbrachte, dass hier die Schwellbalken eines Hochständerbaus erfasst wurden (freundliche Mitteilung S. Huther, Oberroden). Die dendrochronologischen Datierungen 1565 (Waldkante) bzw. 1569 und 1570 (Splintholz) weisen in die Zeit des Ausbaus der Anlage zur markgräflichen Residenz. Zusätzlich kamen mehrere rechtwinklig zueinander liegende, vereinzelt noch knapp 1 m lange Staketen zutage. Eingebettet in eine Schicht aus tonigem Lehm dienten sie offenbar der Untergrundbefestigung des Kanals.
Südlich des überwölbten Wasserlaufs wurden schließlich von der Kaserne überbaute Reste der Metzig – Teil des im 16. und 17. Jahrhundert die Schlossanlage nach Süden erweiternden Wirtschaftsbereiches – erfasst. Überlagert wurden diese Baureste durch die 1850 errichtete Kaserne. Deren Fundamente waren aufwendig mit einem auf einer Pfahlgründung ruhenden Unterbau aus festem Gussmörtel gesichert. Vom Kasernenbau hatten sich am Westrand der Grabung, zur Marstallstraße hin, noch Reste der Keller erhalten. Am eindrücklichsten stellte sich dabei die Stirnseite eines in der Breite ca. 6,6 m messenden Kellergewölbes dar (Abb. 282). Die Zugänge zu den Nachbargewölben waren nachträglich zugesetzt. Kohlespuren auf dem Ziegelboden und den zwei von der Straße hereinführenden Schächten zeugen ebenso wie die auf dem Kellerboden gefundenen Briketts von der letzten Nutzung des Raums.

Abschließender Dank gebührt der Stadt Karlsruhe für die Finanzierung der Ausgrabungen und der Firma Groetz Bau für ihre technische Unterstützung.

Folke Damminger, Joachim Kitzberger,
Peter Knötzele, Verena Bohnert

LITERATURHINWEISE

M. Bachmann, Die Karlsburg, Spuren der Residenzanlage im Durlacher Stadtgefüge. Institut für Baugeschichte der Universität Karlsruhe, Materialien zur Bauforschung und Baugeschichte 11 (Karlsruhe 2000) bes. 62–65; 211 (Bauphasenabfolge). – F. Damminger/F. Krämer, Arch. Ausgr. Baden-Württemberg 2019, 317–319.

282 ▽ *Karlsruhe-Durlach, Karlsburg. Westprofil der Baugrube mit Keller des Kasernenbaus.*

Ein zweiter Grundstein vom Neuen Lusthaus in Stuttgart

Durch die Sanierung des Stuttgarter Kunstgebäudes an der Ostseite des Schlossplatzes wurden auch im Keller verschiedene Bodeneingriffe notwendig, die im Januar 2021 die Einbeziehung des Landesamtes für Denkmalpflege (LAD) erforderlich machten. Grund hierfür war, dass an dieser Stelle bis 1844 mit dem Neuen Lusthaus einer der bedeutendsten Profanbauten der deutschen Renaissance gestanden hatte. Aufgrund der prominenten Lage erfolgten dort im Laufe der Jahrhunderte immer wieder bauliche Anpassungen, um dem jeweiligen Zeitgeist gerecht zu werden. Dennoch war nicht auszuschließen, dass sich Fundamente des Lusthauses auch noch unter der Unterkellerung des Bestandsgebäudes erhalten hatten.

Das Neue Lusthaus

Herzog Ludwig beauftragte seinen Baumeister Georg Beer mit dem Bau des außergewöhnlichen Gebäudes im Stil der Renaissance. Für die Fundamentierung wurden 1583 insgesamt 1700 Eichenpfähle geliefert, von denen der erste vom Herzog selbst am 30. März in den Boden geschlagen wurde. Am 2. Mai erfolgte die Grundsteinlegung und neun Jahre später, 1593, wurde der Bau fertiggestellt. Er zählte schon bald zu den bedeutendsten Bauwerken seiner Zeit. Vier hoch aufragende Ecktürme und ein filigran gestalteter umlaufender Arkadengang sowie ein reich ornamentierter Giebel des Kernbaus kennzeichneten das herrschaftliche Lusthaus (Abb. 283). Es diente dem Herrscher als repräsentatives Veranstaltungshaus für Feste und Empfänge in der Abgeschlossenheit des bei der Residenz gelegenen Gartens und war typisch für die höfische Kultur der Renaissance und des Barock.

Nachnutzung

Nach einer kurzen Blütezeit verlor das Gebäude durch die Nachwirkungen des Dreißigjährigen Krieges seine ursprüngliche Funktion und wurde 1750 zum Opernhaus umgebaut. Bereits wenige Jahrzehnte später verschoben sich unter Wilhelm I. die Wertmaßstäbe. Seine pietistisch geprägte Haltung stand im Widerspruch zu der Funktion des Renaissancebaus. Stattdessen sollte ein modernes Bildungstheater an derselben Stelle errichtet werden. Nach einem ersten Umbau 1811 mit erheblichen Verlusten der Fassade erfolgte 1844 der weitgehende Abbruch. Trotzdem verblieben massive Reste, die aber unter dem Neubau verschwanden. Der beauftragte Architekt erkannte jedoch die Qualität des Gebäudes und fertigte umfangreiche Planzeichnungen an, die uns heute ein detailliertes Bild des Prachtbaus vermitteln.

Nach einem Brand 1902 entstand der Wunsch zum Wiederaufbau des Renaissancegebäudes, der jedoch aus finanziellen Gründen scheiterte, sodass die verbliebenen Reste abgerissen wurden. Lediglich die doppelläufige Freitreppe wurde 1904 im Schlossgarten wiederaufgebaut. Heute befindet sich an der Stelle mit dem Kunstgebäude von 1910/13 ebenfalls ein Kulturdenkmal von besonderer Bedeutung, das nach der Zerstörung 1943 von Paul Bonatz und Günter Wilhelm 1956/57 mit moderner Unterkellerung wiedererrichtet wurde. Diese bewegte Geschichte ließ wenig an archäologischer Substanz erwarten.

Der Grundstein

Am 8. März 1911 fand man beim Abbruch der Fundamente des Neuen Lusthauses den Grundstein, der aus einem Sandsteinblock mit den Maßen 60 cm × 85 cm × 107 cm gefertigt war und auf der Oberfläche zwei zylindrische Löcher mit einem Durchmesser von jeweils 22 cm aufwies. Ferner trug der Stein die Jahreszahl der Grundsteinlegung 1584 sowie das württembergische Wappenschild mit den drei Hirschstangen. Die Löcher enthielten eine vergoldete Bronzeplatte mit der eingravierten Gründungsurkunde, eine venezianische Doppelhalsflasche, in deren Kammern sich ein Rot- und ein Weißwein befanden, und eine Auswahl herzoglicher Münzprägungen. Die Funde werden im Landesmuseum Württemberg aufbewahrt. Es fanden sich hierzu unter den Archivalien sogar ein Textentwurf für die Bronzeplatte und eine Auflistung der Gegenstände, die dem Grundstein beigefügt werden sollten.

Neue Befunde

Als nun die Sanierungsarbeiten 2021 im Keller des Kunstgebäudes begannen, stieß man relativ schnell unterhalb der Bodenplatte überraschend auf einen Hohlraum zwischen dem Untergrund und der Betonplatte. Dort zeichnete sich darüber hinaus ein Raster von im Durchmesser ca. 25 cm messenden kreisrunden Löchern ab, die sich auf die Fundamentpfähle des Lusthauses zurückführen lassen. Durch die veränderten Grundwasserhöhen im Stuttgarter Talkessel waren die Eichenpfähle komplett verrottet. Damit war klar, dass nur noch geringe Spuren des Renaissancebaus zu erwarten waren und eine archäologische Baubegleitung zur Dokumentation der verbliebenen Strukturen ausreichend wäre. Tatsächlich stieß man in der Folge bei weiteren Arbeiten lediglich auf einzelne größere Sandsteinbrocken, die mit dem Abriss in Verbindung stehen. Umso überraschender kam im Oktober die Nachricht der Bauleitung, dass man beim Aushub für die neuen Aufzugsfundamente einen Stein mit der Jahreszahl 1584 aufgefunden habe. In dem Stein befand sich eine rechteckige Vertiefung von 25 cm × 25 cm. Es lag nahe, diesen als einen weiteren Grundstein des Neuen Lusthauses zu interpretieren, auch wenn dies ungewöhnlich erschien. Allerdings ließ die schräge Lage des Steins erwarten, dass er sich nicht mehr in der originalen Position befand. Für die weitere archäologische Betreuung der Maßnahme wurde vom Bauherrn die Grabungsfirma ArchaeoBW GmbH beauftragt.
Bei der anschließenden Freilegung des Steins zeichnete sich oberhalb der Eintie-

283 △ *Stich des Fürstlichen Lustgartens zu Stuttgart mit Darstellung des Neuen Lusthauses (links) von Matthäus Merian dem Älteren, 1616. Rechts daneben vor dem Alten Schloss befindet sich das deutlich kleinere Alte Lusthaus.*

284 ▷ *Stuttgart, Neues Lusthaus. Freigelegter Grundstein in Fundlage.*

fung nun auch das württembergische Wappenschild mit den drei Hirschstangen ab (Abb. 284). Eisenoxidationsspuren um die Vertiefung herum lassen vermuten, dass diese ehemals mit einer Eisenplatte abgedeckt war. Der Sandsteinblock besitzt eine Länge von 110 cm, eine Breite von 80 cm und eine Höhe von 45 cm. Die Maße sind damit mit dem bekannten Grundstein durchaus vergleichbar. Innerhalb der Vertiefung kam eine schräg hineingestellte Bronzeplatte zum Vorschein, sodass weitere Funde unter der Platte zu erwarten waren. Nach Freilegung des Grundsteins und Entnahme der Bronzeplatte zeigten sich darunter organische Reste. Die verbliebenen Materialreste wurden sodann in der Vertiefung fixiert und der 660 kg schwere Stein anschließend in die Arbeitsstelle des LAD nach Ludwigsburg transportiert, um eine Freilegung unter Laborbedingungen zu gewährleisten. Diese wurde von der Restauratorin Margarete Eska, LAD, durchgeführt. Leider zeigte sich, dass der Inhalt bereits weitgehend vergangen war und lediglich einzelne Überbleibsel eines Lederetuis festzustellen waren.

Nach Entfernung des Grundsteins war ersichtlich, dass dieser zwischen weiteren Sandsteinen eingekeilt gewesen war und noch in situ gelegen hatte. Unterhalb des Steins fanden sich wieder die charakteristischen Löcher der vergangenen Fundamentpfähle im Erdboden. Dadurch erklärte sich auch die schräge Lage des Grundsteins, der nach dem Verrotten der Pfähle schräg nach unten abgesackt war. Tatsächlich war an dieser Stelle die unterste Steinfundamentlage noch in situ erhalten. Weiterhin fand sich ein kleiner, aus Sandsteinplatten gesetzter Kanal, der zur Entwässerung der Fläche diente, während einzelne mächtige Sandsteinblöcke zu einem größeren Kanal gehört haben werden, dessen Funktion aufgrund des kleinen Ausschnitts und fehlender stratigraphischer Anschlüsse nicht zu ermitteln war.

285 ▽ *Stuttgart, Neues Lusthaus. Restaurierte Bronzeplatte mit Inschrift.*

Eine weitere Gründungsurkunde

Von größerem Interesse war hingegen die geborgene Bronzeplatte, auf der sich bereits eine Inschrift abzeichnete (Abb. 285). Aus dieser wurde ersichtlich, warum der zweite Grundstein gelegt worden war. Anlass hierfür waren die Arbeiten an dem Pfahlrostfundament mit den überlieferten 1700 Eichenpfählen, wobei Herzog Ludwig persönlich in Anwesenheit seiner Ritter den ersten Pfahl in den Boden geschlagen hatte. Da die Inschrift der Bronzeplatte an den Rändern nur schlecht zu lesen war, war es eine glückliche Fügung, dass eine Überprüfung der entsprechenden Archivalien für den Grundstein von 1911 nun auch für diesen Grundstein einen Textentwurf lieferte (Abb. 286).
Grundstein und Inschrift haben sicherlich nicht zu einem erweiterten Erkenntnisgewinn zum Gebäude oder zur Person des Herzogs und seiner Regierungszeit verholfen. Der Fund zeigt aber, dass in Stuttgart trotz der vielfältigen modernen Störungen noch mit der einen oder anderen archäologischen Überraschung zu rechnen ist. Noch wichtiger erscheint jedoch, dass mit dieser Entdeckung das Ereignis der ersten Grundsteinlegung und damit das Neue Lusthaus wieder in die Erinnerung der Gesellschaft gerückt und sowohl greifbarer als auch erfahrbarer werden.

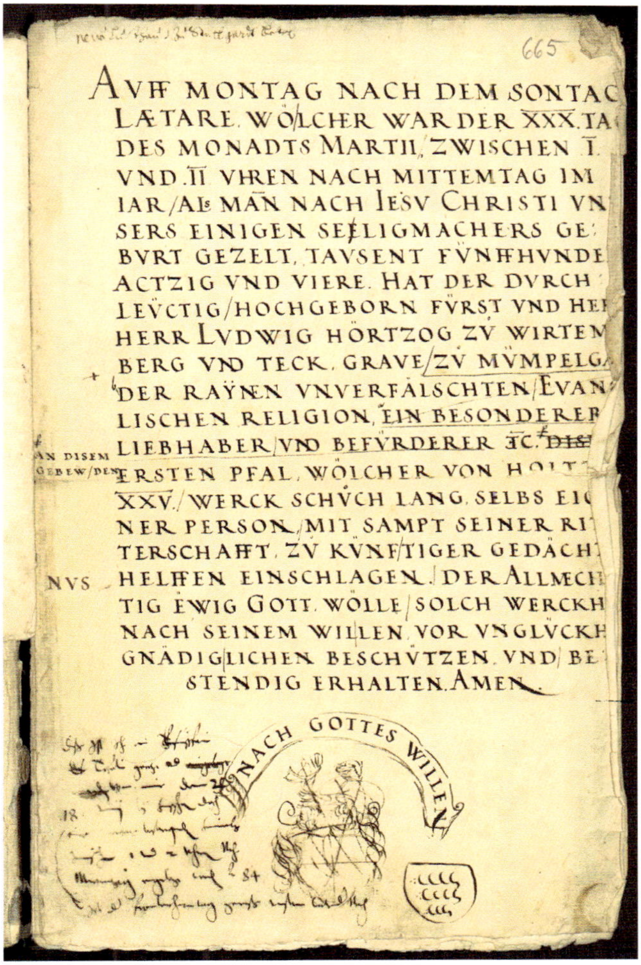
665

AVFF MONTAG NACH DEM SONTAG
LÆTARE. WÖLCHER WAR DER XXX. TA
DES MONADTS MARTII, ZWISCHEN I.
VND. II VHREN NACH MITTEMTAG IM
IAR / ALS MAN NACH IESV CHRISTI VN
SERS EINIGEN SEELIGMACHERS GE
BVRT GEZELT. TAVSENT FVNFFHVNDE
ACTZIG VND VIERE. HAT DER DVRCH
LEVCTIG / HOCHGEBORN FVRST VND HE
HERR LVDWIG HÖRTZOG ZV WIRTEM
BERG VND TECK. GRAVE / ZV MVMPELGA
DER RAYNEN VNVERFÄLSCHTEN / EVAN
LISCHEN RELIGION. EIN BESONDERER
LIEBHABER / VND BEFVRDERER &c. DIS
AN DISEM GEBEW / DEN ERSTEN PFAL. WÖLCHER VON HO
XXV. / WERCK SCHVCH LANG. SELBS EI
NER PERSON / MIT SAMPT SEINER RI
TERSCHAFFT. ZV KVNFFTIGER GEDÄCH
NVS HELFFEN EINSCHLAGEN. DER ALLMECH
TIG EWIG GOTT. WÖLLE SOLCH WERCKH
NACH SEINEM WILLEN VOR VNGLVCKH
GNÄDIGLICHEN BESCHVTZEN. VND BE
STENDIG ERHALTEN. AMEN.

286 △ *Entwurf der Inschrift für die Bronzeplatte auf dem Grundstein des Neuen Lusthauses aus der Sammelmappe „Württembergische Geschichte" des Landesarchivs Baden-Württemberg.*

Zum Schluss sei Christiane Mussotter, Vermögen und Bau Baden-Württemberg, und Marc Renz, Firma Grötz, für die unkomplizierte Zusammenarbeit sowie Matthias Ohm, Landesmuseum Württemberg, und Felix Teuchert, Landesarchiv Baden-Württemberg, für die Unterstützung bezüglich des Altfunds und der Archivalien gedankt.

Jonathan Scheschkewitz, Przemysław Sikora, Marcel Hagner

LITERATURHINWEISE

M. Ohm, Ihn das Fundament … Einlegen lasszen. Die Münzen im Grundstein des Stuttgarter Lusthauses. MünzenRevue 52, 2020, 171–175; St. Gugenhan, Die Landesherrlichen Gärten zu Stuttgart im 16. und 17. Jahrhundert. Veröff. Archiv Stadt Stuttgart 72 (Stuttgart 1997); N. Ziegler (Hrsg.), „Eine der edelsten Schöpfungen deutscher Renaissance" – das neue Lusthaus zu Stuttgart [Ausstellungkatalog Stuttgart 2016] (Stuttgart 2016).

Barocke Be- und Entwässerung auf engstem Raum in den Mannheimer Quadraten

Den wachsamen Augen der Denkmalpflege entgeht (fast) nichts ... In diesem Fall bemerkte ein Restaurator der Reiss-Engelhorn-Museen Mannheim, dass im Hinterhof der Parzelle C 2, 2 Bauaktivitäten zu verzeichnen waren. Leider waren die großflächigen Aushubarbeiten zu diesem Zeitpunkt bereits weit vorangeschritten.

Dokumentiert werden konnte von Mitarbeitern der Abteilung Archäologische Denkmalpflege und Sammlungen der Reiss-Engelhorn-Museen noch das Südwestprofil an der Parzellengrenze zu C 2, 1. Hier waren in der Böschung der Baugrube barocke Mauerbefunde sichtbar, die in ältere Planierschichten eingetieft waren (Abb. 287).

Am nordwestlichen Parzellenende befand sich ein Backsteinrund (Abb. 287, 1), bei dem von einer ursprünglichen Nutzung als Brunnen auszugehen ist. Der Befund mit einem Durchmesser von ca. 1,4 m war im teilzerstörten Zustand auf einer Höhe von ca. 2 m sichtbar, die Sohle konnte nicht erfasst werden. Der Brunnenschacht wurde nach seiner Aufgabe durch ein flaches Gewölbe aus Backstein abgedeckt und als Abort genutzt. Die Funde aus der Baugrubenverfüllung des Brunnens weisen auf eine Entstehung noch im 17. Jahrhundert hin. Die Verfüllung des Schachtes barg Gegenstände aus dem 18./19. Jahrhundert. Etwa 3 m entfernt davon befand sich ein zweiter Brunnen (Abb. 287, 2), der ebenfalls aus Backsteinen gemauert war. Die Verfüllung lässt eine Aufgabe in der Mitte des 19. Jahrhunderts erahnen. Im Anschluss wurde auch hier eine Latrine (Abb. 287, 3) darüber gesetzt. Gemauert aus gelbem Backstein, ist eine Entstehung derselben nach der Mitte des 19. Jahrhunderts wahrscheinlich.

*<u>**287**</u>* ▽ *Mannheim, C 2, 2. Blick von Ost auf das Baugrubenprofil an der Parzellengrenze zu C 2, 1. Zu erkennen sind die Brunnen (1 und 2) sowie die gemauerten Latrinen (3 und 4). Im Vordergrund der Sickerschacht mit Zuführung (5).*

Direkt neben Brunnen 2 befand sich eine älteres Latrinengemäuer (Abb. 287, 4), das aus Mischmauerwerk bestand; eine spätere Verwendung als Sickergrube ist anzunehmen.
Im straßennahen Bereich des Hofes war ein kleineres Ziegelrund (Abb. 287, 5) angegraben. Zwei Kanäle, von denen einer in das benachbarte Grundstück C 2, 1 führte, wiesen diesen Befund als Sickergrube für Oberflächenwasser aus. Vergleiche aus dem Mannheimer Stadtgebiet legen eine Datierung in das 18. Jahrhundert nahe.
Die Frischwasserversorgung Mannheims ebenso wie die Entwässerung wurde bis in das späte 19. Jahrhundert über Brunnen bzw. Latrinen gewährleistet. Öffentliche Brunnen waren an den Ecken der Häuserblocks eingerichtet. Private Brunnenanlagen befanden sich meist an einer Parzellengrenze und wurden von der Bewohnern zweier Grundstücke gemeinschaftlich genutzt.
Über einen Abwasserkanal, der durch das abgeleitete Oberflächenwasser gespeist wurde, verfügte im 18. Jahrhundert einzig das Mannheimer Schloss. Der einfache Bürger Mannheims musste mit den Brunnen bzw. Latrinen vorlieb nehmen. Die – wie am Beispiel von C 2, 2 augenfällig deutlich wird – dicht zusammengedrängten Be- und Entwässerungs- bzw. Entsorgungsanlagen schufen bedenkliche hygienische Verhältnisse, die für die Bevölkerung Mannheims im späten 18. Jahrhundert nicht ohne Folgen blieben.

Großer Dank gebührt Rainer Knapp, Heinrich Knorr, Norbert Kopp, Jutta Neuhaus und Lea Limpert, ohne deren Hilfe die Arbeiten nicht hätten ausgeführt werden können.

Benedikt Stadler

LITERATURHINWEIS

B. Stadler, Die Festungsgräben der Stadt Mannheim als Entsorgungsort. In: O. Wagener, Aborte im Mittelalter und der Frühen Neuzeit. Bauforschung – Archäologie – Kulturgeschichte (Petersberg 2014) 214–218.

■ SACHSENHEIM-GROSSSACHSENHEIM, KREIS LUDWIGSBURG

Aufdeckungen auf dem Areal des NS-zeitlichen „Krankensammellagers für ausländische Arbeitskräfte" bei Großsachsenheim

Zwischen Großsachsenheim und Oberriexingen quert die Trasse der Neckarenztal-Gasleitung (siehe den Beitrag Keller/Neth S. 26 ff.) ein Gebiet, das während der NS-Zeit durch militärische und kriegswirtschaftliche Infrastrukturmaßnahmen geprägt war. Ab 1940 entstand auf der Anhöhe zwischen Metter und Enz ein etwa 180 ha großer sogenannter „Einsatzhafen 1. Ordnung" für die Luftwaffe, der zunächst von einer Schulstaffel, später vom Jagdgeschwader 301 genutzt wurde. Im südöstlichen Bereich des Flugfeldes kam bei der archäologisch begleiteten Kampfmittelräumung auf der Leitungstrasse eine im Löss ausgebaute Flakstellung ans Licht (Abb. 288). Eingerichtet für ein MG zum Fliegerbeschuss, zeigte sich ein zentral in der Stellung eingegrabener und mit Steinen verkeilter Pfosten mit sorgfältig angelegten Seitennischen für die Munition. Am

Boden der Stellung hatte ein kleines Feuerchen gebrannt, das mit bedrucktem Papier befeuert worden war. Neben zahlreichen Munitionshülsen und Teilen des -gurts wurden ein Stahlhelm und ein einfaches Megaphon („Flüstertüte") aus Blech gefunden. Fliegerangriffe auf den Flugplatz Großsachsenheim häuften sich ab Sommer 1944, als Teile des Nachtjagdgeschwaders 6 hierher verlegt wurden.

Zu dieser Zeit war einen knappen Kilometer weiter südöstlich, am Prallhang der Enz bei Unterriexingen, das U-Verlagerungs-Projekt „Galenit" in Gang gekommen. Umfangreiche Bergarbeiten galten hier dem Vortrieb eines über 400 m langen Stollensystems, in dem das Daimler-Benz-Werk aus Mannheim-Sandhofen bombensicher unterkommen sollte. Wie stets ging der kriegswirtschaftliche Aktionismus der nationalsozialistischen Spätphase auch hier mit Terror, Ausbeutung und Tod einher. Anderthalb Kilometer südlich des Flugplatzes entstand im Oktober 1944 ein Außenlager des KZ-Komplexes Natzweiler, dessen Inhaftierte als Sklavenarbeiter vor allem im Stollenbau, aber auch im nahe gelegenen Steinbruch und auf dem Flugplatz ausgebeutet wurden. Weitere 400 m südlich erinnert ein Ehrenfriedhof, der 1947 auf Druck der US-amerikanischen Militärregierung anstelle eines unwürdigen Massengrabes errichtet wurde, noch heute an die ca. 250 Todesopfer dieses Lagers.

288 ▽ *Oberriexingen. Freigelegter MG-Stand mit einer oberen Breite von 2,4 m. In der rechten Nische lag das Blechmegaphon.*

Ein Krankenlager für NS-Zwangsarbeiter

Neben den KZ-Häftlingen wurden auch sogenannte „Zivilarbeiter" zum Arbeitseinsatz gezwungen. 1943 wurde unmittelbar südlich des Flugplatzes in einigen ursprünglich für den Reichsarbeitsdienst eingerichteten Baracken ein „Krankensammellager für ausländische Arbeitskräfte" eingerichtet. Es war dem sogenannten Durchgangslager (DULAG) in Bietigheim zugeordnet, einem zentralen Massenumschlagplatz für deportierte Zwangsarbeiter vornehmlich aus den besetzten Ostgebieten. Viele der ca. 200 000 Menschen, die das DULAG durchliefen, waren infolge der Strapazen von Deportation, Unterernährung, körperlicher Ausbeutung und hygienischer Mangelversorgung schwer erkrankt. Ihnen wurde in dem eingezäunten und bewachten Krankenrevier beim Flugplatz eine notdürftige Versorgung zuteil. Zu seiner Ausstattung zählten u. a. ein Quarantänebereich für schwerstkranke Tuberkulosepatienten sowie eine Geburtenstation, auf der auch zahlreiche Zwangsabtreibungen durchgeführt wurden. Auf dem 100 m südöstlich gelegenen Friedhof der Einrichtung sind 665 Tote bestattet.

Der geplante Trassenverlauf der Neckar-Enztal-Gasleitung streifte das Areal des Krankenlagers im Norden. Schon bei der archäologischen Begleitung einer vorausgehenden Kampfmittelsondierung konnte knapp unter der Oberfläche die gewölbte Betondecke eines im Zickzack angelegten

Bauwerks freigelegt werden (Abb. 289). Seine östliche Fortsetzung war zerstört, zeichnete sich aber noch als verfüllte Baugrube in der Grabungsfläche ab. Es handelt sich um einen noch begehbaren Luftschutz-Deckungsgraben mit massivem Ausbau, dessen winkliger Verlauf Druckwellen brechen und die Trefferzahl bei Reihenwürfen vermindern sollte. In die gewölbte Decke waren Lüftungsrohre und teils auch Stromkabel für die Notbeleuchtung integriert. Das Bauwerk wurde im Herbst 1944 fertiggestellt, konnte jedoch allenfalls einem Teil der Menschen im Lager Schutz vor den Luftangriffen bieten, die dem unmittelbar benachbarten Nachtjäger-Stützpunkt galten. Ein Bild der amerikanischen Luftaufklärung vom 25. 12. 1944 zeigt, dass eine Variante errichtet wurde, bei der die Decke über Erdgleiche mit Erde bedeckt ist (Abb. 290). Diese geringe Splitterschutz-Überdeckung galt zeitweise als ausreichend, weil man von einer hohen Ungenauigkeit der Bombenabwürfe ausging. Dennoch starben am 19. Dezember 1944 infolge eines Treffers sieben Menschen in dem Deckungsgraben. Unter ihnen war neben vier Mitarbeitern des ortsansässigen Lagerpersonals und zwei Frauen aus Lettland und Osteuropa auch Dr. Adolf Levi, ein evangelischer Arzt jüdischer Abstammung, dem man nach dem Entzug seiner ärztlichen Approbation noch zugestanden hatte, als „jüdischer Behandler" die medizinische Leitung des Krankenlagers zu tragen.

Lagerzaun und Stacheldraht

Vom Deckungsgraben, der dem Lager im Norden vorgelagert war, wurde die Grabung nach Norden ausgeweitet, um weitere Befunde des Lagers zu dokumentieren. Etwa 5 m vom Schutzbau entfernt zeigte sich die bis zu 40 cm tief erhaltene Pfostenreihe des nördlichen Lagerzauns. Die Standspuren im

289 ◁ *Krankenlager Großsachsenheim. Luftschutz-Deckungsgraben.*

Abstand von 2,5 m sind sehr unterschiedlich verfüllt. Häufig sind die Hölzer erhalten. Alles deutet darauf hin, dass der Zaun – wohl infolge von Bombentreffern – Ausbesserungen erfahren hat. Überreste des Zauns ließen sich auch in den Verfüll- und Planierschichten des zerstörten Deckungsgrabenabschnitts fassen: Diese enthielten Stacheldrahtreste mit einem Volumen von knapp 1 m^3.

Aus diesen Schichten stammen auch die meisten Funde, deren Bestimmung und funktionale Einordnung einen ausschnitthaften Einblick in den Lageralltag erlauben. Neben verschiedenen Werkzeugen und Bauteilen fanden sich viele Haushaltsgegenstände wie Blechtassen, Schüsseln aus Blech und Keramik, Aluminiumbestecke, Schuhsohlen und einige Perlen. Etliche Gebrauchsgegenstände lassen einen medizinischen Hintergrund erkennen. So liegen etwa Tuben mit Inhaltsresten, Teile von Fieberthermometern, drei Glasampullen und zwei Nissenkämme vor. Menschliche Überreste wurden im Grabungsverlauf nicht gefunden. In Anbetracht der Nähe zum Flugfeld sind genietete Leichtmetallteile von Flugzeugen nicht verwunderlich.

Von der nach dem Krieg einplanierten Luftschutzanlage ist im Boden mehr erhalten, als bisher bekannt war. Allerdings waren im Deckungsgrabenverlauf und am Zaun auch Bombenschäden ersichtlich. Überraschend war, dass der Deckungsgrabenverlauf um ein Segment mit einem blinden Ende ergänzt wurde, das in einem erhaltenen Bauplan von 1943 nicht abgebildet ist. Durch eine geringe Umplanung der Gasleitung konnten die noch gut erhaltenen Teile bei den Baumaßnahmen geschützt werden. Das gesamte Lagerareal steht unter Denkmalschutz.

Eine wichtige Quelle für das Verständnis der Anlage waren Berichte von Zeitzeugen und Forschungen örtlicher Historiker. Stellvertretend sei E. Wanjura, E. Drasdow, J. Mezger und H. Albrecht herzlich dafür gedankt. Ebenso danken wir der Firma terranets bw für die reibungslose Zusammenarbeit.

Christian Bollacher, Sebastian Wolf, Jochen Böhm

290 ▽ *Krankenlager Großsachsenheim. Luftbild der U. S. Airforce vom 25. 12. 1944.*

LITERATURHINWEISE

H. Albrecht, Das Krankenlager Großsachsenheim 1943–1945 und der Lagerarzt Dr. Adolf Levi. In: Die Mörin, Schriftenreihe des Vereins für Heimatgeschichte Sachsenheim e. V. 28, 2001, 1–28; Ch. Tholander, Fremdarbeiter 1939 bis 1945. Ausländische Arbeitskräfte in der Zeppelin-Stadt Friedrichshafen (Essen 2001) 436–453; E. Wanjura, Das Krankenlager und sein Friedhof in Grosssachsenheim. NS-Arbeitsverwaltung und Alliierte Besatzung 1943–1946 (Noirétable 2017).

Verzeichnis der Autorinnen und Autoren

Jonas Abele M.A., LAD, Esslingen – jonas.abele@rps.bwl.de

Dr. Dorothee Ade, IKU-Archaeo GbR, Rottenburg – dorade@archaeo.de

Dionyssis Antypas M.A., Heidelberg – dantypas2@gmail.com

Matthias Aust M.A., fodilus GmbH, Rottenburg-Wurmlingen – matthias.aust@fodilus.de

Dr. Gregor D. Bader, Institut für Ur- und Frühgeschichte und Archäologie des Mittelalters, Universität Tübingen / Senckenberg Center for Human Evolution and Palaeoenvironment – gregor-donatus.bader@uni-tuebingen.de

Judith Baldauf M.A., LAD, Karlsruhe – judith.baldauf@rps.bwl.de

Thomas Banholzer M.A., E & B excav GbR, Freiburg i. Br. – info@eb-excav.de

Jens-Martin Barke M.A., LAD, Ulm – jens-martin.barke@rps.bwl.de

Lisa Bauer, Lehrstuhl für Ur- und Frühgeschichte, Universität Rostock – lisa.bauer@uni-rostock.de

Annkatrin Benz M.A., LAD, Ludwigsburg – annkatrin.benz@rps.bwl.de

Steffen Berger M.A., ArchaeoBW GmbH, Gerlingen – s.berger@archaeobw.de

Gaëlle Bernauer-Duranthon M.A., ArchaeoBW GmbH, Gerlingen – g.duranthon@archaeobw.de

Carola Berszin M.A., Anthropologische Dienstleistungen, Konstanz – carola.berszin@t-online.de

Thomas Beutelspacher M.A., LAD, Esslingen – thomas.beutelspacher@rps.bwl.de

Manuel Birker M.A., ArchaeoConnect GmbH, Tübingen – manuel.birker@archaeoconnect.de

Caroline Bleckmann M.A., LAD, Konstanz – caroline.bleckmann@rps.bwl.de

Dr. Jörg Bofinger, LAD, Esslingen – joerg.bofinger@rps.bwl.de

Jochen Böhm M.A., fodilus GmbH, Rottenburg-Wurmlingen – jochen.boehm@fodilus.de

Dipl.-Ing. Verena Bohnert, ArchaeoTask GmbH, Engen-Welschingen – verena.bohnert@archaeotask.de

Dr. Christian Bollacher, LAD, Esslingen – christian.bollacher@rps.bwl.de

Steven Bosch M.A., ArchaeoTask GmbH, Engen-Welschingen – steven.bosch@archaeotask.de

Dr. Marcel Bradtmöller, Lehrstuhl für Ur- und Frühgeschichte, Universität Rostock – marcel.bradtmoeller@uni-rostock.de

Dr. Dorothee Brenner, LAD, Esslingen – dorothee.brenner@rps.bwl.de

Prof. Dr. Olaf Bubenzer, Geographisches Institut, Universität Heidelberg – olaf.bubenzer@uni-heidelberg.de

Dr. Petru Ciocani, ArchaeoBW GmbH, Gerlingen – p.ciocani@archaeobw.de

Prof. Nicholas J. Conard Ph.D., Institut für Ur- und Frühgeschichte und Archäologie des Mittelalters, Universität Tübingen / Senckenberg Center for Human Evolution and Palaeoenvironment – nicholas.conard@uni-tuebingen.de

Katharina Conrad B.A., fodilus GmbH, Rottenburg-Wurmlingen – katharina.conrad@fodilus.de

Gizem Dakmaz M.A., ArchaeoBW GmbH, Gerlingen – g.dakmaz@archaeobw.de

Dr. Folke Damminger, LAD, Karlsruhe – folke.damminger@rps.bwl.de

Carina Danner M.A., ArchaeoTask GmbH, Engen-Welschingen – carina.danner@archaeotask.de

Elisa Desaymonet M.A., fodilus GmbH, Rottenburg-Wurmlingen – elisa.desaymonet@fodilus.de

Dr. Markus Dürr, Institut für Ur- und Frühgeschichte und Archäologie des Mittelalters, Universität Tübingen – markus.duerr@uni-tuebingen.de

Dr. des. Robin Dürr, LAD, Esslingen – robin.duerr@rps.bwl.de

Dr. Renate Ebersbach, LAD, Hemmenhofen – renate.ebersbach@rps.bwl.de

Dipl.-Rest. Nicole Ebinger, LAD, Esslingen – nicole.ebinger@rps.bwl.de

Daniel Ebrecht M.A., Institut für Archäologische Wissenschaften, Universität Freiburg – daniel.ebrecht@archaeologie.uni-freiburg.de

Marcel El-Kassem M.A., LAD, Freiburg – marcel.elkassem@rps.bwl.de

Margarete Eska, LAD, Esslingen – margarete.eska@rps.bwl.de

Horst Esslinger M.A., E & B excav GbR, Freiburg – info@eb-excav.de

Dipl.-Ing. Reinhold Feigel, Backnang – reinhold.feigel@gmx.de

Prof. Dr. Harald Floss, Institut für Ur- und Frühgeschichte und Archäologie des Mittelalters, Universität Tübingen – harald.floss@uni-tuebingen.de

Moritz Foth M.A., Institut für Ur- und Frühgeschichte und Archäologie des Mittelalters, Universität Tübingen – balthasar-moritz.foth@uni-tuebingen.de

Dr. Michael Francken, LAD, Konstanz – michael.francken@rps.bwl.de

Simon Fröhle M.A., Institut für Ur- und Frühgeschichte und Archäologie des Mittelalters, Universität Tübingen – simon.froehle@student.uni-tuebingen.de

Dr. Sören Frommer, Historische Archäologie, Nehren – frommer@historische-archaeologie.de

Andrej Girod M.A., ArchaeoTask GmbH, Engen-Welschingen – andrej.girod@archaeotask.de

Dr. Julia Goldhammer, LAD, Hemmenhofen – julia.goldhammer@rps.bwl.de

Olaf Goldstein M.A., LAD, Esslingen – olaf.goldstein@rps.bwl.de

Radoslaw Gresiak M.Sc., fodilus GmbH, Rottenburg-Wurmlingen

Daniel Greulich, Lehrstuhl für Bodenkunde und Geomorphologie, Universität Tübingen – daniel-greulich@student.uni-tuebingen.de

Wiebke Griebel M.A., IKU-Archaeo, Rottenburg – wgriebel@archaeo.de

Fabien Griessel M.A., Institut für Archäologie, Denkmalkunde und Kunstgeschichte, Universität Bamberg – fabien.griessel@uni-bamberg.de

Dr. Uwe Gross, Heidelberg – uwe.gross.hd@gmx.de

Paul Güldenstein M.A., Langen – p_h_guelden@gmx.de

Andreas Gutekunst M.A., ArchaeoTask GmbH, Engen-Welschingen – andreas.gutekunst@archaeotask.de

Dr. Andreas Haasis-Berner, LAD, Freiburg – andreas.haasis-berner@rps.bwl.de

Sabine Hagmann M.A., LAD, Hemmenhofen – sabine.hagmann@rps.bwl.de

Marcel Hagner B.A., ArchaeoBW GmbH, Gerlingen – m.hagner@archaeobw.de

Dr. Jürgen Hald, Landratsamt Konstanz, Kreisarchäologie, Singen – juergen.hald@lrakn.de

Benjamin Hamm M.A., E & B excav GbR, Freiburg – info@eb-excav.de

Saman Hamzavi M.A., Institut für Ur- und Frühgeschichte und Archäologie des Mittelalters, Universität Tübingen

Dr. Andreas Hanöffner, Archäologischer BaustellenService in Süddeutschland, Emmendingen-Windenreute – hanoeffner@abs-is.de

Dr. Leif Hansen, LAD, Esslingen – leif.hansen@rps.bwl.de

Sybil Harding M.A., ArchaeoConnect GmbH, Tübingen – sybil.harding@archaeoconnect.de

Ralf Hartmayer M.A., LAD, Esslingen – ralf.hartmayer@rps.bwl.de

Merlin Hattermann M.A., Institut für Ur- und Frühgeschichte, Universität Erlangen-Nürnberg – merlin-janis.hattermann@fau.de

Georg Häußler M.A., ArchaeoTask GmbH, Engen-Welschingen – georg.haeussler@archaeotask.de

Dr. Stefan Hecht, Geographisches Institut, Universität Heidelberg – stefan.hecht@uni-heidelberg.de

Jörn Heimann, LAD, Altheim-Heiligkreuztal – joern.heimann@rps.bwl.de

Dr. Marc Heise, LAD, Tübingen – marc.heise@rps.bwl.de

Dr. Mathias Hensch, LAD, Tübingen – mathias.hensch@rps.bwl.de

Dr. Felix Henselowsky, Geographisches Institut, Universität Heidelberg – felix.henselowsky@uni-heidelberg.de

Max Hermann M.A., ArchaeoBW GmbH, Gerlingen – m.hermann@archaeobw.de

Dana Herrmann M.A., Ostalb-Archäologie GbR, Neresheim – info@ostalb-archaeologie.de

Marina Hinnen, Ostalb-Archäologie GbR, Neresheim – info@ostalb-archaeologie.de

Jörg Hofmann, Heidenheim

Wolfgang Hohl, LAD, Hemmenhofen – wolfgang.hohl@rps.bwl.de

Benjamin Höpfer M.A., Kantonsarchäologie Aargau, Brugg – benjamin.hoepfer@ag.ch

Christian Hoyer M.A., ArchaeoBW GmbH, Gerlingen – c.hoyer@archaeobw.de

Nadine Huber M.A., ArchaeoBW GmbH, Gerlingen – n.huber@archaeobw.de

Prof. Dr. Christoph Huth, Institut für Archäologische Wissenschaften, Universität Freiburg – christoph.huth@archaeologie.uni-freiburg.de

Mag. phil. Simon Hye, LAD, Ludwigsburg – simon.hye@rps.bwl.de

Dr. Sven Jäger, LAD, Karlsruhe – sven.jaeger@rps.bwl.de

Alexander Janas M.A., Senckenberg Center for Human Evolution and Palaeoenvironment, Universität Tübingen – alexander.janas@senckenberg.de

Dr. Bertram Jenisch, LAD, Freiburg – bertram.jenisch@rps.bwl.de

Dr. Ralf Keller, fodilus GmbH, Rottenburg-Wurmlingen – ralf.keller@fodilus.de

Priv.-Doz. Dr. Hauke Kenzler, ArchaeoConnect GmbH, Tübingen – hauke.kenzler@archaeoconnect.de

Michael Kienzle M.A., Institut für Ur- und Frühgeschichte und Archäologie des Mittelalters, Universität Tübingen – michael.kienzle@uni-tuebingen.de

Joachim Kitzberger M.A., ArchaeoTask GbR, Engen-Welschingen – joachim.kitzberger@archaeotask.de

Prof. Dr. Thomas Knopf, Keltenmuseum Hochdorf/Enz – thomas.knopf@uni-tuebingen.de

Dr. Peter Knötzele, ArchaeoTask GmbH, Engen-Welschingen – peter.knoetzele@archaeotask.de

Petra Kohler M.A., Kohler & Tomo Archäologie GbR, Neumarkt – kohler@kt-archaeologie.de

Dr. Joachim Köninger, terramare, Freiburg i. Br. – janus@jkoeninger.de

Prof. Dr. Michaela Konrad, Archäologie der Römischen Provinzen, Universität Bamberg – michaela.konrad@uni-bamberg.de

Dr. Klaus Kortüm, LAD, Esslingen – klaus.kortuem@rps.bwl.de

Dr. Aline Kottmann, LAD, Esslingen – aline.kottmann@rps.bwl.de

Frank Krämer M.A., Südwest-Archäologie, Landau – info@suedwest-archaeologie.de

Prof. Dr. Raiko Krauß, Institut für Ur- und Frühgeschichte und Archäologie des Mittelalters, Universität Tübingen – raiko.krauss@uni-tuebingen.de

Prof. Dr. Dirk Krausse, LAD, Esslingen – dirk.krausse@rps.bwl.de

Dr. Inga Kretschmer, LAD, Karlsruhe – inga.kretschmer@rps.bwl.de

Dr. Peter Kühn, Lehrstuhl für Bodenkunde und Geomorphologie, Universität Tübingen – peter.kuehn@uni-tuebingen.de

Dr. Gertrud Kuhnle, LAD, Freiburg – gertrud.kuhnle@rps.bwl.de

Christoph Kutz M.A., AAB Archäologische Ausgrabungen und Bauprojektbetreuung, Berlin – info@aab-archaeologie.de

Daniel Langhauser M.A., Südwest-Archäologie, Landau – suedwest.archaeologie@gmail.com

Brigitte Laschinger M.A., ArchaeoTask GmbH, Engen-Welschingen – brigitte.laschinger@archaeotask.de

Marianne Lehmann M.A., LAD, Karlsruhe – marianne.lehmann@rps.bwl.de

Dr. Renate Ludwig, Kurpfälzisches Museum Heidelberg – renate.ludwig@heidelberg.de

Dr. Elisa Luzi, Institut für Ur- und Frühgeschichte und Archäologie des Mittelalters, Universität Tübingen – elisa.luzi@uni-tuebingen.de

Dr. Bertil Mächtle, Geographisches Institut, Universität Heidelberg – bertil.maechtle@uni-heidelberg.de

Dr. Martin Mainberger, UWARC GbR, Staufen i. Br. – martin.mainberger@uwarc.de

Tilmann Marstaller M.A., Büro für Archäologie und Bauforschung, Rottenburg-Oberndorf – tillima@t-online.de

Michelangelo Maugeri B.A., ArchaeoBW GmbH, Gerlingen – m.maugeri@archaeobw.de

Wolfgang Naak, Schwäbisch Gmünd-Bettringen – wolfgang.naak@web.de

Priv.-Doz. Dr. Oliver Nelle, LAD, Hemmenhofen – oliver.nelle@rps.bwl.de

Dr. Andrea Neth, LAD, Esslingen – andrea.neth@rps.bwl.de

Dr. Andrea Orendi, ArchaeoConnect GmbH, Tübingen – andrea.orendi@archaeoconnect.de

Dr. Harald von der Osten-Woldenburg, LAD, Esslingen – harald.vonderosten@rps.bwl.de

Katalin Puster M.A., LAD, Esslingen – katalin.puster@rps.bwl.de

Dr. Britta Rabold, LAD, Karlsruhe – britta.rabold@rps.bwl.de

Dr. Reinhard Rademacher, Landratsamt Göppingen, Kreisarchäologie – r.rademacher@lkgp.de

Martina Reps, ArchaeoBW GmbH, Gerlingen – info@archaeobw.de

Benny Rieger, Ostalb-Archäologie GbR, Neresheim – info@ostalb-archaeologie.de

Simon Rottler M.A., ArchaeoTask GmbH, Engen-Welschingen – simon.rottler@archaeotask.de

Sarah Rudolf, LAD, Karlsruhe – sarah.rudolf@rps.bwl.de

Tamara Ruske M.A., Archäologisches Institut, Archäologie der Römischen Provinzen, Universität Köln – ruske-tamara@web.de

Andreas Schaflitzl M.A., LAD, Limes-Informationszentrum Baden-Württemberg, Aalen – andreas.schaflitzl@liz-bw.de

Dr. Sascha Scherer, Lehrstuhl für Bodenkunde und Geomorphologie, Universität Tübingen – sascha.scherer@uni-tuebingen.de

Paul Scherrer, LAD, Hemmenhofen – paul.scherrer@rps.bwl.de

Dr. Jonathan Scheschkewitz, LAD, Esslingen – jonathan.scheschkewitz@rps.bwl.de

Dr. Doris Schmid, LAD, Tübingen – doris.schmid@rps.bwl.de

Ann-Kathrin Schmidt M.Sc., fodilus GmbH, Rottenburg-Wurmlingen – ann-kathrin.schmidt@fodilus.de

Felicitas Schmitt M.A., LAD, Esslingen – felicitas.schmitt@rps.bwl.de

Dr. Astrid Schmölzer, Archäologie der Römischen Provinzen, Universität Bamberg – astrid.schmoelzer@uni-bamberg.de

Prof. Dr. Thomas Scholten, Lehrstuhl für Bodenkunde und Geomorphologie, Universität Tübingen – thomas.scholten@uni-tuebingen.de

Dr. Tobias Schöneweis, Kurpfälzisches Museum Heidelberg – tobias.schoeneweis@heidelberg.de

Anja Seidel M.A., Archäologie-Zentrum GmbH, Günzburg – info@archaeologie-zentrum.com

Dr. Ute Seidel, LAD, Freiburg – ute.seidel@rps.bwl.de

Dr. Lucie Siftar, Archäologischer Baustellen-Service in Süddeutschland, Emmendingen-Windenreute – siftar@abs-is.de

Dr. Przemysław Sikora, ArchaeoBW GmbH, Gerlingen – p.sikora@archaeobw.de

Dr. André Spatzier, LAD, Esslingen – andre.spatzier@rps.bwl.de

Benedikt Stadler M.A., Reiss-Engelhorn-Museen Mannheim – benedikt.stadler@mannheim.de

Dr. Gerd Stegmaier, Institut für Ur- und Frühgeschichte und Archäologie des Mittelalters, Universität Tübingen – gerd.stegmaier@uni-tuebingen.de

Veronika Stein, Institut für Ur- und Frühgeschichte und Archäologie des Mittelalters, Universität Tübingen – veronika.stein@student.uni-tuebingen.de

Laurin Stöckert, Südwest-Archäologie, Landau – info@suedwest-archaeologie.de

Dr. Quentin Sueur, LAD, Altheim-Heiligkreuztal – quentin.sueur@rps.bwl.de

Dr. Yvonne Tafelmaier, LAD, Esslingen – yvonne.tafelmaier@rps.bwl.de

Nicolas Tomo M.A., Kohler & Tomo Archäologie GbR, Neumarkt – tomo@kt-archaeologie.de

Dr. Giulia Toniato, Institut für Ur- und Frühgeschichte und Archäologie des Mittelalters, Universität Tübingen – giulia.toniato@ifu.uni-tuebingen.de

Dr. Simon Trixl, LAD, Konstanz – simon.trixl@rps.bwl.de

Diethard Tschocke, LAD, Freiburg – diethard.tschocke@rps.bwl.de

Dr. Karin Uetz, Büro für Bauforschung, Vogt

Lea Valcov M.Sc., LAD, Tübingen – lea.valcov@rps.bwl.de

Fiona Vernon M.Sc., LAD, Esslingen – fiona.vernon@rps.bwl.de

Dr. Richard Vogt, LAD, Hemmenhofen – richard.vogt@rps.bwl.de

Hans-Otto Wagner, Niedereschach

Dr. Michael Wagschal, ArchaeoBW GmbH, Gerlingen – m.wagschal@archaeobw.de

Dr. Stephan Weber, AAB Archäologische Ausgrabungen und Projektbetreuung, Bonn – sweber.aab@t-online.de

Priv.-Doz. Dr. Lukas Werther, Institut für Ur- und Frühgeschichte und Archäologie des Mittelalters, Universität Tübingen – lukas.werther@uni-tuebingen.de

Stefan Wettengl M.A., Institut für Ur- und Frühgeschichte und Archäologie des Mittelalters, Universität Tübingen – stefan.wettengl@student.uni-tuebingen.de

Dr. Günther Wieland, LAD, Esslingen – guenther.wieland@rps.bwl.de

Dr. Manuel Will, Institut für Ur- und Frühgeschichte und Archäologie des Mittelalters, Universität Tübingen – manuel.will@uni-tuebingen.de

Andreas Willmy M.A., IKU-Archaeo GbR, Rottenburg – awillmy@archaeo.de

Markus Wolf M.A., Dokumentation, Archäologie und Bauforschung Wolf, Tübingen – dab-wolf@gmx.de

Sebastian Wolf M.A., fodilus GmbH, Rottenburg-Wurmlingen – sebastian.wolf@fodilus.de

Dr. Sibylle Wolf, Institut für Ur- und Frühgeschichte und Archäologie des Mittelalters, Universität Tübingen / Senckenberg Center for Human Evolution and Palaeoenvironment – sibylle.wolf@senckenberg.de

Dr. Mohsen Zeidi, Senckenberg Center for Human Evolution and Palaeoenvironment, Universität Tübingen – mohsen.zeidi@senckenberg.de

Maximilian Zerrer M.A., LAD, Ludwigsburg – maximilian.zerrer@rps.bwl.de

(LAD: Landesamt für Denkmalpflege im Regierungspräsidium Stuttgart)

Grabungstechnik, Grafik, Fotografie, Restaurierung, Labore

Mitarbeiterinnen und Mitarbeiter des Landesamtes für Denkmalpflege

J. Alcina-Segura, R. Auch, J. Barke, A. Benz, B. van den Berg, Th. Beutelspacher, D. Bibby, T. Biel, H. Bienfait, M. Bischler, G. Born-Wirth, M. Bosch, R. Bräuchle, M. Braun, C. Brenner, S. Brose, P. Burkhardt, E. Cappelletto, F. Cioffi, C. Corti, C. Dietz, K.-D. Dollhopf, P. Endlicher, M. Erne, M. Eska, R. Eßwein, P. Eule, B. Fischer, M. Fischer, Th. Freier, A. Furan, B. Gharzeddin, W. Glocker, M. Godau, U. Grabo, G. Grösch, A. Gross, F. Grün, J. Gundermann, L. Haag, R. Hartmayer, B. Hausner, J. Heimann, G. Hellinger, O. Henrici, M. Herold, H. Hilsenbeck, W. Hohl, F. Hummel, H. Hüther, S. Hye, F. Jimenez, U. Jondral, S. van Kaam, B. Kaiser, A. Kalkowski, S. Kampe, St. Killinger, C. Klink, J. König, T. Kreß, Ch. Kühnbach, S. Lang, T. Lastovica, M. Lehmann, R. Letzing, M. Lingnau, T. Märkle, A. Mehl, S. Mehret, J. Minev, P. du Mont, Y. Mühleis, B. Nix, M. Nortmann, C. Nübold, P. Otte-Scheschkewitz, St. Papadopoulos, M. Paredez Sanchez, A. Pechau, R. Rechmann, J. Ritz, M. Röhlich, I. Roos-Siebold, S. Rudolf, E. Rümmele, N. Schanz, J. Sack, S. Sanchez-Vasquez, T.-J. Sauerländer, P. Scherrer, M. Scheu, R. Schmeil, M. Schneider, M. Schöttl, M. Schwarz, Ch. Schwarzer, M. Schweikle, M. Sillmann, Y. Stahl, H.-J. Stark, Ch. Steffen, M. Steffen, I. Stern, A. Straeter, K.-H. Thiel, F. Trotta, A. Trunk, D. Tschocke, G. Tserendorj, F. Vernon, M. Vöhringer, B. Volkmer-Perrot, U. Walser, W. Weiher, R. Weiß, M. Weißert, F. Weniger, I. Willmes, R. Wollenweber, Ch. Wulfmeier, K. Zarrad.

Ortsregister

Bildnachweis

1: LAD, Yvonne Mühleis
2: LAD, Lea Valcov
3: LAD
4: LAD, Lea Valcov
5: Grafik Benjamin Höpfer / Fotos Jürgen Hald (A), Benjamin Höpfer (B), Peter Kühn (C)
6, 7: LAD, Annkatrin Benz
8: LAD / fodilus, Ann-Kathrin Schmidt; Kartenhintergrund: Daten von Open-StreetMap – veröffentlicht unter ODbL
9: LAD / fodilus, Jochen Böhm
10: LAD / fodilus, Doris Schuller, Ralf Keller
11: LAD / fodilus, Magali Garcia
12: LAD / fodilus, Jochen Böhm
13: LAD / fodilus, Jochen Böhm, Ann-Kathrin Schmidt, Ralf Keller
14, 15: LAD, Yvonne Mühleis
16: LAD / ArchaeoConnect GmbH, Julia Hopf
17: LAD / ArchaeoConnect GmbH, Lena Gebhard
18: LAD / ArchaeoConnect GmbH, Julia Hopf
19: LAD / ArchaeoConnect GmbH, Sybil Harding
20: LAD, Yvonne Mühleis
21: LAD / ArchaeoBW GmbH, Maurizio Maugeri
22: LAD / ArchaeoTask GmbH, Georg Häußler, Steven Bosch
23: LAD, Sven Jäger
24, 25: LAD / ArchaeoTask GmbH, Georg Häußler
26: LAD, Yvonne Mühleis
27: LAD, Marcel El-Kassem
28: LAD, Yvonne Mühleis
29: LAD / E & B Excav GbR, Horst Esslinger
30: Kreisarchäologie Landratsamt Konstanz, Jürgen Hald
31: Kreisarchäologie Landratsamt Konstanz, Foto/Bearb. Jürgen Hald
32: LAD / ArchaeoTask GmbH, Joachim Kitzberger
33: Kreisarchäologie Landratsamt Konstanz, Jürgen Hald
34: Kreisarchäologie Landratsamt Konstanz / Plan ArchaeoTask GmbH, Steven Bosch / Kreisarchäologie Landratsamt Konstanz, Björn Schleicher
35: Kreisarchäologie Landratsamt Konstanz, Jürgen Ehrle (2010, links); Kreisarchäologie Landratsamt Konstanz / ArchaeoTask GmbH, Steven Bosch (2018, rechts); Bearb. Kreisarchäologie Landratsamt Konstanz, Jürgen Hald
36: Kreisarchäologie Landratsamt Konstanz / Plan ArchaeoTask GmbH, Steven Bosch / Kreisarchäologie Landratsamt Konstanz, Björn Schleicher
37: LAD / submaris, F. Huber
38: Universität Heidelberg, Stefan Hecht
39: LAD, Marcel El-Kassem
40: Universität Rostock, Lisa Bauer
41–43: Universität Tübingen, Stefan Wettengl
44: Universität Tübingen, Nicholas J. Conard
45: Universität Tübingen, Alexander Janas
46: Universität Tübingen, Alexander Janas; Zeichnungen Heike Würschem, Ralf Ehmann
47: LAD, Stefanie Schoemacker
48: LAD, Thomas Beutelspacher
49: Fotos LAD, Yvonne Tafelmaier / Zeichnungen Universität Tübingen, Heike Würschem
50: LAD, Rebecca Letzing, Yvonne Tafelmaier
51: Universität Tübingen, Svenja Schray

52: Universität Tübingen, Alexander Janas
53: Universität Tübingen, Elisa Luzi
54: Universität Tübingen, Alexander Janas
55: Universität Tübingen, Mohsen Zeidi
56: Universität Tübingen, Stefan Wettengl
57: LAD, Yvonne Tafelmaier, Thomas Beutelspacher
58, 59: Universität Heidelberg, Stefan Hecht
60, 61: LAD, Thomas Beutelspacher
62: LAD, Yvonne Tafelmaier (links) / Universität Tübingen, Giulia Toniato (rechts)
63: a: Drohnenfoto Dieter Hagmann mit freundl. Genehmigung; b, c: Universität Tübingen, Gregor D. Bader
64: LAD / Luftbild Otto Braasch / Plan u. Montage ArchaeoBW GmbH, Patricia Tellhelm
65: LAD / ArchaeoBW GmbH
66: LAD / ArchaeoBW GmbH, Heiko Glunk
67: Universität Tübingen, Petar Zidarov, Lea Valcov, Veronika Stein
68: Universität Tübingen, Zeichnung Ottilie Blum / Foto Hilde Jensen
69: Terrana Geophysik, Mössingen / Universität Tübingen, Veronika Stein
70: LAD / ArchaeoBW GmbH, E. Nordwald
71: LAD / ArchaeoBW GmbH, Maurizio Maugeri
72: LAD / ArchaeoTask GmbH, Tamara Ruske
73: LAD / ArchaeoTask GmbH, G. Demele/T. Ruske, Bearb. LAD, Erika Cappelletto
74: LAD / ArchaeoTask GmbH, Tamara Ruske
75: LAD, Simon Trixl
76, 77: LAD / terramare, Joachim Köninger
78: LAD / Franziska Steffensen
79: LAD / terramare, Joachim Köninger
80: LAD / submaris, F. Huber
81: LAD, Wolfgang Hohl
82: LAD, Nicole Ebinger
83: LAD, Yvonne Mühleis
84: LAD, André Spatzier, Simon Hye / Grundlage © www.lgl-bw.de
85: LAD, Yvonne Mühleis
86: LAD, André Spatzier
87: LAD, Simon Hye
88, 89: Kreisarchäologie Landratsamt Konstanz, Björn Schleicher
90: LAD / ArchaeoTask GmbH, Simon Rottler
91: Kreisarchäologie Landratsamt Konstanz, Jürgen Hald
92: LAD / ArchaeoTask GmbH, Plan Andrej Girod / erg. LAD, Erika Cappelletto
93: LAD, Yvonne Mühleis
94: LAD / ArchaeoTask GmbH, Andrej Girod
95: LAD / Südwest-Archäologie, Dionyssis Antypas
96: LAD, Yvonne Mühleis
97: LAD, Sven Jäger / Grundlage © www.lgl-bw.de
98: Universität Heidelberg, Bertil Mächtle
99, 100: Kurpfälzisches Museum Heidelberg, Tobias Schöneweis
101–104: LAD, Christoph Schwarzer
105, 106: LAD / ArchaeoTask GmbH, Jürgen Ehrle
107, 108: LAD / ArchaeoTask GmbH, Andreas Gutekunst
109, 110: LAD, Yvonne Mühleis
111: LAD, M. El-Kassem, E. Cappelletto, O. Henrici
112: LAD, Marcel El-Kassem
113: LAD / Luftbild Otto Braasch (L7722-010-01_308-29)
114: LAD, Felicitas Schmitt / Kartengrundlage © www.lgl-bw.de
115: LAD, Jonas Abele
116: LAD, Yvonne Mühleis
117: LAD, Quentin Sueur, Grundlage: Berechnung Jonas Abele, Befliegung Christoph Steffen
118: LAD, Christoph Steffen

119: LAD, Jörn Heimann
120, 121: LAD, Yvonne Mühleis
122, 123: LAD, Ralf Hartmayer
124: LAD, René Wollenweber
125: LAD / ArchaeoBW GmbH
126: LAD / ArchaeoBW GmbH, Gaëlle Bernauer-Duranthon
127: Universität Tübingen, Gerd Stegmaier / Kartengrundlage modifiziert nach S. Rieckhoff/St. Fichtl, Keltenstädte aus der Luft. Arch. Deutschland, Sonderh. 2011 PLUS, S. 70; www.oppida.org
128: Universität Tübingen, Markus Dürr, Gerd Stegmaier
129: Universität Tübingen, F. Koch
130: LAD, Christoph Schwarzer
131: LAD, Klaus-Dieter Dollhopf, Plangrundlage Claus Brenner
132: LAD, Christoph Schwarzer
133: LAD, Yvonne Mühleis
134: LAD, Marc Heise / Grundlage Terrana Geophysik, Arno Patzelt
135: LAD, Harald von der Osten-Woldenburg
136: LAD, Andreas Schaaf
137: LAD, Andreas Schaflitzl
138: LAD, Klaus Kortüm / fodilus GmbH, Ralf Keller
139: LAD / fodilus GmbH, Ralf Keller
140, 141: LAD, Yvonne Mühleis
142–144: LAD / Südwest-Archäologie
145: LAD, Sven Jäger, Christoph Steffen
146, 147: LAD, Sarah Rudolf
148: LAD, Ergänzungen Klaus Kortüm / Messbild Terrana Geophysik, Arno Patzelt
149: LAD / ArchaeoBW GmbH, Michael Wagschal
150: LAD, Yvonne Mühleis
151: LAD, Christian Wulfmeier
152: LAD / ArchaeoBW GmbH, Sebastian Klaß
153: LAD / ArchaeoBW GmbH, Michael Wagschal
154: Universität Bamberg, Archiv ARP, Michaela Konrad
155: Universität Bamberg, Till Sonnemann
156: Universität Bamberg, Archiv ARP, Fabien Griessel
157: LAD, Erika Cappelletto, nach Blöck 2016, 388 Abb. 112
158: LAD, Yvonne Mühleis
159: LAD, Erika Cappelletto
160: LAD, Harald von der Osten-Woldenburg
161, 162: LAD, Paul Scherrer, Almut Kalkowski
163: LAD, Mario Schöttl
164: LAD, Paul Scherrer
165: LAD / ABSiS, A. Hanöffner, L. Begemann
166: LAD, Yvonne Mühleis
167, 168: LAD / ABSiS
169: LAD, Yvonne Mühleis
170: LAD, thematische Ergänzung Folke Damminger / grafische Umsetzung Gisela Erasin / Plangrundage TK 1 : 25 000, Bl. 6918, © www.lgl-bw.de
171: LAD, Grafik Inga Kretschmer / Plangrundlage ArchaeoBW GmbH
172: LAD / ArchaeoBW GmbH
173, 174: LAD, Yvonne Mühleis
175: LAD, Bearb. Claus Brenner / Kartengrundlage OpenTopoMap; Kartendaten OpenStreetMap-Mitwirkende, SRTM; Kartendarstellung OpenTopoMap, CC-BY-SA
176: LAD / ArchaeoConnect GmbH, J. Verdonkschot
177: LAD / Uwe Gross
178: LAD / ArchaeoBW GmbH, Christian Hoyer
179: LAD / ArchaeoBW GmbH, Christian Hoyer, Patricia Tellhelm

180: LAD / ArchaeoBW GmbH, Christian Hoyer
181: LAD / ArchaeoBW GmbH, Heiko Glunk
182: LAD / ArchaeoBW GmbH
183: LAD, Bearb. Mathias Hensch / Plangrundlage ArchaeoBW GmbH
184: LAD / ArchaeoBW GmbH
185: LAD / ArchaeoConnect GmbH
186: LAD, Mathias Hensch, Michael Lingnau
187: LAD, Michael Lingnau
188: LAD / AAB, Lisa Büttner
189: LAD / AAB, Stephan Weber
190, 191: LAD / fodilus GmbH, Gerd Stegmaier
192: LAD, Tanja Kreß
193: LAD, Yvonne Mühleis
194: LAD / fodilus GmbH, Matthias Aust, Radoslaw Gresiak
195: LAD / fodilus GmbH, Radoslaw Gresiak
196: LAD, Yvonne Mühleis
197: LAD, Yvonne Mühleis
198, 199: Kreisarchäologie Landratsamt Konstanz, Björn Schleicher
200–202: LAD / ArchaeoTask GmbH, Andrej Girod
203: Kreisarchäologie Landratsamt Konstanz, Jürgen Hald
204: LAD / ArchaeoConnect GmbH, Amir Ahmadpour, Hauke Kenzler
205: LAD, Yvonne Mühleis
206: LAD / ArchaeoConnect GmbH, Max Zerrer
207: LAD / ArchaeoTask GmbH, Brigitte Laschinger
208: LAD / Grundlage StA Ludwigsburg, EL 68 VI Nr 8242 / Ergänzungen LAD, Folke Damminger / Grafik Gisela Erasin
209: LAD / ArchaeoBW GmbH / Ergänzungen Uwe Gross / LAD, Folke Damminger
210: LAD, Jonathan Scheschkewitz / Grundlage Schlumberger-Plan, Stadtarchiv Ulm
211: LAD / Umsetzung LAD, Jonathan Scheschkewitz / Kohler & Tomo Archäologie GbR
212: LAD, Yvonne Mühleis
213: LAD / IKU-Archaeo, Andreas Willmy
214: LAD / IKU-Archaeo, Wiebke Griebel
215: LAD / IKU-Archaeo, Wiebke Griebel / Tilmann Marstaller
216: LAD / ArchaeoTask GmbH, Brigitte Laschinger
217: LAD / ArchaeoTask GmbH, Brigitte Laschinger / LAD, Erika Cappelletto
218: LAD / ArchaeoBW GmbH, Max Hermann, Sebastian Klaß
219, 220: LAD / ArchaeoBW GmbH, Max Hermann
221, 222: LAD / Ostalb-Archäologie GbR, Dana Herrmann, Benny Rieger
223–225: LAD / AAB, Christoph Kutz
226: LAD, Marion Vöhringer
227: LAD, Jonas Sack, Annika März, Katalin Puster
228: LAD, Mara Kottmann, Aline Kottmann, Marion Vöhringer
229: LAD, Yvonne Mühleis
230: LAD / IKU-Archaeo, Wiebke Griebel / Plangrundlage © www.lgl-bw.de
231, 232: LAD / IKU-Archaeo, Wiebke Griebel
233: David Mieser (1625); online: https://commons.wikimedia.org/wiki/File:Mieser_Ravensburg_1625_HABW_01_05.jpg (gemeinfrei)
234: LAD / IKU-Archaeo, Shane Cavlovic / DAB Wolf, Markus Wolf
235: LAD / IKU-Archaeo, Shane Cavlovic
236: LAD / DAB Wolf, Markus Wolf
237: LAD, Mathias Hensch / Sören Frommer / Grundlage: Flurkarte 1 : 2500 des Königreichs Württemberg, Blatt SO III 23, aus: Der Landkreis Reutlingen (Sigmaringen 1997) Karte 11; georeferenziert entspr. https://www.leo-bw.de

238: LAD / ArchaeoConnect GmbH, Max Zerrer
239: LAD / E & B excav, Anna Jäckle
240: LAD / E & B excav, Luis Begemann
241: LAD / E & B excav, Thomas Banholzer
242, 243: LAD / IKU-Archaeo, Andreas Willmy, Wiebke Griebel
244: LAD / ArchaeoBW GmbH, Steffen Berger, Sebastian Klaß
245, 246: LAD / ArchaeoBW GmbH, Steffen Berger
247: LAD, Bearb. Erika Cappelletto / Plan Südwest-Archäologie
248, 249: LAD / Südwest-Archäologie
250: LAD / Plan ArchaeoBW GmbH, Bearb. LAD
251, 252: LAD / ArchaeoBW GmbH
253: LAD, Fotos Caroline Bleckmann, Bearb. Ute Jondral / Federzeichnung Stadtarchiv Konstanz ZI_Alt21_7.2
254: LAD / Karin Uetz, Büro für Bauforschung
255: LAD, Bearb. Matthias Hensch / Archäologie-Zentrum GmbH
256: IKU-Archaeo, Bearb. Andreas Willmy / Grundlage Württ. Landesbibliothek Stuttgart
257: HStA Stgtuttgart / IKU-Archaeo, Bearb. Wiebke Griebel
258: LAD / Südwest-Archäologie, Frank Krämer
259, 260: LAD, Sarah Rudolf
261: LAD, Quentin Sueur
262: LAD, Fiona Vernon
263: LAD, Yvonne Mühleis
264: LAD, Steffen Killinger
265: aus: G. Schmitt, Burgenführer Schwäbische Alb 2 (Biberach 1989) 180 / LAD, Bearb. Mathias Hensch
266: LAD, Steffen Killinger
267: Universität Tübingen, Plan Moritz Foth, 3D-Modell Michael Kienzle / Datengrundlage © www.lgl-bw.de
268, 269: Universität Tübingen, Michael Kienzle
270: Universität Tübingen, Moritz Foth
271: LAD / Grundlage © www.lgl-bw.de / Erg. LAD, Marianne Lehmann / Gisela Erasin
272: LAD, Folke Damminger
273: LAD, Marianne Lehmann
274: LAD, Jens-Martin Barke / Luftbild Stefan Roßkopf, Gerstetten
275: Jörg Hofmann, Heidenheim / Foto Stefan Roßkopf, Gerstetten
276: LAD / ArchaeoTask GmbH, Steven Bosch, Georg Häußler
277: LAD / ArchaeoTask GmbH, Steven Bosch, Georg Häußler
278: LAD / ArchaeoTask GmbH, Steven Bosch
279: Stadtarchiv Karlsruhe 8 / Alben 175/99
280: LAD / ArchaeoTask GmbH
281: KIT, Institut für Baugeschichte / Überlagerung Martin Bachmann; CAD-Grafik Dorothea Roos / Erg. LAD, F. Damminger / grafische Umsetzung Gisela Erasin
282: LAD / ArchaeoTask GmbH
283: Matthäus Merian d. Ä. (1593–1650), Fürstlicher Lustgarten zu Stuttgart, 1616 (aus: Esaias van Hulsen, Repraesantatio der Fürstl. Auffzug und Ritterspil, 1616); Staatsgalerie Stuttgart, Graphische Sammlung, alter Bestand (Inv.-Nr. A 32284)
284: LAD / ArchaeoBW GmbH, Marcel Hagner
285: LAD, Yvonne Mühleis
286: Landesarchiv Baden-Württemberg, HStA Stuttgart J1 Nr. 36 Bild 662; Permalink: http://www.landesarchiv-bw.de/plink/?f=1-2370891-662
287: Reiss-Engelhorn-Museen Mannheim, Benedikt Stadler
288, 289: LAD / fodilus GmbH, Sebastian Wolf
290: © www.lgl-bw.de
Karten S. 7, 17, 59, 121, 181, 223, 259: Peter Palm, Berlin